教育部教育振兴行动计划省级精品课程教材
普通高等教育"十二五"省级规划教材

国 际 贸 易

〖理论与政策〗

（第3版）

主　编　刘立平
副主编　丁家云

中国科学技术大学出版社
·合肥·

内 容 简 介

本书是为适应新时期、新形势和培养涉外经贸人才的需要而编写的。全书共12章,涵盖了国际贸易的基础知识、主要理论及相关政策与措施等方面的内容,还包括了当代国际贸易的发展、世界贸易组织体制下国际贸易基本规则、对外贸易发展战略和中国对外贸易等专题内容。

本书为高等院校财经、管理及商贸英语类等相关专业本科生教育教材,也可供相关院校同类或相关专业其他学历教育使用。此外,本书还可作为涉外经济贸易企业、研究机构、有关管理部门工作人员的学习与参考读物。

图书在版编目(CIP)数据

国际贸易:理论与政策/刘立平主编. —3 版. —合肥:中国科学技术大学出版社,2014.2(2014.10重印)
教育部教育振兴行动计划省级精品课程教材
普通高等教育"十二五"省级规划教材
ISBN 978-7-312-03405-3

Ⅰ.国… Ⅱ.刘… Ⅲ.国际贸易 Ⅳ.F74

中国版本图书馆 CIP 数据核字(2014)第 014742 号

责任编辑:张善金
出 版 者:中国科学技术大学出版社
　　　　　地址:安徽省合肥市金寨路 96 号　邮编:230026
　　　　　网址:http://press.ustc.edu.cn
　　　　　电话:发行 0551-63606086-8810
印　刷　者:合肥现代印务有限公司
发　行　者:中国科学技术大学出版社
经　销　者:全国新华书店
开　　　本:710mm×960mm　1/16
印　　　张:28
字　　　数:534 千
版　　　次:2003 年 3 月第 1 版　2014 年 2 月第 3 版
印　　　次:2014 年 10 月第 12 次印刷
印　　　数:63001—66000 册
定　　　价:42.00 元

第3版前言

在和平与发展成为世界主题的今天,各国经济的合作更加广泛,竞争也更加激烈,然而国际贸易仍是当代各国经济联系最重要的形式之一,国际贸易学作为一门古老而年轻的学科,也得到了空前的发展。特别是自中国加入世界贸易组织(WTO)以来,我国对外经贸事业获得了长足的发展。为此,对对外经贸活动的相关理论、政策措施、规则惯例、发展现状及动态趋势的了解和掌握已成为社会各界广泛重视的问题。正是在这样的背景和形势下,为适应培养涉外经贸人才的需要,我们在充分酝酿、精心策划和广泛讨论的基础上,修订再版了这本《国际贸易:理论与政策》教材,以供高等院校财经、管理及相关专业本科教育使用。

国际贸易学作为经济学中的学科之一,是伴随着国际贸易的长期实践而逐渐成熟起来的。本书是为国际贸易理论与政策课程教学、学术研究和知识普及而编写的,其内容侧重于国际贸易的基本知识与理论、政策与措施、历史发展与现状特征。本书在安徽省高校"十一五"规划教材《国际贸易:理论与政策》(中国科学技术大学出版社2007年8月版)的基础上,为深入贯彻落实科学发展观及做好国际经贸人才的培养工作而重新修订的。除保留内容基本体系结构外,对其个别章节的顺序、标题和内容进行了调整、充实,增加了有关章节的新内容,更新了相关数据和资料。本次修订尽可能地吸收了国际贸易学科领域国内外的最新成果,力求能够在内容上反映本学科发展的前沿动态。经修订后的本教材具有内容丰富、结构合理、数据新颖、表述规范等特点。

本书内容的体系结构作如下安排:第1章主要介绍国际贸易中的基本概念、国际贸易产生与发展的历史与现状以及本学科的研究对象与任务;第2章主要阐述国际分工、世界市场和国际贸易的逻辑和历史的发展过程,介绍国际分工与世界市场的现状特征;第3章至第5章阐述国际贸易主要理论,具体包括传统国际贸易理论、第二次世界大战后自由贸易理论和国际保护贸易理论及其发展;第6章至第8章主要介绍国际贸易政策与措施,具体包括国际贸易政策、国际贸易政策措施和贸易政策措施的国际协调;第9章是本书的主要创新安排之一,标题为"WTO体制下国际贸易基本规则",重点阐述现行国际货物贸易的基本规则,同时还就国际服务贸易、国际贸易中的知识产权保护以及国际贸易争端解决等方面的规则进行简要论述;第10章主要介绍和分析第二次世界大战以后,特别是20世纪80年代以来区域经济一体化、国际资本流动、跨国公司的发展及其对国际贸易的影响,并就国际服务贸易和技术贸易问题进行了专题介绍和阐述;第11章在介绍和分析对外贸易与经济发展之间关系的基础上,着重阐述对外贸易发展战略与发展中国家的经济发展、对外贸易发展战略的现实选择等方面的问题;第12章主要介绍和阐述我国对外贸易的发展历程和现状特征。

本书是教育部教育振兴行动计划省级精品课程"国际贸易理论与实务"的配套教材之一,且被列入安徽省普通高等教育"十二五"规划教材。本书是集体智慧和辛勤劳作的结晶,参加本书编写和修订工作的作者均是长期从事高校教学、科研工作的教授和学者,他们是安徽工业大学的刘立平教授、包遵之副教授、潘晴副教授、铜陵学院的丁家云教授、厦门大学嘉庚学院的刘莉副教授等。此外,在本书的编写与修订过程中,安徽工业大学商学院汪五一、徐斌、刘萍、武洪玲、李郁、胡艺等以及安徽工业大学工商学院周佳佳等也参与了部分章节的文字修编工作。本书修订工作由刘立平教授主持,全书的统稿、总纂和最终定稿也由他完成。

本书除作为普通高等学校经济及管理学科相关专业本科教育教材之外,也可作为相关院校同类专业相关学历教育教材使用,还可供相关研究机构、管理部门和业务工作人员学习参考之用。

限于编者的水平,书中不妥之处在所难免,恳请同行专家、学者以及广大读者朋友不吝赐教、批评指正,以便于我们在教学实践中不断总结、提高,从而使本书内容更臻完美,为培养更多更好的优秀外经贸人才作出贡献。

编 者

2014年1月

前　言

在和平与发展成为世界主题的今天,各国经济的合作与竞争广泛发展,国际贸易仍是当代各国经济联系最重要的形式之一,国际贸易学作为一门古老而年轻的学科,也得到了空前的发展。特别是自中国加入世界贸易组织(WTO)以来,国内外经贸联系日益加强,我国对外经贸事业获得了长足的发展。为此,对对外经贸活动的相关理论、政策措施、规则惯例、发展现状及动态趋势的了解和掌握已成为社会各界广泛重视的问题。正是在这样的背景和形势下,为适应新世纪、新形势和培养涉外经贸人才的需要,我们在充分酝酿、精心策划和广泛讨论的基础上,编写了这本《国际贸易:理论与政策》教材,以供高等院校财经、管理及相关专业本科教育使用。

国际贸易学作为经济学中的学科之一,是伴随着国际贸易的长期实践而逐渐成熟起来的。本书是为国际贸易理论与政策课程教学、学术研究和知识普及而编写的,其内容侧重于国际贸易的基本知识与理论、政策与措施、历史发展与现状特征。本书具有内容丰富、涵盖面广、结构合理、表述规范、数据新颖等特点。

本书的体系结构安排如下:第一章主要介绍国际贸易中的一些基本概念、国际贸易产生与发展的历史与现状以及本学科的研究对象与任务;第二章主要阐述国际分工、世界市场和国际贸易的逻辑和历史的发展过程,介绍国际分工与世界市场的现状特征;第三章至第五章阐述了主要国际贸易理论,具体包括传统国际贸易理论、战后自由贸易理论的发展和保护贸易理论及其发展;第六章至第八章主要介绍国际贸易政策与措施,具体包括国际贸易政策、国际贸易政策措施和贸易政策措施的国际协调;第九章是本书的主要创新安排之一,重点阐述现行国际货物贸易的基本规则,同时还就服务贸易、知识产权保护、与贸易有关的投资措施以及贸易争端解决等方面的规则进行简要介绍和论述;第十章主要介绍和分析第二次世界大战以后,特别是

国际贸易:理论与政策

20世纪80年代以来出现的经济全球化、国际资本流动、跨国公司、区域经济一体化对国际贸易的影响,并就国际服务贸易和技术贸易问题进行了简要的介绍和阐述;第十一章在介绍和分析对外贸易与经济发展之间关系的基础上,着重阐述贸易发展战略与发展中国家的经济发展、贸易发展战略的现实选择等方面的问题;第十二章主要介绍和阐述我国对外贸易的发展历程和现状特征。

本书是普通高等学校重点学科建设规划教材,是集体智慧和辛勤劳作的结晶。参加本书编写大纲拟定和撰稿工作的成员均是长期从事高校教学、科研活动的教授、专家、学者,他们是安徽工业大学的刘立平教授、包遵之副教授、刘莉博士和铜陵学院的丁家云教授等。各章节编写的基本分工是:第一、二、三、五、九、十二章由刘立平负责撰写,第四章和第十章由丁家云与刘立平负责撰写;第六章和第十一章由刘莉负责撰写;第七章和第八章由包遵之负责撰写。安徽工业大学经济学院汪五一、洪静、徐斌、刘萍、潘晴、胡艺等也参与了部分章节的撰稿和校对工作。全书由刘立平担任主编,丁家云担任副主编,负责制订与修订编写大纲,并对全书进行修改和总纂。

本书在编写过程中,得到了安徽工业大学经济学院、教务处等部门的大力支持,国际贸易系的同事们对本书的出版提供了热情帮助,在此一并表示诚挚的感谢!此外,我们还参阅并吸收、借鉴了国内外相关著作、刊物及有关网站的大量素材,书后仅列出主要参考文献,在此也一并向相关文献的原作者表示感谢。

本书除作为普通高等学校经济及管理学科相关专业本科教育教材外,也可作为相关院校同类专业专科生和成人高等学历教育教材使用,还可供相关科研机构和业务部门工作人员学习参考之用。

限于编者的水平,书中不妥之处在所难免,恳请同行专家、学者以及广大读者朋友不吝赐教和批评指正。

编 者
2007年5月

目　　次

第 3 版前言 ·· (i)

前言 ·· (iii)

第 1 章　国际贸易与国际贸易学 ··· (1)
1.1　国际贸易概述 ·· (1)
1.2　国际贸易的产生与发展 ·· (12)
1.3　国际贸易学的研究对象与任务 ·· (30)

第 2 章　国际分工与世界市场 ·· (38)
2.1　国际分工概述 ·· (38)
2.2　国际分工对国际贸易的影响 ·· (48)
2.3　世界市场概述 ·· (51)
2.4　当代世界市场的基本特征 ·· (59)

第 3 章　传统国际贸易理论 ·· (69)
3.1　国际贸易理论的产生 ·· (69)
3.2　古典贸易理论 ·· (74)
3.3　贸易条件理论 ·· (89)
3.4　新古典贸易理论 ·· (95)

第 4 章　战后自由贸易理论 ·· (107)
4.1　国际贸易新要素理论 ·· (107)
4.2　技术差距及产品生命周期理论 ·· (110)
4.3　产业内贸易理论 ·· (117)
4.4　国家竞争优势理论 ·· (126)
4.5　新兴古典贸易理论 ·· (133)

4.6 新新贸易理论简介 ………………………………………… (138)

第5章 国际贸易保护理论 ………………………………………… (147)
5.1 幼稚产业保护理论 ………………………………………… (147)
5.2 超保护贸易理论 …………………………………………… (155)
5.3 发展中国家的保护贸易理论 ……………………………… (159)
5.4 战略性贸易理论 …………………………………………… (165)
5.5 新贸易保护主义理论 ……………………………………… (169)

第6章 国际贸易政策演变 ………………………………………… (175)
6.1 国际贸易政策概述 ………………………………………… (175)
6.2 对外贸易政策的历史演变与发展 ………………………… (183)
6.3 当代主要西方国家外贸政策及其发展趋势 ……………… (188)

第7章 国际贸易政策措施 ………………………………………… (198)
7.1 关税措施 …………………………………………………… (198)
7.2 非关税措施 ………………………………………………… (217)
7.3 出口鼓励措施 ……………………………………………… (229)
7.4 其他国际贸易政策措施 …………………………………… (235)

第8章 国际贸易政策协调 ………………………………………… (243)
8.1 贸易条约与协定 …………………………………………… (243)
8.2 关税与贸易总协定 ………………………………………… (249)
8.3 世界贸易组织 ……………………………………………… (253)

第9章 WTO体制下国际贸易基本规则 ………………………… (269)
9.1 国际货物贸易基本规则(上) ……………………………… (269)
9.2 国际货物贸易基本规则(下) ……………………………… (282)
9.3 国际服务贸易基本规则 …………………………………… (299)
9.4 国际贸易中的知识产权保护规则 ………………………… (307)
9.5 国际贸易争端解决规则 …………………………………… (313)

第10章 当代国际贸易的发展 …………………………………… (320)
10.1 区域经济一体化 ………………………………………… (320)

10.2 国际资本流动和国际贸易 …………………………………… (331)
  10.3 跨国公司与国际贸易 ……………………………………… (339)
  10.4 国际服务贸易 ……………………………………………… (349)
  10.5 国际技术贸易 ……………………………………………… (362)

第 11 章　对外贸易发展战略 …………………………………… (374)
  11.1 对外贸易与经济发展的关系 ……………………………… (374)
  11.2 对外贸易发展战略与发展中国家的经济发展 …………… (386)
  11.3 对外贸易发展战略的现实选择 …………………………… (394)

第 12 章　中国对外贸易发展与现状 …………………………… (403)
  12.1 中国对外贸易的发展历程 ………………………………… (403)
  12.2 新世纪以来中国对外贸易发展的现状特征 ……………… (419)

参考文献 ………………………………………………………… (436)

第1章 国际贸易与国际贸易学

国际贸易是人类社会发展到一定阶段的产物。在和平与发展成为世界主题的今天,随着世界经济全球化的进一步深入,不同国家和地区之间的经济联系比以往任何时候都更加紧密。尽管各国经济的合作更加广泛,竞争也更加激烈,但国际贸易仍是当代各国经济联系最重要的形式之一,国际贸易学作为一门古老而年轻的学科,也得到了空前的发展。

1.1 国际贸易概述

1.1.1 国际贸易的基本概念

1. 国际贸易的含义

国际贸易(International Trade)是指世界各国(或地区)之间商品和服务的交换活动,它是各个国家(或地区)在国际分工的基础上相互联系的主要形式。国际贸易的规模在一定程度上反映了经济国际化、全球化的发展与趋势。国际贸易有时也泛指世界所有国家和地区的贸易活动,并在这个意义上与世界贸易(World Trade)是同一个意思。但是,当我们说到国际贸易时,一般是指各个国家(或地区)间的商品与服务的交换关系,而世界贸易则通常是指世界各国(或地区)之间商品和服务的交换活动的整体。

对外贸易(Foreign Trade)是指一个特定国家(或地区)同其他国家(或地区)之间所进行的商品和服务的交换活动。在某些海岛国家(或地区)以及对外贸易活动主要依靠海运的国家(或地区),如英国、日本、中国台湾省等,也把对外贸易活动称为海外贸易(Oversea Trade)。此外,对外贸易又称国外贸易(External Trade)、进出口贸易(Import and Export Trade)或输出入贸易。

可见,国际贸易与对外贸易是一般与个别的关系,两者既有联系又有区别。如果从国际范围考察,国际贸易是一种世界性的商品与服务的交换活动,是各国

(或地区)对外贸易的总和。但国际贸易作为一个客观存在的整体,有其独特的矛盾与独特的运动规律,有些国际范围内的综合性问题,如国际分工、商品的国际价值、国际市场等问题,则不能从单个国家(或地区)的角度得到说明。一般而言,国际贸易多用于理论研究的场合,而对外贸易则通常用于有关政策和实务研究的场合。因此,两者在某些场合具有不同的含义,不能相互替代,混为一谈。

2. 国际贸易的相关概念

要研究和分析国际贸易活动,必须了解和掌握以下几个重要概念。

1) 贸易值与贸易量

贸易值(Value of Trade),又称贸易额,就是以货币表示的贸易金额。国际贸易值就是用货币表示的一定时期内世界各国和地区的对外贸易总值。国际贸易值一般都用美元来表示,这是因为美元是当代国际贸易中的主要结算货币,也是国际储备货币。同时,以美元为单位,也有利于在世界范围内进行统计归总和国际比较。因此,联合国(UN)及世界贸易组织(WTO)编制和发表的世界各国和地区对外贸易值的资料,一般均以美元表示。

就一个国家(或地区)而言,出口值与进口值之和就是该国(或地区)的对外贸易值或对外贸易额。例如,根据WTO《2013年国际贸易统计》数据,2012年中国货物贸易出口值20 490亿美元,进口值18 180亿美元,进出口贸易总值即对外贸易值为38 670亿美元;而同期美国货物贸易出口值15 460亿美元,进口值23 360亿美元,进出口贸易总值即对外贸易值为38 820亿美元。但是,当我们要计算世界的国际贸易总值时,却不能简单地采用前述加总的方法。这是因为一国的出口就是另一国的进口,两者相加无疑是重复计算。由于各国在进行贸易统计时,货物贸易的出口值一般以离岸价格(Free on Board,FOB价)进行统计,而货物贸易的进口值则按到岸价格(Cost Insurance and Freight,CIF价)进行统计。可见,进口值的统计中包括了运费及运输保险费。为此,在统计国际贸易总值(这里仅指国际货物贸易总值)时,通常采用的方法是将各国的出口值汇总起来。因此,国际贸易值是一定时期内世界各国和地区的出口值之和。例如,2012年世界各国和地区的货物贸易出口值之和为184 010亿美元,进口值之和为186 010亿美元,但我们通常只将前者184 010亿美元看做是2012年的国际(货物)贸易值。

由于以货币所表示的贸易值经常受到商品价格变动的影响,因此,国际贸易值往往不能准确地反映国际贸易的实际规模及其变化趋势。如果能以国际贸易的商品数量来表示,则可避免上述矛盾。但是,参加国际贸易的商品种类繁多,计量标准各异,如粮食、棉花等要按吨计算,小汽车等要按辆计算,服装等要按件计算等等,因而无法将它们直接相加。所以只能选定某一时点的不变价格为标准,来计算各个时期的贸易量(Quantum of Trade),以反映国际贸易实际规模的变动。具体来说,贸易量就是以某一固定年份为基期计算的出口价格指数去除贸易值,这样经修正后的贸易值就可以剔除价格因素的影响,能够比较准确地反映不同时期贸易规模的实际变动情况。由此可见,贸易量就是以不变价格计算(剔除价格变动的影响)的贸易值。贸易量可分为国际贸易量和对外贸易量以及出口贸易量和进口贸易量。用公式表示为:

$$贸易量 = \frac{贸易值}{进出口价格指数}$$

$$价格指数 = \frac{报告期价格}{基期价格} \times 100\%$$

例如,假定 2002 年的世界出口值为 60 000 亿美元,2012 年世界出口值为 180 000 亿美元。设 2002 年的出口价格指数为 100,2012 年出口价格指数为 200。则 2012 年世界出口贸易值与 2002 年相比,增加了 200%。计算如下:

$$\frac{2012 年世界出口值}{2002 年世界出口值} = \frac{180\,000}{60\,000} = 3(倍)$$

而 2012 年的世界贸易量与 2002 年相比,却只增加了 50%。计算如下:

$$2012 年世界贸易量 = \frac{180\,000}{\frac{200}{100}} = 90\,000(美元)$$

$$\frac{2012 年世界贸易量}{2002 年世界贸易量} = \frac{90\,000}{60\,000} = 1.5(倍)$$

由此可见,按贸易额(值)计算,2012 年世界贸易额是 2002 年世界贸易额的 3 倍,即增加了 200%;按贸易量计算,剔除价格上涨的因素,以 2002 年为基期的 2012 年贸易量为 90 000 亿美元。此时,2012 年世界贸易量是 2002 年世界贸易量(当 2002 年为基期时,价格指数为 100,贸易量等于贸易额)的 1.5 倍,仅增加了 50%。由于计算贸易量可以得出较为准确地反映贸易实际规模变动的情况,所以,许多国家、地区和国际组织都采用这种方法计算贸易量。

2) 贸易差额、顺差与逆差

在一定时期内(通常为 1 年),一个国家的出口总值与进口总值之间的差额,称为贸易差额(Balance of Trade)。如果出口值大于进口值,就是存在贸易出超(Excess of Export over Import),或者称为贸易顺差(A Favorable Balance of Trade)、贸易盈余;反之,如果进口值大于出口值,称为贸易入超(Excess of Import over Export),或者称为贸易逆差(An Unfavorable Balance of Trade)、贸易赤字。例如,根据WTO统计数据,2012年中国对外(货物)贸易处于顺差地位,顺差额为2 310亿美元(即20 490亿美元－18 180亿美元)①;而同期美国对外(货物)贸易则处于逆差地位,逆差额为7 900亿美元(即15 460亿美元－233 60亿美元)。

简而言之,出超(或贸易顺差)意味着一国在对外贸易中收入大于支出,而入超(或贸易逆差)则意味着对外贸易的支出大于收入。此外,当一国的进口额与出口额相等时,则称为贸易平衡。

贸易差额是衡量一国对外贸易状况的重要指标。一般说来,贸易顺差表明一国在对外贸易收支上处于有利地位,而贸易逆差则表明一国在对外贸易收支上处于不利境地。单纯从国际收支的角度来看,当然是顺差比逆差好。但是,长期保持顺差也不一定是件好事。首先,长期顺差则意味着大量的资源通过出口而输往到外国,得到的只是资金积压;其次,巨额顺差往往会使本币升值,从而不仅不利于扩大出口,而且还会造成同其他国家的贸易关系紧张。

在一国的经济发展中,对外贸易是顺差好还是逆差好,要视具体情况而定。一般说来,西方发达国家面临的主要矛盾是总需求不足,生产能力过剩,因此,对外贸易顺差能在一定程度上缓和需求不足的矛盾,有利于扩大国内的生产规模,增加就业机会。但就发展中国家和地区而言,在经济高速增长时期出现暂时的贸易逆差,是难免的,甚至在某种程度上是有益的。因为,同发达国家相比,发展中国家和地区的科技发展水平、劳动生产率水平还存在相当大的差距,且短期内难以大幅度地缩小这种差距。再者,发展中国家和地区大量引进外资也会在一定时期内强化贸易逆差的倾向。因为外资的流入特别是外商直接投资的增加通常会以进口的方式带进一部分投资品,使引进外资的发展中国家和地区的进口规模扩大,而且投资引起进口需求往往不是一次性的,而是连续性的。同时,从市场经济运行的角度看,发展中国家和地区经济生活中的主要矛盾是供给不足,保持一定的贸易逆差,实际上就是利用外部资源来促进国内经济建设。当然,若出现严重的国际收支不平衡,则会对国民经济的运行产生巨大冲击,妨碍经济的持续发展。

3) 贸易商品结构

国际贸易商品结构(International Trade by Commodities)是指各类商品在国际贸易中所处的地位,通常以它们在世界出口总额中的比重来表示。

随着世界生产力的发展和科学技术的进步,国际贸易商品结构也在不断地发

---

① 根据中国海关统计数据,2012年我国货物贸易出口额为20 487.64亿美元,进口额为18 183.11亿美元;贸易总额38 670.75亿美元;贸易顺差2 304.53亿美元。

生变动,其基本趋势是初级产品的比重大大下降,工业制成品的比重不断上升,特别是工程产品、化学产品等资本货物以及技术密集型产品的比重显著增加。例如,1990年到1999年,世界农产品出口额占出口总额的比重由12.2%下降到9.9%,矿产品的比重由14.3%下降到10.2%;而同期工业品的比重却从70.5%上升到76.5%,其中,机械及运输设备从35.8%上升到41.9%,化学产品从8.7%上升到9.6%①。又比如,2000年到2004年,世界农产品出口额占出口总额的比重均保持在8.8%的水平上,燃料及矿产品的比重由13.9%上升到14.4%;而同期工业品的比重却从74.8%下降到73.8%,其中机械及运输设备从41.8%下降到39%,但化学产品却从9.3%上升到11.0%,钢铁产品从2.3%上升到3.0%②。

近年来,农产品、矿产品及燃料出口增速较快,其在世界出口商品结构中的比重有所上升。如2005～2012年,农产品出口年均增速10%,燃料及矿产品出口年均增速13%,而工业制成品出口年均增速仅有7%。2012年,世界农产品出口额占出口总额的比重为9.2%;燃料及矿产品占比23.1%(其中燃料出口额占世界出口总额的18.8%);制成品占比64.1%,其中钢铁占比2.7%,化工产品占比10.9%,办公及通讯设备占比9.3%,汽车占比7.2%,纺织品及服装占比4%③。

就某一个国家或地区来说,对外贸易商品结构(Foreign Trade by Commodities)是指一定时期内进出口贸易中各类商品的构成情况,通常以各种商品在进口总额或出口总额中所占的比重来表示,包括出口商品结构和进口商品结构。据中国海关统计,2012年我国初级产品出口贸易额为1 005.81亿美元,占比4.9%;工业制成品出口贸易额为19 483.54亿美元,占比95.1%。同年我国初级产品进口贸易额为6 346.05亿美元,占进口贸易总额的比重为34.9%;工业制成品进口贸易额为11 832.21亿美元,占比65.1%。

一国的对外贸易商品结构可以反映该国的经济和科技发展水平以及资源禀赋等状况。例如,发达国家的出口中机器设备等制成品占最大比重,而发展中国家的出口则以初级产品和劳动密集型制成品为主。

4) 贸易地理方向

国际贸易地理方向(Direction of International Trade)又称国际贸易地区分布(International Trade by Regions),它用来表明世界各个地区或各个国家在国际

---

① 参见:WTO. 2000年世界贸易统计[R].
② 参见:WTO. 2005年世界贸易统计[R].
③ 参见:WTO. 2013年世界贸易统计[R].

贸易中所占的地位,通常是用它们的出口贸易额或进口贸易额占世界出口贸易总额或进口贸易总额的比重来表示。例如,2012年世界货物出口总额中,欧洲地区的出口占比35.6%(其中德国占比7.8%)、亚太地区占比31.5%(其中中国占比11.4%、日本占比4.5%)、北美占比13.2%(其中美国占比8.6%);而在同期的世界进口总额中,上述三个地区的占比分别为35.9%(其中德国占比6.4%)、31.8%(其中中国占比10.0%、日本占比4.9%)和17.6%(其中美国占比12.8%)。① 由于国际政治经济形势在不断变化,各国的经济实力对比经常变动,国际贸易的地理方向也在不断发生变化。

就某一个国家(或地区)来说,对外贸易地理方向或地区分布是指一国(或地区)进口商品的来源和出口商品的去向,它是用来反映该国(或地区)与其他国家(或地区)之间的经济贸易联系程度。例如,据中国海关统计,2012年中国向六大市场出口额占出口总额的70.9%,这六大出口市场依次是:美国(占17.2%)、欧盟(占16.3%)、我国香港特别行政区(占15.8%)、东盟(占10.0%)、日本(占7.4%)和韩国(占4.3%),而向世界其他地区出口额合计仅占29.1%。另据WTO统计数据,2012年美国货物产品出口市场的前三位分别是加拿大(占18.9%)、墨西哥(占14%)和中国(占7.2%)②。

5) 贸易条件与外贸依存度

贸易条件(Terms of Trade),又称进出口比价或交换比价,是指一个国家或地区以出口交换进口的条件,即出口与进口的交换比例。它有两种表示方法:一是用物物交换表示,即用实物形态来表示的贸易条件,它不涉及货币因素和物价水平的变动。通常是指出口一单位商品能够换回多少单位进口商品,当出口产品能交换到更多的进口产品时,称作贸易条件改善了;反之,如果出口产品只能交换到较少的进口产品时,则称为贸易条件恶化了。二是用价格或价格指数来表示的贸易条件,通常是用一定时期内一国(或地区)出口商品价格指数与进口商品价格指数之比,即贸易条件指数(或系数)来表示,公式为:

$$贸易条件系数 = \frac{出口价格指数}{进口价格指数} \times 100$$

如果该指数大于100,表明贸易条件改善了;反之,若该指数小于100,则表明贸易条件恶化了;如果该指数等于100,则为贸易条件不变。

对外贸易依存度(Degree of Dependence on Foreign Trade),简称外贸依存

---

① 参见:WTO. 2013年世界贸易统计[R].
② 参见:WTO. 2013年世界贸易统计[R].

度,又称外贸系数、外贸率、外贸贡献度和经济开放度,它是指用一国对外贸易额在其国民生产总值(GNP)或国内生产总值(GDP)中所占的比重来表示一国国民经济对进出口贸易的依赖程度,或国际贸易对经济增长的贡献度。它主要用于反映一国对外贸易在国民经济中的地位,同其他国家经贸联系的密切程度及该国参与国际分工、世界市场的广度和深度。其具体计算公式是:

$$对外贸易依存度 = \frac{进出口贸易总额}{国内(民)生产总值} \times 100\%$$

例如,2011年我国货物进出口总值为236 401.99亿元,当年国内生产总值为473 104.05亿元。因此,2011年我国对外贸易依存度约为50%。

由于各国或地区经济发展水平的不同,对外贸易政策存在差异,国内市场大小不同,导致各国的对外贸易依存度有较大的差异。一般而言,就横向比较,一国外贸依存度越高,则对外贸易在国民经济中的作用越大,与外部的经贸联系越多,经济开放度也越高;从纵向比较,如果一国外贸依存度提高,则不仅表明其外贸增长率高于国民生产总值(或国内生产总值)增长率,还意味着其对外贸易对经济增长的作用加大,其经济开放度提高。

第二次世界大战后,世界出口总额占世界GDP的比重不断提高:1950年为5%,1960年为10.5%,1970年为14.9%,1980年为16.6%,1990年为19.9%,2000年为29.9%,2012年则回落至25.7%。这充分反映了世界各国之间的经济贸易联系越来越密切,对外贸易在各国国民经济中的地位也越来越重要。

外贸依存度还可分为出口依存度(Degree of Dependence on Export)和进口依存度(Degree of Dependence on Import),前者是指一国出口额在其GNP(或GDP)中所占的比重;后者是指一国进口额在其GNP(或GDP)中所占的比重。值得注意的是,许多欧美学者将出口依存度定义为外贸依存度,不仅如此,用出口额占GDP的比重来计算外贸依存度的方法,在很大程度上已成为某种国际惯例。

改革开放以后,我国出口依存度大幅度提高,1978年为5.2%,1980年为6.7%,1990年为14.6%,2000年为22.3%,2012年为24.9%。由此可见,我国的对外贸易在国民经济中的地位日益提高,国内经济与世界经济的联系也日益密切。

1.1.2 国际贸易的分类

国际贸易按照不同的标准可以分为不同的种类。

1. 按商品流向分为出口贸易、进口贸易和过境贸易

一国(或地区)的对外贸易包括出口与进口两个组成部分:一个国家(或地区)

国际贸易:理论与政策

向其他国家(或地区)输出商品与服务的贸易活动称为出口贸易(Export Trade);反之,当一个国家(或地区)从其他国家(或地区)购进商品与服务用于国内(或地区内)生产或消费时,由此而产生的全部贸易活动称为进口贸易(Import Trade)。一笔贸易,对卖方是出口贸易,而对买方则是进口贸易。

同时,我们通常将输入一国(或地区)境内的货物再输出时,称为"复出口"(Re-export Trade);反之,输往境外的货物再输入境内时,则称为"复进口"(Re-import Trade)。复出口往往是在购买时本想用于境内销售与消费,但因国际市场价格上涨而出口以赚取利润的情形;而复进口则主要是因为出口退货的情形。

一国(或地区)在同类产品上通常是既有出口又有进口。在一定时期(通常为1年)内,将某种商品的出口量与进口量加以比较,如果出口量大于进口量,则称为"净出口"(Net Export);反之,如果出口量小于进口量,则称为"净进口"(Net Import)。净出口与净进口是以数量来反映一国(或地区)的某种商品在国际贸易中所处的地位。

某些国家由于特殊的地理位置,或者为了节约运输费用和时间,在从商品生产国购货之后,需要通过第三国的境界才能进入本国的市场。对于第三国来说,这就是过境贸易(Transit Trade)。过境贸易又可分为两种:一种是间接的过境贸易,即外国商品进入国境之后,先暂时存放在海关仓库内,然后再提出运走;另一种是直接的过境贸易,即运输外国商品的船只、火车、飞机等等,在进入本国境界后并不卸货,而在海关等部门的监督之下继续输往国外。

2. 按商品形态分为货物贸易和服务贸易

货物贸易(Commodity Trade)是指物质商品的进出口。由于物质商品是有形的,是可以看得见、摸得着的,因此货物贸易通常又称作有形贸易(Visible/Tangible Trade)。世界市场上的物质商品种类很多,为了统计和其他业务的方便,联合国曾于1950年编制了《国际贸易标准分类》(SITC),并于1960年、1974年和1985年先后修订3次,它一度为世界绝大多数国家和地区所采用。根据这个标准,国际贸易中的商品(货物)分为10大类、67章、261组、1 033个分组和3 118个基本项目。这种分类法几乎把国际贸易的所有物质商品都包括进来了。

10大类商品分别是:0类:食品及主要供食用的活动物;1类:饮料及烟类;2类:燃料以外的非食用粗原料;3类:矿物燃料、润滑油及有关原料;4类:动植物油脂;5类:未列名化学品及有关产品;6类:主要按原材料分类的制成品;7类:机械及运输设备;8类:杂项制品;9类:没有分类的其他商品。其中0~4类商品又被称为初级产品,5~8类商品被称为制成品。按此标准,在国际贸易统计中,每一

第1章 国际贸易与国际贸易学

种商品的目录编号都采用5位数。1位数表示类,2位数表示章,3位数表示组,4位数表示分组,5位数表示项目。

现在使用得最广泛的是海关合作理事长会于1983年编制的《协调商品名称及编码制度》(1988年1月1日正式生效),简称《协调制度》(HS)①。当前,我国也采用了这一分类标准。从总体结构上讲,HS目录与《海关合作理事会商品分类目录》基本一致,其将国际贸易涉及的各种商品按照生产部类、自然属性和不同功能用途等分为21类、97章。HS的前6位数是HS国际标准编码,HS有1241个四位数的税目,5113个六位数子目。部分国家根据本国的实际,已分出第7、8、9、10位数码。

从整体结构来看,HS主要是由税(品)目和子目构成,税(品)目号中第1至第4位称为税(品)目,第5位开始称为子目。为了避免各税(品)目和子目所列商品发生交叉归类,在许多类、章下加有类注、章注和子目注释,设在类、章之首,是解释税(品)目、子目的文字说明,同时有归类总规则,作为指导整个HS商品归类的总原则。

1987年,HS最初的缔约国仅有32个,而截至目前(2013年底),实际采用HS的国家和地区已超过200个,全球贸易总量98%以上的货物都是以HS进行分类。经国务院批准,我国海关自1992年1月1日起开始采用HS,使进出口商品归类工作成为我国海关最早实现与国际接轨的执法项目之一。

服务贸易(Service Trade)是指服务商品的进出口,它是以提供活劳动的形式满足他人需要并获取报酬的。由于服务商品是无形的,是看不见、摸不着的,因此服务贸易通常又称作无形贸易(Invisible/Intangible Trade)。按照WTO《服务贸易总协定》(GATS)的定义,国际服务贸易是指服务贸易提供者从一国境内、通过商业现场或自然人的商业现场向服务消费者提供服务,并获取收入的过程。

国际服务贸易通常又分为要素服务贸易(Factor Service Trade)和非要素服务贸易(Non-Factor Service Trade)。要素服务贸易是一国向他国提供劳动、资本、技术及土地等生产要素的服务,而从国外得到报酬的活动。它包括对外直接投资和间接投资的收益、侨民汇款及技术贸易的收入;非要素服务贸易是狭义的

---

① 《商品名称及编码协调制度》(Harmonized Commodity Description and Coding System,简称HS)是指原海关合作理事会(1995年更名为世界海关组织)在《海关合作理事会商品分类目录》(CCCN)和联合国的《国际贸易标准分类》(SITC)的基础上,参照国际上主要国家的税则、统计、运输等分类目录而制定的一个多用途的国际贸易商品分类目录。目前《协调制度》已经历了六个版本,分别是1988年、1992年、1996年、2002年、2007年和2012年版本。

服务贸易,它指提供严格符合"服务"定义的服务而获取外汇收入的交易,如国际运输、旅游、教育、卫星发射、咨询、会计等等。在实际活动中,按照WTO的分类,国际服务贸易分为商业、通讯、建筑及工程、销售、教育、环境、金融、健康与社会、旅游、文化与体育、运输业及其他等12大类155个项目。

3. 按国境和关境分为总贸易与专门贸易

对于什么是进口和出口,各国的统计标准略有不同。现在世界上通行的体制有两种:一种是以国境作为统计对外贸易的标准。凡是进入该国境界的商品一律列为进口,称为总进口(General Import);凡是离开该国境界的商品均列为出口,称为总出口(General Export)。总进口额加上总出口额就是一国的总贸易(General Trade)额。英国、加拿大、日本、澳大利亚、美国等90多个国家和地区都采用这个统计标准。

另一种是以关境作为统计对外贸易的标准。关境是一个国家海关法则全部生效的领域。当今世界上关境与国境不一致是相当普遍的现象。根据这个标准,外国商品进入关境之后才列为进口,称为专门进口(Special Import)。如外国商品虽已进入国境,但仍暂放于海关的保税仓库之内,或只是在免税的自由经济区流通,则不被统计为进口。另一方面,凡是离开关境的商品都要列为出口,称为专门出口(Special Export),但从关境外国境内输往他国的商品,则不被统计为出口。专门出口额加上专门进口额,即是一个国家的专门贸易(Special Trade)额。德国、意大利、瑞士等80多个国家采用这种划分办法。

总贸易与专门贸易的数额是不相同的。这是因为:第一,关境和国境往往不一致,比如经济特区、关税同盟等已经广泛地存在。第二,对某些特殊形式的贸易两者的处理不同,例如,过境贸易会计入总贸易额不会列入专门贸易额。因此,联合国在公布各国对外贸易统计数字时一般都注明该国是总贸易体制还是专门贸易体制。我国采用的是总贸易体制。

总贸易和专门贸易反映的问题各不相同。前者包括所有进出入该国的商品,反映一国在国际商品流通中所处的地位;后者只包括那些进口是用于该国生产和消费,出口是由该国生产和制造的商品,反映一国作为生产者和消费者在国际贸易中所起的作用。

4. 按贸易关系或贸易活动有无第三方参加分为直接贸易、间接贸易和转口贸易

在国际贸易中,商品的生产国一般是直接到商品的消费国去销售商品,后者

第1章 国际贸易与国际贸易学

也乐于从前者购买,这种交易称为直接贸易(Direct Trade)。此时出口国即是生产国,进口国就是消费国。

由于政治、地理等方面的原因,有时商品的生产国和消费国不能直接进行交易,而只能通过第三国商人转手来间接地进行买卖。这种形式的国际贸易称为间接贸易(Indirect Trade)。

从商品的生产国进口商品,但不是为了本国生产或消费,而是再向第三国出口,这种形式的贸易称为转口贸易(Entrepot Trade)。如上述间接贸易中的第三国所从事的就是转口贸易。转口贸易的经营方式大体上又可以分为两种:一是间接转口,即转口商将商品从生产国输入进来,然后再销往商品的消费国;二是直接转口,即转口商人仅参与商品的交易过程,而商品还是从生产地直接运往消费地。

从事转口贸易的大多是运输便利的国家(或地区)的港口城市。如伦敦、鹿特丹、新加坡、香港等,由于它们地理位置优越,便于货物集散,因而转口贸易相当发达。

转口贸易与过境贸易的主要区别在于:第一,转口贸易须由转口国或地区的商人来完成交易手续,而过境贸易中第三国不直接参与商品的交易过程。第二,转口贸易以营利为目的,要有一个正常的商业加价,而过境贸易通常只收取少量的手续费或印花税等。

5. 按清偿方式不同分为现汇贸易、记账贸易和易货贸易

现汇贸易(Spot Exchange Trade),又称自由结汇贸易,是指买卖双方以现汇(通常是国际上通用的可兑换货币,如美元、欧元、日元等)来进行结算或收付的贸易。由于现汇具有运用上的灵活性和广泛性,可自由地兑换成其他货币,所以,该方式是当前国际贸易活动中运用最普遍的一种。其特点是银行逐笔支付款项以结清债权债务;结算方式以信用证为主,辅以托收、汇付和银行保函等方式。

记账贸易(Clearing Account Trade)是由两国或地区政府间签订贸易协定或支付协定,按照一定的记账方法进行结算的贸易。其特点是在一定时期内(多为一年)两国或地区间贸易往来不需要用现汇逐笔结算,而是到期一次性结清。通过记账贸易所获得的外汇称为记账外汇,一般仅用于协定国或地区之间,不能用于同第三国或地区的结算。

易货贸易(Barter Trade),又称换货贸易,是指商品交易的双方依据相互间签订的易货协定或易货合同,在经过计价的基础上互相交换货物的一种交易方式。此种方式比较适用于那些由于外汇不足,或外汇汇率波动剧烈,或其他各种原因无法以自由结汇方式进行相互交易的国家以及有关贸易商之间。

国际贸易：理论与政策

除了上述划分以外，国际贸易还可以按参与贸易活动国家或地区的多少分为双边贸易(Bilateral Trade)、三角贸易(Triangular Trade)和多边贸易(Multilateral Trade)；按货物运送方式分为陆运贸易(Trade by Roadway)、海运贸易(Trade by Seaway)、空运贸易(Trade by Airway)、邮购贸易(Trade by Mail Order)、管道运输贸易(Trade by Pipe)和多式联运贸易(Trade by Multi-modal Transportation)；按贸易双方经济发展水平分为水平贸易(Horizontal Trade)和垂直贸易(Vertical Trade)；按贸易政策分为自由贸易(Free Trade)、保护贸易(Protective Trade)、统制贸易(Control Trade)和管理贸易(Management Trade)，等等。

1.2 国际贸易的产生与发展

国际贸易属于一定的历史范畴，它是在一定的历史条件下产生和发展起来的。国际贸易的产生和发展都是以生产力的发展为基础的，并受到生产力的制约。同时，国际贸易的发展反过来又促进了社会生产力的发展，加速整个社会物质财富的增长。随着生产的发展、科学技术的进步和交换方式的改进，国际贸易的含义也在不断地扩大。传统的国际贸易仅指有形商品的交换。现代国际贸易，则是指商品与劳务的交换，也称广义的商品交换，包括有形商品贸易和无形商品贸易，简称有形贸易(或货物贸易)和无形贸易(或服务贸易)。当今世界，无形贸易在国际贸易中的比重稳中趋升，其地位和作用备受世界各国和地区所重视。

1.2.1 国际贸易的产生

国际贸易的产生必须具备两个基本条件：一是社会生产力的发展及可供交换的剩余产品的出现；二是存在各自为政的社会实体(即国家的形成)。简言之，社会生产力的发展产生出用于交换的剩余商品，这些剩余商品在国与国之间交换，就产生了国际贸易。因此，从根本上说，社会生产力的发展和社会分工的扩大，是国际贸易产生和发展的基础。

分工是交换的基础。没有分工就没有交换，当然也就没有国际贸易。在原始社会初期，生产力水平极为低下，人类处于自然分工的状态。氏族公社内部人们依靠共同的劳动来获取十分有限的生活资料，并且按照平均主义方式在成员之间实行分配。当时没有剩余产品和私有制，没有阶级和国家，因而也就没有对外贸易。

三次社会大分工的出现，一步一步地改变了上述状况。人类社会的第一次大

第1章 国际贸易与国际贸易学

分工是畜牧业和农业之间的分工,它促进了生产力的发展,使产品有了剩余。在氏族公社的部落之间开始有了剩余产品的相互交换,但这还只是偶然的物物交换。人类社会的第二次社会大分工,是手工业从农业中分离出来,由此而出现了直接以交换为目的的生产,即商品生产。它不仅进一步推动了社会生产力的进步,而且使社会相互交换的范围不断扩大,最终导致了货币的产生,产品之间的相互交换渐渐演变为以货币为媒介的商品流通。这些直接引致了第三次社会大分工,即出现了商业和专门从事贸易的商人。在生产力不断进步的基础上,形成了财产私有制,原始社会的末期出现了阶级和国家。于是商品经济得到进一步发展,并最终超出国家的界限,这就形成了最早的对外贸易。

1.2.2 资本主义社会以前的国际贸易

1. 奴隶社会的国际贸易

奴隶社会制度最早出现在古代东方各国,如埃及、巴比伦、中国(殷、周时期已进入奴隶社会),但以欧洲的希腊、罗马的古代奴隶制度最为典型。奴隶社会的特征是奴隶主占有生产资料和奴隶人身,具有维护奴隶主阶级专政的完整的国家机器。在奴隶社会,较之原始社会时期,社会生产力水平前进了一大步,社会文化也有了较大的发展,国际贸易初露端倪。

早在公元前2000多年前,由于水上交通便利,地中海沿岸的各奴隶社会国家之间就已开展了对外贸易,出现了腓尼基(Phoenicia)、迦太基(Carthage,今突尼斯境内)、亚历山大、希腊、罗马等贸易中心和贸易民族。例如,古代腓尼基是地中海东岸的一个国家,当时它的手工业已经相当发达,能够制造出玻璃器皿、家具、染色纺织品和金属用品。腓尼基人以他们的手工产品与埃及人交换谷物、象牙、驼毛,从塞浦路斯贩运铜,从西班牙贩卖金银和铁,从希腊贩运奴隶,从东方贩运丝绸、香料和一些奢侈品。在公元前2000年左右,腓尼基已成为一个依靠对外贸易而繁荣起来的民族。腓尼基衰落之后,希腊约在公元前1000年成为地中海的第二个商业国家。到公元前4世纪希腊的手工业已相当发达,分工精细,其手工业品不仅销售到了北非、西欧和中欧,甚至流传到了遥远的东方。我国在夏商时代进入奴隶社会,贸易集中在黄河流域沿岸各国。

但是从总体上来说,奴隶社会是自然经济占统治地位,生产的直接目的主要是为了消费。商品生产在整个经济生活中还是微不足道的,进入流通的商品很少。加上生产技术落后,交通运输工具简陋,各个国家对外贸易的规模和范围受到很大限制。上面提到的那些商业发达的民族或国家,在当时仍只是一种局部现象。

从国际贸易的商品构成来看,奴隶是当时欧洲国家对外交换的一种主要商品。希腊的雅典就是那时贩卖奴隶的一个中心。此外,奴隶主阶级需要的奢侈消费品,如宝石、香料、各种织物和装饰品等等,在对外贸易中占有重要的地位。当时国际贸易的地域范围也仅局限于欧洲的地中海和黑海沿岸,以及欧洲大陆和西北欧的少数城市和岛屿。尽管奴隶社会对外贸易的影响有限,但对手工业发展的促进较大,在一定程度上推动了社会生产的进步,促进了商品经济的扩大。

2. 封建社会的国际贸易

封建社会取代奴隶社会之后,国际贸易又有了较大发展。尤其是从封建社会的中期开始,实物地租转变为货币地租,商品经济的范围逐步扩大,对外贸易也进一步增长。到封建社会的晚期,随着城市手工业的进一步发展,资本主义因素已经开始孕育和生长,商品经济和对外贸易都比奴隶社会有了明显的发展。

在封建社会开始出现国际贸易中心。早期的国际贸易中心位于地中海东部,君士坦丁堡、威尼斯和北非的亚历山大是中世纪著名的三大国际贸易中心。公元11世纪以后,随着意大利北部和波罗的海沿岸城市的兴起,国际贸易的范围逐步扩大到地中海、北海、波罗的海和黑海沿岸。城市手工业的发展推动了当时国际贸易的发展,而国际贸易的发展又促进了手工业的发展,促进了社会经济的进步,并促进了资本主义因素在欧洲各国内部的迅速发展。

在封建社会,中国的对外贸易已有所发展。公元前2世纪的西汉时代,我国就开辟了从新疆经中亚通往中东和欧洲的"丝绸之路"。中西商人沿丝绸之路互通有无,中国的丝、茶和瓷器等转销到地中海沿岸各国,西方前来的使者和商人络绎不绝,开创了中国同西方各国进行政治、经济、文化、宗教等等往来的良好先例。明朝时代,郑和七次率领船队下西洋,足迹遍及今印度支那、马来西亚半岛、南洋群岛以及印度、伊朗、阿拉伯等地,最远到达了非洲东部海岸。这些远航把我国的绸缎、瓷器等输往国外,换回了香料、象牙、宝石等等。通过对外贸易,我国的火药、罗盘和较先进的手工业技术输往了亚欧各国,同时也引进了不少土产和优良种子,这不仅推动了各自对外贸易的发展和亚欧间的经贸交往,也对世界文明的进程产生了深远的影响。

从国际贸易的商品结构来看,封建时代里仍主要是奢侈消费品,例如东方国家的丝绸、珠宝、香料,西方国家的呢绒、酒等等。手工业品在国际贸易中的比重有了明显的上升。与此同时,交通运输工具,主要是船只有较大进步,使得国际贸易的范围扩大了,更多的国家和地区的产品进入了国际贸易领域。不过从总体上

第1章 国际贸易与国际贸易学

说来,由于自然经济仍占统治地位,封建社会的国际贸易在经济生活中的作用还相当小。

综上所述,资本主义社会以前时期的国际贸易还处在国际贸易的萌芽阶段。随着社会生产力的提高,以及社会分工和商品生产的发展,国际贸易不断扩大。但是,由于受到生产方式和交通条件的限制,商品生产和流通的主要目的是为了满足剥削阶级奢侈生活的需要,贸易主要集中于各洲之内和欧亚大陆之间。国际贸易在奴隶社会和封建社会经济中都不占有重要的地位,贸易的范围和商品品种都有很大的局限性,贸易活动也不经常发生。15世纪的"地理大发现"以及由此产生的欧洲各国的殖民扩张则大大地发展了各洲之间的贸易,从而开始了真正意义上的"世界贸易"。

1.2.3 资本主义生产方式下国际贸易的发展

国际贸易虽然源远流长,但真正具有世界性质是在资本主义生产方式确立起来之后。在资本主义生产方式下,国际贸易急剧扩大,贸易活动遍及全球,贸易商品种类日益增多,国际贸易越来越成为影响世界经济发展的一个重要因素。而在资本主义发展的各个不同历史时期,国际贸易的发展又各具特征。

1. 资本主义生产方式准备时期的国际贸易

公元16世纪至18世纪中叶是西欧各国资本主义生产方式的准备时期,这一时期工场手工业的发展使劳动生产率得到提高,商品生产和商品交换进一步发展,这为国际贸易的扩大提供了物质基础。这一时期的地理大发现,更是加速了资本的原始积累,促使世界市场初步形成,从而大大扩展了世界贸易的规模。

1492年意大利航海家哥伦布由西班牙出发,经大西洋发现了美洲;1498年葡萄牙人达·迦马从欧洲绕道南非好望角通往印度,这些对欧洲的经济与贸易产生了深远的影响。地理大发现的结果①,使西欧国家纷纷走上了向亚洲、非洲和拉丁美洲扩张的道路,在殖民制度下进行资本的血腥原始积累。殖民主义者用武

---

① 地理大发现的称呼,乃是指西方国家第一次看见美洲大陆的一种说法。当时的西方人认为他们发现"新大陆",连上面的原住民也是"新住民"。但是严格来说,美洲大陆上的原住民早就住在那里上万年,美洲大陆也是一直存在着,只是欧亚大陆(所谓的旧大陆)的居民在此之前完全不知情。把"找到"美洲大陆的举动称为"发现",这种欧洲中心论的观点似乎是说那群人原本不存在、不是人,等到欧洲人来临时才"被发现"及"被赋予存在"的意思。这样的说法实际上是对美洲大陆原住民的不尊敬,这在严格的历史用语上是应该有所斟酌。

力、欺骗和贿赂等等办法,实行掠夺性的贸易,把广大的殖民地国家卷入到国际贸易中。国际贸易的范围和规模空前地扩大了。

地理大发现还导致世界贸易中心的转移,伊比利亚半岛上的里斯本、塞维利亚,大西洋沿岸的安特卫普、阿姆斯特丹、伦敦等地取代远离大西洋海上商路的威尼斯、亚历山大和君士坦丁堡,而成为世界贸易中心。国际贸易中的商品结构也开始转变,工业原料和城市居民消费品的比重上升,一些从未进入欧洲市场的新商品,如烟草、可可、咖啡、茶叶等,都加入到国际商品的流通范围里来了。可见,资本主义生产方式准备时期的国际贸易比奴隶社会和封建社会有很大的发展。

2. 资本主义自由竞争时期的国际贸易

18世纪后期至19世纪中叶是资本主义的自由竞争时期。这一时期欧洲国家先后发生了产业革命和资产阶级革命,资本主义机器大工业得以建立并广泛发展。而机器大工业的建立和发展,一方面使社会生产力水平有了巨大的提高,商品产量大大增加,可供交换的产品空前增多,真正的国际分工开始形成;另一方面,大工业使交通运输和通信联络发生了巨大的变革,极大地便利和推动了国际贸易的发展。

在资本主义自由竞争时期,国际贸易的各方面都发生了显著变化。

第一,国际贸易量显著增加。在1720~1800年的80年间,世界贸易量总共增长了1倍。而进入19世纪之后,国际贸易量的增长速度明显加快(见表1.1)。19世纪的前70年中,世界贸易量增长了10多倍。其中,头30年国际贸易的增长慢一些,主要受到了英法战争的影响,增长最快的是1860~1880年。

表1.1　19世纪的世界贸易额、贸易量

年　份	贸易额(10亿美元)	贸易量(1913年为100)	贸易量年均增长率(%)
1800	1.4	2.3	0.27
1820	1.6	3.1	1.5
1830	1.9	4.3	3.3
1840	2.7	5.4	2.3
1850	4.0	10.1	6.5
1860	7.2	13.9	3.2
1870	10.6	23.8	5.5
1880	14.7	30.0	3.5

资料来源:汪尧田,褚健中.国际贸易[M].上海:上海社会科学院出版社,1989:37.

第二,英国在世界贸易中占据垄断地位。在19世纪的世界贸易中,英、法、德、美居于重要地位,其中又以英国居最前列。依靠工业革命所造就的雄厚技术基础,英国取得世界工业的霸主地位,成为名副其实的"世界工厂"。在19世纪50年代的世界生产中,英国冶炼的铁约占一半,采掘的煤占一半多,纺织的棉布占将近一半,机器制造几乎处于独占地位。当时正在进行工业革命的其他资本主义国家也都要从英国取得先进技术和设备。英国的机器制造商承包了全世界的机器、火车车辆、铁路设备的制造。1870年,英国在世界贸易中的比重达25%,几乎相当于法国、德国和美国的总和。与其在世界贸易中的垄断地位相适应的是,1870年英国拥有的商船吨位也居世界第一位,超过荷、法、美、德、俄等国的商船吨位的总和。依靠强大的海运业,英国从其他国家获得廉价的原料,控制着其他国家的贸易往来,并取得了巨额的"无形收入"。由于英国在世界工业和贸易中的垄断地位,使伦敦成了国际金融中心,英格兰银行成为各国银行的银行,英镑成为世界货币,直接影响着全世界的信用系统。

第三,国际贸易的商品结构发生很大变化,工业品的比重显著上升。18世纪末以前的大宗商品,如香料、茶叶、丝绸、咖啡等等,虽然绝对量在增加,但是所占份额已经下降。在工业品的贸易中,以纺织品的增长最为迅速并占有重要地位。以前欧洲国家都从中国和印度进口棉布,19世纪英国完成工业革命以后,它成为棉布的主要出口国,其出口商品中有1/2~1/3是纺织品。煤炭、钢铁、机器等商品的贸易也有了很大的增长。同时,粮食也开始成为国际贸易的大宗商品,由于工业发展的需求和运输费用的降低,粮食占当时国际贸易额的1/10左右。

第四,国际贸易的方式有了进步。国际定期集市的作用下降,现场看货交易逐渐转变为样品展览会和商品交易所,根据样品来签订合同。1848年美国芝加哥出现了第一个谷物交易所,1862年伦敦成立了有色金属交易所,19世纪后半期在纽约成立了棉花交易所。期货交易也已经出现,小麦、棉花等等常常在收获之前就已经售出,交易所里的投机交易也应运而生。

第五,国际贸易的组织形式有了改进。19世纪以前,为争夺殖民地贸易的独占权,英国、荷兰、法国等纷纷建立了由政府特许的海外贸易垄断公司(如东印度公司等)。这些公司享受种种特权,拥有自己的机构、船队等等。随着贸易规模的扩大,特权的外贸公司逐步让位于在法律上负有限责任的股份公司,对外贸易的经营组织日趋专业化,成立了许多专门经营某一种或某一类商品(如谷物、纺织品、金属等)的贸易企业。同时,为国际贸易服务的组织也趋向专业化,出现了专门的运输公司、保险公司等等,银行信贷业务在国际贸易中也开始广泛运用。

第六,政府在对外贸易中的作用出现了转变。自由竞争时期的资本主义在国内主张自由放任,这反映在对外贸易上,就是政府对具体经营的干预减少。而在国际上为了调整各国彼此间的贸易关系,协调移民和其他待遇方面的问题,国家之间开始普遍签订贸易条约。这些条约最初是为了资本主义国家能公平竞争、发展相互的贸易往来,后来逐步变成在落后国家谋求特权、推行侵略扩张的工具。在这一时期,英国作为"世界工厂"的地位确立后,大力鼓吹和实行自由贸易政策,这对推动英国的出口起了很大的作用,形成了19世纪50年代以后的又一次工业增长高潮。而在德国和美国等后起的资本主义国家,政府则极力充当民族工业发展保护人的作用,采用各种措施限制进口、抵制英国产品的强大竞争。但当本国工业发展起来之后,就转向了自由贸易。总之,这一时期与资本主义生产方式准备阶段上政府直接经营对外贸易有很大不同。

3. 垄断资本主义时期的国际贸易

19世纪末20世纪初,各主要资本主义国家从自由竞争阶段过渡到垄断阶段。国际贸易也出现了一些新的变化。

第一,国际贸易仍在扩大,但增长速度下降,贸易格局发生了变化。19世纪70年代起,资本主义国家发生了第二次工业革命,生产技术有了一系列新的发明和创造,社会生产力取得了前所未有的发展。资本主义工业和交通运输业等都得到了进一步的发展,其结果是国际贸易的规模、商品结构和贸易格局均发生了重大变化。截止到第一次世界大战爆发,国际贸易仍呈现明显的增长趋势,但与自由竞争时期相比较速度已经下降了。例如,在1870~1913年的43年期间,世界贸易量只增加了3倍(其中,1870~1900年只增长1.7倍,1900~1913年也只增加62%),而在1840~1870年的30年自由竞争期间,国际贸易增长了3.4倍多(参见表1.2)。这主要是由于垄断的统治——划分市场和垄断高价——对国际贸易所带来的影响。随着世界工业生产的迅猛发展,工业制成品特别是重工业产品以及有色金属、稀有金属、石油等矿产原料在国际贸易中的比重大大提高;同时,由于大城市的发展,食品贸易的比重也有所上升。

表1.2 1820~1948年世界工业生产和贸易量(指数:1913年为100)

年 份	世界工业生产	世界贸易量	年 份	世界工业生产	世界贸易量
1820	2	2	1920	93	80
1850	9	9	1930	138	113
1870	20	24	1938	183	103
1900	59	62	1948	132	103

资料来源:汪尧田,褚健中.国际贸易[M].上海:上海社会科学院出版社,1989:46,48.

在这一时期内,美国和德国迅速崛起,工业生产上取得了跳跃式的发展,而英国则相形见绌,其作为"世界工厂"的地位已逐步丧失,在国际贸易中的地位也显著下降。1870~1913 年间,英国的工业生产只增长了 1.3 倍,而德国和美国则分别增长了 4.6 倍和 8.1 倍。反映在国际贸易中,则是英、法等国的对外贸易增长也落后于德、美等国,英、法等国在国际贸易中的比重不断下降,而德、美等国的比重却逐步上升。到 1913 年,世界工业生产所占比重最高的 3 个国家分别是:美国占 36%,德国占 16%,英国占 14%;同年,在世界贸易中所占比重最高的 3 个国家分别是:英国占 15%,德国占 13%,美国占 11%①。1876~1937 年间国际贸易的具体地理格局参见表 1.3。

表 1.3 1876~1937 年世界贸易的地理分布(%)

地区	1876~1880 年		1913 年		1928 年		1937 年	
	出口	进口	出口	进口	出口	进口	出口	进口
欧 洲	64.2	69.6	58.9	65.1	48.0	56.2	47.0	55.8
北 美	11.7	7.4	14.8	11.5	19.8	15.2	17.1	13.9
拉丁美洲	6.2	4.6	8.3	7.0	9.8	7.6	10.2	7.2
亚 洲	12.4	13.4	11.8	10.4	15.2	13.8	16.9	14.1
非 洲	2.2	1.5	3.7	3.6	4.0	4.6	5.3	6.2
大洋洲	3.3	3.5	2.5	2.4	2.9	2.6	3.5	2.8
世 界	100	100	100	100	100	100	100	100

资料来源:[英]P·L·耶茨.对外贸易四十年[M].伦敦.1959:32~33.

第二,垄断开始对国际贸易产生严重影响。一方面,少数国家垄断着世界市场和国际贸易,例如,1880 年和 1900 年,英、美、法、德四国出口总额在世界出口额中均占 53%。另一方面,由于生产和资本的高度集中,垄断组织在各国经济生活中起着决定性的作用。它们在控制国内贸易的基础上,在世界市场上也占据了垄断地位,通过垄断价格使国际贸易成为垄断组织追求最大利润的手段。在这一时期,国际贸易中明显形成了大型垄断组织瓜分世界市场的局面。第一次世界大战之前,世界上存在 114 个国际卡特尔,它们通过相互缔结协定,彼此承担义务,按一定比例分割世界市场,确定各自的销售区域,规定垄断价格、生产限额和出口数量,攫取高额利润,合力排挤局外企业,以维持对市场的垄断等等。当然,垄断并不能排除竞争,而是使世界市场上竞争更加激烈。

---

① 樊亢,宋则行.外国经济史.第 2 册[M].北京:人民出版社,1982:77.

第三，一些主要资本主义国家的垄断组织开始资本输出。为了确保原料的供应和对市场的控制，少数富有的资本主义国家开始向殖民地输出资本。在第一次世界大战前，英国和法国是两个主要的资本输出国。通过资本输出带动了本国商品出口，还能以低廉的价格获得原材料，同时资本输出也是在国外市场上排挤其他竞争者的一个有力手段。

在两次世界大战之间，由于资本主义矛盾的尖锐化和销售条件的恶化，世界工业生产和国际贸易增长情况与19世纪相比大大减缓。如表1.2所示，在1913～1938年的25年间，世界工业生产量只增长了83%，国际贸易量只增长了3%，几乎处于停滞状态。

1.2.4 当代的国际贸易

第二次世界大战以后（以下简称"战后"），世界政治经济形势发生了深刻的变化。国际分工、世界市场和国际贸易也都发生了巨大的变化。世界生产的发展是国际贸易的物质基础，决定着国际贸易的发展及其规模的扩大。战后第三次科技革命促进了工农业生产水平的提高，现代化交通运输和通信联络工具的广泛运用，新兴工业部门和新工业产品的层出不穷，都影响着国际贸易的规模、商品结构以及地区分布。概括说来，战后国际贸易发展有以下一些新特征。

第一，国际贸易发展迅速，规模日益扩大。战后以来，特别是1973年以前的时期，世界进口和出口总的趋势呈直线上升，只是5次经济危机期间（1951～1952年，1957～1958年，1974～1975年，1980～1983年，2008～2009年），世界贸易有不同程度的下降。并且战后世界贸易的增长速度超过世界生产的增长速度。国际贸易的发展不仅限于少数国家，多数国家的对外贸易也都有不同程度的增长。世界贸易在世界生产总值（即GWP）中所占的比重，以及各种类型国家对外贸易在它们各自的国内生产总值（GDP）中所占的比重都提高了（见表1.4）。

表1.4 1950～2012年世界货物出口、生产量及生产总值（指数：2005年为100）

年 份	世界货物出口值	世界货物出口量	世界货物生产量	世界生产总值
1950	0.6	3.6	12.6	12.8
1960	1.3	7.6	20.7	19.9
1970	3.1	17.2	37.0	34.1
1980	19.7	28.8	52.9	51.0
1990	33.4	42.0	68.6	69.7
1995	49.1	55.9	73.5	75.0
2000	61.5	78.5	88.5	87.8

(续)表1.4

年份	世界货物出口值	世界货物出口量	世界货物生产量	世界生产总值
2005	100.0	100.0	100.0	100.0
2010	145.5	118.5	110.1	111.0
2011	174.6	125.0	113.0	113.7
2012	175.1	128.0	115.4	116.0

注:世界货物生产量不同于世界生产总值,因为前者不包括服务和建筑业生产量。
资料来源:WTO.2013年国际贸易统计[R].经整理.

如以2005年为100,那么1950～2012年间,世界货物出口值从0.6增加到175.1,出口量从3.6提高到128,而同期的世界货物生产量和世界生产总值分别从12.6和12.8增加到115.4和116。可见,无论是国际贸易值还是国际贸易量,其增长速度均大大超过世界工业生产以及整个世界生产总值的增长速度。

从20世纪90年代以来的情况看,这种态势依然存在(见表1.5)。1990～1999年,世界货物出口额年均增长6.5%,其中制成品出口年均增长7.0%,而同期世界货物生产及世界生产总值均仅增长2.0%;2000～2004年及2005～2012年,世界货物出口额年均增长分别为4.0%和3.5%,其中制成品出口年均增长分别为4.5%和4.0%,而同是在这两个时间段的世界货物生产及世界生产总值均仅增长2.0%。世界贸易的高增长率是科技进步、生产力提高、国际分工深化的结果,同时它又促进了世界生产。各国生产的扩大是以提高世界市场份额为导向的,这种世界生产对贸易的依赖,在某种程度上就反映为生产的增长滞后于世界贸易的增长。

表1.5 1990～2012年世界货物贸易、生产增长状况(%)

	1990～1999	2000～2004	2005～2012	2010	2011	2012
世界货物出口	6.5	4.0	3.5	14.0	5.5	2.5
农产品	4.0	3.0	4.0	7.5	6.0	2.0
燃料及矿产品	4.5	2.5	2.0	5.5	2.5	2.5
制成品	7.0	4.5	4.0	18.0	7.0	2.5
世界货物生产	2.0	2.0	2.0	6.5	2.5	2.0
农业	2.0	2.0	2.0	0.0	2.0	1.5
矿业	1.5	2.0	1.0	2.0	1.5	2.0
制造业	2.0	2.0	2.5	9.0	3.0	2.0
世界生产总值(GWP)	2.0	2.0	2.0	4.0	2.5	2.0

注:1990～1999年、2000～2004年、2005～2012年间皆为年均增长率。
资料来源:WTO.国际贸易统计[R].2000,2005,2013.

国际贸易:理论与政策

第二,世界贸易的商品结构发生了重要变化,新商品大量涌现。制成品、半成品,特别是机器和运输设备以及它们的零部件的贸易增长迅速,石油贸易增长迅猛,而原料和食品贸易发展缓慢,石油以外的初级产品在国际贸易中所占的比重下降。20世纪50年代,初级产品曾是世界贸易舞台上的重头戏。20世纪60年代制成品与其平分秋色,20世纪80年代制成品占世界贸易的70%,居绝对优势。进入20世纪90年代以来,制成品地位继续有所上升,成为世界贸易赖以发展的基础。1993年以来,各工业化国家制成品出口的增速均高于全部货物出口的增速,这说明世界市场对传统初级产品的需求增长已十分有限,制成品尤其是高技术产品的国际需求将大大增加。在制成品贸易中,各种制成品的相对重要性有了变化。非耐用品,如纺织品和一些轻工业产品的比重下降,而资本货物、高技术产品所占的比重上升。技术贸易等无形贸易及军火贸易迅速增长。

第三,各国和地区在国际贸易中的地位发生了很大的变化。在战后的世界贸易中,增长最迅速的是发达国家相互间的贸易,发达国家和地区继续在国际贸易中占据统治地位,但不同国家和地区的贸易地位却发生了巨大的变化(见表1.6)。

表1.6 1948~2012年世界各国和地区的出口额在国际贸易中的比重及其变化(%)

地 区	1948	1953	1963	1973	1983	1993	2003	2012
北 美	28.1	24.8	19.9	17.3	16.8	18.0	15.8	13.2
美国	21.7	18.8	14.9	12.3	11.2	12.6	9.8	8.6
中南美	11.3	9.7	6.4	4.3	4.4	3.0	3.0	4.2
巴西	2.0	1.8	0.9	1.1	1.2	1.0	1.0	1.4
阿根廷	2.8	1.3	0.9	0.6	0.4	0.4	0.4	0.5
欧 洲	35.1	39.4	47.8	50.9	43.5	45.3	45.9	35.6
欧盟①	—	—	24.5	37.0	31.3	37.4	42.3	32.4
独联体国家	—	—	—	—	—	1.5	2.6	4.5
非 洲	7.3	6.5	5.7	4.8	4.5	2.5	2.4	3.5
南非	2.0	1.6	1.5	1.0	1.0	0.7	0.5	0.5
中 东	2.0	2.7	3.2	4.1	6.8	3.5	4.1	7.5
亚 洲	14.0	13.4	12.5	14.9	19.1	26.1	26.1	31.5
中国	0.9	1.2	1.3	1.0	1.2	2.5	5.9	11.4
日本	0.4	1.5	3.5	6.4	8.0	9.9	6.4	4.5
印度	2.2	1.3	1.0	0.5	0.5	0.6	0.8	1.6

(续)表 1.6

地　　区	1948	1953	1963	1973	1983	1993	2003	2012
澳大利亚和新西兰	3.7	3.2	2.4	2.1	1.4	1.4	1.2	1.6
6个东亚经济体②	3.4	3.0	2.5	3.6	5.8	9.7	9.6	9.7
GATT/WTO 成员③	63.4	69.6	75.0	84.1	78.4	89.3	94.3	96.6
世界贸易额(10亿美元)	59	84	157	579	1838	3677	7380	17930

注：① 1963年为欧洲经济共同体(EEC)6国，1973年、1983年分别为欧洲共同体(EC)9国和10国，1993年、2003年、2012年分别为欧洲联盟(EU)12国、15国和27国。
② 包括亚洲"四小龙"(韩国、新加坡、中国香港和中国台湾地区)及泰国和马来西亚。
③ 仅指当年所有成员的出口贸易额占比情况。
资料来源：WTO. 2013年国际贸易统计[R]. 经调整、整理.

发达国家(指欧洲、美国、加拿大、日本、澳大利亚和新西兰)在国际贸易中的比重由1948年的66.4%，上升到1973年的76.3%和1993年的73.1%，2003年下降为67%，2012年进一步下降为52.8%。其中，欧洲在国际贸易中的比重由1948年的35.1%上升到1973年的50.9%，1993年、2003年、2012年分别降至45.3%、45.9%和35.6%；北美(墨西哥除外)由1948年的27.2%逐步下降到1973年的16.9%和1993年的16.5%，2012年进一步降至11.1%；日本则由1948年的0.4%迅速上升到1973年的6.4%和1993年的9.9%，但近年来，由于经济不景气，日本在国际贸易中的地位有所下降，2003年和2012年其出口额占世界出口总额的的比重分别为6.4%和4.5%；澳大利亚和新西兰在国际贸易中的地位呈逐步下降趋势，由1948年的3.7%下降到1973年的2.1%和2003年的1.2%，2012年回升至1.6%。

发展中国家(包括除日本以外的亚洲、非洲、墨西哥和中南美国家和地区)在国际贸易中的地位，1973年以前逐步下降，其在国际贸易中的比重由1948年的31.4%下降到1973年的20%；1973年以来逐步回升，2012年达到了42.7%。但不同国家和地区的贸易发展也处于不平衡状态。如表1.6所示，中南美和非洲在国际贸易中的地位逐步下降，但近年来有所回升。中南美的比重由1948年的11.3%下降到1973年的4.3%和1993年的3.0%，2012年回升至4.2%；非洲的比重由1948年的7.3%下降到1973年的4.8%和1993年的2.5%，2012回升至3.5%。第二次世界大战后，特别是20世纪70年代以来，亚洲发展中国家和地区在国际贸易中的地位逐步提高，尤其是东亚及东南亚地区，东亚6个经济体的出口总额占整个世界出口总额的比重，由1948年的3.4%和1973年的3.6%迅速上升到1993年的9.7%，2012年仍保持在9.7%；中国(不计香港、澳门和台湾地区)的出口额占整个世界出口总额的比重,由1948年的0.9%和1973年的1.0%迅速上升到1993年的2.5%和2012年的11.4%。

与此同时,GATT/WTO成员在国际贸易中的比重日趋提高,1948年为63.4%,1973年为84.1%,1993年为89.3%,2012年则进一步升至96.6%。经济贸易集团(如欧共体/欧盟、北美自由贸易区和东盟等)内部各成员国的贸易发展十分迅速,成为战后世界贸易发展的一个重要特征。

2012年,世界货物贸易规模继续扩大,但发展不平衡问题依然突出。2012年美国继续保持全球最大进口国的地位,进口较上年增长3%,出口增长4%,贸易逆差有所减少,降至7900亿美元。欧洲地区出口增长率仅有1%,而进口则更是下降2%。日本出口下降1%,进口增长3.5%。德国进口、出口均有所下降,但为全球最大货物贸易顺差国,2012年实现贸易顺差2400亿美元(14070亿美元－11670亿美元)。美、德贸易不平衡发展凸现了发达国家间潜在的贸易矛盾。与此同时,发展中大国的进出口贸易发展令人瞩目。2012年,中国货物贸易出口增长6%,连续三年位居世界第一位;进口贸易增长3.5%,仅次于美国,位居世界第二位;进出口贸易总额也是仅次于美国,位居世界第二位。

第四,国际贸易政策和体制也发生了很大变化。从战后的20世纪50年代到60年代贸易政策和体制总的特征是自由贸易,但20世纪70年代以来,贸易政策有逐渐向贸易保护主义转化的倾向,国际贸易体制从自由贸易逐步走向管理贸易。

管理贸易一般是指一国政府从国家的宏观经济利益和国内外政策需要出发,对外贸活动进行的行政管理和干预。对国际经济组织来讲就是对国际经济的协调管理。进入20世纪90年代后,由于国际市场竞争激烈,工业国家争夺市场份额的斗争越来越尖锐,对世界经济体系形成强烈的冲击,有关国家出于经济利益的相关性,都认识到加强国际经济协调十分必要。这其中,GATT的缔结和WTO的建立,对战后国际贸易政策和体制的调整,对贸易自由化的推动和多边贸易体制的确立,均起了十分重要的作用。

发展中国家通过产业结构和经济结构的调整,以及实施改革开放政策,有力地促进经济的发展,"亚洲四小龙"、"金砖五国"等新兴经济体的汽车、家电、服装、电子等商品,已开始与发达国家争夺国际市场份额,发达国家为了保护传统产业的发展,采取了不少的管理贸易措施;随着世界经济区域集团化趋势的进一步加强,各区域经济集团为了保护区内市场,在逐步拆除妨碍商品和生产要素自由流动的各种障碍的同时,对外实行排斥,使新贸易保护主义抬头,各集团之间的非公平垄断竞争和矛盾加剧,非成员国也感到自己的贸易空间在不断缩小,为了扩大出口,保护市场,需要加强对贸易的单边管理和与集团之间的贸易协调管理;随着生产国际化的新发展,跨国公司既需要采取自由贸易,消除对外经济扩张的一切限制,同时也需要借助国家干预外贸来提高竞争力,以保护某些产业免遭外国垄断组织的侵害。基于此类因素的影响和作用,当今世界的国际贸易政策和体制中管理贸易颇为盛行。

此外,第二次世界大战以后,特别是20世纪80年代以来,生产资本国际化发展迅速,其主要标志是跨国公司的兴起并成为影响国际分工和国际贸易的一个重要力量。在国际贸易中,跨国公司的内部贸易约占国际贸易额的1/3以上。

综观战后国际贸易政策与体制的演变与发展,自由贸易成为国际贸易的主流,但是保护主义有所抬头。经济全球化趋势使生产要素在全球间更加自由的流动和有效配置,限制性的各种壁垒不断减少甚至逐步消除,自由贸易已是不可逆转的基本潮流。但是经济区域化和集团化的加剧,尽管推动了北美自由贸易区、欧盟、亚太经合组织这些区域合作圈内部自由贸易的较快发展,也导致了区域组织对非成员国的贸易壁垒。尤其值得注意的是,WTO诸协议在为自由贸易运作提供制度保证的同时,它所允许的诸如反倾销、反补贴、技术标准、环境标准等规则,也为发达国家对发展中国家实施歧视性的贸易政策助威增势,诱发了新一轮的贸易保护主义。发达国家以保护本国夕阳工业为主要目的的反倾销、反补贴及贸易保障措施声浪迭起;纷繁芜杂的技术贸易壁垒层出不穷,打着可持续发展旗号的绿色贸易壁垒悄然耸立。这些都成为发达国家限制发展中国家产品进口的屏障。不仅如此,发达国家还迫不及待地将贸易与环境保护、贸易与劳工标准、贸易与竞争政策等新贸易问题,提上WTO的议事日程,它们以抵制环境倾销、绿色补贴、不公平竞争等为由对发展中国家的贸易制裁,以其名义上的合理性、形式上的合法性、保护内容的广泛性及保护方式的隐蔽性,将成为国际贸易"自由化"发展中的几多障碍。

第五,国际服务贸易蓬勃兴起。进入20世纪80年代后,服务贸易正以高于商品贸易的速度增长,国际服务贸易额从1982年的4050亿美元增加到1992年的10200亿美元,10年间增长1.5倍,同期,世界商品贸易额只增长1倍。2002年,国际服务贸易出口额达到了15700亿美元,2012年更是达到了空前的43500亿美元。在国际服务贸易构成中,运输和旅游服务贸易所占的比重相对下降,通讯、保险、广告、技术、租赁、管理等服务贸易所占的比重在不断提高,尤其是高技术产品中的附加值的不断增加,其商品也越来越趋向于服务密集型。

发达国家的经济越来越"服务化",在国际服务贸易中,发达国家约占3/4的份额。美国是世界最大的服务贸易出口国,在电信、数据处理、银行、保险等新兴服务项目中具有明显优势。世界许多国家出于自身的经济安全考虑,对服务贸易实行保护主义政策,普遍构筑了贸易壁垒,对美国服务贸易的扩大构成强大的威胁,因此,在美国的提议和要求下,关贸总协定乌拉圭回合经过多年的谈判,终于达成服务贸易多边框架协定(主要是《服务贸易总协定》),规定缔约方所承担的一般义务与纪律,包括最惠国待遇、透明度、国民待遇、发展中国家的逐步参与、市场准入、解决争议等条款。服务贸易多边框架的制定,是关贸总协定在推动国际贸易自由化发展问题上的一个重大突破。1995年成立的WTO将服务贸易纳入其管辖范围,进一步促进了缔约方对服务市场的开放与多边谈判,加强人员交往与信息流通,特别是知识产权、技术转让、数据处理、咨询、广告等服务行业的贸易逐步自由化,有利于加速国际贸易的发展。

第六,电子商务对国际贸易的影响不断向深层次扩展。随着现代科技的巨大进步和电子商务的广泛兴起,其在国际贸易方式、国际贸易运行机制、营销手段、政府宏观管理以及贸易政策等方面都带来了不可逆转的影响。具体表现:

(1) 电子商务改变了传统国际分工与贸易方式,促进了国际分工的深化和国际贸易的发展。电子商务通过网络上虚拟信息的交换,开辟了一个开放、多维、立体的市场空间,突破了传统市场必须以一定的地域空间存在为前提的束缚,全球贸易市场以信息网络为纽带形成一个统一的"大市场",促进了市场全球化的形成。具体来说,电子商务在极大程度上使得企业的生产更加具备灵活性,实现跨国公司的生产布局全球化,作为跨国公司可以运用网络的作用各展所长,发挥发展企业的生产能力和人才优势,并有效地促进企业内部的分工。企业的发展中,电子商务起着至关重要的作用,企业可以运用网络根据相应的订单组织生产,这样可以极大程度地缩短生产的周期,减少不必要的库存。此外,电子商务还可以有效地提高国际贸易产品的技术含量,现今许多客户可以通过网络跨国购买产品,超越地理界线的制约,作为服务贸易的提供者可以不用跨出国门就为其他国家的客户提供国际的服务,从而推动世界产业结构向高级化发展,电子商务在国际间不断扩大,使得国际分工不断加大,逐渐从整体向零部件分工,每一道分工都可以实现国际化,从而极大程度地推动国际贸易额的不断增长。

(2) 电子商务改变了国际贸易的运作方式和运行机制,极大地提高了国际贸易的效益和效率。电子商务提供的交互式网络运行机制为国际贸易提供了一种信息较为完备的市场环境,使得信息跨国界传递和资源共享得以实现,满足了国际贸易快速增长的要求,从而促进了国际贸易的发展。并且电子商务能够降低交易价格,让那些成本过高或执行困难的交易变得可能。不仅如此,电子商务改变了传统的流通模式,减少了中间环节,大大缩短了生产厂家与消费者之间供求链的距离,改变了传统的市场结构,使得生产者和消费者的直接交易成为可能,大幅度降低了企业的经营管理成本。

(3)电子商务增加了国际贸易的经营主体——虚拟公司。现代信息通讯技术通过单个公司在各自的专业领域拥有的核心技术,把众多公司相互连接为通过公司群体网络运作的"虚拟公司",完成一个公司不能承担的市场功能,可以更加有效地向市场提供商品和服务。这种虚拟公司能够适应瞬息万变的经济竞争环境和消费需求向个性化、多样化方向发展的趋势,给跨国公司带来分工合作、优势互补、资源互用、利益共享的好处。

(4)电子商务改变了国际贸易的竞争态势,促使企业更好地适应市场变化。一方面,电子商务的应用与企业生产制造活动相结合,使企业的产品和服务更贴近市场的需求,有助于提高企业生产的敏捷性和适应性。另一方面,电子商务成本低、快捷等特点使实力较差的中小企业也有机会参与到大的国际贸易中来,开拓国际市场,并且发挥其灵活机动的竞争优势,有利于中小企业的发展。

(5)电子商务促进了国际贸易营销模式改变。电子商务的发展使得国际市场的营销模式发生着巨大的变化,使得国际贸易营销出现了许多新的营销方式。主要包括网络互动式营销、网络整合式营销营销和网络定制式营销。其中,网络互动式营销主要是使客户能够真正的参与到国际贸易营销当中来,加强了客户参与的主动性,并且互动营销不只是大公司的专利,中小企业也能玩,只要你控制住地域和投放媒介,再加上网络互动营销,如果有传媒的宣传依托就绝对没问题;网络整合式营销则使得商家和客户之间的关系产生了相应的变化,会变得更加密切,从而实现一对一的营销模式,它的作用主要是提高了商家和企业之间的交流;而网络定制式营销主要是随着商家和客户之间的了解不断增多,客户对商家的信任度也越来越高,就会出现一定的客户群,电子营销就会逐渐从大量的销售转变成定制的销售,只销售给这样一个客户群,从而提高自己的口碑和信誉度,带动国际贸易营销的不断发展壮大。

总之,电子商务的兴起使得信息技术因素在国际贸易中成为贸易参与国或企业国际竞争力的构成要素,国家或企业的信息处理效率成为其参与国际竞争的基础和条件,信息基础设施的发达程度和信息产业的规模比重,都极大地影响了一国在国际贸易甚至世界经济中的竞争实力和竞争地位。但国际电子贸易还面临一系列的问题,其主要体现在技术层面和法律层面。

从以上国际贸易的历史发展中可以看到,尽管世界政治与经济的发展道路并不平坦,但总的趋势仍是不断前进的,因为历史的脚步永远向前。特别是和平与发展已成为当今时代的两个主题,在科学技术革命的推动下,经济全球化、生产国际化的趋势愈来愈突出,这是国际贸易不断发展的强大动力。各个国家在积极参与国际竞争的同时,都有必要也有可能更多地参与国际分工和国际贸易,以促进本国经济的发展。可以预言,未来世界,国际贸易的发展前景一定更加广阔。

1.2.5 国际贸易的地位和作用

国际贸易作为世界各国联结社会生产和社会消费的桥梁和纽带,尤其是在连贯国内生产与国外消费,国外生产与国内消费方面处于特殊的中介地位。

当今世界,当一国的生产和流通超出了国家范围的限制时,就必然要参与国际分工和利用国际市场,这时该国的生产与流通就构成了世界各国再生产过程的一个组成部分。因此,开展国家间相互贸易对一国经济乃至世界经济的发展都有十分重要的作用。具体讲,表现在以下四个方面:

1. 国际贸易是世界各国参与国际分工,顺利实现社会再生产的重要手段

在国际经济联系日益紧密的今天,由于各国的自然条件、生产力水平、经济结构、科学技术水平和管理水平等方面的差异,以及历史和社会等多方面的原因,使得有些国家对某些商品的生产有利,劳动耗费较少;对某些商品的生产条件不利,劳动耗费较多。此外,任何一个国家也不可能生产自己所需要的一切物品,同时也不可能完全消费掉自己所生产的一切物品。这些矛盾只能通过参与国际分工、实现相互间的商品交换加以解决。通过参与国际分工,使各国可以更充分地利用本国的生产力优势、科学技术优势、资金优势以及资源优势,发展那些本国条件相对优越的产业部门,推动产业结构的优化升级,从而节约社会劳动时间,促进本国经济的增长。通过积极开展对外贸易,输出那些本国可以生产的、多余的和闲置的物资,购入本国欠缺和急需的但又不能生产的物资,通过这样的调剂余缺或各国市场供求关系的调节,可以解决社会生产与社会消费上的供求矛盾,使本国的资源得到充分和有效的利用,使本国的各类需求得到满足,保证本国的社会生产得以顺利进行。

2. 国际贸易是各国间进行科学技术交流的重要途径

20世纪下半叶以来,由于科学技术的飞速发展,世界上许多发达国家和一些发展中国家都在领先的科学技术进步的基础上发展其社会生产力,促进国民经济的发展,而且依靠科学技术进步所实现的经济增长占全部经济增长的比重也越来越大。然而,由于现代科学技术涉及的领域和规模越来越大,科学技术发展所涉及的领域越来越多,研究设计工作越来越复杂,任何国家无论其经济实力和科技水平多高,都不可能在一切科学技术和生产工艺的领域内保持全面的领先地位。如果不吸收别国的先进技术,只埋头从事自己的科学研究,势必会造成重复研究,影响科学技术发展的速度。

此外,在现代科学技术条件下,各国研究和设计工作的费用不断上升,科学技术越向尖端发展,研究开发费用就越高,这些都将促使各国之间积极进行国际技术交流和技术贸易。通过这个重要途径去改造现有企业,进行全行业的技术改造,提高本国产品的技术质量和整体科学技术水平,从而缩短同国外科学技术水平的差距,促使其国民经济得到更快的发展。

3. 国际贸易是各国增加财政收入和劳动就业的重要渠道

国际贸易对于提高一国的财政收入,其作用表现在两个方面:一方面是通过国际分工和国际商品交换,可以使各国节约一定的社会劳动耗费,也可以让各国利用引进的技术、设备发展本国的工农业生产,提高社会劳动生产率,节约原材料耗费,创造更多的产值,从而间接地增加一国的财政收入;另一方面是通过对外贸易,各国从事进出口业务的企业上缴国家的各种税收以及国家征收的关税,能直接增加一国的财政收入,尤其是能增加国家经济建设与发展过程中急需的外汇收入。

解决劳动就业问题是当前困扰着许多国家的一个尖锐问题。为此,许多国家把发展对外贸易当做解决劳动就业的一个重要渠道。由于从事对外贸易业务的人员需要较高的素质,目前直接解决就业问题尚受一定的限制。但是,一个国家通过发展对外贸易间接提供的就业机会是相当多的。对外贸易的扩大,特别是劳动密集型产品出口的增长,将为参与国家或地区提供更多的就业机会,间接增进国民福利。

4. 国际贸易是各国进行政治、外交斗争的重要工具

当今世界,许多国家都把对外贸易纳入本国对外政策之中,使其成为本国进行国际间政治与外交斗争的重要工具,主要表现在:

(1) 通过对外贸易来维护本国的国家利益及本国统治集团的利益,维护本国的社会经济制度。

(2) 通过对外贸易建立国际或地区间的经济贸易集团,以增强在国际政治斗争和国际经济斗争中的抗衡力量。

(3) 通过对外贸易去制裁那些违背国际法规、违背联合国宪章和实行民族歧

视的国家。

(4) 通过对外贸易去改善国家间的政治、外交关系,改善国际经济环境,为本国经济发展创造良好的外部条件。

此外,就国际贸易对国民的作用或影响来看,一是提高了国民福利和生活水平(如可以通过进口国内短缺而又是国内迫切需要的商品,或者进口比国内商品价格更低廉、质量更好、式样更新颖、特色更突出的商品,来使国内消费者获得更多的福利);二是满足了国民不同的需求偏好;三是影响着国民的文化和价值观;四是提供了更多的就业岗位或机会等等。

1.3 国际贸易学的研究对象与任务

1.3.1 国际贸易与国内贸易的共性和区别

相对于国内贸易,国际贸易活动本身有很大的特殊性。作为商品交换,国际贸易与国内贸易无论是在性质上还是在业务上的确存在一些共同之处。然而,这两者之间又有一些很重要的区别。

1. 国际贸易与国内贸易的共性

国际贸易与国内贸易的共同之处主要表现在以下三个方面:

(1) 国际贸易和国内贸易都属于流通范畴,它们都是把生产和消费联结起来的中间环节,这也就是说,不论是国内交换(国内贸易)还是国际交换(国际贸易),都是通过交换来实现生产企业所生产的产品的价值,并满足人们的消费需求。

(2) 在生产与交换的关系上,生产决定交换,交换也对生产的发展起着促进的反作用,不论是国际贸易还是国内贸易,它们与生产的关系都是如此:国内贸易的规模受一国生产力发展水平的限制,同样,国际贸易的规模也受参加贸易国家生产力发展水平的制约;另一方面,国内贸易的发展对一国的生产起着促进的反作用,同样,国际贸易的发展对参加国家的生产也起着促进的反作用。

(3) 在商品生产存在的条件下,价值规律在国内交换和国际交换中同样自发地起着调节的作用。当然,调节国内生产和交换的是国内的价值规律,而调节世界生产和贸易的是国际价值规律,但价值规律调节的方式与作用在国内和国际都是一样的。

2. 国际贸易与国内贸易的区别

1) 贸易的基础不同

国内贸易的基础是国内的生产分工和专业化,在正常条件下,市场机制能调节生产资源在各地区和各部门之间的配置。例如,资金、技术、劳动力等生产要素在国内可以自由流动,从而使资源能得到有效利用。而国际贸易的基础是国际分工,在国家之间,生产要素的转移会受到限制。最明显的例子就是国际移民存在较严格的限制。这一点会造成各国的生产成本和商品价格出现很大的差异,从而会影响国际分工的格局。第二次世界大战之后,资本、技术、劳动力的国际流动具有明显的增长趋势,特别是 20 世纪 90 年代以来,生产国际化和经济全球化取得了长足的发展,但是,由于民族利益所在和其他方面的原因,各国市场相对分隔的局面依然存在。

2) 贸易的环境不同

这主要指国际贸易和国内贸易所面临的经济环境(如货币环境、政策环境等)、法律环境和文化环境等有很大的差别。具体体现在:

(1) 各国所使用的货币和货币制度不同。世界各国和地区一般都有自己法定的货币,超出国界一般就不能自由流通,因此,参加国际贸易的各方一般不能用本国的货币来计价和结算,而必须采用对方愿意接受的货币或国际通用的货币。这里决不只是一个货币兑换的形式问题,关键在于货币的内在价值。众所周知,货币是在商品经济的长期运行中来确定其实际代表的价值的,并不简单地由各国政府规定。由于国际金融市场上的汇率是经常变动的,这对进出口的成本和利润都会产生直接的影响。同时,一国货币汇率的高低又同该国的贸易收支有密切的联系,因此,国际贸易在商品的流通过程、厂商经营的核算等等问题上,要比国内贸易复杂得多。

(2) 各国的经济政策差异。为了维持经济的稳定和发展,每个国家政府都会制定符合本国经济发展要求的财政政策、货币政策、产业发展政策等经济政策。各国政府制定政策时都是从本民族利益出发的,外国的利益总是放在次要的位置上。各国政府的政策必然对国际贸易发生很大的影响。各国政府的对外贸易政策事实上是国内经济政策的一种延伸。有关关税、配额的规定,既可限制本国的进口,也会影响他国的出口。商品输入到他国之后,还可能遇到歧视性的财政政策等。总之,国际贸易受到来自政府方面的干预,要比国内贸易多得多。

(3) 各国法律不同。各个国家的民事法典,尤其是经济立法存在很大的差别,使得国际贸易在缔结协定和执行合同方面要比国内贸易复杂得多。市场经济是法制经济,没有适当的法律保护,贸易的风险就会骤然增加。在国内贸易的场合,双方适用于同样或统一的法律;而国际贸易活动中就缺乏这个前提条件。比如,国际贸易中当事人双方在签订合同时就存在一个以哪国法律为准则的问题,当合同执行中发生纠纷时也是如此。尤其是现代国际经济技术合作日益增多,多国合营的企业更涉及企业所在地的各方面的法律问题,如法人待遇、土地使用、捐税等等。由于各国对许多问题的法律规定不同,常常使国际间的经济关系出现麻烦。除此以外,国际贸易领域还有许多国际规则和惯例,也要求人们熟悉和掌握,以维护自己国家和民族的利益。

(4) 各国的文化背景和价值观念不同。各个国家和民族在历史发展的长河中都形成了自己独特的文化传统,这对国际贸易有深刻影响。在国际贸易的交往中,往往首先会遇到一个语言文字不同的问题。文化方面的差异更直接影响如何做广告、如何洽谈业务、如何销售商品等一系列实际问题。各种文化都包含着自身的特殊价值观念,如不深入观察和研究,轻则可能丧失市场,重则有引致暴力报复的危险。而国内贸易通常是在同一文化或相互相处很久、关系密切的不同文化中进行的,一般不会遇到国际贸易中那么多的矛盾或冲突。

3) 贸易的风险不同

由于国际贸易要跨越国界,经历的环节众多,并要进行长途运输,因此,它比国内贸易不仅要复杂得多,而且所面临的风险也更大。国际贸易中的风险主要有:

(1) 信用风险。又称资信风险,一般是指由于贸易伙伴资信状况而产生的贸易风险,它可能导致贸易合同难以及时和准确地履行。在国内贸易中,交易双方的信用比较容易了解。而在国际贸易中,由于联系的不便,资信的调查比较困难,民族利益的存在甚至得到的信息是虚假的。在通过国际互联网从事贸易日益增多的情况下,国际贸易中的信用风险更是有增无减。

(2) 商业风险。即由于贸易伙伴不愿或无法严格执行合同而产生的贸易风险,例如,买方拒收货物、卖方延期交货等。商业风险范围很广,其他许多原因都会产生商业风险。相对国内贸易,国际贸易交货期较长,其间市场行情变化的可能性更大,这往往会使合同不能得到履行。这种商业风险造成的违约不可避免地给交易的一方带来经济上的损失。

(3) 汇率风险。即由于汇率变动而产生的贸易风险。在当前世界各国普遍实行浮动汇率制的条件下,各种货币的汇率经常随市场供求关系及其他因素的变化而变动。而汇率的频繁波动,则会直接影响到进口商的进口成本和出口商的出口收入。

此外，国际贸易中还存在更大的运输途中货物灭失的运输风险，因战争、政变、罢工以及政府禁令或其他贸易限制新措施的公布与实施等带来的政治风险，等等。

4) 贸易的影响不同

国内贸易的一切后果或影响都留在国内，它和别国几乎没有任何关系；而国际贸易则不同，由于它涉及国与国之间的关系，常常使各贸易参加国处于不同的地位和获得不同的利益。比如，就贸易利益而言，在国内贸易的条件下，不管交易条件如何，贸易的所有利益仍然在国内；但是在国际贸易的条件下，交易条件的变动直接影响到各国贸易利益的分配，从而给各国带来不同的影响。

正是由于国际贸易具有以上诸多方面的特殊性与复杂性，因此，从事国际间的贸易活动不仅要有雄厚的资金实力、灵通的商业信息、完备的组织形式和良好的商业信誉等，有关从业人员还必须具备多方面的专门知识，如熟练地掌握一门以上的外语，对市场学、国际金融、国际法等等有较多的了解，还要有良好的商品知识、运输业务知识、保险知识、财会和统计的知识，以及贸易政策、措施、规则和惯例方面的知识等等。而国际贸易本身也需要作为一个专门的领域来加以研究，以揭示其自身规律，提高人们从事外贸业务的决策和判断能力。

1.3.2 国际贸易学的研究对象和任务

国际贸易学是经济学中最古老的学科之一。对外经济贸易问题，历来是经济学研究的重要课题。历史上每一代著名的经济学家都把国际贸易问题作为其经济理论的重要组成部分进行研究和探讨。从资本主义原始积累时期的重商主义研究如何通过对外贸易带来财富，到资本主义经济大危机之后的凯恩斯主义研究如何通过对外贸易创造就业机会；从英国古典学派的代表亚当·斯密和大卫·李嘉图研究自由贸易能对各国经济发展带来何种利益，到德国历史学派的代表费里德里希·李斯特研究保护贸易会对经济相对落后的国家带来何种好处；从马克思论证对外贸易是阻止一国利润率下降手段的理论，到列宁提出资本主义发展离不开国外市场的学说。这些经济学家和经典作家们的理论与学说，为国际贸易学奠定了理论基础。

对外经济贸易问题在马克思主义经济科学体系中，居于"关节点"的位置。马克思曾指出："商品生产和发达的商品流通，即贸易，是资本产生的历史前提。世界贸易和世界市场在16世纪揭开了资本的近代生活史。"[1]马克思还指出："对于

---

[1] 马克思.资本论.1卷[M].北京：人民出版社，1975：167.

资本主义生产来说,非常重要的是产品发展成为商品,而这同市场的扩大,同世界市场的建立,因而同对外贸易有极为密切的联系。"① 因此,研究资本主义经济问题,是不能离开对外贸易的。马克思在从事经济学的研究过程中,始终把生产的国际关系、对外贸易和世界市场作为资本主义国民经济的重要组成部分,始终把对外贸易问题的研究放在相当重要的位置上。在《政治经济学批判导言》这一著作中,马克思曾写到:"我照着这个次序来研究资本主义经济制度:资本、土地所有权、雇佣劳动;国家、对外贸易、世界市场……"② 他还提出了具体的分篇写作计划,并把对外贸易列为第四篇。马克思指出,对外贸易这一篇的重点内容是:生产的国际关系、国际分工、国际交换、输出和输入、汇兑。虽然马克思生前未来得及完成他计划中的这些著作,但在《资本论》等著作中,马克思把对外贸易和世界市场等作为研究资本主义经济制度的一个重要组成部分,多次论述到对外贸易、国际分工等问题,这些可以作为我们研究国际经济与贸易的指导思想。

恩格斯也曾对资本主义制度下的国际经济关系做了深刻和精辟的分析。此后,列宁、布哈林等又论述了资本主义国家需要国外市场,社会主义与对外贸易的关系等。斯大林、毛泽东也在对外贸易、国际经济关系等方面作过重要的论述,邓小平在该领域则更是做出了许多创造性的发展。这些重要的理论原则和思想,无疑能给我们研究国际贸易提供宝贵的启示。

我们研究国际经济与贸易问题,必须用马克思主义的基本原理和分析方法,借鉴和吸收西方国际贸易理论中一些有价值的观点和合理的成分,结合当前国际政治经济形势等实际情况,对国际经济关系、国际分工和国际贸易进行科学的探讨。

国际贸易学是一种部门经济学,是经济学的重要分支学科和组成部分,是一门研究国际贸易产生、发展和贸易利益形成、特点与条件并揭示其运动规律的科学。国际贸易学的研究对象既包括国际贸易的基本理论,也包括国际贸易政策以及国际贸易发展的具体历史过程和现实情况。一般认为,国际贸易学的研究对象包括以下四个方面:

(1) 各个历史发展阶段,特别是当代国际贸易发展的一般规律。
(2) 各国对外贸易发展的特殊规律。
(3) 国际贸易理论与学说。
(4) 国际贸易政策与措施。

---

① 马克思,恩格斯. 马克思恩格斯全集. 26卷(Ⅱ)[M]. 北京:人民出版社,1975:481.
② 马克思. 政治经济学批判[M]. 北京:人民出版社,1961:1.

第1章 国际贸易与国际贸易学

国际贸易学的任务就是要研究国际贸易产生、发展和贸易利益等方面的问题,揭示其中的特点与运动规律。具体而言,国际贸易学的研究任务包括:

第一,阐明国际贸易的原因与归宿。国际贸易作为各国间相互关系的基础与核心,有其发生和发展的内在动因与客观趋势。国际贸易学通过对国际贸易利益、国际贸易基础、国际贸易条件、国际贸易环境、国际贸易政策、国际贸易趋势等基本方面及其影响因素的研究,从理论的高度阐明国际贸易为什么能够发展成为世界性的经济行为与关系,并将整个世界联成一个整体,为全世界经济一体化创造条件并铺平道路。

第二,考察国际贸易的条件与格局。国际贸易的发展与变化有自己的特点、条件、载体、环境等各方面的因素,国际贸易学要分析并说明国际价值的形成和贸易条件的决定,考察并阐释影响国际市场价格及国际贸易条件的主要因素,给出国际贸易正常进行所必备的一般条件与环境,概括国际贸易发展与不同类型国家经济增长的相互关系,把握国际贸易发展过程的特点,特别是当代国际贸易发展的主要特点与基本格局。

第三,研究国际贸易的理论与政策。国际贸易的发生、发展与演变有自己的过程与轨迹,有内在的、本质的、客观的规律性。从资产阶级古典经济学开始,经济学家就力图揭示并说明这种规律性,从而形成了一些具有代表性的国际贸易理论与政策。不同的国际贸易理论与政策对于不同的国家或在不同的时期具有不同的意义与作用。因而考察并总结国际贸易理论的基本形式及其理论沿革,了解与研究各国对外贸易政策的客观依据与理论基础,分析并揭示不同国际贸易理论与政策(措施)的适应范围与效应,应当也是国际贸易学的重要任务。当然,以资本主义生产方式下的国际贸易为起点,着重考察国际贸易发生、发展与演变的一般规律性,并从理论上说明与概括这种规律性,是国际贸易学基本的也是主要的任务。从历史看,是资本主义生产方式的发展使得对外贸易成为一种世界性的经济联系,成为各国经济运行不可或缺的重要条件。从理论看,今天已经没有一个国家可以孤立于世界经济联系之外而独立发展,整个国际贸易的发展也不可能将某一个国家排斥在世界性的经济交往之外。因此,国际贸易学的研究,一方面离不开特定的生产关系的形式,应该努力揭示不同社会制度下带有共性的东西;另一方面,又要着力探求那些适应生产国际化发展的各国贸易活动的一般规律及其实现形式。

第二次世界大战后,世界经济形势有了极大的变化,生产国际化的趋势日益突出,各国在经济上的相互依存和合作关系更为密切,国际贸易过程中出现的一系列新情况、新特点、新问题亦需要国际贸易学给予极大关注,认真地、科学地从理论上阐明其原因、特征与趋势,这也是国际贸易学的研究任务。如国际服务贸易、国际技术转让、国际资本流动、跨国公司、区域经济一体化、关税与贸易总协定及世界贸易组织等,都需要国际贸易学进行理论与实践相结合的研究与说明。

虽然国际贸易学还是一门比较年轻的学科,理论及其体系都还不够成熟,需要我们在新的历史时期面对国际贸易发展的新情况、新特点、新问题认真研究与探讨,但是已经为实践所证明是正确的概念、观点与理论,我们是可以将其组合成一个初步完整与基本系统的学科,在今后的研究和探讨中逐步加以完善。

本 章 小 节

国际贸易是指世界各国(或地区)之间商品和服务的交换活动,它是各个国家(或地区)在国际分工的基础上相互联系的主要形式。而对外贸易则是指一个特定国家(或地区)与其他国家(或地区)之间所进行的商品和服务的交换活动。两者是一般与个别的关系,既有联系又有区别。

要研究和分析国际贸易活动,必须了解和掌握几个重要概念,如贸易值与贸易量、贸易差额及顺差与逆差、贸易商品结构、贸易地理方向、贸易条件和外贸依存度,等等。

按照不同的标准,国际贸易可以分为不同的种类。如按商品流向分为出口贸易、进口贸易和过境贸易;按商品形态分为货物贸易和服务贸易;按国境和关境分为总贸易与专门贸易;按贸易关系或贸易活动有无第三方参加分为直接贸易、间接贸易和转口贸易;按清偿方式不同分为现汇贸易、记账贸易和易货贸易,等等。

国际贸易属于一定的历史范畴,它是在一定的历史条件下产生和发展起来的。国际贸易的产生必须具备两个基本条件:一是社会生产力的发展及可供交换的剩余产品的出现;二是存在各自为政的社会实体(即国家的形成)。

国际贸易产生于原始社会末期和奴隶社会初期,但在资本主义社会以前时期(如奴隶社会和封建社会)的国际贸易还处在萌芽阶段。随着资本主义生产方式的确立,国际贸易获得了长足的发展,但在资本主义发展的各个不同历史时期,国际贸易的发展又各具特征。第二次世界大战以后的国际贸易,无论是贸易规模,还是贸易结构,乃至贸易制度及贸易技术均发生了空前的变化,并在各国经济中占有极其重要的地位,发挥着重要的作用。

作为商品交换,国际贸易与国内贸易无论在性质上还是在业务上的确存在一些共同之处。然而,这两者之间又有一些很重要的区别。主要表现在贸易的基础、环境、风险及影响等方面的差异。

国际贸易学是经济学中最古老的学科之一,是现代经济学的重要分支学科与组成部分，是一门研究国际贸易产生、发展和贸易利益形成、特点与条件并揭示其运动规律的科学。国际贸易学的研究对象既包括国际贸易的基本理论，也包括国际贸易政策以及国际贸易发展的具体历史过程和现实情况。其任务就是要探讨国际贸易产生、发展和贸易利益等方面的问题，揭示其中的特点与运动规律。

【重要概念】

国际贸易　对外贸易　贸易值　贸易量　贸易差额　贸易顺差　贸易逆差　贸易商品结构　贸易地理方向　贸易条件　外贸依存度　出口贸易　进口贸易　过境贸易　货物贸易　服务贸易　总贸易　专门贸易　直接贸易　间接贸易　转口贸易　现汇贸易　记账贸易　易货贸易

【复习思考题】

1. 国际贸易与对外贸易、国内贸易各有哪些区别和联系？
2. 国际贸易值和国际贸易量有何区别？
3. 贸易差额与一国的经济发展有什么关系？
4. 如何看待一国的贸易条件和对外贸易依存度？
5. 国际贸易产生的条件是什么？在资本主义生产方式不同的发展阶段，国际贸易的发展各有哪些特点？
6. 当代国际贸易主要有哪些特征？
7. 简述国际贸易的地位和作用。
8. 国际贸易学的研究对象是什么？主要研究任务有哪些？

第2章 国际分工与世界市场

国际分工、国际贸易和世界市场,是各国和地区经济向世界范围发展的同一过程的不同表现。从逻辑和历史相结合的角度看,国际分工是国际贸易和世界市场产生和发展的基础,而世界市场则是国际分工日益深化和国际贸易广泛发展的结果与表现。本章主要论述国际分工及其对国际贸易的影响、世界市场及商品购销渠道以及当代世界市场的主要特征等问题。

2.1 国际分工概述

2.1.1 国际分工的形成和发展

国际分工(International Division of Labor)是指世界上各国(或地区)之间的劳动分工,它是国际贸易和各国(地区)经济联系的基础。它是社会生产力发展到一定阶段的产物,是社会分工超越国界的结果,是生产社会化向国际化发展的趋势。

国际分工属于历史范畴,是社会分工发展到一定阶段的产物。一般地说,分工是指劳动分工,即若干劳动者从事各种不同的而又相互联系的工作。在人类社会的发展史上,分工是人们在进行生产、改造自然的过程中逐步形成的,属于生产范畴,是生产力进步的源泉和标志。最初的社会分工是原始氏族内部人们按性别和年龄实行的劳动分工或称自然分工,其目的是为了增进共同劳动的效率。随后的三次社会大分工将生产力水平大大地向前推进了一步,导致了阶级社会和国家的产生。近代工业的形成和发展更是与分工的演变联系在一起的。因此,人类社会的经济发展史就是一部分工形成、发展和不断深化的历史。纵观国际分工的发展历程,大致经过了萌芽、发展、形成和深化四个阶段。

1. 国际分工的萌芽阶段

在前资本主义社会,自然经济占统治地位,生产力水平低下,各个民族、各个国家的生产方式和生活方式的差别较小,商品生产很不发达,所以只存在不发达的社会分工、地域分工和地方市场。虽然也存在着毗邻国家之间的较少的国际分工,但这带有很大的局限性和偶然性。

随着生产力的发展,11世纪欧洲城市兴起后,手工业和农业分离。而15世纪末到16世纪初的"地理大发现",则不仅促进了西欧国家的个体手工业向工场手工业过渡,而且也为近代的国际分工提供了地理条件,在一定程度上推动了世界市场的形成与发展。在这一时期,西欧殖民主义者以暴力和其他超经济手段在美洲、非洲和亚洲进行掠夺,强迫当地居民开矿山、种植热带和亚热带作物,建立起一种以奴隶劳动为基础,面向国外市场实行专业化生产的经济,出现了宗主国和殖民地之间最初的分工形式。然而,由于当时产业革命尚未发生,世界范围内仍是自然经济占统治地位,开始出现的国际分工仍主要建立在自然条件不同的基础上,并具有明显的地域局限性,而远非世界性的。因此,地理大发现之后出现的那种国际专业化生产只是近代国际分工的萌芽形式。

2. 国际分工的发展阶段

自18世纪60年代到19世纪中叶,英国、法国、德国、美国等主要资本主义国家完成了产业革命,即以机器大工业取代手工劳动,从而极大地推动了社会生产力的发展。大工业首先使各国内部的劳动分工向纵深发展,出现了真正的社会化大生产。适应大工业发展的要求,行业之间的分工日益发达,区域之间的分工日趋明显,社会分工最终超出了国家和民族的范围,形成了以世界市场为纽带的国际分工。马克思曾指出:"劳动分工的伟大成就开始于机器发明后的英国……由于机器和蒸汽的运用,分工已经具有了这样的规模,以致大工业与国土无关,只有依靠世界市场,国际交换和国际分工。"①

机器大工业对国际分工的形成起了巨大的推动作用。首先,以机器技术为基础的社会化大生产的发展,打破了民族的孤立性和闭塞性,将一系列国家和地区纳入国际分工。其次,由于大机器生产,使生产的规模和能力不断扩大,源源不断地创造出来的商品不仅需要国内市场,而且要不断向国外寻找新的市场以及开辟丰裕和廉价的原料来源。再次,大机器工业也为交通运输和通讯工具的发展与更新提供了坚实的物质基础,这不仅使国际交往的时间大为缩短,同时也便利了国际贸易活动的开展,促进了国际分工的深化。

---

① 马克思,恩格斯.马克思恩格斯全集.5卷[M].北京:人民出版社,1975:388.

这一时期国际分工的基本格局是少数发达国家变为工业国,广大亚非拉国家成为农业国。例如,印度成了英国生产棉花、羊毛、亚麻的地方,澳大利亚成为英国的羊毛殖民地。恩格斯把当时的国际分工描述为:"英国是农业世界的伟大的中心,是工业的太阳,日益增多的生产谷物和棉花的卫星都围绕着它运转。"① 可见,原来在一国范围内存在的城市与农村的分工、工业部门与农业部门的分工,逐渐演变成世界城市与世界农村的分离和对立,演变成以先进技术为基础的工业国与以自然条件为基础的农业国之间的国际分工。

3. 国际分工的形成阶段

从19世纪70年代起,主要资本主义国家出现了第二次产业革命。一些新兴的工业部门,如电力、石油、化工、汽车制造等纷纷建立起来,从而促进了社会生产力和国际分工的发展。与此同时,资本主义从自由竞争向垄断过渡,通过资本输出,进一步加深和扩大了国际分工。由于生产和资本国际化趋势的日益增长,真正意义上的国际分工最终得以形成。

这一时期国际分工的主要特征是:一方面,前述工业国和农业国之间的"垂直型"分工继续发展,主要资本主义国家加紧在殖民地和半殖民地国家兴办面向国际市场的种植业和工矿业,加深了世界城市与世界农村的对立关系。另一方面,主要资本主义国家之间的分工(主要是工业部门之间的"水平型"分工)也日益发展起来。例如,当时英国首先发明和采用了转炉炼钢技术,因而在钢铁生产中居于领先地位,而德国则侧重于发展化学工业。总之,在整个世界经济中,这一时期形成了门类比较齐全的国际分工体系。

4. 国际分工的深化阶段

20世纪40年代和50年代开始的第三次技术革命,它导致了一系列新兴工业部门的诞生,如高分子合成工业、原子能工业、电子工业、宇航工业等。对国际分工的深化产生了广泛的影响,使国际加工的形式和趋向发生了很大的变化,即国际分工的形式从过去的部门间专业分工向部门内专业化分工方向迅速发展。主要表现在:不同型号规格的产品专业化;零配件和部件的专业化;工艺过程的专业化。不仅如此,第二次世界大战以后世界上出现了大批民族独立国家和一些社会主义国家,世界经济及政治格局已有很大变化,国际分工进一步向纵深方向发

---

① 马克思.恩格斯.马克思恩格斯全集.22卷[M].北京:人民出版社,1975:375.

展,进入深化阶段。广大发展中国家努力改变自己在国际分工中的不利地位,并组成地区性的经济集团,如东南亚国家联盟(Association of Southeast Asian Nations,ASEAN,简称"东盟")、南锥体共同市场(South American Common Market,MERCOSUR,又称南方共同市场)等,发展它们相互之间的国际分工。

2.1.2 国际分工的类型

国际分工按不同的分类方法有不同的类型。

1. 按生产技术分工

即按参加国际分工的国家的自然资源和原材料供应、生产技术水平和工业发展情况的差异划分,国际分工可分为垂直型、水平型和混合型国际分工。

1) 垂直型国际分工

垂直型国际分工(Vertical International Division of Labor)是指经济技术发展水平相差悬殊的国家(如发达国家与发展中国家)之间的分工。垂直型分工又可以分为两种。

一种是指部分国家供给初级原料,而另一部分国家供给制成品的分工形态。如发展中国家生产初级产品,发达国家生产工业制成品,这是不同国家或地区在不同产业间的垂直分工。一种产品从原料到制成品,需经多次加工。经济越发达,分工越细密,产品越复杂,工业化程度越高,产品加工的次序就越多。加工又分为初步加工(粗加工)和深加工(精加工)。只经过初步加工的为初级产品,经过多次加工最后成为制成品,初级产品与制成品这两类产业的生产过程构成垂直联系,彼此互为市场。

另一种是指同一产业内技术密集程度较高的产品与技术密集程度较低的产品之间的国际分工,或同一产品的生产过程中技术密集程度较高的工序与技术密集程度较低的工序之间的国际分工,这是相同产业内部因技术差距所引起的国际分工。

从历史来看,19世纪形成的国际分工是一种垂直型的国际分工。当时英国等少数国家是工业国,绝大多数不发达的殖民地、半殖民地成为农业国,工业先进国家按自己的需要强迫落后的农业国进行分工,形成工业国支配农业国,农业国依附工业国的国际分工格局。迄今为止,工业发达国家从发展中国家进口原料而向其出口工业制成品的情况依然存在,垂直型的国际分工仍然是工业发达国家与发展中国家之间的一种重要的分工形式。

2) 水平型国际分工

水平型国际分工（Horizontal International Division of Labor）是指经济发展水平相同或接近的国家（如发达国家及一部分新兴工业化国家）之间在工业制成品生产上的国际分工。当代发达国家的相互贸易主要是建立在水平型国际分工基础上的，水平分工可分为产业内与产业间水平分工。前者又称为"差异产品分工"，是指同一产业内不同厂商生产的产品虽有相同或相近的技术程度，但其外观设计、内在质量、规格、品种、商标、牌号或价格有所差异从而产生的国际分工和相互交换，它反映了寡占市场结构下企业的竞争和消费者偏好的多样化。随着科学技术和经济的发展，工业部门内部专业化生产程度越来越高，部门内部的分工、产品零部件的分工、各种加工工艺间的分工越来越细，这种部门内水平分工不仅存在于国内，而且广泛地存在于国与国之间。后者则是指不同产业所生产的制成品之间的国际分工和贸易。由于发达资本主义国家的工业发展有先有后，侧重的工业部门有所不同，各国技术水平和发展状况存在差别，因此各类工业部门生产方面的国际分工日趋重要。工业制成品之间的分工不断向纵深发展，由此形成水平型国际分工。

3) 混合型国际分工

混合型国际分工（Mixed International Division of Labor）是把"垂直型"和"水平型"结合起来的国际分工方式。从一国角度看，若它在国际分工体系中既参与垂直分工，又参与水平分工，即为混合型国际分工。德国是"混合型"的典型代表。它对发展中国家是"垂直型"的，向发展中国家出口工业品，从发展中国家进口原料；而对发达国家则是"水平型"的，在进口中，主要是机器设备和零配件。不仅如此，德国对外投资也主要集中在西欧等发达国家。

2. 按产业差异分工

即按分工是在产业之间或产业内部的差异，国际分工可分为产业间国际分工和产业内国际分工。

1) 产业间国际分工

产业间国际分工（International Division of Labor among Industries）是指不同产业部门之间生产的国际专业化。第二次世界大战以前，国际分工基本上是产业间国际分工，表现在亚、非、拉国家专门生产矿物原料、农业原料及某些食品，欧美国家专门进行工业制成品的生产。如挪威专门生产铝，比利时专门生产钢和铁，芬兰专门生产木材和木制品，荷兰、丹麦主要生产肉制品和乳制品等。某些发达国家由于自然条件和地理环境等因素的制约，在产业间国际分工中既是工业制成品的出口国，也是农产品特别是谷物出口大国，如美国等。但是，这些国家是以生产工业制成品和半成品为其特征的。第二次世界大战后，在科技革命的推动下，国际分工已开始向部门内部专业化方向发展。发达资本主义国家如美国、英国、日本等，在拖拉机、飞机、电器生产等部门都逐步实现了国际间部门内部专业化协作生产。

2) 产业内部国际分工

产业内部国际分工(International Division of Labor within industry)是指相同生产部门内部各分部门之间的生产专业化。第三次科学技术革命对当代国际分工产生了深刻的影响，使国际分工的形式和趋向发生了很大的变化，突出地表现在使国际分工的形式从过去的部门间专业化向部门内专业化方向迅速发展起来。这主要是由于科技进步使各产业部门之间的级差化不断加强，不仅产品品种、规格更加多样化，而且产品的生产过程也进一步复杂化。这就需要采用各种专门的设备和工艺，以达到商品的特定技术要求和质量要求。同时，为了达到产品的技术和质量要求还必须进行大规模的科学实验和研究，这就需要大量的科研费用。在这种情况下，只有进行大量生产在经济上才能有利。但这些往往又与同一国的有限市场和资金设备及技术力量发生矛盾，这就促进了各国在部门内部的生产专业化迅速得到发展。

产业内部国际分工主要有以下3种形式。

(1) 同类产品不同型号规格专业化分工。在某些部门内某种规格产品的国际生产专业化，是部门内国际分工的一种表现形式。

(2) 零部件专业化分工。许多国家为其他国家生产最终产品而生产的配件、部件或零件的专业化。目前，这种国际生产专业化在许多种产品的生产中得到了广泛发展。例如，中国自20世纪80年代以来，通过利用外商直接投资实现了引进资本和成熟技术与国内廉价劳动力的结合，成为世界的劳动密集型产品生产中心和贴牌(或称"代工"、"协作")生产(Original Equipment Manufacturer，OEM)制造中心。在这样的产品内分工体系中，中国多是承担着产品生产工序的最后一个环节——加工组装或装配，然后向全球出口产成品。

(3) 工艺过程专业化分工。这种专业化过程不是生产成品而是专门完成某种产品的工艺，即在完成某些工序方面的专业化分工。以化学产品为例，某些工厂专门生产半制成品，然后将其运输到一些国家的化学工厂去制造各种化学制成品。

总之，经济分工可进行如下分类：一是工农业生产的分工；二是部门间的分工，即分工处于部门一级上，主要是工业内部门间分工；三是部门内分工，表现为产品、零部件生产和工艺的专业化分工。

2.1.3 影响国际分工发展的主要因素

国际分工是社会生产力发展到一定阶段的产物。国际分工的发生和发展主要取决于两方面的条件:一方面是社会经济条件,主要包括各国生产力发展水平的差异、科学技术进步的快慢、国内市场规模的大小、人口的多寡、产业和经济结构不同,以及社会经济制度的演进状况和各国执行的政策等等;另一方面是自然条件,其中包括各国的经济资源、地理位置、气候、土壤条件、国土面积、地形地貌等方面的特点。正是由于世界各国在社会经济和自然条件方面的差异和联系,使世界各国的生产者超越国界而形成一种相互的劳动联系成为可能和必要。这种劳动联系的经常化和广泛化,就是国际分工的基本内容。影响国际分工发展的主要因素可以归纳为以下几个方面:

1. 社会生产力是国际分工形成和发展的决定性因素

一切分工,包括社会分工和国际分工,都是社会生产力发展的结果,生产力的发展对国际分工的决定作用首先突出表现在科技进步的重要作用上。科学技术进步所带来的先进机器设备的运用、生产过程和劳动过程的改进,不仅推动了生产能力和规模的扩大,而且加强了生产专业化的趋势,使社会分工和国际分工发生相应的变革。前面讲述的国际分工的发展过程无不与科学技术的进步密切相连。

同时,各国生产力水平决定其在国际分工中的地位,生产力发展水平高的国家在国际分工中就处于领先的位置。从历史上看,英国最先完成了产业革命,其生产力达到巨大发展,因而英国在相当一段时期内就处于资本主义国际分工的主导地位上。其他资本主义国家生产力发展起来之后,也与英国一起在国际分工中处于支配地位。这是因为生产力发展程度高的国家,技术水平也就高,而技术因素决定了一国在分工中的位置。生产力水平也决定了一国的经济结构,这直接制约着一国参与国际交换的产品内容。此外,生产力水平还决定国际分工中一国可以利用的方式。如国际分包、生产协作等等,要求一国的生产力水平达到较高的程度,即使是参加经济贸易集团等,也主要以邻国相近的生产力水平为基础。

2. 自然条件对国际分工具有重要的影响

自然条件是一切经济活动的基础。换言之,人类的经济活动总是在一定的自然条件下进行的,没有一定的自然条件,进行任何经济活动都是困难的,甚至是不可能的,因此,自然条件对国际分工的产生和发展具有重要的制约作用。例如,可

第 2 章 国际分工与世界市场

可等只能在热带地区种植,石油只有在特殊的地质条件下才能生成;煤、铁矿石等等也只是某些特定的国家才能生产和出口;当代大型港口和其他运输中心则与该地区的地理位置关系密切。良好的自然条件不仅有助于国内经济的发展,也有助于加入国际分工。但是,有利的自然条件只是为国际分工提供了可能性,在自然条件具备的情况下,能否形成现实的国际分工,则取决于生产力的发展水平。例如,原油不能在没有石油矿藏的地区开采,但蕴藏丰富石油的地区,也只在科学技术和生产力发展到一定阶段,才能得到充分的开发和利用。同时,随着人类社会的发展,科学技术的进步在许多方面已降低了自然因素对生产过程的影响,然而有些方面还是难以用其他因素来替代的。

3. 政治、文化以及社会等因素也会制约着国际分工的发展

各国政府所采取的经济政策,尤其是有关对外经济和贸易方面的政策与措施,会直接促进或阻碍国际分工的发展。实行对外开放的政策,一国的企业就会积极投身世界市场的竞争,主动地参与国际分工。而一个国家或民族孤立于世界经济发展之外,很大程度上与政府的决策有关。文化观念也对参加国际分工有很大的影响。从现实生活中来看,国际分工总是首先在文化观念相近的民族中得到发展。西欧各工业国之间的分工如此深入,一个重要因素是文化同源。在当代,政治制度的不同、宗教信仰的差异等都在一定程度上影响着国际分工的深入。此外,人口、劳动规模或生产规模等,也在一定程度上制约着国际分工的发展。

4. 国际分工的性质取决于国际生产关系的性质

国际分工属于生产力的范畴,生产力总是在一定的生产关系形式下发展的,国际分工这种生产联系形式,也受生产关系的制约,国际分工的发展不能脱离"国际生产关系",国际分工的性质不能不受处于支配地位的国际生产关系的制约。从现实的情况出发,应当承认,在当代国际分工中居支配地位的仍然是资本主义生产关系,资本主义国际分工是在资本主义基本经济规律的作用下,在垄断资本追逐超额利润的情况下形成和发展起来的,而资本主义的国际生产关系是一种剥削关系和不平等的关系。因此,当代国际分工具有两重性:一方面,它具有进步性,生产方式和交换方式的国际化,打破了民族闭关自守的封闭状态,促进了各国各民族的相互往来,有利于推动生产力的发展,反映了社会化大生产发展到国际化阶段的客观要求;另一方面,当代国际分工又具有剥削、掠夺和不平等的性质,国际分工的利益大多为发达国家所占有。

2.1.4 当代国际分工的基本特征

第二次世界大战以来,由于跨国公司的迅猛发展、殖民体系的不断解体和发展中国家的大量涌现,特别是第三次科技革命的影响,不仅使世界生产力获得了前所未有的发展,同时也促进了国际分工的日益深化,并呈现出一些新的特征。

1. 发达国家之间的工业分工得到迅猛发展

当前,在发达国家之间进行着广泛的资本、技术和知识密集型产品生产的国际分工。这主要是由于现代科学技术日新月异的发展,发达国家在尖端工业生产方面需要大量的智力与资本的投入以及各种新技术的研究和发展,这就迫使发达国家之间实行分工与协作。现代发达国家许多高技术产品,如巨型飞机、新型汽车、原子能发电站、大型储存集成电路计算机等,既不是一个厂商也不是一个国家单独生产出来,而是通过若干个国家之间的国际分工与技术合作来完成的。例如,"空中客车"飞机就是由西欧的多个国家进行合作研究、开发和生产的;美国通用汽车公司(GM)除在美国设有大量工厂外,还在世界各地几十个国家或地区有汽车制造、装配等业务。同时,发达国家为了国际分工和协作的需要,还往往在一定的区域内组成集团经济。如欧盟等,集团成员之间进行着广泛和纵深的国际分工。

2. 发达国家与发展中国家之间传统的"垂直型"国际分工的主流地位已经让位于"水平型"国际分工

第二次世界大战以后,广大亚非拉国家纷纷走上了政治独立、发展民族经济的道路,这在一定程度上冲击了原先的工业国与农业国的垂直型国际分工。发达国家则在竭力维系传统国际分工的同时,发展和扩大有利于自己的水平型国际分工。目前,世界城市与世界农村的分工日益为世界工业分工为主导形式的国际分工所取代,水平型的国际分工已占主导地位。发展中国家与发达国家之间出现了简单加工工业与复杂加工工业之间的分工,劳动密集型工业与资本、技术及知识密集型工业之间的分工,劳动密集型工序或零部件生产与资本、技术及知识密集型工序或零部件生产的国际分工。同时,在发达国家与发展中国家之间还出现了一种设计与制造的分工,即产品的研究和设计在发达国家进行,而产品的制造则在发展中国家进行,发展中国家尤其是新兴经济体成了发达国家的"加工厂"。

当今世界,少数经济发达国家成为资本(技术)密集型产业国,广大发展中国家成为劳动密集型产业国,它们各自内部以及相互之间又形成更细致的分工,这是国际分工的进一步发展阶段。不仅如此,有些发达国家与发展中国家甚至还组成经济贸易集团,进一步强化此类国际分工,其典型的案例就是美国、加拿大和墨西哥三国组成的北美自由贸易区。

3. 产业间的国际分工日益转变为产业内的国际分工,以产品为界限的国际分工逐步转变为以生产要素为界限的国际分工

前已述及,在传统的国际分工格局中,占主流地位的是产业部门之间的分工,即工业制成品生产国与初级产品生产国之间的分工,以及各国不同工业部门之间的分工。第二次世界大战以后,国际间产业内分工得到了迅速发展,国际竞争与合作越来越表现为同类产品、同类产业之间的竞争和合作。由国内市场调节的各部门、各企业间的分工过渡到由跨国公司协调的企业内部的分工。这是以技术为基础的国际分工迅速发展的结果,也是产品的差异化、零部件生产专业化的结果。例如,"波音747"喷气飞机是在8个国家的1600个大型企业、1.5万个中小型企业的协作中生产出来的;美国的"朋蒂亚克—莱曼"牌小汽车,在德国设计,由澳大利亚制造发动机,美国、加拿大合作生产变速器,日本生产车身薄板,新加坡提供无线电设备,由韩国供应电气设备与轮胎,等等。

由此可见,我们几乎无法用一个简单的概念来描述当代和今后的国际分工格局。但是,当我们用"要素结构"来考察各国在国际分工中的位置时,还是能清晰地看到各国产业结构或是以劳动密集型产业为主体产业,或是以资本密集型产业为主体产业,或是以技术密集型产业为主体产业。这样,过去那种以产业的部门结构划分国际分工格局的方法不再有效了,而应以产业的要素结构来划分。如此说,当代和今后的国际分工格局可以描述为劳动密集型产业国、资本密集型产业国、技术密集性产业国等之间的分工。

4. 国际分工与协作方式的多样化

第二次世界大战以后,由于科学技术的飞速进步和世界生产力的发展以及跨国公司的大量涌现,国际分工进一步向纵深方向发展。其特征之一是国际分工和协作的方式出现了多样化的发展趋势。传统的国际分工主要表现为国际间的商品贸易方面,而第二次世界大战后却出现了众多的国际经济合作方式,如国际间的合资经营、合作经营、合作开发、补偿贸易、加工贸易、国际租赁、劳务合作、技术转让等。尤其是在发达国家与发展中国家之间,这些方式被广泛采用。这是因

国际贸易：理论与政策

为,发达国家一般拥有较多的资本和技术设备,需要寻求更好的出路和技术转让途径,以获得充分有效的利用;一些发展中国家和地区拥有较丰富的自然资源和廉价、充裕的劳动力,为了发展经济,需要引进国外的资金和技术。任何一个专业发达、技术进步的国家也不可能生产出自己所需的全部工业产品。而众多新的国际经济技术合作方式能够使双方扬长避短、取长补短,因而正在被广泛地运用。今后,随着科技进步或科技革命的进展,国际分工更要向前发展。

2.2 国际分工对国际贸易的影响

从最一般的意义上来说,国际分工和国际贸易的关系是分工与交换的关系。没有分工,就没有交换,也就没有市场。交换的深度、广度和方式都取决于生产的发展,也取决于分工的发展水平。同样,国际分工也是国际贸易和世界市场的基础。在国际商品交换的背后,隐藏着各国商品生产者之间的分工,如果没有国际分工,就没有国际贸易和世界市场。国际贸易是随着国际分工的发展而发展的。反过来,如果没有交换,分工后的劳动者生产商品的价值就无法实现,分工就不能存在和发展。因此,国际贸易不仅是国际分工的体现,同时也影响着国际分工的发展和深化,国际分工和国际贸易是互为条件、相互促进的两个方面。根据马克思主义生产决定交换的基本原理,国际分工是更具有决定性的方面,国际贸易的发展从根本上说要受国际分工的制约和影响。

2.2.1 国际分工的扩大推动了国际贸易的发展

国家之间的商品交换最初是由于自然地理条件不同而产生的,规模很小,交换具有相当大的偶然性。只有在资本主义生产方式确立起来、国家之间有了劳动分工之后,国际贸易才成为一种经常的广泛的现象,成为世界经济生活中一个不可缺少的部分。国际分工的扩大直接推动着国际贸易向广度和深度发展。一方面,国际分工意味着各国的生产资源向效率较高的部门转移,可供交换的产品随之增加,全世界总的产量上升是国际贸易发展的基础。另一方面,一国参与国际分工的程度越深,对外贸易在国民生产总值中所占的比重就越大,国际市场就愈是成为国民经济运行和发展的必要条件。国际分工在经济上的优越性,也会吸引各国放弃封闭政策,主动参与国际分工,从而也促进了国际贸易的发展。

从历史上看,在某个时期或某个国家的对外贸易扩展可以先于国际分工的发展,某些国家也正是由于对外贸易而导入到国际分工体系中来的。但是必须指出,对于单个国家来说,可以出现某个特定的商业繁荣时期,然而对外贸易的扩张只能建立在国际分工深化的基础上,纯粹的商业扩张是不可能持久的。在16~17世纪与地理大发现一同发生的商业革命中,荷兰的对外贸易和金融业在相当长的时期内要超过英国,葡萄牙也在一定时期内不比英国逊色。然而这些国家内部没有发生工业革命,无力领导甚至不能有效地参与国际分工,因而很快就失去了在国际贸易中的优势地位。英国则由于领导了第一次工业革命,在国际分工中处于支配地位,对外贸易的发展有了坚实的基础。而对外贸易的增长反过来又深化了英国参与国际分工的程度,促进了英国的经济发展。这说明国际贸易的持续发展只能建立在国际分工深化的基础之上。一个国家或一个地区只有不断融入国际分工体系,才能有贸易的持久繁荣,也才能充分发挥贸易带动经济增长的作用。

2.2.2 国际分工对国际贸易的商品结构产生重要影响

国际分工的深度和广度不仅决定国际贸易发展的规模和速度,而且还决定国际贸易的结构和内容。第一次科技革命以后,形成以英国为中心的国际分工。在这个时期,由于大机器工业的发展,国际贸易商品结构中出现了许多新产品,如纺织品、船舶、钢铁和棉纱等。第二次科技革命以后,形成了国际分工的世界体系,使国际分工进一步深化。国际分工的基本格局是世界分化为工业国和农业国,英国和其他西方发达工业国家成为世界的城市国、中心国;其他国家则沦为农村国、边缘国。正如马克思指出的那样,"一部分成为主要从事农业的生产地区,以服务于另一部分主要从事工业生产的地区"。①

与此相适应,国际贸易的商品结构也发生了相应的变化。首先是粮食贸易大量增加。其次,农业原料和矿业材料,如棉花、橡胶、铁矿、煤炭等产品的贸易不断扩大。此外,机器、电力设备、机车及其他工业品的贸易也有所增长。世界市场商品的流向是发达国家向落后国家销售工业品,而从后者大量进口原料和食品等等。资本主义国际分工体系的建立从根本上改变了世界市场上交换的商品的性质,那些满足少数贵族特权阶层的奢侈品,已不再是国际贸易中的主要商品,而被小麦、棉花、羊毛、咖啡、铜、木材等等大宗商品所取代。同时,这种国际分工格局也使得第二次世界大战以前国际贸易中初级产品的比重一直高于制成品。如1937年世界出口贸易中初级产品的比重达到63.3%,而制成品只有36.7%。

第二次世界大战以后,发生的第三次科技革命,使国际分工进一步向深度和

---

① 马克思,恩格斯.马克思恩格斯全集.第23卷[M].北京:人民出版社,1975:421.

广度发展,传统的国际分工形式开始有所改变,国际贸易商品结构也随之出现新的特点。其一,由于发展中国家的斗争和努力,发达国家和发展中国家之间的分工形式发生了一定变化,发展中国家改变了纯粹作为农业国的地位,出口中工业品的比重不断增加;其二,发达国家间产业部门之间的分工日益转变为产业部门内部的分工,以产品为界限进行的分工逐步转变为产业部门内部的分工,概括地说,出现了一种以世界工业分工为主导形式的国际分工体系。这就导致了世界贸易中工业制造品的比重不断上升,新产品大量涌现,并出现了技术贸易迅速增长等等新的现象。在世界贸易中,不仅工业制成品占到 2/3 以上,而且主要发达国家间产业内贸易的比重都普遍超过 50%。

2.2.3 国际分工对国际贸易的地理分布也产生重要影响

　　国际贸易的地区分布明显受到各国或地区的经济发展水平及其在国际分工中所处的地位的制约。当代各国或地区在世界市场上的位置,无不与其在国际分工中地位息息相关。从西方发达国家的情况来看,国际分工中位置的变迁是导致在世界贸易中地位升降的因素之一。从 18 世纪到 19 世纪末,英国凭借其经济实力一直居于国际分工的中心,它在资本主义世界对外贸易中也一直独占鳌头。1870 年其对外贸易占到资本主义世界对外贸易总额的 22%。此后,法国、德国、美国在国际贸易中的地位也显著提高。当美国在国际分工中取代了英国的领导地位后,美国就成为世界市场上的主宰力量。

　　第二次世界大战后,由于第三次科技革命,发达国家工业部门内部分工成为国际分工的主导形式,因而西方工业发达国家相互间的贸易得到了迅速发展,而它们同发展中国家间的贸易则呈下降趋势。20 世纪 70 年代以来,日本等国的经济迅速崛起,在国际分工中向美国提出了严峻的挑战,致使美国在世界经济事务中的影响下降。迄今为止,西方发达国家之间的贸易仍在世界贸易总额中占有较大的优势。例如,1973 年西方工业国之间的贸易额占世界贸易总额的 70.7%,1990 年为 71.4%。这里的一个重要因素是它们仍是国际分工的中心国家。

2.2.4 国际分工还对国际贸易政策产生重要影响

　　国际分工状况如何,是各个国家制定对外贸易政策的依据。第一次科技革命后,英国工业力量雄厚,其产品竞争能力强,同时它又需要以工业制品的出口换取原料和粮食的进口,所以,当时英国实行了自由贸易政策。而美国和西欧的一些国家工业发展水平落后于英国,它们为了保护本国的幼稚工业,便采取了保护贸易的政策。第二次科技革命,资本主义从自由竞争阶段过渡到垄断阶段,国际分工进一步深化,国际市场竞争更加剧烈,在对外贸易政策上,便采取了资本主义超保护贸易政策。19世纪70年代中期以前,以贸易自由化政策为主导倾向;19世纪70年代中期以后贸易保护主义又重新抬头。西方国家贸易政策的这种演变,是和世界国际分工深入发展分不开的,也是与各国在国际分工中所处地位的变化密切相关。

2.2.5 国际分工的地位影响着国际贸易利益的分割

国际分工可以扩大整个国际社会劳动的范围,发展社会劳动的种类;使贸易参加国家可以扬长避短,发挥优势,有利于世界资源的合理配置;可以节约全世界的劳动时间,从而提高国际社会的生产力。因此,国际分工的发展是一个进步的过程。但是,国际分工的产生与发展是在资本主义生产方式内进行的,一方面,它代表了生产力发展的进步过程;另一方面,也体现了资本主义社会的生产关系。

在第二次世界大战前的资本主义国际分工体系中,殖民主义国家间的分工是比较平等或处于平等的关系。但是,在殖民主义国家与殖民地、半殖民地以及落后国家之间的分工却是中心和外围的关系,二者之间具有控制与被控制、剥削与被剥削的关系。这种不平等的分工关系决定了殖民地、半殖民地以及落后国家在国际贸易中获得的利益相对较少,甚至对本国经济的发展带来极为不利的影响,而殖民主义国家几乎控制了所有的国际贸易利益。

第二次世界大战后,随着发展中国家在政治上取得独立,民族工业的日益发展和不断斗争,发展中国家在国际分工中的地位有所改善,贸易利益也随之增加,但是还未发生根本性、实质性的改变。

2.3 世界市场概述

2.3.1 世界市场的含义与类型

关于"市场"(market)这个概念,目前主要有三种提法,一是指商品交换的领域;二是指商品交换关系的总和;三是指交易活动的场所。因此,所谓世界市场(world market),即世界各国商品和服务交换的领域或场所,是世界范围内通过国际分工和贸易联系起来的各国间市场和各国国内市场的总和。可见,世界市场这一概念是由其外延和内涵两方面构成的。世界市场的外延指的是它的地理范围。世界市场的内涵指的是与交换过程有关的全部条件和交换的结果,包括商品、技术转让、货币、运输、保险等业务,其中商品是主体,其他业务是为商品和劳务交换服务的。

世界市场的构成十分复杂,可以按不同的标准进行分类。

(1) 按地理趋势划分。世界市场按洲别或地区可以划分为西欧市场、北美市场、非洲市场、东南亚市场等等;也可以按国别划分为美国市场、日本市场、德国市场、英国市场、中国市场等等;世界贸易组织等国际机构在有关的统计中常把世界各国划分为发达经济体市场、发展中经济体市场和转型经济体市场三大类。

(2) 按市场对象划分。世界市场可以划分为商品市场、金融市场和劳务(或服务)市场。其中商品市场是主体。也可按大类划分为纺织品市场、粮油市场、机械市场、化工市场等;还可按品种细分为小麦市场、咖啡市场、茶叶市场、汽车市场等等。

(3) 按消费者划分。可按性别、年龄、收入和职业等划分,如妇女用品市场、儿童用品市场、劳保用品市场等等。

一般而言,广义的世界市场应包括世界商品(货物)市场、世界服务市场和世界金融市场。世界商品市场是各国贸易商和厂商进行商品交换的场所;世界服务市场是各国进行服务贸易,即许可证、技术诀窍、劳动力和技术人员的输出和输入,以及国际运输、广告、咨询、保险、旅游等业务的场所;世界金融市场是指国际上进行资金借贷、贸易结算以及金银、外汇和有价证券买卖的场所。其中,世界商品市场是世界市场的主体部分,其他两类市场主要是为世界商品市场的发展服务的。本节着重从商品市场的角度论述世界市场的有关问题。

2.3.2 世界市场的形成与发展

市场是在生产发展的基础上,随着商品交换的发展而逐渐形成和扩大的。最早的市场是农村集市,范围小,规模不大。后来随着分工和交换的扩大,逐渐形成一个国家的全国性市场。随着商品交换和商品流通越出一国的国界,在一些国家的接壤地区形成了一些区域性的国际市场,如欧洲在中世纪时期就有伦敦、汉堡、巴黎等区域性的国际市场。世界市场是在16世纪地理大发现后,随着国际贸易的发展把一些区域性的国际市场联合起来而形成的。马克思说:"世界贸易和世界市场在16世纪揭开了资本的近代生活史。"①

1. 世界市场的萌芽时期(16世纪初至18世纪60年代)

国际贸易虽然在公元前就已经出现,但是在相当长的历史时期内,由于社会

---

① 马克思,恩格斯. 马克思恩格斯全集.7卷[M]. 北京:人民出版社,1975:167.

生产力水平低下,商品经济落后,交通不发达,因而并不存在世界性的市场。15世纪末至16世纪初的地理大发现,对西欧经济的发展产生了巨大的影响,为世界市场的形成准备了条件。因此,可以说地理大发现使世界市场进入萌芽阶段。马克思与恩格斯指出:"美洲的发现,绕过非洲的航行,给新兴的资产阶级开辟了新的活动场所。东印度和中国的市场、美洲的殖民化、对殖民地的贸易、交换手段和一般的商品增加,使商业、航海业和工业空前高涨。"[1]地理大发现之前,世界上只存在若干区域性的市场。地理大发现之后,区域性市场逐渐扩大为世界市场。新的世界市场不仅包括欧洲原有的区域性市场,而且包括亚洲、美洲、大洋洲和非洲的许多国家和地区。这一阶段,世界市场中处于支配地位的是前资本主义的商业资本。这是萌芽时期世界市场的主要特点。

2. 世界市场的发展时期(18世纪60年代至19世纪70年代)

18世纪60年代以后,英国和欧洲其他国家先后进行了产业革命,建立起机器大工业。在机器大工业的推动下,国际贸易发生了根本性的变化,促进了世界市场的迅速发展。这一阶段,世界市场的范围不断扩大,中欧、东欧、中东以及印度洋沿岸的广大地区都成为世界市场的组成部分,南太平洋和远东的澳大利亚、日本和中国等也开始进入世界市场。同时,国际商品流通的基础已再不是小商品生产者的工场手工业品,而是发达资本主义国家(主要是英国)的工业制成品与经济落后国家的食品、原料的交换。世界市场上主要的经济联系是工业国家和农业国家之间,而各工业发达国家之间的贸易联系也大大加强。这一时期世界市场的主要特点是:产业资本取代商业资本而占据了统治地位。

3. 世界市场的形成阶段(19世纪70年代至第二次世界大战前)

19世纪70年代,发生了第二次科技革命。这次科技革命,一方面促进了社会生产力的极大提高,使工农业生产迅速增长和交通运输业发生了革命性的变革,大大改变了欧洲经济的面貌,也改变了世界的经济面貌。尤其是交通运输业的革命,成为19世纪末世界经济、世界市场发展的主要推动力。另一方面,第二次科技革命也推动了资本主义生产关系由自由竞争向垄断阶段的过渡,资本输出

---

[1] 马克思,恩格斯.共产党宣言[M].北京:人民出版社,1964:24~25.

急剧扩大并具有特别重要的意义。资本输出使生产社会化和国际化逐步实现,并与商品输出相结合,从而加强和扩大了世界各国间的商品流通。这一阶段,国际贸易把越来越密的经济网铺到了整个地球的各个角落,世界各国从经济上互相联结起来了。这样,在世界历史上第一次实现了一个统一的世界市场。统一世界市场的主要特点是:垄断资本在世界市场占据了统治地位。

综上所述,世界市场是随着地理大发现而萌芽,随着第一次工业革命的发展而迅速发展,随着第二次工业革命的进展而最终形成的。可见,世界市场是在国际分工和国际贸易不断发展和深化的过程中,逐渐形成和发展起来的,其发达程度取决于参与国际交换的国家数量、商品总额、各国经济发展水平以及国际分工的广度和深度。

2.3.3 世界市场上的商品流通渠道

世界市场上的商品流通渠道,是指商品由各国生产领域进入他国消费领域所采取的购销形式。按照这种购销业务形式的不同,世界市场分为有固定组织形式的市场和无固定组织形式的市场。

1. 有固定组织形式的市场

有固定组织形式的市场是指在特定地点按照一定组织规章进行交易的市场。这种市场主要有商品交易所、国际拍卖、博览会和展览会等。

1) 商品交易所

商品交易所(exchange)是根据货样进行大宗商品交易的场所。交易所中通常没有商品,买卖时无需出示和验看商品,而是根据规定的标准和货样进行交易。成交是在交易所制定的标准合同基础上进行的。

早在17世纪,阿姆斯特丹就出现了第一个商品交易所。造成商品交易所发展的原因主要有:大宗商品生产的增长,世界市场的扩大,农产品(尤其是投放在市场上的一定牌号的标准化农产品)生产和初级加工技术的进步。海上运输的发展和电报电话的普及,提高了交易所在国际贸易中的作用。同时交易所中进行的期货交易,有利于生产者转移风险,进行套期保值,使生产者免受市场价格风险的影响而安心生产,保证再生产过程的正常运行。

由于交易所同时集中大量的商品,因此可根据商品的供求情况确定交易所价格。这使得交易所在国际贸易中具有调节价格的作用。世界性的商品交易所,每天开市后第一笔交易的成交价格(即开盘价)和最后一笔交易的成交价(即收盘价)以及全天交易中的最高、最低价格,均被刊载于重要报纸等媒体上,作为市场

第2章 国际分工与世界市场

价格动态的重要资料。后来,交易所价格即交易牌价,成了交易所以外进行交易的依据。随着垄断程度的提高,商品交易所作为世界贸易中心和价格调节器的作用在下降,但从世界市场上商品流通的绝对额来看,交易所的作用仍然不小,在交易所进行交易的商品仍有50多种,约占世界出口贸易额的15%~20%,交易所价格仍然是交易所外交易的价格依据。

在交易所买卖的商品,往往具有同质性,即特征一样,质量相同。它们主要有:有色金属、谷物、纺织原料、食品和油料等。最大的交易所贸易中心是纽约和伦敦。在纽约商品交易所进行有色金属、橡胶、咖啡、食糖、可可、棉籽油等商品的交易,在棉花交易所出售棉花。在伦敦商品交易所,进行可可、咖啡、椰干、毛皮、橡胶、食糖等的交易。

随着国际生产专业化程度的提高,交易所中商品交易也日趋专业化。目前,各种商品的交易所贸易中心可参见表2.1。

表2.1 世界主要交易所贸易中心

商品名称	世界主要交易所贸易中心
有色金属	伦敦、纽约、新加坡(锡)
天然橡胶	新加坡、伦敦、纽约、吉隆坡、神户、东京
可可豆	纽约、伦敦、巴黎、阿姆斯特丹
谷物	芝加哥、温尼伯、伦敦、利物浦、鹿特丹、安特卫普、米兰
食糖	伦敦、纽约、大阪、东京
咖啡	纽约、伦敦、新奥尔良、芝加哥、亚历山大、圣保罗、孟买
棉籽油	纽约、伦敦、阿姆斯特丹、温尼伯
黄麻	加尔各答、卡拉奇、伦敦
棉花	纽约、香港、亚历山大、孟买、圣保罗
净毛	纽约、伦敦、安特卫普、墨尔本
大米	米兰、阿姆斯特丹、鹿特丹
豆油和向日葵	伦敦
生丝	横滨、神户

2) 国际商品拍卖(Auction)

国际商品拍卖是指经过专门组织的在一定地点定期举行的现货市场。在这种市场上通过公开竞争的方式,在事先规定的期间和专门指定的地点销售商品。

国际贸易:理论与政策

这些商品预先经过买主验看,并且卖给出价最高的买主。在拍卖交易中出售的商品具有单批的性质,它不能代替成批的名称相同的商品,这是因为这些商品质量、外形、味道有所不同。因此,在拍卖前,买主须进行验看。事先验看是拍卖贸易的必要条件,因为,在拍卖以后无论是拍卖的举办人,还是卖主,对商品的服务都不接受任何索赔(隐蔽缺点除外)。

进入拍卖市场交易的商品大多具有不易标准化、易腐不耐贮存、生产厂家众多或需经过较多环节才能逐渐集中到中心市场等特点,如毛皮、原毛、鬃毛、茶叶、烟草、蔬菜、水果、花卉、观赏鱼类、热带木材、牲畜(主要是马)。其中,拍卖方式是国际市场上销售毛皮、原毛、茶叶和烟草最重要方式,比如,通过国际拍卖出售的毛皮占美国和加拿大总出售额的70%,占瑞典和挪威的95%;通过国际拍卖出售茶叶占印度茶叶总出售量的80%,占斯里兰卡的95%。

世界拍卖的商品一般都有自己的拍卖中心(见表2.2)。在全世界,毛皮和毛皮原料的国际拍卖每年进行150多次。此外,一些产品的拍卖中心有向产地转移的特征。如原毛的拍卖逐渐从伦敦转移到生产地点进行;茶叶拍卖的中心也从伦敦转移到茶叶的产地进行。例如,印度通过加尔各答和科钦的拍卖,出售的茶叶占全国茶叶销售总量的70%,通过伦敦拍卖的只占30%。

表2.2 世界主要商品拍卖中心

商品名称	世界主要拍卖中心
水貂皮	纽约、蒙特利尔、伦敦、哥本哈根、奥斯陆、斯德哥尔摩、圣彼得堡
羊羔皮	伦敦、圣彼得堡
羊毛	伦敦、利物浦、开普敦、墨尔本、悉尼
茶叶	伦敦、加尔各答、科伦坡、科钦
烟草	纽约、阿姆斯特丹、不来梅、卢萨卡
花卉	阿姆斯特丹
蔬菜和水果	安特卫普、阿姆斯特丹
马匹	多维尔、伦敦、莫斯科

3) 工商业博览会和展览会

博览会是定期地聚集在同一地点、在同一年中的一定时候和规定期限内举行的有众多国家、厂商参加的展销结合的市场。其目的是使博览会的参加者能够展出自己产品的样品,显示出新的成就和技术革新,以便签订贸易合同,发展业务联系。博览会又称国际集市。

工商业展览会(exhibition),是不定期举行的。其目的是展示一个国家或不同的国家在生产、科学与技术领域中所取得的成就,促成会后交易。按展览会举办的方法,可分为短期展览会,流动展览会,长期样品展览会,贸易中心和贸易周。

国际博览会和展览会在市场中的地位日益重要。它为买卖双方了解市场、商品和建立联系提供各种有利条件,成为签订贸易合同的重要场所。

国际博览会和展览会发展的特点是:数量继续增加,展览面积扩大,专业化程度加强,机器和设备在展览会展品中的比重显著增加。

发达国家在举办国际博览会和展览会方面占有重要的地位。仅德国、英国、美国、法国和意大利所举行的博览会和展览会就约占全部博览会和展览会的2/3。其中,占重要地位的是下列地方的博览会:德国的汉诺威、莱茵—法兰克福、莱比锡,法国的巴黎、尼察、利尔、里昂、波尔多,奥地利的维也纳,比利时的布鲁塞尔,瑞典的哥德堡,意大利的帕多瓦、米兰、的里雅斯特,荷兰的乌得勒支,日本的东京,加拿大的温哥华,新西兰的惠灵顿,澳大利亚的悉尼。

随着发展中国家的经济发展,它们举办的国际博览会的作用有所增强。其中大型的博览会主要有叙利亚的大马士革,黎巴嫩的第黎波里,加纳的阿克拉,印度的马德拉斯,摩洛哥的卡萨布兰卡,智利的圣地亚哥。

中欧、东欧国家组织的国际博览会主要有:克罗地亚的萨格勒布,匈牙利的布达佩斯,波兰的波兹南,保加利亚的普罗夫迪夫等。

中国除了有选择地参加上述博览会外,还从1957年起在广州定期举办交易会。目前,中国规模较大的交易会有广州的春季和秋季交易会、哈尔滨的夏季交易会、上海的华东出口商品交易会等等。

2. 没有固定组织形式的世界商品市场

除了有固定组织形式的世界市场以外,通过其他方式进行国际商品贸易都可以纳入没有固定组织形式的世界商品市场。这种市场按商品购销形式的不同大致可以分为两类:一类是单纯的商品购销形式,另一类是与其他因素结合的商品购销形式。

1) 单纯的商品购销形式

单纯的商品购销形式是指买卖双方不通过固定的市场进行的单纯的买卖。其原则是买卖双方自由选择交易对象,对商品的规格、数量、价格、付款条件进行谈判,谈判可通过面谈、电话、电报进行。在相互同意的基础上签订合同,据以执行。

单纯的商品购销形式是世界市场最通行的购销形式,可随时随地进行。

2) 与其他因素结合的商品购销形式

这种形式主要有补偿贸易、加工贸易和租赁贸易等。

(1) 补偿贸易(Compensation Trade)。补偿贸易是与信贷相结合的一种商品购销形式。即买方在信贷基础上从卖方进口机器、设备、产品、技术或劳务,然后用商品与劳务支付货款。

补偿贸易的方式大致有三种。一是买方以进口的设备开发和生产出来的产品去偿还进口设备的货款,称为回购(或返销);二是买方不用上述商品,而是用双方商定的其他产品或劳务偿付货款,称为互购;除上述两种补偿办法以外,买方对进口设备的货款,还可以部分用商品补偿,部分用现汇支付,称作部分补偿,也有第三方参与,负责接受、销售补偿产品或提供补偿产品的,此为多边补偿。

补偿贸易在第二次世界大战前经济大危机以后的一些欧洲国家开始采用。第二次世界大战后,开始盛行。其之所以得到发展,在于贸易双方都可能从中得到好处。对于进口方来说,可以在外汇资金不足的情况下,引进国外比较先进的技术设备、管理经验,提高自己的生产技术水平,扩大生产规模,同时还可以利用对方的销售渠道,开辟本国产品的国际市场,扩大产品的出口;而对于出口方来说,采用补偿贸易方式可以推销自己多余的机械设备,缓和商品和资金过剩,还可以借此取得比较廉价的"回头"产品或原材料。但是,如果返销商品是原出口方市场上竞争比较激烈,或者需占用原进口方出口额度的,则贸易双方较难达成协议。

(2) 加工贸易(Processing Trade)。这是把加工与扩大出口或收取劳务报酬相结合的一种商品购销方式。其方式主要有三种:①来料加工。来料加工就是甲方国家按照乙方国家的要求,将乙方国家商人提供的原料、辅料加工后把成品交给乙方,收取加工费用。②进料加工。进料加工就是进口原料进行加工,把成品销往国外,它又称为以进养出。进料加工与来料加工的区别:首先,前者是自进原料、自行安排加工和出口,自负盈亏;后者是按照提供原料商人的要求进行加工。其次,前者原料与出口没有必然联系,两国商人是买卖关系;后者则密切相关,双方是委托加工关系。③来件装配。甲国商人向乙国厂商提供零件与元件,由乙国厂商进行装配,再交给甲国商人,收取装配费。

(3) 租赁贸易(Leasing Trade)。它是一种把商品购销与一定时间出让使用权相联系的购销方式。这是指出租人把商品租给承租人在一定时期内使用,承租人要付与出租人一定数额的租金。租赁贸易依租期分为长期租赁(3~5年或15~20年);中期租赁(1~2年),又称租用;短期租赁(几小时到1年)。长期租赁比较盛行。

租赁贸易20世纪50年代起源于美国,其后不断发展。现代租赁主要以企业为主,租赁的商品通常是标准的工业设备和产品,诸如工厂、成套设备、筑路机械、起重运输设备、航空发动机、船只、汽车、集装箱、电子计算机、通讯卫星等。

与直接购买商品相比,租赁贸易具有如下优点:由于承租人实际上只是购买使用权,可以节约直接购买商品本身的资金,又可使用比较先进的机器和运输等设备;可以缩短供货期限,解决季节性或急需性的生产设备;由于出租人始终对商品拥有所有权,故承租人往往不负责租用商品的维修与保养,还可避免因设备快速更新而遭受的无形损失。

2.4 当代世界市场的基本特征

第二次世界大战后,世界政治、经济发生了很大变化,世界市场由于国际分工、社会生产力的新发展而发生了一些新的变化,主要体现在以下几个方面。

2.4.1 参与国际经贸竞争的国家和地区日益增多,并呈多样化发展

第二次世界大战后,随着殖民统治的崩溃,一些社会主义国家出现在世界市场上,100多个发展中国家和地区也参加到世界市场的竞争中。当前,参加国际贸易的国家(或地区)有220多个。无论是发达国家还是发展中国家,都要通过世界市场和国际分工发展本国经济。

与此同时,世界市场上国家类型也呈多样化发展的趋势。有的国家实行比较自由的市场经济;有的实行福利经济制度;有的正在由计划经济向市场经济转轨;也有的依据本国经济及社会政治制度而选择自己的发展道路,这与第二次世界大战前相比,的确发生了很大的变化。但是,发达资本主义国家仍然是世界市场的主体,发展中国家居于次要的地位(参见表2.3)。

根据WTO《2013年国际贸易统计》的有关数据,近年来,发达国家出口贸易额全球占比下降,而发展中国家占比逐步提高。如2012年,七个主要发达国家(美国、德国、日本、法国、英国、意大利和加拿大)出口总额达57 510亿美元,占全球比重为31.3%,而此前的2005年占比为38.72%;金砖五国(巴西、俄罗斯、印度、中国和南非)出口额为32 020亿美元,占全球比重为17.4%,远高于2005年的12.18%。

表2.3　2012年世界商品(货物)主要进出口国家或地区(单位:10亿美元)

出口					进口				
排序	国家或地区	价值	份额	增长率(%)	排序	国家或地区	价值	份额	增长率(%)
1	中国	2049	11.1	8	1	美国	2336	12.6	3
2	美国	1546	8.4	4	2	中国	1818	9.8	4
3	德国	1407	7.6	−5	3	德国	1167	6.3	−7
4	日本	799	4.3	−3	4	日本	886	4.8	4
5	荷兰	656	3.6	−2	5	英国	690	3.7	2
6	法国	569	3.1	−5	6	法国	674	3.6	−6
7	韩国	548	3.0	−1	7	荷兰	591	3.2	−1
8	俄罗斯	529	2.9	1	8	中国香港	553	3.0	8
9	意大利	501	2.7	−4	9	韩国	520	2.8	−1
10	中国香港	493	2.7	8	10	印度	490	2.6	5
11	英国	474	2.6	−6	11	意大利	487	2.6	−13
12	加拿大	455	2.5	1	12	加拿大	475	2.6	2
13	比利时	447	2.4	−6	13	比利时	437	2.4	−6
14	新加坡	408	2.2	0	14	墨西哥	380	2.0	5
15	沙特阿拉伯	388	2.1	6	15	新加坡	380	2.0	4
16	墨西哥	371	2.0	6	16	俄罗斯	335	1.8	4
17	阿联酋	350	1.9	16	17	西班牙	335	1.8	−11
18	中国台湾	301	1.6	−2	18	中国台湾	270	1.5	−4
19	印度	294	1.6	−3	19	澳大利亚	261	1.4	7
20	西班牙	294	1.6	−4	20	泰国	248	1.3	8
21	澳大利亚	257	1.4	−5	21	土耳其	237	1.3	−2
22	巴西	243	1.3	−5	22	巴西	233	1.3	−2
23	泰国	230	1.2	3	23	阿联酋	230	1.2	13
24	马来西亚	227	1.2	0	24	瑞士	198	1.1	−5
25	瑞士	226	1.2	−4	25	马来西亚	197	1.1	5

(续)表 2.3

	出 口					进 口			
排序	国家或地区	价值	份额	增长率(%)	排序	国家或地区	价值	份额	增长率(%)
26	印度尼西亚	188	1.0	−6	26	波兰	196	1.1	−7
27	波兰	183	1.0	−3	27	印度尼西亚	190	1.0	8
28	瑞典	172	0.9	−8	28	奥地利	178	1.0	−7
29	奥地利	166	0.9	−6	29	瑞典	163	0.9	−8
30	挪威	161	0.9	0	30	沙特阿拉伯	156	0.8	18
	以上总计	14932	81.1	—		以上总计	15311	82.3	—
	世界	18401	100.0	0		世界	18601	100.0	1

注释：①世界出口总额和进口总额中均含转口贸易部分；②份额是指该贸易伙伴占全球商品贸易的比重；③增长率指 2012 年与上一年比较的变化；④俄罗斯、加拿大的进口额是以 FOB 值计算；⑤阿联酋的进出口额数据为秘书处的预测或估计数。

资料来源：WTO.2013 年国际贸易统计[R].

2.4.2 国际经济贸易、合作方式日趋多样化

第二次世界大战后，由于新的科技革命的影响，国际分工进一步向深度和广度发展。生产的国际化，导致各国企业间的经济、科技合作日趋频繁，相互间的投资、科研、服务等多边合作增多，从而使世界市场上交换的内容不仅限于商品，而且也越来越多地延伸到服务、知识产权等。国际经济合作方式的多样化也促进了国际贸易方式的多样化。第二次世界大战后，出现了许多新的贸易方式，如对销贸易、寄售贸易、补偿贸易、加工贸易、租赁贸易等。这其中，加工贸易已成为当今社会国际上普遍实行的贸易方式。特别是一些发展中国家和地区，加工贸易在其整体贸易发展中起着至关重要的作用。

为了适应生产全球化和经济全球化的趋势，各国势必会加强产业内分工与协作，一件产品往往经过多个国家的不同环节制造出来，而加工贸易就是其表现形式，它有助于实现国际生产和贸易的连接。许多国家，尤其是东南亚国家都把发展加工贸易作为对外贸易的一项基本政策，加工贸易在对外贸易中占较大的比重。近 30 年来，某些发展中国家贸易的增长很大程度上要归功于加工贸易的发展。除了实现多边和地区贸易的自由化，越来越多的发展中国家还修订了进口制度，承诺在某些特定条件下，给予用于加工、装配的出口产品的进口零部件以免税

的待遇。这种税收优惠最初只局限于经由特定地区的商品贸易(如中国的经济特区),之后扩展到这些区域之外。全球出口加工厂区,它对于贸易和就业的促进作用正不断融合。与此同时,加工贸易不仅带来了贸易量的增长,还促进了贸易结构的高级化。随着知识经济时代的到来,发展中国家通过引导外资流向,鼓励高技术产业入区等方式,提高加工贸易的档次,同时,还可获取跨国公司的技术外溢效应,利用他们技术创新的成果,开展产品的深加工,促进本国产业结构的升级。

2.4.3 国际贸易内部结构发生较大变化

第二次世界大战后,尤其是进入20世纪80年代以来,各国工业制成品贸易增长速度加快,工业制成品在全球商品贸易中的比重发生了较大变化;服务贸易发展也加快,1996年全球货物贸易和服务贸易出口总额达63 800亿美元,2000年达77 990亿美元,2012年更是达到227 510亿美元(含货物转口贸易部分)。贸易规模扩大,同时贸易结构也发生了变化,主要表现为以下几个方面:

1. 货物贸易内部结构中,工业制成品居于主要地位,但近年来其比重有所下降

如表2.5所示,在国际货物贸易内部结构中,工业制成品贸易比重从1984年的56.3%迅速上升到1992年的73.5%,2000年更是达到了74.9%,在国际货物贸易中占据主导地位,即国际货物贸易主要表现为工业制成品贸易。但进入21世纪以来,随着燃料及矿产品贸易量的扩大及贸易价格的上升,初级产品贸易额在国际货物贸易中的比重逐步上升,由2000年的22.1%迅速上升到2012年的32.3%。与此同时,工业制成品在国际贸易中的比重有所下降,2012年降至64.1%。

表2.5 初级产品和工业制成品在国际贸易中的比重(%)*

年份 商品	1937	1953	1970	1975	1984	1992	2000	2005	2012
初级产品	63.3	49.7	42.6	40.5	41.3	24.2	22.1	25.6	32.3
工业制成品	36.7	50.3	55.4	57.8	56.3	73.5	74.9	72.0	64.1
其他			2.0	1.7	2.4	2.3	3.0	2.4	3.6

＊初级产品指SITC从0类到4类,工业制成品从5类到8类。其他指9类。
资料来源:UNCTAD.国际贸易和发展统计手册.1986年增补、1994年9月增补;WTO.国际贸易统计[R].2005,2013.

2. 在工业制成品贸易中，机械、电子、运输设备产品的比重迅速增长

在工业制成品贸易中，机械、电子元器件、电子产品、运输设备在世界出口贸易中的比重迅速增长，所占比重提高。如1953年，包括运输设备在内的机械产品在世界出口总值中所占比重为17.4%，1975年上升到27.9%，1984年已达到29.4%，1990年35.8%，2000年42%%，2005年为37.9%。其中高技术的工业制成品贸易比重在发达国家出口中占60%以上。

3. 在初级产品贸易中，燃料所占比重上升

第二次世界大战后，在初级产品贸易中，燃料所占比重一直呈上升趋势，所占比重从1955年的22.2%，上升到1970年的27.6%，1987年达39.9%。特别是从1970～1980年，燃料贸易增长速度年平均达32.8%，其中发达国家为28%，发展中国家为34.4%。1979年燃料在初级产品贸易中所占比重达49.4%，几乎占世界初级产品贸易的一半，而石油以外的初级产品，如食品等比重下降。但在1990～1999年间，由于原油价格的下跌等因素的影响，燃料贸易年均增长率只有1%，其贸易额在初级产品贸易中的比重也有所下降，1999年为36.5%。

2000年由于燃料（主要是原油）价格回升等因素，其贸易增长率达到51%，因而使得其贸易额在初级产品贸易中的比重也回升到46%，约占世界贸易总额的10.5%。2004年，国际原油价格继续飙升，比2000年上涨60%，进而使燃料贸易额在初级产品贸易中的比重进一步上升到47.84%。当年，石油贸易额约占发展中国家出口额的31%，作为国际原油涨价的最大受益者——主要产油国与出口国改善了贸易条件，带动了这些地区的经济增长。

2005年以来，伴随着原油等燃料价格的进一步上升，全球燃料出口贸易额增长较快。根据WTO统计数据，2005～2012年，世界燃料出口额年均增长13%，远高于同期货物贸易出口总额年均8%的增长率。2012年，燃料出口贸易额在初级产品出口贸易中的比重达到了58.2%，约占世界货物贸易总额的18.8%。

4. 服务贸易规模不断扩大，传统服务比重逐步下降

从相对长期来看，世界服务出口增长超过货物出口增长，这在发达国家尤为显著。以服务贸易和货物贸易的出口额进行比较，可以看出在20世纪80和90年代绝大多数年份，服务出口额的增长率都明显高于货物贸易。据WTO的统计数据，1990～2000年，世界商业服务贸易平均增长速度达6%；2000～2005年，年

均增速达10%。2005年,世界商业服务出口贸易总额达24150亿美元,在全球贸易中的比重为19.3%。2005~2012年,世界商业服务出口贸易额与货物出口贸易年均增长大体一致,均为8%左右。2012年,世界商业服务出口贸易总额达43500亿美元,在全球贸易中的比重为19.1%。

出现上述变化的主要原因有:

(1)第二次世界大战后,各国普遍实施工业化的发展战略,工业增长速度大大地快于农业、矿业的发展速度。

(2)由于国际分工中产业内部的分工日趋加强,水平型国际分工发展加快。

(3)第二次世界大战后,世界能源消费结构发生变化,一次能源的消费在能源消费中占60%以上,从而对石油、天然气等燃料贸易商品需求迅速增长,使初级产品贸易的比重上升。

(4)服务业在各国经济中的重要性提高,服务业产值及在就业人员中吸纳的就业人数上升较快,使服务交换增多。

在服务贸易的内部结构中,传统服务贸易额占比逐步下降,而其他商业服务贸易额占比却稳步上升。在2000~2012年间,运输服务出口占比由23.2%降至20.5%,旅游服务出口占比由31.9%降至25.5%,而其他商业服务出口占比则由44.8%上升到53.9%。

2.4.4 世界市场上初级产品价格趋于下降,但近年来呈快速上升趋势

第二次世界大战后,世界市场上初级产品价格的长期趋势是趋于下降的。20世纪80年代以来,如表2.6所示,该表按照非燃料类初级产品、农产品、饮料、肥料、粮食、原材料、金属矿产品、石油和钢铁初级产品这几个大类,列出了它们1980~2004年的价格指数。如果1990年的价格指数是100,则表2.6中这几类初级产品2004年的出口价格指数都比1980年有了明显的降低。

表2.6 1980~2004年大类初级产品出口价格指数(1990年为100)

	1980	1985	1990	1995	1999	2000	2001	2002	2003	2004
非燃料初级产品	174	133	100	103	89	89	84	89	91	102
农产品	191	145	100	110	93	90	84	93	95	99
饮料类	253	239	100	127	108	91	76	91	87	89
肥料类	179	130	100	87	88	87	91	97	96	105

(续)表 2.6

	1980	1985	1990	1995	1999	2000	2001	2002	2003	2004
粮食类	191	124	100	98	89	93	81	89	98	101
原材料类	145	103	100	113	115	109	105	108	106	120
金属矿产品	132	102	100	85	74	85	80	78	82	107
石油	224	173	100	63	80	127	113	117	126	157
钢铁初级产品	110	88	100	90	69	79	71	73	79	115

资料来源：世界银行 World Development Indicators 2005 CD-ROM，6.4 Primary Commodity Prices.

进入 21 世纪以来，全球市场初级产品价格快速上涨。表 2.7 显示，就全部初级产品价格指数来看，2011 年比 2002 年平均上涨了 2.3 倍。如以 2005 年为基期（指数为 100），则 2002 年所有初级产品价格指数为 58.3，此后该指数逐年快速上升到 2008 年的 172.3；受全球金融危机的影响，2009 年该指数迅速降至 120.7，2010 年后又快速回升，2011 年该指数达到了 192.2。就大类初级产品来看，能源价格涨幅快于非燃料初级产品价格涨幅。2002～2011 年间，能源价格指数从 47.2 快速上升到 193.8；而非燃料初级产品价格指数则是从 77.2 上升到 189.5。

表 2.7 2002～2011 年全球大类初级产品价格指数（2005 年为 100）

	所有初级产品	非燃料初级产品	食物	食品	饮料	原材料	农业原料	金属	能源	原油
(权重)	(100.0)	(36.9)	(18.5)	(16.7)	(1.8)	(18.4)	(7.7)	(10.7)	(63.1)	(53.6)
2002	58.3	77.2	83.1	83.3	81.6	71.3	94.9	54.3	47.2	46.8
2003	65.0	81.8	88.2	88.5	85.5	75.3	95.4	60.7	55.2	54.1
2004	80.4	94.2	99.3	100.8	84.7	89.1	99.3	81.7	72.3	70.6
2005	100.0	100.0	100.0	100.0	100.0	100.0	100.0	100.0	100.0	100.0
2006	120.8	123.2	110.0	110.4	108.2	136.3	108.7	156.2	119.4	120.7
2007	135.1	140.5	126.8	127.2	123.3	154.3	114.2	183.3	131.9	133.5
2008	172.3	151.1	156.4	156.9	152.0	145.7	113.4	169.0	184.7	182.1
2009	120.7	127.2	135.9	133.3	154.4	118.7	93.9	136.5	116.8	116.2
2010	152.2	160.9	151.8	149.2	176.2	169.9	125.1	202.3	147.1	148.5
2011	192.2	189.5	181.3	178.6	205.5	197.8	153.5	229.7	193.8	195.9

注释：①"权重"的计算基础为 2002～2004 年世界出口收入的平均数；②"农业原料"包括林产品；③"能源"包括原油、天然气和煤。

资料来源：国际货币基金组织 World Economic Outlook，October 2012.

2.4.5 世界市场上的垄断与竞争日益加剧,各国争夺世界市场的方式发生了变化

第二次世界大战后,由于世界市场从卖方市场转为买方市场,各国、各个企业及经贸集团为争夺世界市场展开了激烈的竞争,并纷纷改变自己的竞争策略和方式,主要表现在:

1. 借助于组成经济贸易集团,从而控制集团内部市场

第二次世界大战后,经济贸易集团化、一体化的趋势加强;进入 20 世纪 80 年代后,经济贸易集团化浪潮席卷全球。无论是发达国家还是发展中国家都力图通过组成经济贸易集团,控制和巩固传统的出口市场。如 20 世纪 50 年代末以来成立的"欧洲经济共同体"、"欧洲自由贸易联盟",及 20 世纪 80 年代以来迅速壮大的"欧洲联盟"、"北美自由贸易区"、"南锥体共同市场"、"东盟"等。

2. 国家积极介入世界市场的竞争

各个国家为了争夺市场,积极参与世界市场的竞争,并为此制定各种各样的政策措施。如制订奖出限入的贸易政策,通过关税与非关税壁垒限制国外商品的进口,同时采取各种措施鼓励出口,通过借贷资本输出等方式推动商品出口。

3. 跨国公司通过对外投资形式进入其他国家市场

由于贸易限制,使跨国公司难以将商品输出到某些国家或地区的市场。然而,无论是发达国家还是发展中国家,都对外国先进技术及设备、资本持普遍欢迎的态度。为此,跨国公司便在政府支持下通过对外投资,绕过一些国家或地区的贸易限制,利用其雄厚的资本、先进的科学技术、较强的研究与开发能力进入一些国家或地区市场。并且通过横向、纵向及混合型兼并的方式,通过限制性商业做法、内部转移价格等形式来进行竞争,使其在国际市场上处于垄断地位。

4. 世界市场的竞争方式从以价格竞争为主转向以非价格竞争为主

价格竞争的基础是企业生产的低成本,但企业成本的降低必然有一定的限度,成本降低到一定程度后再难以降低。因此,很多企业改变了在 20 世纪 70 年代以前普遍实行的以价格竞争为主的竞争方式,纷纷采取非价格竞争形式增强自

第 2 章 国际分工与世界市场

己的竞争力。

非价格竞争的手段和方法主要有:提高企业产品质量、增加产品性能、增加产品品种及差异、改进包装装潢、改进售前与售后服务、增强广告与营销树立企业形象等。

5. 许多国家与地区努力寻求市场多元化

在日益激烈的竞争环境中,很多国家和地区、甚至企业,越来越认识到如果市场过分集中在某些国家和地区,则会由于政治、经济环境的变化带来较大的经营风险。为此,许多国家在出口市场及进口市场普遍采取市场多元化的战略,不断开拓新的市场,并采取各种措施巩固和发展已占领的市场。

本 章 小 节

国际分工是指世界上各国(或地区)之间的劳动分工,它是国际贸易和各国(地区)经济联系的基础。而世界市场是指世界各国商品和服务交换的领域或场所,是世界范围内通过国际分工和贸易联系起来的各国间市场和各国国内市场的总和。国际分工、国际贸易和世界市场,是各国和地区经济向世界范围发展的同一过程的不同表现。从逻辑和历史相结合的角度看,国际分工是国际贸易和世界市场产生和发展的基础,而世界市场则是国际分工日益深化和国际贸易广泛发展的结果与表现。

国际分工和世界市场也均属于历史范畴。15世纪末到16世纪初的"地理大发现"后,近代国际分工和世界市场开始萌芽;18世纪60年代到19世纪中叶的产业革命期间,国际分工和世界市场获得了巨大发展;19世纪70年代后的第二次产业革命,门类比较齐全的国际分工体系和统一的世界市场逐步形成;20世纪40年代和50年代开始的第三次技术革命,促使国际分工向纵深方向进一步发展,世界市场也出现了空前的发展变化。

按不同的分类方法,国际分工可分为不同的类型。如按生产技术有垂直型、水平型和混合型国际分工;按产业差异有产业间、产业内国际分工,等等。在影响国际分工形成和发展的主要因素中,社会生产力是国际分工形成和发展的决定性因素,自然条件对国际分工具有重要的影响,政治、文化及社会等因素也会制约着国际分工的发展,而国际分工的性质则取决于国际生产关系的性质。

第二次世界大战以来,国际分工日益深化,并呈现出一些新的特征。一是发达国家之间的工业分工得到迅猛发展;二是发达国家与发展中国家之间传统的"垂直型"国际分工的主流地位已经让位于"水平型"国际分工;三是产业间的国际分工日益转变为产业内的国际分工,以产品为界限的国际分工逐步转变为以生产要素为界限的国际分工;四是国际分工与协作方式出现了多样化的发展趋势。

从国际分工对国际贸易的影响来看,国际分工的发展推动了国际贸易规模的扩大,影响着国际贸易格局和贸易政策变迁,而各国在国际分工中的地位也影响着国际贸易利益的分割。

按照商品购销业务形式的不同,世界市场分为有固定组织形式的市场和无固定组织形式的市场。前者主要是指商品交易所、国际商品拍卖、工商业博览会和展览会等;而后者通常又可分为两类,即单纯的商品购销形式以及与其他因素结合的商品购销形式(如补偿贸易、加工贸易和租赁贸易等)。

当代世界市场的特征主要体现在:一是参与国际经贸竞争的国家和地区日益增多,并呈多样化发展;二是国际经济贸易、合作方式日趋多样化;三是国际贸易内部结构发生了较大变化;四是世界市场上初级产品价格趋于下降,但近年来呈快速上升趋势;五是世界市场上的垄断与竞争日益加剧,各国争夺世界市场的方式也发生了变化。

【重要概念】

国际分工　垂直型国际分工　水平型国际分工　混合型国际分工　产业间国际分工　产业内国际分工　世界市场　商品交易所　国际商品拍卖　国际博览会　工商业展览会　补偿贸易　加工贸易　租赁贸易

【复习思考题】

1. 国际分工的形成与发展经过了哪些阶段?
2. 当代国际分工有哪些基本特征?
3. 试述国际分工与国际贸易的相互关系。
4. 影响国际分工的主要因素有哪些?
5. 第二次世界大战后,国际贸易内部结构发生了哪些变化? 主要原因有哪些?
6. 什么是世界市场? 如何进行分类?
7. 世界市场上的商品流通渠道主要有哪些? 其各自的功能和特点是什么?
8. 什么是有固定组织的世界市场? 有何特征?
9. 什么是来料加工和进料加工? 有何联系和区别?
10. 当代世界市场有哪些基本特征?

第3章 传统国际贸易理论

国际贸易理论是探讨国际贸易产生原因、贸易格局变动、贸易利益分配的理论。可见,国际贸易理论主要回答三个基本问题:贸易动因、贸易结构和贸易结果。

早在16世纪,西欧重商主义者就开始对国际分工、国际贸易问题进行了探讨。因此,重商主义对外贸易学说是西方最早产生的国际贸易理论。这之后,从重商主义对外贸易学说中分离出来两大国际贸易理论流派:一派是西方传统国际贸易理论,也称之为自由贸易理论;另一派是西方传统国际贸易理论的反对派,也称之为保护贸易理论。本章主要探讨西方传统国际贸易理论。

西方传统国际贸易理论主要包括18～19世纪的古典贸易理论,主要是亚当·斯密的绝对成本论和大卫·李嘉图的比较成本论,以及进入20世纪后的新古典贸易理论,主要是赫克歇尔和俄林的要素禀赋论和里昂惕夫之谜。西方传统国际贸易理论认为,国际贸易能够在世界范围内使资源得到最佳配置,给参与各国带来利益,促进各国经济的发展和福利水平的提高,因而主张自由贸易政策,反对保护贸易政策。

3.1 国际贸易理论的产生

早期的国际贸易理论起源于市场经济、商品交换和生产分工思想,其研究对象从一国国内的生产分工和交换超越国界,扩大到不同国家之间的分工和交换。

3.1.1 早期的分工交换思想

国际贸易思想的起源和发展可以追溯到出现分工交换思想的古罗马、古希腊时代。著名的荷马史诗《伊利亚特》和《奥德赛》中就已经有过"一个女奴隶等于四条公牛"、"一个铜制的三角鼎等于二十条公牛"等的记述,其中间接表现出来的经济思想,就反映出当时人们已经意识到交换的好处。

最早提出分工学说的是古希腊思想家柏拉图(Plato,公元前427～公元前347年)。在柏拉图的城邦国时代,每个城邦的经济都相对单一,需要与别的城邦进行交换以获取必要的资源和商品。柏拉图强调,每一个人都有多方面的需求,但是人们生来却只具有某种才能,因此一个人不能无求于他人而自足自立,而不得不相互帮助。他进一步指出,一人而为多数之事,不如一人专心于一事。如果一个人专门做一种和他性情相近之事,他所生产出来的必定较优和较多。所以,一国中应该有专门从事各行各业的人①。

柏拉图还认为,在社会分工中,每一个人应该从事哪种行业、担任何种职务,都取决于各人的秉性,而个人的秉性是由先天决定的。古希腊人和古罗马人也意识到,农业的专业化分工取决于人们拥有什么样的土壤,适合种植什么样的作物。这些思想都是后来贸易理论中的自然差别决定生产比较优势思想的最初表达。

色诺芬(Xenephon,公元前430~公元前354年)是古希腊著名的经济学家、史学家、思想家。在其《经济论》(公元前355年)中曾谈到过对外贸易对一个国家的经济影响问题。色诺芬认为,国家要靠税收来维持运转,而外国人是最好的课税对象,是收入的最好来源。所以,国外"有更多的人和我们贸易"就可以给国家带来巨大财富。色诺芬是最早使用"经济"这个词的人,他写过许多经济学著作,如《经济论》、《雅典的收入》、《论税收》等。其丰富的学术著作和经济思想为后人对经济领域进行研究提供了宝贵的精神财富。

早期国际贸易的思想还在宗教神学中有所表达。宗教中关于贸易的最早表述可以追溯到公元前4世纪的利巴涅斯(Libanius),他写到:"上帝没有把所有的产品都赠给地球的一个部分,他把礼物分布在不同的地区,到头来人们会力求建立起地区之间的社会关系,因为他们需要互相帮助。上帝使贸易产生,从而使所有的人都能共同享受地球上的果实,而无论这些果实是在何处生产的。"②

在西方早期的经济学中,基督教教会的思想占有十分重要的地位,其中著名的代表人物是托马斯·阿奎那(Thomas Aquinas,1225~1274)。在阿奎那之前,教会对于赚取利润为目的的商业是采取否定态度的。虽然阿奎那从道德上仍对商业贸易持怀疑态度,但是他支持利巴涅斯的观点,承认即使完美的城市也需要商人进口所需的产品和出口过剩的产品。

利巴涅斯和他的追随者提出了地理位置不同,造成的产品不同。这种观点在17世纪以后被扩展到生产要素禀赋、气候、技能以及偏好不同所产生的不同优势。进入20世纪后,则进一步发展成为赫克歇尔—俄林的要素禀赋贸易理论。

---

① 参阅:柏拉图.理想国.第一卷[M].北京:商务印书馆,1957.

② 参阅:Viner. The Role of Providence in the Social Order[M]. Princeton:Princeton University Press,1972:36~37.

3.1.2 重商主义的贸易思想

具有世界性的国际贸易的发展,是与各国资本主义生产方式的建立和发展紧密地联系在一起的。对国际贸易的系统研究是从贸易保护的鼻祖——重商主义开始的。

1. 重商主义的产生

重商主义(mercantilism)是指15～17世纪欧洲资本原始积累时期代表商业资本利益的经济思想和政策体系。它所重的"商"是对外经商,即对外贸易如何带来财富,实际上是重国际贸易主义。重商主义是资产阶级最初的经济学说。出现在西欧封建制度向资本主义制度过渡时期(资本原始积累时期),反映这个时期商业资本的利益和要求。重商主义是"对现代生产方式的最早理论探讨"。[①] 它既是一种政策体系,又是一种理论思潮,虽然它没有形成完整的理论体系。

从时间上看,重商主义可以说与文艺复兴运动同步。同一时期产生两种社会思想——人文主义和重商主义,其中有其深刻的根源,即当时社会上追求商品生产更快发展,追求商业资本的迅速增加和货币资本的不断积累,已成为一股不可抗拒的潮流,这是重商主义产生的一个重要原因。然而,重商主义的产生和更深层次的背景,则是在追求商业资本增加、追求货币积累这股强大潮流冲击下,所引起的西欧经济形式和社会阶级关系的变化。新经济的发展,引起了社会各阶层的变化,旧式贵族变成了真正的商人,它正反映了自然经济向商品经济过渡的变化。重商主义就是在这样一种背景下产生的。

2. 重商主义的主要内容

重商主义认为货币是财富的唯一形态,国内贸易只是一种货币转手活动,虽有好处,但它只是使一部分人获利,同时使另一部分人亏损,并不能增加国内的金银货币量——国家财富。除了开采金银矿藏以外,获取财富的唯一途径是开展对外贸易;同时主张在对外贸易中实行少买多卖的原则,保持贸易顺差,使国外的金银流入国内,以增加国家财富;并大力主张国家干预经济活动,要求政府用法律手段保护国内工商业,为其提供各种便利条件,促其加速发展,扩大对外贸易。

在这些基本观点的指导下,重商主义者都在不同程度上提出实行保护关税等

---

① 马克思,恩格斯.马克思恩格斯全集.25卷[M].北京:人民出版社,1972:376.

贸易保护政策,阻止外国商品特别是工业制成品的输入,同时促进本国商品的外销。历史上看,重商主义经历了两个发展阶段,从15世纪到16世纪中叶为早期重商主义(或称为重金主义、货币差额论),从16世纪下半叶至17世纪为晚期重商主义(或称为重工主义、贸易差额论)。

早期重商主义以英国的威廉·斯塔福(William Stafford,1554~1612)和法国的孟克列钦(Montchrestien,1575~1622)为主要代表。威廉·斯塔福在其匿名出版的《对我国同胞某些控诉的评述》一书中,把增加国内货币的积累,防止货币外流视为对外贸易政策的指导原则。他从国际贸易的角度探讨了货币与物价问题,提出要实行保护关税政策。一方面避免英国货币的外流,以降低物价,保留国家财富;另一方面,通过禁止外国制成品的进口和本国原料品的出口以增加本国工人就业。当时执行重商主义对外贸易政策的国家禁止货币出口,由国家垄断全部货币贸易;外国人来本国进行贸易时,必须将其销售货物所得到的全部款项,用于购买本国的货物,以求通过金银货币的积累来实现国家的强大。孟克列钦在其发表的《献给国王和王后的政治经济学》(1615年)一书中,提出了"政治经济学"这个名词,孟克列钦本人则因此成为对资本主义"最早的理论研究"①,也成为早期重商主义的主要代表人物之一。

晚期重商主义的主要代表人物是英国的托马斯·孟(Thomas Mun,1571~1641)。其主要著作《英国得自对外贸易的财富》(1664年)被马克思称为"重商主义的福音书"。在该著作中,托马斯·孟认为国际贸易顺差是获取财富的唯一手段,是衡量一国财富多寡的唯一尺度。主张保持贸易总值的顺差,增加货币流入量。这当然不是要求对每一个国家的笔笔贸易都有顺差,每一笔交易都使金银净流入。即在开展对外贸易时,"必须时时谨守这一原则:在价值上,每年卖给外国人的货物,必须比我们消费他们的为多"②。他还批驳了早期重商主义的禁止金银输出的思想,认为尽管对外贸易顺差是利润和财富的源泉,但是本国国内金银积累过多,会导致国内商品价格上涨。一方面国内消费减少;另一方面出口量因成本上升而下降,这就直接影响贸易顺差,甚至会因之出现逆差和金银外流。从而提出"货币产生贸易,贸易增多货币"③。"他们开始明白,一动不动地放在钱柜里的资本是死的,而流通中的资本都会不断增值……人们开始把自己的金钱当作

---

① 马克思.资本论.第3卷[M].北京:人民出版社,1966:377.
② [英]托马斯·孟.英国得自对外贸易的财富[M].北京:商务印书馆,1965:4.
③ 同上②,第14页.

诱鸟放出去,以便把别人的金币引回来"①。他们主张要扩大农产品和工业制成品的出口,减少外国制成品的进口和反对英国居民消费本国能够生产的外国产品,扩大就业和增强国力。当时,执行重商主义对外贸易政策的国家变管理金银进出口的政策为管制货物的进出口,力图通过奖出限入,保证贸易出超,以达到金银流入的目的。

3. 对重商主义的评价

以贸易差额论为代表的重商主义是西方最早的国际贸易理论。其理论思想和政策主张代表了当时处于上升阶段的商业资本的利益,在历史上曾起过进步作用。它促进了资本的原始积累,推动了资本主义生产方式的建立与发展;同时也应看到,受当时所处的历史和社会发展阶段的局限,重商主义对社会经济现象的探索只限于表面形态——流通领域,认为利润或利益来自流通过程,而未深入到生产领域,这就决定了其理论的局限性:错误地把货币与其他商品对立起来理解财富的概念,货币作为价值的代表物——一般财富,被看成是唯一的财富。因而未能正确地考察国际贸易是怎样起到促进社会财富积累、生产力发展以及人类福利水平提高的积极作用的。

不仅如此,重商主义的局限性还体现在:一是其政策结论仅在某些情况下站得住脚,并非在一般意义上能站得住脚;二是把国际贸易看做一种零和游戏的观点显然是错误的;三是将货币与资本等同起来,贸易顺差也被错误地等同于收入超过消费的年差额(亚当·斯密对重商主义批判的要点)。正是基于这样一个错误的认识,重商主义才轻率地把高水平的货币积累与供给等同于经济繁荣,并把贸易顺差与金银等贵金属的流入作为其唯一的政策目标。

然而,重商主义在外贸政策方面的主张不仅为当时西欧各国所普遍采纳,推动了历史的进步,具有历史上的进步意义,而且还有现实的借鉴意义,至今仍然影响着世界各国的对外贸易政策。综观重商主义所提出的一系列政策措施和主张,无不具有重要的现实意义。如:政府干预对外贸易,实行奖出限入的保护贸易政策;积极发展本国工业,提高产品质量,增强产品的国际竞争力;争取贸易顺差,改善本国贸易地位,利用对外贸易积累本国经济发展的外汇资金;鼓励原材料进口和制成品出口,提高出口产品的加工程度;保护国内人才,引进国外人才等。事实上,当今各国对外贸易政策的制定和选择都自觉或不自觉地受到这些贸易差额论的政策主张的影响,包括 GATT 和 WTO 的一些思想准则。

---

① 马克思,恩格斯.马克思恩格斯全集.第 1 卷[M].北京:人民出版社,1972:597.

3.2 古典贸易理论

马克思首创"古典政治经济学"概念,并对它做出了明确的界定。在《哲学的贫困》(1847年)中,马克思第一次提出了"古典派"一词。在《政治经济学批判》(1859年)中,马克思明确地指出:"古典政治经济学在英国从威廉·配第开始,到李嘉图结束,在法国从布阿吉尔贝尔开始,到西斯蒙第结束"①。

古典政治经济学在经济学说史上占有重要地位。其主要贡献是:奠定了劳动价值论的基础;在不同程度上对剩余价值做了论述;同时也对分工和国际贸易理论做了重要论述。200多年来,古典学派的国际贸易理论被奉为资产阶级国际贸易理论的基石和经典,目前仍为研究国际贸易纯粹理论②(the pure theory of international trade)的起点。

3.2.1 早期古典政治经济学的国际贸易理论

古典政治经济学出现在英国和法国。法国古典政治经济学的发展是以重农学派形式出现的。重农学派理论中关于价值、等价交换、自由放任与自由竞争等观点,为后来的英国古典经济学家所接受并发展成为亚当·斯密和大卫·李嘉图的国际贸易理论。

1. 法国早期古典经济学的国际贸易理论

从17世纪下半期开始,首先在法国出现了反对重商主义政策,主张经济自由和重视农业的思想,从而逐渐形成了重农学派。法国古典政治经济学的创始人是布阿吉尔贝尔(Pierre le Pesant de Boisquillebert,1664~1714),他也是重农学派的先驱者。重农学派的创始人是弗朗斯瓦·魁奈(Francois Quesnay,1694~1774),另一个重要人物是杜尔阁(A. R. J. Turgot,1727~1781)。在他们的思想体系中,"自然秩序"的观念占有重要地位,是整个重农主义学说的基础。这个所谓的"自然秩序",实际上是指经济社会中不以人们意志为转移的客观规律。因此,重农学派的核心思想是主张自由经济,包括自由贸易。

---

① 马克思,恩格斯. 马克思恩格斯全集. 第13卷[M]. 北京:人民出版社,1972:41.
② 国际贸易纯粹理论这个概念最早出现在19世纪末20世纪初著名经济学家马歇尔的著作中。按照一般的解释,国际贸易纯粹理论是指那些用高度抽象的研究方法分析国际贸易的最一般问题的国际贸易理论。

第3章 传统国际贸易理论

布阿吉尔贝尔是在批判重商主义时提出了重视农业的思想。布阿吉尔贝尔认为,农业是财富的真正源泉,是一切财富的必要基础,坚决反对重商主义金银即财富的观点,同时他认为财富是一切可以用来消费的东西。布阿吉尔贝尔认为增加一个国家财富最重要的环节在于要保持一个国家各个部门之间的比例平衡,这就要遵循自然规律,听任自然的安排。布阿吉尔贝尔还针对当时法国经济不景气的状况,提出了一些改革的计划。总之,布阿吉尔贝尔从改变法国困境的出发点出发,研究了法国的实际问题,提出了增加法国财富是国家富强的途径,强调了平衡和自由放任的经济思想。这些经济思想虽然不太完善,但是却是宏观经济学和重农主义的先声。

在布阿吉尔贝尔之后,法国资产阶级古典政治经济学派是重农学派,该学派继承和发展了已有的先进经济思想,创立了一个比较完整的重农主义理论体系。重农学派的整个理论体系的实质是新兴资产阶级的意识形态,但它却有一个封建主义的外观。完整的重农主义理论体系是对资本主义生产方式的第一次系统的理解。马克思把重农主义理论体系称为现代政治经济学的真正鼻祖。

弗朗斯瓦·魁奈是重农学派的创始人,其最主要的著作是1758年所出版的《经济表》。作为重农学派的一个重要代表,魁奈针锋相对地反对重商主义的观点。他认为财富是满足人们消费需要和国家生存的基础,是能够满足人们需要的物品,而财富是由土地生产出来的生产品,农业才是财富的真正来源。魁奈认为货币的主要职能在于它是流通的手段,货币本身并不能产生财富。如果货币不执行流通的职能,那么货币对财富的产生是没有任何作用的。实际上,魁奈认为一个国家积累货币越多,那么这个国家就越穷,积累货币实际上是一件坏事。因此,魁奈得出结论,对外贸易不可能是价值的源泉,它无非是两个国家交换有价值产品的过程,对两个国家无益也无害。魁奈认为自由竞争、自由贸易政策才是符合"自然秩序"的法则,而一切垄断、限制和政府干预都是违反"自然秩序"法则的。魁奈坚决反对重商主义的保护关税政策,他认为对进口商品征收关税实际上对法国的经济发展是不利的。

杜尔哥是继魁奈之后的重农学派最重要的代表人物,他把重农学派理论发展到最高峰,他不仅是个伟大的理论家,而且是个伟大的实践家。一方面,杜尔哥高度发展了重农学派的学说,认为农业劳动是一切财富的唯一源泉,是其他各种劳动所以能独立经营的自然基础和前提。另一方面,在杜尔哥担任法国财政大臣期间,曾力图把重农主义的经济改革付诸实施,废除了许多限制对外贸易自由的政策。虽然杜尔哥按照重农主义的经济政策和主张对法国的社会进行改革,为发展资本主义扫清了道路,但改革触动了特权阶层的不满。在杜尔哥下台(1776)以后,所有的改革方案与改革措施都被废除。正如马克思所指出的那样,杜尔哥的改革是"试图预先采取法国革命的措施"①。

重农学派对贸易并不重视,但他们从"自由经济"的基本理念和法国农民的实际利益出发,反对重商主义对贸易进行干预的政策,提出了自由贸易的口号,尤其主张谷物的自由出口。但由于重农学派对农业的过分重视和对商业的轻视,使得他们在国际贸易理论方面没有太多贡献,不过他们的自由经济思想对后来的古典经济学家(特别是亚当·斯密,他曾在法国三年,与许多重农主义者相识)却有很大的影响。

2. 英国早期古典经济学的国际贸易理论

威廉·配第(William Petty,1623~1687)是英国古典经济学的创始人,他的学说是英国资产阶级革命时期新兴资产阶级利益的反映。在配第所处的时代,英国的产业资本逐渐代替商业资本在社会经济中占据主导地位。为了积极替英国资本主义的发展提供理论依据,配第接受了培根、霍布斯等人的进步哲学思想,并把它们运用到经济问题的分析。随着配第研究的深入,他逐步摆脱了重商主义的影响,他最大的贡献在于将经济学研究对象从流通领域转移到生产领域,并通过表面的经济现象试图把握资本主义的内在规律。配第第一次把商品的价值的源泉归结为劳动,认为"土地是财富之母,劳动是财富之父"②。配第意识到生产商品所消耗的劳动时间决定商品价值。只有更有效地利用劳动力,提高劳动生产率,才能增进国民财富,而非重商主义者认为的财富来自于对外贸易的顺差。配第区分了价格和价值,但却无法在更抽象的意义上独立出来。配第是研究劳动价值论的第一人。

配第的经济理论是不完善的,但他进行的具有开创性质的研究工作和见解,奠定了古典经济学的基础,因此马克思称誉他是"政治经济学之父,在某种程度上也可以说是统计学的创始人"③。配第的第一部重要经济著作《赋税论》(1662)可以看做是17世纪最重要的经济著作。配第的研究成果说明了重商主义的错误和不足,从而对整个经济现象从一个新的角度去审视,其中的一个重要组成就是对国际贸易理论的研究,配第为国际贸易的研究提供了一个正确的研究方向。

早期古典经济学中对国际贸易学说做出最大贡献的是英国人大卫·休谟

---

① 马克思,恩格斯. 马克思恩格斯全集. 第26卷[M]. 北京:人民出版社,1972:42.
② [英]威廉·配第. 配第经济著作选集[M]. 北京:商务印书馆,1975:66.
③ 马克思,恩格斯. 马克思恩格斯全集. 第23卷[M]. 北京:人民出版社,1972:302.

(David Hume,1711~1776)。他也是对亚当·斯密有重要影响的哲学家和经济学家,其主要经济论著《论商业》、《论货币》、《论利息》、《论贸易平衡》、《论赋税》,收集在《政治论丛》(1752)论文集中。他提出了贸易差额平衡的学说,认为这种平衡是按照各国不同的经济情况而自然决定的,从而贸易不能始终有损或有利于某一国,为自由贸易论反驳重商主义的贸易控制论提供了理论依据。

休谟生活在英国工业革命前夕,这个时期重商主义所倡导的保护贸易政策已成为资本主义经济发展的绊脚石。作为工业资本的代言人,休谟对重商主义加以猛烈抨击。他指出,贸易要发展,唯一的选择就是实行自由贸易政策。休谟的这个思想对后人的影响极大,可以说,从休谟开始,西方对外贸易思想的主流从保护贸易转向了自由贸易。而且更有意义的是休谟建立起了一种理论结构,将国内经济与国际经济的运行结合起来,说明对外贸易对国内经济产生的影响,休谟的这种理论被称为国际收支自动调节机制学说。休谟认为,当一国的货币数量缺乏时,国内商品价格相应较低,这样就有利于出口而不利于进口,结果由于出口增加,流入国内的货币也随之增加,直至货币数量短缺消失为止;相反,如果一国货币数量过多,则国内商品价格较高,这对出口不利而对进口有利,进口增加的结果是本国货币流到国外。因此,只要对进出口不加限制,一个国家就可以大体上保持适应商品总量的货币量,最终使贸易趋于平衡。反之,如果实行保护贸易政策,则难以达到贸易平衡。

休谟的国际收支自动调节机制学说的理论基础是货币数量论。尽管货币数量论是一种由于对货币的片面理解而形成的理论,但从将货币分析引进实际经济分析这个角度来说,它是人们对经济运行认识深化的标志。休谟的最大贡献就是用货币将国内经济的运行与国际经济的运行联系起来,为人们考虑国际贸易对一国经济运行的影响问题提供了一种新的思路。

综上所述,18世纪的前半期,英国的经济思想有了蓬勃的发展,虽然出现过继续发展重商主义的企图,但是经济研究的主流是沿着配第的思路和观点进展的,尽管在这个时期有许多有价值的理论观点提出,在斯密以前,真正意义上的国际贸易纯粹理论还没有产生。

3.2.2 绝对成本理论(Theory of Absolute Cost)

绝对成本理论①,又称"绝对利益论"(Theory of Absolute Advantage),是指

---

① 这里所谓的绝对成本,是指某两个国家之间生产某种产品的劳动成本的绝对差异,即一个国家所耗费的劳动成本绝对低于另一个国家。

国际贸易:理论与政策

英国古典经济学家亚当·斯密提出的依据生产成本的绝对差别实行国际分工和国际贸易的理论。

亚当·斯密(Adam Smith,1723~1790)是英国工场手工业开始向机器大工业过渡时期的著名资产阶级经济学家,古典政治经济学的杰出代表和理论体系的建立者。其代表作也是他唯一的经济著作,即《国民财富的性质和原因的研究》(简称《国富论》,1776)。该书中,斯密以国民财富为研究对象,提出财富就是一国生产的商品总量,劳动则是财富的源泉。因此,增加财富之道有二:一是发展分工,提高劳动生产率;二是增加生产劳动的人数,也就是依靠增加资本。该书的中心思想是反对封建主义特别是重商主义的民族国家权益高于一切的观念,倡导个人自决和政府对经济的最低程度的控制,主张建立彻底的个人自由经济体制,强调对内实行自由放任政策,对外实行自由贸易政策。

1. 分工与交换理论

斯密研究国民财富是从分工开始的,认为分工导致专业化,社会财富才能不断增长。分工之所以能提高劳动生产率,"其原因有三:第一,劳动者的技巧因专业而日进;第二,由一种工作转到另一种工作,通常须损失不少时间,有了分工,就可以免除这种损失;第三,许多简化劳动和缩减劳动的机械发明,使一个人能够做许多人的工作。"① 他以扣针制造为例做了说明,扣针制造有 18 道工序,工人日产量为 4 800 枚,如果不分工,各自制造,就一天 1 枚扣针也制造不出来。分工后各司专业,各展所长,技术提高,产量得以增加。

分工的原因是什么?斯密认为是交换引出分工。他说:"由于我们所需要的相互帮忙,大部分是通过契约、交换和买卖取得的,所以当初产生分工的正是人类要求互相交换这个倾向。"② 因为人们从互通有无、互相交换中所得到的利益,比自己用同量劳动生产的要多。为了交换,就要生产能交换的东西,每个人都各自生产一种东西,这就产生了分工。

交换的原因又是什么呢?斯密认为是人类特有的一种倾向。"这种倾向就是互通有无,物物交换,互相交易。"③ 因为人类与其他动物不同,不能独立生活,需

---

① [英]亚当·斯密. 国民财富的性质和原因的研究[M]. 上卷. 北京:商务印书馆,1972:8.

② [英]亚当·斯密. 国民财富的性质和原因的研究[M]. 上卷. 北京:商务印书馆,1972:14.

③ [英]亚当·斯密. 国民财富的性质和原因的研究[M]. 上卷. 北京:商务印书馆,1972:12.

要他人的协助,但是要想得到别人的帮助,就要刺激对方的利己本性——利己心(self interest),使对方知道这种帮助对他自己是有利的。他写到:"不论是谁,如果他要与旁人做买卖,他首先就要这样提议:请给我以我所要的东西吧,同时,你也可以获得你所要的东西。这句话是交易的通义。"①由此,他认为交换是自然现象,因为这是由人性本身决定的。

斯密在从交换引出分工的基础上,还进一步指出分工的程度和范围受交换的范围或市场的规模限制。他认为:"分工起因于交换能力,分工的程度,因此总要受交换能力大小的限制,换言之,要受市场广狭的限制。市场要是过小,那就不能鼓励人们终身专务一业,因为在这种状态下,他们不能用自己的劳动生产物的剩余部分,随意换得自己需要的别人劳动生产物的剩余部分。"②由此,他认为一切限制贸易自由的措施都会影响分工的发展,不利于社会福利的增长。他并以此观点为依据,抨击重商主义的垄断和限制政策,宣传自由贸易思想。

从斯密的分工和交换理论看,他的关于分工的产生具有客观性质、分工对发展生产力和增进国民财富的作用、交换的发展对分工所起促进作用等论述是正确的。但他只重视分工对技术进步和发展生产力的作用,没有分析分工的社会性质;把交换看做是人类本性的倾向,这显然是错误的;至于交换引起分工的观点,更是不符合历史事实的。历史的事实是,分工的产生先于交换,经过三次社会大分工,交换才日益发展。从理论上看也是这样,没有分工,没有对不同产品的占有,也就不可能交换,恰恰是分工引起了交换。当然,交换的发展也能促进分工。

2. 地域分工论(Theory of Territorial Division of Labor)

斯密认为,国际贸易发生的基础是地域分工。也就是根据各国自然资源最有利的条件,形成各国都只生产本国最有利的产品的"自然分工"。因为如果各国都根据自己最有利的条件,生产出劳动成本比别国绝对低的产品,每一个国家所得到的劳动产品,都比过去闭关生产时为多,所以,国际交换对各国都有利。他写到:"如果一件东西在购买时所费的代价比在家内生产时所费的小,就永远不会想要在家内生产,这是每一个精明的家长都知道的格言……于个别家庭为得策者,于全国亦不致为失策。"③因此,裁缝不必自己去做鞋子穿,而可以向鞋匠购买;

---

① [英]亚当·斯密.国民财富的性质和原因的研究:上卷[M].北京:商务印书馆,1972:13~14.

② 同①,第16页.

③ 同①,第28页.

鞋匠则也不应该自己裁衣服,而应请裁缝制作。同理,他主张只要外国产品比自己国内生产便宜,"与其自造,不如向外国购买更为有利。"他举例说,在苏格兰利用温室虽也能栽培葡萄并酿出葡萄酒,但其成本要高出进口葡萄酒的30倍,这显然是不合算的。因此,只有根据"地域分工"原则,即各国按照绝对成本差异进行国际分工,专门生产本国具有绝对优势或绝对利益的产品进行国际交换,换取自己生产绝对不利的产品,将会使各国的资源、劳动力和资本得到最有效的利用,将会大大提高劳动生产率和增加各国的物质福利。所以基于绝对利益的分工是斯密的地域分工论的原则,他认为,这也是国际贸易发生和发展的原因。

斯密不仅论证了国际分工的基础是各国商品之间存在绝对成本差异,还进一步指出了存在绝对成本差异的原因。斯密认为,每一个国家都有其适宜生产某些特定产品的绝对有利的生产条件,因而生产这些产品的成本会绝对地低于他国。一般地说,一国的绝对成本优势主要来源于两个方面:一是自然优势,即一国在地理、环境、土地、气候、矿藏等自然条件方面的优势,这是天赋的优势,是超乎人力范围的相对稳定状态下的优势;二是获得性优势,即一国因技术进步所获得的特殊的技巧和工艺上的优势,这是通过训练、教育而后天获得的优势。一国如果拥有其中的一种优势,那么这个国家某种商品的劳动生产率就会高于他国,生产成本就会绝对地低于他国。

为了便于说明问题,举例如下[①]:

假定国际贸易关系中只有英国和葡萄牙两个国家,两国都只生产呢绒和酒两种产品。由于自然资源和生产条件不同,两国等量呢绒和酒的生产成本不同。生产单位呢绒和酒,英国各需100人劳动一年和120人劳动一年,葡萄牙则各需110人劳动一年和80人劳动一年,见表3.1。

表3.1 英国和葡萄牙的绝对成本差异

	生产单位产品所需成本(人/年)	
	呢绒	酒
英国	100	120
葡萄牙	110	80

很清楚,生产单位呢绒,英国的生产成本比葡萄牙低,处于绝对优势;而生产单位酒,葡萄牙的生产成本比英国低,处于绝对优势。按照绝对成本理论,各国应根据自

---

① 值得注意的是,任何经济理论都是建立在一定的假设前提之下的,斯密的理论主要有这样一些前提假定:(1)只有两个国家且分别只生产两种可贸易产品(即2×2模型);(2)两种产品的生产都只投入一种生产要素——劳动力;(3)两国的劳动生产率不同;(4)生产要素(劳动力)供给是给定的,且要素在国内不同部门间可自由流动,但在国际间则完全不能流动;(5)规模报酬不变;(6)完全市场竞争;(7)(国际贸易活动)无运输成本;(8)两国之间贸易平衡。

第3章 传统国际贸易理论

己最有利的生产条件进行专业化生产,生产出成本比别国低的产品,然后进行国际交换,就能保证双方都得到贸易利益。本例中,如进行完全的国际分工,则英国应生产并出口呢绒、停产并进口酒,而葡萄牙则正相反。

按照绝对成本差异进行国际分工和贸易,其直接利益表现在劳动生产率的提高、消费水平的提高和劳动时间的节约等方面。

首先,在国际分工前,英、葡两国一年共生产2单位呢绒和2单位酒。在国际分工后,英国专门生产呢绒,220人劳动一年,可生产出2.2个单位的呢绒;葡萄牙专门生产酒,190个人劳动一年,可生产出2.375单位的酒。两种产品的总产量都增加了,这显然是劳动生产率的提高。

其次,假定英国用生产出呢绒的一半与葡萄牙交换酒,再假定两种产品的交换比例为1∶1,那么,通过国际间的自由贸易都能提高消费水平。英国呢绒和酒的消费量均为1.1单位,比贸易分工前都增加0.1单位;而葡萄牙呢绒和酒的消费量分别是1.1单位和1.275单位,比贸易分工前分别增加0.1单位和0.275单位,见表3.2。

表3.2 按绝对成本进行完全国际分工前后的产量与消费量

	国际分工前产量和消费量		国际分工后产量		国际分工后消费量	
	呢绒	酒	呢绒	酒	呢绒	酒
英 国	1	1	2.2	0	1.1	1.1
葡萄牙	1	1	0	2.375	1.1	1.275
合 计	2	2	2.2	2.375	2.2	2.375

再次,如果两国维持分工前的消费水平不变,英国只需用100人生产的1单位呢绒与葡萄牙交换自己需要的1单位酒,比自己生产节约了20人一年的劳动;而葡萄牙只需用80人生产的1单位酒与英国交换自己需要的1单位呢绒,比自己生产节约了30人一年的劳动。

总之,斯密的绝对成本理论认为,按绝对成本差异进行国际分工和国际贸易,各国都能发挥生产中的绝对优势而获得贸易利益。因此,生产成本绝对差异的存在,是国际贸易分工产生的基础和原因。

3. 绝对成本的简要评价

亚当·斯密的绝对成本理论有其重大意义,一是他揭示了国际贸易的根本原因在于各国有利的自然禀赋与后天的有利生产条件;二是指出一个国家只要根据有利生产条件参加国际分工与国际贸易,就可以获得比自己生产更多的利益;三

国际贸易:理论与政策

是提出自由贸易政策,既然各国都有自己的有利生产条件,既然国际贸易会增加各国的国民财富,那么政府限制国际贸易政策就是错误的。斯密反对此前的重商主义所主张国家保护的贸易差额论,其国际分工和绝对成本理论是其经济自由主义思想的延伸,是反对重商主义管制对外贸易的思想武器。该理论阐述了进行国际分工、开展国际贸易对所有参加国都有利的观点,不仅为扩大世界贸易奠定了理论基础,同时也反映了当时社会经济中业已成熟了的要求,成为英国工业资产阶级反对封建残余、发展资本主义的有力工具,在历史上起过进步作用。

但是,这一理论完全撇开国际生产关系,而只用自然条件来分析资本主义国际分工、国际贸易的形成,这则是错误的。同时,该理论仅仅论述了绝对优势条件下的国际贸易,如果在现实生活中,有些国家没有产品处于绝对有利的地位,那它是不是就不能参与国际分工和进行国际贸易了呢?或者说它还能不能从国际贸易中获得利益呢? 对于这一重要问题,斯密没有涉及,直到大卫·李嘉图才给予了研究和解答。

3.2.3 比较成本理论(Theory of Comparative Cost)

比较成本理论,又称"比较优势论"(Theory of Comparative Advantage),是指英国古典经济学家大卫·李嘉图提出的依据生产成本的相对差别实行国际分工和国际贸易的理论①。

大卫·李嘉图(David Ricardo,1772~1823)是英国产业革命深入发展时期的经济学家,是资产阶级古典政治经济学的杰出代表和完成者。李嘉图的主要著作《政治经济学及赋税原理》(1817)在许多方面继承、补充和发展了亚当·斯密的理论。如前所述,斯密的绝对成本理论虽然部分地解释了国际分工贸易的原因,但是其局限性也是很明显的。它只能解释在生产上各具绝对优势的国家之间的贸易,而不能解释事实上存在的所有产品都分别处于绝对优势和绝对劣势的国家之间的贸易现象。李嘉图在绝对成本理论的基础上,提出了比较成本理论,第一次以无可比拟的逻辑推理力量,论证了国际贸易分工的基础不限于绝对成本的差

---

① 事实上,在李嘉图发表《政治经济学及赋税原理》的两年前,1815年罗勃特·托伦斯(Robert Torrens)在其《关于玉米对外贸易》的论文中就已提出了"比较优势"的概念。所以,托伦斯也是比较优势贸易理论的创始人之一,但李嘉图则是第一个用具体数字来说明这一原理的经济学家。当代经济学家萨缪尔森曾戏谑地称李嘉图"呢绒和葡萄酒贸易"一例中的数字为"4个有魅力的数字"。由于这四个数字,使得后人在讨论这一理论时只记住了李嘉图而不知道托伦斯。

异,只要各国之间产品的生产成本存在着相对差异(即"比较成本"差异),就可参与国际分工和贸易并取得贸易利益。比较优势学说的问世,标志着国际贸易理论体系的建立。古典贸易理论之"古典",在于其分析模型是古典模型,即完全竞争市场和规模报酬不变。

1. 理论产生的历史背景

比较成本理论是在英国资产阶级争取自由贸易的斗争中产生的。李嘉图所处的时代是英国工业革命迅速发展,资本主义上升的时代。当时英国社会的主要矛盾是工业资产阶级与地主贵族阶级的矛盾,这一矛盾由于工业革命的进展而达到异常尖锐的程度。在经济方面,他们的斗争主要表现在《谷物法》的存废问题上。

《谷物法》是维护地主贵族阶级利益的法令,该法令规定,必须在国内谷物价格上涨到限额以上时才准进口,而这个价格限额一直在提高,1791年的《谷物法》修正案规定为44先令,1815年时已提高为80先令。这就限制了谷物的进口,使国内粮价和地租保持在很高的水平上。《谷物法》对英国工业资产阶级不利:居民对工业品的需求由于吃粮费用扩大而相应减少;限制国外谷物进口,势必引起对方报复,不利于英国扩大工业品出口;粮食价格上涨,使工业品成本提高,削弱了工业品的竞争能力。于是,英国工业资产阶级和土地贵族阶级围绕"谷物法"的存废展开了长期的斗争。李嘉图在这场斗争中站在工业资产阶级一边,以比较成本说为斗争提供了理论根据。比较成本理论就是在这种历史背景下提出来的。

2. 理论主要内容——比较成本及贸易互利性原理

所谓比较成本,是指两国生产同一产品所耗费的劳动量(劳动成本)的比例或比率。劳动成本取决于劳动生产率,劳动生产率越高,产品的劳动成本越低。两国生产不同商品的劳动生产率的差异程度很不相同,由此决定两国间不同商品的比较成本存在着差异,即使一国在生产所有商品上的劳动生产率都高于他国,仍然有可能存在着一国在某种商品上具有较低的比较成本,而另一种商品上具有较高的比较成本。比较成本较低的商品是该国具有比较优势的商品,而比较成本高的商品,则是该国的比较劣势的商品。

下面我们以李嘉图自己举的例子来说明这个概念与理论。

假定英国和葡萄牙两国同时生产呢绒和酒两种产品。由于自然资源和生产条件不同,两国等量呢绒和酒的生产成本不同。生产单位呢绒和酒,英国各需100人劳动一年和120人劳动一年,葡萄牙各需90人劳动一年和80人劳动一年,见表 3.3。

表 3.3 英国和葡萄牙的比较成本差异

	生产单位产品所需成本(人/年)	
	呢绒	酒
英国	100	120
葡萄牙	90	80

按照斯密的绝对成本理论,在这种情况下,英葡之间不会发生贸易分工。这是因为,在英国,呢绒和酒的生产成本都比葡萄牙高,均处于绝对劣势;在葡萄牙,两种产品的生产成本都比英国低,均处于绝对优势。英国没有什么东西可以卖给葡萄牙,葡萄牙也不必向英国购买。

但李嘉图认为,即使在这种情况下,两国仍然能够进行国际分工和贸易,并均可以从中获得好处。他指出,各国并不一定要生产出成本绝对低的产品,而只要生产出成本比较低或相对低的产品,就可进行贸易分工,而不管一国所有商品的生产成本绝对高或绝对低。也就是说,存在比较成本差异,就可进行两国间的贸易分工。

本例中,从葡萄牙方面来看,其生产呢绒和酒的单位劳动成本都比英国低:呢绒的比较成本为 $90/100=0.9$,即 90%;酒的比较成本为 $80/120 \approx 0.67$,即 67%。这表明葡萄牙生产两种产品的效率都比英国的高,换言之,葡萄牙在两种产品的生产方面均处于绝对优势地位,但呢绒的成本是英国的 90%,而酒的成本约为英国的 67%。两相比较,由于 67%<90%,因此,葡萄牙生产酒具有相对优势或比较优势。从英国这方面看,其生产呢绒和酒的单位劳动成本都比葡萄牙高:呢绒的比较成本为 $100/90 \approx 1.1$;酒的比较成本为 $120/80=1.5$。这表明英国生产两种产品的效率都比葡萄牙的低,换言之,英国在两种产品的生产方面均处于绝对劣势地位,但呢绒的成本约是葡萄牙的 1.1 倍,而酒的成本则是葡萄牙的 1.5 倍。两相比较,由于 1.1<1.5,英国生产呢绒具有相对优势或比较优势。可见,比较成本是对各国产品的成本作相对的比较,这是比较成本思想的精髓。

按照李嘉图的思想,葡萄牙应"两优择其重(更优)",放弃生产成本比英国优势较少的呢绒,专门生产酒,并用其向英国出口,以换取呢绒的进口;英国则应"两劣取其轻(次劣)",放弃生产成本比葡萄牙劣势较多的酒,专门生产呢绒,并向葡萄牙出口呢绒,以换取酒的进口。这样对双方都会是有利的。具体说来,这些利益主要表现在以下三个方面。

首先,按比较成本原理进行生产的国际分工,可以提高劳动生产率,增加产品产量。在国际分工前,英、葡两国一年中,一共生产 2 单位呢绒和 2 单位酒。在国际分工后,英国专门生产呢绒,220 人劳动一年,可生产出 2.2 个单位的呢绒;葡萄牙专门生产酒,170 个人劳动一年,可生产出 2.125 单位的酒。两种产品的总产量都增加了,这显然是劳动生产率提高的结果。

其次,随着产量的增加,通过国际贸易,各自国内的消费水平也相应提高了。假定英国用生产出呢绒的一半与葡萄牙交换酒,再假定两种产品的交换比例为 1:1,那么,通过国际间的自由贸易,两国都能提高消费水平。英国呢绒和酒的消费量均为 1.1 单位,比贸易分工前都增加 0.1 单位;而葡萄牙呢绒和酒的消费量分别是 1.1 单位和 1.025 单位,比贸易分工前分别增加 0.1 单位和 0.025 单位,见表 3.4。

表 3.4 按比较成本进行完全国际分工前后的产量与消费量

	国际分工前产量和消费量		国际分工后产量		国际分工后消费量	
	呢绒	酒	呢绒	酒	呢绒	酒
英 国	1	1	2.2	0	1.1	1.1
葡萄牙	1	1	0	2.125	1.1	1.025
合 计	2	2	2.2	2.125	2.2	2.125

再次,按比较成本原理进行生产的国际分工,能够节约各自的社会劳动。如果两国维持分工前的消费水平不变,进行国际分工后,英国只需用 100 人生产的 1 单位呢绒与葡萄牙交换自己需要的 1 单位酒,比自己生产节约了 20 人一年的劳动;而葡萄牙只需用 80 人生产的 1 单位酒与英国交换自己需要的 1 单位呢绒,比自己生产节约了 10 人一年的劳动。

综上所述,李嘉图比较成本理论的基本含义是:各国应根据自己相对有利的生产条件进行专业化生产,然后进行国际交换,就能保证双方都得到贸易利益。也就是说,按比较成本差异进行国际分工和国际贸易,各国都能发挥生产中的比较优势而获得贸易利益。因此,生产成本相对差异的存在,是国际贸易分工产生的基础和原因。

西方国际经济学家认为,李嘉图的比较成本理论简化了现实中的错综复杂的国际贸易关系,而只突出了比较成本的差别。因此,要使比较成本的分析得以成立,必须补充至少 9 个重要的假定作为其理论分析的前提条件。这 9 个重要的假定条件是:

(1) 世界上只有两个国家,也都只生产两种产品。这种分析方法称为"2×2

模型"。

(2) 所有的劳动都是同质的,没有熟练劳动与非熟练劳动的区别。李嘉图在其比较成本理论中,是以单位劳动时间来表示产品的真实劳动成本的差异的。

(3) 生产是在成本不变的条件下进行的。李嘉图的分析是以单位产品成本不因产量的增加或减少而变化为基础的,没有考虑成本变动对国际贸易的影响。

(4) 不存在运输费用。李嘉图由于没有考虑贸易商品的运输成本,实际上夸大了贸易的利益。

(5) 生产要素始终处于充分就业状态,而且它们在国内是完全流动的,但在国际间则是完全不能流动的。

(6) 生产要素市场和产品市场是完全竞争市场。

(7) 收入分配没有变化。李嘉图的理论论证了自由贸易不仅对于整个世界有利,而且对于每一个人也都是有利的,因此必须假定自由贸易不影响一国公民的相对收入水平。

(8) 贸易方式是物物交换方式。货币和价格不是比较成本理论的组成部分。

(9) 国际经济是静态的,不存在技术进步和经济发展。对于这一暗含假定的缺陷,李嘉图自己也非常清楚。他曾指出,如果英国发明了新的制酒的方法,使得本国生产比进口更为有利,那么它会把一部分资本由对外贸易方面转移到国内酒的生产上,并且可能停止呢绒的出口。

3. 李嘉图比较成本理论的科学性与局限性

美国当代著名经济学家萨缪尔森(Paul A. Samuelson,1915~2009)称为"国际贸易不可动摇的基础"。比较成本理论作为反映国际贸易领域客观存在的经济运行的一般原则和规律的学说,具有很高的科学价值和现实意义。

第一,比较成本理论表明,不论一个国家处于什么发展阶段,经济力量是强是弱,都能确定各自的相对优势,即使处于劣势的也能找到劣势中的相对优势。各国根据比较成本原则来安排生产,进行贸易,则贸易双方可以用较少的劳动耗费,交换到比闭关自守时更多的产品,增加总的消费量。这个理论比起斯密的绝对成本学说对于贸易分工基础的认识,无疑是大大前进了一步。它阐明了发展程度不同的国家都可能从参与国际贸易和国际分工中获得利益。这无疑为各国发展经济贸易关系提供了有力的论证,有助于整个世界贸易的扩大和社会生产力的发展。因而,该理论是第二次世界大战后 GATT 及 WTO 所倡导的开放贸易体制最重要的理论基础。

第二,比较成本理论表明,价值规律的作用在世界市场的背景下发生了重大变化。在一个国家内部,价值规律作用的结果是优胜劣汰,通过市场竞争,技术落后、劳动生产率低的商品生产者不断被逐出市场。在这里起作用的,是"绝对竞争"原理。但比较成本理论令人信服地证明了,在主权国家之间发生平等交换关系的条件下,劳动生产率落后国家的生产者不仅不会因竞争而被淘汰,反而有可能从国际贸易和国际竞争中获得利益。因此,经济后进的国家不要惧怕对外开放和竞争。只要采取正确的外贸发展战略,就可从国际分工和交换中获得利益,有助于本国的经济发展。因此,发达国家与经济落后国家的贸易,仍对双方都是有利的。

第三,比较成本理论还表明,通过国际贸易分工而使双方互利的程度实际上是在一定范围之内,因此,互利和等价交换是不同的概念。按李嘉图的例子,对英国来说,实际上只要能以少于 120 个劳动的代价从葡萄牙换得 1 单位的酒,它都会愿意交易,因为这种交换毕竟比自己花 120 个劳动去生产更便宜。但如果超过 120 个劳动贸易就会停止。因此,120 个劳动是英国交换 1 单位葡萄牙生产的酒的可接受的上限。同理,90 个劳动是葡萄牙交换 1 单位呢绒的上限。具体来说,英国只能以少于 1.2 个单位的呢绒换得 1 单位的酒;葡萄牙只能以少于 1.125 单位的酒换得 1 单位的呢绒,双方就可进行贸易。换言之,英国 1 单位的呢绒,只要换到多于 0.83 单位的酒,葡萄牙 1 单位的酒,只要换到多于 0.89 单位的呢绒,贸易双方均可获益。对英国来说,贸易的可能性区间在 1 单位呢绒换 0.83~1.125 单位酒之间;对葡萄牙来说,贸易的可能性区间在 1 单位酒换 0.89~1.2 单位呢绒之间。很明显,贸易双方互利的程度实际上是在一定范围内的幅度,这与等价交换有所区别。互利是一个面的概念,而等价交换则是一个点的概念。互利并不能保证等价交换;等价交换也并不一定对某方完全不利。两国间贸易关系的实质,实际上就是一个对专业化分工利益的分割问题。这就为探讨不等价交换、贸易条件等重大理论问题提供了一个理论的出发点。

另一方面,李嘉图的比较成本理论也存在一些缺陷。

首先,比较成本理论虽然以劳动价值论为基础,但就整体而言,李嘉图的劳动价值理论是不彻底的。这是他未能正确区分价值与交换价值的结果。这个理论本身未能解释为什么葡萄牙 80 个人一年的劳动能与英国 100 个人一年的劳动相交换,为什么这种交换还能互利以及交换中的利益来自何处等问题。李嘉图大概也感觉到他难以回答这些问题,只是说:"支配一个国家中商品相对价值的法则不能支配两个或更多国家间相互交换的商品的相对价值"[1]。那么,支配国家间贸

---

[1] [英]李嘉图. 政治经济学及赋税原理[M]. 北京:商务印书馆,1962:112.

易商品的相对价值是什么呢？他只好说，一切外国商品的价值，是由用来和他们交换的本国土地和劳动产品的数量来衡量的。这样，李嘉图又回到他批评的斯密的"购得劳动决定价值论"去了。李嘉图认识到价值规律的国际作用发生了重大变化，但却未能正确解释这一变化，这是由于他没有国际社会必要劳动和国际价值的概念，因而找不到国际交换的价值标准的结果。正是马克思，才真正解决了这一问题。

对于上述问题，马克思从劳动价值论的立场出发，通过创立"国际社会必要劳动"和"国际价值"的科学概念，解决了国际交换中的价值尺度的问题，从而做出了科学的回答。按照马克思的解释，只要葡萄牙80个人的劳动和英国100个人的劳动等于等量的国际社会必要劳动，亦即等于同量的国际价值，那么它们之间就可以交换，而且是等价交换。

其次，比较成本理论的分析方法属于静态分析方法。李嘉图为了论证他的比较成本理论，把多变的经济情况抽象成静态的、凝固的状态，而忽略了动态分析。他没有认识到劳动生产率不是固定不变的，而是一个可变因素。一个国家能够通过技术引进、技术革新来提高劳动生产率，从而改变比较成本的比率，使国际贸易分工格局发生变化。例如，20世纪50年代初日本在重建自己的汽车工业时，其生产成本是美国的2.5倍，完全处于劣势。而进入20世纪70年代后期，日本小汽车的生产成本只有美国的2/3。原来依赖美国进口汽车的日本，却成了世界最大汽车出口国。可见，在各国科学技术和劳动生产率不断变化的情况下，一个国家当前的相对优势，有可能变成以后的劣势；当前的相对劣势，也有可能变成以后的相对优势。因此，一国在参与国际贸易分工时，不能只着眼于眼前的静态优势，还要着眼于长远的发展利益，注意培育动态优势。否则，一国如果把生产的相对优势长期固定在少数几种产品，特别是固定在少数初级产品的生产上，将是非常不利的。

最后，比较成本理论忽视了国际分工中生产关系的作用。马克思主义认为，不能离开生产关系去考虑社会分工问题。社会分工（包括国际分工）是一个历史范畴，它的产生是社会生产力发展到一定阶段的结果。但生产力总是在一定的生产关系下发展的，因而国际分工的实质和内容不能不受社会生产方式的制约。因此，不能把国际分工简单地说成生产率差异的结果。

必须指出的是，我们绝不能因为比较成本理论的上述局限性而否定其内涵的科学性。比较成本理论所揭示的贸易互利性原理，作为反映生产力发展和国际贸易发展规律的一般理论，在促进国际经济贸易往来，增进各国福利方面，仍起着重要的指导作用。

3.3 贸易条件理论

李嘉图的比较成本理论从供给方面说明，各国专业化生产具有相对优势的产品，然后相互进行贸易，都能得到贸易的利益。李嘉图还提出了两国互利的交换幅度。但是对于在这一幅度范围内的实际交换比例应该是多少，是何种机制决定了这一交换比例等问题，并没有论及。因此，比较成本理论只是论证了互利性贸易的基础以及贸易利益之所在，而没有说明总的贸易利益如何在贸易双方进行分配。因为比较成本理论没有考虑需求方面的因素，因而它只能说明交换比例即贸易条件必须处于某个范围之内，无法说明具体的贸易条件怎样决定。而要考虑实际交换比例的决定，就不能只看供给，而要把供给和需求结合起来分析。约翰·穆勒在比较成本理论的基础上，着重从需求方面入手，探讨国际交换比例的现实决定问题。此后，马歇尔又在约翰·穆勒"相互需求原理"基础上，提出了"相互供求曲线"（即"提供曲线"），用简单的几何图形表达了国际交换比例及其变动问题，从而进一步补充、丰富和完善了贸易条件理论。

3.3.1 穆勒的相互需求原理

最早从理论上探讨贸易条件问题的，是19世纪的英国经济学家约翰·穆勒（John Stuart Mill，1806～1873）。他主要提出了相互需求原理（Principle of Reciprocal Demand）来说明贸易条件的决定问题。相互需求原理的主要内容可概括为以下三点。

1. 比较成本确定贸易条件的上下限

穆勒用下面的例子来说明自己的论点。假定英国和德国投入一定量的劳动生产毛呢和麻布的数量，如表3.5所示。

表3.5 英、德两种产品的国内交换比例

	毛 呢	麻 布	国内交换比例
英 国	10码①	15码	10∶15
德 国	10码	20码	10∶15

---

① 码为非法定量单位，单位符号为yd，1yd＝0.9144 m，由于是引用文献表述，所以未作规范化换算处理。下同。

没有国际贸易时,英国国内15码麻布换10码毛呢,而德国国内要20码麻布才能换到10码毛呢,显然英国的毛呢便宜;德国国内10码毛呢能换到20码麻布,而在英国国内却只能换到15码麻布,显然德国的麻布便宜。因此,英国和德国的贸易格局必然是英国出口毛呢,进口麻布;德国出口麻布,进口毛呢。那么,两国以什么样的比例交换呢?显然,对英国来说,出口10码毛呢至少要换回15码以上的麻布;对德国来说,出口20码麻布至少要换回10码以上的毛呢。因此,以毛呢计算,只要10码毛呢交换到的麻布介于15码到20码之间,两国就可以分享贸易利益。

在这一范围内,国际交换比例愈接近英国国内的交换比例,则德国获得更多的贸易利益;这个比例愈接近德国国内的交换比例,则英国获利更多。达到或超过任何一国国内交换比例上下限的国际交换比例,都意味着一方获得全部贸易利益而另一方却损失了利益,因而不是现实的交换比例。因此,实际的国际交换比例或国际贸易条件,只能介于由两国国内交换比例所确定的界限之内,亦即比较成本确定了贸易条件的上下限。

2. 相互需求状况决定具体的贸易条件

在上述比较成本所确定的交换比例范围内,实际的交换比率是由什么决定的呢?约翰·穆勒认为,这取决于两国对对方产品的需求状况,亦即英国需要出口多少麻布,德国需要出口多少毛呢。当英、德两国的相互需求能使贸易双方的总出口恰好支付其总进口,亦即双方的国际收支适趋平衡时,交换比例就被现实地确定了。这就是所谓的"国际需求方程式"(Equation of International Demand)。

假定英国对麻布的进口需求是17码麻布的1 000倍,愿意提供10码毛呢的1 000倍作偿付,而德国对毛呢的进口需求是10码毛呢的1 000倍,愿意提供17码麻布的1 000倍作偿付时,双方对对方产品的需求正好等于对方供给,国际交换比例即可在10∶17的国际需求方程中确定下来。可见,贸易双方对对方产品的需求状况决定两国现实贸易条件。

如果相互需求不均衡,那么双方就要调整进口需求量,或者调整交换比例以达到均衡。假如英国对麻布的进口需求降低到17码麻布的800倍时,按10∶17的国际交换比例,它只需提供10码毛呢的800倍作偿付。再假定德国对毛呢进口需求仍为10码毛呢的1 000倍,并愿意提供17码麻布的1000倍作偿付,那么在国际市场上就会发生麻布的供过于求和毛呢的供不应求,从而导致麻布的价格下跌,英国的进口需求增加,比如说增加到18码麻布的900倍;毛呢的价格上涨,德国的进口需求下降,比如说下降到10码毛呢的900倍,这样,就会形成新的国际交换比例10∶18,在这个交换比例下,双方的相互需求又达均衡,于是形成新的国际需求方程式。如果发生英国的进口需求不变而德国进口需求下降的情况,那么交换比例就可能改变,比如说变为10∶16。一方对对方产品需求增加了,当然也会影响国际交换比例。

这里的分析证明,在两国国内交换比例所限定的范围内,进行贸易的两种商品实际的贸易条件是根据双方消费者的需求偏好和强度进行调整的,调整到双方对进口产品的需求量恰好相互抵补时确定。这就是说,按照两国相互需求所决定的实际贸易条件是使总进口和总出口达到均衡状态时的贸易条件。

3. 相互需求强度影响贸易利益的分割

相互需求原理认为,相互需求强度影响到贸易利益的分割。均衡贸易条件对哪一方更有利,要看两国相互需求的强度。约翰·穆勒指出:"一个国家以它的产品和外国相交换的交换力决定于……它对这些国家的产品的需求和它们对它的产品需求的数量和需求的增加程度的比较……外国对它的商品需求愈是超过它对外国商品的需求……贸易条件对它愈是有利:这就是说,它的一定数量的商品将换回更多的外国商品。"[①]这就是说,外国对本国商品的需求程度愈是大于本国对外国商品的需求程度,贸易条件就愈是对本国有利。

综上所述,穆勒的相互需求原理旨在说明这样一个论点:在比较成本确定的交换幅度范围内,实际的贸易条件是能使贸易双方的总出口恰好支付其总进口的那种贸易条件。它是由双方消费者对对方产品的需求所确定的。一个国家应该用多少出口商品换回一定数量的进口商品,取决于两国相互进口的需求量正好等于它们各自供给量时的交换比例,也即供求一致时的交换比例。这就是说,按照两国相互需求所决定的实际贸易条件是使总进口和总出口达到均衡状态时的贸易条件。实际的贸易条件也就是均衡的贸易条件。

穆勒的相互需求原理强调需求因素在决定商品的国际交换比例即贸易条件上的重要作用,以比较利益为基础阐述了商品国际交换比例的确定过程,一定程度上发展了李嘉图的交换价值理论。然而,它也存在一些明显的局限性。

首先,这个理论以贸易收支平衡为前提来论证贸易条件即国际交换比例,而国际交换比例又是由相互需求所决定的。另一方面,相互需求的数量又是由国际交换比例决定的。这显然陷入了某种循环论证。相互需求原理还未指出贸易收

---

① 范家骧.国际贸易理论[M].北京:人民出版社,1985:119.

支平衡是从短期还是从长期来看的贸易均衡。如果是前者,那么显然不符合实际情况。如果是后者,则应当看到,贸易条件本身就是决定一国国际收支状况的一个重要因素,至少两者是相互影响的。相互需求原理以贸易收支平衡为前提来论证贸易条件,而前者又恰恰是受后者影响和制约的,显然,这里也有循环推论之嫌。

其次,相互需求原理只能运用于经济规模相当、双方的需求都能对市场价格产生显著影响的两个国家。如果两个国家经济规模相当悬殊,小国的相对需求强度远远小于大国的相对需求强度,这样,小国就只能是价格的接受者,大国就可利用其在进出口需求方面的强大影响力,使贸易条件朝着有利于本国的方向变动。

其三,相互需求理论抛弃了劳动价值论,庸俗了李嘉图的理论,集中表现在他用交换价值代替价值。穆勒认为,本国商品的价值决定于它的生产成本,而外国商品的价值则决定于国际交换比率,而国际交换比率决定国际价值。

3.3.2 马歇尔的提供曲线与均衡贸易条件理论

马歇尔(Alfred Marshall,1842~1924)是19世纪末20世纪初最著名的英国经济学家,新古典经济学派的创始人。马歇尔的经济学说是在资产阶级经济学陷入第一次大危机(主要是马克思主义政治经济学的兴起)、英国由鼎盛走向衰落的历史背景下出笼的。在马歇尔的国际贸易学说中,自由贸易、国际分工等高调唱得不像以前经济学那样响了,而国际价值、贸易利益和贸易条件等则成为研究的中心问题。马歇尔的主要贸易思想集中在其1879年出版的《国际贸易纯粹理论》一书中。

穆勒的相互需求原理虽能解释均衡贸易条件的决定,但仍是一般的陈述,显得不够精确。马歇尔在穆勒理论的基础上,通过几何图解方法,提出提供曲线(offer curve)来说明供给和需求如何决定均衡的贸易条件,从而较为精确地描述了两国就两种商品进行贸易时交换比例的确定及其变化趋势。

1. 提供曲线及其性质

提供曲线,又称供应条件曲线,其基本含义是:在各种贸易条件下,一国为了达到最高的福利水平所愿意进行的各种进出口组合。它是用来表明根据不同的交换比例,一个国家对于两种商品所愿意进行的不同贸易量的各点的连线。

提供曲线既可以看成是一国的出口供给曲线,也可视为一国的进口需求曲线。作为出口供给曲线,它表示在不同贸易条件下,一国所愿意提供的出口产品的数量。随着出口产品相对价格的上升(即贸易条件的改善),一国愿意出口的商品数量会增加。而作为进口需求曲线,它表示在不同的贸易条件下,一国对进口产品的需求量。随着进口产品相对价格的降低(即贸易条件的改善),一国愿意进口的商品数量会增加。因此,提供曲线又称相互需求和供给曲线(Reciprocal Demand and Supply Curves)。

以英、美两国为例,假定英国专业化生产呢绒,美国专业化生产小麦,两国相互开放,进行贸易。英国出口呢绒,进口小麦;而美国则正相反,出口小麦,进口呢绒。英国的提供曲线表明在不同的贸易条件下,英国愿意出口多少呢绒来交换小麦;而美国的提供曲线则表明在不同的贸易条件下,美国愿意出口多少小麦来交换呢绒,参见图3.1。

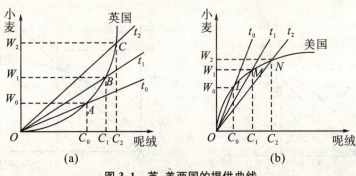

图 3.1 英、美两国的提供曲线

图 3.1 中的 ABC 曲线和 LMN 分别代表英国和美国的提供曲线。在提供曲线上任何一个点的小麦和呢绒的贸易条件是以从原点 O 引出过该点的射线的斜率表示。从图 3.1(a)中可以看出,在贸易条件为 t_0 时,英国愿意出口 OC_0 的呢绒以交换 OW_0 的小麦;在贸易条件为 t_1 时,愿意出口 OC_1 的呢绒以交换 OW_1 的小麦的进口。当英国的贸易条件改善的时候,如在 t_2 时,英国可以用较少的呢绒交换到定量的小麦,因此,英国愿意提供更多的呢绒以供出口。从图 3.1(b)中也可以看出,美国的贸易条件愈加改善,它愈能用定量的小麦出口,换回更多的呢绒,因此,美国愿意提供更多的小麦以供出口。

2. 以提供曲线表示的贸易条件的均衡与均衡的恢复

如果把图 3.1 中英、美两国的提供曲线合并到一个图中,它们就会相交于一点,如图 3.2(a)中的 E 点。在 E 点,英国愿意出口呢绒的数量恰好等于美国愿意进口的数量,而美国愿意出口小麦的数量也恰好等于英国需要进口的数量。因此,E 点代表英、美两国贸易中的一般均衡状态。经过均衡点 E 的贸易条件线 t_E

就是实际的或均衡的贸易条件,它代表国际市场上的均衡价格。

如果国际市场上的贸易条件偏离了t_E,两国的供求力量会自动使市场恢复均衡。假定现在的市场贸易条件为t_F。与t_E相比较,英国处境比较不利,而美国的处境改善了。因为由t_E转移到t_F时,t_F交美国提供曲线于S,在S点美国只要增加W_0W_2数量的小麦即可多换回C_0C_2数量的呢绒。但t_F交英国提供曲线于R,在R点英国只愿意出口OC_1数量的呢绒,小于美国的需求量(OC_2),呢绒供不应求。在t_F时,美国愿意出口小麦的数量(OW_2)超过英国对小麦的需求量(OW_1),小麦供过于求。这样,呢绒的相对价格将要上涨,而小麦的相对价格则会下降,t_F逐渐移向t_E,直到达到均衡点E,国际市场上的这两种商品的供求情况恢复平衡为止。

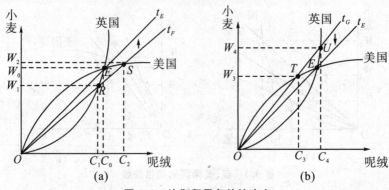

图 3.2 均衡贸易条件的决定

反过来,如果国际市场上的贸易条件线是t_G,如图 3.2(b)所示,它最终也必将回归到t_E。因为这时的贸易条件对英国比较有利,而对美国不利,会造成新的市场不均衡。在图中,由于t_G与英国的提供曲线相交于U点,这时英国愿意出口呢绒的数量为OC_4,而希望进口小麦的数量为OW_4。然而,t_G与美国的提供曲线相交于T点,这就意味着美国愿意出口小麦的数量为OW_3,少于英国的需求量(OW_4),小麦供不应求;而美国对呢绒的进口需求量为OC_3,也少于英国愿意出口的数量(OC_4),呢绒供过于求。其结果必然是小麦的相对价格上升,而呢绒的相对价格下降,贸易条件从t_G转移到t_E,从而重新恢复均衡。

简言之,只有E点才达到了国际市场的均衡状态。从这里可以引申出贸易条件的均衡必须满足的两个基本条件:一是各国的贸易收支平衡;二是各国商品的进口和出口需求平衡。这与穆勒的相互需求原理的分析是一致的。

通过以上分析可以看出,提供曲线就均衡贸易条件所得出的结论与穆勒的相互需求原理是一致的,即均衡贸易条件决定于参与贸易的两个国家各自对对方商品的相对需求强度。但提供曲线的分析方法比起穆勒有关相互需求原理的文字叙述要精确一些,而且马歇尔的供应条件曲线对贸易条件的分析,开创了把几何方法作为国际贸易理论的分析工具的历史,为西方国际贸易理论增添了新的表达手段。但是,马歇尔用边际效用论和生产费用论对供应条件曲线的解释是不科学的。

3.4 新古典贸易理论

由亚当·斯密和大卫·李嘉图建立和发展起来的古典贸易理论,其基本特点之一就是只用单一要素的生产率差异来说明国与国之间为什么会发生贸易行为,以及为什么生产率不同的两个国家可以通过国际分工与贸易增加各自的收入和提高各自的福利水平。而新古典贸易理论则是假定各国在生产商品时所使用的生产技术是一样的,即生产函数相同,因而排除了各国劳动生产率的差异。在新古典国际贸易理论中,瑞典经济学家赫克歇尔和俄林做出了巨大贡献。他们提出了要素禀赋理论(亦称"H-O模型"),指出国际贸易的内在动因是国与国之间要素生产率的差异,而国与国之间要素生产率的差异又主要来源于各国的不同生产要素存量的相对差异以及在生产各种商品时利用各种生产要素强度的差异,这些不同要素的供给会影响到特定商品的生产成本。然而,进入20世纪50年代,经济学家里昂惕夫用美国的贸易实践数据对H-O模型进行检验后发现结果并不符合要素禀赋,这一结论被称为"里昂惕夫之谜",于是各国经济学家开始致力于对"谜"的解释。

可见,新古典贸易理论的特征在于,一方面还是分析完全竞争市场,继承"古典"之风,沿用古典模型;另一方面,"新"在该理论的研究角度从交换转移成生产,即解释外生技术差距的原因。

3.4.1 要素禀赋理论(Factor Endowment Theory)

李嘉图的比较成本理论是以劳动价值论为基础的,它以耗费在商品中的劳动时间亦即劳动生产率的差异来说明和论证比较成本。由于该理论是以单一生产要素(劳动)的成本差异,即劳动生产率的差异来说明比较利益的。但是,如果假定各国之间生产要素的生产率相同,即单位生产要素的效率世界各地都是一样的,那么,产生比较成本差异的原因是什么呢?这个问题是由要素禀赋理论(又称资源赋予理论)得到解释的。

要素禀赋理论是由瑞典经济学家赫克歇尔和俄林提出的用生产要素的丰缺

(即供给差异)来解释国际贸易的原因和商品流向的理论。该理论最早是由赫克歇尔(E. F. Heckscher,1879~1952)于 1919 年提出的,这之后,其弟子俄林(B. G. Ohlin,1899~1979)在 1933 年出版的《区际贸易和国际贸易》一书中系统地阐述了生产要素比例的理论,进一步完善了资源赋予理论,但因俄林承袭了赫克歇尔的主要观点,因此,人们一般将该理论称为"赫—俄理论",或称"H-O 定理"(The Hechscher-Ohlin Theorem)。俄林曾因此贡献于 1977 年获得诺贝尔经济学奖。H-O 定理的基本原理可归结为:其一,各地区和国家资源赋予度的差异,也就是生产要素供给情况不同是产生国际贸易的基本原因,即要素供给比例理论;其二,国际贸易的结果,可以逐渐消除不同地区和国家之间的商品价格差异,进而消除生产要素的价格差异,即要素价格均等化定理。

1. 要素供给比例理论

要素供给比例理论的主要假设是:

(1) 只有两个国家、两种产品及两种生产要素(资本和劳动),即 $2\times2\times2$ 模型,并且同种要素之间以及同种产品之间没有质的差别。

(2) 生产要素的初始禀赋是给定的(或不变的)且互不相同。

(3) 两国在每种商品的生产上都具有相同的技术水平,具有相同的生产函数。

(4) 两种生产要素在生产中可以完全相互替代。

(5) 规模报酬不变,生产函数是线性齐次的。

(6) 两国消费者的偏好相同,消费无差异曲线的方位与形状都一样。

(7) 市场结构是完全竞争的,即两国的商品市场、要素市场都是完全竞争市场。

(8) 生产要素在一国范围内是自由流动的,但在两国间完全不流动。

(9) 运输成本为零,也不存在贸易壁垒和市场干预等贸易的其他影响因素。

根据 H-O 定理,在上述假定情况下,产生比较成本差异的原因有两个:一是各个国家生产要素禀赋(供给)比例的不同;另一个是生产各种商品所使用的各种生产要素的组合不同,亦即使用的生产要素的比例不同。所谓生产要素禀赋,指的是各国生产要素(即经济资源)的拥有状况,例如,有的国家劳动力丰富,有的资本丰富,有的技术丰富,有的土地丰富等等。一般说来,一个国家的生产要素丰裕,其价格就便宜,比如,劳动力丰富的国家,工资(劳动力价格)就低一些,资本丰裕的国家,利息率(资本的价格)就低一些,等等。反之,比较稀缺的生产要素,其价格当然就要高些。每一个国家各种生产要素的丰裕程度不可能一样,有的相对丰裕,有的相对短缺;其要素价格也会有的高些,有的低些。各国生产要素禀赋比率不同,是产生比较成本差异的重要决定因素。各国都使用本国禀赋较多,价格相对便宜的生产要素的商品以供出口。这样,双方都可获得利益。

另一产生比较成本差异的决定因素是生产各种商品所需投入的生产要素的组合或比例,即商品生产的要素密集度。如有的商品在其生产过程中使用劳动的比重大,称为"劳动密集型产品"。根据商品所含有的密集程度大的生产要素种类的不同,可以把商品大致分为劳动密集型、资本密集型、土地密集型、资源密集型或技术密集型等不同类型。即使生产同一种商品,在不同国家生产要素的组合也不完全相同。例如,同样生产大米,泰国主要靠劳动,而美国主要靠资本和技术。不论是生产不同的商品,还是生产相同的商品,只要各国生产商品所投入的生产要素的组合或比例不同,就会产生比较成本差异,从而产生贸易分工的基础。很明显,一国如果对生产要素进行最佳组合,在某种商品的生产中多用价格低廉的生产要素,就能在该种商品上具有较低的比较成本。

俄林论证要素比例理论是基于这样一个推理过程:

(1) 发生国际贸易的直接原因是商品价格的国际绝对差异,而商品价格的绝对差异是由于生产成本的国际差异造成的,这是国际贸易的基础,也是发生国际贸易的第一个条件。

(2) 国际贸易发生的第二个条件是两国国内各种商品的成本比例不同,这也是该理论的核心问题。如果两国的成本比例相同,一国的两种商品的成本按同一比例低于另一国,则两国间只能发生暂时的贸易关系。因此,比较成本的差异是国际贸易产生的重要条件。

(3) 不同国家的商品有不同的成本比例,是因为各自国内的各种生产要素的价格比例不同。在每一个国家,商品的成本比例反映了它的生产诸要素的价格比例关系,这是因为不同的商品是由不同的生产要素组合而生产出来的。然而,由于各种生产要素彼此是不能完全替代的,因此,在生产不同的货物上必须使用不同的要素组合。两国间不同的要素价格比例将在这两国产生不同的成本比例。

(4) 不同国家生产要素价格比例的差异,则是由不同国家生产要素的供求决定的。一般而言,供给充裕的生产要素比供给不足的生产要素价格要低些,因此,每个国家均应生产和输出大量使用本国供给充裕的生产要素的商品,输入在生产中需要大量使用本国供给不足的生产要素的商品。由此可见,生产要素比例(禀赋)的不同是产生国际贸易的最重要基础。此外,如果两国的生产要素供给比例相同,那么对这些生产要素的不同需求也会导致各种生产要素的不同价格比例,从而也为国际贸易提供一个基础。

(5) 国际分工、国际贸易的主要利益在于各国都能更有效地利用自身的各种生产要素,生产出比在闭关自守情况下更多的社会产品,使工资、利润、利息和地租的实际收益增加。

俄林的结论是,一个国家出口的是它在生产上大量使用该国比较充裕的生产要素的商品,而进口的是它在生产上大量使用该国比较稀缺的生产要素的商品。各国比较利益的地位是由各国所拥有的生产要素相对充裕程度来决定的。用俄林的话来说,就是:"贸易的首要条件是某些商品在某一地区生产比在另一地区便宜。在每一个地区,出口品中包含着该地区拥有的比其他地区较便宜的、相对大量的生产要素,而进口别的地区能较便宜地生产的商品。简言之,进口那些含有较大比例生产要素昂贵的商品,而出口那些含有较大比例生产要素便宜的商品。"[1]

现用两个国家(日本和澳大利亚)、两种商品(小麦和纺织品)和两种生产要素(土地和劳动)的模式(即 $2\times2\times2$ 模型),以简单的例子来说明俄林的上述理论。

在日本和澳大利亚两个国家里,土地和劳动这两种生产要素的赋予数量不同,因而其相对价格也不相同。假定在澳大利亚每单位土地的价格(指地租)是 1 澳元,每单位劳动的价格(指工资)是 2 澳元,即土地价格与劳动价格的比率为 1∶2;而在日本每单位土地的价格是 4 日元,每单位劳动的价格是 1 日元,即土地价格与劳动价格的比率为 4∶1。再假定上述两国生产小麦和纺织品两种产品,且生产同一产品时两国具有相同的生产技术水平和相同的要素密集程度:每生产 1 单位小麦都需要 5 单位和 1 单位劳动,每生产 1 单位纺织品都要耗费 1 单位土地和 10 单位劳动。因此,这两国小麦和纺织品的单位成本就如表 3.6 所示。

表 3.6 两国的单位生产要素价格和单位产品成本情况

	澳大利亚(澳元)	日本(日元)
土地的单位价格	1.00	4.00
劳动的单位价格	2.00	1.00
小麦的单位成本	7.00	21.00
其中:土地 5 单位	5.00	20.00
劳动 1 单位	2.00	1.00
纺织品的单位成本	21.00	14.00
其中:土地 1 单位	1.00	4.00
劳动 10 单位	20.00	10.00

---

[1] [瑞典]伯尔蒂尔·俄林. 地区间贸易和国际贸易[M]. 中译本. 北京:商务印书馆,1986:23.

从表 3.6 中可以看出,澳大利亚生产单位小麦和单位纺织品的成本比例为 1 ∶ 3(即 7 ∶ 21),而在日本则是 3 ∶ 2(即 21 ∶ 14)。从这两种成本比例可以看出,澳大利亚生产小麦有比较利益,因为小麦是土地密集型产品,澳大利亚正可以利用其相对便宜的生产要素——土地,从而获得相对优势;日本生产纺织品有比较利益,因为纺织品是劳动密集型产品,日本正可以利用其相对便宜的生产要素——劳动,从而获得相对优势。当澳大利亚出口小麦,进口纺织品;而日本进口小麦,出口纺织品时,贸易使双方均得到利益。

2. 要素价格均等化定理

当各国以自己的资源供给的相对优势进行生产和开展国际贸易以后,各国资源赋予情况亦将随之发生变化,并随着国际间商品流通而出现生产要素价格均等化的趋势。

以前述日本与澳大利亚的国际贸易为例。澳大利亚利用相对便宜的生产要素——土地,生产并出口土地密集型商品——小麦;而日本则利用相对便宜的生产要素——劳动,生产并出口劳动密集型商品——纺织品。随着两国间贸易的不断扩大,澳大利亚就要增加小麦的产量,为此必须有更多的土地被用来生产小麦,对土地的需求增加,就会使原来比较丰裕的土地资源变成比较稀缺的资源,土地的价格就会逐渐上升;同时,由于澳大利亚不断地从日本进口劳动密集型产品——纺织品,减缓了对劳动的需求,使劳动资源变得比较丰裕,价格就随之下降。而对日本来说,为了向澳大利亚出口纺织品,就会有更多的劳动力被雇佣来生产纺织品,对劳动的需求增加,就会使原来比较丰裕的劳动资源变成比较稀缺的资源,劳动的价格就会逐渐上升;同时,由于不断地从澳大利亚进口土地密集型产品——小麦,减缓了对土地的需求,使土地资源变得比较丰裕,价格就随之下降。可见,国际贸易的发展使得参加贸易的各国原先较为丰裕的资源变得相对稀缺,价格逐步上升;而原先比较稀缺的资源变得较为丰裕,价格随之下降。于是,各国生产要素价格趋于均等化,亦即各国的工资、地租、利息率和利润率等趋于均等化。同时,由于商品价格取决于生产要素价格,生产要素价格的均等化也就意味着商品价格的均等化。

在赫克歇尔和俄林论述生产要素价格通过国际间商品交换而趋向均等化问题以后,当代美国经济学家萨缪尔森又对此进行了数学论证,证明生产要素完全均等化是必然的。为此,西方经济学界将他们的理论合称为"H-O-S 定理",或称"要素价格均等化定理"(The Factor Price Equalization Theorem)。

根据西方经济学家的观点,只要世界市场上存在着完全竞争和国际间的自由贸易,各国生产同一商品的技术水平和投入的生产要素的密集度相同,且商品成本不随生产数量的变化而变化,则要素价格均等化和商品价格均等化的趋势是必然存在的。但这只是理论上的推断。事实上,上述假定条件是难以具备的。因为,在世界市场上完全竞争实际上是不存在的,各国的贸易保护政策阻碍着商品在国际间的自由流动;工资具有一定的刚性,容易上升而不易下降;各国生产技术条件不可能完全相同,生产同一产品的生产要素密集程度也很可能不一样;产品的单位成本随生产规模的变化也会有所变化;等等。这些都使得要素价格均等化和商品价格均等化不能顺利实现。当然,这并不是说要素价格均等化定理完全无效,在一定条件下,通过自由贸易,确实有使要素价格均等化的倾向。但是,正因为存在阻碍要素价格均等化的各种因素,因此,要想缩小国际间要素报酬即各国收入水平的差距,最佳地利用世界资源,仅有自由贸易是不够的,还应具备生产要素能在国际间自由流动等条件。

3. 要素禀赋理论的特点及简要评价

赫克歇尔—俄林的要素禀赋理论被认为是现代国际贸易的理论基础,是现代国际贸易理论的开端。该理论继承了传统的古典比较成本理论,但又有一些新的发展,有其自身的特点与一定的合理性。

(1) 在各国参加分工、进行专业化生产的依据上,要素禀赋论比李嘉图按比较成本论进行分工,更为深入和全面。要素禀赋理论虽仍属于比较成本理论的范畴,但它却从两个方面发展了比较成本或比较利益理论。

首先,要素禀赋理论强调在生产各种产品时,不是投入一种生产要素,而是投入两种甚至两种以上生产要素,因此对比较利益的研究也应以此为基础。从而进一步提出了生产要素的组合或技术配比问题,结果使抽象的理论分析更贴近经济运行的现实,从而增强了理论的实用性。

其次,要素禀赋理论不同于李嘉图的比较利益论。李嘉图的比较利益论将其比较利益形成的基础建立在各国生产者在生产同一产品时劳动生产率的差异上,或生产者技术水平的差异上。而要素禀赋论则不然,它假定各国生产同一产品的技术水平是相同的,进而推出各国比较优势的基础是生产要素的丰裕程度不同,由此而引发的生产要素的价格差异是比较利益形成的原因。李嘉图的比较利益论则是从贸易产品本身生产率的差异来说明比较利益的形成原因。

(2) 要素禀赋理论根据贸易国最基本的经济情况,即从一国经济结构中各种生产要素的丰裕程度和相对比重来解释贸易分工的基础与贸易格局,从而正确地指出了在各国参与国际贸易分工中生产要素所处的重要地位。

必须承认,在各国对外贸易竞争中,土地、劳动力、资本和技术等生产要素的结合起着重要的作用。这种"靠山吃山、靠水吃水"的资源优势理论,用来解释19世纪直到第二次世界大战前的国际贸易格局,具有一定的时代特征和实际意义。

(3) 要素供给比例理论从一国的经济结构来解释贸易格局,而要素价格均等化定理则反过来分析国际贸易对经济结构的影响,这些分析对于一国如何利用本国的资源优势参与国际贸易分工以获取贸易利益,无疑具有一定的积极意义。

国际贸易的发生增加了对相对丰富资源的需求,从而提高了其价格,即增加了其报酬;另一方面减少了对相对稀缺要素的需求,从而降低了它的报酬。可见,通过国际贸易,不但可以改变一国的经济结构,使生产要素得到最有效率的利用,从而使产量增加,收入提高,而且还可以改善一国的收入分配情况。例如,劳动相对充裕的国家通过出口劳动密集型产品能提高劳动者的收入。

但是,要素禀赋理论也存在着一些缺陷和错误。

首先,这个理论显然是建立在三要素论的基础之上的,从而抛弃了李嘉图的劳动价值论。三要素论认为,劳动、资本和土地是一切社会生产所不可缺少的三个要素。商品价值就是由这三个要素所提供的生产性服务共同创造的。这就是劳动创造工资、资本创造利息、土地创造地租的著名的"三位一体公式"。这个公式曾遭到马克思的严厉批判。因为根据马克思主义理论,只有劳动才是价值的唯一源泉。三要素的实质就是掩盖资本主义社会中资本家和土地所有者对劳动者的剥削行为。

其次,与比较成本理论一样,该理论也是建立在一系列假定基础之上的,而这些假定与现实有一定的距离,从而影响到该理论对现实的国际贸易现象的解释力。事实上,在这之后的不少经济学家对资源赋予论进行验证时,就发现它存在很多无法解释的矛盾。

3.4.2 里昂惕夫之谜及其解释

1. 里昂惕夫之谜

第二次世界大战后,美国经济学家里昂惕夫[①]根据赫—俄贸易理论,用他所创立的投入产出分析方法,对美国的进出口商品结构进行了验证,结果却得出了

---

① 瓦西里·里昂惕夫(Wassily W. Leontief)是美国著名经济学家,由于他的投入—产出分析法对经济学的杰出贡献,1973年获经济学诺贝尔奖。他的主要著作有《投入产出经济学》(1966)、《美国经济结构的研究》(1953)、《世界经济未来》(1977)等。

国际贸易:理论与政策

与赫—俄理论完全相反的结论,在西方引起了轰动,被称为"里昂惕夫之谜"或"里昂惕夫悖论"(The Leontief Paradox)。

赫—俄理论给人们建立了这样的思维定势:要素禀赋的差异是决定国际分工方向和建立贸易方式的充分且必要的条件。即一个国家拥有较多的资本,就应该生产和输出资本密集型产品,而输入在本国生产中需要较多使用国内比较稀缺的劳动力要素的劳动密集型产品。然而,里昂惕夫的检验结果彻底动摇了人们业以建立的思维定势。里昂惕夫1947年运用投入—产出分析法考察美国对外贸易商品结构,拟对赫—俄原理进行实践上的验证时,却发现美国出口的是劳动密集型产品,进口的却是资本密集型产品,而美国显然是一个资本雄厚而劳动相对不足的国家。这一结论和赫—俄原理的观点完全相反。

里昂惕夫把生产要素分为资本和劳动力两种,对200种商品进行统计分析,计算出每百万美元的出口商品和进口替代品所使用的资本和劳动量,从而得出美国出口商品和进口替代品所包含的资本和劳动的密集程度。其计算结果如表3.7所示。

表3.7 1947年和1951年美国出口商品和进口替代商品对国内资本和劳动的需要量

	1947年		1951年	
	出口	进口替代	出口	进口替代
资本(1947年的美元价格)	2 550 780	3 091 339	2 256 800	2 303 400
劳动(人·年)	182.313	170.004	173.91	167.81
人均年资本量	13 991	18 184	12 977	13 726

从表3.7可以看出,1947年年平均每人进口替代商品的资本量与出口商品的资本量相比是1.30,即18 184/13 991,高出30%;而1951年的比率为1.06,即13 726/12 977,高出6%。尽管这两年的比率的具体数字不同,但结论基本相同,即这两个比率都说明美国出口商品与进口替代品相比,前者更为劳动密集型或劳动密集程度更高。因此,美国进出口商品的资本与劳动力所占比重与赫—俄理论预期的正好相反,即美国参与国际分工是建立在劳动密集型生产专业化的基础之上,并非建立在资本密集型专业化基础之上。用里昂惕夫的话来说:"美国参加国际分工,是建立在劳动密集型生产专业化基础之上的。换言之,这个国家是利用对外贸易节约资本和安置剩余劳动力,而不是相反。"继里昂惕夫之后,鲍德温(R. E. Baldwin)检验了美国1962年的统计数字,得出了与里昂惕夫相同的结论。其他国家的经济学家也运用同样的方法,对本国的贸易情况进行了验证。诸多验

第3章 传统国际贸易理论

证并没有得出一致结论,因为里昂惕夫之谜时隐时现,特别是自验证美国的贸易时更是如此。

里昂惕夫的结论是第二次世界大战以后首次对传统的国际贸易理论提出了严峻的挑战。这对经验性与理论性研究起了巨大的促进作用。它促使经济学家们更加积极地去寻求能正确解释国际贸易产生的相关基础理论,从而有力地推动了国际贸易理论的发展。

2. 对里昂惕夫之谜的解释及有关的学说

西方经济学家围绕这个谜进行了广泛探讨和深入研究,提出了一系列的学说,试图将谜解开。有代表的学说主要有以下几种,现简述如下:

1) 自然资源说

自然资源说是从里昂惕夫的统计方法上寻找突破口。经济学家范尼克认为里昂惕夫在计算时只考虑了劳动和成本两种生产要素,而忽略了自然资源这一要素在国际贸易中的作用。在美国进口的自然资源产品中大部分为其相对稀缺的资源,在对这些资源的开采、提炼与加工等过程中又大量地投入资本,故这些产品在美国属于资本密集型产品。这样一看就容易解释美国进口的是资本密集型产品较多的现象。

2) 贸易壁垒说

也称"市场不完全说"、"关税结构说"等。西方有的经济学家认为,里昂惕夫之谜产生的原因是由于市场的不完全。国际贸易要受贸易参与国的关税和非关税壁垒等贸易保护主义政策的限制,使资源禀赋论原理解释的规律难以实现。换言之,他们认为里昂惕夫之谜其实是美国和外国的贸易壁垒造成的。美国劳工代表在国会中有强大的影响力,从而会使美国政策倾向于保护和鼓励劳动密集型行业的生产与出口,通过关税等手段限制外国同类产品的进口,从而使美国的贸易结构变为出口劳动密集型产品,进口资本密集型产品。事实上,美国确实很注重保护需要雇佣大量工人的产业。

3) 生产要素密集度变换论

也称"生产要素密集度反向论"、"生产要素密集度逆转说"等。按照生产要素禀赋理论,无论生产要素的价格比例实际如何,某种商品总是以某种要素密集型的方法生产的,例如,小麦总是用劳动密集型方法生产的。但这种论断不一定正确。因为某种商品在某个国家既定的生产要素价格条件下是劳动密集型的,但在另一国家既定的生产要素价格条件下就可能是资本密集型的。比如,小麦在不少发展中国家都是劳动密集型产品,而在美国却可能是资本密集型的产品。因此,同一种商品的产出可能存在要素密集度的转换。据此,美国进口的产品在国内可能是用资本密集型生产,但在国外却是以劳动密集型生产,从美国的角度看,就会造成进口以资本密集型的产品为主的错觉;同样,美国的出口产品在国内可能是劳动密集型产品,而在别国却是资本密集型的产品,用美国标准衡量也会造成出口的是劳动密集型产品的假象。可见,只要贸易双方有一方存在要素密集度变换这种情况,其中之一国就必然存在里昂惕夫之谜。

4) 要素非同质论

又称劳动熟练说、人类技能说或劳动效率说,最先是里昂惕夫自己提出,后来由美国经济学家基辛(D. B. Keesing)加以发展,是用劳动效率和劳动熟练或技能的差异来解释里昂惕夫之谜和影响进出口商品结构的理论。这种观点认为,生产要素禀赋理论假如每一种生产要素(如劳动力等)本身都是同质的,没有任何差异(如劳动效率相同等)。然而实际上每种生产要素都不是同质的,它包含着许多小类和亚种,它们的组合也是千差万别的,因此,各国生产要素禀赋不仅有数量上的差异,还有质量上的差异。无视生产要素禀赋质的差异,就难以对贸易格局做出合理的解释。

里昂惕夫认为,"谜"的产生可能是由于美国工人的劳动效率比其他国家工人高所造成的。他认为美国工人的劳动生产率大约是其他国家工人的 3 倍。因此,在劳动以效率单位衡量的条件下,即把美国的劳动量乘以 3,那么美国就成为劳动要素相对丰富、资本要素相对稀缺的国家。它将以劳动密集型产品交换其他国家的资本密集型产品。这是他本人对这个"谜"的解释。为什么美国工人的劳动效率比其他国家高呢?他说这是由于美国企业管理水平较高、工人所受的教育和培训较多、较好,以及美国工人进取精神较强的结果。

5) 需求偏向论

又称"需求偏好的逆转论",这是试图以国内的需求结构来解释里昂惕夫之谜。在要素禀赋论中,两国的消费者偏好被假设完全相同。事实上,两国消费者偏好是不可能完全相同的,存在一定的需求差异。需求偏向论的观点是,由于各国的国内需求不同,可能出口在成本上并不完全占优势的产品,而进口在成本上处于劣势的产品。一个资本相对丰裕的国家,如果国内需求强烈偏向资本密集型的产品,其贸易结构就有可能是出口劳动密集型产品而进口资本密集型的产品。比如美国,它对资本密集型的产品需求远远大于对劳动密集型产品的需求,这就造成了美国违背其在生产成本上的比较优势,进口资本密集型产品的状况。

此外,对里昂惕夫之谜进行解释的代表性理论学说还有人力资本论、技术差距说、反向需求说,等等。

里昂惕夫之谜是对赫—俄模型的国际分工和贸易模式应用于实际的大挑战。从他对这个原理的验证结果,表明这个理论是脱离资本主义国际分工和国际贸易的实际情况,并引起了对"谜"的各种各样解释和有关理论的发展。可以说,里昂惕夫之谜是西方国际贸易理论发展史上的一个重大转折点,它推动了第二次世界大战以来国际贸易理论的迅速发展。有关里昂惕夫之谜的种种解释补充了生产要素禀赋理论,增强了生产要素禀赋理论的现实性和对战后国际贸易实践的解释能力,并为以后一系列国际贸易新理论的产生建立了基础。同时,里昂惕夫首次运用投入产出的方法,把经济理论、数学方法和统计三者结合起来,对国际分工和国际贸易商品结构进行了定量分析,这种研究方法具有一定的科学意义和现实意义。

本章小节

国际贸易理论是探讨国际贸易产生原因、贸易格局变动、贸易利益分配的理论,主要回答三个基本问题:贸易动因、贸易结构和贸易结果。西方传统国际贸易理论主要包括18世纪~19世纪的古典贸易理论,主要是亚当·斯密的绝对成本论和大卫·李嘉图的比较成本论,约翰·穆勒与马歇尔的贸易条件理论,以及进入20世纪后的新古典贸易理论,主要是赫克歇尔和俄林的要素禀赋论和里昂惕夫之谜。

国际贸易思想的起源和发展可以追溯到出现分工、交换思想的古罗马、古希腊时代。而对国际贸易的系统研究是从贸易保护的鼻祖——公元15世纪至17世纪的重商主义开始的。重商主义认为货币是财富的唯一形态,国内贸易并不能增加国内的金银货币量——国家财富。除了开采金银矿藏以外,获取财富的唯一途径是开展对外贸易。重商主义主张国家干预经济活动,在对外贸易中应实行少买多卖的原则,保持贸易顺差,使国外的金银流入国内,以增加国家财富。历史上看,重商主义经历了两个发展阶段,即从15世纪到16世纪中叶的货币差额论和从16世纪下半叶至17世纪的贸易差额论。

古典政治经济学出现在英国和法国。法国古典政治经济学的发展是以重农学派形式出现的。重农学派理论中关于价值、等价交换、自由放任与自由竞争等观点,为后来的英国古典经济学家所接受并发展成为亚当·斯密和大卫·李嘉图的国际贸易古典理论。

亚当·斯密提出了依据生产成本的绝对差别实行国际分工和国际贸易的理论,即绝对成本理论,也称绝对优势理论;而大卫·李嘉图进一步发展了绝对成本理论,提出了依据生产成本的相对差别实行国际分工和国际贸易的理论,即比较成本理论,也称比较优势理论。

然而,李嘉图的比较成本理论只是论证了互利性贸易的基础以及贸易利益之所在,而没有说明总的贸易利益如何在贸易双方进行分配。这之后,英国经济学家约翰·穆勒在比较成本理论的基础上,探讨国际交换比例的现实决定问题;马歇尔又在约翰·穆勒"相互需求原理"基础上,提出了"相互供求曲线"(即"提供曲线"),用简单的几何图形表达了国际交换比例及其变动问题,从而进一步补充、丰富和完善了贸易条件理论。

进入20世纪以后,瑞典经济学家赫克歇尔和俄林提出了要素禀赋理论,即用生产要素的丰缺(即供给差异)来解释国际贸易的原因和商品流向,并提出了要素价格均等化定理。该理论被认为是现代国际贸易的理论基础,是现代国际贸易理论的开端,它继承了传统的古典比较成本理论,同时又有一些新的创新和发展。

第二次世界大战后美国经济学家里昂惕夫根据赫—俄贸易理论,用他所创立的投入产出分析方法,对美国的进出口商品结构进行了验证,结果却得出了与赫—俄理论完全相反的结论,在西方引起了轰动,被称为"里昂惕夫之谜"。此后,西方经济学家围绕这个谜进行了广泛探讨和深入研究,试图将谜解开。这其中,代表性的理论主要是自然资源说、贸易壁垒说、生产要素密集度变换论、要素非同质论和需求偏向论等。

【重要概念】

重商主义　货币差额论　贸易差额论　绝对成本　绝对成本论　比较成本　比较成本论　国际需求方程式　提供曲线　要素禀赋论　要素价格均等化定理　里昂惕夫之谜　自然资源说　贸易壁垒说　生产要素密集度变换论　要素非同质论　需求偏向论

【复习思考题】

1. 试述重商主义保护贸易思想的主要内容,并加以评论。
2. 绝对成本理论的主要内容是什么?
3. 试述李嘉图比较成本理论的主要内容、积极意义及其存在缺陷。
4. 相互需求理论的主要内容是什么? 试作简要评价。
5. 试用提供曲线作图说明均衡贸易条件的决定。
6. 要素禀赋理论的主要内容是什么? 它对比较成本理论做了哪些发展?
7. 简述里昂惕夫之谜及其意义。
8. 请依据要素非同质论,解释里昂惕夫之谜。
9. 如何理解要素价格均等化定理?
10. 根据要素禀赋论,你认为中国的比较优势应该建立在什么要素的基础上? 为什么?

第4章 战后自由贸易理论

传统国际贸易理论的两个层次和核心是比较利益理论和要素禀赋学说。根据这些传统理论,由于发达国家与发展中国家的要素禀赋和劳动生产率的差异很大,两者之间的产业间贸易应该占据世界贸易的主导地位。而事实上,第二次世界大战以后(以下简称战后),特别是20世纪60年代以来,随着科学技术的进步和生产力的不断发展,国际贸易规模日益增大,国际贸易格局也发生了显著的变化,主要表现在:发达国家之间的贸易额超过了发展中国家与发达国家之间的贸易额;制成品内部的贸易比重上升,初级产品的贸易比重下降;发达国家之间制成品的产业内贸易比重上升;跨国公司内部贸易额越来越大;中间产品贸易日益增多,等等。

针对上述新情况,传统的贸易理论很难做出合理的解释,新的贸易理论也就应运而生。先后出现了新贸易理论,如国际贸易新要素理论、技术差距及产品生命周期理论、产业内贸易理论和国际竞争优势理论等;新兴古典贸易理论,如内生贸易理论等;新新贸易理论,如异质性企业贸易理论等。

4.1 国际贸易新要素理论

尽管上述由里昂惕夫之谜产生的一些新的观点和学说,或多或少地从某一侧面对"谜"做了有限的诠释,但从总体上看,适用于各种特殊场合的解释"谜"的各种说法,终不能解释里昂惕夫之谜所产生的对生产要素禀赋理论的一般疑问。因此,一些经济学家仍从这一理论的前提出发,提出国际贸易新要素理论。国际贸易新要素理论认为,生产要素不应仅仅是劳动、资本和土地,而应随着时代的发展、科技的进步赋予其新的含义:技术、人力资本、研究与开发、信息以及管理等等都是生产要素,这些"新"要素对于说明贸易分工基础和贸易格局,有重要的作用。

4.1.1 技术要素说

该学说认为,作为生产过程中的知识、技巧和熟练程度的积累的技术,不仅能提高土地、劳动和资本要素的生产率,而且可以提高三者作为一个整体的全部要素生产率,从而改变土地、劳动和资本等生产要素在生产中的相对比例关系,从这个意义上说,技术也是一种独立的生产要素。技术进步和技术革新意味着一定的要素投入量可以生产出更多的产品,或者说一定的产量只需要较少的投入量就可以生产出来。通过改进技术,可以提高现存的劳动量和资本量的生产力,这就好比在技术不变的情况下,增加了劳动的供给和资本的供给一样,可见技术进步和技术创新会对各国生产要素禀赋的比率产生影响,进而影响各国产品的相对优势,对贸易格局的变动产生作用。例如,节约劳动型的技术进步,会使该国劳动密集型产品更有相对优势;节约资本型的技术进步,则使该国资本密集型产品处于相对优势等。

同其他生产要素一样,技术也是可以流动的。但是技术的流动有其特殊性。一方面,由于技术往往依附于其他生产要素之中,这就使技术的流动难以独立进行,而且还会因此而影响其他要素的流动;另一方面,由于技术具有专门性,因此,技术的流动不能像其他要素那样可以相对容易地进行重新配置和组合,而只能用于某种特定的生产过程中。同时,由于技术是一种可以取得专利权使用费、特许证费、特许权费及利润等报酬的生产要素,其流动的代价较高且过程复杂。和其他生产要素一样,技术要素要越过国界是相当困难的。主要是因为技术的支付费用高昂、发明者或拥有者的保守;政府对技术的管制;技术的应用条件与环境等。

技术作为生产要素在现代经济活动中的地位越来越重要。要素生产率的提高或要素的节约、商品成本和价格的降低、产品质量效能的优化、生产经营水平的提高、产品国际竞争力的增强等无一不是依靠技术水平的提高。可见,当今国际竞争归根结底是技术水平的竞争。

4.1.2 人力技能要素说

西方学者认为,各国劳动要素生产率的差异实质上就是人力技能的差异。因此,人力技能也是一种生产要素,而且是越来越重要的生产要素。由于人力技能是人力投资的结果,所以人力技能又称人力资本。

主张人力技能要素的经济学家提出了人力技能理论。该理论把劳动分为两大类:一是简单劳动,即无须经过专门培训就可以胜任的非技术的体力劳动;另一类是技能劳动,即必须经过专门培训形成一定的劳动技能才能胜任的技术性劳动。要对劳动者进行专门培训,就必须进行投资,因此,人力资本(Human Capital)就是指投入在劳动力的智力开发、技术培训及素质提高等方面的资本。它可以看做是资本与劳动力结合而形成的一种新的生产要素。一国通过对劳动力进行投资,可以极大地提高劳动者的素质,提高劳动生产率,从而对该国的对外贸易格局产生重要影响。一般地说,资本充裕的国家往往也是人力资本充裕的国家,从而人力资本充裕是这类国家参与国际分工和国际贸易的基础。

如果把人力资本的投资算作一国的资本存量,即看做产品中的资本投入,那么人力资本密集型产品也就是资本密集型产品。美国经济学家鲍德温(R. E. Baldwin)和凯能(P. B. Kennen)持这一观点。在他们看来,美国参与国际分工的基础依然是资本密集型产业,美国出口产品是资本密集型产品。但是,如果把人力资本视为熟练的有较高技能的劳动力,那么人力资本密集型产品也可视为劳动密集型产品,这样一来,美国参与国际分工的基础就变为劳动密集型产业了。问题的关键在于怎样把技能、技术型的劳动密集型产品和简单劳动密集型产品区分开来。里昂惕夫之谜的存在就是因为把美国出口产品中含有的大量人力资本投资,都记在劳动力的账上了,而实际上应视为资本的投入。假如要把美国出口产品算作劳动密集型产品,那也只能理解为"技能劳动密集型产品",以区别于一般意义上的简单劳动密集型产品。

4.1.3 研究与开发要素说

格鲁贝尔(H．G．Grubel)、梅达(D．Mehta)、费农(R．Vernon)及基辛(D．B．Keesing)等经济学家在注重技术要素的同时,进一步研究了推动技术进步的形式和途径及其与贸易的关系,提出了研究开发要素论。

该学说认为,所谓研究与开发要素是指研制和开发某项产品所投入的费用。它不同于生产过程的其他形式的要素投入。研究与开发(R & D)要素是以投入到新产品中的、和研究与开发活动有关的一系列指标来衡量的。但研究与开发也是一种生产要素。一个国家越重视研究与开发要素的作用,产品的知识与技术密集度就越高,在国际市场竞争中就越有利。在一定的条件下,投入研究与开发的资金的多少,可以改变一个国家在国际分工中的比较优势,产生出新的比较利益。因为把这些技术力量和技术知识集中用于科研和开发工作,就有可能经常地推出新产品和新工艺。就具体行业而言,研究是指与新产品、新技术、新工艺紧密结合的基础与应用研究;开发则是指新产品的设计开发与试制。它一般以每美元产品中所占有的科研与发展经费的不同来表示技术知识水平的不同。这意味着取消了俄林的同种产品的生产要素的比例在各国之间都是相同的假定。

美国经济学家格鲁贝尔等人根据1962年美国19个产业的有关资料,就研究和开发费用占整个销售额的百分比以及科学家、工程师占整个产业全部就业人数的比重进行排列,结果发现,运输、电器、仪器、化学和非电器机械这五大产业中,研究与开发费用占 19 个产业的 78.2%,科学家和工程师占 85.3%,销售量占 39.1%,而出口量占 72%。

这项研究结果证明,美国在生产科研密集型和高度技术性的产品方面具有比较优势。以上 5 个产业既是美国出口工业制成品的重点产业,又是科研成果、新产品不断涌现的重点产业。这项研究还表明,这些产业不但集中科学家和工程师用于研究和开发工作,而且他们在生产和销售人员中所占比重也是相当大的,这就是说,在设计、生产和销售等过程中都要投入高水平的技术力量。

可见,如果把技术看做是生产要素之一,那么注重科研和发展的行业,其密集型产品就会有高度的出口优势。这种观点充实了要素禀赋理论,如果一国是技术要素丰富的,就会大量出口密集使用技术生产出来的产品。

4.1.4 信息要素说

西方经济学家认为,现代经济生活不仅需要土地、资本和劳动这样的传统生产要素,更需要信息这样的无形生产要素。作为生产要素的信息是指来源于生产过程之外的并作用于生产过程的能带来利益的一切讯号的总称。信息要素是无形的、非物质的,它区别于传统生产要素,是生产要素观念上的大变革。信息作为一种能创造价值的资源,和有形资源结合在一起构成现代生产要素。在现代国际贸易竞争中,商情战、信息战愈演愈烈,信息往往成为决定企业命运的重要因素。对一个国家来说,拥有和利用信息的状况则将影响到它的比较优势,改变它在国际分工中的地位。

4.1.5 对国际贸易新要素理论的简要评价

随着科技革命的不断发展以及人们对经济现象认识的逐渐加深,人们对于决定贸易分工基础和格局的生产要素的认识也在不断深入,新要素的范围在不断扩大。总体而言,赫—俄模型中的生产要素可看做有形要素,技术、人力资本、研究与开发、信息和管理等可看做无形要素。无形要素在国际贸易中的作用愈来愈重要,它在很大程度上决定着一国比较优势格局的形成。可见,上述国际贸易的新要素理论可视为对赫—俄理论的发展。但就分析方法而言,新要素理论与传统要素贸易理论并无本质的区别。

4.2 技术差距及产品生命周期理论

要素禀赋理论在考察国际贸易原因时,假定两个国家在生产中使用相同的技术,同种产品的生产函数相同,并且都是一次齐次函数。但是,当国家之间所使用的技术随时间变化时,两个国家的生产函数就不再相同了,要素禀赋理论也无法适用。现实中各国所使用的技术确实存在差距,并且这种差距还是动态变化的。那么,如何解释建立在技术变化基础上的国际贸易的动因与贸易模式呢?

1961年,美国经济学家波斯纳(Richard Allen Posner,1939~)建立的技术差距理论率先给出了解释。在此基础上,1966年,雷蒙德·维农提出了产品生命周期理论,引入时间和"技术创新"因素来分析制成品贸易现象,这是对要素禀赋理论的重大突破。可见,这两种理论均是基于动态技术差异的国际贸易理论。

4.2.1 技术差距理论

1. 技术差距论的基本含义

技术差距理论(Technological Gap Theory),又称技术差距模型(Technological Gap Model),是把技术作为独立于劳动和资本的第三种生产要素,探讨技术差距或技术变动对国际贸易影响的理论。由于技术变动包含了时间因素,技术差距理论被看成是对H-O理论的动态扩展。

最早指出技术在解释贸易模式中的重要性的是美国经济学家克拉维斯(Irving Kravis)。1956年,克拉维斯发表《可获得性以及影响贸易商品构成的其他因素》一文,认为使一国能够出口技术先进的产品的关键因素,是该国与其贸易伙伴相比,具有技术上的优势。例如,如果一个国家有廉价的劳动力生产袖珍计算器,则这种产品的生产和出口将不会发生。克拉维斯的这种可获得性分析方法(The Availability Approach)受到了波斯纳和胡佛鲍尔(G. C. Hufbauer)等人的重视。1961年波斯纳发表《国际贸易与技术变化》一文,提出了国际贸易的技术差距模型。

2. 技术差距论的主要内容

技术差距论认为,技术实际上是一种生产要素,并且实际的科技水平一直在提高,但是在各个国家的发展水平不一样,这种技术上的差距可以使技术领先的国家具有技术上的比较优势,从而出口技术密集型产品。工业化国家之间的工业品贸易,有很大一部分实际上是以技术差距的存在为基础进行的。通过引入模仿时滞(Imitation Lag)的概念来解释国家之间发生贸易的可能性。

在创新国(Innovation Country)和模仿国(Imitation Country)的两国模型中,创新国研究开发力量雄厚,一种新产品成功后,在模仿国掌握这种技术之前,创新国具有技术领先优势,从而创新国可以向模仿国出口这种技术领先的产品。随着专利权的转让、技术合作、对外投资或国际贸易的发展,创新国的领先技术流传到国外,模仿国开始利用自己的低劳动成本优势,自行生产这种商品并减少进口。创新国逐渐失去该产品的出口市场,因技术差距而产生的国际贸易量逐渐缩小。随着时间的推移,新技术最终被模仿国掌握,技术差距消失,以技术差距为基础的贸易也随之消失。

如果创新国在扩大新产品生产中能够获得较多的规模收益,运输成本较低,进口国进口关税较低,进出口国市场容量和居民收入水平差距较小,就有利于创新国保持出口优势,延长反应时滞;否则这种优势就容易失去,反应时滞就将缩短。掌握时滞的长度主要取决于技术模仿国吸收新技术能力的大小。模仿国吸收新技术能力强,则掌握时滞短。需求时滞的长度则主要取决于两国收入水平差距和市场容量差距,差距越小则需求时滞越短。显然,只要模仿时滞长于需求时滞,创新国就可以依据其技术领先地位,向模仿国出口其创新产品,模仿时滞超过需求时滞的时间越长,创新国向模仿国的累计出口量就越大。

3. 对技术差距论的两项经验研究

1) 道格拉斯的出口模型

1963年,哥登·道格拉斯(Gordon Douglas)运用模仿时滞的概念,解释了美国电影业的出口模式。即一旦某个国家在给定产品上处于技术领先的优势,该国将在相关产品上继续保持这种技术领先的优势。

对技术差距理论的经验研究,支持了技术差距论的观点,即技术是解释国际贸易模式的最重要的因素。虽然技术差距理论说明了技术的存在是产生国际贸易的重要原因,但是它没有进一步解释国际贸易流向的转变及其原因。而在技术差距理论基础上发展起来的产品生命周期理论,弥补了技术差距理论的这一缺陷。

2) 胡佛鲍尔的贸易模式

1966年,胡佛鲍尔利用模仿时滞的概念,解释了合成材料产业的贸易模式。即一个国家在合成材料出口市场的份额,可以用该国的模仿时滞和市场规模来解释。当他按照各国的模仿时滞对国家进行排序时发现,模仿时滞短的国家最新引进新合成材料技术,并开始生产和向模仿时滞长的国家出口,随着技术的传播,模仿时滞长的国家也逐步开始生产这种合成材料,并逐步取代模仿时滞短的国家的出口地位。

4.2.2 产品生命周期理论

受林德的启发,美国经济学家、哈佛大学教授雷蒙德·费农于1966年发表了《产品周期中的国际投资和国际贸易》一文。该文首次提出了"产品生命周期"(Product Life Cycle,PLC)的概念,认为不同国家间技术差距是产生国际贸易的重要原因之一;刘易斯·威尔斯(Louis Wells)在此基础上,引入市场营销学中的产品生命理论,具体描述了因技术差距产生国际贸易的过程。他们将产品生命周期理论引至国际贸易理论之中,奠定了国际贸易的产品生命周期理论(Product Life Cycle Theory)。该理论认为,产品在其生命的不同阶段、不同的国家生产和出口,以此说明国际贸易的流动方向,将市场营销学的产品生命周期与国际贸易理论结合起来,使比较优势理论从静态发展为动态。

1. 产品生命周期的不同阶段

产品生命周期一般是指产品的市场寿命,即一种新产品从开始进入市场到被市场淘汰的整个过程。费农认为,产品和人的生命一样,要经历形成、成长、成熟、衰退这样的周期。就产品而言,也就是要经历一个开发、引进、成长、成熟、衰退的阶段。而这个周期在不同技术水平的国家里,发生的时间和过程是不一样的,期间存在一个较大的差距和时差,正是这一时差,表现为不同国家在技术上的差距,它反映了同一产品在不同国家市场上的竞争地位的差异,从而决定了国际贸易和国际投资的变化。为了便于区分,费农把这些国家依次分成创新国(一般为最发达国家)、一般发达国家、发展中国家。

典型的产品生命周期一般可以分成四个阶段,即介绍期、成长期、成熟期和衰退期。

第一阶段为介绍(引入)期。它是指产品从设计投产直到投入市场进入测试阶段。新产品投入市场,便进入了介绍期。此时产品品种少,顾客对产品还不了解,除少数追求新奇的顾客外,几乎无人实际购买该产品。生产者为了扩大销路,不得不投入大量的促销费用,对产品进行宣传推广。该阶段由于生产技术方面的限制,产品生产批量小,制造成本高,广告费用大,产品销售价格偏高,销售量极为有限,企业通常不能获利,反而可能亏损。

第二阶段为成长期。当产品经过引入期,销售取得成功之后,便进入了成长期。成长期是指产品通过试销效果良好,购买者逐渐接受该产品,产品在市场上站住脚并且打开了销路。这是需求增长阶段,需求量和销售额迅速上升。生产成本大幅度下降,利润迅速增长。与此同时,竞争者看到有利可图,纷纷进入市场参与竞争,使同类产品供给量增加,价格随之下降,企业利润增长速度逐步减慢,最后达到生命周期利润的最高点。

第三阶段为成熟期。它是指产品走入大批量生产并稳定地进入市场销售。经过成长期之后,随着购买产品的人数增多,市场需求趋于饱和。此时,产品普及并日趋标准化,成本低而产量大。销售增长速度缓慢直至转而下降,由于竞争的加剧,导致同类产品生产企业之间不得不在产品质量、花色、规格、包装服务等方面加大投入,在一定程度上增加了成本。

第四阶段为衰退期。这是指产品进入了淘汰阶段。随着科技的发展以及消费习惯的改变等原因,产品的销售量和利润持续下降,产品在市场上已经老化,不能适应市场需求,市场上已经有其他性能更好、价格更低的新产品,足以满足消费者的需求。此时成本较高的企业就会由于无利可图而陆续停止生产,该类产品的生命周期也就陆续结束,以致最后完全退出市场。

2. 产品生命周期和国际贸易

1968年威尔斯在《国际贸易中有一个产品生命周期》一文中,以美国为例,将产品生命周期分为四个阶段。①

第一阶段是创新国新产品出口垄断时期。创新国一般是最发达的工业国,比如说美国。由于有较多的科研与发展费用的投入,又有较高的收入支持的市场,因此能不断地推出新产品。当这种新产品试制成功并生产出来以后,创新国享有了出口垄断优势。由于新产品的设计和设计的改进要求靠近市场和供应者,因此,新产品必然在创新国本土产生。这时成本问题对于厂商来说不是最重要的,因为没有其他的竞争者。新产品一旦制造出来,创新国厂商就垄断了这种产品的世界市场。

第二阶段为外国生产者模仿生产时期。创新国新产品在国外打开销路,扩大市场以后,吸引了其他发达国家或次等发达国家的大量消费者。潜在的市场为这些发达国家的厂商提供了开始生产这种产品的前提条件。它们不需要像创新国进口货那样支付国际间的运费和缴纳关税,也不需要像创新国那样花费大量的科技研发费用,在这些方面的成本显然要比创新国厂商的小。因此,它们的产品价格极有可能比创新国进口货的价格便宜。

第三阶段是国外生产者大量增多,参与出口市场的竞争时期。由于实现了规

---

① 费农则是将产品生命周期分为三个阶段,即新产品阶段、成熟产品阶段和标准化产品阶段。

模经济,成本降低,从而在与美国产品的竞争中逐渐占优势,出口大量增加,致使原创新美国的出口不断下降,但国内市场因为关税的保护作用,仍然被美国厂商所垄断。

第四阶段是外国生产者的产品开始进入美国市场,使美国由出口国变为进口国,使美国的出口减少到几乎没有的程度。至此,这种产品的周期在创新国(美国)的生命周期便告结束。这种产品周期虽然在美国结束了,但在开始生产该产品的国家还在进行,并可能处于第二或第三阶段上。正是由于这种技术的传递和扩散,使各国处于产品周期的不同阶段,在国际贸易中的地位也随之变化。例如,新技术新产品的创新首先在美国出现,后传递到西欧发达国家,再扩散到世界其他国家如发展中国家。这种新技术和新产品的转移、扩散像波浪一样,不断地向前传递和推进。从图4.1可以看到这种产品结构推进的情形。

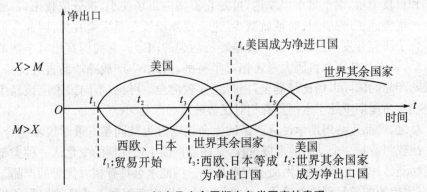

图 4.1 新产品生命周期在各类国家的表现

图 4.1 中横坐标表示时间的推移,纵坐标表示产品净出口状况,横线以下或0以下为净进口。创新国革新和生产始于时间 t_0,t_1 为贸易开始时,美国出口,较有购买能力的西欧与日本先进口,然后到 t_2 时其他国家也进口。西欧与日本到 t_3 时已开始成为净出口国,这时,产品是"成熟"的,美国则于 t_4 成为净进口国,到 t_5 其他国家也终于成为净出口国,产品"标准化"了。至此,该产品在整个世界的生命进入了最后阶段。

3. 产品生命周期理论的动态意义

必须看到,产品生命周期理论是一种动态的理论,产品在不同的阶段和不同的情况下会有各自的特点。

从产品的要素密集程度来看,在产品生命周期的不同时期,其生产要素的比例会发生规律性的变化。在产品创新时期,需要投入大量的科研和开发费用,这一时期的产品要素密集性表现为技术密集型;在产品的成熟时期,产品创新国已经采用大规模生产的方式来制造该产品,即已转入正常的生产阶段,知识技术的投入减少,资本和管理要素投入增加,高级的熟练劳动投入越来越重要,这一时期的产品要素密集性表现为资本密集型;在产品标准化时期,产品的技术趋于稳定,技术投入更是微乎其微,资本要素投入虽然仍很重要,但非熟练劳动投入大幅度增加,产品要素密集性也将随之改变,多表现为劳动密集型。

从不同类型国家的相对优势来看,它们在产品生命周期的各个阶段也有不同特点。第一种类型是以美国为代表的最发达国家。它们工业先进,技术力量雄厚,资本和自然资源相对丰富,国内市场广阔,因此它们研制新产品有明显优势,生产增长,产品也获益甚多。第二类是较小的发达国家。它们同样有丰富的人力资本和科技力量,国土虽小但发达,可是它们国内市场狭小,过分依赖出口,致使其生产优势到了产品增长时期就减少,进入成熟阶段更是完全丧失,因此它们主要适合于研究开发新产品。第三类是经济后起的国家。它们拥有相对丰富的熟练劳动,资本比技能和科研力量还相对丰裕些,因此,生产成熟产品占有优势,况且成熟产品的国际市场比较健全,出口也比较健全。可见,不同国家应该只生产那些在生命周期中处于本国具有相对优势阶段的产品。

总之,产品生命周期学说从产品的生命运动过程及同赫—俄学说相结合,说明了比较利益是一个动态的发展过程,它随着产品生命周期的变化从一种类型国家转移到另一种类型国家,因而不存在那种一国能永远具有相对优势的产品。显然,它比传统的贸易理论前进了一大步,而且可以用来解释工业品的国际贸易格局,而且它对确定进出口贸易的方向和重点,同样颇具启发意义。

在产品生命周期理论的基础上,经济学家麦吉(S. P. Majee)和罗宾(N. I. Robin)在1978年提出了一种解释原料产品贸易格局的"原料产品周期理论"。这是继雷蒙德·费农以后,将产品周期理论运用于贸易分析的又一尝试。该理论主要内容如下:原料产品寿命周期特点与工业制成品正好相反,即在原料产品生命之初,发展中国家占据十分重要的地位,是原料的净出口国;原料产品生命的后期,原料的生产优势逐渐转移到发达国家,因为在发达国家可以用高新技术不断生产出替代原料的合成品。

原料产品周期理论通过与工业制成品的比较,结合原料本身的需求特点——需求缺乏价格弹性,即无论是在国内还是在国外,原料需求量的变动幅度小于其价格波动幅度,将初级原料周期大致可划分为三个阶段。第一阶段为"派生需求产生的繁荣"阶段。在此阶段,生产的发展使原料的需求迅速增长,从而导致原料的价格大幅度上涨。故初级原料在此时处于生命力旺盛的成长期。第二阶段是"需求和供给来源的替代"阶段。在这一阶段,原料价格上涨迫使消费者(进口国)去寻找比较便宜的替代品,同时也促使更多的国家开发该项原料,于是原料价格的上升速度减慢,甚至出现实际的下降。第三阶段为"合成或研究与发展的介入"阶段。在这一阶段,科学技术的发展一方面提高了原料的利用率,另一方面又发明了新的合成替代品,将初级原料推向生命末期。这时,合成原料作为新的工业制成品被投入市场,开始了新的生命周期。该理论实际上还告诉人们,一国的技术进步可以代替天然原料的国际贸易活动,因此全球天然原料供给的完全耗竭并不意味着它的供给全部断绝,天然原料的世界市场价格必然随着人工合成原料或其他替代品的广泛出现而不断下降。不难看出,这些论述同样富于借鉴、参考作用。

4.3 产业内贸易理论

20世纪中期出现的第三次科技革命,有力地推动了第二次世界大战后世界经济的发展,同时也对国际贸易格局产生了巨大影响。它使国际贸易量、贸易的商品结构和地理方向发生了根本性变化。其突出表现之一是发达国家之间的贸易比重快速上升,并逐渐成为国际贸易的主体类型,在发达国家之间的相互贸易中,"产业内贸易"越来越成为主要的贸易形式。对此,传统的国际贸易理论(包括古典和新古典国际贸易理论等)无法做出令人信服的解释,于是出现了新的国际贸易分工理论[①]。这其中最主要的理论之一就是产业内贸易理论。产业内贸易理论是20世纪60年代开始在西方产生和发展起来的一种解释国际贸易分工格局的理论分支。

4.3.1 产业内贸易概述

1. 产业内贸易的概念与特点

国际贸易从产品内容上看,大致可分为两种基本类型:产业间贸易(Inter-industry Trade)和产业内贸易(Intra-industry Trade)。前者是指一国进口和出口属于不同产业部门生产的产品,例如,出口初级产品,进口制成品,出口自行车,

---

① 本节参考:张二震,马野青.国际贸易学[M].南京:南京大学出版社,1998:85~101.

进口计算机等。后者也称部门内贸易,即一国既出口同时又进口某种同类型制成品,其贸易对象是同一产业内具有异质性的产品。所谓相同类型的产品是指按国际商品标准分类法统计时,至少前三位数都相同的产品。也就是至少属于同类、同章、同组的商品,既出现在一国的进口项目中,又出现在该国的出口项目中。

一般说来,产业内贸易具有以下的特点:

(1)它与产业间贸易在贸易内容上有所不同。它是产业内同类产品的交换,而不是产业间非同类产品的交换。

(2)产业内贸易的产品流向具有双向性。即同一产业内的产品,可以在两国之间相互进出口。

(3)产业内贸易的产品具有多样化。这些产品中既有资本密集型,也有劳动密集型,既有高技术,也有标准技术。

(4)产业内贸易的产品必须具备两个条件:一是在消费上能够相互替代;二是在生产上需要相近或相似的生产要素投入。

对于这些产业内贸易的新现象,分析产业间贸易的古典、新古典贸易理论是难以做出令人信服的解释的。以保罗·克鲁格曼(Paul Krugman,1953~   )为代表的一批经济学家吸取了以往国际贸易理论的合理因素,创建了一个新的分析框架,提出了所谓"新贸易理论"。这些经济学家利用产业组织理论和市场结构理论来解释国际贸易新现象,用不完全竞争、规模报酬递增、产品差异化等概念和思想来构造新的贸易理论模型,分析产业内贸易的基础,得出了一系列全新的结论。

2. 产业内贸易指数

产业内贸易的发展程度可用产业内贸易指数来衡量。从某一产业的角度分析,产业内贸易指数的计算公式为:

$$A_i = 1 - \frac{|X_i - M_i|}{X_i + M_i} \tag{4.1}$$

式中,X_i指一国i产品的出口额,M_i指该国i产品的进口额。A_i代表i产品的产业内贸易指数,A_i在0~1之间变动:A_i愈接近1,说明产业内贸易的程度愈高;A_i愈接近0,则意味着产业内贸易的程度愈低。从一个国家的角度来看,产业内贸易指数由各种产品的产业内贸易指数加权求得,它表示一国产业内贸易在对外贸易总额中的比重。其计算公式为:

$$A = 1 - \frac{\sum_{i=1}^{n} |X_i - M_i|}{\sum_{i=1}^{n} X_i + \sum_{i=1}^{n} M_i} \tag{4.2}$$

式中，A 表示某国所有产品综合产业内贸易指数，n 表示该国产品的种类。其他字符的含义与公式(4.1)相同。

有人运用产业内贸易指数对发达工业国的 A 值进行了测算，发现自20世纪50年代以来，所有发达国家的 A 值不断上升，特别是60年代以后，这些国家一半以上的贸易量都来自产业内贸易，尽管 A 值本身也存在着明显不足。如果对产业或产业组的范围大小的界定不一致，就会得出完全不同的 A 值。很明显，产业的范围定义越广，A 值会越大。

在现实生活中，比较优势和规模经济、产品差异并存，因而世界各国之间也是产业间贸易和产业内贸易并存，一种贸易模式不可能完全取代另一种。世界上没有二个要素禀赋完全一致的国家，所以比较优势还是在不同程度上起作用，但随着全球经济一体化以及人们对于产品特性的要求越来越高，产业内贸易也越来越重要。

4.3.2 产业内贸易理论的产生与发展

西方国家的经济学家们对产业内贸易的研究大致经历了两个阶段。20世纪70年代之前为第一阶段，主要是对产业内贸易的经验性的统计和直观推断；70年代中期为第二阶段，主要是对统计现象的理论解释。无论在哪个阶段，西方经济学家所关注的始终都是产业内贸易形成的主要原因和主要制约因素。

在第一阶段的经验性的研究中，许多经验性的结论为后来的理论分析打下了坚实的基础。例如，佛丹恩对"比荷卢经济同盟"的集团内贸易格局变化的统计分析表明，和集团内贸易相关的生产专业化形成于同种贸易类型之内，而不是在异种贸易类型之间。密契里对36个国家五大类商品的进出口差异指数的计算表明，高收入国家的进出口商品结构呈明显的相似性，而大多数发展中国家则相反。

最早试图对当代工业化国家之间的贸易和产业内贸易现象做出理论解释的是瑞典经济学家林德(Staffan B. Linder)。他于1961年提出的"需求偏好相似理论"(Theory of Demand Preference Similarity)中，第一次从需求角度对国际贸易的原因做出分析。需求偏好相似理论又称"重叠需求理论"(Theory of Overlapping Demand)，它是从两国的需求结构与收入水平来研究相互之间密切关系的贸易理论。即从消费者行为方面，解释国际贸易的起因：如果两个国家人均收入水平越是接近，彼此需求结构的重叠部分就越大，因而两国的贸易关系就越密切，国际贸易往往会在收入水平相当的国家间展开。

需求偏好相似理论认为，国际贸易是国内贸易的延伸，产品的出口结构、流向及贸易量的大小决定于本国的需求偏好，而一国的需求偏好又决定于该国的平均收入水平。为此,企业首先应选择国内市场巨大的产业进行出口贸易,同时最有可能发生在偏好相似的国家之间。需求偏好相似理论有两个重要观点:

一是产品出口的可能性决定于它的国内需求。只有在国内已经存在大规模需求的产品,才会成为具有最大相对优势的产品。在长期地致力于满足国内需求的过程中,企业规模日益扩大,成本降低,产品就会具备国际竞争力。

二是两个国家的需求结构越相似,两国之间的贸易量越大。如果两国的偏好和需求特别相似,两国的需求结构重叠部分就大,两国之间的贸易量也就越大。如果两国需求结构完全一样,一国所有可供进出口的物品也就是另一国可供进出口的物品。如果各国的国民收入不断提高,则由于收入水平的提高,新的重叠需要的商品便不断地出现,贸易也相应地不断扩大,贸易中的新品种就会不断地出现。所以,收入水平相似的国家,互相间的贸易关系就可能越密切;反之,如果收入水平相差悬殊,则两国之间重叠需要的商品就可能很少,贸易的密切程度也就很小。

需求偏好相似理论与要素禀赋理论各有其不同的适用范围,要素禀赋理论主要解释发生在发达国家与发展中国家之间的产业间贸易,即工业品与初级产品或资本密集型产品与劳动密集型产品之间的贸易;而需求偏好相似理论则适合于解释发生在发达国家之间的产业内贸易,即制造业内部的一种水平式贸易。因此,需求偏好相似理论是对要素禀赋理论的发展和完善,是对古典贸易理论的补充;对于发达国家之间在第二次世界大战后国际贸易的迅速发展,特别是产业内贸易理论的形成做出了巨大贡献。

第二阶段的理论分析以格鲁贝尔和劳艾德的开创性、系统性研究为起点标志。在《产业内贸易》一书中,格鲁贝尔和劳艾德认为,产业内贸易是一种由各种复杂的原因所导致的一种复杂的现象。在他们看来,技术差距、研究与开发、产品的异质性和产品生命周期的结合等都可以导致产业内贸易发生。在这一阶段的理论分析中,比较有代表性的观点是格雷(Gray)和戴维斯(Davies)及兰卡斯特(Lancaster)的观点。格雷及兰卡斯特主要从产品异质性的角度分析产业内贸易的形成,认为产品的差异性是产业内贸易形成的基础;戴维斯则着重从规模经济的角度揭示产业内贸易的成因,指出规模经济可以在产业内形成互有竞争力的价格,从而导致产业内贸易发生。

4.3.3 产业内贸易理论的主要观点

综观西方经济学界对产生产业内贸易现象的种种理论解释,我们可以看出,尽管产业内贸易形成的原因和主要制约因素比较复杂,但大体上可以归结为以下主要理论。

1. 产品差异论

又称"差异产品贸易理论"、"产品异质性论"等。同类产品一般是指那些消费上能够相互替代、生产上投入相近或相似的生产要素的产品。它通常被分为同质产品(homogeneous products)与异质产品(differentiated products)。同质产品是指性质完全一致因而能够完全相互替代的产品,如同样的水果、砖等。换言之,凡消费者或用户对某一产品的需要、偏好、购买行为以及对企业营销的反应等方面具有基本相同或极为相似的一致性,即为同质产品。这类商品在一般情况下大多属于产业间贸易的对象,但由于市场区位、时间等的不同,也存在一定的产业内贸易现象。异质产品又称差异产品,是指从实物形态上看,产品的品质、性能、造型、设计、规格、商标及包装等方面的差异。

1) 同质产品的产业内贸易

国际贸易中出现同质产品的交易,往往出自如下原因:

(1) 运输成本的原因。许多原材料(如黄沙、水泥等)单位价值低而运输成本相对较高,消费者应该尽可能靠近原料供应地来获得它们,所以一国可能同时进口和出口大宗原材料。例如,我国在东北出口水泥(至俄罗斯等国),而在华南进口水泥,便属于这种情况。

(2) 产品生产的季节性特征。有些产品(如水果、蔬菜等)具有季节性特征,一国会有时进口而有时出口该类产品。又比如,欧洲一些国家之间为了"削峰填谷"而形成的电力进出口。

(3) 转口贸易及统计上的原因。一些国家和地区(如新加坡和我国香港)大量开展转口贸易,其许多进出口商品的形式自然基本不变。这时,同类产品将同时反映在转口国或地区的进口项目与出口项目中,便会形成统计上的产业内贸易。又比如,中国从美国进口计算机芯片,美国从中国进口计算机的机箱,如果将计算机的芯片和机箱都统计为计算机产品,最后的统计资料会显示出这是同质产品的贸易。

(4) 政府干预导致的市场扭曲。比如国家间相互倾销的政策,就会使一国在进口的同时,为了占领其他国家的市场而出口同种产品,从而形成产业内贸易。此外,在存在出口退税、进口优惠时,国内企业为了与进口货物竞争,就不得不出口以得到退税,再进口以享受优惠,造成产业内贸易。

(5) 出于经济合作或特殊技术条件的需要。比如各国银行业、保险业"走出去、引进来"的情况。此时,这些国家也就进行了某些同质产品的交易。例如,我国吸引外国银行在华投资设立分支机构,却又在世界其他国家投资建立分行或相关机构。

上述同质产品的贸易只要加入运输成本等因素的分析,都仍能用赫—俄学说加以说明。

2) 差异产品的产业内贸易

差异产品又可以分成三种:水平差异产品、技术差异产品和垂直差异产品。这种同类的异质性产品可以满足不同消费心理、消费欲望和消费层次的消费需要,从而导致不同国家之间产业内贸易的产生与发展。不同类型的差异产品引起的产业内贸易也不相同,分别为水平差异产业内贸易、技术差异产业内贸易和垂直差异产业内贸易。

(1) 水平差异产业内贸易。水平差异是指由同类产品相同属性的不同组合而产生的差异。烟草、服装及化妆品等行业的产品普遍存在着这类差异。

(2) 技术差异产业内贸易。技术差异是指由于技术水平提高所带来的差异,也就是新产品的出现带来的差异。从技术的产品角度看,是产品的生命周期导致了产业内贸易的产生。技术先进的国家不断地开发新产品,技术后进的国家则主要生产那些技术已经成熟的产品,因此,在处于不同生命周期阶段的同类产品间产生了产业内贸易。

(3) 垂直差异产业内贸易。垂直差异就是产品在质量上的差异。汽车行业中普遍地存在着这种差异。为了占领市场,人们需要不断提高产品质量,但是,一个国家的消费者不能全部追求昂贵的高质量产品,而是因个人收入的差异存在不同的消费者需要不同档次的产品。为了满足不同层次的消费需求,高收入水平的国家就有可能进口中低档产品来满足国内低收入阶层的需求;同样,中低收入水平的国家也可能进口高档产品满足国内高收入阶层的需求,从而产生产业内贸易。

2. 规模经济论

规模经济论是以企业生产中的规模经济和世界市场的不完全竞争为基础,解释第二次世界大战后增长迅速的工业国之间和相同产业之间的贸易理论。该理论产生于 20 世纪 70 年代末,其代表人物是美国经济学家保罗·克鲁格曼。

传统贸易理论有两个基本假定前提:一是规模报酬不变,即投入和产出相应成比例增加。这意味着当厂商生产规模扩大时,单位生产成本仍保持不变。二是完全自由竞争的市场环境。在市场中有许多的买者和卖者,没有任何人能够左右市场,每个厂商都是价格的接受者。然而,这两个假定都经不起现实经济生活的考验。许多行业具有生产规模越大,生产效率越高的特征。同时,市场中也存在一定的垄断,存在少数厂商制定价格的情形。因此要剔除传统贸易理论中不合理的成分,放松对基本前提条件的假定。这就形成了规模经济贸易理论的两个特别的假设:一是企业生产具有规模经济;二是国际市场竞争是不完全竞争。

大规模的生产可以充分利用自然资源、交通运输及通讯设施等良好环境,提高厂房、设备的利用率和劳动生产率,从而达到降低成本的目的。20世纪70年代,格雷和戴维斯等人对发达国家之间的产业内贸易进行了实证研究,从中发现,产业内贸易主要发生在要素禀赋相似的国家,产生的原因是规模经济和产品差异之间的相互作用。这是因为,一方面,规模经济导致了各国产业内专业化的产生,从而使得以产业内专业化为基础的产业内贸易得以迅速发展;另一个方面,规模经济和产品差异之间有着密切的联系。正是由于规模经济的作用,使得生产同类产品的众多企业优胜劣汰,最后由一个或少数几个大型厂家垄断了某种产品的生产,这些企业逐渐成为出口商。

规模经济(Economies of Scale)是指在产出的某一范围内,平均成本随着产量的增加而递减。换言之,规模经济是指随着生产规模扩大,单位生产成本降低(即成本递减)而产生的生产效率提高(边际收益或报酬递增)。规模经济产生的原因主要有两个:一是能更好地利用交通运输、通信设施、金融机构、自然资源、水利、能源等良好的企业环境(即企业外部规模经济);二是能充分地发挥各种生产要素的效能,更好地组织企业内部分工和提高厂房、机器设备等固定设施的利用率(即企业内部规模经济)。因此,规模经济通常可分为内部规模经济(Internal Economies of Scale)和外部规模经济(External Economies of Scale)。内部规模经济指的是单位产品成本取决于单个厂商的规模而非行业规模;外部规模经济则指的是单位产品成本取决于行业规模而非单个厂商的规模。内部的规模经济和外部的规模经济对市场结构具有不同的影响,因此它与国际贸易模式的决定也可以分为两种情形。

1)内部规模经济与国际贸易

一般情况下,内部规模经济的实现依赖于一个产业或行业内的厂商自身规模的扩大和产出的增加。一个国家享有规模经济的优势,它的成本就是随着产量增加而减少,从而得到了生产的优势。这样它的产品在贸易活动中的竞争能力必然大大提高,占据贸易优势,取得贸易利益。具体来说,我们假设在参与国际贸易以前,垄断竞争企业面对的只是国内的需求,需求量有限。参与国际贸易后,外国需求增加,从而总需求增加,企业的生产相应扩张。在短期内,需求的突然扩张使得企业的平均成本比产品价格下降得更快,形成超额利润。超额利润会吸引更多的国内企业进入该行业。新进入的企业生产的产品对原有企业的产品具有很大的替代性,使得市场对原有企业的需求下降,所以长期内超额利润消失。不过,由于企业在贸易后面对更富有弹性的需求,使得其获得了更低的长期平均成本,从而获得了比较优势,形成贸易发生的基础。可见规模经济既是贸易形成的基础,同时贸易也推动规模经济的实现。

在规模经济较为重要的产业,国际贸易可以使消费者享受到比封闭经济条件下更多种类的产品。因为规模经济意味着在一国范围内企业只能生产有限的产品种类,如果允许进口,则在国内市场上就可以购买到更多种类的产品,这也是福利增加的表现。

对于研究和开发费用等成本支出较大的产业来说,规模经济更显得重要;如果没有国际贸易,这类产业就可能无法生存。研究和开发费用可以说是一种固定的成本费用,随着产量的增加,单位产品的固定成本降低。如果这种产品仅局限在国内市场上销售,则由于产量有限,单位产品的固定成本就较高,因而平均成本较高,厂商难以实现规模经济甚至无法收回投入的研究和开发费用。如果允许国际贸易,使产品在世界市场上销售,产量就会增加,厂商能够实现规模经济下的生产。

2) 外部规模经济与国际贸易

外部规模经济主要来源于行业内企业数量的增加所引起的产业规模的扩大。外部规模经济同样会带来该产业成本的降低。在外部规模经济下,由外部经济所带来的成本优势,能使该国成为商品出口国。或许出口产业的建立是偶然性的,但一国一旦建立起大于别国的生产规模,该国就会获得更多的成本优势。这样,即使其他国家更具有比较优势,如果该国已先行将产业发展到一定的规模,那么其他国家就不可能成为该产品的出口国。在外部规模经济存在的情形下,贸易模式并不能根据比较优势而加以确定,强烈的外部经济会巩固现有的贸易模式,可能导致一国被"锁定"在某种以无比较优势的专业化分工模式中,甚至可能导致该国因国际贸易而遭受损失。

在"规模经济"和"垄断竞争"的条件下,由于工业品的多样性,任何一国都不可能囊括一行业的全部产品,从而使国际分工和贸易成为必然。某国集中生产什么样的产品,没有固定的模式,既可以自由发展(自然形成),也可以协议分工。但发达国家之间工业产品"双向贸易"的基础是规模经济,而不是技术不同或资源配置不同所产生的比较优势。

可见,根据规模经济论,规模报酬递增(Increasing Returns to Scale)是产业内贸易的重要成因。对于这一点,西方经济学界有不同的看法,但是,大多数经济学家认为,规模经济能够解释产业内贸易的形成。他们指出,生产要素比例相近或相似国家之间能够进行有效的国际分工和获得贸易利益,其主要原因是其企业规模经济的差别。一国的企业可通过大规模专业化生产,取得规模节约的经济效果。这样,产业内部的分工和贸易也就形成了。例如,战后日本汽车、彩电进入美欧市场,就是有力的见证。但是,哈韦里逊(O. Havry Lyshyn)和赛文(E. Civan)在对62个发达国家和发展中国家的有关贸易数据进行回归分析后指出,国家的经济规模越大,规模经济的可能性也越大,但是一国的经济规模的大小对产业内贸易几乎没有影响。因为在这里,规模经济的重要性已经被经济规模较大国家的较强的自我供给能力所缩小了的贸易量而抵消。

3. 经济发展水平论

部分西方经济学家认为,经济发展水平越高,产业部门内异质性产品的生产规模也就越大,产业部门内部分工就越发达,从而形成异质性产品的供给市场。同时,经济发展水平越高,人均收入水平也越高,较高收入水平的消费者的需求会变得更加复杂、更加多样化,呈现出对异质性产品的强烈需求,从而形成异质性产品的需求市场,当两国之间人均收入水平趋于相等时,其需求结构也趋于接近,产业内贸易发展倾向就越强。林德认为,贸易国之间收入水平和国内需求结构越相似,相互贸易的倾向就越强。因此,经济发展水平是产业内贸易的重要因素。

此外,前述林德的需求偏好相似(或重叠)理论,主要从需求的角度分析国际贸易的原因,认为产业内贸易是由需求偏好相似导致的。

4.3.4 对产业内贸易理论的简要评价

产业内贸易理论是对传统贸易理论的批判,其假定更符合实际。如果产业内贸易的利益能够长期存在,说明自由竞争的市场是不存在的。因为其他厂商自由进入这一具有利益的行业将受到限制,因而不属于完全竞争的市场,而是属于不完全竞争的市场。另外,该理论不仅从供给方面进行了论述,而且从需求方面分析和论证了部分国际贸易现象产生的原因以及贸易格局的变化,说明了需求因素和供给因素一样是制约国际贸易的重要因素,这实际上是将李嘉图理论中贸易利益等于国家利益的隐含假设转化为供给者与需求者均可受益的假设。这一理论还认为,规模经济是当代经济重要的内容,它是各国都在追求的利益,而且将规模经济的利益作为产业内贸易利益的来源,这样的分析较为符合实际。此外,这一理论还论证了国际贸易的心理收益,即不同需求偏好的满足,同时又提出了产业间贸易与产业内贸易的概念,揭示了产业的国际分工和产业间国际分工的问题。

同其他理论一样,产业内贸易理论也有不足之处,只能说明现实中的部分贸易现象。其不合理的地方有如下几点:

(1) 虽然在政策建议上,该理论赞同动态化,但它使用的仍然是静态分析的方法,这一点与传统贸易理论是一样的。它虽然看到了需求差别和需求的多样化对国际贸易的静态影响,但是,它没有能够看到需求偏好以及产品差别是随着经济发展、收入增长、价格变动而不断发生变化的。

(2) 该理论似乎只能解释现实中的部分贸易现象而不能解释全部的贸易现象,这也是许多贸易理论的通病。

(3) 对产业内贸易发生的原因还应该从其他的角度予以说明。产业内贸易理论强调规模经济利益和产品差别以及需求偏好的多样化对国际贸易的影响无疑是正确的。但是,有些产品的生产和销售不存在规模收益递增的规律,对于这些产业的国际贸易问题,产业内贸易理论先人无法解释。

4.4 国家竞争优势理论

传统的 H-O 理论基本上是一个静态的理论体系,缺乏动态的眼光分析各国资源禀赋和比较优势。为了克服传统国际贸易理论的缺陷,一些经济学家开始在 H-O 理论的框架之外寻求新的贸易理论和贸易政策选择,这方面最有影响的理论是国家竞争优势理论。该理论的主要代表人物是美国哈佛大学教授迈克尔·波特(Michel E·Porter,1947~   )[①]。国家竞争优势理论与传统理论所描述的各国能按照比较优势参与国际分工并都能获益的模式与现实相距甚远。波特在《国家竞争优势》一书中,把他的国内竞争优势理论运用到国际竞争领域,提出了著名的国家竞争优势理论。

4.4.1 国家竞争优势理论的基本内容

1. 国家竞争优势的来源

波特研究该理论的逻辑顺序是:国家竞争优势取决于产业竞争优势,而产业

---

① 迈克尔·波特在20世纪80年代以来发表了著名的三部曲,即《竞争战略》(1980年)、《竞争优势》(1985年)、《国家竞争优势》(1990年),并经过实证研究,提出了国家竞争优势理论(The Theory of Competitive Advantage of Nations),使得对国际贸易的解释更具统一性和说服力,形成了一个新的理论框架雏形。

竞争优势又决定了企业竞争战略。他站在产业(中观)层次,从下而上,即从企业(微观)层面向上扩展到国家(宏观)层面上。这是对国际贸易研究方法的一种扩展,因为以往国际贸易理论的立足点大多侧重于贸易活动,即从贸易研究入手,把产业研究仅作为一个附属领域,而波特的研究视角则是从产业经济入手,再去探讨它对企业乃至国家对外贸易的决定作用。据此,波特指出,一国的竞争优势,就是企业、行业的竞争优势,也就是生产力发展水平上的优势。波特认为一国兴衰的根本在于能否在国际市场上取得竞争优势,而竞争优势形成的关键又在于能否使主导产业具有优势,优势产业的建立要靠提高生产效率,提高效率的源泉在于企业是否具有创新机制和创新能力。波特从微观、中观和宏观三个层面对创新机制作了阐述。

1) 微观竞争机制

国家竞争优势的基础是其企业内部的活力。企业缺乏活力不思进取、不想创新,国家整体竞争优势就如无源之水。企业经济活动的根本目的在于使其产品的最终价值增值,而增值要通过研究、开发、生产、销售、服务等环节才能实现。这就要求企业重视各个环节的改进和协调,在加强管理、研究开发、提高产品质量、降低成本等方面实行全面改革。以迅速适应市场变化的需要,加快产品更新换代,提高竞争能力。

2) 中观竞争机制

中观层次的分析从企业转向产业、区域等范畴。从产业看,单个企业最终产品的价值增值不仅取决于企业内部要素,而且依赖于企业的前向、后向和旁侧关联产业的辅助与支持;从空间看,各企业为获得理想的利润和长期的发展,就要在制定空间战略时,合理分布企业的各个部门,如把企业的研究开发部门设置在交通方便、信息灵通的大城市,而将生产部门转移到劳动力成本低廉的地区,以起到充分利用空间因素即价值链的空间差,达到降低成本、提高应变能力之功效。

3) 宏观竞争机制

国家竞争优势并非个别企业、产业竞争优势的简单加总。国家整体竞争优势的获得取决于四个基本因素和两个辅助因素的综合作用。其中,生产要素、需求因素、相关和支持产业以及企业战略、组织结构、竞争状态等"四要素"环境是产业国际竞争力的最重要来源。

2. 国家竞争优势的影响因素

波特在他的"国家竞争优势四要素"模型(因为其形状犹如一个菱形,所以人们称之为"波特菱形")中详细分析了四要素对产业国际竞争优势的影响。如图 4.2 所示。

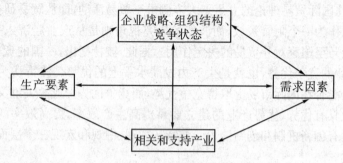

图 4.2　国家竞争优势的决定因素

资料来源：Michel E. Porter. The Competition Advantage of National[M]. Harvard Business Review. March-April 1990:72.

(1) 生产要素。波特把生产要素分为初级生产要素和高级生产要素两种。初级生产要素又称基本要素(basic factors)，包括天然资源、气候、地理位置、非技术人工和半技术人工等，这些要素是一国先天拥有或较易得到的要素，是被动继承或是仅需要简单的私人及社会投资就能拥有的。这与比较优势论中的外生性生产要素概念基本是一致的。高级生产要素又称高等要素(Advanced Factors)，通常是指必须经过长期投资和培育才能创造出来的，包括现代化电信网络、高质量的人力资本、高精尖技术等，它们是比较优势论中的内生性生产要素，如信息、人力技能、技术、研发的载体或创造者。波特进一步指出，除了在天然产品或农业为主的产业以及对技能要求不高或技术已经普及的产业，初级生产要素的重要性已经越来越低。一个国家想要通过生产要素建立起产业的强大且持久的竞争优势，则必须发展高级生产要素。但同时，初级生产要素的数量与素质又是创造高级生产要素所不能缺少的基础。可见，竞争优势论的生产要素观不仅整合了比较优势论中的众多要素理论，而且其就两类生产要素的相对地位与相互关系的论述更是对要素理论的进一步完善。波特还认为："生产要素优势有它重要的动力特征，像知识、科学或产品改善等高级生产要素的标准就是持续发展的"，"生产要素如果不能持续升级和专业化，它对竞争优势的价值就会越来越低"。因此，他主张政府、企业、行业协会和个人应共同对高级生产要素进行持续性的投资，刺激其发展。竞争优势论强调对生产要素进行动态地开发和升级以获得持续性的竞争优势，这和比较优势论中的动态理论不谋而合。

(2) 需求因素。一般来说,企业的投资、生产和市场销售首先是从本国的需求来考虑的,根据本国需求出发建立起来的生产方式、组织结构和营销策略是否有利于企业进行国际竞争,是企业是否具有国际竞争力的重要影响因素。波特认为,国内市场的需求会刺激企业的改进和创新,是产业发展的原动力,同时,内需市场的大小对企业能否形成规模经济有着重要的影响。更重要的是,如果本国消费者需求标准高且很"挑剔",则会促使企业努力改进产品质量和服务,从而有利于提高企业的竞争能力。这些观点与林德的代表性需求理论是完全一致的。林德的理论进一步通过国家间存在需求结构的相似性来解释发达国家间的水平贸易现象。但波特认为,这样的解释尚无法说明偏好相似的国家间贸易的流向。他指出,即便是需求结构相似的国家,仍然存在着各自特有的需求特点,而正是这些需求的差异之处使不同国家在不同产品或产业上具备了竞争优势[1]。

(3) 相关和支持产业。波特认为,优势工业的发展或竞争力的增强需要相关产业的支持,如果一国对其高级要素的供应产业加以投资的话,所取得的利益往往会扩展到优势工业本身,促进其国际竞争力的发展。即比较优势工业的发展和培育不应是独立的,需要有相关联产业的支持。其主要原因是:第一,有可能发挥群体优势;第二,可能产生对互补产品的需求拉动;第三,可能构成有利的外在经济和信息环境。可见,是否具有发达而完善的相关产业,不仅关系到主导产业能否降低产品成本、提高产品质量,从而建立起自己的优势;更为重要的是,它们与主导产业在地域范围上的临近,将使得企业相互之间频繁而迅速地传递产品信息、交流创新思路成为可能,从而极大地促进企业的技术升级,形成良性互动的既竞争又合作的环境。

(4) 企业战略、组织结构及竞争程度。波特认为,良好的企业管理体制的选择,不仅与企业的内部条件和所处产业的性质有关,而且还取决于企业所面临的外部环境。可见,各种竞争优势能否被恰当匹配在企业中,很大程度上取决于国内环境的影响。一个国家的国内竞争环境对该国企业的国际竞争力影响很大,强大的本地本国竞争对手是企业竞争机制产生并得以长期保持的最强有力的刺激,凡经历过国内激烈竞争洗礼的企业也同样能获得国际生存能力。正是因为国内竞争对手的存在,会直接削弱企业相对于国外竞争对手所可能享有的一些优势,从而促使企业努力去苦练内功,争取更为持久更为独特的优势地位;同时也正因为国内激烈的竞争,迫使企业向外扩张,力求更多地占领国际市场。

---

[1] 波特曾举瑞典为例,该国的发电厂集中在南部,而能源密集型产业集中于北部,这种独特的内需市场的特点使得瑞典在远距离高压电传输设备中领先全球。

此外，一国所面临的机遇和政府所起的作用，对国家整体竞争优势的形成，也具有辅助作用。机遇包括重要发明、技术突破、生产要素供求状况的重大变动（如石油危机）以及其他突发事件（如战争、自然灾害等），常常会消除已有竞争者所建立起来的竞争优势，并为在新的条件下某国的公司取而代之和赢得新的竞争优势创造条件。政府因素是指政府通过政策调节来创造竞争优势。具体而言，政府在国家竞争优势中的真正作用在于影响四个基本因素，即可以对这四者之中的每一个因素施加积极或消极的影响，从而对产生竞争优势的过程施加积极的或消极的影响。波特认为以上影响竞争的因素共同发生作用，促进或阻碍一个国家竞争优势的形成。因此，波特主张政府应当在经济发展中起催化和激发企业创造能力的作用。政府政策和行为成功的要旨在于为企业创造一个宽松、公平的竞争环境。

上述所有这些因素组合成一个类似"钻石圈"的系统，以整合的方式对国家竞争优势的形成发挥作用。国家竞争优势本身也具有系统性，不同产业可依靠产业间联系和空间上的集聚以形成特定的优势。

3. 国家经济发展的四个阶段

波特认为，国家经济发展可分为四个阶段，即生产要素导向阶段、投资导向阶段、创新导向阶段和富裕导向阶段，其中前三个阶段是国家竞争优势发展的主要力量，通常会带来经济上的繁荣，第四个阶段则是经济上的转折点，有可能因此而走下坡。

（1）要素导向阶段。在经济发展的最初阶段，几乎所有的成功产业都是依赖基本生产要素。这些基本生产要素可能是天然资源，或是适合作物生长的自然环境，或是不匮乏且又廉价的一般劳工。这个阶段中的钻石体系，只有生产要素具有优势。在这种条件下，只有具备相关资源的企业才有资格进军国际市场。

（2）投资导向阶段。在这一阶段中，国家竞争优势的确立以国家和企业的投资意愿和投资能力为基础，并且越来越多的产业开始拥有不同程度的国际竞争力。企业有能力对引进的技术实行消化、吸收和升级，是一国达到投资导向阶段的关键所在，也是区别要素导向阶段与投资导向阶段的标志。

（3）创新导向阶段。在这一阶段，企业在应用并改进技术的基础上，开始具备独立的技术开发能力。技术创新成为提高国家竞争力的主要因素。处于创新导向阶段的产业，在生产技术、营销能力等方面居领先地位。有利的需求条件、供给基础及本国相关产业的发展，使企业有能力进行不断的技术创新。在重要的产业群中开始出现世界水平的辅助行业，相关产业的竞争力也不断提高。

（4）富裕导向阶段。在这一阶段，国家竞争优势的基础是已有的财富。企业进行实业投资的动机逐渐减弱,金融投资的比重开始上升。部分企业试图通过影响和操纵国家政策来维持原有的地位。大量的企业兼并和收购现象是进入富裕导向阶段的重要迹象,反映了各行业希望减少内部竞争以增强稳定性的愿望。

4.4.2 国际竞争优势理论与比较优势理论的区别与联系

李嘉图的比较成本学说奠定了近代国际分工和国际贸易理论的基础。而波特提出的国家竞争优势理论,是对比较优势理论的超越,二者比较,有以下不同:

(1) 理论前提不同。比较优势理论以完全竞争市场作为理论前提;竞争优势理论则以不完全竞争市场作为理论前提,后者比前者更符合当前的现实。

(2) 研究角度不同。比较优势理论从全球角度考虑,认为一个国家只要按照比较成本原则分工,就会增加自身福利,并提高世界范围的生产效率和资源配置水平;竞争优势理论从国家角度出发,考虑怎样才能使一国在贸易活动中得到的福利更多一些,生产效率提高得更快一些,在国际分工中占据更加有利的地位。

(3) 研究范围不同。比较优势理论只考虑某些产品或产业的国际竞争能力,而且主要是对其成本即价格的竞争能力进行比较;竞争优势理论则是将一国的国际竞争能力即生产力发展水平与他国进行比较,而且它除了考虑现实情况之外,还要考虑潜在的利益对比。

(4) 理论性质不同。比较优势是相对性的概念,一国在某些方面具有比较优势,在另一些方面必具有比较劣势。这种理论的逻辑结果是,任何国家都应安于、保持现状。因为这样可以在付出最小代价的情况下使本国获利。竞争优势是绝对性的概念,一国或者处于竞争优势,或者处于竞争劣势,界限相当清楚,没有半点含糊。任何国家都必须付出极大的努力,才能使自己取得或保持竞争优势。

(5) 优势成因不同。比较优势理论认为,比较优势主要取决于一国的初始条件——来自自然或历史原因。比如,一国由于历史原因而经济落后、开发不足、技术低下,按照比较优势理论分工,只能生产和出口矿产品、农产品,在国际分工中处于较低层次;而竞争优势理论认为,竞争优势主要取决于一国的创新机制,取决于企业的后天努力和进取精神,只要敢于创新、积极竞争,一个后进的国家也有可能成为有竞争优势的国家。

虽然比较优势与竞争优势存在着根本区别,但两者之间也有着非常密切的关系:比较优势是竞争优势的基础,一国在生产要素方面的比较优势有利于它去建立国际竞争优势,而一国的国际竞争优势的建立有利于获得持久的比较利益。比较优势并不必然等同于竞争优势,但比较优势可随着生产要素的动态变化转化为竞争优势。

4.4.3 对国家竞争优势理论的简要评价

综上所述,我们不难看出,波特的国家竞争优势理论,是对传统的国际贸易理论的一个超越,以竞争优势为出发点的国际贸易和产业政策比比较优势更具有战略眼光,也比较接近当代国际贸易的现实。波特第一次明确地论述了国家竞争优势的确切内涵。他关于竞争优势来源的论述(即国家竞争优势形成的基础在于主导产业优势的建立),以及关于取得或保持竞争优势途径(即产业优势的建立又在于不断进取的创新机制和充分的创新能力)的探讨等观点,对任何一个国家、行业和企业都具有特别重要的借鉴意义。此外,该理论还重视各国生产力的动态变化,强调主观努力在赢得优势地位中的重要作用。

但是该理论也存在着一些局限性。这主要表现在三个方面,一是在产业的选择上,竞争优势中的产业选择是基于已经存在的产业而言的,是对已结构化或未完全结构化产业进行的选择,这样使企业在所选择的产业中取得领先地位是相当困难的。在一个已结构化的产业中,企业生存发展的空间十分有限。因为产业结构化程度越高,产业内的竞争强度就越大,企业选择的余地(即竞争空间)就越小,且边际产出递减。二是其理论没有多少实质性新意,逻辑性也不是很强。波特的竞争优势理论尽管研究的角度新、理论框架较为完整,但基本上是一般经济学原理的重新组合,实质性新意不多,逻辑性也不是很强,比如,波特的注意力都集中在探讨成本、质量、顾客服务、营销等竞争优势上,而对企业"为什么"的问题反而忽略了,即:为什么有些企业能不断开创新局面而有些企业却停滞不前。三是波特的竞争优势理论过多地强调了企业和市场的作用,而对政府在当代国际贸易中所扮演的角色的重要性认识不足,仅把政府的作用作为一个辅助的因素,认为政府的作用主要是为企业提供一个公平竞争的外部环境。而实际上,国家竞争优势的四个主要因素,如果没有政府的干预,可能要经历很长的时期才能孕育成熟。例如,生产要素中的高级要素的培育,仅靠企业自己是难以完成的,这样就会导致原来处于劣势的国家永远处于劣势,原来处于优势的国家永远处于优势;就国内需求而言,如果国内市场得不到适当保护,国内企业没有能力与国外企业竞争,更不可能提高国内企业的竞争能力;就相关产业和支撑产业而言,也需要政府产业政策的支持来促进其发展,才能进一步推动主导产业的发展。

第4章 战后自由贸易理论

4.5 新兴古典贸易理论

新兴古典经济学是20世纪80年代以来由杨小凯①等人创立的新的经济学流派。新兴古典经济学放弃了新古典经济学中生产者和消费者两分的假设,引入了专业化经济和交易费用②作为核心概念,运用超边际分析方法③,将古典经济学中最有价值的分工思想形式化,并在新的框架中,将现代经济理论进行重新组织,对各种微观和宏观经济现象做出解释。该学派认为,各种经济现象都是劳动分工的内生演进引起的,贸易作为劳动分工的一个侧面,也可以从分工角度进行解释。新兴古典经济学在新的框架下,对传统的贸易理论进行重新思考,并以新框架为依托,对贸易理论的基本问题给出新的解释,创立了新兴古典贸易理论,又称"内生贸易理论"或"内生比较优势理论"。

4.5.1 新兴古典贸易理论概述

新兴古典贸易理论认为无论国内贸易还是国际贸易都是折中专业化经济与节省交易费用之间两难冲突的结果。即使所有人(既是消费者,又是生产者)都天生相同,没有外生比较优势,只要存在专业化经济,每个人选择不同专业后都会产生内生比较优势。

杨小凯以事前和事后的生产率差别把比较优势区分为内生比较优势

---

① 杨小凯(1948~2004),原名杨曦光,澳大利亚人,著名华裔经济学家。1988年获普林斯顿大学经济学博士学位,曾任哈佛大学国际发展中心(CID)研究员、澳大利亚莫纳什大学经济学讲座教授、澳大利亚社会科学院院士。主要研究领域:数理经济学、国际贸易与经济增长、经济增长、微观经济学、制度经济学、产业组织理论等。他最突出的贡献是提出新兴古典经济学与超边际分析方法和理论,曾经被两次提名诺贝尔经济学奖(2002年和2003年)。

② 交易费用又称交易成本(Transaction Costs),是由诺贝尔经济学奖得主科斯(R. H. Coase,1910~2013)在其发表的一篇论文——《公司的本质》(The Nature of the Firm,1937)中所提出。它是一个经济学的概念,其基本含义是指完成一笔交易时,交易双方在买卖前后所产生的各种与此交易相关的成本。

③ 超边际分析方法是杨小凯提出,它是新兴古典经济学研究的一种分析方法。现代主流经济学教科书上的以边际效用和边际生产力为基础的分析方法就是边际分析。杨小凯认为,边际分析无法解决分工的问题,于是引入超边际分析。简单地说,超边际分析(Inframarginal Analysis)就是将产品的种类、厂商的数量和交易费用等纳入分析框架的分析方法。

(Endogenous Comparative Advantage)和外生比较优势(Exogenous Comparative Advantage)。他认为,内生比较优势是由对生产方式和专业化水平的事后选择产生的,这种内生比较和绝对优势有可能在天生生产条件完全相同的国家之间产生。或者说由于选择不同专业方向的决策造成的事后生产率差别称作内生比较优势。可见,这里所谓的内生比较优势,是指比较优势可以通过后天的专业化学习或通过技术创新与经验积累人为创造出来,它强调的是比较优势的内生性和动态性。而外生比较优势则是指由于天生条件的差别产生的一种特别的贸易好处,它是以外生给定的技术和禀赋差异为基础的比较优势,即外生比较优势是由事前的差别引起的。杨小凯认为专业化分工导致人力资本与知识的积累,从而产生内生比较优势。

然而,生产专业化与消费多样化之间存在矛盾,只有通过贸易才能解决。而贸易又产生交易费用,当交易费用大于每个人的专业化经济时,贸易不能产生,在多样化需要的强制下,每个人只能回到自给自足状态。贸易产生的经济条件是分工经济大于交易费用,这时每个人就可以选择不同的专业,并通过贸易来满足多样化的需要,贸易便产生了。随着交易效率的不断提高,贸易由地区贸易发展为国内贸易,进而国际贸易;如果存在多样化消费的好处,交易效率的改进会导致商品种类数的增加。一个社会的专业化程度、结构多样性、贸易依存度、商品化程度、经济一体化程度、生产集中度等组织结构问题都可以由此说明。

4.5.2 新兴古典贸易理论的基本内容①

新兴古典经济学弥补了新古典经济学框架的重要缺陷,从每个个体既是消费者同时又是生产者的现实出发,分析个体的决策过程及其结果。基于个体是"消费—生产者"的新框架更适合国家层次上对单个国家的分析,新兴古典经济学把对个体之间分工和贸易的分析用于分析国际分工和国际贸易,用分工经济和交易费用的两难冲突及其折中解决的个体专业化决策思路重新考察了国际贸易理论,用分工演进模型对贸易理论的基本问题给出了新的解释,构成了新兴古典贸易理论的主要内容。

1. 关于贸易的原因

在新兴古典经济学中,贸易是个体专业化决策和社会分工所带来的直接结

---

① 参见:李俊江,侯蕾. 新兴古典贸易理论述评[J]. 江汉论坛,2006(9):30~33.

果,贸易的原因是分工和专业化引发和强化的内生优势。新兴古典贸易理论模型假定每个人的人生相同,不存在先天差别。换言之,每个人的天生条件可能相同,人们之间不一定有与生俱来的差别,在社会分工中,各人后天选择了不同的专业才产生了同种产品的生产率的差别和某一方面的优势,从而形成了贸易的基础。而且这种优势与社会分工水平互相促进。分工和专业化带来了各人之间在某种产品上的生产率的差别,形成生产成本的优势,而这种差别和优势又会进一步促进和强化分工,从而进一步强化差别和优势。可见,新兴古典贸易理论中的贸易优势是后天获得并且具有自我强化的性质,是一种内生优势。但仅有生产方面的内生优势并不是开展贸易的充分条件,还要同时考虑其相对面——交易效率的高低。新兴古典贸易理论认为,贸易的开展取决于一种综合优势,既要考虑生产上的内生优势或劣势,也要考虑交易效率优势或劣势,要取决于二者的相对关系,即内生的生产率和交易效率的综合比较优势。

2. 关于贸易的结果

在新兴古典经济学框架中,分工和贸易同时产生,贸易是专业化生产和多样化消费这一矛盾的解决方式,贸易的结果本质上是分工的结果。分工使个体的自给率降低,每个人生产的产品种类数更少而相互交换的产品种类更多,产品生产的集中程度和个体的贸易依存度提高。贸易品种类的增加意味着市场种类的增加和社会商业化程度的提高,每个人对他人的依赖程度加强。随着分工的深化,个体的生产结构差别越来越大,经济结构则由自给自足时的单一结构趋于多样化。经济由自给自足时的互不往来,到局部分工时的市场分割,最后发展到完全分工时的市场一体化,市场从无到有,一体化程度逐步提高。所以,分工和贸易的直接结果是提高了个体的贸易依存度、产品生产的集中程度、社会的商业化程度、经济结构的多样化程度和市场的一体化程度。而且分工减少了每个人必需的学习时间和费用,提高了专业化水平,促进了生产率的提高,使得人力可以用于新的专业产品的生产。在高水平的分工模式中,不同的人可以通过专业化生产不同的产品而增加不同的专业种类数,因此分工和贸易还促进了产品种类的增加。

3. 国内贸易向国际贸易的发展问题

新兴古典贸易理论最重要的特点在于该理论能够揭示国内贸易为何和如何发展到国际贸易。新兴古典贸易理论这一解释源于该理论依托的经济学框架。新兴古典经济学与主流经济学的不同就在于其前提中摒弃了新古典经济学生产者和消费者两分的假设,从消费—生产者个体开始分析,认为一切经济现象都可

国际贸易:理论与政策

以用个体权衡专业化经济和交易费用的两难冲突决策进行统一的解释。国内贸易的产生是二者作用的结果,同样的原因也可以解释国内贸易向国际贸易的延伸。每个消费者同时是生产者,当交易效率很低时,人们自给自足,没有交换和贸易产生。随着交易效率的提高,首先出现一些地方性市场,但尚不需要统一的国内市场。随着交易效率的进一步提高,各分割的地方性市场逐渐形成统一的国内市场。同样的理由,当交易效率提高,分工进一步深化到可以突破国内市场规模的限制时,国际贸易就产生了。对于一个国家而言,消费—生产者的假设非常贴切,因此,将个体决策过程应用到分析国家的经济行为也同样有解释力。只要国家之间分工的好处超过了国际贸易带来的交易费用,各国就会选择专业化生产并与他国交换,贸易也就由国内贸易发展到了国际贸易阶段。国际贸易之所以在国内贸易之后产生,原因就在于国际贸易较国内贸易有额外的交易费用。

4. 贸易政策内生化问题

新兴古典贸易理论不但解决了传统贸易理论的基本问题,同时将贸易政策的选择在模型中内生化。新兴古典经济学把交易成本和内生比较优势概念引入李嘉图模型,证明政府的贸易政策体制、分工的均衡网络规模与整个经济的生产力是相互依赖的,均衡的贸易政策和国际分工水平密切相关。

分工演进模型表明,随着交易效率的改进,经济结构的一般均衡会不连续地从自给自足跳到部分劳动分工继而跳到完全分工。在部分劳动分工的情形下,交易效率较低的国家分工水平比交易效率高的国家要低,在参与国际分工后,国际贸易中的贸易条件更有利于分工水平更高的国家,这些国家更倾向于采取单边自由贸易政策。而分工水平落后国从贸易中获利甚微,因此,落后国试图通过关税手段来改变贸易品的相对价格以获得较多的贸易好处。随着交易效率的进一步改进,一般均衡会从低水平的分工状态非连续地跳到高水平的分工状态。这时贸易品的相对价格不再由任一国的国内生产条件决定,而由两国的生产条件和消费偏好共同决定。每个国家都可以通过关税手段来争取更多的分工利益,由此可能引发关税战从而使分工的好处全部消耗。在这种情况下,两国都有意愿参加纳什关税谈判,谈判的结果是双边自由贸易。这一分析,一方面解释了单个国家在经济发展过程中贸易政策的选择问题(即从单方保护转向双边关税谈判到最终参与双边或多边自由贸易的转变),而且能够解释世界范围内,在经济发展过渡期贸易政策的二元结构问题(即发达国家追求单方自由贸易,而发展中国家追求单方贸易保护),也揭示了在经济发展的成熟期,通过多边关税谈判形成多边自由贸易的局面。

基于上述分析,在政策主张上,新兴古典经济学派认为,一国在经济发展的不同阶段应该通过分工的自发演进来确定贸易模式。政府应该致力于通过谈判实现多边自由贸易,削减关税和非关税壁垒,降低交易费用,以促进劳动分工的扩张和深化,带来更大的生产率收益。也正是从这个意义上看,"新兴古典超边际分析甚至比边际分析更支持自由贸易政策。"①

5. 贸易与经济发展问题

贸易与经济发展的关系问题也是传统贸易理论中经常涉猎的问题。与传统结论不同的是,在新兴古典贸易理论中,贸易与经济发展的关系不是遵循互为条件、相互作用的机制,而是作为分工的不同侧面相伴而生,二者都是分工产生和深化的结果。分工引起了贸易,同时也是分工带来的生产率的增加促进了经济发展。内生比较优势随着分工的演进会带来一国贸易结构和格局的动态变化,并且带来经济持续增长的可能性。新兴古典贸易理论新的研究成果,还考察了一国特别是发展中国家参与国际分工开展国际贸易对一国国内和国家之间二元经济结构和收入分配的影响。

4.5.3 新兴古典贸易理论的简要评价

总体看来,与传统的贸易理论相比,新兴古典贸易理论的创新优势体现在:

(1)新兴古典贸易理论是内生动态比较优势模型。新兴古典贸易模型不仅将贸易原因内生化,还同时考察了分工演变的不同侧面,将产品种类、商业化程度、市场一体化程度、一国卷入贸易的程度、经济结构、收入分配、贸易政策等问题同时在模型中给出解释,把内生性贯彻到底。同时,模型中的内生比较利益会随分工的发展而不断被创造和增进,因此新兴古典贸易理论模型是动态优势模型。

(2)新兴古典贸易理论是理论和政策统一的模型。传统的贸易理论分为纯理论和政策理论。国际贸易纯理论论证贸易利益的存在,之后再结合政策制定的政治经济学分析,对各国贸易政策选择做出说明。而新兴古典贸易模型则既解释了贸易理论的基本问题,也说明了一国贸易政策的选择和演变。

(3)新兴古典贸易理论是国内贸易和国际贸易统一的模型。新兴古典经济学的理论框架中贸易的原因和基础的创造在国内和国际都以相同的方式起作用,理论上能够对国内贸易和国际贸易给出统一的解释,并能解释从国内贸易到国际

---

① 杨小凯,张永生.新贸易理论、比较利益理论及其经验研究的新成果:文献综述[J].经济学季刊,2001(1):4~8.

贸易的演变。因此,新兴古典贸易理论是国内国际统一的"贸易理论",而不只是"国际贸易理论"。

(4)新兴古典贸易理论是能够整合各种贸易理论的模型。新兴古典贸易理论重新阐释了绝对优势、比较优势等贸易理论中的核心概念,运用新兴古典经济学框架中的超边际分析方法,引入交易费用,对贸易问题进行重新解释,在一定程度上将各种贸易理论整合到统一的框架下,与以往的贸易理论相比,其解释力和包容性更强。

新兴古典贸易理论也存在缺陷,其最重要的缺陷在于贸易模式不确定。新兴古典贸易理论只能说明个人应交换那些专业化程度较高、交易条件较好的产品,但是哪个人或哪个国家买卖哪种商品是不确定的。"交易费用的大小决定了是否分工及分工水平的高低,但是不能决定如何分工,不能确定哪一国家生产何种产品的分工方式,交易效率的高低无法确定某个国家出口何种产品、进口何种产品的贸易结构。"①这也是以"生而相同"为前提的内生比较优势理论的一个显著缺陷。

此外,该理论的缺陷还有:第一,为达到数学上的严谨和理论上的完美,新兴古典贸易理论做出了一些较强的假定。第二,关于劳动分工演进的许多数据口径无法从现有的统计资料中获得,实证分析困难。第三,虽能解释国内贸易向国际贸易的转变,但这是对国际贸易观察的反推结论,正如杨小凯所说"不是经验观察为理论研究提供基础,而是理论研究决定我们可观察到什么"。因此,该理论对于实际经济问题可能缺乏足够的解释力②。

4.6　新新贸易理论简介③

新新贸易理论(New-new trade theory)的概念最先是由 Baldwin 于 2004 年提出,而最早研究新新贸易理论的代表应属马尔科·梅里兹(Marc J. Melitz)

---

① 鞠建东,林毅夫,王勇. 要素禀赋、专业化分工、贸易的理论与实证:与杨小凯、张永生商榷[J]. 经济学季刊,2004(1):28～32.

② 彭徽. 国际贸易理论的演进逻辑:贸易动因、贸易结构和贸易结果[J]. 国际贸易问题,2012(2):174～175.

③ 新新贸易理论是近年来国际贸易研究者"圈内"的一个提法,相关内容至今还在进一步探索和研究中,这里仅作简要介绍和阐述。

(2003)、Antras(2003)以及 Bernard 等(2003)。该理论以微观的企业为研究对象,研究企业的全球生产组织行为和贸易、投资行为。其最突出的特征在于假设企业是异质的,即企业是存在差别的,而不是像先前贸易理论那样假设企业同质性,只是外在的市场结构差异影响到企业行为,而其异质性主要体现在生产率差异。该理论中,将企业生产率差异纳入新贸易理论,并以此分析企业商业模式选择,称为异质企业贸易模型,又被称为异质性企业贸易理论;新新贸易理论的另一派则以 Antras(2003)为代表,将新制度经济学的不完全契约思想纳入一体化和外包的商业模式选择,称为企业内边界理论。这里,主要介绍异质性企业贸易理论。

4.6.1 异质性企业贸易理论简介

从传统贸易理论到新新贸易理论,研究视角上的一个重大转变就在于研究的重点和前沿已经从国家和产业的层面转移到企业和产品的层面。传统贸易理论认为各个国家的要素禀赋差异和各自产业的技术差别形成了自身的比较优势,从而成为国际贸易的动因。20 世纪 70 年代末,以 Krugman 为代表的学者们提出了新的贸易思想,即规模经济和不完全竞争可以成为国际贸易产生的独立动因。然而,这两种贸易理论有一个共同的假设,即企业是同质的。进入 20 世纪 90 年代,企业作为国际贸易的行为主体,其自身的特质越来越受到学术界的关注。现实中,企业之间的差异十分显著,同质化企业的假设显然越来越不能符合实际。研究的视角转移到企业差异性的层面,继而产生了异质性企业贸易理论(Theory of Heterogeneity Firm Trade)。

纵观近年来国际贸易理论的研究成果,可以说异质性企业贸易理论是国际贸易的理论前沿,其最重要的创新是将企业异质性引入原有模型框架,从微观企业行为视角重新分析和解释国际贸易与投资以及跨国企业全球组织生产的抉择。这一理论出现与发展,更好地解释了企业进入海外市场的方式,特别是可以解释是贸易还是投资的选择,以及对外直接投资与外包。

1. 企业异质性的基本含义

以克鲁格曼的规模经济理论为代表的新贸易理论在研究时均以产业作为研究对象,认为企业都是同质的,而忽视了对企业异质的研究,企业内在的规模经济理论也只是表明在企业从建立到扩大规模的过程中有一段边际成本是递减的,由此带来整体利润的上涨。而 20 世纪 90 年代中期,Bernard 和 Jensen 通过对美国出口企业和非出口企业进行对比研究发现,与非出口企业相比,美国的出口企业有很大不同,表现为出口企业的规模都相当大,生产率更高,企业家支付较高的工资,使用更熟练的技术工人,企业更具备技术密集型和资本密集型特征,这一研究开辟了国际贸易理论研究的新篇章,"异质企业"很快引起了更多学者的关注和研究,随后多位学者通过对美国、德国、哥伦比亚、墨西哥、摩洛哥、中国台湾、西班牙、加拿大、法国企业的实证研究表明:无论上述哪个国家或地区,都只有很小一部分企业从事出口,而且出口企业与非出口企业相比,通常规模较大,生产率较高。这些差异被称为是"企业的异质性(firm heterogeneity)"。

现实世界中,个体企业存在特性差异是一个不争的事实。福斯特和梅特卡夫(John Foster and J. Stanley Metcalfe)(2005)指出,从经济学一般理论角度看,异质性表示所考察对象之间的差异化程度,不论是家庭、厂商、部门还是地区或者国家,都会因为他们在产品消费或生产、生产方式选择、创新活动和组织环境上所做出的决策,形成其努力、行为和成功方面的差异。因此,无论从经济增长理论假设的现实性角度,还是从探究经济增长的微观机制来说,企业异质性是一个基准概念①。

根据国内学者杨瑞龙、刘刚(2002)的研究②,企业异质性的基本内涵为:首先,企业是一个历史的不断内生成长和演化的有机体,企业在成长中所积累的核心知识和能力是独特的和有价值的。其次,企业的核心知识和能力作为企业的关键性生产要素是非竞争性和难以模仿与替代的,既无法通过市场公开定价来获得,又使其他企业的模仿和替代行为面临成本约束。在企业异质性假设基础上,企业通过核心知识和能力的积累及其相应的竞争行为或战略获得持续的竞争优势或超额利润,企业的利润或竞争优势是内生的。

总之,企业异质性主要表现为企业(或工厂)生产率、产品质量以及工人技能方面的差异,而当前对这种差异性的研究主要集中于贸易自由化对于产业内部结构变化所产生的重要影响上。贸易自由化可以促使企业"质量"提升,这里的"质量"主要指企业生产率或产品质量。在贸易自由化条件下,由于企业进入出口市场需要支付一定的固定成本,而通常只有生产率较高的企业才能承担出口进入固定成本,因此,企业特性差异会造成企业出口决策的差异,具体表现为:有些企业进入出口市场,而有些企业则只在国内市场上销售其产品,这就形成了国际贸易

---

① 宋德勇,许广月. 演化理论视角下现代经济增长理论的批判与重建[M]. 经济学家,2009(1).

② 杨瑞龙,刘刚. 企业的异质性假设和企业竞争优势的内生性分析[M]. 中国工业经济,2002(1).

中的企业异质性。因此,所谓国际贸易中的企业异质性,就是指出口企业与非出口企业在一系列企业特性上的差异,以及由此所引发的关于出口与企业生产率之间因果关系的探讨。由此,国际贸易中的企业异质性和出口进入沉没成本是在企业异质性视野下研究贸易自由化与生产率增长的两个关键要素。

2. 关于国际贸易的动因及影响

企业异质性贸易理论者从微观层面来考察企业的差异与国际贸易行为之间存在的关系,重新阐释了国际贸易的动因和福利影响。

在研究国际贸易的起因及其影响时,早期的经济学家们大多强调的是比较优势、规模报酬递增以及消费者偏好的多样性,但是却很少关注现实中直接从事贸易的企业。事实上,国际贸易是一种相对稀少的企业行为,出口又高度集中于某些类型的企业。例如,2000年,在美国从事经营活动的550万家企业中,出口企业仅占4%,其中,就价值而言,1%的最大贸易企业占据了美国总贸易价值量的80%以上,而位于前10%的出口商的出口数量就占据了美国出口总量的96%。[①]

20世纪90年代中期以来,大量的经验研究显示:出口与企业生产率增长之间存在着必然的联系,而"自选择机制"和"出口中学"成为解释这种因果关系的两个重要假说。

首先,沉没成本[②]和企业异质性的存在构成了"自选择假说"的基础。众所周知,企业进入出口市场会产生一定的沉没成本,如市场搜寻、消费者信息的收集、现有商品的适应性改进、国外新的销售网络的建立等等。Clerides et al. (1998)认为,拥有较低边际成本的高生产率企业可以从出口生产中获得更加丰厚的总利润。但是并非所有的企业都能出口。只有那些收益高的足以抵补沉没成本的企业才愿意出口。可见。只有当企业已经达到某一必要的生产率临界值时,它们才有能力克服进入海外市场的出口壁垒,这时它们才会考虑出口。因此,高生产率

---

① 参见:柴忠东,施慧家. 新新贸易理论"新"在何处——异质性企业贸易理论剖析[J]. 国际经贸探索,2008(12).

② 沉没成本(Sunk Cost)通常是指由于过去的决策已经发生了的,而不能由现在或将来的任何决策改变的成本。人们在决定是否去做一件事情的时候,不仅是看这件事对自己有没有好处,而且也看过去是不是已经在这件事情上有过投入。我们把这些已经发生不可收回的支出,如时间、金钱、精力等称为"沉没成本"。在经济学和商业决策制定过程中会用到"沉没成本"的概念,代指已经付出且不可收回的成本。沉没成本常用来和可变成本作比较,可变成本可以被改变,而沉没成本则不能被改变。

国际贸易：理论与政策

特征在企业进入出口市场之前就已经存在了，自选择机制成为企业是否出口的重要作用机制，即沉没成本与异质性生产率之间相互影响，通过充分有序的市场竞争筛选出优质企业，生产率最高的企业最终进入出口市场。事实上，这种自选择很可能是企业一种有意识的决策行为，即为了实现进入出口市场的发展战略，企业有目的地增加投入，提高自身生产率水平。Lopez(2004)指出，目光长远的企业为了成为出口商需要在技术上进行投资，而采用和吸收这一技术也需要它们事先具有更高生产率。这无疑导致企业必须在进入出口市场之前提高生产率。因此，在生产率和出口之间存在着直接的因果关系。

其次，生产率的提升也有可能是企业进入到出口市场后"出口中学"的结果。国际市场上更加激烈的竞争提高了企业的绩效，从而推动生产率进一步增长。在现实中，学习效应来源于三条途径。一是与国外竞争对手和消费者之间的互动可以为出口企业提供有关降低产品成本、提高产品质量以及改进技术的信息。二是出口有利于企业扩大生产规模，获得规模经济效益。三是国外市场激烈的竞争也会促使企业推动产品技术创新。这里，学习导致了企业商务流程的再造。总之，进入出口市场后，竞争加剧、知识积累、技术转移等因素都有助于企业生产率的进一步提升。但是，在实证分析中，"出口中学"效应并未得到广泛的支持。一些研究认为，目前只是在一些特殊群体中才存在显著的学习效应，例如，缺乏经验的出口商，在小国、开放的高度出口导向型经济体中的出口商或者服务于发达的高工资出口市场的企业。

3. 关于国际贸易利益的来源

在传统贸易理论中，贸易利益主要来源于各国按照比较优势原则实行的专业化分工；而在新贸易理论中，贸易利益则来源于规模经济与消费者偏好的多样化产品种类的扩张。当前，对企业经营行为的经验研究显示，在企业层面上，贸易利益源自于低生产率企业收缩并且退出以及高生产率企业扩张并且进入出口市场所推动的总体生产率水平增长，资源从低生产率企业到高生产率企业的重新配置提高了产业的平均生产率。如果贸易自由化实施之后，产品市场竞争加剧，并因此压低了高于边际成本的价格加成，那么贸易利益还有可能进一步扩大。在这种情况下，加成价格的下降与平均生产率的上升都有助于降低产品价格，并且提高要素实际收入水平。因此，企业出口对产业内部或产业之间资源的转移以及总体生产率增长必然产生重要的影响。

Melitz(2003)指出，贸易自由化增加了一国的进口并因此损害了国内的销售和利润。但是，那些在生产率分布中处于更高端的企业扩大的出口销售总额远远超出了其收缩的国内销量,而那些处于生产率分布中最低端的非出口商则不得不收缩或退出市场。具体来看,在贸易开放条件下,最具有效率的企业成长壮大,它们出口并且不断扩大自身的市场份额和利润;生产效率较低的企业仍然出口并且增加其市场份额,但是却要承受利润的减少;而生产效率更低的企业继续存在于这一产业内,但是却不再出口,并且要承受市场份额和利润的双重损失。最终,生产效率最低的企业被迫退出这一产业。因此,贸易自由化促使低生产效率的边际企业退出,并且使市场份额向着更具有效率的企业集中。资源从低生产率向高生产率企业的转移导致产业的总体生产率水平的增进,通过资源的这一重新配置,出口商在规模和就业上比非出口商增长的更快。这充分表明,出口市场动力对整个产业总体生产率水平的提高起到了关键的推动作用。

尽管在 Melitz 的模型中,贸易自由化导致产业内部资源的重新配置并且提高了所有产业的总体生产率水平,但是,在具有比较优势的产业中,生产率增长得更为迅猛。在这些产业内,更多的出口机会使得企业要素需求比在比较劣势产业中有着更大的增长,这就抬高了在比较优势产业中所密集使用的要素的相对价格,从而导致这一产业中低生产率企业大量退出。这种跨产业呈现出的不同生产率增长状况也促成了平均产业生产率的差异,扩大了以要素丰裕度为基础的比较优势,为国际贸易的利益源泉提供了新的解释。

4. 关于企业出口与对外直接投资的选择

企业异质性贸易理论认为,当国外市场的规模扩大并且出口成本也相应提高时,与出口相比,在国外直接从事生产活动,即开展对外直接投资(FDI)则更为有利可图;反之,当建立国外生产设施的成本增加时,在国外进行生产则相对不利。换言之,如果企业选择 FDI 替代出口的话,那么,它就会放弃增加固定成本投入的集中生产,但是却可以通过接近市场规避交易成本而节省可变的单位成本,并且有可能节省单位生产成本。在同一产业内部,不断增加的异质性使得企业在国际化经营方式选择上存在着差异,从而也就决定了哪些企业出口,而哪些企业从事跨国生产。一般而言,最具有生产效率的企业才能够成为跨国公司,生产率居于中等水平的企业出口产品,而最低生产效率的企业则只能服务于国内市场。

可见,企业的出口经营与海外直接投资的选择,主要取决于这两类活动单位生产成本的比较。不同生产效率的企业,其各自的经营活动和服务的市场范围是有所不用的。

4.6.2 对异质性企业贸易理论的简要评价

传统的国际贸易理论的研究主要集中于产业层次,没有充分注意到企业间的差异对于理解国际贸易的重要性。同一产业部门内部企业之间的差异可能比不同产业部门之间的差异更加显著,无论是企业规模还是企业的生产率,企业都是异质的。上述内容显示,新新贸易理论通过企业异质性来分析和研究更多新的企业层面的贸易现象和投资现象。因此,新新贸易理论的特点表现为两个转变:一是贸易分工基础由国家优势向企业特有异质优势的转变;二为贸易所得来源由国家层面向企业层面优胜劣汰行为的转变。

异质性企业贸易理论认为,出口和非出口企业同时存在于同一产业中,但是却表现出截然不同的特性。这些研究成果大致可以分为互为补充的两个方面:一方面,主要的理论突破与 Melitz(2003)、Helpman et al. (2004)和 Bemard、Eaton et al. (2003)等人的研究相关,他们率先发现企业异质性和参与国际化经营之间的互动关系;另一方面,微观层面上数据的采集又促进了不同国家、产业之间实证分析的深入发展。异质性企业贸易理论将国际贸易问题的研究视角从传统的国家和产业层面转向了企业和产品层面,贸易与非贸易企业之间在生产率、规模乃至于要素密集度等方面存在着差异,因而异质性在这些理论模型的建立中扮演着重要角色,一方面,异质性作为产业内企业之间生产率水平上差异的结果而存在;另一方面,企业组织形式上也存在着异质性,而这两者之间是彼此相关的,因为生产率的差异导致了企业在生产和销售的组织形式上的不同选择。总之,上述研究成果既补充和完善了传统贸易理论,解释了当前国际贸易领域内的一些新现象、新特点,同时也为推进国际贸易理论与实践的进一步发展做出了重要贡献。

本 章 小 节

第二次世界大战以后,特别是 20 世纪 60 年代以来,随着科学技术的进步和生产力的不断发展,国际贸易规模日益增大,国际贸易格局也发生了显著的变化,主要表现在:发达国家之间的贸易额超过了发展中国家与发达国家之间的贸易额;制成品内部的贸易比重上升,初级产品的贸易比重下降;发达国家之间制成品的产业内贸易比重上升;跨国公司内部贸易额越来越大;中间产品贸易日益增多,等等。

针对上述新情况,传统的贸易理论很难做出合理的解释,新的贸易理论也就应运而生。先后出现了所谓的新贸易理论,如国际贸易新要素理论、技术差距及产品生命周期理论、产业内贸易理论和国际竞争优势理论等;新兴古典贸易理论,如内生贸易理论等;新新贸易理论,如异质性企业贸易理论等。

国际贸易新要素理论认为,生产要素不应仅仅是劳动、资本和土地,而应随着时代的发展、科技的进步赋予其新的含义:技术、人力资本、研究与开发、信息以及管理等等都是生产要素,这些"新"要素对于说明贸易分工基础和贸易格局,有重要的作用。

20世纪60年代,美国经济学家波斯纳提出的技术差距理论和雷蒙德·维农提出的产品生命周期理论,均引入了时间和"技术创新"因素来分析制成品贸易现象,这是对要素禀赋理论的重大突破,这两种理论均是基于动态技术差异的国际贸易理论。

最早试图对当代工业化国家之间的贸易和产业内贸易现象做出理论解释的是瑞典经济学家林德提出的"需求偏好相似理论"。就产业内贸易的原因及制约因素而言,产品差异论、规模经济论、经济发展水平论等均有着不同的解释。

美国哈佛大学教授迈克尔·波特的国家竞争优势理论关于竞争优势来源的论述(即国家竞争优势形成的基础在于主导产业优势的建立),以及关于取得或保持竞争优势途径(即产业优势的建立又在于不断进取的创新机制和充分的创新能力)的探讨等,对任何一个国家、行业和企业都具有特别重要的借鉴意义。

著名华裔经济学家杨小凯等所创立的新兴古典贸易理论,将对个体之间分工和贸易的分析用于分析国际分工和国际贸易,用分工经济和交易费用的两难冲突及其折中解决的个体专业化决策思路,重新考察了国际贸易理论,用分工演进模型对贸易理论的基本问题给出了新的解释。

以马尔科·梅里兹(Marc J. Melitz)等为代表的新新贸易理论,特别是异质性企业贸易理论是近年来国际贸易理论的研究成果,其最重要的创新是将企业异质性引入原有(传统国际贸易理论)模型框架,从微观企业行为视角重新分析和解释国际贸易与投资以及跨国企业全球组织生产的抉择。这一理论出现与发展,更好地解释了企业进入海外市场的方式,特别是可以解释是贸易还是投资的选择,以及对外直接投资与外包等方式。

【重要概念】

人力资本　产品生命周期　产业间贸易　产业内贸易　产业内贸易指数　需求偏好相似理论　同质产品　异质产品　规模经济　内部规模经济　外部规模经济　内生比较优势　外生比较优势　交易成本　超边际分析　企业异质性　沉没成本

【复习思考题】
1. 简述国际贸易新要素理论。
2. 什么是产业内贸易？产业内贸易与产业间贸易有何区别？
3. 试述需求重叠理论的主要观点。
4. 试论述产业内贸易的原因与结果。
5. 规模经济论是如何阐述产业内贸易现象的？
6. 简述技术差距论的主要内容。
7. 何谓产品生命周期理论？它与 H-O 理论如何建立联系？
8. 公司内贸易有何特征？公司内贸易产生的主要原因有哪些？
9. 简述交易成本理论的主要内容。
10. 依据国家竞争优势理论，谈谈你对构筑国家竞争优势的认识。
11. 新兴古典贸易理论是如何分析国际贸易的成因及结果的？试作简要评价。
12. 新新贸易理论"新"在何处？

第5章 国际贸易保护理论

前已述及,自由贸易理论起始于法国的重农主义,成论于古典派政治经济学。自从1776年亚当·斯密的《国富论》出版并创立了自由贸易理论体系起,许多西方经济学家先后论证了自由贸易的合理性和现实性,其中,李嘉图的比较优势理论是自由贸易的基石。该理论的基本结论是:自由贸易可以形成互相有利的国际分工,扩大国民真实收入,增加国民福利,提高经济效益,促进资本积累,而保护贸易政策是有害于经济发展的。

然而,各国经济实践尤其是对外贸易政策演变的事实表明,贸易自由化是属于一个过程,准确地说在总体保护程度上是一个由高到低的演进过程。与此相对应的是,贸易保护理论却在一定程度上反映了国际贸易的现实。贸易保护政策往往成为各国政府用于维护本国贸易利益、保护本国产业和市场免受外部冲击的重要手段。而且在任何一个国家或地区,即使是目前的发达国家,也存在程度不等、侧重点不同的贸易保护政策与措施。纵观贸易保护理论演进的基本过程,可以看出为保护寻求理论依据的努力从来没有停止过。值得注意的是,保护贸易理论的不断发展使以自由贸易理论为主线的国际贸易理论更加丰富,是更贴近现实的理论解释。

从历史渊源来看,重商主义是人类较早出现的贸易保护理论,本书第3章对此已有介绍,这里主要述评几种比较重要的贸易保护理论。

5.1 幼稚产业保护理论

19世纪初,当产业革命在英、法两国深入发展时,北美、欧洲的其他后进国家的资产阶级要求保护其本国的幼稚产业,不允许别国商品自由占领其市场,于是形成了与古典学派自由贸易理论相抗衡的保护贸易理论,即幼稚产业保护理论(Theory of Protecting Infant Industry)。该理论的代表人物是美国首任财政部长汉密尔顿(Alexander Hamiltan,1757~1804)和德国经济学家李斯特(Friedrich List,1789~1846)。

值得注意的是，早在汉密尔顿及李斯特的幼稚产业保护理论之前，重商主义者已经为保护贸易提出了理论依据。重商主义从增加一国的财富出发，认为只有贸易顺差才能使得金、银等贵金属流入国内，从而增加本国财富。保证本国实现贸易顺差的政策措施就是限制进口、鼓励出口这种最直接的保护贸易政策手段。

5.1.1 汉密尔顿的保护关税论

1776年以前，北美洲完全是大英帝国的农产品及原料的供应地和工业品的销售市场，经济发展水平落后，尤以工业为甚。美国独立后，由于战争创伤，加上英国的经济封锁，其经济更加凋敝。如何选择经济发展的道路成了美国当务之急。当时摆在美国面前的有两条道路：一是实行保护关税政策，独立自主地发展自己的工业，特别是制造业，以彻底摆脱西欧殖民主义的经济束缚和经济控制；二是实行自由贸易政策，继续充当英、法、荷等国的原料产地和工业品的销售市场。在这样的背景下，汉密尔顿代表工业资产阶级利益、愿望和要求，于1791年12月向国会递交了题为"关于制造业的报告"(Report on Manufacture)的报告，明确提出实行保护关税政策的主张。在报告中，他系统地阐述了保护和发展制造业的必要性和有利条件，提出了以加强国家干预为主要内容的一系列措施。

汉密尔顿指出，制造业在国民经济发展中具有特殊的重要地位。一是制造业能够提供先进、高效率的生产工具和技术设备，从而提高国家总体的机械化水平，并由此带动专业分工和协作的深化，进一步提高劳动生产率；二是制造业需要消耗大量的原材料和中间产品及生活用品，因而促进了其他相关部门的发展和壮大；三是制造业的发展有利于扩大就业机会，吸引移民迁入，补充人口的稀缺，加速美国中西部的开发；四是制造业的相当一部分投入品来自于农业，这就保证了农产品的销路和价格稳定，从而刺激了农业的发展；五是制造业能够提供开创各种事业的机会，因而能够使个人才能得到充分发挥[①]。因此，他认为，美国要维护其经济和政治独立，应当保护美国的幼稚工业。由于美国工业起步较晚，基础薄弱，技术落后，生产成本高，效率低下，根本无法同英、法等西欧国家相抗衡。若就此实行自由贸易政策，将断送美国工业，以及美国经济和政治上的独立地位，所以必须采取关税措施使幼稚工业得以生存、发展和壮大。新的工业在它早年阶段，相对地说可能效率不高，即使工业扩大到最优规模，劳动和管理技术有了发展，市

---

① [美]G·C·菲特，J·E·里斯.美国经济史[M].沈阳：辽宁人民出版社，1981：196.

场联系已经建立,还是经不住来自更有经验的外国生产者的低费用竞争。如果能有一段时间用关税壁垒来保护一下,把效率提高到可以在免税的基础上与外国竞争的水平,那么,"幼稚"产业就成长壮大,保护壁垒就可以拆除了。

为了保护和促进制造业的发展,汉密尔顿提出了一系列的政策主张,主要有:

(1) 严格实行保护关税制度,以高关税来限制外国工业品输入,保护国内新兴工业部门特别是制造业的发展。

(2) 限制国内重要原材料的出口,同时采用免税的办法鼓励本国急需的原材料的进口。

(3) 限制改良机器等国内先进生产设备的输出。

(4) 政府应向私营工业发放信用贷款,为其提供发展资金。

(5) 政府应为必需品工业发放津贴,给各类工业生产经营者发放奖励金。

(6) 建立联邦检查制度,保证和提高制造品质量[①]。

此外,汉密尔顿还提出了吸引外国资金,以满足国内工业发展需要;鼓励外国移民迁入,以增加国内劳动力供给等具体政策措施,以促进国内制造业的发展。

汉密尔顿的幼稚产业保护思想的提出,标志着与自由贸易理论体系相对立的保护贸易理论体系的初步形成,其理论意义是不言而喻的。显然,该理论反映的是经济发展水平落后的国家独立自主地发展民族工业的正当要求和愿望,是落后国家进行经济自卫并通过经济发展与先进国家进行经济抗衡的保护贸易学说[②]。

汉密尔顿的经济贸易思想对当时美国对外贸易政策的制定产生了深刻的影响,促进了美国资本主义的发展,具有历史进步意义。事实证明,这些思想对发展美国工业,增强经济实力起到了很大的积极作用。正如恩格斯所肯定的那样:"如果美国要成为一个工业国,如果它有一切希望不仅赶上而且超过自己的竞争者,那么在它面前就敞开着两条道路:或是实行自由贸易,进行比如说五十年的费用极大的竞争斗争来反对领先于美国工业约一百年的英国工业,或者是用保护关税在比如说二十五年中堵住英国工业品的来路,几乎有绝对把握地坚信,二十五年以后自己就能够在自由的世界市场占有一个地位。"[③]

5.1.2 李斯特的幼稚产业保护理论

李斯特是19世纪德国最进步的资产阶级经济学家。他在1841年出版的《政

---

① [美]G·G·菲特,J·E·里斯. 美国经济史[M]. 沈阳:辽宁人民出版社,1981:298.
② 任烈. 保护贸易理论与政策[M]. 上海:立信会计出版社,1997:60~61.
③ 马克思,恩格斯. 马克思恩格斯全集:第22卷[M]. 北京:人民出版社,1972:418.

治经济学的国民体系》中系统地提出了以生产力理论为基础,以保护关税制度为核心的幼稚产业保护学说,这不仅为落后国家工商界保护贸易的需求提供理论根据,也进一步完善和系统化了汉密尔顿的幼稚工业保护理论。

1. 李斯特幼稚产业保护理论的主要观点

李斯特所处时代是在19世纪上半期,当时的德国还是个政治上分裂、经济上落后的农业国,其经济发展水平、工业技术和管理方法不但远远落后于工业革命已经完成的英国,而且与早已进入工业革命阶段的法国以及美国、荷兰等国也有相当差距。当时,它出口的主要是原料和食品,进口的则是半制成品和制成品。其制成品不仅在国际市场上无竞争力,即使在国内市场也遭到外国优势竞争力量的摧残而面临被毁灭的危险。这种现实与当时流行于欧洲大陆的英国古典经济学理论发生了明显的冲突。但国内大部分学者仍倾向于自由贸易理论,李斯特早年也提倡自由主义,1825年出使美国后,由于受到汉密尔顿思想的影响,并亲眼看到美国实施贸易保护政策的成效,转而主张贸易保护。李斯特从批判自由贸易的理论体系入手,在此基础上提出了自己的理论主张。其理论主要包括以下内容:

1) 生产力论

李斯特认为,古典学派只考虑事物的单纯交换价值,即通过对外贸易增进财富,而没有考虑到国家的精神和政治利益,眼前和长远的利益以及国家的生产力;发展生产力应是制定对外贸易政策的出发点。

李斯特认为,斯密、李嘉图从他们的价值理论出发,提出绝对成本理论和比较成本理论作为自由贸易学说的基础。李斯特否认英国古典学派的价值理论也适用于经济落后国家,提出了生产力理论来代替古典学派的价值理论,并以此作为其保护贸易学说的理论基础。在李斯特看来,财富本身和财富的生产力是有重大区别的,财富本身固然重要,但发展生产力更为重要。生产力在本质上是一个动态因素,可以造就优势。因此,一国在对外贸易中实行什么样的政策,首先必须考虑的是国内生产力的发展,而不是在交换中获得的财富增加多少。

李斯特认为,发展一国的生产力比通过比较优势获得贸易利益更为重要。"财富的生产力比之财富本身,不晓得要重要多少倍;它不但可以使已有的和已经增加的财富获得保障,而且可以使已经消失的财富获得补偿。个人如此,拿整个国家来说,则更加是如此。"李斯特还进一步强调指出:"生产力是树之本,可以由此而产生财富的果实,因为结果子的树比果实本身价值更大,力量比财富更加重要,因为力量的反面——软弱无能——足以使我们丧失所有的一切,不但使我们既得的财富难以保持,就是我们的生产力量,我们的文化,我们的自由,还不仅是这些,甚至我们国家的独立自主,都会落到在力量上胜过我们的那些国家的手里。"

李斯特认为,生产力——国家综合生产力——是决定一个国家兴衰存亡的关键。其中最具有决定意义的是国家的工业生产力。保持高水平的工业生产力是国家强盛的基础,而要发展工业生产力,就必须依靠国家,并重视一系列社会的、政治的和精神的因素,这些是一个国家顺利发展的重要保障,而不能听信于"放任自由"。根据生产力理论,李斯特鲜明地反对英国古典学派的自由贸易学说,主张德国和一些经济落后国家实行保护贸易政策,认为这是抵御外国竞争、促进国内生产力成长的必要手段。李斯特承认,在保护贸易政策实行之初,会使得国内生产率当时有所降低、物价上涨,消费者利益受到损害,但这是发展本国工业的一个条件。为了生产力的发展,暂时在消费上做出牺牲是必要的、值得的,犹如付学费而学到一门技术,"必须牺牲眼前利益,使将来的利益获得保障……经过相当时期,国家建成了自己的充分发展的工业以后,这些商品由于在国内生产成本较低,价格是会低落到国外进口价格之下的。因此,保护关税如果使价值有所牺牲的话,它却使生产力有了增长,足以抵偿损失而有余……"短期的损失所赢得的力量永远可以生产出难以估量的价值。

2) 经济发展阶段论

李斯特承认国际分工和自由贸易的利益,赞成国际贸易对一国经济发展的重要作用;并把对外贸易政策看做是一种经济发展战略。还明确指出:"国际贸易的自由和限制,对于国家的富强有时有利,有时有害,是随着时期的不同而变化的。"也就是说,国际贸易中存在的两种基本政策制度——自由贸易和保护贸易,本身无所谓好坏,究竟何种政策有利于国民经济的发展,要视该国当时所具备的各种条件和所达到的经济发展水平而定。

为此,李斯特提出了经济发展阶段论,阐明经济发展阶段与贸易政策之间的相互关系,作为保护贸易理论的基本依据。为了更准确地表明自己的观点,李斯特进一步将国民经济的发展分为五个阶段,即原始未开化时期、畜牧业时期、农业时期、农工业时期和农工商业时期。李斯特认为,处于不同经济发展阶段的国家,其贸易政策也应有所区别。当一国由未开化阶段转入畜牧业,转入农业,进而转入工业与海运事业的初期发展阶段时,应当与先进的国家和地区进行自由贸易,这样将会对经济发展和社会进步起强有力的刺激和推动作用。当一国已经越过工业发展的初级阶段,已经具备将自己建成一个工业国所需的一切精神和物质上的必要条件和手段,但却存在着比自己更先进得多的工业国的强大竞争力量的情况下,为了建立并保护本国的工业,必须采取贸易保护政策。而当一国进入农工商业的发展阶段以后,此时由于幼稚工业已经成长起来,并具备了对外自由竞争的能力,就应当实行自由贸易政策。

根据李斯特的观察,当时英国已经达到了第五阶段(即农工商业时期),实现了工业化并处于世界垄断地位,主张自由贸易理所当然。而当时的法国在第四阶段与第五阶段之间,德国与美国均在第四阶段(即农工业时期),葡萄牙和西班牙则处在第三阶段(即农业时期)。因此,李斯特根据其经济发展阶段论,主张当时的德国应实行保护工业政策,以促进工业化,对抗英国工业产品的竞争。但如果工业发达了,进入了农工商业时期,工业已经不害怕国外竞争,那就不再需要保护,就可以实行自由贸易政策了。因此,处于这个时期的英国所实行的自由贸易政策正是以前推行保护贸易政策的结果。

3) 国家干预论

李斯特认为,古典学派的自由贸易理论是无边无际的世界主义经济学,它完全忽视了国家的存在,既不承认国家原则,也不考虑如何满足国家利益,而以所谓增进全人类利益为出发点。他指出,国际间自由贸易的有利性是有条件的,因为在"世界范围的共和国"到来以前,对每一个国家而言,民族利益高于一切。所以,各国对外开放贸易政策的出发点,只能是谋求本民族的利益而不是所谓全世界的福利。无条件地宣扬自由贸易的功效——这种"绝对的世界主义"忽视了各国不同的经济发展水平和国情,错误地以"将来才能实现"的世界联盟作为研究的出发点。它只注意分析经济因素,忽略了非经济因素。"国际生产力的协作实际上是缺陷很多的,遇到战争和政治上的变动、商业恐慌等变故,就往往会中断,由此使国民经济陷入困境";认为国内市场相对于国际市场居于主体地位,国家有必要对经济进行干预。"不论哪一个大国努力的主要目标总是生产力在国内的结合,其次才想到国际结合"。不仅如此,实行以比较成本论为基础的贸易政策,还必然会使后进国家处于先进国家附庸地位。"要在彼此自由竞争下双方共同有利,只有当两者在工业发展上处于大体相等的地位时才能实现。如果任何一个国家,不幸在工业上、商业上还远远落后与别国,那么,它即使具有发展这些事业的精神与物质手段,也必须首先加强它自己的力量,然后才能使它具备条件与比较先进各国进行自由竞争。"

李斯特认为,鼓吹狭隘的个人主义,抹杀国家利益,是导致古典学派反对国家干预对外贸易的原因之一。古典学派认为私人利益与国家利益总是一致、国家不应对经济包括对外贸易活动进行干预的看法是错误的。李斯特把国家比喻为国民生活中如慈父般的有力指导者,认为国家的存在比个人之存在更为重要,它是

第5章 国际贸易保护理论

个人与人类全体的安全、福利、进步以及文化的第一条件。因而明确指出,国家利益独立于私人利益,具有十分重要的意义,私人利益应当服从于国家利益,即个人之经济利益应从属于国家的真正财富的增进与维持。正是由于单个个人追求私人利益不一定必然促进整个社会的利益,因此,国家在必要时,应对国民经济活动的一部分加以限制,以保持其经济利益。

李斯特指出,古典学派把私人利益与国家利益混为一谈。古典学派提倡自由贸易,反对任何贸易限制,这从经济强国的角度看是正确的,是符合其自身利益的。但是如果把自由竞争原则强加到落后国家身上,反对任何保护贸易的做法,就是非常荒谬了。在经济落后国家实行贸易保护政策,实际上是为个人投资提供保护,为本国商品提供市场,这才符合个人利益。因此,在经济落后国家,高度的保护政策是可以与最大限度的个人自由并行不悖的,是落后国家发展经济的一种十分必要的工具。

2. 李斯特关于贸易保护的具体政策主张

李斯特不仅在与传统自由贸易理论的论战中提出了以生产力理论为基础的保护贸易理论,而且还就贸易保护的具体政策进行设计和规划,提出相应的政策主张。

1) 关于保护对象的选择和保护时间的确定

李斯特保护贸易政策的目的是促进生产力的发展。经过比较,李斯特认为应用动力与大规模机器的制造工业的生产力远远大于农业。因此,他主张要发展生产力,就首先发展工业生产,工业发展了,农业自然也会发展。可见,李斯特的保护贸易政策是有所侧重的,他提出保护对象的条件是:

(1) 有发展希望的幼稚工业。一般情况下,如果某种产业不能在比原来高40%~60%的保护关税下长期存在下去,这种产业就缺乏保护的基本条件。

(2) 工业虽幼稚,但若不存在强有力的外国竞争对手时,无需保护。

(3) 被保护的工业发展了,其生产出来的产品已具备竞争力时,不必保护。

(4) 农业不需要保护,只有那些刚进入农业阶段的国家,距离工业成熟时期尚远,才适宜于保护。

可以看出,李斯特所主张的保护对象应当是一国国内幼稚的,但有发展希望的,且存在强有力的外国竞争者的工业。

李斯特认为,保护期应当以30年为最高界限,在这段时期内仍然不能成长起来的产业,政府就不应当继续保护下去。

2) 关于幼稚工业保护的主要手段

李斯特认为对不同工业部门要区别对待,关税应因时间、产业而异,采取不同程度的保护措施。他主张应通过禁止输入与征收高关税的办法来保护幼稚工业,以免税或征收轻微进口税方式鼓励复杂机器进口。

李斯特认为,"要达到保护目的,对某些工业品可以实行禁止输入,或规定的税率事实上等于全部,或至少部分地禁止输入,或税率较前者略低,从而对输入发生限制作用。或通过关税对输入生产不同程度的限制作用。"但与此同时,他认识到"所有这些保护方式,没有一个是绝对有利或绝对有害的;究竟采取哪一个方式最为适当,要看国家特有环境和他的工业情况来决定。"因此,不能一味认为保护关税始终是有效的。李斯特认为"但任何一种收入关税都应当有相当节制,不可使输入和消费因此受到限制;否则不但将削弱国内生产力,而且也将使增加税收的目的受到挫折。"

李斯特主张关税水平应随工业发展的总体水平而变化,他认为"凡是在专门技术与机器制造方面还没有获得高度发展的国家,对于一切复杂机器的输入应当允许免税或只征收极轻的进口税,直到在机器生产上能与最先进国家并驾齐驱为止。""在某种意义上来说,机器工业是工业的工业,对国外机器的输入征收关税,实际上就是限制国内工业的发展。"

3. 对李斯特幼稚产业保护理论的评价

李斯特的幼稚产业保护理论的提出,标志着保护贸易理论体系的完全形成,确立了保护贸易理论在国际贸易理论体系中的牢固地位。尽管他的"生产力"的概念和对"经济发展阶段"的划分缺乏科学性,但是,他的基本观点是有价值的、积极的,尤其是对当今发展中国家的经济发展来说更是如此。这些观点主要是:

(1) 经济发展是一个具有规律性的历史过程,各国应根据各自不同的国情和不同的经济发展水平,来选择和实施对外贸易政策。

(2) 国家综合生产力水平直接关系到国家的兴衰存亡,因而一切经济活动应以提高生产力为目的。建立本国高度发达的工业是提高生产力水平的关键,因此,有必要对本国幼稚工业采取适当的保护。

(3) 贸易保护制度的实施是有条件的、渐进的、暂时的和过渡性的,应随着生产力发展水平的提高而逐步降低保护,最终走向自由贸易。因此,我们不能曲解李斯特保护贸易的核心,更不能片面认为其贸易保护就是高关税保护。正是基于这种认识,"幼稚产业保护论"也为很多自由贸易论者所接受,并成为很多发展中国家寻求贸易保护的理论武器,特别是 GATT/WTO 中的发展中国家成员保护

第 5 章　国际贸易保护理论

国内工业的最有力的武器。

此外,从历史上看,保护关税制度对于当时的德国资产阶级是必要的,它使德国的大工业获得了巨大发展,从而加强了资产阶级反对封建专制制度的力量,这对德国由封建制度加速地向资本主义制度过渡无疑是起到了促进作用的。

5.2　超保护贸易理论

超保护贸易理论是凯恩斯主义在 20 世纪 30 年代提出来的国际贸易理论,与其他贸易理论都是从微观的角度进行分析不同,超保护贸易理论是从宏观的角度对国际贸易进行分析的理论。

5.2.1　凯恩斯的超保护贸易理论

凯恩斯(John Maynard Keynes,1883~1946)是 20 世纪英国最著名的经济学家,是凯恩斯主义的创始人,也是超保护贸易理论(Super-protective Theory)的代表人物。凯恩斯一生著作甚丰,其中影响最大的是于 1936 年出版的《就业、利息和货币通论》(*The General Theory of Employment, Interest and Money*)。与其前辈李嘉图、俄林等人一样,凯恩斯是一位集经商、从政与治学于一身的成功的经济学家。尽管凯恩斯没有一套全面系统地论述国际贸易的专门著作,但他和他的追随者有关国际贸易方面的论述却为超保护贸易提供了重要的理论依据。

1. 凯恩斯超保护贸易理论产生的历史背景

1929~1933 年,资本主义社会爆发了世界性的经济危机,整个资本主义世界经济增长下降,失业不断增加。面对这一局势,资本主义国家所实行的自由放任政策显得无能为力。因此,各国政府开始直接干预经济,力图扩大出口,限制进口,以缓和国内危机,保护其在国际市场上的竞争力。在当时情况下,资产阶级迫切需要为其政策措施提供理论依据。凯恩斯顺应历史的需要,创立了凯恩斯主义。后来,其追随者又充实和发展了凯恩斯关于贸易方面的有关观点,从宏观角度论证了对外贸易差额对国内经济的影响,主张国家干预经济,实行奖出限入的政策,最终形成了凯恩斯主义的贸易保护理论。

2. 凯恩斯超保护贸易理论的基本内容

1) 对古典自由贸易理论的批评

20 世纪 30 年代的大危机,使凯恩斯从一个坚定的自由贸易论者转变为保护贸易论者,他认为自由贸易理论过时了。首先,大量失业的存在已无法满足自由贸易论"充分就业"的前提条件。其次,他认为,古典自由贸易论者虽然以"国际收支自动调节说"来说明贸易顺、逆差最终均衡的过程,但忽略了在调节过程中,对一国国民收入和就业所引起影响的分析。凯恩斯认为应当仔细分析贸易顺差与逆差对国民收入和就业的作用,认为贸易逆差会减少国民收入,加重失业。因此,凯恩斯极力鼓吹贸易顺差,反对逆差,积极主张国家干预经济,以促进国内经济发展。

2) 对外贸易乘数理论(Theory of Foreign Trade Multipler)

对外贸易乘数理论是凯恩斯投资乘数理论在对外贸易方面的应用。在投资乘数理论中,凯恩斯认为一国投资量的变动(增加或减少)与国民收入的变动之间客观存在一种依存关系,投资引发的国民收入变动往往几倍于投资量的变动,其倍数的大小取决于该国的边际消费倾向。假设投资乘数用 K 来表示,边际消费倾向用 MPC 来表示,则其计算公式为:

$$K = \frac{1}{1-MPC} \tag{5.1}$$

从(5.1)式可以看出,投资乘数是边际消费倾向的正函数,MPC 越大,则 K 越大;MPC 越小,则 K 越小。当边际消费倾向为 0 时,乘数为 1;当边际消费倾向为 1 时,乘数趋向于 $+\infty$。

在国内投资乘数理论的基础上,凯恩斯的追随者美国经济学家马克卢普(F. Machlup)和英国著名经济学家哈罗德(R. F. Harrod)等人将凯恩斯的投资乘数引用到对外贸易,创立了对外贸易乘数原理。他们认为当本国投资生产的产品出口,从国外得到了货币收入,首先会使出口商品的生产部门收入增加,消费也随着增加,对生产资料和生活资料的需求也相应增加,从而也必然引起其他产业部门生产的增加、就业的增加、收入的增加。如此反复下去,国民收入的增加量将为出口增加量的若干倍。相反,当从国外进口商品或服务时,使本国货币外流,造成收入下降,消费也随着减少,从而会造成投资、生产不景气。所以,只有当贸易出现顺差时,对外贸易才能使本国的就业和国民收入增加,这就是凯恩斯主义的对外贸易乘数理论的基本内容。

假设 ΔY 代表该国国民收入的增加额,ΔI 代表投资增加额,ΔM 代表进口增加额,ΔX 代表出口增加额,K 代表对外贸易乘数,则计算对外贸易顺差对国民收入的增加公式为:

$$\Delta Y = [\Delta I + (\Delta X - \Delta M)]K \tag{5.2}$$

其中

$$K = \frac{1}{1-\text{边际消费倾向}+\text{边际进口倾向}} \tag{5.3}$$

从(5.2)式和(5.3)式中可以看出,边际进口倾向($\Delta M/\Delta Y$)越小,边际消费倾向($\Delta C/\Delta Y$)越大,对外贸易乘数 K 越大,等量出口推动国民收入增加量就越大;反之,则越小。当 ΔI 与 K 一定时,贸易顺差越大,则 ΔY 增加越大;反之,ΔY 会下降。因此,为创造充分就业,增加有效需求,一国应尽量扩大出口,减少进口。

3. 对凯恩斯超保护贸易理论的评价

凯恩斯超保护贸易理论与传统的保护贸易理论有本质的区别。传统的保护贸易理论的保护对象是国内幼稚工业,而超保护贸易理论保护的是高度发展的资本主义工业。具体来说,凯恩斯的超保护贸易理论的积极作用有:

(1) 凯恩斯主义的保护贸易理论为发达国家如何通过实施保护贸易政策,实现国内充分就业,提高国民收入水平提供了理论依据,客观上对发达资本主义国家的对外贸易和经济发展起到了十分重要的促进作用。

(2) 凯恩斯主义的对外贸易乘数理论揭示了一国对外贸易与其宏观经济之间的相互依存关系,在一定程度上指出了对外贸易与国民经济发展之间的规律性。

当然,凯恩斯超保护贸易理论也存在明显的不足:

(1) 该理论没有考虑到国家之间贸易政策的连锁反应,一国的奖出限入势必会招致其他贸易伙伴国的报复,从长期来看,会对国民经济与贸易产生严重的负面效果。

(2) 在运用乘数理论做短期均衡分析时,该理论没有考虑到时间因素。

(3) 该理论忽视了外贸漏出效应,如果新投资引起的收入增加用于购买进口货,便不能产生连锁反应。大量存货的存在也会影响新投资发生的连锁反应。

5.2.2 其他超保护贸易理论

1. 改善国际收支论

持有这一观点的贸易保护主义者认为,通过贸易保护来减少进口,减少本国的外汇支出,而扩大出口可以增加本国的外汇储备。外汇收支的增减结果就可以使本国的国际收支状况得到改善。对于一个国家来说,保持国际收支的基本平衡是必要的,但如果任意使用贸易保护的做法来改善国际收支甚至片面追求贸易顺差,必然会遭到有关国家的报复和制裁。以改善国际收支作为贸易保护的依据,在发展中国家较为普遍,主要是因为发展中国家大多产品缺乏竞争力。近年来,亚洲国家外贸普遍出超,美国等因此与该地区国家产生贸易摩擦也越来越多。例如,美、日、欧之间的贸易摩擦此起彼伏,中美、中欧贸易关系不时出现麻烦。因此,从长期来看,通过提高出口行业劳动生产率、降低出口产品成本、提高出口产品质量、优化出口商品结构等措施来提高本国的国际竞争力而获贸易出超,才是改善国际收支的关键所在。

2. 改善贸易条件论

贸易保护主义者认为,提高关税等贸易保护措施可以改善贸易条件。因为在一定条件下通过对进口商品征收关税或限制进口可以压低商品进口的价格,而贸易条件是出口商品与进口商品的价格的比率,因而进口商品价格的降低可以改善进口商品的贸易条件。实现这一目标要满足以下条件:第一,该国必须是贸易大国,即它对某一商品的进口需求量占该商品世界出口量相当大的比重,否则,无论如何限制进口,也不会影响国际市场价格。第二,出口国该种商品供应呈刚性,即无论价格如何变化,出口量都难以作大幅度调整。第三,进口国通过贸易保护来改善贸易条件必定以出口国不采取同样的贸易保护为前提。如果出口国采取同样的贸易保护措施,那么该进口国的贸易条件将因进口价格和出口价格变动的相互抵消而得不到改善,甚至还可能出现恶化。

3. 夕阳产业保护论

夕阳产业一般是指失去竞争优势并即将被淘汰的产业。该理论认为,夕阳产业在历史上曾经是国民经济的支柱产业,为本国经济发展做出了重要贡献,如果不对其实行保护,将造成大量失业和生产设备的闲置。尽管这些产业最终将被淘汰,其资源和劳动力可以转移到其他产业,但这一转移过程是漫长的,因此对夕阳产业实行保护是完全必要的。

但从世界资源最优化配置的角度来讲,夕阳产业应该转移到具有比较优势的其他国家。一国对本国不具有比较优势的夕阳产业的保护,不但妨碍了本国其他产业的发展,而且也损害了其他国家的贸易利益,完全是一种"损人不利己"的行为。

4. 矫正国内市场扭曲论

该理论认为,在现实的经济中,一国国内市场由于存在外部经济或不经济,不完全竞争和生产要素的非移动性等因素使得价格机制不能充分地发挥作用,商品市场或要素市场存在一定程度的"扭曲",即生产要素的配置不合理。在此情况之下进行自由贸易,其最终结果会使国民福利水平降低或恶化,故只能通过政府干预,适当地消除市场扭曲所引发的不良影响。政府通过征收关税或发放补贴来对贸易进行调节,会改善该国的福利水平。

5. 保护就业论

保护就业论是建立在凯恩斯主义的经济学说基础之上的,他们认为增加有效需求是一国实现充分就业的关键,而贸易保护通过增加净出口可以增加有效需求,从而提高就业水平。

5.3　发展中国家的保护贸易理论

第二次世界大战后,民族国家纷纷取得了政治上的独立。摆在这些国家面前最紧迫的任务就是迅速发展民族经济,实现经济上的自主。但是,民族经济的发展受到了旧的国际经济秩序,特别是旧的国际分工和贸易体系的严重阻碍。一些激进学派的经济学家,如阿根廷的普雷维什①等,代表广大发展中国家的利益,对传统国际贸易理论进行了批判和否定,提出了"中心—外围论"、"贸易条件恶化论"等一系列理论政策观点,反对实际上并不平等的自由贸易原则,强调发展中国家只有采取保护主义政策,才能求得经济的自主发展和政治独立的稳定性。

5.3.1　中心—外围论

1949 年 5 月,普雷维什向联合国拉丁美洲和加勒比经济委员会递交了一份题为《拉丁美洲的经济发展及其主要问题》的报告,系统和完整地阐述了他的"中心—外围"理论(Core and Periphery Theory)。在这份报告中,普雷维什指出:"在拉丁美洲,现实正在削弱陈旧的国际分工格局,这种格局在 19 世纪获得了很大的重要性,而且作为一种理论概念,直到最近仍继续发挥着相当大的影响。在这种格局下,落到拉丁美洲这个世界经济体系外围部分的专门任务是为大的工业中心生产粮食和原材料。"

普雷维什把世界看成是由中心国家和外围国家构成的结合体系,提出了以建立国际经济新秩序为目标的富有更丰富内涵的保护贸易理论。普雷维什认为,当今世界是由两大类国家组成:一类是以西方七国集团为代表的高度工业化国家,它们的经济增长是全面的、自主性的,它们出口工业品或高附加值产品,而进口原

---

①　劳尔·普雷维什(Paul Prebisch,1901~1986)是阿根廷著名的经济学家,是 20 世纪拉美历史上"最有影响的经济学家",被公认为是"发展中国家的理论代表"。

材料或初级产品,它们是技术创新的源头,但也占有了技术进步所带来的几乎全部利益,甚至借技术进步进一步掠夺外围国家;在政治上,它们实行帝国主义政策,"一旦外围有意无意地损害了这种经济和政治利益时,中心——特别是主要中心——往往就会采取惩罚的措施,在极端的情况下甚至会通过军事干预的手段进行报复。"①另一类是没有实现工业化或畸形工业化的国家,它们的经济往往有增长而无发展,严重受制于前者的经济周期,而且常常是出口单一的原材料,换回各种工业制品。前者处于世界体系的中心,后者处于外围。中心与外围进行着严重不平等的交换,中心存在以外围的存在为前提,中心的发展以损害外围的发展为代价。普雷维什深刻地指出,在这个相对稳定的经济发展秩序中,中心国家长期地和大量地侵吞外围国家的利益,造成中心国家和外围国家经济发展水平的差距越拉越大。这就是著名的"普雷维什命题"。后来,辛格(H. W. Singer)和纲纳·缪尔达尔(Karl Gunnar Myrdal,1898~1987)也发表了类似的观点,学术界把他们的观点合称为"普雷维什—辛格命题"(Prebisch-Singer Thesis)和"辛—普—缪命题"。

  之所以造成上述情况,原因主要有三个。一是资本输出国家获得了投资收益的绝大部分。中心国家除了采用一般的方式进行资本输出获取利润外,还通过建立跨国公司的途径进行直接资本输出,最大限度地剥削外围国家。它们可以凭借其技术优势和管理优势获取高额垄断利润,也可以利用其产品优势和消费取向影响外围国家的消费结构和消费水平,造成"消费早熟",破坏正常的投资比例和经济发展,强化外围国家对中心国家经济上的依赖关系。二是经济结构的单一性和出口生产的专业化扭曲了外围国家正常的经济发展道路。传统的国际分工体系造成了外围国家单一的经济结构和专业化的出口生产,使外围国家实际上成为专门为工业发达国家提供食品和原料的机器。因此,外围国家的经济发展并不等于民族经济的发展,而不过是中心国家工业发展的辅助。三是外围国家贸易条件长期恶化。

5.3.2 贸易条件恶化论

  1950年,普雷维什在联合国拉丁美洲经济委员会秘书处工作时,他考察了1876~1938年间英国进出口产品的平均价格指数。由于英国进口的多是初级产品,出口的多是制成品,故可分别近似代表原材料和制成品的世界价格。研究结

---

① [阿根廷]劳尔·普雷维什. 我的发展思想的五个阶段[J],世界经济译丛,1983(11).

第5章 国际贸易保护理论

果表明,如果以1876~1880年间世界原材料和制成品价格之比为100,此后绝大部分时间里该比价一直呈递减趋势,到1936~1938年间已降到64,即表明同量制成品可以交换到更多的初级产品,即贸易条件对初级产品出口国越来越不利。普雷维什由此得出结论,贸易条件的变动趋势越来越不利于外围地带,发展中国家贸易条件长期地恶化了。这是很奇怪的现象,因为按照"看不见的手"的调节,商品的价格取决于劳动生产率,劳动生产率高的商品价格低,反之则高;相应地,劳动生产率提高得快的商品价格应该下降得快,反之则慢。根据这一规律,劳动生产率提高得慢的初级产品与制成品的价格之比应该上升才对,为什么不升反降呢?普雷维什认为,发展中国家贸易条件长期恶化的原因有以下几个:

(1) 技术进步对各国的效应不同。在传统的国际劳动分工下,技术进步的利益不能平均分配,其主要表现是有利于发达工业国家,而不利于发展中国家。在发达国家,工业生产中的技术进步通过提高生产率、降低成本而实现的利益,往往采取增加工资和利润等生产要素收入,而很少采取降低产品价格的形式;但在发展中国家,食品和原料生产中的技术进步利益,通常采取降低产品价格,而不是增加生产要素收入的形式。由于分配机制不同,贸易条件变得不利于发展中国家。发达国家在贸易中可保有技术进步的全部利益,而发展中国家则将技术进步的一部分利益转移给发达国家。

(2) 制成品的市场结构较初级产品更具垄断性。在这种市场结构中,制造品和初级产品的价格在经济繁荣时期均会上涨,但在危机时期,垄断因素阻碍了制成品价格下跌,而初级产品价格下降的程度却严重得多。就构成价格的工资因素而言,由于发达国家工会的工资谈判能力强,繁荣时期工资上涨较快,衰退时期工资呈刚性不易下降。而发展中国家工人缺乏工资谈判能力,因而发达国家有可能将衰退的压力转移给发展中国家,使后者的工资收入在衰退时期比前者降低得更多。制成品和初级产品的价格差距的这种周期性扩大,导致发展中国家贸易条件日趋恶化。

(3) 需求增长幅度不同。由于恩格尔规律(亦称"恩格尔定律")的作用,初级产品的需求收入弹性比制成品小得多,故实际收入增长所引起的制成品需求较之初级产品需求以更大程度增加。加之发达国家节约原料的技术进步和人造代用品的出现,大大减少了其对初级产品的需求,使初级产品的价格不仅呈现周期性下降,而且出现结构性下降。根据以上论点。

这三条原因归结起来是,中心国家利用强势地位占有了技术进步而产生的全部利益,而外围国家则还得将技术进步的"果实"转移一份给中心国家,这样外围国家的贸易条件恶化就不难理解了。

曾在联合国任职的美国经济学家辛格从需求方面论证了初级产品贸易条件恶化的论点。他认为,初级产品贸易条件的恶化是由以下两个原因造成的:一是不同类型产品需求的收入弹性存在差别。初级产品需求的收入弹性远比制成品小。根据恩格尔定律可知,人们实际收入水平的增加会引起制成品需求的更大程度的增加,且收入水平提高越快,制成品需求强度就越大,其结果必然是制成品需求越来越旺盛,初级产品需求越来越疲软,初级产品贸易条件随之恶化。二是技术进步对不同类型产品的市场供求关系的影响是不同的。技术进步直接导致了原材料的节约和新的合成材料及代用品的出现,使初级产品的供给量绝对地增加了。由于初级产品的需求不像制成品需求那样可以自动扩大,加之其需求的收入弹性又比较低,因此初级产品价格必然下降。这种价格下降不仅是周期性的,而且还是结构性的。初级产品贸易条件具有长期恶化的趋势。

5.3.3 主要结论和政策建议

在上述分析的基础上,普雷维什等人认为,外围国家必须实行工业化,从而独立自主地发展民族经济。为了实现工业化,普雷维什主张外围国家实行保护贸易政策,但这首先要从传统国际贸易理论的束缚中解脱出来。在普雷维什看来,传统国际贸易理论在逻辑上是正确的,但问题是其理论的前提条件与当代国际贸易现实极不吻合,因而不能用来说明中心国家与外围国家之间的贸易关系。他认为,传统国际贸易理论只适用于说明中心国家之间的贸易关系。由于中心国家技术结构相似,技术水平差距较小,通过国际分工和国际贸易,无论是制成品生产国还是初级产品生产国,都能获得技术进步的利益,因此贸易具有互利性。但是,当这种理论面对"中心—外围"体系时,原来的理论结论就不再成立。因为在这个体系中,中心国家控制着外围国家,外围国家没有应有的地位,贸易的互利性无从谈起,因此,传统国家贸易理论必须抛弃。

然而,打破旧的国际分工格局及相应的国际经济秩序的关键还是在于发展中国家工业化的实现。普雷维什认为,"工业化本身并不是目的,而是那些国家取得一部分技术进步利益、逐步提高其人民生活水平的主要手段。"因此,发展中国家应该只把少量的资源用于初级产品的生产和出口上,而应将更多的资源集中到建立和扩大其现代化的工业上。同时,工业化的进程应该安排得有条不紊。第一步是加快建立现代化工业所需资金的积累。具体办法是在建立工业化初期继续扩大初级产品出口,增加外汇收入,为进口工业化必需的资本货物创造条件。第二步是建立和发展国内进口替代工业。通过进口的国内替代,扶持国内工业的发展。第三步是逐步建立和发展国内出口导向工业。通过大量出口国内生产的工业制成品,改善贸易条件,最大限度地获得国际贸易利益。

但是,要保证发展中国家工业化的顺利实施,就必须抛弃传统国际贸易理论所鼓吹的自由贸易主张,实行保护贸易政策。普雷维什认为,保护贸易政策至少有以下几个好处:一是限制进口可以减少外汇支出,改善国际收支状况;二是提高进口商品关税可以削弱外国商品的出口能力和竞争能力,相对增强本国出口商品的竞争优势,有利于贸易条件的改善;三是对与本国幼稚工业产品相竞争的外国产品设置贸易壁垒,能有效扶持本国新兴工业部门的发展,推动工业化进程;四是对国内市场的保护可以引导国内消费商品国别结构的调整,扩大国内工业产品的国内需求,刺激本国工业的发展。

从保护贸易的政策措施来看,普雷维什认为,既要采用传统的关税手段,也要通过外汇管制、进口配额等非关税办法,实行对本国工业和市场的保护。在出口导向阶段,还应实行有选择的出口补贴等鼓励出口政策,增强国内产品的国际市场竞争能力。他还特别强调保持高水平的积累率的重要意义,主张通过政府采取紧缩财政、发挥私人企业作用、优先扩大工业品生产和出口、合理选择进口替代工业等具体办法来扩大生产性投资在国民收入中所占的比重。

普雷维什还强调指出,发展中国家和发达国家实行的保护贸易在性质上是不同的,后者降低了世界贸易发展水平和速度,而前者则没有。因此,要保持世界贸易的稳定增长和贸易利益的互利分配,发达国家必须放弃其贸易保护主义。在普雷维什看来,发展中国家实行贸易保护主义源于其经济发展的内在要求。除非这些国家放弃经济发展,否则它们就不可避免地采取保护主义措施。保护贸易政策是发展中国家实现工业化的唯一选择,但是发展中国家的保护贸易政策并不会妨碍世界贸易的增长速度。因为它们的政策目标之一是纠正国际贸易中由于需求弹性的不同而产生的一系列不平等因素,缩小制成品与初级产品的收入需求差异。但是发达国家的保护贸易政策则不同,它们的保护贸易政策不仅不是必需的,而且还产生了减低世界贸易增长速度的严重后果。这是因为,这种政策对制成品的保护旨在扩大制成品与初级产品的收入需求差异,而不是相反。另一方面,如果发达国家对本国初级产品的生产也进行保护,则进一步加重了制成品与初级产品之间不平等贸易的程度,世界贸易规模和速度必然会降低。因此,如果发达国家减少或取消保护贸易政策措施,发展中国家出口将增加,世界贸易将会扩大。不仅如此,由于发展中国家存在较高的工业品进口需求弹性,因此贸易形成了"互惠"特征。

5.3.4 简要评价

普雷维什的保护贸易理论是对有关发展中国家国际贸易的开拓性的理论探讨。建立在古典经济学基础上的西方国际贸易理论实际上是以发达工业国的对外贸易为主要研究对象的,而以李斯特、汉密尔顿为代表的保护贸易论则是把一般意义上的不发达国家作为自己的主要研究对象。第二次世界大战以来,不发达国家无论在政治上还是在经济上都有着和以往的不发达国家全然不同的含义,普雷维什的研究正是以这种新的意义上的不发达国家作为自己理论的研究对象。这一开拓性的研究,丰富了国际贸易理论体系。

普雷维什的保护贸易理论代表着发展中国家的利益。普雷维什的理论从分析发展中国家在现存国际分工体系中的不公平地位开始,进一步探讨了发展中国家贸易条件长期恶化的趋势,提出了实行贸易保护主义,走发展本国工业化的道路,打破传统国际分工体系,建立国际经济新秩序的一整套理论政策主张。其出发点是积极的,主要论点在方向上是正确的,基本政策主张也是有意义的。拉丁美洲及其他地区的发展中国家在 20 世纪 60 年代后掀起的工业化浪潮和所采取的政策措施不能不认为是在一定程度上受到了普雷维什理论的影响。

普雷维什的保护贸易理论的突出贡献,在于第一次从理论上和实践上初步揭示了发达国家和发展中国家之间贸易关系不平等的本质。以比较成本理论为基础的西方国际贸易理论的共同的根本缺陷就是搬开生产关系、生产方式对国际贸易的深刻影响,因而难以揭示国际贸易关系的本质特征。普雷维什从发展中国家利益出发,猛烈抨击了传统国际贸易理论的错误观点,揭示了在当代国际分工和国际贸易体系中,发达国家控制和剥削发展中国家的实质,以及现存国际分工格局和国际经济秩序的不合理性。

但是,也应该看到,普雷维什的理论也有其局限性和错误,集中表现在他对资本主义世界经济体系批评的不彻底性和对西方传统国际贸易理论一定程度上的依赖性。例如,发达国家工会组织对产品价格的影响、技术进步利益不公平分配的原因、以资本主义工业化的模式对发展中国家工业化的解释等,以及辛格用需求收入弹性对收入间接转移的分析等,都有不科学的方面。至于发展中国家贸易条件长期恶化的论点,则应作具体的分析。首先应该承认,发展中国家贸易条件的确有恶化的现象,尽管不一定有持续上百年的长期趋势,但是近年来国际市场许多初级产品价格严重下跌则是无法否认的事实。更为严重的是,这些产品价格的下跌并没有出现像西方经济学家所指出的那样会导致需求增加的情况。其次,从原因看,除了国际分工格局不合理这一根本原因外,发展中国家贸易条件恶化虽然和初级产品供求本身有关,但是最主要的则在于发达国家长期实行保护本国初级产品生产的贸易政策。这种政策人为地压缩了对发展中国家初级产品的需求。当然,初级产品的技术含量少、加工程度低、替代品增加,以及发达国家对初级产品自我供应的重视和世界性经济周期的影响等因素也促成了发展中国家贸易条件的恶化。

5.4 战略性贸易理论

产业内贸易理论的发展,加速了各国经济间相互融合、渗透的过程,使得比较优势间的竞争越来越演化成了综合经济实力间的较量,使得国家与国家之间的竞争日趋激烈。随着不完全竞争贸易理论的形成,进入20世纪80年代后,经济学家又将关注的焦点集中到了贸易优势的问题上。在探索如何创造、培育和发挥贸易优势的过程中逐步形成了一种通过保护和扶持某些具有发展潜力的战略产业,创造和强化贸易优势,从而提高本国经济国际竞争力的新的理论观点,即战略性贸易理论(Strategic Trade Theory)。该理论的主要代表人物是布兰德(James Brander)、斯潘塞(Borbara Spencer)、巴格瓦蒂(Jagdish Bhagwati)、克鲁格曼(Paul R. Krugman,1953~　)、赫尔普曼(Elhanan Helpman,1946~　)等。

5.4.1 战略性贸易理论的主要内容

战略性贸易理论认为,在不完全竞争的现实社会中,在规模收益递增的情况下,要提高产业或企业在国际市场上的竞争能力,必须首先扩大生产规模,取得规模效益。而要扩大生产规模,仅靠企业自身的积累一般非常困难,对于经济落后的国家来说更是如此。对此,最有效的办法就是政府应选择有发展前途且外部效应大的产业加以保护和扶持,使其迅速扩大生产规模、降低生产成本、凸现贸易优势、提高竞争能力。可见,战略贸易理论是建立在不完全竞争贸易理论基础上的,是不完全竞争贸易理论在政策领域的具体体现,它为国家进一步干预贸易活动提供了理论依据。

实际上,最早体现战略贸易思想的是布兰德和斯潘塞(1983年)的补贴促进出口的论点。他们认为,传统的贸易理论是建立在完全竞争的市场结构上的,因而主张自由贸易应是最佳的政策选择。但现实中,不完全竞争和规模经济普遍存在,市场结构是以寡头垄断为特征的。这种情况下,政府补贴政策对一国产业和贸易的发展具有重要的战略性意义。在寡头垄断的市场结构下,产品的初始价格往往会高于边际成本。如果政府能对本国厂商生产和出口该产品给予补贴,就可使本国厂商实现规模经济,降低产品的边际成本,从而使本国产品在国内外竞争中获取较大的市场份额和垄断利润份额。同时,未来规模经济的实现也可以为消费者带来利益。

克鲁格曼主要是以进口保护促进出口的论点,进一步丰富和发展了战略贸易思想。克鲁格曼认为,在寡头垄断市场和规模收益递增的条件下,对国内市场的保护可以促进本国的出口。因为进口保护措施可以为本国厂商提供超过其国外竞争对手的规模经济优势,这种规模经济优势可以转化为更低的边际成本,从而增强本国厂商在国内外市场的竞争能力,最终达到促进出口的目的。这就是说,在不完全竞争的条件下,只要规模利益是递增的,那么一个受保护的厂商就可以充分利用国内封闭起来的市场扩大生产规模,不断降低产品生产的边际成本。同时,通过销售经验的积累也会使销售成本沿着学习曲线不断下降,从而降低产品的总成本。本国厂商一旦在边际成本的竞争中具有优势,就可对国外市场成功地进行扩张,从而也就达到了促进出口的目的。

克鲁格曼还认为,对外部性强的产业提供战略支持,不仅能促进该产业的发展,使其在国内外市场扩张成功,而且该国还能获取该产业作为战略支持产业得到迅速发展而产生的外部经济效应。所谓外部经济效应,在这里是指某一产业的经济活动对其他产业乃至整个经济发展产生的有利影响。一般来讲,新兴的高科技产业往往都具有较强的外部经济效应。这些产业所创造的知识和所开发的新技术、新产品,将对全社会的技术进步和经济增长产生积极的推动作用,虽然这些产业的企业可以获得它们对生产知识进行投资所带来的收益,但却不是全部收益,因为知识外溢往往具有无偿性。因此,为了保护企业创造知识的热情,刺激企业的知识开发活动,扩大知识外溢所产生的经济效应,就使政府补贴和扶持变得十分必要。

不难看出,战略贸易理论的核心,是强调政府通过干预对外贸易而扶持战略性产业的发展,是一国在不完全竞争和规模经济条件下获得资源优化配置的最佳选择。

上述战略贸易理论与李斯特的幼稚工业保护理论在一定意义上具有异曲同工之妙,但两者又有本质的区别。一个是基于寡头垄断条件下的贸易保护主张;一个则是自由竞争条件下的贸易保护主张。战略贸易理论所给予保护的是具有规模收益递增特点的战略性产业,这些产业是与幼稚工业有很大区别的。

5.4.2 战略性贸易理论的主要结论

综观战略性贸易理论的基本思想,其主要结论有:

(1) 战略性贸易理论的出发点是增进本国福利，在这一点上与主张自由贸易的传统国际贸易理论并无差异；两者的区别在于最后得出的政策建议。

(2) 战略性贸易理论只针对寡头垄断、不完全竞争和存在规模经济的产业结构。而这些产业往往是具有超额垄断租金并对本国国民经济有技术外溢效应的高端产业。

(3) 建立在不完全竞争和规模经济基础上的国际分工体系是动态的、随机的。在这种分工体系中，政府的政策制定、企业的策略选择都是相互依赖、相互影响的。这留给了政府充分的空间去运用产业政策形成对本方有利的均衡格局。

(4) 一国兴衰的根本在于国际竞争力的大小，在于国家的竞争优势，具有比较优势并不意味着具有竞争优势。在高端产业中，发达国家运用战略性贸易政策已经占据了先行优势。因此，按照传统的劳动生产率和资源禀赋差异形成的比较优势原则进行国际分工，必然导致发展中国家进口资本和技术密集型产品，出口劳动密集型产品。发展中国家永远处于分工链的低端。发展中国家要实现产业升级和经济质的飞跃，完全的自由放任是不可行的。

(5) 重视发挥政府的作用。政府实施战略性贸易政策可以创造出新的比较优势。政府可以通过积极引导国内产业不断集中，以培育大型跨国公司，增强国内产业在国际市场上的竞争力；可以加强对战略性产业的积极引导；还可以通过对一些外部效应较大的重点高新技术产业的研发活动直接提供补贴，或者政府与企业共同实现科技攻关，从而提高一国产业结构的科技含量，充分发挥政府在产业升级和经济发展中的积极作用。

5.4.3 对战略性贸易理论的评价

随着产业内贸易取代产业间贸易而成为国际贸易的主流形态以后，国与国之间的贸易越来越不仅仅来源于各自的比较优势，相反，贸易优势更多的则是来源于各国之间在市场形态、经济规模等方面的差异。由于以比较优势原理为核心的传统贸易理论，是建立在非现实的假定条件下的，因而其所揭示的理想化的贸易形式与现实也就相去甚远，但贸易政策的制定则必须从现实出发，其目标只有通过对竞争优势的发挥才能实现。这种理论的倾斜和政策的逆转，反映了现实的复杂性和国际贸易理论研究长期面临的困惑。战略贸易理论，作为传统贸易理论的补充和发展，不仅在很大程度上解决了被传统贸易理论忽略或不能很好解决的问题，从而使贸易理论更加贴近现实，而且改变了贸易政策选择的思维方式，是政策选择走出了比较优势的误区，由于现实的市场结构是以寡头垄断为特征的，因而自由贸易政策就可能不是一个国家唯一正确的政策选择。当然，战略贸易理论并非无懈可击,其缺陷也是十分明显的。

1. 与传统贸易理论相比的先进性

与传统贸易理论相比,战略性贸易理论的先进性主要体现在:

(1) 对理论基础的重新建立。传统的贸易理论是基于完全竞争的市场条件下各国资源禀赋、技术水平或需求偏好差异等静态的比较优势。而战略性贸易理论则认为在规模经济和不完全竞争的市场条件下,即便是不存在起初的比较优势,一国政府可以通过政策干预的方式创造新的竞争优势,从而促进贸易朝着有利于本国的方向发展。这使得比较优势有了更多的存在基础,因为其不再是拜大自然所赐和固定不变的,而是可以通过后天的努力获得的。

(2) 对技术作用的重新审视。与传统贸易理论相比,战略性贸易理论的又一大突破是确定了国际贸易中技术的内生变量性质。虽然传统贸易理论早就注意到技术进步的作用,但直到 20 世纪 80 年代后期产生的新贸易理论才把技术变化和不完全竞争、规模经济结合起来进行研究,认为企业内部存在着动态的规模经济,技术的改变是企业获得动态规模经济的最重要形式,从而把技术作为内生变量促进了国际贸易的发展。

(3) 对政府作用的重新定位。传统贸易理论的主流观点认为:政府干预导致资源配置扭曲,造成国民福利下降,如关税及非关税壁垒限制进口,政府对出口实施补贴等,都会造成国民福利的净损失。战略性贸易理论则阐明:在规模经济和不完全竞争条件下,一国政府可以借助研究与开发(R&D)补贴、生产补贴、出口补贴、进口征税和保护国内市场等政策手段,扶持本国战略性产业的成长,增强其国际竞争能力,带动相关产业的发展,从而谋取规模经济之利,抢占国际竞争对手的市场份额,转移其垄断利润,提高自身的福利水平。因此,在战略性贸易政策理论中,政府起着非常关键的作用。

(4) 对利益分配的重新分析。传统贸易理论奉行自由贸易政策,主张通过国际分工和专业化生产来进行国际贸易,使参与国双方的福利水平都提高,达到双赢。然而,战略性贸易政策理论却提出了利润转移效应的论点,即把垄断利润从国外厂商转移到国内厂商或本国政府,本国福利的增加是建立在外国福利减少的基础上的。显然,这与传统贸易理论可以增进双方福利水平的论点大相径庭。它的基本前提是国际竞争都具有寡头竞争的性质,而非传统贸易理论的完全竞争性质。

2. 战略性贸易理论的局限性

无论在理论上还是实践上,战略性贸易政策理论都已成功解释了当今国际贸易发展的新现象。其理论在放松了传统贸易理论关于世界市场是完全竞争的这个最根本，同时也是最不现实的假设之后，突破了传统贸易理论对解释一国发展对外贸易中遇到的种种限制，推动了国际贸易理论的发展。然而，战略性贸易理论也存在诸多的缺陷和不足。

首先，由于该理论背离了自由贸易传统，强调适当的政策干预有可能影响市场的运行效果，主张通过政府的直接干预来转移他国利润，从而提高本国的福利水平，并在实践中被扩大化为战略贸易理论的逻辑起点，因而遭到了许多批评。这些批评主要集中在战略贸易理论模型的运用，实际上构成了现代贸易保护主义政策的理论支持，而且一般均衡论是主流经济学的基本概念，战略贸易理论突破传统的分析框架，也在一定程度上制约着该理论在主流经济学中的地位。

其次，尽管战略性贸易政策在实践中确实可以起到扶持相应产业发展的作用，但它毕竟是一种以邻为壑的政策，其实施是以他国利益的牺牲为前提的，因而势必会招致贸易对象国的强烈反应乃至报复，从而引发贸易保护主义的抬头，抵消战略性贸易政策的功效。

第三，如前所述，战略性贸易政策的实施是有许多限制性条件的，其中有些条件是客观存在的，有些条件则不一定能够满足。这种状况必然会使战略性贸易政策运用的现实性和有效性大打折扣。不仅如此，信息的不完全也有可能会导致政府决策的失误，从而造成资源错置，效率降低，甚至产生负面效果的情形。

5.5 新贸易保护主义理论

20世纪70年代中期以后，西方世界长期处于滞胀的经济危机之中。80年代以来，主要工业发达国家的对外贸易发展不平衡，特别是日美贸易摩擦，美国货物贸易逆差急剧上升，成为新贸易保护主义的重要发源地。进入90年代后，由于国际市场竞争激烈，工业国家争夺市场份额的斗争越来越尖锐，对资本主义世界经济体系形成强烈的冲击，有关国家出于经济利益的相关性，都认识到加强国际经济协调十分必要。进入21世纪以来，随着世界经济的不景气，全球性的贸易保护主义大有愈演愈烈之势。为了便于区别它与传统贸易保护主义的不同，人们将新一轮贸易保护主义称为"新贸易保护主义"。

新贸易保护主义理论在继承传统贸易保护主义理论基本思想的基础上，不断推陈出新，逐渐形成自己的特色，并且体现出鲜明的时代背景。如近年来的新福利经济学、地区主义、国际劳动力价格均等化、环境优先等新贸易保护理论关注的对象不再仅仅是经济问题，它更关注政治、社会、环境等综合问题，更强调人、社会、自然环境的和谐发展,因此具有强烈的人文化导向。并具有一定的合理性和隐蔽性。为了使贸易保护措施"合理"、"合法"和更具隐蔽性,西方贸易保护论者积极寻求和提供理论依据。因此,与此相关的贸易保护理论,便成为当今具有代表性的新贸易保护主义理论[①]。

5.5.1 新福利经济学

新福利经济学(New Welfare Economics)又称"新古典福利经济学"。西方学者把 20 世纪 30 年代以后在批判庇古(Arthur Cecil Pigou,1877~1959)福利经济学基础上建立起来的福利经济学称为新福利经济学。1932 年英国经济学家罗宾斯(L. C. Robbins,1898~1984)发表了《论经济科学的性质和意义》,对庇古的福利经济学(又称"旧福利经济学")进行了批评。1939 年卡尔多(N. Kaldor,1908~1986)发表了《经济学的福利命题和个人间的效用比较》,将帕雷托(Vilfredo Pareto,1848~1923)的系数边际效用价值论引入福利经济学,并把帕雷托提出的社会经济最大化的新标准——帕雷托最优(Pareto Optimality)准则作为福利经济学的出发点。随后,卡尔多、希克斯(John Richard Hicks,1904~1989)、伯格森(Abram Bergson,1914~2003)和萨缪尔森等经济学家对帕雷托最优准则作了多方面的修正和发展,并提出了补偿原则论和社会福利函数论,创立了新福利经济学。卡尔多、希克斯的补偿原则,是指某一经济变动虽然有受益者和受损者,如果受益者给予受损者以补偿,使得受损者也接受这一变化,那么这一经济变化就意味着社会经济状态的增进。伯格森和萨缪尔森的社会福利函数是采用社会无差异曲线和效用可能性曲线来确定帕雷托最优状态的最大值,其值由社会无差异曲线和效用可能性曲线的切点所确定。

新福利经济学继承了庇古方法论基础和"最大社会福利"原则,但指出帕累托最优的条件未必存在于现实中,因为增加一部分人的福利的同时可能意味着另一部分人的利益受损。为此,新福利经济学提出补偿性原则,即增加社会福利允许损害一部分人的利益,只要增加的福利在补偿损失之后还有剩余。政府在其中应采取适当政策使受损者得到补偿,如对受益者征收特别税、对受损者给予补偿金,使受损者保持原有地位。从国际贸易政策实践来看,补偿性原则在美国贸易政策上的实际运用便是在立法授权总统或贸易代表降低关税的同时,又设立了某些"保护"条款或免责条款。可见,新贸易保护主义之所以日益具有表面的合理性,

---

① 李轩. 西方新贸易保护主义理论述评[J]. 亚太经济研究,2007(5):15~17,56.

增进国民福利是其最大理由。

5.5.2 地区主义新贸易保护理论

1994年,英国学者蒂姆·朗和科林·海兹在《新贸易保护主义》一书中提出,地区经济主义新贸易保护论"旨在通过减少国际贸易和对整个经济的重新定位及使其多样化,让它朝向地区或国家内生产的最大化方向发展,然后以周边地区作为依赖对象,并且只把全球贸易作为最后选择。"

他们认为在目前的世界环境中,自由贸易所带来的问题比其期望解决的问题多,鉴于自由贸易无法解决贸易与发展、贸易与环境等问题,因此必须用新的贸易保护主义取代它,新贸易保护主义主张:首先要加强地区间合作,实施新型的地区主义。"自力更生应该成为国家内部以及一个地区的国家之间的一个共同目标,这样可以使他们在力所能及的范围内最大限度地满足需要和提供服务,如果经济活动是为自力更生提供服务,那么他们对国际贸易的依赖程度就会降低,经济增长会受到无情竞争的影响也会减少,当生产和就业必须一致为了满足地方需要而服务时,就应该重新将经济活动定位,使其摆脱出口导向的模式。"

实行地区性贸易保护主义后,既可以利用本地资源,促进经济发展、增加福利,又可以改变发展中国家在国际贸易结构中的不利地位,同时还可以保护环境促进人类可持续发展;新贸易保护主义还主张为使地区经济发展,来实现贸易平衡和保护世界环境,这就需要一国根据预期的出口量控制进口量并且要使两者严格平衡,并制定高标准的进出口限制规则。

5.5.3 国际劳动力价格均等化新贸易保护论

国际劳动力价格均等化新贸易保护论的基本观点是:由于西方发达国家的工资水平远远超过发展中国家,如果西方国家不对发展中国家实行贸易限制,将会造成发达国家工人的工资水平向低收入国家的工资水平看齐,从而导致发达国家生活水平的下降,因此发达国家应该对发展中国家的劳动密集型产品实行贸易限制。进入20世纪80年代以来,发达国家受到低增长和高失业率的困扰,增加了大工业的保护,抵制发展中国家的进口,1993年发展中国家将近1/3的出口产品受到发达国家的配额制和其他非关税壁垒限制。

5.5.4 环境优先新贸易保护论

环境优先新贸易保护论主要表现在借保护世界环境之名限制国外产品的进口,保护本国衰退的劣势产业,其主要论点是:由于人类生态系统面临巨大威胁,在国际贸易中应该优先考虑保护环境,减少污染产品的生产与销售,为了保护环境,任何国家都可以设置关税和非关税壁垒控制污染产品进出口,同时任何产品都应将环境和资源费用计入成本,使环境和资源成本内在化。事实上,当今社会许多发达国家还主要采用以技术壁垒和环境壁垒为核心的非关税壁垒措施,以保护环境、保护人类、动植物的生命健康安全为名,行贸易保护之实。

5.5.5 新贸易保护主义理论评析

纵观新贸易保护主义理论思想,多是基于人文化的贸易导向,倡导或主张人与自然、社会和谐发展,有其一定的合理性和合法性。在传统贸易保护理论中,无论是重商主义贸易思想,还是凯恩斯的超保护贸易理论,其导向均是为了维护本国的贸易顺差地位,确保本国贸易经济的良好发展。而新贸易保护主义理论由贸易政策开始延伸到对方国家的社会政策,甚至政治政策。新贸易保护主义的贸易人文化倾向让贸易平台承载着贸易中的环境、经济、福利、代内与代际公平等诸多因素,追求非贸易利益使得知识产权、环境、劳工标准等问题成为焦点,并有着不断扩大的趋势。事实上,将贸易和社会、政治等非贸易利益挂钩并不能很好地解决非贸易利益问题,但可能使新时期的贸易保护看起来似乎更合乎常理,从而混淆了问题的本质。

新贸易保护主义理论的保护环境、保护劳动者工资水平和就业、保证地区经济发展等观点,都一致认为无障碍的自由贸易已经不再是一种公平的贸易。当今国际贸易要公平开展必须有一套衡量的尺度,如劳动力价格均等化理论认为,目前在劳动力市场上就存在极大的不公平性,发展中国家低劳动力成本和发达国家高劳动力成本之间的竞争导致发达国家劳动密集型产品存在大量的逆差,因此要采取贸易保护干预,制止这种不公平的开展。可见,发达国家的公平贸易尺度最终还是以维护自身利益为标准的。目前,这种尺度只对发达国家有利,而损害发展中国家的利益,影响发展中国家经济发展的进程。不仅如此,新贸易保护主义理论还借公平贸易为由,行贸易保护之实。如发达国家肆意挥舞反倾销的大棒,歧视发展中国家。当今世界,反倾销已成为新贸易保护主义的主要贸易保护手段,其主要的指控对象是包括中国在内的所谓"非市场经济国家"。

新贸易保护主义理论从根本上削弱甚至使对方丧失国际竞争力。其主要表现在:通过征收高额的反倾销税等削弱对方国家的国际竞争力;通过设置技术性贸易壁垒使发展中国家丧失高附加价值产品的国际竞争力;通过设置动植物检疫标准、劳工标准等,使发展中国家丧失在劳动密集型产品出口方面的国际竞争力。

值得提及的是,新贸易保护主义理论对发达国家的贸易保护适得其反。新贸

第5章 国际贸易保护理论

易保护理论重视环境保护符合人类可持续发展的目标,提出劳工标准也有助于保护劳动者的基本权利。但是无视发达国家和发展中国家在环境保护及劳动条件方面的较大差距,将其与贸易挂钩,纳入 WTO 框架,不仅会削弱发展中国家在劳动密集型产品出口方面的优势,严重损害发展中国家的利益,而且由于发展中国家市场的萎缩,也必将影响发达国家的市场开拓。

本章小节

纵观贸易保护理论演进的基本过程,可以看出为保护寻求理论依据的努力从来没有停止过。而且保护贸易理论的不断发展使以自由贸易理论为主线的国际贸易理论更加丰富,是更贴近现实的理论解释。

早在汉密尔顿及李斯特的幼稚产业保护理论之前,重商主义者已经为保护贸易提出了理论依据。美国首任财政部长汉密尔顿幼稚产业保护思想的提出,标志着与自由贸易理论体系相对立的保护贸易理论体系的初步形成。德国经济学家李斯特提出了以生产力理论为基础,以保护关税制度为核心的幼稚产业保护学说,不仅为落后国家工商界保护贸易的需求提供理论根据,也进一步完善和系统化了汉密尔顿的幼稚产业保护理论。

超保护贸易理论是凯恩斯主义在 20 世纪 30 年代提出来的国际贸易理论,与其他贸易理论都从微观的角度进行分析不同,该理论从宏观角度论证了对外贸易差额对国内经济的影响,主张国家干预经济,实行奖出限入的政策。此外,属于超保护贸易理论的论点还有改善国际收支论、改善贸易条件论、夕阳产业论、纠正国内市场扭曲论和保护就业论等。

第二次世界大战后,阿根廷经济学家的劳尔·普雷维什等,代表广大发展中国家的利益,对传统国际贸易理论进行了批判和否定,提出了"中心—外围论"、"贸易条件恶化论"等一系列理论政策观点,强调发展中国家只有采取保护主义政策,才能求得经济的自主发展和政治独立的稳定性。

20 世纪 80 年代以后,以布兰德、斯潘塞和克鲁格曼等为代表的战略性贸易理论,其核心是强调政府通过干预对外贸易而扶持战略性产业的发展,是一国在不完全竞争和规模经济条件下获得资源优化配置的最佳选择。该理论的先进性体现在对国际贸易理论基础的重新建立、对技术作用的重新审视、对政府作用的重新定位和对贸易利益分配的重新分析等方面,从而推动了国际贸易理论的发展。

20 世纪 80~90 年代,特别是进入 21 世纪以来,新一轮贸易保护主义逐步盛行。为了使贸易保护措施"合理"、"合法"和更具隐蔽性,西方贸易保护论者积极寻求和提供理论依据。这其中的代表性理论主要是新福利经济学、地区主义、国际劳动力价格均等化、环境优先等新贸易保护理论。

【重要概念】

幼稚产业　对外贸易乘数　中心—外围论　贸易条件恶化论　外部经济效应　新贸易保护主义理论　国际劳动力价格均等化

【复习思考题】

1. 简述汉密尔顿的保护关税论。
2. 简要述评李斯特的幼稚工业保护理论。
3. 试论凯恩斯的超保护贸易思想。
4. 如何认识发展中国家的保护贸易理论？
5. 根据贸易条件恶化论的思想，发展中国家贸易条件恶化的主要原因有哪些？
6. 试述战略性贸易理论的主要内容和结论。
7. 如何评价战略性贸易理论？
8. 如何理解和评价新贸易保护主义理论？

第6章 国际贸易政策演变

国际贸易政策是世界各国和各地区之间进行货物和服务交换时所采取的政策种类。而对外贸易政策则是从单个国家的角度,来研究一国在一定时期内对进口贸易和出口贸易所实行的政策。对外贸易政策是国际贸易政策的主要内容,也是研究国际贸易政策的逻辑起点,因此,国际贸易政策的研究重点就是对各国对外贸易政策演变的历史考察和规律研究。贸易政策是关于国际贸易理论的具体运用和有关贸易利益在国家之间分配的现实问题。如何制定与完善,以及有效执行合理的对外贸易政策,不仅是国际贸易学主要的研究领域,也是社会各界所普遍关心的问题。

6.1 国际贸易政策概述

6.1.1 对外贸易政策的含义、目的及构成

1. 对外贸易政策的含义、目的

一国的对外贸易活动总是在一定的对外贸易政策的指导下进行的。一般而言,对外贸易政策是指一国根据本国的政治及经济状况制定的管理对外贸易活动的条例、法律、法规等原则和制度的总和。它是该国经济政策和对外政策的重要组成部分,是为促进本国经济发展和社会稳定以及维持国家之间正常外交服务的。具体来说,各国制定对外贸易政策的目的主要在于:① 保护本国市场,发展民族经济;② 扩大本国产品的出口市场;③ 促进本国产业结构的优化升级;④ 有利于本国经济发展和社会稳定;⑤ 维护本国对外的政治经济关系。

2. 对外贸易政策的构成

不同的政治及经济现状决定不同的国家甚至在不同的历史时期都有不同的贸易政策具体内容,因而贸易政策的制定具有动态性,应根据社会具体情况及时

予以调整。但贸易政策的构成是基本相似的,都主要由以下三部分组成:

(1) 对外贸易总政策。包括进口总政策和出口总政策。它是从国民经济的整体情况出发,在一个较长的时期内实行的对外贸易总的原则、方针和战略。它通常与一国的经济发展战略相联系,对一国的对外贸易活动具有方向性的指导意义。

(2) 进出口商品政策。它是根据对外贸易总政策及国内的产业结构、不同商品在国内外的供求情况,结合考虑就业和国际收支等因素,对于不同商品分别制定内容不同的具体政策。如扶植若干战略产业部门产品的出口,管理出口秩序混乱的商品的出口,同时限制某些种类的商品进口等。它通常是该国的产业发展战略一定程度的反映。

(3) 对外贸易国别政策。它是根据对外贸易总政策及对外政治、经济关系制定的对不同的国家或地区实行区别对待的贸易政策。

实际上,上述三部分内容是相互交织在一起的,后两者离不开对外贸易总政策的指导,而对外贸易总政策也不是抽象存在的,它必须通过具体的进出口商品政策和国别对外贸易政策得以体现。

6.1.2 对外贸易政策的类型

1. 对外贸易政策的基本类型

从对外贸易的历史和实践来看,对外贸易政策有两种最基本形式,即自由贸易政策和保护贸易政策。

自由贸易政策(free trade policy)是指国家对商品和服务的进出口不加干预,取消对进出口贸易的限制和障碍,取消对本国进出口商的各种特权和优待,使商品和服务能够自由输出入,在国内外市场上自由竞争,从而使资源得到最有效配置。其核心就是奉行"不干预政策"的中性政策。

保护贸易政策(protective trade policy)是指国家积极干预商品和服务的进出口,广泛采取各种措施限制国外商品和服务的进口,保护本国的商品和服务在本国市场上免受竞争,同时对本国商品和服务的出口给予优待和补贴,以鼓励出口。其核心是奉行"奖出限入"的积极干预政策。

纯粹的自由贸易政策在现实中并不存在。标榜自由贸易的许多发达国家,总是会或多或少、或明或暗地对本国的某些产业市场进行保护。在贸易自由化不断发展的当今世界里,虽然传统保护贸易政策措施的使用受到多方面的限制,但是各种新的保护措施层出不穷,各国贸易政策仍表现为自由贸易和保护贸易不同程

第6章 国际贸易政策演变

度的糅合。这样,各国贸易政策的制定,仍面临在自由贸易政策和保护贸易政策之间如何权衡这一主要问题。

2. 自由贸易政策和保护贸易政策的比较和选择

各国贸易政策制定的首要问题,仍是需选择以自由贸易政策为主,还是以保护贸易政策为主。自由贸易政策和保护贸易政策各有利弊,如何取舍关键取决于本国的经济发展需要,以及国际经济环境的要求。

从经济发展的内在规律来说,自由贸易政策可以减少甚至消除由于人为干预对经济的扭曲,注重价格机制对经济自发地调节,因而从理论上更利于资源在世界范围内的更有效配置,形成互相有利的国际分工,扩大世界各国的国民真实收入,有助于参加贸易各国和世界整体福利的增加,总体上来说更符合经济发展的内在规律。同时对一国来说,在自由贸易条件下,可以自由进口廉价商品,从而减少国民开支,提高利润率,促进本国的资本积累,更有效实现经济增长。从经济效率上的比较来看,自由贸易与保护贸易相比也具有突出优势,实行自由贸易可以反对垄断,加强竞争,提高经济效率。因而从全球经济角度来说,条件允许的时候,各国应积极推行自由贸易政策,以促进世界总体福利水平的更快增长。

当然自由贸易并非完美无缺。首先,自由贸易理论是在完美的市场经济条件下得出的结论。那么当存在市场失灵或扭曲时,自由贸易可能不一定是最优的政策选择。其次,自由贸易论的严密理论抽象,在很多时候与现实社会相去甚远。有些社会发展目标(如社会公平)往往并不能被市场机制(如价格)所充分反映,因而是依据自由贸易理论所无法实现的内容。再次,从各国的局部利益来说,由于各国经济发展的不平衡,自由贸易给各国带来的利益分配有较大差距,以至于完全遵循自由贸易理论,发展中国家总是面临贸易利益与长期发展之间的矛盾。正如有人所言,在绝对不平等的国家之间强求绝对的自由和平等,本身就是绝对的不平等。自由贸易的实行也并非无条件。保护贸易的理论主张正是抓住了自由贸易存在的问题,通过对自由贸易提出批判而推行自己主张。有代表性的主张可以总结为三类:

第一类,赞成贸易保护的传统观点。如:第一,促进发展中国家的生产力的发展和经济增长。在双方经济实力存在较大差别时,无条件的自由贸易只会使欠发达国家处于国际分工的较低层次,永远居于落后地位。国际贸易利益不仅包括短期和静态的,同时也包括长期和动态利益。为了获得长远利益和促进本国的经济发展,采用保护贸易政策以期获得长期的发展利益,是绝大多数发展中国家采取适度保护政策的初衷。第二,保护本国的幼稚产业,改善国内的经济结构。在自由竞争的环境中是无法建立本国的幼稚工业的。一个幼稚产业在初期总是处于有限的生产规模,是无法与国外已经实现规模化生产的产品竞争。从外部规模经济看,保护新兴工业的发展,虽然有一定的代价,但保护的结果,不仅促进了被保护工业的发展,间接带动相关部门的进步,而且使有关的知识和技能得到传播,带动整个社会的技术进步。第三,改善贸易条件。当一个大国即它的进口量占世界总进口量较大份额时,对此进口商品征收关税和限制进口时,就可以压低进口商品的价格,从而改善征税国的贸易条件,增进福利。这也是"最优关税论"的理论由来。同时,对进口征税进行限制还可以增加政府收入,对发展中国家意义重大。传统的赞成贸易保护的政策主张,还有包括实现一些社会目标:譬如为了保障国家安全、保护本国人民身体健康、改善国际收支和增加就业等。基于此类原因对某些战略产品,如军备物资、先进技术和粮食等以及有关人民身体健康的食品、生活消费品和医药产品等,实行进出口的严格限制,也为现行国际贸易规则所认可。

第二类,赞成贸易保护的新观点。尤其是20世纪80年代以来,一些新的保护借口层出不穷,并且有相当部分也得到了WTO规则的承认。例如:

(1) 反对倾销和补贴,维护公平贸易。保护贸易论者打着"公平贸易"的旗号,认为自由贸易在经济上是不明智的,在政治上是幼稚的。授予对进行倾销和补贴的对象国以实施一定报复措施的权利,来恢复贸易公平,保证贸易的互惠互利,这已经成为WTO的一项基本原则。

(2) 环境标准和劳工标准。一旦外国公司的环境标准和劳工标准偏低,就认为他们实行了社会倾销,因此需要用关税来抵消。还有发达国家借口减少发展中国家低工资生产的进口商品的冲击,也成为他们实行限制进口的理由。

(3) 保护生态环境的绿色壁垒和技术性壁垒等。涉及的内容非常广泛,不仅包括初级产品、中间品乃至制成品和服务,在研制、产品设计、生产加工、包装、运输、销售乃至消费的整个过程,都应符合有关国际环保公约、国别环保法律、法规和标准,未达到标准进口就要受到限制。

当前各类新贸易保护论具有以下重要特点:

(1) 寻找更加中性的借口,具有促进与阻碍国际贸易发展的双面性。

(2) 具有更合理的外衣,借管理贸易之名,行保护贸易之实的实际功效。

(3) 关注的焦点已由经济问题到社会问题,由产业发展转向了人本身及生物总体。

(4) 对发展中国家对外贸易的发展提出更严峻考验。如在环境问题上,发展中国家在标准的制定与协调上,均处于明显弱势地位。发达国家通过提出这样问题,不仅达到降低发展中国家商品竞争力的目的,同时也是为发达国家的先进环

第6章 国际贸易政策演变

保产业寻找更广阔的国际市场。

第三类,贸易保护的政治经济学观点。自由贸易会使社会整体受益,但对国内收入的分配会产生重大影响。贸易使一部分人受益,另一部分人利益受损,因而一国选择自由贸易还是保护贸易,常常是内部利益集团斗争的产物。一国的贸易政策的制定往往是一般选民、作为选票投票者、信息传播者和政治献金者的利益集团和政府在政策制定过程中的博弈结果。国际贸易政策的制定从来都不是完全受经济规律支配,政治因素的影响完全可能导致贸易实践背离比较优势的经济规律。一般出口生产部门的利益集团更赞成自由贸易,进口竞争部门的利益集团会反对自由贸易,极力倡导对进口部门的保护。根据国内外对利益集团的研究,国内竞争力下降并日趋衰落的部门,如沸沸扬扬的纺织品争端到钢铁业的摩擦,一般更易受到政府保护,且保护程度往往较高。即使代价昂贵,但政治的需要和利益集团的力量使明显有悖经济规律的贸易保护,成为即使是竞争力和发展水平都高的发达国家对外贸易的常态。

从以上的分析可知,自由贸易虽然更符合经济发展规律,但出于种种原因,采取保护贸易的措施来实现一定目的,仍是国际贸易中的普遍现象。正如自由贸易理论和保护贸易理论既对立,又互补一样,自由贸易政策和保护贸易政策也具有兼容的一面。两者之间既相互对立、相互排斥,又相互统一、相互协调,从而形成一个对立统一的政策体系。而且实际中,目前各国和地区所实行的对外贸易政策均是两者不同程度结合的统一体,即两种政策的组合,只不过是在不同时期根据不同的经济条件和经济目标有所侧重而已。发展中国家在实行保护贸易政策的同时,也不应排斥自由贸易,应在逐渐提高经济实力的同时,逐步扩大自由贸易的程度和范围,逐步降低贸易保护。而发达国家更不应该滥用保护政策,也不应该利用自己的优势地位强迫其他国家实行自由贸易政策。

3. 管理贸易政策的广泛运用

在新贸易保护主义的基础上,自20世纪70年代中后期以来,出现了一种介于自由贸易和保护贸易之间的管理贸易理论。在此理论的指导下,世界范围内出现了管理贸易制度,又被称为"有组织的自由贸易"和"协调管理贸易制度"。

管理贸易理论是兼有两者特点的贸易理论,它在一定程度上遵循自由贸易的原则,又要满足贸易保护的现实需要,核心是将贸易保护合法化、制度化。在此理论基础上产生的管理贸易政策(managed trade policy)又称"协调贸易政策",是指国家对内制定一系列的贸易政策法规,加强对外经贸有秩序、健康发展的管理;对外通过谈判签订双边、区域或多边贸易协定,协调与其他贸易伙伴在经济贸易方面的权利和义务。

管理贸易政策是20世纪80年代以来,在国际经济联系日益加强而新贸易保护主义重新抬头的双重背景下逐步形成的。在这种背景下,为了既保护本国市场,又不伤害国际贸易秩序,保证世界经济的正常发展,各国政府纷纷加强了对外贸易的管理和协调,从而逐步形成了管理贸易政策或者说协调贸易政策。管理贸易是介于自由贸易和保护贸易之间的一种对外贸易政策,是一种协调和管理兼顾的国际贸易体制,是各国对外贸易政策发展的方向。

由此可见,管理贸易制度具有以下主要特点:

(1) 管理贸易提倡贸易自由化,但在自由化的过程中,政府会采用国内立法和对外签订贸易条约的形式对贸易行为进行干预,以此规范贸易秩序,为本国的商品输出创造良好的竞争环境。

(2) 管理贸易主要采用的是非关税壁垒措施,不违背降低关税壁垒的自由贸易原则。通过各种政府间协议、国际协定、国内立法、民间协商等方式管理进出口。

(3) 政府所要达到的目标是适度的经济增长、低失业、低通货膨胀率和国际收支平衡等宏观经济目标的实现,以及管理进出口,控制进出口价格、缓和国际间的贸易摩擦等。

管理贸易制度的核心是加强国内的贸易法规、法令和国际贸易协定与条约来约束贸易行为,实际上使贸易保护行为更加合法化和制度化。具体说来,在实践中对内通过设立对外贸易管理机构,制定外贸管理法律、法令,对进出口宏观调控和行政管制;通过对外汇、信贷、商品质量和税收各种手段的运用实行对口管理。对外,则主要是通过以下方式进行:

(1) 参加国际贸易组织和多边贸易协定使成员国之间行为规范化。如加入WTO、国际货币基金组织、世界银行和其他国际组织。

(2) 参加双边、区域性贸易集团,协调成员国的贸易行为。

(3) 通过政府间的卡特尔控制和管理某种商品的生产和销售。如石油输出国组织(OPEC)通过产量限制与价格协议所进行的石油出口贸易。

(4) 通过签订商品综合方案和各种长、短期合同进行贸易。

(5) 强调"公平贸易"和互惠贸易。

(6) 各种自愿出口协议和有秩序的销售安排等。

近年来,管理贸易在国际贸易中的盛行,使管理贸易制度已经成为国际贸易政策的主要形态。管理贸易制度的出现有深刻的理论和现实背景,其中包含了保护贸易的诸多措施和因素,它一方面使贸易保护更加制度化和法律化,加强了国家对于对外贸易的管理和控制,另一方面仍以渐进的贸易自由化为前进方向。虽然起源于发达国家,也被发展中国家所普遍采用,它在一定程度上反映了国际贸易发展的现实,具有很强的政策借鉴意义。

6.1.3 对外贸易政策的制定与执行

1. 制定对外贸易政策应考虑的因素

一国的对外贸易政策是该国经济政策和外交政策的重要组成部分。一国通过对外贸易政策影响其对外贸易规模、结构、流向和利益分割,既应体现该国的政治外交原则,又要维护本国的经济贸易利益。因此,一国在制定具体的对外贸易政策时,主要应考虑以下因素:

(1) 国内外经济实力的对比和本国产品在国际市场上的竞争能力。一般来说,经济比较发达、国际竞争力较强的国家,总体上倾向于自由贸易政策,反之则倾向于保护贸易政策。

(2) 本国的经济结构与比较优势。一般国家对本国具有比较优势和在国际市场上具有一定竞争力的产业部门,相对采用自由贸易政策。而对本国的幼稚的战略产业,则倾向于采用保护贸易政策。

(3) 本国的国际收支及贸易差额状况。本国的国际收支出现大量逆差时,往往倾向于更多地采用贸易保护的措施,反之则倾向于实行贸易自由化。

(4) 本国国内市场的商品供求状况。本国国内市场上商品的供大于求,则应适当限制过量进口,反之则可以采取相对自由的贸易政策措施,适当增加国外商品进口。

(5) 本国与别国在经济、投资方面的合作情况。与别国经济合作的程度较深的国家往往倾向于相对自由的贸易政策。

(6) 本国在多边或双边协议及世界经济、贸易组织中应当享受的权利和应尽的义务。为了履行本国在多边或双边协议中所承担的义务,同时享受相应的权利,是影响当今各国和地区对外贸易政策制定的重要现实因素。

(7) 各种利益集团及消费者力量的对比。不同的利益集团有不同的政策主张。一般说来,同进口相竞争的行业所组成的利益集团是推行贸易保护的主要力量,而出口部门组成的利益集团及消费者组织等多是自由贸易的推崇者。不同势力的力量对比,往往会影响政府的政策取向。

(8) 各国政府领导人的思想和贸易理论。通过研究历史我们也可以发现,政府领导人的不同,其所持的政策主张不同,往往各国和地区不同时期的对外贸易政策也不同。由此可见,各国政府领导人的思想和贸易理论也是影响对外贸易政策的不可忽略的因素。

此外,为了配合一定的政治与外交需要,对某些国家在一定时期内采取相对自由或相对歧视的政策,也是制定对外贸易政策时应考虑的因素。出于对本国的生态平衡和文化遗产进行保护,采取适当保护政策也是国际贸易惯例。

2. 对外贸易政策的制定

众所周知,各国对外贸易政策的制定与修改是由国家立法机构进行的。这类立法机构在美国是国会,在英国是议会,在法国是国民议会,在德国是联邦议会。最高立法机构在制定和修改有关规章制度前,要征询各个经济集团的意见。例如,发达国家一般要征询大垄断集团的意见。各垄断集团可以通过各种机构,与企业联合会、商会的领导人经常协调,协调共同立场,向政府提出各种建议直至派人参与制定或修改有关对外贸易的法律草案。

最高立法机构所颁布的对外贸易各项政策,既包括一国较长时期内对外贸易政策的总方针和基本原则,又规定某些重要措施以及给予行政机构的特定权限。例如,美国国会往往授予美国总统在一定的范围内制定某些对外贸易法令,进行对外贸易谈判,签订贸易协定,增减关税,确定数量限制等权利。

3. 对外贸易政策的一般执行方式

各国对外贸易政策通常通过以下方式执行:

(1) 通过海关对进出口贸易进行管理。海关是国家行政机关,是设置在对外开放口岸的进出口监管机关。海关一般设置在陆地边境和沿海口岸。由于近代航空运输和铁路运输的发展,对外贸易的货物进出境人员的行李物品等,可以从国外直达内地。因而在开展国际航空国际联运、国际邮包邮件交换业务,以及其他有外贸业务的地方也设置海关机构。它的主要职能是:对进出国境的货物和物品及运输工具,进行实际的监督管理,计征关税和代征法定的其他税费;查禁走私,一切进出国境的货物和物品运输工具,除国家法律有特别规定的以外,都要在进出国境时向海关申报,接受海关检查后放行。

(2) 国家广泛设立各种机构,负责促进出口和管理进口。在西方国家,对外贸易政策是按照分权制衡的原则来管理和实施的。具体来说,就是通过国家立法机构制定或修改对外贸易政策,而由有关的行政机构来监督和管理对外贸易。各国管理对外贸易机构有的是综合式的,有的是归口管理,其他部门配合。如美国根据联邦宪法规定,美国对外贸易的国家调节职权属于国会,联邦政府则根据国

第6章 国际贸易政策演变

会立法制定和执行外贸政策。其实美国在制定和执行对外贸易政策方面的职权很大程度上分散于政府很多部门,出口管理工作的职能由商务部、国防部、能源部等分别执行,进口管理的权限属于联邦政府商务部国际贸易委员会。英国对外贸易管理机构集中在贸易部;法国管理对外贸易的机构有总统领导的国际委员会,以及外贸部、经济部共同领导的对外经济关系司等;德国政府中主管对外经济贸易的是联邦经济部,其次还有外交部、财政部、食品和农林部;日本通产省是日本政府制定外贸政策和管理外贸的主要部门。我国的对外经济贸易由商务部统一归口管理。

(3) 国家政府出面参与各种国际经济贸易等国际机构与组织,进行国际经济贸易等方面的协调工作。这些机构和组织主要包括:第一,与联合国有关和下属的一些国际组织,如 WTO、国际货币基金组织(IMF)、世界银行(WB)、联合国工业发展组织(UNIDO)、联合国粮农组织(FAO)等;第二,种类繁多的双边的或多边的经济贸易集团,如欧盟(EU)、北美自由贸易区(NAFTA)等;第三,政府间建立类似于卡特尔的国际组织来管理共同的对外贸易行为,如石油输出国组织(OPEC);第四,对某些种类的商品进出口所采取的管理和约束的国际间商品协定。

6.2 对外贸易政策的历史演变与发展

一国的对外贸易政策应随着世界政治经济形势及国际关系的变化,本国在国际分工体系中地位的变化,以及本国商品在国际市场上竞争能力的变化而不断调整。因此,不仅在同一时期的不同国家往往实行不同的对外贸易政策,而且在不同时期,同一国家也往往实行不同的对外贸易政策,从而使对外贸易政策的演变与发展具有明显的阶段性。

6.2.1 中世纪时期:鼓励进口的政策

在 11~15 世纪,西欧各国实行的对外贸易政策与其他时期明显不同,大都奉行的是鼓励进口,限制甚至禁止出口的政策。这与当时许多国家生产力还较为低下,物资短缺情况相适应的。鼓励进口政策的制定主要出于这样几个方面的考虑:第一,为了维持国内生活必需品,特别是粮食的供应。由于此时的生产力发展相当有限,物资供应短缺,导致许多国家政府采取措施来鼓励粮食和其他必需品的输入,严格限制出口,即所谓"丰足的政策"(Policy of Plenty)。第二,为了建立强大的军事力量。这也促使许多国家竞相储藏各种战略物资,如木材、生铁、硝石、马匹和蜡等,而对这类物资的出口加以限制。第三,为了增加政府的财政收入。这时候对外贸易的有关税收是财政收入的主要来源之一。

这一时期各国采取的对外贸易措施主要包括:第一,不仅对进口征税,对出口也征税甚至禁止出口。第二,建立市场、集市和中心贸易城镇以吸引外国商人,在进口方面展开相互竞争,同时增加税收。

6.2.2 资本主义生产方式准备时期:重商主义的贸易保护政策

公元15~17世纪的欧洲正处于原始资本积累时期,亦即资本主义生产方式准备时期。海外贸易的范围空前扩大,西欧对亚洲、美洲、非洲的殖民掠夺,使大量金银流入西欧,促进了商品货币经济的蓬勃发展,社会财富的重心由土地转向金银。为了完成资本的原始积累,英法等资本主义国家信奉重商主义的学说和政策,积极推行国家干预对外贸易的做法,采用严厉的贸易保护措施。认为金银货币是财富的唯一形态,财富来源于流通领域。因此,这一时期的国家经济政策和一切社会经济活动都是为了获得金银货币,在对外贸易领域追求贸易顺差以增加本国的金银货币。更多的金银货币使统治者可以有更强大的军队以加强国内的统治,同时可以占有更多的殖民地。不仅如此,更多的货币也可以使商业活动更活跃,政府可以刺激国民产出,增加就业。因为在一个时点上,金银的总量是固定的,一国的获利就是他国的损失,因而重商主义鼓吹的是经济民族主义,认为国家利益在根本上是冲突的。

重商主义的政策主张可以分为两个时期,早期重商主义的政策特点为:第一,国家严格管制金银的流出;第二,在对外贸易上,要求尽量多卖少买,甚至只卖不买;第三,要求对每个国家的每笔交易都要保证实现顺差,故也被称为"货币差额论";第四,执行财政关税政策。

晚期重商主义的政策特点是:第一,在金银方面,允许金银输出,但要从事海外贸易,尤其是大力发展转口贸易;第二,在对外贸易上,主张既要多卖也要多买,要多进口国外廉价的原料、饲料,降低国内的生产成本,鼓励扩大本国农产品和工业品的出口;第三,在对外收支上不必对每个国家的每笔交易都要保证实现顺差,只要该国在一定时期总的对外贸易保持顺差就可以,因而也被称为"贸易差额论";第四,执行的是保护关税政策,保护国内的工场手工业的发展。

重商主义最早出现在意大利,后来在西班牙、葡萄牙和荷兰、英国、法国、德国都实行过,如法国早在17世纪就出现过著名的"柯尔培尔主义"(Colbertisme)。但以英国的贸易政策最为系统和典型。英国当时采取的具体措施多种多样,主要包括:

(1) 国家垄断对外贸易,私人部门不得从事对外贸易活动。

(2) 采取严格的进出口贸易的管理体制。为保护其最重要的纺织工业,禁止纺织品的进口,禁止纺织工业机器出口,除原料外,对其他商品都课征高额保护关税,以限制国外商品的进口,禁止奢侈品的进口。在1660~1689年间,颁布"谷物法",规定进口小麦的最低价格来限制谷物的进口,规定只有当小麦每夸特的价格涨到80先令时才允许进口。与此同时,为保证本国的生产,对原材料,如羊毛、棉、麻、铁以及造船用品等,则奖励进口,而且配合严酷的法令禁止出口。

(3) 对本国的出口商品给予津贴、出口退税和减、免出口税的方式进行鼓励,同时对竞争力较弱的工业品和农业进行扶助。

(4) 1651年通过重要的《航海法案》(Navigation Acts),规定一切输往英国的货物必须使用英国的船只或原出口国的船只装运,对亚洲、非洲及美洲的贸易必须用英国或殖民地的船只来运输,以夺取荷兰的海上霸权。

(5) 国家采用军事手段,争夺殖民地;实行独占性的殖民地贸易政策,设立独占经营的殖民地贸易公司(如东印度公司)垄断殖民地的对外贸易;并给殖民地以优惠关税,便于原料和粮食的进口,降低本国出口产品的成本,使殖民地成为本国制成品的市场和本国原料的供应地。

(6) 鼓励人才引进,限制人才外流,同时奖励人口出生,增加劳动力供应。

(7) 宣传排外思想,以购买本国货为荣。

由于实行重商主义政策,英国积累了大量的货币资本,使英国的资本主义迅速发展,为资本主义生产方式的最终确立起到了一定进步作用。

6.2.3 资本主义自由竞争时期:自由贸易政策和保护贸易政策

18世纪中叶至19世纪末,资本主义进入自由竞争时期,在资本主义的经济基础上建立了适合工业资产阶级利益的对外贸易政策。但由于各国工业发展水平的不同,世界市场上的竞争地位不同,所采取的贸易政策也不完全相同。

---

① 让·巴蒂斯特·柯尔培尔(Jean-Baptiste Colbert,1619~1683)是17世纪法国政治家、国务活动家,是晚期重商主义在法国的代表人物。在他担任财政大臣期间,推行了一整套重商主义政策,被称为柯尔培尔主义,使法国的重商主义成为欧洲其他各国重商主义的典范。

1. 英国的自由贸易政策

18世纪60年代,在英国开始的产业革命使其工业迅速发展,1820年英国的工业生产在全球生产中的比重为50%,"世界工厂"的地位确立并得到巩固。一方面,其产品具有强大的国际竞争力,具有增加出口的绝对优势;另一方面,大量的出口需要原料和粮食进口的增加,因此,新兴的工业资产阶级迫切需要政府抛弃重商主义政策主张,放松对贸易的管制,实行自由贸易政策。经过长期的斗争,古典经济理论取代重商主义的经济思想,英国在19世纪前期建立了一种开放性的自由贸易政策体系。这些政策包括:

(1) 废除谷物法。1838年英国棉纺织业资产阶级组成"反谷物法同盟"(Anti-Corn law League),然后又成立全国性的反谷物法同盟,展开了声势浩大的反谷物法运动,经过斗争,终于使国会在1846年废除谷物法的议案,并于1849年生效。规定谷物进口每夸特只征税1先令,并取消了原先的进口限价制度。

(2) 逐步降低关税税率,减少纳税的商品项目和简化税法。经过几百年重商主义的实践,到19世纪初,英国有关关税的法令达1 000件以上。从1825年英国开始简化税法,降低关税的改革,到1842年,原料的进口关税最高只有5%,工业品的进口关税不超过20%。进口纳税的商品项目也从1841年的1 163种减至1882年的20种。禁止出口的法令也被完全废除。

(3) 取消特权公司,允许一切行业和个人从事对外贸易。在1813年和1814年东印度公司对印度和中国贸易的垄断权分别被废止,从此对印度和中国的贸易开放给所有的英国人。

(4) 废除航海法。航海法是英国限制外国航运业竞争和垄断殖民地航运事业的政策。从1824年逐步废除,到1849年和1854年,英国的沿海贸易和殖民地全部开放给其他国家,至此,重商主义时代制定的航海法被全部废除。

(5) 对殖民地贸易政策的改变。在18世纪英国对殖民地的航运享有特权,殖民地的货物输入英国享受特惠关税和待遇。在英国大机器工业建立以后,英国不怕任何国家的竞争,所以对殖民地的贸易逐步采取自由放任的态度。1849年航海法废止后,殖民地可以对任何国家输出商品,也可以从任何国家输入商品。通过关税法的改革,废止了对殖民地商品的特惠关税。同时允许殖民地与外国签订贸易协定,可以与任何外国建立直接的贸易关系,英国不再加以干涉。

(6) 与外国签订贸易条约。1860年,英、法两国签订了英法商务条约,即《科伯登—谢瓦里埃条约》(Cobder-Chevalier Treaty),这是以自由贸易精神签订的第一项贸易条约。规定英国从法国进口的工业品全部免税,进口的葡萄酒和烧酒

第6章 国际贸易政策演变

降低税收,并承诺不禁止煤炭的出口;法国对从英国进口的煤、钢铁、机器、棉麻织物等实行减税,同时还列有无条件的最惠国待遇条款。此后,英法两国相继又与其他国家签订了此类贸易条约。

法国的对外贸易政策在18世纪末至19世纪中期则经历了由保护贸易向自由贸易转变的过程。由于法国的工业革命比英国晚了半个世纪,在工业上一直落后于英国。为了保护本国的工业免受英国商品的竞争,法国一直采取贸易保护政策。18世纪末,法国曾宣布禁止英国商品输入的法令。1815年,战争结束后,为抵御英国工业品的进入,法国不断调高关税,如1822年的税率高达120%。在高额关税的保护下,19世纪前半期,法国工业取得了迅速发展。随着工商业的逐渐发达,从19世纪中期开始,法国开始逐步降低关税。1860年法英正式签订的《科伯登—谢瓦里埃条约》使法国放弃了高关税政策,成为法国从保护贸易转向自由贸易的分界碑。

英国和后来的法国这两个重要国家走上了自由贸易的道路,为欧洲开辟了一个经济自由主义的时代。尤其是在英国的带动下,19世纪中叶,许多国家降低了关税,荷兰、比利时相继实行了自由贸易政策,形成了国际贸易史上的第一次自由贸易浪潮。这是历史上第一个也是唯一一次较为彻底的自由贸易时代。

2. 美国和德国等后进国家的保护贸易政策

与此同时,以美国和德国为代表的一些后进的资本主义国家,为了保护本国的新兴民族工业,抵御英国经济势力的入侵,一直采取保护贸易政策。其主要办法是提高进口商品的关税。美国从19世纪初期就不断提高关税,1816年关税税率为7.5%~30%,1824年平均关税率提高到40%,1828年再提高到45%,它使美国工业得以避免外国的竞争而顺利发展。

德国在1871年国家统一后,为了使新兴的工业能避免外国工业品的竞争,得到充分发展,便不断实施保护贸易措施。1879年,俾斯麦改革关税,对钢铁、纺织品、化学品、谷物等征收不断提高的进口关税,并实行阶梯式进口关税率;而且与法国、奥地利、俄国等国进行关税竞争。1898年,又通过修正关税法,成为欧洲高度保护贸易的国家之一。

然而,从总体上说自由竞争的资本主义时期,是资本主义经济增长较快的历史时期,西方国家的对外贸易政策是以自由贸易为主要特征,即使实行保护贸易政策的国家,也将保护贸易措施的实施看做是对自由贸易的一种过渡。

6.2.4 二战前的垄断资本主义时期:超保护贸易政策

19世纪末20世纪初,国际经济制度发生了很大变化,自由竞争资本主义被垄断资本主义所代替,而且各主要国家普遍完成了产业革命,工业得到迅速发展,世界市场的竞争日趋激烈。尤其是1929~1933年间的世界性经济危机,使市场的争夺进一步尖锐化。于是,各主要资本主义国家为了垄断国内市场和争夺国外市场,纷纷转而实行侵略性的贸易保护政策(Aggressive Protective Trade Policy),又被称为超保护贸易政策(Policy of Super-protection)。其政策依据主要是凯恩斯主义的经济思想。

超保护贸易政策的主要内容是:对进出口贸易实行许可证制及外汇管制;对进口商品规定限额,征收高额关税或禁止进口;对出口商品予以补贴或关税减免。与垄断前资本主义时期的保护贸易政策相比,超保护贸易政策的主要特点是:

(1) 保护的对象扩大了。超保护贸易不但保护幼稚工业,而且更多地保护国内高度发达或出现衰落的垄断工业。

(2) 保护的目的变化了。超保护贸易不再是培养自由竞争的能力,而是巩固和加强对国内外市场的垄断。

(3) 保护转入进攻性。不仅限制外国商品进入本国市场,以维持商品的垄断高价来保持高额利润,同时,还将部分垄断高额利润作为补贴,以倾销价格向国外进行倾销,占领国外市场,将生产扩大到最大限度。

(4) 保护的阶级利益从一般的工业资产阶级转向保护大垄断资产阶级。

(5) 保护的措施多样化。保护的措施不仅有关税,还有其他各种各样的奖出限入的措施。

(6) 组成货币集团,划分世界市场。1931年,英国放弃了金本位,导致统一的世界货币体系的瓦解,主要资本主义国家各自组成了排他性的相互对立的货币集团。

总之,这种保护贸易政策已成为争夺世界市场的手段,成为进攻而不是防卫的武器。可见,进攻性和侵略性是超保护贸易政策的突出特征。

6.3 当代主要西方国家外贸政策及其发展趋势

6.3.1 二战后的贸易自由化时期

第二次世界大战后(以下简称"战后"),世界政治经济力量发生了很大变化。

第6章　国际贸易政策演变

美国的经济实力空前提高,强大的经济实力和日益膨胀的经济对外扩张的需要,使其一直致力于在全球范围内推进贸易自由化(Trade Liberalization)。在其积极倡导下,1947年缔结了旨在推动贸易自由化的关税与贸易总协定(GATT)。GATT的成立大大促进了战后的贸易自由化进程。加之日本和西欧战后经济的恢复和重建的需要,发展中国家自主的经济建设,以及国际分工的深化发展,跨国公司的迅速兴起,推动生产国际化、资本国际化在世界范围内的大发展,因而在战后至20世纪70年代初,出现了全球范围内的贸易自由化浪潮。

1. 战后贸易自由化的主要表现

这一时期的贸易自由化主要表现在以下方面:

(1) 大幅度降低关税税率。① GATT的成员方通过多边贸易谈判,大幅度地降低了关税。通过8轮的多边谈判,发达国家和发展中国家缔约方进口平均税率已分别降到4%和13%左右。②经济集团内部逐步取消关税。如欧共体(现为欧盟)实行关税同盟,对内取消关税,对外减让关税。③通过协商,一些经济集团给予周边国家和发展中国家优惠关税。如欧盟与非、加、太发展中国家通过《洛美协定》给予特别优惠关税待遇。④经过发展中国家的努力,1968年2月,第二届联合国贸发会议上通过了普遍优惠制决议,要求发达国家对来自发展中国家的制成品、半制成品给予普遍的、非歧视的单方面的关税优惠。通过以上措施,世界平均关税税率得以大大降低。

(2) 降低或撤销非关税壁垒。战后,发达资本主义国家对许多商品进口实行严格的进口限额、进口许可证和外汇管理等措施,以限制商品进口。随着经济的恢复和发展,这些国家在不同程度上放宽了进口数量限制,扩大了进口自由化,增加了自由进口的商品;放宽或取消了外汇管制,实行货币自由兑换,促进了贸易自由化的发展。

2. 战后贸易自由化的主要特点

(1) 战后贸易自由化主要是在多边、区域或双边的贸易协议框架内进行的。主要是指国家间通过签订多边、区域和双边的贸易协议,约定彼此间削减关税,抑制非关税壁垒的使用,取消国际贸易中的障碍与歧视,促进贸易自由化的发展以扩大世界商品的生产和交换。尤其是GATT的建立及其所组织的历次多边贸易谈判,对于降低缔约方之间的贸易壁垒,从而推动世界范围内的贸易自由化的发展发挥了巨大作用。此外,区域性的关税同盟、自由贸易区、共同市场和双边合作的发展,均以促进商品和生产要素的国际间自由流动为宗旨,也大大促进了贸易自由化在这一时期世界范围内的大发展。这是与资本主义自由竞争时期少数国家为了工业资产阶级对外扩张的利益和要求自主地降低关税壁垒有着极大的不同。

(2) 战后贸易自由化是在国家资本主义日益增强的条件下发展起来的,主要反映的是垄断资本的利益;而历史上的自由贸易则代表的是资本主义上升时期的工业资产阶级的利益与要求。

(3) 战后贸易自由化是一种有选择的贸易自由化。战后贸易自由化进程中的国家在选择产品范围、领域中具有一定的自主性,同时在削减关税壁垒的同时通过诸多的保障条款的使用,仍在很大程度上,保留免除其履行贸易自由化的义务和使用保护贸易政策的权利,因而这一时期的自由贸易政策在一定程度上仍和保护贸易政策相结合。从而在具体实行中出现了这样的趋势:工业制成品的贸易自由化程度超过农产品的自由化程度;机器设备等资本品的贸易自由化程度超过工业消费品的自由化程度;区域集团内的贸易自由化程度超过集团外部贸易自由化的程度;发达国家之间的贸易自由化程度超过发展中国家之间的贸易自由化程度。因此,这种有选择的贸易自由化的发展是不平衡的,而且是不稳定的,当在贸易自由化的进行过程中,本国的经济利益受到损害时,贸易保护主义就重新抬头。

(4) 贸易自由化促进了世界经济的高速发展。这个时期是资本主义经济史上一个发展的"黄金时期"。贸易自由化带来的市场扩大和低廉的原料、食品、中间产品以及制成品的进口,为许多国家的经济发展创造了良好的物质条件。世界经济整体上都得到快速发展。尤其是日本、西欧和新兴工业化国家和地区出现了战后经济发展的奇迹。

6.3.2 新贸易保护主义的兴起

一般而言,一国贸易政策的制定总是会随着国内外经济环境的变化,以及国内出现的新的经济问题而不断调整变化。20世纪70年代国际经济环境发生了很大变化。第一,1973~1974年和1979~1982年发生了两次由石油危机演变成的世界性经济危机。发达国家的经济普遍陷入了滞胀和衰退,就业压力增大,使它们对于世界市场的争夺更为激烈,市场矛盾更为突出。因此,国内的许多产业垄断资产阶级和劳工团体,纷纷要求政府采取保护贸易政策措施来保护国内市场,减缓失业压力。第二,主要工业国的发展很不平衡,美国的经济地位相对下降,贸易逆差迅速上升,其主要工业产品如钢铁、汽车、电器等不仅受到日本、西欧等国的激烈竞争,甚至面临一些新兴工业国以及其他出口国的竞争威胁。在这种情况下,美国一方面迫使拥有贸易顺差的国家开放市场,另一方面加强对进口的

第6章 国际贸易政策演变

控制。因此美国成为新贸易保护主义(New Trade Protectionism)的重要策源地。由于美国率先采取贸易保护措施,引起其他各国纷纷效仿,致使新贸易保护主义得以蔓延和扩张。

新贸易保护主义又被称为"新重商主义",是20世纪80年代初才兴起的,以绿色壁垒、技术壁垒、反倾销和知识产权保护等非关税壁垒措施为主要表现形式。其目的是想规避多边贸易制度的约束,通过贸易保护,达到保护本国就业,维持在国际分工和国际交换中的支配地位。它们在维护民族利益,保护资源与环境的旗帜下,行保护之目的,具有名义上的合理性、形式上的隐蔽性、手段上的欺骗性和战略上的进攻性等特点。因此,这一阶段的新贸易保护主义即使与20世纪30年代的贸易保护主义相比,也有很多不同,具有明显特征,主要包括:

(1) 被保护的商品范围不断扩大。保护对象从传统商品、农产品转向高级工业品和服务部门。在服务贸易方面,很多发达国家在签证申请投资条例、收入汇回等方面做出限制,以培育自己的竞争优势。在工业品方面,从纺织品、鞋、陶瓷、胶合板等"敏感商品"直到钢铁、彩电、汽车、计算机、数控机床等皆被列入保护范围。1977~1979年,美国、法国、意大利和英国限制彩电进口。1981~1982年美国迫使日本做出向美国出口168万辆小汽车的"自愿出口限制"。1982年,美国与欧共体钢铁的"自愿出口限制"。诸如此类的措施很多。

(2) 贸易保护措施多样化。①继续进行关税减让的谈判,按照有效保护税率设置阶梯关税;②加强征收"反倾销税""反补贴税"的活动。从1980年到1985年,发达国家的"反倾销"案多达283起,涉及44个国家和地区;③非关税壁垒的作用大大增加。非关税壁垒措施已从20世纪70年代末的800多种增加到80年代的1 000多种,到80年代末为2 500多种;④违背GATT的基本原则。在"有秩序的销售安排"和"有组织的自由贸易"下,绕过GATT的基本原则,搞"灰色区域措施"(Grey Area Measures)。

(3) 奖出限入的重点由限制进口转向鼓励出口。在奖出限入中,限入是相对消极的做法,而且限入并不能很好地达到促进生产的目的,同时又容易招致别国的报复。而出口的增加对经济的带动作用强,因此,许多发达国家把奖出限入的重点转向鼓励出口,采取的措施包括经济、法律、组织等诸多方面,比较常用的包括:出口补贴,出口退税、出口信贷及出口信贷保险,实行商品倾销和外汇倾销,设立出口加工区,设立各种鼓励出口的机构和评奖机制,政府出面签订保护本国出口的贸易条约等。

(4) 受保护的程度不断提高。从1980到年1983年,在整个制成品的进口中受限制商品的比重有较大的提高,美国从6%提高到13%,欧共体从11%提高到

15%。在整个发达国家制成品消费中,受限商品从1980年的20%提高到1983年的30%。

(5) 贸易上的歧视性有所加强。由于各国经济发展的不平衡,国际间贸易摩擦加剧,各国纷纷绕过GATT的无歧视原则,采取国内立法、双边或多边贸易协定的方式,对别国进行贸易制裁和报复。如美国根据国内《1974年贸易法》和《1988年综合贸易法》,对别国频繁使用301条款、超级301条款和特殊301条款进行单方面的贸易制裁,使国际贸易中的歧视现象有所加强。

6.3.3 对外贸易政策的发展

1. 战略性贸易政策的产生和推广

20世纪80年代中期出现了针对不完全竞争市场结构和基于规模经济理论而提出的一种新贸易政策——"战略性贸易政策"。(strategic trade policy)。这种政策观点之所以被冠以"战略性"这样的"标签",是因为该政策主要针对一种特殊的不完全竞争市场结构——寡头垄断市场结构而提出的。在寡头垄断市场结构下,政府对贸易活动进行干预的目的就是改变市场结构或环境,以提高本国企业的国际竞争力,使本国企业获得更多的垄断利润或租金。战略性贸易政策最为强调的政策主张主要有两种:一是出口补贴,二是进口保护以促进出口。

战略性贸易政策的理论基础是不完全竞争和规模经济理论。西方学者还认为,由于高技术产业具有重要的外部和内部规模效应,因而在技术知识密集度最高、与国家利益和声望关系最大的高新技术产业中,战略性贸易政策是最有用武之地的。全球民用客机市场中空中客车公司的崛起以及日本电子、汽车产业的崛起,都被视为研究战略性贸易政策的经典案例。但如前所述,实施战略性贸易政策是有许多约束条件的,这些约束条件如果难以满足,则往往会大大降低该政策的有效性。

第一,信息搜集的不完全将会引起政府决策失误。能够搜集和掌握必要的、完整的信息是一国政府制定战略性贸易政策的前提条件。比如,对什么行业进行补贴,这个行业的市场特征,具体的补贴数额是多少才是有效的和经济的,补贴所能给本国企业带来的超额利润额以及能否补偿补贴的成本等。对这些信息的完全掌握是比较困难的,而政府一旦判断失误,补贴失当,就会引起资源的浪费。

第二,对某一行业的补贴往往有损于其他行业的发展。在一国资源有限的条件下,政府利用补贴支持某一部门的发展,实质上是从其他部门抽取资源,因而相应的是以损害国内其他部门的发展为代价的。补贴优惠虽然降低了特定产业的

第 6 章 国际贸易政策演变

边际成本,但却提高了其他产业的边际成本,因而会阻碍后者的发展(至少短期内如此),更何况,其他部门也许也是存在具有比较优势但还未被充分认识的行业。当各行业都试图寻求政府帮助的时候,判断给哪个行业是最为恰当的,这也是件非常困难的事。

第三,贸易对手的报复行为也会使战略性贸易政策失效。战略性贸易政策的成功运用是以贸易对手不采取行动为前提的,但在寡头垄断的情况下,这种政策措施是会很容易被对手察觉的。这样,对手也会采取同样的措施来报复对方,从而爆发补贴战或关税战。这样的话,与实行自由贸易相比,会导致两国更大的损失。而且在现实中战略性贸易政策的运用也确实容易招致外国的报复。在多个国家都采取类似政策的情况下,政策博弈将面临"囚徒困境"。

第四,能够进行战略性贸易政策博弈的市场结构不能满足也会导致政策失效。战略性贸易政策的实施是以双寡头垄断市场为前提。如果某行业的世界市场上可以同时容纳多家生产企业,且各国都鼓励企业自由进入,则竞争机制会自动消除存在的垄断利润,导致政策失效。

第五,战略性贸易政策的运用在现实中还会受到多边贸易规则的约束。随着在 WTO 多边框架下进行的贸易自由化的发展,制定最优关税的可能性受到限制,出口的直接补贴被明令禁止,一些间接补贴也被列入"可申诉"之列,采用价格歧视式的国内外差别定价也被视为"倾销"行为。这些都使实施战略性贸易政策受到规则的约束。

总而言之,战略性贸易政策的实施是有许多限制条件的,战略性贸易政策的运用对本国的福利效应也是不确定的(鲍德温 Baldwin Richard,1990)。如果各国都在对本国产业实行补贴,其结果也是彼此间的作用抵消,而且会使国际贸易陷入一片混乱,大大恶化国际贸易环境。所以,对这一政策的功效必须深刻理解和正确把握。切不可片面夸大其作用,以致保护贸易主义在世界泛滥。当然,其政策精髓对于促进特定产业的成长也不是毫无借鉴意义的。

2. 20 世纪 90 年代以来贸易自由化的发展

自 20 世纪 90 年代以来,经济发展成为全球发展的核心和主题,以信息技术为中心的高新技术的迅猛发展,全球范围内生产力都得到普遍提高,越来越多的发展中国家开始推行经济自由化政策,以创造经济增长的良好环境。WTO 的成立和平稳运行,为贸易自由化的发展提供了制度保障,贸易自由化已成为不可逆转的潮流。

这时期的贸易自由化是第二次世界大战以来各国通过单边、双边、区域和多边等途径,根据互惠和互利的安排,在国际贸易中消除歧视性待遇、大量降低关税和消除其他贸易壁垒活动的延续,其最终目标是在全球范围内实现资源的最佳配置,扩大商品和服务的生产和贸易。从时间来看,贸易自由化可能需要很长的过程,它是逐步降低关税至零关税,逐步减少非关税壁垒直至消除的过程。从历史来看,由于世界经济发展的不平衡性,贸易自由化的进程会出现反复,但是它一定会向着自由贸易方向不断前进,是个动态的渐进过程。这种贸易自由化的特征包括:

（1）它符合经济发展的内在需要,是经济全球化在国际贸易领域的反映。经济全球化或全球经济一体化已经成为当代世界经济发展的基本特征和不可抗拒的历史潮流。随着科技革命的不断深入,促进了社会生产力的极大发展,进而极大地促进国际分工与交换的深化和发展,生产要素在国际间自由流动速度加快,以突破狭隘的市场限制,实现世界资源的最优配置。跨国公司作为这股巨大力量的载体,通过其在全球范围内的生产和投资的迅猛发展,更使各国之间的经济依赖日益加深,真可谓"你中有我,我中有你",在世界范围内形成了生产的全球化、金融全球化的局面。生产全球化客观上要求各国逐步取消贸易壁垒,建立一个更自由、更广阔的国际经济环境,即实现全球贸易自由化。

（2）很大程度上是在 GATT/WTO 的框架内进行的。在推动全球贸易自由化方面,以 GATT/WTO 为代表的多边贸易体制功不可没。可以说全球贸易自由化就是伴随着 GATT 的发展而发展,并在 WTO 建立后进入新的历史阶段。WTO 各成员方的关税水平从战后的 45% 左右大幅度下降。非关税措施的使用亦受到削弱和约束,WTO 明确规定不得采取数量限制手段来保护国内市场,纺织品的数量限制已在 2005 年 1 月 1 日被基本取消。其他非关税措施的使用也有规范性的限制。乌拉圭回合后,贸易自由化的范围已被扩大到服务业、知识产权、投资、农产品和纺织品等领域。WTO 的国际协调机制日益健全,这是贸易自由化重要的制度保障。

（3）不仅发达国家,发展中国家也成为贸易自由化的重要推动力量。自 20 世纪 80 年代末以来,随着世界经济的恢复和发展,大多数发达国家由于其自身的经济实力的继续增强,尤其是美国,自 20 世纪 90 年代以来,进入所谓"新经济"时代,驶入经济发展的快车道,是贸易全球化的积极推动者。与此同时,与以往不同的是,在这次贸易自由化浪潮中,发展中国家整体也是积极参与者,从而使得这次贸易自由化与以往任何一次贸易自由化相比,都具有更为广阔的背景和更加深厚的经济基础。20 世纪 80 年代后期,许多发展中国家为了适应经济全球化的趋势,采取了重大的改革措施,纷纷放宽一些贸易和投资限制,为发展对外贸易和促

第6章 国际贸易政策演变

进外资流入提供多种优惠措施,如普遍降低关税和调整了关税结构,放松非关税壁垒限制,改革了汇率管理体制。特别是亚洲和拉美的一些发展中国家和地区,在此期间进行了战后以来最深刻、最广泛的贸易制度的改革,这些措施推动了发展中国家整体在20世纪90年代经历了一个快速增长期。

(4) 地区经济一体化的蓬勃发展也是推动贸易自由化的重要力量。地区经济一体化或经济集团化在第二次世界大战后就已出现,经过20世纪50年代和60年代的发展,70年代和80年代初期处于停滞时期,自20世纪90年代中期以来进入了一个历史发展高峰时期。目前世界上约2/3的地区经济一体化组织都是在20世纪90年代下半期确立的。据WTO统计,至2011年5月15日,全球累计共签订了489个区域贸易协定,已生效的有297个,其中以自由贸易区(Free Trade Area,FTA)为主要形式。各区域组织一般都要求成员国在一定时期以内逐步削减关税和非关税壁垒,放松金融与投资管制,逐渐实现投资、贸易的自由化。可见,地区经济一体化的发展成为推动世界范围内贸易自由化的主要力量之一。

贸易自由化是经济全球化、金融全球化过程中国际贸易发展的必然选择,已经形成一个不可逆转的趋势。发达国家将是继续推动贸易自由化的主导力量并在其中处于支配地位,发展中国家为了自身经济发展的需要,强烈地要求获得平等贸易机会以促进本国经济的发展,也仍然会积极地推行贸易自由化的政策主张。贸易自由化虽然在其发展过程中由于涉及不同利益主体的利益而会出现反复,比如,经济全球化中的反经济全球化的浪潮,但从总体来看,贸易自由化将是主导21世纪的基本潮流,必将得到继续推进。

然而,值得注意的是,在新一轮全球贸易自由化进程中,20世纪80年代兴起的新贸易保护主义,20世纪90年代以来依然盛行。究其成因主要是:① 国际竞争的日益加剧;② 跨国公司内部贸易的发展改变了国际贸易差额的分布;③ 国际贸易中双边主义与区域主义兴起,一些双边和区域安排带有明显的排他性保护色彩;④ 中国、印度等发展中大国在国际贸易中的地位不断提高,并对国际贸易格局产生了一定冲击;⑤ 国际金融危机的频繁爆发(如1997年的东南亚金融危机和2008年美国次贷危机所引发的全球金融危机等)。这些新矛盾的出现表明全球化时代自由贸易与国家利益的对立与冲突有可能在部分领域激化,这也正是在当今全球贸易自由化的主旋律中,新贸易保护主义仍然演奏着不和谐音符的原因所在。

本章小节

国际贸易政策是世界各国和各地区之间进行货物和服务交换时所采取的政

策种类。而对外贸易政策一般是指一国根据本国的政治及经济状况制定的管理对外贸易活动的条例、法律、法规等原则和制度的总和。包括对外贸易总政策、进出口商品政策和对外贸易国别政策三个部分。

从对外贸易的历史和实践来看，对外贸易政策有两种最基本形式，即自由贸易政策和保护贸易政策。然而，纯粹的自由贸易政策在现实中并不存在。标榜自由贸易的许多国家或地区，总是会或多或少，或明或暗地对本国或本地区的某些产业或市场进行保护。有鉴于此，20世纪70年代中期以来，在世界范围内出现了管理贸易政策（或制度）。

一国或地区在制定具体的对外贸易政策时，往往要考虑多种因素，如国内外经济实力的对比和本国产品在国际市场上的竞争能力、本国的经济结构与比较优势，等等。一般而言，各国或地区对外贸易政策的制定与修改是由国家立法机构进行的，其主要执行方式：一是通过海关对进出口贸易进行管理；二是广泛设立各种机构，负责促进出口和管理进口；三是政府出面参与各种国际经济贸易机构或组织，进行国际经济贸易等方面的协调工作。

由于不同国家或地区在国际分工体系中地位的不同，以及其商品在国际市场上竞争能力的差异，因此，不仅在同一时期的不同国家往往实行不同的对外贸易政策，而且在不同时期，同一国家也往往实行不同的对外贸易政策，从而使对外贸易政策的演变与发展具有明显的阶段性。纵观对外贸易政策的历史演变大体上经历了中世纪时期鼓励进口的政策、资本主义生产方式准备时期的重商主义贸易保护政策、资本主义自由竞争时期同时出现的自由贸易政策与保护贸易政策、第二次世界大战之前垄断资本主义时期的超保护贸易政策等四个阶段。

第二次世界大战以来，主要西方发达国家的对外贸易政策主要经历了初期的贸易自由化、20世纪70年代以后的新贸易保护主义两个时期，其中后一时期又包括了战略性贸易政策的兴起、管理贸易制度的盛行和贸易自由化的浪潮或趋势。

【重要概念】

对外贸易政策　自由贸易政策　保护贸易政策　管理贸易政策　超保护贸易政策　贸易自由化　新贸易保护主义　战略性贸易政策

【复习思考题】

1. 何为对外贸易政策？它有哪几种主要类型？
2. 试述制定对外贸易政策的主要理论依据。

3. 阐述自由贸易和保护贸易的主要观点。
4. 简述重商主义的政策主张。
5. 何为超保护贸易政策？
6. 简述管理贸易政策的内容及主要特征。
7. 何为战略性贸易政策？试作简要评价。
8. 你认为贸易自由化是一个必然趋势吗？并说理由。
9. 简述国际贸易政策的演变过程。
10. 试述新贸易保护主义的特征与成因。

第7章 国际贸易政策措施

通过前面有关章节的介绍,我们已经知道,在国际贸易中,各国政府都会从本民族利益的立场出发,制定出符合本国利益的贸易政策来影响和干预本国的对外贸易。而任何国家的对外贸易政策都是通过具体的措施来加以实施的。本章所讨论的就是国际贸易中具体的政策措施,这些政策措施大体可归纳为主要是限制进口的关税和非关税措施,出口鼓励与管制措施和其他一些贸易措施。

7.1 关税措施

关税是最常见、最主要的国际贸易政策措施,也是国际贸易中最古老的政策措施之一。关税政策(tariff policy)是指一国为保护、促进其国民经济发展,保证国家关税收入,利用关税手段实现一定时期内的经济发展目标而规定的关税准则。

7.1.1 关税的概念

1. 关税的定义

关税(Customs Duties;Tariff)是一个国家的海关针对越过其关境的货物而向本国有关进出口商征收的一种捐税。关税是一种间接税,最终由消费者承担。

征收关税是通过海关来执行的。海关是设在关境上的国家行政管理机构,它是贯彻执行本国有关进出口政策、法令和规章的重要工具。

关境(Customs Frontier)又叫关税领域,是海关征收关税的领域,是执行统一海关法令的领土。一般说来,一国的关境与其国境(一国行使主权的领域)是相同的,但有时也并不一致。当一个国家在其国境内设有自由港、自由贸易区或海关保税仓库等区域时,则该国的关境小于国境;而当一些国家或地区间缔结关税同盟(如欧盟等),参加关税同盟的国家的领土即成为统一的关境,这时关境大于各同盟国的国境。

就税收特征而言,关税是一种间接税,其纳税人虽然一般是进出口商人,但是关税负担最终还是因商人们对货物的加价而转嫁到了消费者身上。

2. 关税的性质和作用

关税是国家财政收入的一个重要组成部分,与其他税收一样,具有强制性、无偿性和预定性(或固定性)的特征。强制性是指关税由海关凭借国家权力依法强制征收的,纳税人必须无条件服从。换言之,凡按有关法律规定应缴关税的进出口商,必须无条件地履行义务,否则将受到有关法律的制裁。无偿性是指除特殊例外,海关代表国家单方面从纳税人方面征取,而无需给予任何补偿。即国家征收关税是不需要付出任何代价的,也不必把税款直接归还给纳税人,所征收的关税都是国家向纳税人无偿取得的国库收入。预定性是指国家事先规定征税的比例或征税数额,征、纳双方必须共同遵守执行,不得随意变化和减免。

关税作为现代贸易制度的一个重要内容,对一国国民经济会产生重大影响,对进出口货物征收关税可以起到以下三个方面的作用:

(1) 增加财政收入。关税是海关代表国家行使征税权,因此关税的收入是国家财政收入来源之一。这种以增加国家财政收入为主要目的而征收的关税,通常被称为财政关税。随着社会经济的发展及贸易自由化的推进,财政关税的意义已大为降低,由于其他税源的增加,关税收入在国家财政收入中的比重已经相对下降。但即使在当今社会,对于经济比较落后的国家来说,财政关税仍是其财政收入的一个重要来源。

(2) 保护国内产业与市场。进口关税限制了外国商品的进入,尤其是高关税可以大大减少有关商品的进口数量,减弱以致消除进口产品的不利竞争,从而达到保护国内同类产业或相关产业的生产与市场。这种以保护本国的产业和市场为主要目的而征收的关税,通常被称为保护关税。目前各国设置的关税主要是保护关税。在 GATT 和 WTO 体制下,关税是各成员使用的保护国内产业的重要政策工具,同时,GATT/WTO 还极力主张其成员将关税作为唯一的贸易保护手段。

(3) 调节进出口商品结构。关税措施是一国有关对外贸易政策的具体体现,关税税率的高低,影响着一国对外贸易规模与结构。即一国可以通过调整关税结构来调节进出口商品结构。如在海关税则中,可以通过调高某项产品的进口税率达到减少进口数量的目的,或者通过调低某项产品的进口税率达到扩大进口数量的目的。

7.1.2 关税的种类

关税种类繁多,按不同的标准划分,各有若干不同类型。

1. 按照商品的流向分类

按照商品的流动方向(也可以说是按照征收的对象)来分,关税有进口税、出口税和过境税三大类。

1) 进口税(Import Duties)

进口税是关税中最主要的税种。所谓进口税,是指进口国家或地区的海关在外国商品输入时,根据海关税则对本国进口商所征收的关税。这种进口税在外国货物直接进入本国关境或国境时征收;或者,如果一国建有自由港、自由贸易区或海关保税仓库等,而当外国货物从进口国的自由港、自由贸易区或海关保税仓库等提出运往进口国的国内市场销售,在办理海关手续时征收。

进口税又可分为最惠国税(most favoured nation duty)和普通税(common duty)两种。最惠国税是针对从与本国签订有最惠国待遇条款的贸易协定的国家或地区所进口的商品征收的关税。普通税是针对从没有与本国签订有最惠国待遇条款之贸易协定的国家或地区所进口的商品所征收的关税。最惠国税率低于普通税率,它们二者的差幅往往是很大的。

由于第二次世界大战以后,世界上大多数国家和地区都参加了 GATT 或者签订了双边的贸易条约或协定,彼此间相互提供最惠国待遇,大多享受最惠国税率,因此我们又将最惠国税称作正常关税(normal tariff)。

进口关税的征收,提高了进口商品的价格,从而削弱了这些商品的竞争能力,起到了限制进口,保护国内市场的目的。为了保护国内市场,促进本国工业发展,大多数国家一般都采取这样的关税结构,即对工业制成品的进口征收较高的进口关税,对半制成品或中间产品的进口税率较低一些,而对一些机器设备和原料的进口税率则最低甚至免税。比如,1980年,美国对棉坯布进口规定的普通税率和最惠国税率分别为 13.5% 和 7.61%;而对棉梭织男衬衣进口规定的两种税率分别为 45% 和 21%。人们通常所说的关税壁垒就是指高额的进口税,它起到了对商品输入的阻碍作用。

2) 出口税(Export Duties)

出口税是出口国家的海关对本国产品输往国外时,对本国出口商所征收的关税。显然,征收出口税势必提高本国出口商品的价格,从而削弱其在国际市场的竞争力。所以,现在大多数国家对绝大部分出口商品都不征收出口税。但在特殊情况下,一国可能会征收出口税,如发达国家出于政治的或某种特殊目的。当前,征收出口税的主要是一些发展中国家,其目的主要有四:一是增加国家财政收入,缓解政府资金短缺的矛盾。比如拉美国家一般对出口商品征收1‰~5‰的财政关税。此时,一般税率都不是很高。二是保护国内重要的原材料资源,以支持国内相关产业的发展。比如,挪威为保护本国造纸工业而对出口木材征收关税。三是调节国内供求,稳定物价水平。例如,对本国某些供不应求的生活必需品征收较高关税,以抑制国内物价的上涨。出于此种目的,有时还往往辅之以出口许可证之类的数量限制,在极端情况下,甚至可能征收禁止性出口关税,即出口税高到国外购买者无力购买的程度。四是对独占产品出口征税,以转嫁开发和生产垄断产品的高额费用,同时又不影响该产品出口。比如巴西对出口咖啡、古巴对出口烟草、智利对出口硝石都要征收相应的关税。此外,如果贸易顺差压力过大,也可以用征收出口税的办法平衡国际收支。

3) 过境税(Transit Duties)

过境税又叫通过税,是一国对于通过其关境的其他国家的外国货物所征收的关税。过境税盛行于交通运输不是很发达的资本主义发展初期。从19世纪后半期开始,随着国际贸易的迅速发展,特别是各国在运输业方面竞争的加剧,各国相继废止了过境税,只对通过其领土的外国货物征收少量的签证费、统计费和单据印花税等。

第二次世界大战后,1947年达成的GATT第5条第3款明文规定:"缔约国对通过其领土的过境运输……不应受到不必要的耽延或限制,并应对它免征关税、过境税或有关过境的其他费用,但运输费用以及相当于因过境而支出的行政费用或提供服务的成本费用,不在此限。"这项规定在1995年WTO建立后继续有效。目前,绝大多数国家和地区都已不再征收过境税了。

2. 按照征税的目的分类

按照征税的目的来分,关税有财政关税、保护关税和收入再分配关税。

1) 财政关税(Revenue Tariff)

财政关税是指以增加国家财政收入为目的而征收的关税。财政关税在垄断资本主义以前十分普遍。随着资本主义的发展,财政关税在国家财政收入中的重要性已大幅度降低。现在,主要发达国家都不再从增加财政收入的角度征收关税。例如美国,联邦政府成立初期,关税收入占政府财政收入的90%以上;但在目前,这一比重已降到1%左右。现在,征收财政关税的主要是一些经济发展水平较低、财政收入来源较少的发展中国家。

为了真正达到增加财政收入的目的,财政关税的税率不能过高,而必须是适中或较低才行;征收财政关税的进口货物必须是国内不能生产或供不应求,同时又缺乏代用品而必须从国外进口的商品,而且该进口货物必须在国内有大量消费。

2) 保护关税(Protective Tariff)

保护关税就是为了保护本国工农业生产和某些商品市场而对外国商品输入本国时所征收的关税。保护关税最早出现在重商主义时期。随着资本主义的发展,关税的保护作用日益受到重视,到了第二次世界大战前后,关税的保护作用被发挥到了顶点。与财政关税相比,保护关税税率一般都很高,有时甚至高达百分之几百,等于禁止进口,这样才能达到贸易保护的作用,这时保护关税实际上成了禁止关税(Prohibited Duty)。

第二次世界大战后,经过GATT八轮多边贸易谈判,世界各国的关税水平已大幅度下降,关税的保护作用也已明显降低。但即使在当前形势下,保护关税并没有消失,而且在可以预见的将来也难以被全部取消。发展中国家为了保护本国幼稚工业的发展,壮大民族经济的力量,需要保护关税;发达国家为了维护国内垄断势力的利益,同样需要保护关税。

3) 收入再分配关税(Redistribution Tariff)

收入再分配关税就是以调节国内各阶层收入差距为目的而设置的关税。在一些国家,商品的国际价格与国内价格之间存在较大差异,商品的进出口会使一些人受益于获取很高的利润,同时却使另一些人受损于花费较高的代价。这时,根据进出口商品的具体情况按一定的税率征收关税,以调节各阶层各集团的收入,将它们因贸易而发生的损益差距控制在一定幅度之内。至于收入再分配关税的税率,则主要取决于进出口商品的具体情况。

从当前的实际情况来看,以单一目的而征收关税似乎不多见,绝大多数的关税实际上兼有多种目的。事实上,征收关税的诸目的之间并不是相互排斥的,而是可以相互兼容的。因此,如果一定要以征税目的的不同来区分关税类型,则应看征收关税的最主要目的。

3. 按照征税的计算方法分类

按照征税的计算方法或征税标准来分,关税有从量税、从价税、混合税和选择税。

1) 从量税(Specific Duties)

从量税就是以商品的重量、数量、容量、长度、面积或体积等计量单位为标准计征的关税。其计算公式是：

$$从量税额＝每单位从量税×商品数量等计量单位 \quad (7.1)$$

各国征收从量税，大都以商品的重量为单位来计征，而各国对应纳税的商品重量的计算方法各有不同，一般有以下三种：

(1) 毛重(gross weight)法。又称总重量法。就是按包括商品内外包装在内的总重量计征税额。

(2) 半毛重(demi-gross weight)法。又称半总重量法。就是按商品总重量扣除外包装后的重量计征税额。具体又包括：①法定半毛重法，即从商品总毛量中扣除外包装的法定重量后再计征税额；②实际半毛重，即从商品总毛重中扣除外包装的实际重量后再计征税额。

(3) 净重(net weight)法。又称纯重量法。就是按商品总重量扣除内外包装以后的重量计征税额。具体又包括：①法定净重(legal net weight)法，即从商品总重量中扣除内外包装的法定重量后，再计征税额；②实际净重(Real Net Weight)法，即从商品总重量中扣除内外包装的实际重量后，再计征税额。

从量税对每一单位商品所征收的税是固定的，在实践中容易掌握，运用方便。特别是对数量众多、体积庞大、价值低廉的商品征税时，可以节省大量的征收费用。就征税的目的与作用来看，在税率确定的情况下，从量税额与商品数量的增减成正比，而与商品的价格无关，因此，在商品价格下跌时，实际上等于增加了关税，因而关税的保护作用增大；反之，则关税的保护作用下降。第二次世界大战前，发达国家对来自发展中国家的商品主要按从量税计征。第二次世界大战以后，由于商品种类、规格日益繁多以及通货膨胀日趋严重等原因，现在大多数国家都采用从价税的方法计征关税。

2) 从价税(Ad Valero Duties; Ad Valorem Duties)

从价税就是以商品的价格为标准计征的关税。它是目前世界各国最常采用的征税方法。其计算公式为：

$$从价税额＝商品总值×从价税率 \quad (7.2)$$

从价税与商品价格有直接关系，它随着商品价格的变动而变动，换言之，从价税的保护作用是随着价格的变动而变化的。因此，从价税是较为合理，且又符合市场经济规律的计征关税的基本方法。

在采用从价税的方法时，较为复杂的问题是关于完税价格的确定。所谓完税价格就是经海关审定作为计征关税的货物价格，是决定税额多少的关键因素。世界各国所采用的完税价格标准很不一致，大体上有以下三种：①以 CIF 作为征税价格标准；②以 FOB 作为征税价格标准；③以法定价格(官定价格)作为征税价格标准。

3) 混合税(Mixed or Compound Duties)

混合税又叫复合税,就是对某种进口商品采用从量税和从价税结合的计征关税方法。其计算公式为:

$$混合税额 = 从量税额 + 从价税额 \qquad (7.3)$$

混合税常用于耗费原材料较多的工业制成品。主要有两种具体形式:①以从量税为主加征从价税;②以从价税为主加征从量税。

混合税的好处在于其兼有从价税和从量税各自的优点。在物价上涨时,混合税所征税额比单一从量税为多,增强了关税的保护作用;在物价下跌时,混合税所征税额又比单一从价税为多,关税的保护作用同样提高了。同时,混合税还具有比较公正、科学和负税适度的优点。但是,混合税手续复杂,征税费用较高,且从价税和从量税的比例难以掌握。

4) 选择税(Alternative Duties)

选择税就是对同一种商品同时规定有从量税和从价税两种税率,在征税时选择税额较高的一种方法计征的关税。不过,有时为了鼓励进口,也会选择其中税额较低的一种来计征关税。

选择税的最大优点就是具有很强的灵活性,可以根据不同时期经济条件的变化和进口产品的来源国家不同而进行适当的取舍。但是,选择税对出口国来说很难掌握,且容易发生争议。从当前情况来看,利用选择税还可能被他国视为贸易歧视,既不符合 GATT/WTO 的基本原则,也会遭到其他国家的报复。因此,很少国家采用选择税。

4. 按照差别待遇和特定的实施情况分类

根据差别待遇和具体的实施情况,关税又有进口附加税、差价税、特惠税和普惠制税。

1) 进口附加税(Import Surtaxes)

进口附加税又叫特别关税,就是根据某种目的对进口商品除征收一般进口税之外,还额外加征的关税,它通常是一种特定的临时性措施,目的在于:应付国际收支危机,维持进出口平衡;防止外国商品低价倾销;对国外某个国家实行歧视或报复等。

进口附加税往往针对个别国家或个别商品征收,主要有以下两种:

(1)反补贴税(counter-vailling duties)。又称抵消税或补偿税,是对于直接或间接接受任何补贴或奖金补贴的外国商品在进口时所征收的一种进口附加税。

第7章 国际贸易政策措施

凡是进口商品在生产、制造、加工、买卖、输出过程中所接受的直接、间接补贴都构成征收反补贴税的条件,不管这种奖金或补贴是来自政府、同业公会或是其他组织。直接补贴是指直接付给出口商的现金补贴;间接补贴是指政府对某些出口商品给予财政上的优惠,如减免出口税或某些国内税,降低运费等。反补贴税一般是按补贴数额的多少征收的。

(2)反倾销税(anti-dumping duties)。反倾销税是对于实行商品倾销的进口商品所征收的一种进口附加税。进口商品以低于正常价值的价格进行倾销,并对进口国的同类产品造成重大损害或损害威胁是构成征收反倾销税的重要条件。

尽管 GATT/WTO 对倾销与反倾销作了一系列规定,但是在实践中这些规定并没有得到很好的遵守。实际上,当今社会反倾销已成为一些国家或地区实行贸易保护主义和贸易歧视政策的一种工具。一般来说,从进口国反倾销调查开始,遭遇反倾销的商品至少一两年内难以进入该国市场。

2) 差价税(Variable Levy)

差价税又叫差额税,是当某种本国生产的产品的国内价格高于同类进口产品价格时,按它们二者之间的差额来对进口产品征收的关税。差价税实际上属于进口附加税,其目的就是为了削弱进口商品的竞争能力,保护国内生产和国内市场。

由于差价税是随着国内外产品价格差额的变动而变动的,所以它是一种滑动关税(Sliding Duty)。按规定,差价税有的按价格差额征收,也有的在征收一般关税以外另行征收。差价税也是欧盟对从非成员国进口的农产品征收的一种进口关税。其税额是欧盟所规定的门槛价格与实际进口价格(CIF 价)之间的差额。门槛价格是欧盟根据境内谷物最短缺地区公开市场上可能出售的价格(即境内谷物最高价格)减去从进境地到达该地区市场的运费、保险费、杂费和销售费用后所规定的价格。门槛价格是计算差价税的基准价格,外国农产品抵达欧盟港口(地)的 CIF 价格低于此价时,即按其差额征税,使税后的外国农产品进入欧盟的市场价格不低于欧盟同类产品的价格。征收差价税是欧盟实施共同农业政策的一项主要措施。其主要目的是为了保护和促进欧盟内部的农业生产。所征差价税款作为农业发展资金,用于资助和扶持内部农业生产的发展。

3) 特惠税(Preferential Duties)

特惠税又称优惠税,是指某一国家或某一经济集团对某些特定国家或地区的进口商品全部或部分地给予特别优惠的低关税或免税待遇。其他国家或地区不得根据最惠国待遇原则要求享受同种待遇。这种关税有互惠的,也有非互惠的。但它不适用于从非优惠国家或地区进口的商品。第二次世界大战以前,特惠税主要是在宗主国与殖民地、附属国之间实行的,这时的特惠税是非互惠的,因为宗主国的制成品输出到了殖民地享受特惠关税的待遇,而殖民地的原料、初级产品输出到宗主国则不能享有特惠待遇。

第二次世界大战以后,实施特惠税的主要是西欧共同市场与非洲、加勒比和太平洋地区一些发展中国家。由于这一优惠关税协定是在西非国家多哥的首都洛美签订的,所以又叫《洛美协定》(Lome Convention)国家之间的优惠关税,这是一种非互惠的单向优惠关税,就是西欧共同市场向参加协定的非洲、加勒比和太平洋地区的发展中国家单方面提供特惠税待遇。《洛美协定》曾是非加太集团和欧盟间进行对话与合作的重要机制,也是迄今最重要的南北合作协定,自1975年以来共执行了4期,欧盟一直通过该协定向非加太集团成员国提供财政、技术援助和贸易优惠等。

2000年6月23日,非洲、加勒比海和太平洋地区国家集团77个成员国和欧洲联盟15国在贝宁首都科托努签订《非加太地区国家与欧共体及其成员国伙伴关系协定》,即《科托努协定》,《洛美协定》就此宣告结束。经欧盟15国和非加太集团76国政府的正式批准,《科特努协定》自2003年4月1日起正式生效①。该协定的有效期为20年,每5年修订一次,前8年为过渡期,后12年为执行期。主要内容包括双方进行全面政治对话,扩大经贸合作,实现贸易自由化等。欧盟在8年过渡期中向非加太国家提供135亿欧元的援助,非加太国家97%的产品可以免税进入欧盟市场。

4) 普遍优惠制税(Generalized System of Preferences Duty)

普遍优惠制(Generalized System of Preferences, GSP),简称普惠制,就是发达国家对从发展中国家或地区输入的商品,特别是制成品和半制成品,给予普遍的、非歧视的和非互惠的关税优惠待遇。1971年7月1日,GSP开始实行,它是发展中国家在联合国贸易与发展会议上进行了长期斗争和努力的结果。普惠制税是指发达国家对从发展中国家或地区输入的商品,特别是制成品和半制成品,给予普遍的、非歧视的和非互惠的优惠关税。普惠制税率低于最惠国税率。出口商品要取得关税优惠待遇必须符合给惠国GSP给惠方案及其原产地规则,并需

---

① 《科托努协定》签订后,一些拉美国家对欧盟给予非加太国家的特殊"照顾"表示不满,并诉诸WTO。WTO于2001年裁定,非加太国家与欧盟应在2007年底前取消单方面贸易优惠安排,并达成新的贸易协定。因此,欧盟于2000年决定用《经济伙伴协议》(Economic Partnership Agreement, EPA)替代,并设定2014年10月1日为签署协议的最后期限。但因种种原因,截止2013年上半年,欧盟与非加太国家和地区的《经济伙伴协议》一直没有全面达成,有关各方还在进一步努力中。

要提供统一格式的 GSP 原产地证明书(Form A)。

GSP 的目标是:①扩大发展中国家对工业发达国家制成品和半制成品的出口,增加发展中国家的外汇收入;②促进发展中国家的工业化;③加速发展中国家的经济增长率。为了实现上述目标,GSP 还规定有三项原则:一是普遍性,即发达国家应对发展中国家出口的工业制成品和半制成品给予普遍的关税优惠待遇;二是非歧视性,即应使所有发展中国家都无例外地享受 GSP 待遇;三是非互惠性,即发达国家应单方面地给予发展中国家以优惠待遇,而不要求发展中国家或地区提供反向优惠。但是,实行 GSP 的国家在提供关税优惠的同时,还作了种种规定,主要有:

(1) 对受惠国家或地区的限制。这是一个受惠国或地区的名单,GSP 原则上应对所有发展中国家或地区都无歧视、无例外地提供优惠待遇,但实际上,给惠国从其自身的政治和经济利益出发,对受惠国或地区加以限制。如美国公布的受惠国名单中,就不包括某些发展中的社会主义国家、石油输出国组织(OPEC)的成员国。

(2) 对受惠商品的限制。GSP 原则上应对受惠国的制成品和半制成品普遍实行关税减免,但实际上,许多给惠国却不是这样,在其公布的受惠商品名单中,把许多对发展中国家出口有利的一些"敏感性"商品如纺织品、鞋类、某些皮革制品及石油产品排除在受惠商品之外;另外,发展中国家出口农产品的受惠商品较少。一些发达国家和国家集团自 20 世纪 80 年代以来,还在 GSP 的实行中引入"毕业"的概念,一旦它们主观上认为受惠国的某种商品经过发展已具备一定竞争力,也就"毕业"了,就不再给予 GSP 待遇。

(3) 对受惠产品减税幅度的规定。受惠产品的减税幅度大小取决于最惠国税率与普惠制税率之间的差额。最惠国税率越高,普惠制税率越低,差幅就越大;反之,则越小。一般说来,农产品的减税幅度小,而工业品的减税幅度较大。

(4) 对给惠国的保护措施的规定。各给惠国一般都在其 GSP 实施方案中规定保护措施,以保护其本国某些产品的生产和销售。一般有以下几种措施:①免责条款(escape clause)。又称例外条款。就是当给惠国从发展中国家进口的某种商品的数量,增加到对其本国同类产品或有竞争关系的商品的生产者造成或即将造成严重损害时,给惠国保留对该产品完全取消或部分取消关税优惠待遇的权利。②预定限额(prior limitation)。即对一定期(一般为一年)内的受惠商品预先规定限额,超过限额的进口按规定须根据最惠国税率征收关税。预定限额包括最高限额、分配配额和国家最大额度三种。③竞争需要标准(competitive need criterion)。又称竞争需要排除。就是对来自受惠国的某种商品,超过当年规定的进口额度或超过进口该项产品总额的一半,则取消下年度该种商品的关税优惠待遇,若该项产品在以后进口额降至规定的限额以内,则下一年度仍可恢复关税优惠待遇。美国就采用这种标准。④毕业条款(graduation clause)。是指当给惠国认为一些受惠国或地区的某项产品或受惠国的经济发展到较高的程度,在世界市场上显示出较强的竞争力时,就取消受惠国或地区享受关税优惠待遇的资格。美国从1981年4月1日起采用这项规定,欧洲联盟也从1995年1月1日起开始实施这项办法。毕业条款有两种情况:一是产品毕业,即指取消从受惠国或地区进口的部分产品的关税优惠待遇;二是国家毕业,即指取消从受惠国或地区进口的全部产品的关税优惠待遇,也就是取消受惠国或地区的受惠资格。

(5) 对原产地的规定(rules of origin)。原产地的规定又叫原产地规则,即规定享受关税优惠待遇的商品必须全部产自受惠国或地区(完全原产的产品),或者产品中使用的全部或部分进口原料或零部件经过受惠国或地区充分加工或制造后,产品的性质和特征达到了"实质性变化"的程度,变成了另外一种完全不同的产品(非完全原产地产品)。所谓实质性变化有两种标准:一是加工标准(process criterion);二是增值标准(value-added criterion)。在原产地规定中,除了原产地标准以外,还有直接运输规则,即受惠商品必须由受惠国直接运到给惠国。此外,受惠国必须向给惠国提交如原产地和托运等书面证书,才能享受优惠关税待遇。

应该承认,GSP的实行在一定程度上改善了发展中国家的产品进入发达国家市场的条件,从而有利于提高发展中国家出口产品的竞争力,扩大发展中国家工业制成品的出口。但是,发达国家为其自身利益,在GSP的实施上设置了不同程度的障碍和限制。因此,发展中国家还需进一步加强团结、共同努力,为争取真正普遍的、非歧视的、非互惠的关税优惠待遇而不懈奋斗。

7.1.3 征收关税的依据

海关税则(customs tariff)是各国征收关税的依据,又称关税税则,是指一国或地区对进出口商品计征关税的规章和对进出口的应税商品、免税商品以及禁止进出口的商品加以系统分类的一览表。它包括两部分,一是海关课征关税的规章条例及说明;二是关税税率表。关税税率表的内容主要包括税则号列(税号)、货物分类目录和税率。

1. 海关税则对商品的分类

海关税则中的商品分类,主要是根据进出口货物的构成情况,对不同商品使用不同税率以及便于进出口货物统计需要而进行系统的分类。各国海关税则的

商品分类方法不尽相同,大体上有以下几种:

(1) 按照货物的自然属性分类,如动物、植物、矿物等。

(2) 按货物的加工程度或制造阶段分类,如原料、半制成品、制成品等。

(3) 按货物的成分分类或按工业部门的产品分类,如钢铁制品、塑料制品、化工产品等。

(4) 按货物的用途分类,如食品、药品、染料、仪器、乐器等。

(5) 按货物的自然属性分成大类,再按加工程度分成小类。

由于最初各个国家是根据自身需要和习惯编制税则商品分类目录的,因而分类方法不同,口径各异,使各国海关统计资料缺乏可比性,并给多边贸易谈判带来不便,为此,一些国际经济组织开始制定国际通用的商品分类目录,其中较为权威的有三个:

一是海关合作理事会制订并于1953年9月11日生效的《布鲁塞尔税则目录》,1975年正式改名为《海事合作理事会税则商品分类目录》(*Customs Cooperation Council Nomenclature*,CCCN)。

二是联合国经社理事会于1950年制定并公布的《国际贸易标准分类》(*Standard International Trade Classification*,SITC)。

三是1983年海关合作理事会协调制度委员会主持制订的《协调商品名称及编码制度》(简称"协调制度",H.S)。《协调制度》目录与布鲁塞尔税则目录的分类总则相似,但增加了对子目一级的规定,它能同时满足关税统计和国际贸易其他方面的要求。该目录于1988年1月1日正式实施,现为大多数国家和地区所采用,中国也于1992年正式采用。

2. 海关税则的种类

1) 单式税则与复式税则

按同一税目下税率数目的多少,海关税则可分为单式税则和复式税则两类。目前,大多数国家都采用复式税则。

(1) 单式税则(single tariff),又称一栏税则。即一个税目只有一个税率,适用于来自任何国家的商品,没有差别待遇。在垄断前资本主义时期,各国都实行单式税则。当前,除少数发展中国家如委内瑞拉、巴拿马、泰国、伊朗、加纳、阿尔及利亚、乌干达、肯尼亚等实行单式税则外,世界上大多数国家都实行复式税则。

(2) 复式税则(complex tariff),又称多栏税则。有二栏、三栏、四栏、五栏不等,就是在一个税目下订有两个或两个以上的税率征收关税,目的在于实行差别待遇和贸易歧视政策。在多栏税率的组成上,各国的做法不尽相同。二栏税率一般由普通税率和优惠税率组成,其目的在于区别对待与本国是否订有贸易互利条约或协定的不同国家的进口商品。三栏税率通常由普通税率、最惠国税率和普惠制税率(发展中国家则是互免关税栏,如尼日尔实行的三栏税率即是如此)组成。大多数西方发达国家及一部分发展中国家实行的是三栏税率。四栏税率通常是在三栏税率的基础上再加上特惠税率组成。日本是实行四栏税率的国家。此外,还有五栏税率。

例如,欧共体(现欧盟)的五栏税率由以下不同税率组成:第一栏是特惠税率,实施对象是其关系国,主要是签订洛美协定的非洲、加勒比海及太平洋地区的国家或地区;第二栏是协定税率,实施对象是与共同体签订了优惠贸易协定的国家,如以色列、埃及等;第三栏是普惠制税率,实施对象是77国集团及其他一些发展中国家(1980年起欧共体也给予我国这一待遇);第四栏是最惠国税率,实施对象是GATT(现WTO)成员以及与共同体签有双边最惠国待遇的国家;第五栏是普通税率,也就是最高税率,实施对象是上述国家以外的国家和地区。

2) 国定税则与协定税则

依照制订税则的权限(或者说按照制订者的不同),又可将海关税则分为国定税则和协定税则。

(1) 国定税则,又称自主税则(autonomous tariff),就是一个国家独立制定并有权加以变更的税则,一般适用于没有签订双边或多边贸易条约或协定的国家。国定税则有自主单式税则和自主复式税则之分。

(2) 协定税则(conventional tariff),就是一国与其他国家通过贸易谈判,以条约或协定方式制定的关税税则,一般适用于协定的商品。协定税则是在本国原有的国定税则以外另行规定的一种税则。协定税率比国定税率低。协定税率除了适用于该条约或协定的签字国以外,某些协定税率也适用于享有最惠国待遇的国家,对于没有减让关税的商品或不能享受最惠国待遇的国家的商品,仍采用自主税则,这样形成的复式税则,称作自主协定税则或国家协定税则。协定税则根据协定方式的不同又分为双边协定税则、多边协定税则和片面协定税则。

7.1.4 关税的经济效应

关税的经济效应就是指关税对进出口国经济的多方面影响。

总体来讲,征收关税的经济效应与开展自由贸易的作用相反,它将导致资源配置效率的降低,增加政府的财政收入,在各国间和各国内的不同利益集团之间进行收入的再分配,从而降低贸易参加国的福利水平。具体地说,征收关税会引起进口商品的国际价格和国内价格的变动,从而影响到出口国和进口国在生产、

第7章 国际贸易政策措施

贸易和消费等方面的调整。在这里,我们主要是在局部均衡条件下分析进口关税对进口国(特别是贸易小国)的经济影响。

1. 关税的价格效应(Price Effect of Tariff)

关税的价格效应就是指关税对价格的影响。进口关税习惯上是由进口商在国外货物运到口岸以后,向本国海关缴纳,这就不可避免地增加了进口商品的成本。因此,进口商就会相应地提高进口商品的售价。事实上,往往是进口国和出口国共同负担了进口关税。换句话说,关税并非完全由进口国国内消费者负担,而是部分转嫁给了出口国,尤其是当进口国是这一商品的进口大国时。当然,进口国和出口国负担进口关税的比例是不同的,这要看商品类型和需求情况,由进口国对进口商品的需求价格弹性和出口国的供给价格弹性决定。若进口国对进口商品的需求价格弹性越大,则可将更多的关税转嫁给出口国,这时国内消费者负担的部分越小;若出口国的供给价格弹性越大,则出口国供应商对国际市场上供过于求的应变能力越强,就越可以少负担由进口国转嫁过来的那部分关税。

总之,当一个大国征收进口关税时,则关税的一部分以提高国内市场价格的方式由消费者负担,另一部分以降低国际市场价格的方式由出口国负担;但当进口国进口数量较小时,征收关税对国际市场的价格影响较小,因此,对于贸易小国来说,关税主要由国内消费者负担。

2. 关税的贸易条件效应(Trade-terms Effect of Tariff)

关税的贸易条件效应是征收关税对进口国贸易条件的影响。贸易条件反映的是一个国家以出口交换进口的关系,通常用出口价格指数与进口价格指数的比率来表示。当一国的出口产品能换到更多的进口产品时,则其贸易条件是有利的,否则就是贸易条件不利。

当一国进口一项商品时,在不征收关税的情况下,该国进口的这种商品只有一种价格;而当征收关税时,则该国进口的这种商品就出现了两种价格,一种价格是进口国支付给出口国的,它通常比征关税前的价格要低;另一种价格是进口国的消费者在国内市场上购买这种商品的价格,它通常比征关税前的价格要高,两种价格的差额就是关税。显然,由出口国负担一部分关税就表明进口国贸易条件的改善。

从另一角度来说,对于进口大国来讲,假定出口商品价格不变,而当征收进口关税时,其国内价格必然上涨,结果国内消费需求减少,进口量也减少。由于大国的进口量占世界进口量的相当大比重,因此,其进口量的减少将导致该商品在国际市场上供大于求,国际市场价格下跌,这时该大国出口价格与进口价格比率上升,贸易条件改善,而对该商品出口国来说,则是贸易条恶化。对于进口小国来说,其进口量的减少不能对国际市场供求关系产生很大影响,因而其征收关税,通常不能产生贸易条件效应。

3. 关税的消费效应(Consumer Effect of Tariff)

关税的消费效应是关税的国内效应之一,就是指征收关税对消费者利益的影响。关税是自由贸易价格基础上的加价。作为一种间接税,关税会加到商品价格中去,这时进口商品价格上涨,消费者需求量减少,若该进口商品的进口需求弹性较大,消费者剩余相应减少;若该进口商品的进口需求弹性较少,则需求减少甚微,消费者就不得不支付较高的价格;若进口商品是具有需求刚性的资本品,则最终产品的生产成本上升,消费者负担增加。

4. 关税的生产效应(Production Effect of Tariff)

关税的生产效应也称作替代效应(substitution effect)或保护效应(protection effect),是指征收关税对国内生产的影响。而这种影响表现为对本国工业生产的保护。

在某种商品的国际市场价格低于本国国内市场价格的情况下,或当价格相同,但国外产品质量优于国内产品时,就可能会向本国输入外国产品。国外产品的输入必然会产生与本国产品的竞争,这对本国生产者来说是不利的。而征收关税,就提高了进口产品的价格,一方面削弱了外国产品的竞争力,另一方面也相应地提高了本国产品的价格,使国内更多的生产者加入到该产品的生产行列中来,从而增加了该产品在本国市场的供应量。该产品的国内生产增加替代了部分国外产品,此即关税对本国工业生产的保护。一般来说,关税越高,保护程度也越高。由于该种产品国内生产量的增加,会带来对生产该产品提供的投入品(如原料、半成品、零部件等)的需求增加,也会提高同类产品或可替代产品的国内价格,使生产集团获得利益。

值得注意的是,征收关税后国内生产者虽可扩大再生产,但这是一种缺乏效益的生产,这时生产者剩余的增加将付出较大的代价,即由于生产效率缺乏而多耗费成本总额。从整个国家来看,由于征税,使得一些国内资源从效率较高的用途(生产更有效率的可出口商品)转移到了效率较低的用途(生产较缺乏效率的可进口商品),由此而造成本国内资源配置效率下降。

第7章 国际贸易政策措施

5. 关税的财政效应(Revenue Effect of Tariff)

关税的财政效应就是指征收关税对国家财政收入的影响。

一般来说,增加课税会增加政府的财政收入。自然,征收关税或提高关税水平,在保护本国工业的同时也增加了政府的财政收入,这项收入等于每单位课税额乘以征税的进口商品的数量。不过,征收关税增加政府财政收入的前提是,所征关税的税率不能提高到禁止关税的水平,而必须低于它;并且关税收入也只有一部分成为财政收入,而非全部。

6. 关税收入再分配效应(Income Redistribution Effect of Tariff)

关税收入再分配效应就是指征收关税以后发生的国内消费者的收入转移给国内生产者的再分配现象。就是说征收关税增加了生产者剩余和政府收入,但同时减小了消费者剩余,收入分配发生了转移。因为所征关税引起国内商品价格上涨,生产者利润增加,而这增加的利润中有一部分是从消费者支付的较高价格中转移过来的。关税还造成了收入从该国丰富的生产要素(生产可出口商品)向该国稀缺的生产要素(生产进口竞争产品)的再分配。按照斯托尔珀—萨缪尔森定理[①](The Stolper-Samuelson Theorem, S-S),由于征收关税而使得一种商品的相对价格提高,就会增加在该种商品生产中密集使用的生产要素的报酬或收入,这样,该国稀缺生产要素的实际报酬就会上升,而该国相对丰富生产要素的实际报酬就要下降。例如,当一个资本富裕国对进口商品(劳动密集型商品)征收进口关税时,对国内生产者和消费者来说,劳动密集型商品的相对价格就会上升,从而劳动(该国稀缺生产要素)的实际工资就会上升,而资本所有者的收入就会降低。

对于上述分析所得出的若干结论,西方国际经济学往往是用图形来形象地加以描述和分析(见图 7.1),现简要介绍如下。

在图 7.1 中,D_x 是进口国 x 商品的需求曲线,S_x 是该国 x 商品的供给曲线。在没有贸易的情况下,D_x 和 S_x 的交点就决定了均衡点 E。在这一点,该国以 OF 的价格,生产和消费 OQ_3 数量的 x 商品。此时,消费者剩余(即消费者愿意为每一

---

① 1941年,美国经济学家斯托尔珀和萨缪尔森发表的《保护主义与实际工资》一文中,提出了关于关税对国内生产要素价格或国内收入分配的影响,被称为斯托尔珀—萨缪尔森定理,该定理证明了实行保护主义会提高一国相对稀缺要素的实际报酬。该定理的基本思想是:关税提高受保护产品的相对价格,将增加该受保护产品密集使用的要素的收入。如果关税保护的是劳动密集型产品,则劳动要素的收入趋于增加;如果关税保护的是资本密集型产品,则资本要素的收入趋于增加。

单位商品支付的价格和他们实际所支付的价格之间的差额)为三角形 EFR,生产者剩余(即价格超过边际成本的部分)为三角形 EFC。

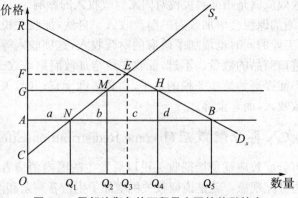

图 7.1　局部均衡条件下贸易小国的关税效应

在自由贸易情况下,该贸易小国面对的是具有无穷弹性的 x 商品的供给曲线 AB 线。这时,世界市场价格(也是国内价格)为 OA,国内需求量由 OQ_3 增加到 OQ_5,其中 OQ_1 为国内生产,Q_1Q_5 为进口。此时,消费者剩余由三角形 EFR 增加到三角形 BAR,而生产者剩余却由三角形 EFC 减少到三角形 NAC。

如果该国对进口的 x 商品征收幅度为 AG 的从价关税,那么 x 商品的价格将上升至 OG。在这个价格水平上,该国将消费 OQ_4,其中 OQ_2 为国内生产,其余 Q_2Q_4 从外国进口。GH 代表有关税时外国对该进口小国的 x 商品供给曲线。这样,关税的消费效应(即减少国内消费)为 Q_4Q_5;生产效应(即由于征收关税而导致国内生产扩大)为 Q_1Q_2;财政收入效应为面积 c(即 $GA×Q_2Q_4$)。消费者剩余由三角形 BAR 减少为三角形 HGR,损失为 $ABHG$,即 $a+b+c+d$,生产者剩余由三角形 NAC 增加到 MGC,即增加了面积 a。因此,总起来说,征收关税的代价和利益是:消费者剩余减少 $a+b+c+d$,生产者剩余增加 a,政府增加财政收入 c,这是关税的收入再分配效应。$b+d$ 则是贸易保护的代价,或是经济(即国民福利)的净损失。其中,b 是净损失的生产部分,与生产资源从更有效率的部门转移到效率较低部门所引起的损失相联系;d 是净损失的消费部分,代表由于征收关税引起价格上涨而导致的消费者消费量的减少从而实际福利的损失①。

---

① 需要指出的是,这里的图形分析仅限于贸易小国征收关税的局部均衡效应;若为进口大国征收关税则相关经济效应将有所不同。此外,这里也未就征收关税进行一般均衡分析(或称总体均衡分析)。

7.1.5 关税的保护程度

关税保护程度指一国所定的关税税则在保护本国生产中所起的作用大小。衡量关税保护程度大小是个复杂的问题。由于各国进出口商品的结构不同,保护的重点不同,因而很难找出一个全面、确切、合理的解决方法。关税水平与关税的保护程度密切相关,但是,同等的关税水平对不同国家生产的保护作用也是不同的。

1. 关税水平

一国的关税水平直接影响着该国经济的方方面面。关税水平(tariff level)是指一个国家的平均进口关税率,即关税水平=进口税额总额/进口总额×100%,百分数越大,表明一国的关税水平越高,进口关税越高,保护性就越强。当然,关税水平的数字虽能比较各国关税的高低,但它不能完全表示保护的程度。

2. 名义关税率和名义保护率

名义关税率(nominal tariff rate)就是对进口商品征收进口关税所规定的百分比。

名义保护率(nominal rate of production)是分析一国贸易保护程度的一种理论模型。世界银行研究保护结构时,给名义保护率下的定义是:对一商品的名义保护率是由于实行保护而引起的国内市场价格超过国际市场价格的部分与国际市场价格的百分比。这种百分比也叫做"内涵税率"。用公式表示为:

$$名义保护率 = \frac{进口货物国内市场价格 - 国际市场价格}{国际市场价格} \times 100\% \quad (7.4)$$

从保护关税制定的一般理论来看,它是根据商品的国内外差价与进口价的百分比而制定的,因此,通常在税则中的(法定)税率与上述的内涵税率是一致的。所以,一般把商品的法定税率就看成是其名义保护税率。实际上,影响进口货物国内市场价格的因素有很多种。例如,汇率的变化、国内税收、供求关系,或人们对国外产品的偏好等。但在一般不要求精确地计算关税保护程度时,其他因素可以忽略。此时,名义保护率在数值上等于名义关税率。

3. 有效关税率和有效保护率

有效关税率(effective tariff rate)就是关税对某一特定部门的净效应。

有效保护率[①](effective rate of production,ERP)又称实际保护率,就是征收关税后使受保护行业每单位最终产品附加价值增加的百分比(附加价值是最终产品价格减去用来生产该商品的进口投入品成本),或者说,有效保护率就是征收关税所引起国内加工增加值与国外加工增加值的差额占国外加工增加值的百分比,用公式表示为:

$$\text{有效保护率} = \frac{\text{国内加工增值} - \text{国外加工增值}}{\text{国外加工增值}} \times 100\% \qquad (7.5)$$

或

$$ERP = \frac{V' - V}{V} \times 100\% \qquad (7.6)$$

其中,ERP 为有效保护率;V' 为征收关税情况下产品生产过程的增值;V 为不征收关税时(自由贸易条件下)的单位产品的附加价值。

现举例说明。假定在自由贸易情况下,一辆汽车的国内价格为 10 万元,其中 8 万元是自由进口的钢材、橡胶、仪表等中间投入品的价格,那么另外 2 万元就是国内生产汽车的附加价值。再假定对每辆汽车的进口征收 10% 的名义关税,而对钢材等仍免税进口,同时假定进口汽车价格上涨的幅度等于名义税率,即 10%。这样,国内汽车的价格上涨到 11 万元(10 万元+10 万元×10%)。保护关税使国内制造的汽车附加价值的增加率即有效保护率为:

$$ERP = \frac{V' - V}{V} \times 100\% = \frac{3 \text{万元} - 2 \text{万元}}{2 \text{万元}} \times 100\% = 50\%$$

上例中,如果对进口投入品钢材等征收 5% 的名义关税,而汽车仍为 10% 的名义关税,则钢材等的国内价格上涨到 8.4 万元,汽车的附加价值 V 减少为 11 万元-8.4 万元=2.6 万元,此时,有效保护率为:

$$ERP = \frac{V' - V}{V} \times 100\% = \frac{2.6 \text{万元} - 2 \text{万元}}{2 \text{万元}} \times 100\% = 30\%$$

如果对汽车和钢材等同时征收 10% 的名义关税,则成本和汽车价格将按同一比例上升,实际保护率也是 10%。

由此可见,当最终产品的名义税率大于原材料等中间产品的名义税率时,最终产品的有效保护率大于对它征收的名义税率。只有当最终产品和中间产品的名义税率相同时,最终产品的有效保护率和名义税率相同。

名义保护与有效保护的区别就在于:名义保护只考虑关税对某种成品的国内市场价格的影响;而有效保护则着眼于生产过程的增值,考虑到整个关税结构对

---

① 有效保护率的概念是由加拿大经济学家 C·L·巴伯于 1955 年首先提出来的。20 世纪 60 年代,该理论趋于成熟,遂被引用。

被保护商品在生产过程中的增加值所产生的影响,它既注意了关税对产成品的价格影响,又注意到原材料和中间产品由于征收关税而增加的价格。

上例中,如果进口汽车的名义税率仍旧是 10%,而对进口钢材等中间投入品的名义税率提高到 20%,那么钢材等的国内价格将上涨到 9.6 万元,汽车的附加价值减少到 1.4 万元(11 万元－9.6 万元),这时,有效保护率则变为:

$$ERP=\frac{V'-V}{V}\times 100\%=\frac{1.4\,万元-2\,万元}{2\,万元}\times 100\%=-30\%$$

可见,有效保护率既可以为正数,也可以为负数。当有效保护率为负数时则表明:由于关税结构的作用,对原料征收的名义税率过高,使原料价格上涨的幅度(上例中为 1.6 万元),超过最终产品征税后附加价值增加的部分(上例中为 1 万元),使得国内加工增加值低于国外加工增值。也就是说,由于不加区分地对进口成品和原料征收关税,生产者经过生产过程虽然创造了价值,但这种价值是低的,不仅生产者无利可图,而且客观上也鼓励了最终产品(上例中为汽车)的进口。

7.2 非关税措施

非关税措施或称非关税壁垒(Non-Tariff Barriers,NTBS)是指除了关税以外的一切限制进口的各种措施。与关税壁垒相比较,非关税壁垒具有更大的灵活性和针对性,更能直接达到限制进口的目的,同时也更具隐蔽性和歧视性。第二次世界大战以后,随着多轮多边贸易谈判,世界各国和地区的关税都有所下降,而非关税壁垒措施却与日俱增,名目繁多,并日益成为国际贸易利益冲突中的主要保护手段。本节仅就国际贸易中主要的非关税措施进行简要介绍。

7.2.1 进口配额制

1. 进口配额制的概念

进口配额(import quotas)又叫进口限额,是一国政府在一定时期(如一个季度、半年或一年)内,对于某些商品的进口数量或金额加以直接的限制。在规定的期限内,配额以内的商品可以进口,超过配额的不准进口或在征收较高的关税或罚款后才准予进口。进口配额是许多国家实行进口数量限制的重要手段之一。

2. 进口配额的种类

进口配额主要有以下两种:

1) 绝对配额

绝对配额（absolute quotas）是指在一定时期内,对某些商品的进口数量或金额规定一个最高数额,在这个数额之内允许进口,一旦达到这个数额后,便不准进口。在贸易实践中,绝对配额通常又有以下几种具体类型:

(1) 全球配额（global quotas; unallocated quotas）。全球配额属于世界范围的绝对配额,对来自任何国家或地区的商品一律适用。其具体做法就是一国（或地区）主管当局通常按进口商的申请先后或过去某一时期的进口实际数额批给一定的额度,直至总配额发放完为止,超过总配额就不准进口。全球配额制使得一国在对外贸易中难以贯彻国别政策。

(2) 国别配额（country quotas）。国别配额就是在总配额内按国别或地区分配给固定的配额,超过的配额便不准从该国或地区再进口。为了区分来自不同国家和地区的商品,在进口商品时,要求进口商必须提交原产地证明书。实行国别配额可以使进口国根据本国与有关国家和地区的政治和经济关系情况来分别给予不同的配额,实行差别待遇。国别配额又有单方面国别配额（自主配额 autonomous quota）和协议国别配额（协议配额,agreement quota）两种。例如,1987年底,我国与美国就纺织品贸易达成协定,使我国对美纺织品成衣出口年增长率,从1988年1月1日起4年内,由19%下降到3%。

(3) 进口商配额（importer quotas）。进口商配额就是进口国政府把某些商品的进口配额直接分配到进口商。许多国家政府往往把配额分配给垄断企业,中小进口商却难以分到或分到的配额数量极少。

2) 关税配额

关税配额（tariff quotas）就是对商品进口的绝对数额不加限制,而对在一定时期内,在规定配额以内的进口商品,给予低税、减税或免税待遇,而对不在配额以内的进口商品则征收较高的关税或附加税或给以罚款。例如,1974年12月,澳大利亚曾规定对除男衬衫、睡衣以外的各种服装,凡是超过配额的部分加征175%的进口附加税。又如,日本与欧共体签订的1986～1990年的皮鞋贸易协议规定,日本从欧共体进口皮鞋的配额,1989年为326万双,1990年为359万双,配额以内的进口征收从价税30%,超过配额的进口征收从价税60%。

可见,关税配额与绝对配额的区别在于:在超过配额以后,绝对配额就一概不得再进口了,而关税配额仍可以进口,不过得征收较高的关税。换言之,关税配额的特点是将关税与配额结合起来使用,主要以经济手段调节进口水平,而不是像绝对配额那样以行政手段控制进口的绝对量。

关税配额按进口商品的来源可分为全球性关税配额和国别关税配额;按征收

关税目的可分为优惠性关税配额(对关税配额内进口的商品给予较大幅度的关税减让甚至免税,而对超过配额进口的商品征收原来的最惠国税率)和非优惠性关税配额(对关税配额内进口的商品一般按最惠国税率征收原来的进口关税,对超过配额的进口商品,则征收极高的进口附加税或给以罚款)。

7.2.2 有秩序的销售协定与"自动"出口配额制

有秩序的销售协定(Orderly Marketing Arrangement,OMA)是指贸易伙伴国之间通过协定的方式安排彼此之间的进出口贸易的数量规模及其他敏感方面。从本质上说,OMA 是各贸易参加国之间缓和竞争的紧张局面,共同瓜分市场的一种暂时性的妥协性的契约。OMA 通常包括"自动"出口限制的内容。

自动出口配额制("Voluntary" Export Quotas,VEQ)又称"自动"出口限制("Voluntary" Restriction of Export),就是出口国家或地区在进口国的要求或压力下,"自动"规定某一时期内(一般为 3～5 年)某些商品对该国的出口限制,在限定的配额内自行控制出口,超过配额即禁止出口。

VEQ 是 20 世纪 60 年代以来非关税壁垒中很流行的一种形式,几乎所有发达工业国家在各种长期贸易项目中都采用了这种形式。事实上,VEQ 并非出口国真正自愿的,而是往往带有明显的强制性,因为进口国常常以商品大量进口使其有关产业部门受到严重损害,造成所谓"市场混乱"为由,要求有关国家的出口实行"有秩序的增长","自动"限制商品出口,否则就单方面强制限制进口。

VEQ 的形式主要有:

(1) 非协定的 VEQ。即不受国际协定的约束,而是出口国迫于来自进口国方面的压力而自行单方面规定出口配额,限制商品出口的一种措施。

(2) 协定的 VEQ。即进出口双方通过谈判签订"自限协定"(Self-restraint Agreement)或 OMA,规定有效期内某些商品的出口配额,出口国据此配额实行出口许可证制或出口配额签证制(Export Visa),自行限制这些商品出口。

各种"自限协定"或 OMA 的内容一般包括以下诸方面的内容:

(1) 配额水平(Quota Level),即协定有效期内各年度"自动"出口的限额。它通常以协定缔结前一年的实际出口量或是原协定最后一年的配额为基础进行协商确定,有总限额,组限额,个别限额和磋商限额之分。

(2) 自限商品的分类。

(3) 限额的融通,即指协定各种自限商品限额相互融通使用的权限,主要有水平融通和垂直融通两种。

(4) 保护条款,即指进口国有权通过一定程序,限制或停止进口某些"扰乱本国市场"或使本国生产者蒙受损害的商品。显然,这实际上是进一步扩大了进口国单方面限制商品进口的权限。

(5) 出口管理规定,即在协定中规定出口一方应对自限商品执行严格的出口管理,以保证出口不超过限额水平和尽量按季度均匀出口。另外,协定还要求双方互相提供有关资料,且在协定有效期内,双方每年至少举行一次会议,磋商和解决有关问题。

(6) 协定的有效期,该有效期可长可短,一般为 3~5 年。

7.2.3 进口许可证制度

1. 进口许可证制的概念

进口许可证制(Import License System)是一国海关规定某些商品的进口必须申领许可证,没有许可证海关不予进口的制度,这是世界各国进口贸易行政管理的一种重要手段,也是国际贸易中一项应用较为广泛的非关税措施。

在实行进口许可证制度时,进口国有关外贸管制机构必须事先公布商品目录。凡列入目录表中之商品,进口商在进口前必须向发证机关申领许可证,然后在进口时凭许可证核准的数量、金额办理进口报关,方得进口。实行这种进口许可证制度后,进口国通过进口商的逐笔申请,可直接控制某种商品的进口国别地区、进口数量和金额。可见,该种制度的实施不仅可起到直接限制进口的作用,而且也便于实行贸易歧视。此外,进口商在申领许可证时,一般都要缴纳一定的许可证费,有时这种费用竟高于进口关税,等于是一种变相的进口附加税。

由此可见,进口许可证制度是进口国采用的行政管理措施。它在限制进口上具有运用灵活、便于区别对待和控制严格的特点。第二次世界大战前,西欧国家曾广泛采用进口许可证,以限制外国商品进口。战后初期,大多数国家也都曾继续实行许可证制度。20 世纪 60 年代后,进口许可证制度在发达国家逐渐为其他非关税措施所取代。但即使在当前,发达国家对一些竞争激烈的"敏感性"或"半敏感性"商品仍实行进口许可证制度。发展中国家出于对本国民族经济的保护,目前仍实行进口许可证制度。

2. 进口许可证的分类

1) 有定额的进口许可证与无定额的进口许可证

从进口许可证与进口配额的关系角度,进口许可证可分为:

(1) 有定额的进口许可证,即国家有关机构预先规定有关商品的进口配额,在配额限度内,根据进口商的申请,对于每一笔进口货发给进口商一定数量或金额的进口许可证。

(2) 无定额的进口许可证,即进口许可证不与进口配额相结合,有关政府机构预先不公布进口配额,只是在个别考虑的基础上来进行发放进口许可证。

2) 公开一般许可证与特种进口许可证

从进口商品有无限制的角度,进口许可证可分为:

(1) 公开一般许可证(Open General License),又叫公开进口许可证或一般许可证或自动进口许可证,它对进口国别或地区没有限制,凡列明属于公开一般许可证的商品,进口商只要填写该证后,即可获准进口。可见,属于这类许可证的商品实际上是"自由进口"的商品。

(2) 特种进口许可证(Specific License),又称非自动进口许可证,即进口商必须向政府有关当局提出申请,经逐笔审查批准后才能进口。这种进口许可证大多数都指定进口国别或地区。

7.2.4 外汇管制

1. 外汇管制的概念

外汇管制(Foreign Exchange Control),就是指一国政府通过法令对国际结算和外汇买卖实行限制以平衡国际收支和维持本国货币对外汇价的一种制度。

外汇管制始于第一次世界大战期间。当时国际货币制度陷于崩溃,主要参战国都发生了巨额的国际收支逆差,本币对外汇率剧烈波动,大量资本外逃。为集中外汇资财进行战争,减缓汇率波动及防止本国资本外流,各参战国在战时都取消了外汇的自由买卖,禁止黄金输出,实行了外汇管制。1929~1933年世界经济危机时期,很多在一战后取消外汇管制的国家又重新实行外汇管制,一些实行金块和金汇兑本位制的国家也纷纷实行外汇管制。第二次世界大战爆发后,参战国立即实行全面严格的外汇管制。战后初期,由于国际收支长期失衡,黄金外汇储备短缺,许多国家又不得不继续实行外汇管制。20世纪50年代后半期之后,发达国家的国家收支有所改善,于是逐步放松了外汇管制,并最后实行了货币自由兑换。20世纪90年代以来,由于金融危机不断加深,绝大多数国家仍在不同程度上实行外汇管制,即使名义上完全取消了外汇管制的国家,仍时常对居民的非贸易收支或非居民的资本项目收支实行间接的限制。

外汇与一国的对外贸易有密切的联系,出口可收进外汇,进口要付出外汇,因而外汇管制必然会直接影响到进出口贸易。作为限制进口措施时的外汇管制就是指进口所需的外汇,必须向外汇管制机关申请,外汇申请往往与签发进口许可证结合在一起,申请到了进口许可证以后,外汇管制机关就按许可证上商品数量之金额批给外汇,以此直接掌握商品的进口数量、国别与商品的类别。

2. 外汇管制的分类

外汇管制的方式较为复杂,一般可分为以下几种:

(1) 数量性外汇管制。数量性外汇管制是指国家外汇管理机构对外汇买卖的数量直接进行限制和分配,规定进口商必须获得进口许可证后才可得到所需的外汇。其目的在于集中外汇收入,控制外汇支出,实行外汇分配,以达到限制进口商品品种、数量和国别的目的。

(2) 成本性外汇管制。成本性外汇管制是指国家外汇管理机构对外汇买卖实行复汇率制度,利用外汇买卖成本的差异,间接影响不同商品的进出口。所谓复汇率制(System of Multiple Exchange Rates),是指一国货币的对外汇率不只有一个,而是有两个或两个以上的汇率。其目的是利用汇率的差别达到限制和鼓励某些商品进口或出口。国际货币基金组织(IMF)提供的资料表明,20 世纪 80 年代初,实行复汇率制的国家有 35 个。

(3) 混合性外汇管制。混合性外汇管制是指国家同时采用数量性和成本性的外汇管制,对外汇实行更为严格的控制,以影响和控制商品进出口。

7.2.5 歧视性政府采购政策

歧视性政府采购政策(Discriminatory Government Procurement Policy)又称"歧视性公共采购政策"或"购买国货政策",是指国家制定法令或虽无法令明文规定,但实际上要求本国政府机构在招标采购时必须优先购买本国产品,从而导致对国外产品歧视,达到限制进口目的的做法。它是政府参与对外贸易的最典型的形式。由于政府在国民经济中的地位和作用日益增强,歧视性政府采购政策对对外贸易活动的影响已受到各国政府的普遍关注。

美国是实行歧视性政府采购政策最典型的国家。早在 1933 年,美国就颁布了《购买美国货法》(Buy American Act),明文规定政府各机构必须优先采购本国货。自 1983 年开始,美国曾多次修订该法,规定凡是联邦政府所采购的货物,应该是美国生产的,或者是用美国原料生产的;只有在国内生产的数量不够,或者价格过高,或者不买外国货就会损害美国利益的情况下,才可以购买外国货;优先购买本国货的价格可高于国际市场价格的 6%~12%,国防合同可放宽到 50%。英国等欧共体国家也有相关的规定。日本和德国现在虽在法律上没有优先购买本国货的规定,但在实际上都实行政府采购的歧视。

歧视性政府采购政策是通过政府采购的形式,从保护本国生产而不是从商业的观念出发,尽可能购买和消费本国产品,歧视外国产品,以此来限制国外产品在本国的销售规模,达到限制外国商品进口的目的。这种歧视性政府采购使外国商品处于不公平的竞争地位,甚至被剥夺了竞争的资格,因而是一种非常有效的非关税措施。

7.2.6 技术性贸易壁垒

1. 技术性贸易壁垒的概念

技术性贸易壁垒(Technical Barriers to Trade,TBT),即技术性贸易限制措施,是指政府为了限制进口,借维护生产、消费者安全和人民健康的理由,所规定的复杂苛刻的技术标准、卫生检疫规定,以及商品包装和标签规定。这些规定十分复杂而且多变,使外国产品难以适应,从而起到限制外国商品进口的作用。据统计,在当今非关税壁垒中,技术壁垒约占30%,是非关税壁垒中最隐蔽、最难对付的一种。合理的技术标准、卫生检疫和行政规则是必要的,它有利于国际贸易的健康发展。但是,在贸易保护主义较为盛行的今天,这些办法或制度也都成了各国限制进口的非关税壁垒。由于该类措施的实施具有极端的隐蔽性,而且效果明显,因而受到各国越来越多的重视。

近年来,发达国家普遍实施的绿色壁垒就是该类政策措施的表现形式之一。所谓绿色壁垒(Green Barriers),又称"环境壁垒",是指进口国政府以保护生态环境、自然资源以及人类和动植物的健康为由,以限制进口保护贸易为根本目的,通过颁布复杂多样的环保法规、条例,建立严格的环境技术标准,制定繁琐的检验、审批程序等方式对进口产品设置贸易障碍。发达国家多是在保护环境的名义下,通过立法手段,制定严格的强制性技术标准,达到限制国外产品的进口的目的。而相关标准又都是根据发达国家生产和技术水平来制定的,这就对有关出口国,特别是发展中国家的产品或服务的出口设置了壁垒。

绿色贸易壁垒大多来源于国际环境公约、WTO协议中的环境条款、国际环境管理体系系列标准(ISO14000)、绿色标志制度、进口国国内环境与贸易法规、进口国环境与技术标准等环境保护措施。这些措施都是双刃剑,一方面有利于环境保护和可持续发展,另一方面又可能成为绿色贸易壁垒的渊源。

例如,欧盟就启动了ISO14000的环境管理系统(即国际标准化组织专门技术委员会1996年4月正式公布,并于同年9月15日生效的一系列环境管理国际标准)。该管理系统主要包括：① 绿色环境标志，即在产品或包装上的图形标明该产品不仅质量符合标准，而且在生产、使用、消费和处理过程中符合环保要求，对生态环境和人类健康均无损害。② 绿色包装制度，即能节约资源，减少废弃物，用后易于回收、再用或者再生，易于自然分解，不污染环境的包装。③ 绿色卫生检疫制度，即海关检疫制度。发达国家对食品的安全卫生标准十分敏感，尤其对农药残留、放射性残留、重金属含量等的要求日趋严格。④ 绿色补贴制度，即为了保护环境和资源，有必要将环境和资源费用计算在成本之内，使环境和资源成本内在化。当前，发达国家将大量环境污染产品转嫁到发展中国家或地区，以降低环境成本，使发展中国家的环境成本因此而提高。更为严重的是，发展中国家绝大部分企业本身无力承担治理环境污染的费用，政府有时只能给予一定的补贴。但发达国家却又以这种"补贴"违背 WTO 的规定为由，限制发展中国家向发达国家出口。

2. 技术性贸易壁垒的类型

目前世界各国使用的 TBT 主要有以下几类：

(1) 技术标准(technical standard)方面的技术性贸易壁垒。有的国家法律明确规定进口商品必须符合进口国标准。欧盟共有 10 万余个技术法规和标准，许多法规和标准都比较苛刻复杂。除了技术条文本身以外，其实施过程和认证措施，也常常是国际贸易的障碍。日本规定，英国输往日本的小汽车，必须由日本人进行检修，如不符合日本标准的规定，则要求英方在日本雇员检修，费时费工。而针对具体产品制定一整套专门的强制技术标准，已成为发达国家采用的一种限制进口的措施。对于活畜、肉类、禽类、畜产品、兽用药物和新鲜农产品等方面的贸易，美国农业部制定了一些强制性标准，肉禽必须附有证书，证明符合美国标准后方可进入美国市场。

近年来，少数发达国家正在贸易领域磋商制定包含"碳关税"(Carbon Tariff)条款的国内法案，还酝酿在相关国际组织提出将"碳关税"纳入国际贸易规则。所谓"碳关税"，是指主权国家或地区对高耗能产品进口征收的二氧化碳排放特别关税。主要针对进口产品中的碳排放密集型产品，如铝、钢铁、水泥、玻璃制品等①。

---

① 碳关税本质上属于碳税的边境税收调节。碳关税的纳税人主要是指不接受污染物减排标准的国家，其高耗能产品出口到其他国家时的发货人、收货人或者货物所有人。课税范围主要是没有承担《联合国气候变化框架公约》下的污染物减排标准的国家，出口到其他国家的高耗能产品。碳关税征税的依据是按照产品在生产过程中排放碳的数量。

第7章 国际贸易政策措施

事实上,对进口产品征收"碳关税"的做法,其目的显而易见。这些发达国家意图凭借自身先进的环保技术和国际社会对环保问题的广泛关注,设置"碳关税"及其他非关税,如环境标准等措施,阻碍他国高碳工业产品进入本国市场,保护和维持本国工业产业的产出效益和发展,使其不受外来同类商品的损害。

(2) 商品包装和标签(Packing and Labeling Regulation)方面的技术性贸易壁垒。即要求商品的包装必须节约能源,减少废弃物,易于回收、再利用或再生,易于自然分解,总之不污染环境。繁琐而苛刻的商品内外包装和标签的限制性规定,已成为外国商品的进口障碍。意大利法律除了对一般出口商品在包装和标签上有严格的规定外,还专门对钢琴、医用温度计、酒等商品作了特殊的标签规定;德国也制定有《德国包装物废弃物处理法令》。凡此种种在无形中加大了进口商品的成本,甚至起到禁止商品进口的作用。

(3) 卫生检疫(Health and Sanitary Regulation)方面的技术性贸易壁垒。许多国家尤其是发达国家制定了较为严格的卫生标准,这些国家在通关检验检疫中对食品等安全卫生标准日趋严格,特别是农药残留量、放射性残留、重金属含量等指标进行严格检疫,防止超标商品进入本国市场。如美国就规定进口食品、人用药品、化妆品等必须符合美国法律规定。

7.2.7 繁琐的海关手续及海关估价制

进口国利用进出口商办理海关手续的机会,可以通过各种手段增加进口商品的成本和风险,也可以达到限制进口的目的。海关人员以各种借口推迟结关、强迫使用海关所在国文字开列货物票据、征收各种手续费,甚至无理禁止放关等都是常用的办法。

在各种繁琐的海关手续中,海关估价(customs valuation)制度对进口的限制作用最突出。所谓海关估价制度,是指海关为了征收关税而确定进口商品价格的制度。有些国家根据某些特殊规定,提高某些进口商品的海关估价,以增加进口商品的关税负担,阻碍商品的进口,这种情况就称之为专断的海关估价。在这方面,美国是典型的例子。美国对进口商品价格的估算通常以"生产的结构成本"为依据,而"生产的结构成本"又以3个价格为基础:一是出口国的票据上的价格和出口国的国内价格中较高的价格;二是美国国内的同种进口商品的价格;三是美国国内生产的同种商品或相似商品的价格。这3种价格都是高估的,这是因为:第二种价格已经包含了商品的进口税;第三种价格提高了外国进口商品的成本价格;至于第一种价格,由于海关的最后估价通常会加上被高估了的商品的广告费、专利费等,所以价格也是高估的。海关估价的提高等于提高了美国的实际进口关税税率。

同时,进口商品的税额取决于进口商品的价格大小与税率高低,当海关税率既定时,税额大小一方面取决于海关估价,另一方面还取决于征税产品的归类。海关将进口商品归在哪一税号下征收关税,具有一定的灵活性,而进口商品的具体税号必须在海关现场决定,在税率上又是就高不就低。这样就加大了进口商品的税收负担和不确定性,从而起到限制进口的作用。

值得注意的是,在实际使用中,海关估价制度往往和进口国的进口最低限价(minimum price)相结合。最低限价是一种新型的非关税壁垒,它是指进口国对某一商品规定最低价格,进口商品价格若低于这一限价,轻则征收附加税,重则禁止进口(closing import)。因此,进口国海关估价过高固然不好,但过低估价也可能遇到最低限价的麻烦。诸如反倾销、反补贴措施中关于出口价格、正常价值及补贴额的确定等,会直接影响到该类措施的适用与否。此时,海关的过低估价就可能成为某些国家或地区滥用反倾销、反补贴规则与措施,实施贸易保护的重要手段。倾销与补贴是国际贸易中的不正当行为,应该采取合理措施加以制止。但是,如果这种措施的制定不合理,或者其执行超出了应有的限度,它仍就成了限制外国商品进口的非关税措施。近年来,发展中国家出口贸易的发展使发达国家感到担忧。它们越来越多地利用反倾销与反补贴措施来限制发展中国家出口产品的输入。自20世纪80年代中期以来,发达国家尤其是美国和欧共体成员国对发展中国家出口产品的倾销和补贴指控成倍增加,严重影响了发展中国家对外贸易的发展。

7.2.8 基因壁垒

20世纪70年代以来,基于DNA重组技术和原生质体再生技术的建立,人类利用基因工程方法修饰生命有机体基因结构的能力,正在对动物和植物的产量以及人类自身健康产生日益深远的影响。所谓转基因生物,就是用实验的方法将某种生物的基因导入另一种生物的细胞中,使之与后者本身的基因整合在一起,而外源基因就能因此随细胞的分裂而增殖,在其体内得到表达,从而使它具有某种新的性状,并能遗传给后代。

对于人类的健康而言,基因工程技术的目标是进行"基因治疗",改善致命遗传病患者的状况,并最终消灭常见遗传疾病。

培育转基因植物的目标是使植物获得抗除草剂、疾病和昆虫的能力,改善产品口味和质地,延长产品货架期和生产更健康的产品。传统生物技术只是在种间进行杂交,而现代生物技术可以使人、动物、植物、微生物的基因进行人为的杂交。

许多生态学家认为,转基因生物大规模释放到环境中,将可能造成无法弥补的生态灾难。例如,转基因动物具有普通动物不具备的优势特征,如果逃逸到环境中,会通过改变物种间的竞争关系破坏原有的自然生态平衡;转基因微生物有可能引起疾病流行;转基因农作物对许多有益生物产生直接或间接的影响。当转基因生物作为食品进入人体时,可能使人产生某些毒副作用和过敏反应。而有些影响需要经过很长时间才能表现和监测出来。总之,由于目前科学技术水平还不能精确地预测转基因可能带来的所有影响,而且目前做出的没有影响的结论并不能保证经过一段时间的考验后仍是正确的。因此,基因工程产品对人类及环境的安全性等问题已经非常严肃地摆在人类面前。

鉴于现代生物技术产品能够产生的巨大商业利润,世界上许多化学和生物技术公司都投入大量资金用于转基因生物产品的开发。这些公司在全世界只宣扬转基因作物的优越性,不愿提及转基因生物可能带来的巨大环境和生态危险。虽然转基因生物在应用前多数已通过了安全性评价,但是在实验室内的评价并不能完全符合大量基因工程产物进入自然界后的情况。因此,在某种转基因生物大规模释放后,应该系统地监测它对生态系统的长期影响。对此,各国政府大多采取了相应的安全管理措施,以防范于未然。因为,当人类不能确保正确合理地操作和利用现代生物技术时,其后果将是灾难性的。这已成为国际社会的共识。

7.2.9 社会责任壁垒

社会责任壁垒,又称"社会贸易壁垒"或"社会壁垒"(social barriers),是指以劳动者劳动环境和生存权利为借口而采取的贸易保护措施。社会贸易壁垒由各种国际公约的社会条款(包括社会保障、劳动者待遇、劳动权利、劳动技术标准等条款)构成,它与公民权利和政治权利相辅相成。社会条款的提出是为了保护劳动者的权益,本来不是什么贸易壁垒,但被贸易保护主义者利用为削弱或限制发展中国家企业产品低成本而成为变相的贸易壁垒。在社会壁垒措施中,比较引人注目的是 SA8000 标准,该标准是从 ISO9000 质量管理体系及 ISO14000 环境管理体系演绎而来的道德规范国际标准。

7.2.10 知识产权壁垒

知识产权壁垒(barriers of intellectual property)是指知识产权拥有国以保护知识产权的名义,对含有知识产权的商品实行进口限制,或者凭借其拥有的知识产权优势,实行不公平贸易。其实质是阻碍商品在国际间的自由流动。随着科学技术的迅猛发展,当代国际贸易的重心开始从货物贸易向服务贸易和知识产权贸易转移,与知识产权有关的贸易摩擦越来越多,知识产权壁垒已成为发达国家和大的跨国公司占领国际市场的有利武器。

美国设立的知识产权壁垒主要通过发起"337调查"[①]和在世界贸易组织(WTO)提出诉讼实现。2009年10月22日,欧盟委员会出台《2009年知识产权执法报告》,将相关国家分为三类,只有我国被列入第一类国家,即知识产权保护和执法问题最严重的国家。与此同时,欧盟也在积极地推进《反假冒贸易协议》(*Anti-Counterfeiting Trade Agreement*, ACTA)[②],并于2012年4月同意向欧洲法院提交ACTA的细节。该协议被认为可以确保欧盟有关知识产权的保护措施能够在国际上得到有效实施,从而将欧盟规则上升为国际规则。由于该协议设定的知识产权标准过于苛刻,超出发展中国家的承受范围,还专门限制医药及IT产品等多个贸易领域,可能直接导致发展中国家目前仍能合法生产的众多产品,在其出台后便列为非法产品。

7.2.11 其他非关税措施

除了上述非关税措施外,各国政府通过采取进出口的国家垄断、征收各种国内税、进口押金制、对某些产品的国内生产者给予直接生产补贴等政策措施,以及某些不合理的贸易救济措施,来影响或限制进出口贸易活动及商品流向,从而达到贸易保护的目的。

进出口的国家垄断(state monopoly),是指国家对某些商品的进出口规定由国家直接经营,或者把某些商品的进口或出口的专营权给予某些垄断组织。国家垄断的进出口商品主要是烟酒、农产品和武器等。

对外来商品征收各种国内税(internal taxes),如消费税、增值税等,是一种比关税更加灵活且更易于伪装的贸易政策和手段,因为国内税通常不受贸易条约或多边协定的限制。

---

① 337调查,是指美国国际贸易委员会(International Trade Commission, ITC)根据美国《1930年关税法》(Tariff Act of 1930)第337节(简称"337条款")及相关修正案进行的调查,禁止的是一切不公平竞争行为或向美国出口产品中的任何不公平贸易行为。337调查是一种事后制裁,即美国在感觉到贸易条件恶化,或者遭受不公平竞争时,通过加大对知识产权问题的调查力度来强化贸易壁垒。

② 《反假冒贸易协议》(ACTA)是一个维护知识产权的多边协议,目的是为了全面加强国际贸易中知识产权的保护。自愿加入的国家将建立一个国际法律框架,并建立一个国际机构以外的理事机构。该协定由日本发起,并获得各大行业巨头的支持。截止2011年底,ACTA已被多个发达国家签署。

进口押金制(Import Advanced Deposit System)又称进口存款制,就是进口商要想进口商品,就必须预先按进口金额的一定比率,在规定的时间内在指定的银行无息存放一笔现金,这样以增加进口商的资金负担,从而起到限制进口的作用。

直接生产补贴,是指一国政府对国内某些过去必须依赖进口的产品生产部门给以补贴或价格支持,使之不断扩大生产规模,提高产品质量,以与同类进口产品相同的价格在国内市场销售,这样来达到排挤(或减少)此类产品进口的目的。

贸易救济措施主要包括对进口产品实施的反倾销、反补贴和保障措施。不合理地使用或滥用这些救济措施,就会对进口产品形成贸易壁垒。如一些国家在倾销和补贴的调查及认定中,往往以所谓"非市场经济"问题歧视我国产品,有的进而在标准采用,替代国选择上采取更不合理的做法。又比如在反倾销调查中,进口国还可采取反规避[1]和反吸收[2]措施。如这些措施被滥用,也会对进口产品构成不合理的障碍。此外,在保障措施调查中,一些国家往往在进口增长、产业损害等问题的认定方面带有较大的随意性,就可能会起到贸易壁垒的作用。

7.3 出口鼓励措施

7.3.1 出口鼓励措施的概念

出口鼓励措施是指出口国政府,为增强本国出口产品的国际竞争力,促进本国商品的出口,开拓和扩大国外市场而采取的经济、行政和组织等方面的各种措施。许多国家在利用关税和非关税措施限制进口的同时,还采取各种措施对本国产品的出口给予鼓励。不管一国对外贸易政策的倾向性是保护主义还是自由主义,出口鼓励政策措施始终是其对外贸易政策的重要组成部分。

---

[1] 所谓规避,是指一种出口产品在被另一国实施反倾销措施的情况下,出口商通过各种形式减少或避免出口产品被征收反倾销税或被适用其他形式的反倾销措施的行为;反规避是指进口国为防止国外出口商规避反倾销措施的行为而采取的措施。

[2] 所谓吸收,是指在进口国已对某一进口产品征收反倾销税的情况下,出口商采取低报出口价格的方法减轻进口商因承担反倾销税产生的负担,从而降低反倾销税对其产品在进口国市场份额的影响。此种情况下,进口国可以进行反吸收调查,即如进口国发现反倾销措施对倾销产品的售价未能产生预期影响,可以通过重新调查确定新的倾销幅度,并最终提高反倾销税率。

实行贸易保护主义最基本的一点就是"奖出限入"。关税与非关税政策措施必须结合鼓励出口的政策措施,才能构成一个比较完整的对外贸易政策体系。而实行贸易自由主义,则必须以国内强大的经济实力和出口能力为前提。但是,一方面,各种商品的出口能力并不相同,政府不得不采取措施支持出口能力相对较弱产品的出口;另一方面,在竞争日趋激烈的国际市场上,要保持本国产品的出口优势,没有政策措施上的配合是不可能的。更为重要的是,鼓励出口政策措施的实施,会通过出口贸易的发展带动国内经济增长的良性循环,进而扩大进口能力。因此,鼓励出口政策措施一直受到世界各国的普遍关注和重视。

7.3.2 出口鼓励措施的种类

综观各国所采取的出口鼓励政策措施,主要有以下几种:

1. 出口信贷

1) 出口信贷的概念

出口信贷(export credit)是指一国政府为支持和扩大本国大型设备等产品的出口,增强国际竞争力,对出口产品给予利息补贴、提供出口信用保险及信贷担保,鼓励本国的银行或非银行金融机构对本国的出口商或外国的进口商(或其银行)提供利率较低的贷款,以解决本国出口商资金周转的困难,或满足国外进口商对本国出口商支付货款需要的一种国际信贷方式。出口信贷是一国出口厂商利用本国银行贷款扩大商品出口,尤其是金额较大、期限较长的商品出口的一种重要手段。出口信贷利率一般低于国际金融市场贷款利率,其利差通常由出口国政府给予补贴,但贷款必须与出口项目紧密相连,即贷款必须全部或大部分用于购买提供贷款国家的出口商品。出口信贷的金额通常只占买卖合同金额的85%左右,其余10%~15%由进口厂商先支付现汇。出口信贷的发放往往与出口信贷担保相结合,以避免或减少信贷风险。

2) 出口信贷的种类

(1) 按期限长短来分,出口信贷包括短期信贷、中期信贷和长期信贷。短期信贷是指180天以内的信贷,也有的为1年,主要适用于原料、消费品及小型机器设备的出口;中期信贷是指1~5年期的信贷,适用于中型机器设备的出口;长期信贷的期限通常为5~10年,有时甚至更长,适用于大型成套设备、船舶、飞机等商品的出口。

(2) 按借贷关系来分,出口信贷包括卖方信贷和买方信贷。① 卖方信贷(Supplier's Credit),是出口方银行向本国出口商提供的贷款。卖方信贷是银行直接资助出口厂商向外国进口厂商提供延期付款以促进本国商品出口的一种方式。②买方信贷(Buyer's Credit)是出口方银行直接向外国进口厂商或进口方银行提供贷款,其附带条件是贷款必须用来购买债权国的出口商品,这是一种约束性贷款(Tied Loan)。卖方信贷对出口商来说,获得了急需的周转资金,有利于其出口业务活动的正常开展。但是对进口商来说,尽管便利了进口贸易活动,却使支付的商品价款大大提高。这是因为,原来的商品价格还必须加上由于卖方信贷而产生的许多附加费用,如贷款利息、手续费等,致使实际支付的价格远高于用现汇购买的价格。因此,对进口商来说,比较欢迎买方信贷(即使也要支付相关贷款利息及费用,但由于此时的卖方报价仅为商品本身的价格,买方可做到货比三家,即在商品及其他成交条件相同时寻求最低价)。从目前国际出口信贷的具体使用来看,卖方信贷远不如买方现代使用普遍。

2. 出口信贷国家担保制

1) 出口信贷国家担保制的概念

出口信贷国家担保制(Export Credit Guarantee System),也称出口信贷保险,是指一国为扩大出口,由政府的专门担保或保险机构对本国出口商或银行向外国进口商或进口方银行提供的信贷负责担保,当外国债务人拒绝付款时,担保或保险机构按照承保的金额支付给出口商或本国银行。许多国家为了做好出口信贷工作,都设立有专门的机构来办理此项业务。如英国出口信贷担保局、美国进出口银行、日本通产省出口保险课、法国国外商业保险组织、意大利出口信贷保险部以及加拿大出口发展公司等。

2) 出口信贷国家担保制的主要内容

(1) 担保的项目与金额:通常商业保险公司不承保的出口风险项目,都可向国家有关机构进行投保。一是政治风险,承保的金额一般为合同金额的85%～95%,有的国家,如美国的政治风险赔偿率则高达合同金额的100%;二是经济风险,承担金额一般为合同金额的70%～85%。

(2) 担保对象:一是出口商;二是出口方银行。从出口商方面来看,只要出口商是为了输出商品而向进口方提供信贷(如赊销、进口方分期付款等),那么不论这种信贷的期限长短,均可申请保险或担保。从银行方面来说,只要其提供的是出口信贷,则均能申请此类保险或担保。

(3) 担保期限和费用:短期信贷担保为6个月左右,承保出口厂商所有海外短期信贷交易,手续简便,有的国家采用综合担保(comprehensive guarantee)的方式,出口厂商一年只需办理一次投保,就可承保在这一年中对海外的一切短期信贷交易;中、长期信贷担保往往采用逐笔审批的特殊担保方式(specific guarantee),期限通常为2~15年。信贷担保的费用一般不高,而且各国的担保费率也不一样,但多是根据担保的项目、金额大小、期限长短和输往的国别或地区的不同而有所不同。

3. 出口补贴

出口补贴(export subsidies)又称出口津贴,是指一国政府给予本国出口厂商的现金补贴或财政上的优惠待遇。其目的在于降低本国厂商的出口成本和价格,提高其在国外市场上的竞争能力,扩大本国产品的出口。

出口补贴的方式主要有:

(1) 直接补贴(direct subsidies)。即由国家直接付给出口厂商的现金补贴。这就使得出口厂商在成本较高的情况下,仍然以较低的价格将商品出售到国外去。此类补贴以美国和欧盟等对农产品的补贴最为典型。

(2) 间接补贴(indirect subsidies)。即指国家政府对出口商品所给予的种种财政、运输等方面的优惠待遇。间接补贴名目繁多,如政府对出口商品的国内运输费用减免收取或提供低价运输的工具、提供出口商品优惠保险、允许缓交出口商品的应付税款以及各种减免税等,但最主要的是不适当的出口退税和减免税。

4. 商品倾销

商品倾销(dumping)是指出口商以低于国际市场价格、国内市场价格甚至生产成本价格的方式,在国外大量抛售商品的贸易行为。商品倾销的目的各有不同,有的是为了维护在原有市场的竞争地位;有的是为了开辟新的销售市场;有的是为了转嫁国内"过剩"危机;还有的是为了控制民族国家的政治经济等。但从根本上说,都是为了打击竞争对手,占领国外市场。

商品倾销通常由垄断性大企业来进行,但随着国家垄断资本主义的发展,一些国家设立专门机构直接对外进行商品倾销,例如,美国政府就设立商品信贷公司,以高价在国内收购农产品,而按照比国内价格低一半的价格在国外倾销其农产品。商品倾销的种类主要有:

(1) 偶然性倾销(sporadic or intermittent dumping)。即偶然以低于成本的价格或低于国内的价格在国外抛售商品,这多半是出于销售旺季已过,或因公司改营其他业务,在国内市场上已无法售出"剩余货物"的原因。这种倾销对进口国生产者妨碍不大,但对进口国的消费者是有利的。

(2) 掠夺性或间歇性倾销(predatory dumping)。即纯粹为了打垮竞争对手,侵占和垄断特定国家市场,暂时以大大低于竞争对手的价格甚至大大低于商品生产成本的价格,在国外销售商品,一旦目的达到,就重新提高价格。这种倾销严重地损害了进口国家的利益,因而许多国家都采取征收反倾销税等措施进行抵制。

(3) 长期性或持续性倾销(persistent dumping)。即一贯以低于国内市场的价格向国外倾销商品。长期性倾销的商品价格至少应不低于边际成本,它一般是在产品生产具有规模经济的时候或者是获取本国政府的出口补贴的时候来进行的。

从表面上看,倾销会给出口商带来利润损失。但如前所述,这种利润损失却换来了出口商或出口国更重要的长远的经济政治利益。不仅如此,出口商损失的利润还可以从以下几个途径得到补偿:一是政府通过关税和非关税措施维持国内市场垄断高价,此为国外损失国内补;二是政府采取各种财政政策措施弥补出口商的利润损失,即国家出口补贴;三是出口商在国外市场交替采用垄断低价与垄断高价政策实现自我补偿,此为此时损失彼时补。

5. 外汇倾销

外汇倾销(foreign exchange dumping)就是利用本国货币对外贬值的机会来扩大出口争夺国外市场的做法。外汇倾销具有"双刃"作用,即外汇倾销会产生两种有利于本国对外贸易发展的效果:一是外汇倾销导致的本国货币贬值会降低本国出口产品的价格水平,从而提高其在国际市场的竞争力,有利于出口的扩大;二是外汇倾销导致的外国货币升值会抬高外国进口产品的价格水平,从而降低其在国内市场的竞争力,有利于限制进口。

但是,外汇倾销的出口促进作用不仅具有滞后性和暂时性的特点,而且具有有限性的特征。换言之,外汇倾销并非可以无限制地进行,它是有条件的,只有具备了一定的条件,外汇倾销才能起到扩大出口的作用。其一是本国货币贬值的程度大于国内物价上涨的程度。本国货币对外贬值必然会导致国内物价水平提高,当出口商品的国内生产价格上升水平达到或超过本国货币对外贬值的程度(即本国出口商品在国外市场价格下降的幅度)时,外汇倾销的出口促进作用就会消失,甚至产生阻碍出口的消极影响。其二是其他国家不同时实行同等程度的货币贬值或采取其他报复性措施。一国的外汇倾销可能会引起有关国家的报复,如同样实行货币贬值,或采取提高进口关税的措施等。如果这些措施的报复程度超过本国货币对外贬值的程度,外汇倾销的出口促进作用就会消失,甚至走向反面。

6. 促进出口的行政组织措施

一国要大力鼓励出口贸易,除了制定和实施各种出口鼓励政策措施外,还必须在组织措施上下工夫。这里的组织措施,是指一国政府机构或行业组织为鼓励出口而制定和采取的各种服务性措施。组织措施是当代出口贸易发展的重要保证。组织措施一般包括:

(1) 设立专门组织。为了便于组织措施的顺利实施,各国一般都设有专门的组织机构,加强出口组织工作的领导和管理。例如,美国在1960年成立了"扩大出口全国委员会",目的在于研究与制定出口战略,扩大出口,其任务是向美国总统和商务部长期提供有关改进鼓励出口的各项措施的建议和资料;1973年又成立了出口委员会和跨部门的出口扩张委员会,加强对出口贸易的组织和管理职能;1979年又成立了总统贸易委员会,负责全美国的一切对外贸易工作。

(2) 建立商业情报网及驻外商务机构,以加强商业情报的服务工作。为了便于与国际市场相沟通,及时了解各国政治经济状况以及经济贸易政策的调整和变动,包括公司、企业和银行的资信能力等,各国一方面在国内建立相关的机构,较著名的如美国的出口情报处等;另一方面,纷纷设立各种形式的驻外商务机构,增强出口贸易的组织及情报服务工作能力。

(3) 设立贸易中心,举办各种形式的贸易展览会和展销会,为出口贸易的洽谈包括互访提供便利。贸易中心是永久性的设施,在贸易中心内提供陈列展览场所,办公地点和咨询服务等。贸易展览会是流动性的展出,许多国家都十分重视这项工作,有些国家一年组织15~20次国外展出,费用由政府补贴,例如,意大利对外贸易协会对贸易展出支付80%的费用。现在中国有许多大中城市都建有国际贸易中心,各部门、各行业的许多企业都走出国门到国外去举办商品贸易展览会等,这些都大大促进了中国对外贸易的发展。同时,各国还都经常组织贸易代表团出访,并设立专门机构接待来访团体,政府对出访的费用大部分给予津贴。

(4) 组织出口商的评奖活动。这是指在第二次世界大战以后,许多国家都盛行的给予出口商的精神奖励的做法,国家授予扩大出口成绩卓著的出口商奖章、奖状等,并推广其经验。

此外,一国还可以通过积极地组织或协助对外反倾销、反补贴及实施保障措施的申诉调查与应诉工作,努力寻求贸易纠纷的公平解决,大力培养外贸人才等措施,促进本国对外贸易特别是出口贸易的发展。

7. 其他出口鼓励措施

其他出口鼓励措施主要有外汇分红、出口奖励证制和进出口连锁制等。外汇分红是指政府允许出口厂商从其所得的出口外汇收入中提取一定百分比的外汇用于进口,以提高其出口积极性。出口奖励证制(即外汇留成制)则是指政府对出口商出口某种商品以后发给一种奖励证,持有该证就意味着获得了进口一定数量外国商品的权利,该证也可以在市场上自由转让、或出售,持证者便可从中获利。进出口连锁制是将进口与出口联系起来,达到有进有出,以进带出,扩大出口的目的。具体做法就是政府规定进出口商必须履行一定的出口义务方可获得一定的进口商品的权利。但在 GATT 及 WTO 中,此类措施已被列入成员方应禁止的政策措施。因此,当前该类措施的运用大为减少。

7.4 其他国际贸易政策措施

世界各国政府除了采取限制进口和鼓励出口的措施,以促进和保护国内生产,扩大出口,增进本国福利之外,还可能会采用一些其他的国际贸易政策措施以达到其特定的经济或政治目的。

7.4.1 出口控制措施

出口控制措施(measurement for export control)是指出口国政府通过各种经济的和行政的办法对本国商品出口实施管制的行为的总称。

1. 出口控制的目的

出口控制一般有两个目的:一是经济目的。例如,出口国为了保护国内稀缺资源或非再生资源,维持国内市场的正常供应;促进国内有关产业部门或加工工业的发展;防止国内出现严重的通货膨胀;保持国际收支平衡;稳定国际市场商品价格,以防止本国贸易条件恶化等,常常需要对有关商品出口进行适当控制,甚至禁止出口。二是政治目的。出口国为了干涉和控制进口国的政治经济局势,在外交活动中保持主动地位,遏制敌对国或臆想中的敌对国的经济发展等,往往以出口控制给进口国施加压力或对进口国进行经济制裁,逼其在政治上妥协或就范。出口控制措施也是发达国家实行贸易歧视政策的主要手段。例如,美国商务部出版的《美国出口管制规章摘要》一书中承认,管制战略物资是"针对共产党国家出口"、"管制短缺物资是为了保护国内经济、减轻严重的通货膨胀的压力"。

国际贸易:理论与政策

2. 出口控制的对象

出口控制国家一般对下列各类出口商品实行管制:一是战略物资及与军事有关的先进技术设备和技术资料。例如,英美等许多国家都规定,军用武器、装备、先进的电子计算机以及与军事有关的技术、设备和资料的出口必须得到政府机构的特别许可。二是国内生产所需的原材料、半制成品及国内市场供应不足的某些必需品。如西方发达国家大多对稀有金属、石油和天然气、煤等资源实行出口控制,乃至禁止出口。三是某些文物、古董、艺术品、珍稀动植物、黄金、白银等。四是为了缓和与进口国在贸易上的摩擦,在进口国的要求或压力下,"自动"控制出口的商品。五是为了有计划安排生产和统一对外而实行出口许可证制管理的商品。六是被列入对进口国进行经济制裁范围的出口商品。如美国向中国出口的先进计算机、有关空间技术和设备被列入1989年开始的美国对中国的经济制裁范围内,因而被禁止出口。

3. 出口控制的形式

出口控制一般有两种形式:一是单方面出口控制,即出口国根据本国的需要和出于对外关系的考虑独立地进行本国某些商品的出口控制。单方面出口控制的主要措施有国家专营、征收出口税、实行出口配额或许可证制、出口禁运等。二是多边出口控制,即多个国家以一定的方式联合对某些商品进行出口控制。例如,1949年11月在美国操纵下成立的巴黎统筹委员会(Coordinating Committee for Multilateral Export Controls,简称"巴统")就是典型的多边出口管制的国际组织之一。该组织的目的是建立对社会主义国家实行出口管制的国际性网络,共同防止战略物资和先进技术输往社会主义国家,以遏制社会主义发展。但是后来,随着国际政治经济形势的变化,该组织逐渐放宽了对社会主义国家的出口管制,并于1994年解散。然而,它所制定的禁运物品列表后来被"瓦森纳协定"(Wassenaar Arrangement,简称"瓦协")[①]所继承,延续至今。多边出口管制机构

---

① 《瓦森纳协定》又称瓦森纳安排机制。冷战结束后,在美国的操纵下,1996年7月,以西方发达国家(包括日本、欧盟、加拿大等)为主的30多个国家签署了《瓦森纳协定》,决定从1996年11月1日起实施新的控制清单和信息交换规则。与"巴统"一样,"瓦协"同样包含两份控制清单:一份是军民两用商品和技术清单,涵盖了先进材料、材料处理、电子器件、计算机、电信与信息安全、传感与激光、导航与航空电子仪器、船舶与海事设备、推进系统等9大类;另一份是军品清单,涵盖了各类武器弹药、设备及作战平台等共22类。中国同样在被禁运国家之列。

第 7 章 国际贸易政策措施

或组织原则上只负责编制、修订和审批多边出口管制货单,确定多边出口管制的一般规则,而具体的出口管制措施则由各成员国按上述规定自行贯彻执行。

7.4.2 进口鼓励措施

进口鼓励措施就是进口国家的政府为鼓励某些商品的进口而采取的各种经济、行政等方面的措施。

进口鼓励一般是出于国计民生的考虑,如为解决国内缺乏、进口价格偏高的粮食、重要原材料等;有时也是出于保护国内稀缺资源,尤其是那些不可再生的具有战略意义的资源,在能进口时尽可能地进口而使用别国的资源,如美国的石油储藏是丰富的,但它却鼓励使用进口石油,正是出于保护石油资源的目的。

进口鼓励的方式有二:一是进口补贴。即政府出于某种目的,对进口商品给予财政补贴。也就是该国进口商从国外按市场价格购买商品,在本国低价销售,二者的差价由国家财政进行补贴。二是消费补贴。即国家通过给消费者以补贴,来增加消费者的购买力,从而间接地鼓励进口。

7.4.3 促进对外贸易发展的经济特区措施

1. 经济特区的概念

经济特区(Special Economic Zone,SEZ)是指实行特殊的经济贸易政策的地区。它通常是由政府在本国境内划出一定的范围,在这个区域内,通过实行更加灵活开放的政策措施,如降低地价、减免关税,放宽海关管制和外汇管制,提供各种服务等优惠办法,吸引外国货物,发展转口贸易,或鼓励和吸引外资及先进技术、发展加工制造业,以达到拓展出口贸易、增加外汇收入,促进本国或本地区经济发展的目的。根据世界银行分布的数据,2007 年全世界有 127 个国家估计 3000 多个关于经济特区的项目发展起来,其发展规模和功能向着大型化、多元化和高技术化的方向发展,成为各国促进其对外经济贸易发展的有力措施。

2. 经济特区的类型

各国各地区所设置的经济特区,因设置目的、规模、组织形态和功能的不同而名目繁多,但主要有以下几种:

1) 自由港和自由贸易区

自由港(Free Port)又叫自由口岸,是指全部或绝大部分外国商品可以豁免关税自由进口的港口。外国商品可以在自由港内自由改装整理、加工储存、展览和销售。最完整的自由港形态是自由港市,它包括了港口及其所在城市地区,即港口的全部地区(也有的只是港口本身及城市的一部分)划为非关税区。如我国香港地区、汉堡、哥本哈根自由港。

自由贸易区(Free Trade Zone)又称免税贸易区、自由贸易港区、自由经济区、自由区等,是指划在关境以外的,准许外国商品豁免关税自由进出口的地区①。它实际上是采取自由港政策的关税隔离区。自由贸易区一般设在一个港口或邻近港口的地区,有商业自由区和工业自由区之分。例如,中国(上海)自由贸易试验区,简称上海自由贸易区或上海自贸区,是中国政府设立在上海的区域性自由贸易园区,属中国自由贸易区范畴②。

2) 出口加工区

出口加工区(Export Processing Zone)又称加工出口区(Manufacture and Export Zone),是指一个国家或地区专门为生产出口产品而开辟的加工、制造和装配的特定区域。该区域内生产的产品全部或大部分供出口。出口加工区一般设在一国港口或邻近港口的地区。

出口加工区脱胎于自由港口或自由贸易区,因此,出口加工区的一些做法相同于自由港或自由贸易区;但它们又有所不同,即自由港或自由贸易区是以发展转口贸易取得商业方面的利益为主,而出口加工区则是以发展出口加工工业,取得工业方面的利益为主。

出口加工区有综合性的和专业性的之分。综合性的出口加工区即在区内可以经营多种出口加工工业,例如,菲律宾的巴丹出口加工区。专业性出口加工区即在区内只准经营某种特定的出口加工产品,例如,孟买圣克鲁斯机场内的电子工业出口加工区。目前,世界各地的出口加工区,大部分是综合性出口加工区。

各国对出口加工区一般都规定有一整套优惠政策措施,例如,区内加工出口

---

① 自由贸易区的另一种解释,是指两个或两个以上的国家(包括独立关税地区)根据WTO相关规则,为实现相互之间的贸易自由化所进行的地区性贸易安排,即自由贸易协定(Free Trade Agreement,FTA)的缔约方所形成的区域。这种区域性安排不仅包括货物贸易自由化,而且涉及服务贸易、投资、政府采购、知识产权保护、标准化等更多领域的相互承诺,是一个国家实施双边或多边国际合作战略的手段。如中国-东盟自由贸易区(CAFTA)、北美自由贸易区(NAFTA)等。

② 上海自由贸易区于2013年8月22日经国务院批准设立,于9月29日正式挂牌开张。上海自贸区以外高桥保税区为核心,辅之以机场保税区和洋山港临港新城,成为中国经济新的试验田,实行政府职能转变、金融制度、贸易服务、外商投资和税收政策等多项改革措施,并将大力推动上海市转口、离岸业务的发展。

所需的各种进口设备、原材料一律免征进口税;加工产品出口一律免征出口税;区内外国投资企业可以减免部分国内税;外资企业的经营所得的各种收入不受外汇管制的限制等等。

3) 综合型经济特区

综合型经济特区(Complex Economic Zone)是在前面几种形式特区的基础上发展起来的,它既提供自由贸易区的某些优惠待遇,又提供发展工业生产所必需的基础设施;同时在这种特区内,还可以发展商业、金融、旅游等各种事业。可见,综合型经济特区是具有规模大,经营范围广,是一种多行业、多功能的特殊经济区域。从1979年以来,中国设立的深圳、珠海、汕头、厦门、海南等特区就属于这种类型。

4) 自由边境区与过境区

自由边境区(Free Perimeter)一般设在本国的一个省或几个省的边境地区。对于在区内使用的生产设备、原材料和消费品可以免税或减税进口。不过自由边境区的进口商品加工后大多是在区内使用,只有少数用于再出口,其目的在于开发边境区的经济。

过境区(Transit Zone)是指沿海国家开辟某些海港、河港或国境城市作为货物过境区,以便于内陆邻国的进出口货运。过境区规定,对于过境货物,简化海关手续,免征关税或只征小额的过境费用,过境货物可以在过境内作短期储存,重新包装,但不得加工生产。

5. 保税区

保税区(Bonded Area)又叫保税仓库区(Bonded Warehouse),是海关所设置的或经海关批准注册的,受海关监督的特定地区或仓库。保税区的功能基本类似于自由贸易区。各国一般都规定,除某些特殊商品外,一般商品均可自由进出保税区;外国商品存入保税区内,可以暂时不缴纳进口税;若再出口,也不缴纳出口税;只有在将商品从保税区提出运往保税区所在国国内市场时,才需办理报关手续,缴纳进口税。进入保税区的外国商品,可以在区内进行储存、分类、改装、混合、展览、加工制造等。在有的保税区还允许在区内经营金融、保险、房地产、展销和旅游业务。

7.4.4 贸易制裁

贸易制裁(trade sanction)就是用来对别国的政治或经济政策进行干预或报复的贸易手段。最典型的做法就是贸易抵制(trade resistance)和商品禁运(embargo)。贸易制裁是国家执行对外政策的一种工具。尽管它不如战争方式那样干脆利落或外交手段那样巧妙优雅,但其在国际政治经济关系中仍不失为一个重要的筹码。尤其在冷战结束之后,世界政治、经济结构发生了巨大变化,国与国之间争端与冲突亦呈现多样性和复杂性的发展态势,贸易制裁成为某些大国决策者所青睐的选择。

贸易制裁的主要服务于政治目的。即通过对其进出口的减少使制裁国蒙受经济损失,从而被迫改变其国内外政策。例如,1990年当伊拉克入侵科威特后,联合国安理会迅即行动,仅在4天之后便通过了对伊进行制裁的决议,实行除人道和医疗目的外的严格封锁。这是迄今为止最为严厉的制裁,给了伊拉克经济以毁灭性打击,其GNP在5个月内下降了50%。贸易制裁也服务于经济目的。例如,由于日本汽车市场的开放不能满足美国的要求,美国于1995年开出报复清单,威胁对日本进行贸易制裁,结果使双方达成了妥协。

世界上使用贸易制裁最多的是美国。从20世纪50年代初到80年代末,全世界96次主要贸易制裁中就有66次是由美国发动的。

本 章 小 节

国际贸易中的政策措施,又称政策工具,大体可归纳为限制进口的关税和非关税措施,出口鼓励与管制措施和其他一些贸易措施。

关税是一个国家的海关针对越过其关境的货物而向本国有关进出口商征收的一种捐税。它是最常见、最主要的国际贸易政策措施,也是国际贸易中最古老的政策措施之一。关税是一种间接税,最终由消费者承担。与政府其他税收一样,关税也具有强制性、无偿性和预定性(或固定性)的特征。一国政府征收关税通常具有三方面的作用,即增加政府财政收入、保护国内产业和市场、调节进出口商品结构。

关税种类繁多,按不同的标准划分,各有若干不同类型。如按商品流向可分为进口税、出口税和过境税;按征税目的可分为财政关税、保护关税和收入再分配关税;按征税标准有从量税、从价税、混合税和选择税之分;按差别待遇或特定的实施情况可分为进口附加税、差价税、特惠税和普遍优惠制税,等等。

各国或地区征收关税的依据是海关税则,即一国或地区对进出口商品计征关税的规章和对进出口的应税商品、免税商品以及禁止进出口的商品加以系统分类的一览表。有单式税则和复式税则之分,也有国定税则和协定税则之分。

关税的经济效应就是指关税对进出口国经济的多方面影响。在局部均衡条件下进口关税的经济效应主要有价格效应、消费效应、生产效应、贸易条件效应、财政效应和收入再分配效应等。

第 7 章 国际贸易政策措施

关税保护程度指一国所定的关税税则在保护本国生产中所起的作用大小。衡量关税保护程度的指标主要是关税水平,以及名义保护率和有效保护率。

非关税措施或称非关税壁垒,是指除了关税以外的一切限制进口的各种措施。此类名目繁多,主要的有进口配额制(含绝对配额和关税配额)、有秩序的销售协定与"自动"出口配额制、进口许可证制、外汇管制、歧视性政府采购政策、技术性贸易壁垒、繁琐的海关手续及海关估价制、基因壁垒、社会责任壁垒、知识产权壁垒以及其他非关税措施(如进出口的国家垄断、征收各种国内税、进口押金制、国内直接生产补贴、不合理地使用或滥用贸易救济措施)。

实行贸易保护主义最基本的一点就是"奖出限入"。关税与非关税政策措施必须结合鼓励出口的政策措施,才能构成一个比较完整的对外贸易政策体系。各国或地区的出口鼓励措施通常有出口信贷、出口信贷国家担保制、出口补贴、商品倾销、外汇倾销、行政组织措施等。

世界各国政府除了采取"奖出限入"的政策措施,以增进本国福利之外,还可能会采用一些其他的国际贸易政策措施,以达到其特定的经济或政治目的。此类措施主要包括出口控制措施、进口鼓励措施、经济特区(如自由港和自由贸易区、出口加工区、综合性经济特区、保税区、自由边境区和过境区)措施以及贸易制裁等。

【重要概念】

关税 关境 进口税 出口税 过境税 财政关税 保护关税 收入在分配关税 从量税 从价税 混合税 选择税 进口附加税 差价税 特惠税 普遍优惠制 海关税则 关税经济效应 名义保护率 有效保护率 进口配额 绝对配额 关税配额 有秩序的销售协定 "自动"出口配额制 进口许可证制 外汇管制 歧视性政府采购 技术性贸易壁垒 绿色壁垒 碳关税 基因壁垒 社会责任壁垒 知识产权壁垒 出口信贷 买方信贷 卖方信贷 出口信贷国家担保制 出口补贴 商品倾销 外汇倾销 经济特区 自由港 自由贸易区 出口加工区 综合性经济特区 保税区 自由边境区 过境区 贸易制裁

【复习思考题】

1. 什么是关税?有何特征和作用?
2. 什么是海关税则?主要有哪几种?
3. 征收关税的方法主要有哪些?各有何利弊?
4. 关税是如何分类的?各有哪些主要类型?

5. 什么是普遍优惠制？主要有哪些内容？
6. 试述关税的经济效应。
7. 什么是非关税壁垒？与关税壁垒相比，它有什么特点？
8. 简要评价主要的非关税壁垒措施。
9. 简述主要的出口鼓励措施。
10. 什么是经济特区？它有哪几种类型？各自特点如何？
11. 什么是技术性贸易壁垒？有何特征？
12. 出口控制措施的目的与形式分别有哪些？

第8章 国际贸易政策协调

众所周知,一国的对外贸易可以促进其经济的增长、就业的增加和收入水平的提高。在一国的对外贸易中,一般而言,出口贸易比进口贸易对本国经济的发展更为有利。因此,各国在制定外贸政策时,多以"奖出限入"为首要信条,以期从国际贸易中尽可能多地受益。而一国的出口必定是他国的进口,各国都只想多出少进的话,必然引起国际贸易的摩擦,而且各国的社会文化等方面也存在很大差异,因而各国相互之间的贸易政策措施的不协调和贸易活动的纠纷在所难免,这对世界贸易和世界经济的健康发展是很不利的。因而就有必要加强国际间的磋商与协调,签订国际贸易条约与协定,制定出各国都能遵守的国际贸易准则,以减少和平息各种贸易纠纷。

贸易政策的国际协调,实则就是国际贸易利益协调(Harmonization of International Trade Interests),即世界经济主体之间互相协调其贸易政策,共同对国际贸易的运行和国际贸易关系的发展进行干预和调节,以便解决其中存在的问题,克服面临的困难,促进国际贸易关系和国际贸易正常发展的行为。当今社会,各国贸易政策措施的国际协调主要是通过两条渠道,一是通过签订双边或多边贸易条约和协定来进行;二是通过1995年成立的WTO(其前身为GATT)来进行的。特别是WTO,它对调整与规范各国和地区的经贸政策与措施起着极其重要的作用。

8.1 贸易条约与协定

8.1.1 贸易条约和协定的概念

贸易条约和协定(Commercial Treaties and Agreements)是两个或两个以上的主权国家为确定彼此间的经济关系,特别是贸易关系方面的权利和义务而缔结的书面协议。按照缔约方的多少,可分为双边贸易条约和协定、多边贸易条约和协定。按协议的对象不同可分为各种具体形式的协定和条约,如通商航海条约、商品协定、支付协定等。

贸易条约和协定的条款通常是在"自由贸易、平等竞争"的口号下签订的,一般也都反映了缔约方对外政策和对外贸易政策的要求。但在实践中,缔约方的经济利益则往往靠缔约方的经济实力来保证。因此,各缔约方从贸易条约和协定中得到的好处是不一样的。

8.1.2 贸易条约和协定的种类

按照内容不同,贸易条约与协定可分为通商航海条约、贸易协定、贸易议定书、支付协定、国际商品协定等。

1. 贸易条约

贸易条约(Commercial Treaties)是最为重要的贸易协议。是指全面规定缔约国之间经济、贸易关系的条约。严格意义上的贸易条约通常都是由国家首脑或其特派的全权代表来签订,双方代表在条约上签字之后,还需按有关缔约方的法律程序完成批准手续,缔约方之间互相换文后才能生效。贸易条约的名称有很多,如通商航海条约(Treaty of Commerce and Navigation)、友好通商条约、通商条约等。

贸易条约在结构上通常由序言、正文和约尾三部分组成。序言也称约首,主要阐明缔约各方建立和发展相互间贸易关系的愿望,以及缔约各方应该遵守的若干法律原则和其他原则。正文是贸易条约的主体,主要规定缔约各方在建立和发展相互间贸易关系的过程中,各自所享有的权利和应承担的义务。约尾通常是有关程序、手续及其他有关问题的必要说明,主要包括条约的生效、有效期、延长、废止的程序,条约的份数、使用的文字及其效力,条约的签订时间、地点以及各方代表的签名。

贸易条约的正文涉及的内容和方面相当广泛,几乎包括经济贸易关系的全部领域。其主要内容和方面有:关税的征收、海关手续的办理、船舶的航行和港口的使用、缔约方公民和企业组织在缔约方对方所享受的待遇,以及知识产权的保护、进口商品应征收的国内捐税、铁路运输、过境和转口便利、争端仲裁、移民等等问题。

由于贸易条约的内容关系到国家的主权与经济权益,因此,相对于其他贸易协议来说,贸易条约一般形式比较规范,程序较为复杂,涉及面广但内容较为抽象,其有效期限也相对较长。

2. 贸易协定和贸易议定书

1) 贸易协定

贸易协定(Trade Agreements)是指两个或两个以上的国家之间为调整和发展彼此之间的贸易关系而签订的一种书面协议。相对于贸易条约来说,贸易协定的重要性略有下降。其特点是对缔约方之间的贸易关系规定得比较具体,有效期较短,签订的程序较简单,只需经签字国的行政首脑或其代表签署即可生效。

贸易协定的内容一般包括:最惠国待遇条款的规定;缔约各方的进出口商品货单与贸易额;作价原则、使用的货币、支付方式、关税优惠等。但上述各项规定有时也允许各缔约方有一定的灵活性,比如,贸易额和出口货单就可以在协商的基础上调整。贸易协定往往是已签订贸易条约(或相当于贸易条约的协议)各方之间对彼此贸易关系的更进一步的规定,贸易条约中的一切法律原则都适用于贸易协定。

贸易协定可以有不同性质的参与主体,如政府间贸易协定、民间贸易协定等。贸易协定还可以以各自不同的特定内容为对象,如支付协定、国际商品协定等。

2) 贸易议定书

贸易议定书(Trade Protocol)是指缔约方就发展贸易关系中某项具体问题所达成的书面协议,一般是对已签订的贸易协定的补充或解释。其签订程序和内容比贸易协定更为简单,由签字国有关行政部门的代表签署后即可生效。贸易议定书通常适用于长期贸易协定下的年度安排、个别条款的调整或修改、专门技术问题的特殊规定或说明等。由于贸易议定书具有简便灵活等优点,其作用和重要性也不可忽视。

3. 支付协定

支付协定(Payment Agreement)是两国间关于贸易和其他方面债权、债务结算办法的一种书面协议。其内容主要涉及对清算机构、清算账户、清算项目与范围、清算货币、清算方式以及清算账户差额处理办法等方面的规定。

支付协定是外汇管制的产物。在外汇管制的情况下,一种货币往往不能自由兑换成另一种货币,对一国所具有的债权不能用来抵偿第三国的债务,使得结算只能在双边的基础上进行,因而需要通过缔结支付协定来规定两国间的债权债务,在外汇短缺的情况下,通过这种相互抵账的办法来清算两国的债权债务。从历史上看,支付协定盛行于各国普遍实行外汇管制的时期,尤其是盛行于20世纪30年代大危机后的20年时间内。随着1958年后西方国家实行货币自由兑换和

国际贸易:理论与政策

外汇管制的放松,支付协定开始逐渐被废止。

按参加国多寡,支付协定可分为双边支付协定与多边支付协定。第二次世界大战前出现的多为双边支付协定,而第二次世界大战后则多为多边支付协定。当前,继续适用支付协定的一般都是实行外汇管制的发展中国家和地区。从其效果来看,支付协定通过相互抵账的办法结算彼此之间的债权债务关系,既有利于双边贸易关系的发展,又可以克服发展中国家普遍存在的外汇短缺的矛盾。因而,支付协定是发展中国家之间促进双边贸易发展的有效手段。

4. 国际商品协定

国际商品协定(International Commodity Agreement)是指某项商品的主要生产国(出口国)和消费国(进口国)就该项商品的购销和价格的稳定而缔结的政府间的多边贸易协定。国际商品协定的主要对象是发展中国家所生产和出口的初级产品。由于国际市场上主要初级产品价格波动频繁且呈下跌趋势,影响了发展中国家和地区的贸易利益,为了保障自己的正当权益,发展中国家希望通过国际商品协定来维护合理的价格水平。但是,发达国家作为初级产品的最大消费者则经常从这种商品的价格波动中获得额外好处。不过,市场波动也可能使初级产品的价格在一定时期处于较高的水平。为了保证自己的利益,发达国家也希望通过国际商品协定在维持初级产品正常供给的条件下,保证价格水平不致过高。因此,尽管发展中国家和发达国家之间存在利益矛盾,而且目标也各不相同,但签订国际商品协定则是共同的愿望。

国际商品协定自 20 世纪 20 年代就开始广泛存在了,但是当时出现的这些国际商品协定在"20 世纪 30 年代大危机"中都解体了;20 世纪 30 年代也建立了一些国际商品协定,但是随着第二次世界大战的爆发而先后崩溃了;第二次世界大战以后,随着世界经济的稳定发展,重要工业原料的国际需求紧张,随之又出现了许多初级产品的国际商品协定。现行的国际商品协定主要有:国际天然橡胶协定(1995 年)、国际糖协定(1992 年)、国际可可协定(2010 年)、国际小麦协定(1986 年)、国际橄榄油协定(1986 年)、国际咖啡协定(1994 年)、国际热带木材协定(2006 年)、国际黄麻及其制品协定(1989)等。

从结构上看,国际商品协定一般由序言、宗旨、经济条款、行政条款和最后条款等部分构成,并有一定的格式。序言和宗旨主要表明各方签订协定的意愿和执行协定的保证,规定协定的目标和宗旨以及协定所依据的一般原则。从目标和宗旨来看,一般分为三个方面:一是调节商品市场的供求关系及稳定价格;二是稳定和增加生产者的出口收入、促进发展;三是改善产品结构和市场结构。

经济条款和行政条款是国际商品协定中的两项主要条款。经济条款规定各成员国的权利和义务。主要有：① 出口配额规定，即规定基本的出口配额以控制商品供应量，保持价格的稳定。② 缓冲存货规定，即协定执行机构建立缓冲存货（包括实物和现金）并规定最高限价和最低限价以干预市场，稳定物价。③ 多边合同规定，即一方面要求进口国保证在协定规定的价格幅度内向出口国购买一定数量的有关商品；另一方面要求出口国保证在规定的价格幅度内向进口国出售一定数量的有关商品。行政条款主要规定权力机构和表决权的分配，但由于发达资本主义国家的操纵和利用，协定未能充分发挥作用。

8.1.3 贸易条约和协定所依据的法律原则

无论是什么样的贸易条约和协定，它们都依存于国际上通行的一些法律原则；而这些法律原则又赋予这些贸易条约和协定以相应的法律地位。

1. 最惠国待遇原则

1) 最惠国待遇的概念及类型

最惠国待遇（Most-favored Nation Treatment，MFNT）是贸易条约和协定所依据的最主要和最重要的法律原则。其基本含义是：缔约方一方现在和将来所给予任何第三方的一切特权、优惠和豁免，必须同样给予缔约方对方。其基本要求是使缔约一方在缔约另一方享有不低于任何第三方享有或可能享有的待遇。

最惠国待遇早在12世纪到13世纪所签订的一些双边贸易条约中就已出现，并随着国际贸易的不断发展、双边贸易条约的不断增加而普遍流行起来，其适用范围也早已超出国际贸易领域，向国际运输、国际投资、领事职权和国际司法等方面延伸。现代最惠国待遇体现着在缔约方之间消除差别待遇，在机会均等的基础上开展贸易竞争、推动自由贸易发展的基本理念和精神。它对现代国际贸易体制的形成和发展以及国际贸易活动的扩大，起了重要的作用。

在长期的国际贸易实践中，逐渐形成的具有不同法律形式和法律效果的最惠国待遇，通常可以分为"有条件"的最惠国待遇与"无条件"的最惠国待遇。无条件的最惠国待遇是指缔约一方现在或将来给予任何第三方的一切利益、优惠、豁免或特权应立即无条件地、无补偿地、自动地适用于缔约对方。无条件的最惠国待遇由于最早在英国与其他国家签订的通商条约中使用，所以又叫做"欧洲式"的最惠国待遇条款。

有条件的最惠国待遇是指缔约一方已经或将来要给予任何第三方的利益、优惠、豁免或特权是有条件的，缔约另一方必须提供"相应的补偿"才能享有这种利益、优惠、豁免或特权。有条件的最惠国待遇最先是在美国与他国签订的贸易条约中采用的,所以又叫"美洲式"的最惠国待遇条款。

由此可见,有条件的最惠国待遇和无条件的最惠国待遇的区别在于授予第三方的利益、优惠、豁免或特权是否附有条件,亦即受惠国享有利益、优惠、豁免或特权是否需要提供某种条件。换言之,缔约方提供最惠国待遇是否要求对方"相应的补偿",作为获得最惠国待遇的前提,如果缔约一方享受缔约方给予的各种优惠待遇并不要求提供"相应的补偿",则为无条件的最惠国待遇,否则是有条件的最惠国待遇。现在的国际贸易条约和协定一般都采用无条件的最惠国待遇条款。

此外,最惠国待遇还可分为"无限制"和"有限制"的最惠国待遇、"互惠"和"非互惠"的最惠国待遇。无限制的最惠国待遇是指对最惠国待遇的适用范围不加以任何限制,不仅适用于商品进出口征收的关税及手续和方法,也适用于移民、投资、商标、专利等各个方面;而有限制的最惠国待遇则是将其适用范围限制在经济贸易关系的某些领域,规定仅在条约规定的范围内适用,在此范围外则不适用。互惠的最惠国待遇是指缔约双方给予的最惠国待遇是相互的、同样的;而非互惠的最惠国待遇则是指缔约一方有义务给予缔约另一方以最惠国待遇,即单方面给予,而无权从另一方享有最惠国待遇。

2) 最惠国待遇条款的适用范围

在贸易条约和协定中,最惠国待遇条款的适用范围大小不一,可以适用于缔约方经济贸易关系的各个方面,也可以只在贸易关系中某几个具体问题的适用,但通常包括以下几个方面:①有关进口、出口、过境商品的关税及其他各种捐税;②有关商品进口、出口、过境、存储和转船方面的海关规则、手续和费用;③进、出口许可证的发放和行政手续;④船舶驶入、驶出和停泊时的各种税收、费用和手续;⑤关于移民、投资、商标、专利、铁路、运输方面的待遇。在具体签订贸易条约和协定时,缔约方国家可以根据相互之间的关系和发展贸易的需要,在最惠国待遇条款中具体确定其适用的范围。

3) 最惠国待遇条款适用的限制和例外

最惠国待遇条款适用的限制是指将适用范围限制于若干具体的经济和贸易方面。

最惠国待遇条款适用的例外是指某些具体的经济和贸易事项不适用于最惠国待遇,如关税同盟的例外、边境贸易的例外、一般例外和安全例外等。

2. 国民待遇原则

国民待遇(National Treatment)也是贸易条约和协定中的最重要的法律原则

之一。它是指缔约双方相互承诺,保证对方的公民、企业和船舶在本国境内享有与本国公民、企业和船舶同等的待遇。其基本要求是缔约一方根据条约的规定,应将本国公民、企业和船舶享有的权利和优惠扩及缔约对方在本国境内的公民、企业和船舶。

在贸易条约和协定中,国民待遇原则的一般适用范围是:外国公民的私人经济权利;外国企业的经济权利。但国民待遇条款并不是将本国公民或企业所享有的一切权利都包括在内,如沿海贸易权、领海捕鱼权、沿海与内河航行权、购买土地权、零售贸易权以及充当经纪人等则通常都不包括在国民待遇原则所适用的范围之内。

3. 机会均等原则

机会均等原则(Equalization of Opportunity)是在国民待遇原则的基础上形成的一种新的法律原则。它是指缔约方一方的自然人和法人在另一方进行的一切活动,不仅与第三方的自然人和法人享有同等的权利和待遇,而且与该国的自然人和法人享有同等的权利和待遇。机会均等原则实际上包括了最惠国待遇原则和国民待遇原则,其重要性显而易见。

除了上述三项重要的法律原则以外,在贸易条约和协定中,还经常签订一些和法律原则具有类似性质的条款,用以规定缔约各方的权利与义务,对法律原则起补充作用。常见的有免责条款、保障条款、国家安全条款和危险点条款等。

8.2 关税与贸易总协定

8.2.1 关税与贸易总协定的概念

关税与贸易总协定(General Agreement on Tariff and Trade,GATT),简称"关贸总协定"或"总协定",是美国、英国、法国等23个国家于1947年10月30日在日内瓦签订的一个关于关税和贸易准则的多边国际协定和组织。换言之,GATT既是一项关于关税和贸易准则的国际性法规,又是组织多边贸易谈判和协调争议的机构。

第二次世界大战之后,世界经济严重萧条,国际贸易秩序混乱,1944年7月在美国的布雷顿森林召开的国际货币与金融会议建议成立国际货币基金组织(IMF)、国际复兴开发银行(IBRD,简称"世界银行")和国际贸易组织(ITO),作为支撑全球经济的三大支柱来调节世界经贸关系,推动全球经济的复苏和发展。

1946年，由美国提出的旨在扩大国际贸易与就业的《国际贸易组织宪章草案》获得联合国经济与社会理事会(简称"经社理事会")的通过。1947年4~10月，23个国家在双边谈判的基础上，签订了123项双边关税减让协议，这些协议与联合国经社理事会通过的《国际贸易组织宪章草案》中有关商业政策的部分加以合并，被称为"GATT"。1947年10月30日，23个缔约国正式签署了《GATT定》。1948年1月1日，《GATT临时适用议定书》在美、英、法等8国开始生效实施，并根据相关文件成立了相应机构，其总部设在瑞士的日内瓦，成员最后发展到130多个①。1994年12月12日，GATT缔约方在日内瓦举行最后一次会议，宣告GATT的历史使命完结②。

8.2.2 GATT的主要内容

GATT的内容包括序言、正文、附件、临时适用议定书和加入议定书，其中正文包括4个部分，共38项条款，构成GATT的主要内容，它们是：

第一部分(第1~2条)，主要规定缔约方之间在关税与贸易方面相互提供无条件最惠国待遇以及关税减让事项，这是GATT的核心内容。

第二部分(第3~23条)，主要规定取消数量限制和必要时可以采取的紧急措施。

第三部分(第24~35条)，主要规定适用范围以及进退手续与程序方面的问题。

第四部分(第36~38条)，题为"贸易与发展"，这是1965年增加的部分，主要规定对发展中国家的贸易与发展应尽量给予特殊优待。

此外，GATT还有9个附件，主要是对原文件的一些注释、说明和补充。

8.2.3 GATT的宗旨与职能

根据GATT的序言对其宗旨的规定，GATT缔约方"认为在处理它们的贸易

---

① GATT的成员分为三个层次，即缔约方国家(正式成员)、事实上适用GATT国家和观察员国家。到1994年底，GATT的正式成员已经由原来的23个发展到128个，这些成员的贸易总额占世界贸易总额的90%以上。

② 值得提及的是，GATT原来只是将其作为《国际贸易组织宪章》实施之前的临时性条约，它以ITO的建立为存在的前提，其内容旨在成为国际贸易的一部分而得以实施。1947年11月~1948年3月，在古巴首都哈瓦那召开的联合国世界贸易和就业会议上，正式通过了《国际贸易组织宪章》(又称《哈瓦那宪章》)。但之后，《哈瓦那宪章》未能得到某些国家立法机关的认可。其中，最大的障碍来自美国。尽管美国政府是宪章的主要推动者之一，美国参议院却以宪章的某些规定与其国内法不相符合为由拒绝批准。至此，《哈瓦那宪章》最终胎死腹中。

和经济事业的关系方面,应以提高生活水平,保证充分就业,保证实际收入和有效需求的巨大持续增长,扩大世界资源的充分利用以及发展商品的生产与交换为目的。"并提出实现这一宗旨的手段是"切望达成互惠互利协议,导致大幅度地削减关税和其他贸易障碍,取消国际贸易中的歧视待遇,以对上述目的做出贡献"。

GATT 的宗旨主要通过其职能来实现。其主要职能有:①组织多边贸易谈判,尽力消除各种贸易壁垒;②协调缔约方之间的贸易关系,解决各种贸易纠纷;③根据国际贸易发展的新情况,制定国际贸易的新规章;④研究和促进各缔约方经济和贸易的发展。

8.2.4 GATT 主持下的历次多边贸易谈判

GATT 对国际贸易争端的解决等主要是通过谈判来进行的。自 1947 年至 1994 年,GATT 先后主持了 8 轮多边贸易谈判,通过协商等手段,成功地解决了多起贸易纠纷,使其缔约方之间的关税与非关税水平大幅降低,为规则和规范的实施以及确保缔约方间权利和义务的平衡起了重要作用。历次多边贸易谈判的基本情况参见表 8.1。

表 8.1 GATT 历次多边贸易谈判简况一览表

次别	谈判时间	谈判地点	参加方	主要议题	主要成果
1	1947 年 4~10 月	日内瓦	23	关税减让	共达成关税减让协议 123 项,涉及 45 000 项商品,使占西方世界进口值 54% 的应税商品平均降低关税 35%,影响世界贸易额近 100 亿美元;GATT 也随谈判和临时适用议定书的签订而正是生效
2	1949 年 4~10 月	安纳西[法]	33	关税减让	共达成关税减让协议 147 项,增加关税减让商品 5 000 项,使占应税进口额的 56% 的商品平均降低关税 35%
3	1950 年 9 月~1951 年 4 月	托尔基[英]	39	关税减让	共达成关税减让协议 150 项,又增加关税减让商品 8 700 项,使占应税进口额的 11.7% 的商品平均降低关税 26%
4	1956 年 1~5 月	日内瓦[瑞士]	28	关税减让	共达成近 3 000 项商品的关税减让,但仅涉及 25 亿美元的贸易额,使占应税进口值的 16% 的商品平均降低关税 15%

(续)表 8.1

次别	谈判时间	谈判地点	参加方	主要议题	主要成果
5	1960年9月～1961年7月	日内瓦（狄龙回合）	45	关税减让	共达成约4 400项商品的关税减让，涉及49亿美元的贸易额，使占应税进口值的20%的商品平均降低关税20%
6	1964年5月～1967年6月	日内瓦（肯尼迪回合）	54	①关税减让；②反倾销问题	在分别列入各国税则的关税减让商品基础上合计达60 000项，工业品进口关税税率下降了35%，影响了400亿美元的贸易额；制定了第一个反倾销协议；GATT中新增"贸易和发展"部分内容
7	1973年9月～1979年4月	日内瓦（东京回合、尼克松回合）	102	①关税减让；②减少、消除非关税壁垒；③框架协议	以一揽子关税减让方式达成关税减让约束，涉及3 000多亿美元的贸易额，平均关税水平下降35%；达成多项非关税减让协议和守则；出现了诸边协议；通过了给予发展中国家优惠待遇的"授权条款"
8	1986年9月～1993年12月	日内瓦（乌拉圭回合）	117	共15项议题，大致可分为4大类：市场准入、贸易竞争规则、"新领域"的议题、贸易体制程序的议题	达成涉及21个领域的45个协议，减让商品涉及的贸易额高达1.2万亿美元，减税幅度近40%，近20个产品部类实行了零关税；农产品的非关税措施全部关税化，并进行约束和减让；纺织品的歧视性配额在10年内取消；非关税壁垒受到严格规范；涉及的三个新领域（服务贸易、与贸易有关的知识产权和投资措施等）的议题谈判成功；达成了《建立WTO协定》，通过建立WTO，取代"GATT1947"，完善和加强了多边贸易体制

8.2.5 GATT 的作用

GATT 从 1948 年开始到 1995 年结束，整整 47 年中，在国际贸易领域的作用日益加强。尽管《GATT1947》一直以临时适用的多边协定形式存在，但却肩负着某些国际贸易组织的职能，被称为"准国际贸易组织"。

在 GATT 主持下，经过 8 轮的多边贸易谈判，关税税率大幅度下降，促进了各缔约方的贸易自由化和国际贸易的发展;GATT形成了一套国际贸易政策和措施的规章,在一定程度上成为该协定缔约方制定和调整对外贸易政策措施,乃至从事对外贸易活动的主要法律依据;通过在GATT主持下的磋商、调解,许多国际间的贸易争端得到了解决,某些矛盾得到暂时缓和;GATT的许多条款维护了发达国家的利益,但对发展中国家维护其自身利益和促进对外贸易发展也起到了一定的作用。

8.3 世界贸易组织

WTO(World Trade Organization,WTO)简称世贸组织,是根据乌拉圭回合多边贸易谈判达成的《建立WTO协定》,于1995年1月1日成立的正式国际经济组织,它在组织形式上完全取代了GATT。WTO是规范国际经贸规则的多边经济组织,是当今世界上唯一处理国与国之间贸易规则的国际组织,也是独立于联合国的永久性国际组织。截止2013年底,WTO拥有160个成员;2012年WTO成员货物贸易出口总额全球占比达96.6%,因此,有"经济联合国"之称。

8.3.1 WTO的产生

在GATT临时实施的过程中,无论是各缔约方政府,还是学术界都一直非常关心成立国际贸易组织问题,并提出了一系列构想。其中一种构想就是按《哈瓦那宪章》建立一个更加综合性的机构,并尽可能覆盖所有国际经济贸易领域。由于乌拉圭回合谈判涉及的领域颇为广泛,几乎与《哈瓦那宪章》关于国际贸易组织的设想一致,因此,建立国际贸易组织的问题引起了普遍的关注。

在1986年乌拉圭回合多边贸易谈判开始之时,所列的15项谈判议题中并没有关于建立WTO的问题,只是设立了一个关于修改和完善GATT体制职能的谈判小组。但是由于该轮谈判不仅包括了传统的货物贸易问题,而且涉及服务贸易、知识产权保护、与贸易有关的投资措施以及环境等新议题,这样GATT原有体制能否有效地贯彻执行乌拉圭回合形成的各项协定就自然而然地提到了该轮谈判的议事日程。考虑到GATT作为从1948年临时适用到当时的一项多边条约和以协调货物贸易为主的职能作用,对许多非货物贸易的重要议题,很难在GATT原有框架内进行谈判。因此,各缔约方普遍认为有必要在GATT基础上建立一个正式的国际贸易组织来协调、监督和执行乌拉圭回合的成果。

1990年初,意大利首先提出了建立多边贸易组织(Multilateral Trade Organization,MTO)的倡议。同年7月9日,欧共体将这一倡议以12个成员国的名义向乌拉圭回合体制职能谈判小组正式提出。同年,加拿大也建议建立多边贸易组织。欧共体和加拿大都强调:为了有效实施包括服务贸易等新领域的乌拉圭回合谈判成果,加强多边贸易组织职能,有必要设立多边贸易组织的新机构。此外,瑞士与美国也分别于1990年5月17日和1990年10月18日提出过有关提案。

经过磋商,1990年12月,在乌拉圭回合布鲁塞尔部长会议上正式做出决定,责成体制职能谈判小组负责"MTO协定"的谈判。经过谈判,于1991年12月形成了一份《建立MTO协定》草案,又经过两年的修改和完善,最终于1993年11月乌拉圭回合谈判结束前形成了正式的《建立多边贸易组织协定》(The Agreement Establishing the Multilateral Trade Organization),但根据美国的提议,将"MTO"改名为"WTO"。

1994年4月15日,GATT乌拉圭回合参加方在摩洛哥马拉喀什通过了《马拉喀什建立WTO协定》(Marrakesh Agreement Establishing the World Trade Organization, WTO Agreement),简称《WTO协定》。根据该协定的规定,1995年1月1日WTO正式成立,1995年与GATT共存一年后,1996年1月1日担当起全球经济贸易组织的角色,发挥其积极作用。

8.3.2 《WTO协定》的主要内容

《WTO协定》是WTO的基本法,其重要性是永久的。

《WTO协定》由序言、正文16条及4个附件组成。序言和正文部分规定了WTO的宗旨与原则、活动范围、职能、组织结构、成员资格与制度、法律地位、决策程序和协定修改等。有关协调多边贸易关系和贸易争端解决、规范贸易竞争规则的实质性规定体现在4个附件中。广义上讲,《WTO协定》还包括马拉喀什部长会议所形成的一系列决定、宣言和谅解。

1.《WTO协定》的宗旨与目标

WTO的宗旨基本上承袭了GATT的基本宗旨,但又随着时代的发展而做了适当的补充和加强。概括起来有以下几点:①提高生活水平,保证充分就业,大幅度稳步地提高实际收入和有效需求;②扩大货物与服务的生产和贸易;③持续发展,合理地利用世界资源,保护环境;④保证发展中国家(或地区)成员贸易、经济的发展;⑤建立一体化的多边贸易体制。

WTO的目标是建立一个完整的包括货物、服务、与贸易有关的投资及知识产权等更具活力、更持久的多边贸易体系,以包括GATT贸易自由化的成果和乌

第8章 国际贸易政策协调

拉圭回合多边贸易谈判的所有成果。

WTO实现目标的途径是协调管理贸易。为了有效地实现上述宗旨和目标，WTO规定各成员应通过互利互惠的安排，大幅度削减关税和其他贸易壁垒，在国际经贸竞争中，消除歧视性待遇，坚持非歧视贸易原则，对发展中国家成员给予特殊和差别待遇，扩大市场准入程度及提高贸易政策和法规的透明度，以及实施通知与审议等原则。从而协调各成员间的贸易政策，共同管理全球贸易。

2. WTO的管辖范围

《WTO协定》第2条规定，WTO为其成员在处理有关WTO协定、协议而产生的贸易关系时，提供一个统一的制度框架。WTO管辖的范围有：有关货物贸易的13个多边协议；《服务贸易总协定》(GATS)及其附件；《与贸易有关的知识产权协定》(TRIPs协定)；《关于争端解决规则与程序的谅解》(DSU)；贸易政策审议机制(TPRM)，即负责审议各成员贸易政策法规是否与WTO相关协议、条款规定的权利义务相一致；马拉喀什部长会议的决定、宣言和谅解。

此外，4个诸边贸易协议(Plurilateral Trade Agreement)①，对于接受的成员，也属于WTO协定的一部分，并对这些成员具有约束力；但对于未接受的成员，则既不产生权利也不产生义务。

3. WTO的职能与法律地位

WTO作为一个专门性的国际组织，有其特有的工作范围和职能。根据《WTO协定》第3条，WTO作为一个正式国际组织为处理和协调成员方之间的多边贸易关系提供了一个重要的完整的机制。

WTO的职能包括：

(1) 组织职能。组织实施WTO管辖的各项贸易协定、协议，积极采取各种措施，努力实现各项协定和协议的目标，促进WTO协定和多边贸易协定的切实执行、统一管理和有效运作。这是WTO最主要的职能。

(2) 提供职能。为成员方提供处理各协定、协议有关事务的谈判场所，并为WTO发动多边贸易谈判提供场所、谈判准备和框架草案。

(3) 调节职能。管理实施争端解决机制的规则与程序，解决成员间发生的贸

---

① 这四个诸边贸易协议分别是《政府采购协定》、《关于民用航空器贸易的协定》、《国际奶制品协定》和《国际牛肉协定》，其中，《国际奶制品协定》和《国际牛肉协定》已经于1997年12月31日终止，两协议的职能由WTO农业委员会和卫生与植物卫生措施委员会承担。

易争端,避免和限制贸易摩擦和贸易战,以利于贸易的平衡和公平发展。

(4) 管理职能。管理实施贸易政策的评审机制,对各成员的贸易政策与法规进行定期审议,以保证其合法性。

(5) 协调职能。协调与国际货币基金组织、世界银行等国际经济组织的关系,以保障全球经济决策的凝聚力和一致性,避免政策冲突。

根据《WTO协定》第8条规定,WTO具有法人资格,在行使有关职责时享有必要的特权和豁免权,即WTO官员及成员代表拥有外交豁免权。

4. WTO的组织结构

WTO的各项职能是由其各类组织机构实施的,这些机构的设置和运作,对于促进WTO宗旨的实现,充分有效履行WTO的职能,具有十分重要的意义。WTO的机构主要有部长级会议、总理事会、委员会、秘书处和总干事等。

(1) 部长级会议(Ministerial Conference)。它是WTO的最高权力机构,由各成员代表(主管外经贸的部长、副部长或其全权代表)组成。部长级会议至少每两年举行一次,可就WTO管辖的任何多边贸易协定的任何问题做出决定。主要体现在立法;准司法权;豁免权;批准权。

(2) 总理事会(General Council)。在部长级会议休会期间,由全体成员代表组成的总理事会代行其职责。总理事会可视情况需要随时开会,自行拟订议事规则及议程。总理事会还有两项具体职能,即WTO协定要求总理事会作为"争端解决机构"和"贸易政策审议机构"召开会议。这两个机构分别负责WTO争端解决机制的运行和实施贸易政策审议的安排。

总理事会下分设3个理事会即货物贸易理事会、服务贸易理事会和知识产权理事会。这些理事会可视情况自行拟订议事规则,经总理事会批准后执行。WTO所有成员均可参加各理事会。

(3) 各专门委员会(Committee)。部长级会议下设若干个专门委员会,以处理特定贸易问题。主要有5个:贸易与环境委员会;贸易与发展委员会;国际收支限制委员会;区域贸易协定委员会;预算、财务与行政委员会。此外,在货物贸易理事会下就具体贸易问题还分设若干委员会[①]。

---

① 货物贸易理事会下分设的专门委员会主要有:市场准入委员会、农业委员会、动植物卫生检疫措施委员会、技术性贸易壁垒委员会、补贴与反补贴措施委员会、反倾销措施委员会、海关估价委员会、原产地规则委员会、进口许可程序委员会、与贸易有关的投资措施委员会、保障措施委员会等。

(4)秘书处(Secretariat)与总干事(Director General)。WTO成立一个由总干事领导的秘书处,负责处理WTO的日常事务。WTO秘书处设在瑞士日内瓦,现在职员约有640人。秘书处的职能是为WTO的各种机构提供秘书性工作,其工作人员由总干事指派,并按部长级会议通过的规则决定他们的职责和服务条件。总干事由部长级会议选定和任命,其权力、职责、服务条件和任期均由部长级会议以立法形式确定,总干事是每一轮多边贸易谈判的当然主席。现任总干事为巴西的阿泽维多(Roberto Azevêdo),2013年9月1日上任,任期4年。

8.3.3 WTO与GATT的联系与区别

总体而言,WTO是对GATT的"扬弃",是对GATT的继承和发展,两者既有千丝万缕的联系,也有实质性的区别。

1. WTO与GATT的主要联系

WTO继承了GATT的某些合理且有效的内容:

(1) WTO继承GATT的基本原则,并将这些原则推广到服务贸易、知识产权保护、与贸易有关的投资措施等领域。

(2) 在组织结构上,WTO保留了GATT的秘书处,组建WTO的秘书处,负责WTO的日常工作;WTO的部长会议也是从GATT的部长级缔约方全体大会发展而来。

(3) 在货物贸易规则上,WTO将《GATT1947》及其附件作为《GATT1994》予以保留,并作为管辖货物贸易的核心规范。WTO还保留了GATT达成的几个诸边贸易协定。

(4) 在运行机制上,WTO继承了GATT的争端解决机制,并依然主张通过多边方式解决成员之间的贸易争端。

2. WTO与GATT的主要区别

WTO与GATT的区别主要体现在:

(1) WTO是根据《维也纳条约法公约》正式批准生效并成立的国际组织,具有独立的国际法人资格,是一个常设性、永久性存在的国际组织;而GATT仅是"临时适用"的协定,不是一个正式的国际组织。

(2) WTO管辖的范围广泛。GATT管辖的仅仅是部分货物贸易(即GATT在实施中农产品贸易和纺织品、服装贸易先后脱离其管辖);WTO则是将全部货物、服务以及知识产权融为一体,置于其管辖范围之内。

（3）WTO 成员承担义务的统一性。WTO 成员不分大小，对其所管辖的多边协议一律必须遵守，以"一揽子"方式接受 WTO 的协定、协议，不能选择性地参加某一个或某几个协议，不能对其管辖的协定、协议提出保留；而 GATT 的许多协议，缔约方可以接受，也可以不接受。

（4）WTO 争端解决机制以法律形式确立了权威性，这就增强了争端解决机构解决争端的效力；而 GATT 的争端解决机制则被戏称为"一只没有牙齿的老虎"。

（5）WTO 成员更具广泛性。WTO 成立后，其成员数量进一步增加，2013 年底已达 160 个。这其中包括中国、俄罗斯等贸易大国。

8.3.4 WTO 的基本原则

为了实现其宗旨和职能，WTO 要求其成员在彼此之间的经贸关系方面必须遵守一些基本的原则。

1. 非歧视原则

非歧视原则（principle of nondiscrimination）又称无差别原则，是指 WTO 各成员之间应在无歧视的基础上进行贸易，相互的贸易关系中不应存在差别待遇。它是 GATT/WTO 中最基本最重要的原则，也是 GATT/WTO 的基石，也是现代国际贸易关系中最基本的准则。它是国际法上国家主权平等原则在国际贸易关系中的延伸。非歧视原则体现了多边互惠互利的特点，是 WTO 各成员间平等地进行贸易的重要保证，也是避免贸易歧视、贸易摩擦的重要基础。

在 WTO 中，非歧视原则具体体现在 WTO 的所有文件和协议中，不仅适用于货物贸易领域，而且扩展到知识产权领域、投资领域和服务贸易领域。非歧视原则主要通过无条件的最惠国待遇和国民待遇原则来体现。值得注意的是，非歧视原则在 GATT/GATT 中也存在着诸多例外。这些例外主要包括在反倾销、反补贴、政府对经济发展援助、国际收支不平衡限制等规定之中。受这些例外的影响，最惠国待遇原则和国民待遇原则的实施往往大打折扣，并非只要身为 GATT/WTO 一员就能自动享受各种优惠待遇。

1）WTO 体系中的最惠国待遇原则

该原则在 GATT1994 第 1 条、GATS 第 2 条和 TRIPs 协定第 4 条中进行了规定，尽管各协定的规定有些区别，但足见该原则的重要性。

WTO 体系中最惠国待遇的显著特点是：① 自动性，也称无条件性，指立即和无条件；② 同一性，即受惠标的必须相同；③ 相互性，也称互惠性，既是受惠方又

第8章 国际贸易政策协调

是给惠方,承担义务同时享受权利;④ 普遍性,适用于全部进出口产品、服务贸易和各个部门及所有种类的知识产权所有者与持有者。

从货物贸易领域来看,最惠国待遇主要适用于:① 进、出口关税;② 对进、出口本身征收的费用,主要是进、出口附加税等;③ 与进出口相关的费用,如海关手续费、质量检验及卫生检疫费等;④ 与进出口国际支付及转账征收的费用;⑤ 征收前述税费的方法;⑥ 与进出口相关的各种规则与手续;⑦ 对进口货物直接或间接征收的税费,如销售税或消费税等;⑧ 有关进口产品在境内销售、购买、运输、分销等方面的法律、法规、规章和政策措施。

WTO体系中最惠国待遇的例外主要有:① 以关税同盟和自由贸易区等形式出现的区域经济安排,在这些区域内部实行的比最惠国待遇更优惠的优惠,区域外WTO成员无权享受;② 对发展中成员方实行的特殊和差别待遇,如普遍优惠制;③ 在边境贸易中对毗邻国家给予更多的贸易便利;④ 在知识产权领域允许成员方就一般司法协助国际协定中享有的权利等方面保留例外。

2) WTO体系中的国民待遇原则

WTO规定,进口产品和本地生产的产品应该受到同等的待遇,而且至少应该在外国产品进入进口国市场之后给予同等待遇;对于外国和本土的服务、商标、版权和专利等也应该享受同等的待遇。在WTO体系中,国民待遇在GATT1994第3条、GATS第17条和TRIPs协定第3条中分别做了相关规定。

具体来说,国民待遇原则的主要内容包括:① 不能直接或间接地对进口产品征收高于对境内相同产品的税费;② 给以进口产品在境内销售、购买、运输、分销等方面的待遇不得低于给予境内相同产品的待遇;③ 不得直接或间接地对产品的加工、使用规定数量限制,不得强制规定优先使用境内产品;④ 不得利用税费或者数量限制措施等方式为境内产业提供保护。

对于国民待遇原则应该注意以下3个方面内容:一是适用的对象是产品、服务和服务提供者及知识产权所有者和持有者,但因这些领域具体受惠对象不同,国民待遇条款的适用范围、具体规则和重要性有所不同;二是只涉及其他成员的货物、服务或服务提供者、知识产权所有者或持有者在进口国关境内所享有的待遇(即只有一成员的产品、服务或知识产权进入另一成员境内时才能享受国民待遇,换言之,一成员对进口产品征收关税并不违反本原则);三是成员方的货物、服务或服务提供者、知识产权所有者或持有者在进口国境内所享有的待遇不应低于进口成员方同类产品、服务及相关对象所享有的待遇(换言之,允许成员对进口实施超国民待遇,但不允许实施低国民待遇)。

值得注意的是,国民待遇的实施与最惠国待遇不同,它必须是对等的,且不得损害对方国家的主权,并只限定在一定的范围内。对货物贸易,GATT1994 第 3 条规定国民待遇是无条件的;对服务贸易,GATS 第 17 条规定,对服务产品国民待遇仅适用于一成员做出具体承诺的部门,即不是无条件的给予国民待遇;对于知识产权,TRIPs 第 3 条规定,每个成员给予其他成员的国民待遇不应低于它给予本国公民的待遇,除非其他有关国际知识产权公约有规定。

2. 自由贸易原则

WTO 是一个多边贸易组织,主张各成员方开放市场,提高市场准入度,从而实现各成员方之间的贸易自由化。成员方的市场经济和成员方之间的贸易自由化是 WTO 的重要准则。WTO 的自由贸易原则(principle of free trade)具体体现在关税保护与关税减让原则、一般取消数量限制原则和市场准入原则等方面。

1) 关税保护与关税减让原则

GATT 和 WTO 均承认以合理的关税保护国内市场是合法的。其理由是:关税主要影响价格,透明度高、谈判比较容易,而且比较容易执行非歧视原则,便于成员国相互之间进行减让谈判,从而减少保护对贸易形成的扭曲,有利于市场经济的发展。

关税保护与关税减让原则包括两层含义:一是以关税作为各缔约方唯一的保护手段;二是各缔约方应遵循互惠互利的原则,通过关税减让谈判,逐步降低关税水平,以促进国际贸易的开展。

2) 一般取消数量限制原则

GATT 和 WTO 规定原则上应取消或禁止采用进出口数量限制。因为数量限制就是通过限制外国产品的进口数量来保护本国市场,它妨碍了竞争,违背了总协定对各缔约方只能通过关税来保护本国工业的规定。因此,GATT 和 WTO 要求任何成员方除征收关税外,不得设立或维护配额、进出口许可证或其他措施以限制或禁止其他成员方领土的产品输出、或向其他成员方领土输出或销售出口产品。

WTO 也允许以下四种情况可在非歧视的基础上实施或维持数量限制:① 为保证农业、渔业产品市场而实施的限制;② 为保护本国的国际收支而实施的限制;③ 为促进不发达国家成员经济发展而实施的限制;④ 为实施保障措施协定规定的数量限制。采取数量限制的条件一旦消失,有关成员方应立即消除其限制措施。

3) 市场准入原则

所谓市场准入(market access)是指一成员方允许另一成员方的货物、劳务与资本参与本国市场的程度。WTO的市场准入原则旨在通过增强各成员外贸体制的透明度,减少和取消关税、数量限制和其他各种强制性限制市场准入的非关税壁垒,以及通过各成员方对开放其特定市场所作出的具体承诺,切实改善各成员市场准入条件,保证各成员的商品、资本和服务可以在世界市场上公平地自由竞争。WTO一系列协定或协议都要求成员分阶段逐步实行贸易自由化,以此扩大市场准入水平,促进市场的合理竞争和适度保护。主要表现在:

(1) GATT1994要求各成员逐步开放市场,即降低关税和取消对进口的数量限制,以允许外国商品进入本国市场与本国产品进行竞争。这些逐步开放的承诺具有约束性,并通过非歧视贸易原则加以实施,而且各成员要承诺不能随意把关税重新提高到超过约束的水平,除非得到WTO的允许。

(2) 其他货物贸易协议也要求各成员逐步开放市场。如《农业协议》要求各成员将现行的对农产品贸易的数量限制进行关税化,并承诺不再使用非关税措施管理农产品贸易和逐渐降低关税水平;这类协议还包括《海关估价协议》、《技术性贸易壁垒协议》、《实施动植物卫生检疫措施协议》等。

(3) GATS要求各成员逐步开放服务市场,即在非歧视原则基础上,通过分阶段谈判,逐步开放本国服务市场,以促进服务及服务提供者间的竞争,减少服务贸易及投资的扭曲,其承诺涉及商业服务、金融、电讯、分销、旅游、教育、运输、医疗与保健、建筑、环境、娱乐等服务业。

(4) 有利于扩大市场准入的其他基本原则,即各成员还可利用争端解决机制,解决在开放市场方面的纠纷和摩擦,积极保护自己;同时,贸易体制的透明度也有利于扩大市场准入。

3. 透明度原则

透明度原则(principle of transparency)又称贸易政策法规透明度原则、可预见性原则,主要体现在:

(1) 成员方所实施的与国际贸易有关的法令、条例、司法判决、行政决定等,都必须予以公布(不公布的贸易政策不得实施),以使其他成员政府及贸易商加以熟悉;同时,还应将这些贸易措施及其变化情况通知WTO。

(2) 一成员方政府与另一成员方政府所缔结的影响国际贸易的协定,也必须公布,以防止成员方之间进行不公平的贸易,从而造成对其他成员方的歧视。

(3) 各成员应在其境内公正、合理、统一地实施上述的有关法规、条例、判决和决定。公正性和合理性要求成员对法规的实施履行非歧视原则。统一性要求在成员领土范围内管理贸易的有关法规不应有差别待遇,即中央政府统一颁布有关政策法规,地方政府颁布的有关上述事项的法规不应与中央政府有任何抵触。但是,中央政府授权的特别行政区、地方政府除外。

可见,透明度原则的作用在于使成员方之间在政策法规上相互监督、检查、纠正、防止因缔约方对贸易进行不公开、不透明的管理而造成歧视性待遇,影响贸易的自由进行,它是WTO其他原则得以有效贯彻的基础。

但透明度原则并非要求成员方必须什么都对他国公开,而是有例外规定,即不要求成员方公开那些会妨碍法令的贯彻执行,或会违反公共利益,或会损害某一公、私企业的正当商业利益的机密资料。

4. 公平贸易原则

公平贸易原则(principle of fair trade)又称公平竞争原则,它要求各成员依市场规则参与国际竞争,不得采取不公正的贸易手段进行国际贸易竞争或扭曲国际贸易市场竞争秩序,尤其是不能采取倾销和补贴的方式在他国(或成员方)销售产品。

如前所述,WTO并不是一个"自由贸易"机构,因为WTO所管理的多边贸易体系确实允许进行关税保护,在某些情况下也允许其他形式的保护。因而准确地说,WTO是一个致力于公正、公平和无扭曲竞争的贸易体系。从WTO管辖的三个主要领域看,公平竞争原则都有体现。

(1) 在货物贸易方面,允许在国际收支恶化的情况下不履行承诺的义务;在一国因出现倾销损害、他国补贴的损害时允许征收进口附加税(WTO规定,以倾销或补贴方式出口本国产品,给进口方国内工业造成实质性损害,或有实质性损害威胁时,该进口方可以根据受损的国内工业的指控,采取反倾销和反补贴措施,包括反倾销税和反补贴税等);尤其是允许在特定条件下采取保障措施。同时,WTO也非常强调:反对成员方滥用反倾销和反补贴措施达到其贸易保护的目的。

(2) 在服务贸易领域,各成员开放市场的依据是自己的承诺表。换言之,成员可以对没有列入承诺表中的行业采取保护措施。

(3) 在知识产权方面,由于知识产权有别于一般的货物和服务,其价值保存的前提就是采取一定的手段进行保护,以维持知识产权方面的公平竞争,所以相关协议的主要目的是加强全球范围内对知识产权的保护,而不是促进降低保护。

5. 互惠原则

互惠原则(principle of reciprocity)也称对等原则,是WTO最为重要的原则之一,是指两成员方在国际贸易中相互给予对方贸易上的优惠待遇。它明确了成员方在关税与贸易谈判中必须采取的基本立场和相互之间必须建立一种什么样的贸易关系。

WTO 的互惠原则主要通过以下几种形式体现:

(1) 通过举行多边贸易谈判进行关税或非关税措施的削减,对等地向其他成员开放本国市场,以获得本国产品或服务进入其他成员市场的机会,即所谓"投之以桃,报之以李"。

(2) 当一国或地区申请加入 WTO 时,由于新成员可以享有所有老成员过去已达成的开放市场的优惠待遇,老成员就会一致地要求新成员必须按照世贸组织现行协定、协议的规定缴纳"入门费"——开放申请方商品或服务市场。

(3) 互惠贸易是多边贸易谈判及一成员贸易自由化过程中与其他成员实现经贸合作的主要工具。GATT/WTO 的历史充分说明,多边贸易自由化给某一成员带来的利益要远大于一个国家自身单方面实行贸易自由化的利益。因为一国单方面自主决定进行关税、非关税的货物贸易自由化及服务市场开放时,所获得的利益主要取决于其他贸易伙伴对这种自由化改革的反应,如果反应是良好的,即对等地也给予减让,则获得的利益就大;反之,则较小。相反,在 WTO 体制下,由于一成员的贸易自由化是在获得现有成员开放市场承诺范围内进行的,自然这种贸易自由化改革带来的实际利益有 WTO 机制作保障,而不像单边或双边贸易自由化利益那么不确定。因此,多边贸易自由化要优于单边贸易自由化,尤其像中国这样的发展中的大国。

6. 经济发展原则

经济发展原则(principle of economic development)又称鼓励发展和经济改革原则,该原则以帮助和促进发展中国家的经济迅速发展为目的,针对发展中国家和经济接轨国家而制定,是给予这些国家的特殊优惠待遇。

考虑到发展中国家成员的具体利益和要求,WTO 确立了对发展中成员的特殊待遇原则,包括:允许发展中国家成员的市场保护程度可以高于发达国家成员;通过"授权条款"规定各成员可以给予发展中国家成员差别及更加优惠的待遇,而不必将这种待遇延伸到其他成员;普遍优惠制度(GSP)的存在为发展中国家的工业制成品出口提供了单方面的优惠待遇;在知识产权协议的实施方面,发展中国家有更长的时间安排;在争端解决机制方面,也要求 WTO 秘书处对发展中国家提供技术和法律援助。

除了上述这些基本原则之外,GATT/WTO 还有其他一些原则,如稳定贸易发展原则、争端协商解决原则、区域性贸易安排原则、例外和免责原则等。

8.3.5 WTO历次部长级会议及多哈发展议程

截至2013年底,WTO先后举行了九次部长级会议,并在第四次部长级会议上启动了WTO第一轮多边贸易谈判,即多哈回合。

1. WTO举行的前三次部长级会议

第一次部长级会议1996年12月9日~13日在新加坡召开。会议主要审议了WTO成立以来的工作及上一轮多边贸易谈判即"乌拉圭回合"协议的执行情况,并且决定成立贸易与投资、贸易与竞争政策、政府采购透明度3个工作组,同时将贸易便利化纳入了货物理事会的职责范围。会议最后通过了《新加坡部长宣言》。

第二次部长级会议1998年5月18日至20日在瑞士日内瓦举行。会议主要讨论了已达成的贸易协议的执行情况、既定日程和未来谈判日程等问题以及第三次部长级会议举行的时间和地点。会议的主要目的是为第三次部长级会议启动新一轮多边贸易谈判做准备。

第三次部长级会议1999年11月30日至12月3日在美国西雅图市召开。由于非政府组织(NGO)的示威游行和干扰所产生的压力以及成员间在一系列重大问题上的意见分歧,会议未能启动拟议中的新一轮多边贸易谈判,最终以失败告终。

2. WTO近六次部长级会议及多哈回合进展情况

2001年11月9日~14日,WTO第四次部长级会议在卡塔尔多哈举行。此次会议启动了新一轮全球多边贸易谈判,即多哈回合。会议的另一个重要成果是批准中国加入WTO。WTO承诺,多哈回合要给发展中国家带来真正的好处,因此这一轮谈判也被称为"发展回合"或"多哈发展议程"。当时的世界银行行长沃尔福威茨曾表示,多哈回合成功结束将使世界经济额外增加3 000亿美元的好处,将使发展中国家受益。

多哈回合是1995年1月1日成立的WTO主持的第一轮多边贸易谈判。多哈回合的宗旨是促进WTO成员削减贸易壁垒,通过更公平的贸易环境来促进全球特别是较贫穷国家的经济发展。多哈回合虽是多边谈判,但真正的谈判主角是美国、欧盟和由巴西、印度、中国等发展中国家组成的"二十国协调组"。谈判包括农业、非农产品市场准入、服务贸易、规则谈判、争端解决、知识产权、贸易与发展

第8章 国际贸易政策协调

以及贸易与环境8个主要议题。① 农业谈判包括出口竞争、国内支持和市场准入三个方面;② 非农产品市场准入谈判主要涉及关税和非关税壁垒,其中关税部分包括削减和取消关税高峰、高关税和关税升级的谈判;③ 服务贸易谈判涉及服务贸易评估、自主开放措施的奖励模式、GATS规则、有关国内规章管理的多边纪律、最不发达国家特殊待遇模式及市场准入等;④ 知识产权谈判包括公共健康、与贸易(包括假冒商品贸易在内)有关的知识产权与生物多样性公约关系、传统知识和民俗保护及地理标志保护等问题;⑤ 规则谈判主要涉及反倾销、补贴与反补贴和区域贸易协定等有关现有协定条款的澄清和改善;⑥ 争端解决谈判主要涉及对DSU的改进和澄清;⑦ 贸易与环境问题谈判包括现有WTO规则与多边环境协定中特别贸易义务的关系、多边环境协定秘书处与WTO相关机构信息交流、减少并取消环境产品和服务的关税及非关税措施三个方面;⑧ 贸易与发展问题主要包括对现有WTO协议特殊和差别待遇条款的审议和改进,以使其更加准确、更加有效和更加可操作。

多哈回合按最初计划应在2005年1月1日前结束。但2003年9月10日~14日在墨西哥坎昆举行的第五次WTO部长级会议上,由于各成员在农业等问题上没有达成一致,会议无果而终,多哈回合谈判随后陷入僵局。经过WTO和各成员的努力,2004年8月1日,各成员就多哈回合谈判达成框架协议,为削减农业补贴和取消关税、降低工业品关税、推动服务贸易自由化和贸易便利化确定了基本原则,从而使多哈回合谈判重回正常轨道。各成员同意将结束谈判的时间推迟到2006年年底。

2005年12月13日~18日,WTO第六次部长级会议在我国香港举行,来自WTO的149个成员的5800多名代表和2000多名非政府组织代表参加了为期6天的会议,在此次会议上汤加共和国正式加入WTO,成为第150个成员。本次会议重点是推进多哈回合谈判,使之能够在2006年年底最后期限前结束。但是由于各方利益的冲突和矛盾,2006年7月27日,多哈回合谈判全面中止。

2007年1月,谈判再次恢复,但依旧无果而终。2008年7月21日,来自35个主要WTO成员的贸易和农业部长在日内瓦聚会,试图在一周时间内就多哈回合谈判农业和非农产品市场准入问题取得突破。但此次谈判难以取得进展,原定一周的会期被迫延长。旨在寻求多哈回合谈判关键性突破的WTO小型部长会议在经过9天的讨价还价后,7月29日还是以失败告终。

2009年11月30日~12月2日,WTO第七次部长级会议在总部日内瓦举行。这是继2005年香港会议之后WTO所有153个成员的最高贸易官员4年来首次聚首。历时8年的多哈回合谈判依然没有打破僵局,全球贸易因为经济危机

国际贸易：理论与政策

出现了第二次世界大战以来最严重的萎缩。鉴于多哈回合谈判毫无起色，在避谈多哈回合的同时，这次的WTO部长级会议将重点放在了审视自身，会议的主题被选定为"世贸组织、多边贸易体系和当前全球经济形势"。

2011年12月15日至17日，WTO第八次部长级会议在日内瓦召开。由于WTO成员在多哈回合遗留问题的谈判上一直无法取得突破，因此，本次会议在这一议题上依然是无果而终。虽然如此，此次会议至少在以下三个方面取得了重要成果：一是为最不发达国家在服务贸易、知识产权、加入便利等诸多方面做出了重要决议，为最不发达国家更好地融入WTO多边贸易体制并推动其经济贸易发展进一步提供了必要基础；二是在新成员的加入上取得重要成果，尤其是经过18年的创纪录谈判终于将唯一剩下的大国——俄罗斯纳入了多边贸易体制；三是在政府采购方面取得了新的重要成果，特别是在扩大政府采购市场准入方面获得了重要进展，虽然政府采购协定目前仍是只有部分WTO成员参加的次多边协议，但其市场潜力之大也是不言而喻的。

2013年12月3日至7日，WTO第九次部长级会议在印度尼西亚巴厘岛召开。这次会议期间，与会代表达成了WTO成立以来首份多边贸易协定。这份"巴厘一揽子协定"包括10份文件，内容涵盖了简化海关及口岸通关程序、允许发展中国家在粮食安全问题上具有更多选择权、协助最不发达国家发展贸易等内容。此外，与会成员还规划了"后巴厘工作计划"框架，表示将协助WTO贸易谈判委员会在未来一年内就多哈发展议程遗留议题建立清晰的工作计划。这些工作首要关注农业和最不发达国家的发展问题，并以本届会议所达成协议为基础。与会成员认为，WTO的未来工作将优先处理那些声明中不具法律约束力的议题，一些在巴厘岛会议中尚未完成的谈判还将在未来继续。除此之外，这次会议正式批准也门加入WTO，从而使WTO成员扩充至160个。

自2001年11月启动以来，多哈回合谈判至今已有12个年头。多哈回合谈判是1995年WTO取代GATT后目标最宏伟、参与方最多的一轮多边贸易谈判。该轮谈判曾取得阶段性成果，包括给予最不发达国家97%税目产品的零关税待遇的承诺框架，贸易便利化，以及放宽公共健康领域的知识产权规定。但是从2008年以来谈判进展缓慢。这一方面是由于国际金融危机后，各成员关注的重心转到国内，比如实施一些经济刺激政策，而无暇顾及多哈回合谈判；另一方面是主要发达国家，特别是美国奥巴马政府把贸易工作的重点放在更加容易取得成果的双边和区域自由贸易协定上。相比多边谈判，在自由贸易区谈判中美国可以驾轻就熟，规避农业补贴和开放农产品市场等要害问题。

当前，世界经济面临诸多不确定、不稳定因素，多哈回合谈判仍处于比较困难

第8章　国际贸易政策协调

的时期。因此，所有WTO成员都应该给多边贸易体制以信心，为世界经济的稳定与发展释放积极信号。多哈回合谈判应坚持发展议程宗旨，不能偏离发展目标；要始终遵守多哈发展授权，不能放弃过去10多年的谈判成果；应在巩固现有成果基础上互谅互让，缩小分歧，直至最终达成协议。

本章小节

国际贸易政策协调，实则就是国际贸易利益协调，即世界经济主体之间互相协调其贸易政策，共同对国际贸易的运行和国际贸易关系的发展进行干预和调节，以便解决其中存在的问题，克服面临的困难，促进国际贸易关系和国际贸易正常发展的行为。当今世界，贸易政策的国际协调主要是通过两条渠道：一是通过签订双边或多边贸易条约和协定来进行；二是通过1995年成立的WTO(其前身为GATT)来进行的。

贸易条约与协定是两个或两个以上的主权国家为确定彼此间的经济关系，特别是贸易关系方面的权利和义务而缔结的书面协议。按照缔约方的多少，可分为双边贸易条约与协定、多边贸易条约与协定；按协议的对象不同可分为各种具体形式的协定与条约，如通商航海条约、商品协定、支付协定等。

贸易条约与协定所依据的法律原则主要有最惠国待遇原则、国民待遇原则和机会均等原则。最惠国待遇的基本含义是：缔约方一方现在和将来所给予任何第三方的一切特权、优惠和豁免，必须同样给予缔约方对方。国民待遇是指缔约双方相互承诺，保证对方的公民、企业和船舶在本国境内享有与本国公民、企业和船舶同等的待遇。而机会均等原则实际上包括了最惠国待遇原则和国民待遇原则。

GATT是美国、英国、法国等23个国家于1947年10月30日在日内瓦签订的一个关于关税和贸易准则的多边国际协定和组织。换言之，GATT既是一项关于关税和贸易准则的国际性法规，又是组织多边贸易谈判和协调争议的机构。

GATT的内容包括序言、正文、附件、临时适用议定书和加入议定书等。GATT的宗旨是提高生活水平，保证充分就业，保证实际收入和有效需求的巨大持续增长，扩大世界资源的充分利用以及发展商品的生产与交换。

自1947年至1994年，GATT先后主持了8轮多边贸易谈判，通过协商等手段，成功地解决了多起贸易纠纷，使其缔约方之间的关税与非关税壁垒大幅降低，为规则和规范的实施以及确保缔约方间权利和义务的平衡起了重要作用。

WTO是根据乌拉圭回合多边贸易谈判达成的《建立WTO协定》，于1995年1月1日成立的规范国际贸易规则的多边经济组织，是当今世界上唯一处理国与国之间贸易规则的国际组织，也是独立于联合国的永久性国际组织。

《建立WTO协定》是WTO的基本法,由序言、正文(共16项条款)及4个附件组成。序言和正文部分规定了WTO的宗旨与原则、活动范围、职能、组织结构、成员资格与制度、法律地位、决策程序和协定修改等。有关协调多边贸易关系和贸易争端解决、规范贸易竞争规则的实质性规定体现在4个附件中。

WTO的管辖范围包括货物贸易、服务贸易以及与贸易有关的知识产权保护措施,等等。WTO的职能包括组织、提供、调节、管理和协调等诸多方面。WTO的机构主要有部长级会议、总理事会、委员会、秘书处与总干事等。

WTO是对GATT的"扬弃",是对GATT的继承和发展,两者既有千丝万缕的联系,也有实质性的区别。为了实现其宗旨和职能,WTO要求其成员在彼此之间的经贸关系方面必须遵守一些基本的原则,主要是非歧视、透明度、自由贸易、公平贸易、互惠和经济发展原则等。截至2013年年底,WTO先后举行了9次部长级会议,并在2001年召开的第四次部长级会议上启动了WTO第一轮多边贸易谈判,即多哈回合。然而由于多种原因的影响,截至2013年年底,多哈回合未能达成最终协议,从而影响了国际贸易的稳定发展。

【重要概念】

贸易条约　贸易协定　贸易议定书　支付协定　国际商品协定　最惠国待遇　国民待遇　机会均等原则　关税与贸易总协定(GATT)　世界贸易组织(WTO)　非歧视原则　自由贸易原则　透明度原则　公平贸易原则　互惠原则　经济发展原则　乌拉圭回合　多哈回合

【复习思考题】

1. 签订贸易条约与协定所依据的法律原则主要有哪些?
2. 贸易条约与协定主要有哪些类型?各有何特点?
3. 试述GATT的宗旨、职能及作用。
4. 简要述评GATT举行的八次多边贸易谈判。
5. 什么是WTO?试述WTO的宗旨与目标。
6. 简述WTO主要职能及组织结构。
7. WTO的基本原则主要有哪些?非歧视原则的主要内容是什么?
8. 多哈回合的主要议题有哪些?试析该轮谈判步履维艰的主要原因。

第9章 WTO体制下国际贸易基本规则

在介绍和分析了国际贸易政策与措施后,本章主要介绍和阐明WTO关于国际贸易的基本规则及运行机制。我们知道,WTO既是一个世界性的多边贸易组织,也是一个贸易保证机制,就其发挥作用的方式而言,实质上它是一整套规则的集合。这些规则主要有货物贸易的基本规则、服务贸易的基本规则、与贸易有关的知识产权保护规则以及争端解决规则等。WTO的这些规则主要是为各成员方制定的,旨在约束和规范各成员方的行为,促进国际贸易的健康和顺利进行以及世界经济的稳定发展。

9.1 国际货物贸易基本规则(上)

WTO关于国际货物贸易的基本规则主要体现在《WTO协定》的附件1A(货物贸易多边协议)中,如前所述,这其中包含有13个多边贸易协议。这些协议体现了WTO各成员方必须遵守的各项货物贸易的基本原则及规则,本节主要就其中的10个协议内容及其相关规则进行介绍。

9.1.1 1994年关税与贸易总协定(GATT1994)

WTO货物贸易多边协议中最重要的协议是经过修订后的GATT1994(经乌拉圭回合谈判修订后的1947年GATT)。其适用范围:

(1) WTO协定生效日的GATT(GATT1947)的各项条款,即联合国贸易与就业会议筹备委员会第二次会议闭幕时通过的最后文本的附件。

(2) WTO协定生效日前已经生效的GATT的其他法律文件:①关税减让的议定书和确认书;②各国或地区加入GATT时的议定书;③WTO协定生效时在GATT内有效的准予免除义务的规定;④WTO协定生效时有效的所有GATT缔约方全体的决议。

(3) 乌拉圭回合对GATT1994达成的六项谅解。

(4) GATT1994马拉喀什议定书,即GATT1994的减让表。

总体而言,GATT1994 主要是就各成员在货物贸易领域中应遵循的主要原则、规则和政策措施进行了概括性的规范和约束。从某种角度说,GATT1994 是 WTO 关于国际货物贸易的总规则。

9.1.2 关税减让规则

关税是 WTO 允许其成员使用的保护国内产业的重要政策工具。WTO 极力主张其成员将关税作为唯一的保护手段。但允许以关税作为保护手段,并不意味着成员方可以随心所欲地使用这一手段。相反,"通过达成互惠互利安排,实质性地削减关税和其他贸易壁垒"①,是多边贸易体制所确立的基本原则之一。从 GATT 到 WTO 都一直致力于削减关税。经过 GATT 的八轮谈判,全球关税水平大幅度降低,从而大大提高了市场准入的程度。

关税减让的原则是互惠互利,对等减让。WTO 成员关税方面的义务主要有两项:

(1) 非歧视地征收关税。这是最惠国待遇的基本要求,但经济一体化组织(区域集团)内部成员之间的优惠、对发展中国家实行的关税优惠则属例外。

(2) 降低并约束关税。WTO 成员在加入时可通过多边贸易谈判达成的关税减让采用约束税率的形式表现,载于各成员的关税减让表中,WTO 成员不能对进口产品征收高于约束税率的关税。所谓约束关税,就是要求当一成员同意将某一产品的关税"约束"在某一特定水平时,它就有义务保证不将关税提高到超过该特定水平之上,除非对有关的贸易伙伴的贸易损失进行补偿。否则,受影响的出口国家有权对进口国的等价值出口产品采取报复性措施。约束关税是一国承诺开放本国市场的重要基础,也是一国在 WTO 可以获取利益的重要条件。

9.1.3 非关税措施规范

非关税措施是造成贸易壁垒的重要手段。由于该类措施隐蔽,判断标准难以确定,因此成为国际贸易自由化的重要障碍。但鉴于各国贸易实践中出于各种考虑或原因,常会使用一些非关税措施来管理对外贸易活动,而该类管理措施在实施中却可能存在对 WTO 其他成员的歧视或构成不公平竞争。为此,WTO 制定了一系列的管理非关税措施的协议,以便规范和约束各成员的非关税措施的运用。

---

① 参见:GATT1947,序言部分。

1. 技术性贸易壁垒协议

所谓技术性贸易壁垒(Technical Barriers to Trade,简称"TBT"),是指各国制定的旨在限制外国商品进口的、名目繁多的技术规章、标准以及合格评定程序等贸易管理措施。这些措施是十分必要的,但若随意设置就可能成为贸易的障碍。为此,在东京回合《技术性贸易壁垒守则》的基础上,乌拉圭回合谈判各方经讨论、修改达成了《技术性贸易壁垒协议》(Agreement on Technical Barriers to Trade,简称"TBT 协议")①,并于该轮谈判结束时作为一揽子协定之一予以通过。

TBT 协议的主要内容包括:制定、采用和实施技术性措施应遵守的规则,技术法规、标准和合格评定程序,通报、评议、咨询和审议制度等。其核心内容是技术规章(法规)、标准和合格评定程序,这也是国际贸易技术壁垒的三要素。TBT 协议主要是就这三要素的拟订、采纳和实施等问题进行规范和约束,以寻求确保它们不至于对国际贸易产生不必要的障碍。TBT 协议用"技术规章(technical regulations)"这一术语指强制适用的标准,它具有法律的强制约束力;用"标准(standard)"这一术语指自愿适用的标准,即它由生产厂商或贸易商自愿采纳。该协议承认,各国在其认为适当的程度内有权采取此类措施——例如,为了人类和动植物的生命或健康、为了保护环境或满足消费者的其他利益。此外,也允许各成员采取必要的措施,主要是"合格评定程序(conformity assessment procedures)",来确保他们达到其保护标准。TBT 协议鼓励各国采取那些合适的国际标准,但是这并不要求他们为此而改变保护水平。

TBT 协议制定一个"良好行为守则"②,供成员方中央政府机构在拟订、采纳和实施标准时有所应遵循,同时也规定了地方政府和非政府机构应该据以制定和实施技术规章。

TBT 协议要求,各成员方所制定的技术规章不应在外国产品之间或国内外产品之间产生歧视待遇;用于判定是否符合国家标准的程序必须是公正、公平的,

---

① 《WTO 协定》,附件 1A:货物贸易多边协议,《技术性贸易壁垒协议》,由序言、15 项条款及 3 个附件构成。在 WTO 法律体系下,该协议与《实施动植物卫生检疫措施协议》有密切联系。但二者之间又有不同,后者涉及食品安全、动物卫生和植物卫生三个领域;前者涉及范围广泛,除与上述三个领域有关的实施卫生与植物卫生措施外,其他所有产品的技术法规和标准都受其管辖。

② 《技术性贸易壁垒协议》,附件 3:《关于制定、采用和实施标准的良好行为规范》。

特别是在国产货物与相应的进口货物之间尤其应该如此。另外,该协议还鼓励各成员之间相互承认各自的技术规章、标准以及合格鉴定结果,这样,通过在生产国进行检验,就可以决定某一产品是否符合进口国的标准。为了保证全世界的出口商能够得到及了解到未来市场上有关信息的最新标准和全部必要信息,协议要求所有成员方政府建立"国家咨询点(national enquiry point)"。

2. 进口许可程序协议

许可证制度是各国政府常用的管理贸易尤其是进口贸易的一种重要的行政手段,具有简便、有效的特点。GATT原则上要求缔约方不采用许可证制度以限制或禁止进出口贸易,但GATT并不要求完全取缔,事实上也不可能取缔。在实践中,GATT做过努力,但一直未能对其负面影响进行有效制约。为此,在东京回合《进口许可程序守则》的基础上,乌拉圭回合谈判各方经讨论、修改达成了真正多边的《进口许可程序协议》(Agreement on Import Licensing,AIL)①,并于该轮谈判结束时作为一揽子协定之一予以通过。

AIL包括了一套简单的原则和详细的规则,用以防止许可程序本身成为贸易的阻碍。AIL要求进口许可制度既是透明的,又是可预见的。该协议要求各成员方公开足够的信息以使贸易商了解授予许可证的根据。协议还包括了关于进口许可程序的建立和修改的通知的一些规则,并且对申请的审查方法提供了指导。

AIL强调了进口许可程序的非歧视性,力图减少行政管理措施的随意性,要求各成员方做到:①中性实施并公平管理进口许可程序;②提前公布为符合许可要求所需的一切规章和资料,并要求将有关副本提交WTO秘书处;③简化许可申请表格和手续,行政管理机关不得超过三个;④许可证持有者应该与非许可证产品的进口者一样拥有获得必要外汇的机会。

AIL将进口许可程序分为自动(automatic)许可程序和非自动(non-automatic)许可程序两种。前者是指在任何情况下对申请一律予以批准并签发的进口许可制度,该类程序仅作为记录进口产品的手段,通常为上统计目的;而后者则通常是作为实施进口数量限制的一种行政管理手段。自动许可程序,AIL要求各成员方的这种制度不得以对进口产品产生限制作用的方式进行。为此,协议制定了标准,符合该标准的自动许可程序被认为不具有贸易限制效果,而且自动许可的批准时间不得超过10天。非自动许可程序,AIL要求其对进口商造成的

---

① 《WTO协定》,附件1A:货物贸易多边协议,《进口许可程序协议》,由序言和8项条款构成。

行政负担只能限于管理其适用的措施所绝对必要的程序,并且这些程序对进口造成的限制和扭曲,不得超过预计这些措施本身将产生的限制和扭曲。

总之,AIL力图最大限度地减轻进口商在申请许可证方面的负担,以便管理工作本身不对贸易形成限制或造成扭曲。

3. 海关估价协议

一成员方的海关如果对产品完税价格(customs value)做出不合理的估价,则势必削弱甚至抵消税率削减的成果。WTO《海关估价协议》[①]的目的就是为产品的海关估价制度制定一个公平、统一和中性的体制,一个既符合商业现实又禁止使用随意和虚假的海关估价的体制。

WTO海关估价协议强调,海关估价应以进口商品或类似商品的"实际价格"估价,而不应以原产国产品价格或武断虚构的价格估价。这里"实际价格"是指在特定的时间和地点,处于充分竞争的正常贸易过程中的进口商品或类似商品的售价。为此,该协议提供了一套估价的规则,确定了6种估价的办法:①货物本身的成交价格(transaction value);②相同货物(identical goods)的成交价格;③相似货物(similar goods)的成交价格;④扣除法价格(deductive value),即进口方国内销售价格扣除有关的国内费用后的价格;⑤计算法价格(computed price),即产品的成本、有关费用、合理利润等加总后得出的价格;⑥符合规定的其他办法。值得注意的是,以上6种方法是按照先后次序进行的,唯有④和⑤例外,使用顺序可以颠倒,即如果进口商请求,可以在使用第四种方法之前先使用第五种方法。

此外,海关估价协议还要求有关海关估价的立法中应含有进口商的起诉权利;海关当局应对机密资料加以保密;有关国内法规、行政规定和司法决定应按透明度原则予以公布。同时,该协议还成立了一个"海关估价委员会"来负责监督协议的执行。

4. 装运前检验协议

所谓装运前检验,是指雇佣独立的专业公司来检验从海外订购的货物的具体装载情况,包括价格、数量和质量等。这种做法被许多发展中国家所采用,其目的在于保护国内财政利益(例如,防止资本外流、商业欺诈以及逃避关税等)和弥补行政管理机构的不足。

---

① 《WTO协定》,附件1A;货物贸易多边协议,《关于实施GATT1994第7条的协议》,由序言、4个部分(24项条款)及3个附件构成。

WTO《装运前检验协议》(Agreement on Preshipment Inspection, API)[①]的目标是根据非歧视原则和透明度原则,建立一个权利和义务的框架,为政府使用检验公司及这些公司核实价格的工作提供指导原则,旨在确保装运前检验不会对贸易造成不必要的障碍。协议承认原 GATT 的原则和义务适用于各政府授权的装运前检验机构的活动。使用装运前检验的政府的义务包括非歧视、透明度、保护商业秘密、避免不合理的拖延、采用具体的指导方针来进行价格审核以及避免各检验机构的利益冲突。出口成员对于装运前检验使用者的义务包括在实施国内法律的规章时的非歧视原则,尽快公开这些法律和规章以及提供所需要的技术援助。

API 建立一个独立的审议程序,由一个代表装运前检验机构的组织和一个代表出口商的组织共同管理,目的是解决出口商与检验机构之间的争议。

5. 原产地规则协议

国际贸易货物的原产地,是指作为商品而加入到国际贸易流通的货物的来源地,即货物的产生地、生产地、制造或进行了最后的实质性加工的加工地。在国际贸易中最广泛被采用的原产地界定范围是国家或地区。原产地规则是指各国和地区为了确定货物原产国和地区而采取的法律、规章和普遍适用的行政命令及措施。原产地规则存在的原因主要是各国在贸易措施方面仍存在着差别待遇。如采取禁运、反倾销、配额、贸易制裁、联合抵制、卫生防疫管制、外汇管制等方面。此外,出于对外贸易统计的需要也是一个方面的原因。

WTO 的《原产地规则协议》(Agreement on Rule of Origin, ARO)[②]是多边贸易体制有史以来第一个关于原产地规则的协议。ARO 达成的目的是为了建立一个公正、透明、一致、可预见、可操作、世界统一的原产地规则,使其不对国际贸易造成不必要的限制和扭曲。ARO 规定,各成员方应确保其原产地规则以肯定的标准为基础,即应明确列明什么产品需要确认原产地,对与原产地规则有关的普遍适用的法律、规章、法院判决要予以公布;出口商或进口商提出的原产地评定要求,应在有关产品的贸易行为开始之前被接受,若有必要也可晚些时候接受,对贸易商为申请原产地证而提供的机密情况,原产地审查当局应承担保密责任。

---

① 《WTO 协定》,附件 1A:货物贸易多边协议,《装运前检验协议》,由序言和 9 项条款构成。

② 《WTO 协定》,附件 1A:货物贸易多边协议,《原产地规则协议》,由序言、4 个部分(9 项条款)及 2 个附件构成。

6. 实施动植物卫生检疫措施协议

动植物卫生检疫措施,是指为了防止人类或动植物流行病传染所采取的检疫管理措施。WTO 的《实施动植物卫生检疫措施协议》(Agreement on the Implementation of Sanitary and Phytosanitary Measures,简称《SPM 协议》)[①]涉及食品以及动植物的卫生规章等内容,其目标是保证政府为食品安全和动植物健康而采取的措施,对贸易的影响保持在最低程度。

SPM 协议规定,为保护人类、动植物生命或健康而采取的动植物卫生检疫措施是指:① 免受虫害、病害、带病有机体或致病有机体的侵入、定居或传播所产生风险的措施。② 免受食品、饮料或饲料中的添加剂、污染物、毒素或致病有机体所产生风险的措施。③ 免受动植物或其产品等携带的病虫害影响的措施。④ 防止或限制因瘟疫的侵入、传播而产生其他损害的措施[②]。

SPM 协议承认政府有权采取动植物卫生检疫措施,但所有的措施必须以科学为基础,应该仅在保护人类、动植物的生命或健康的限度内实施,不应该在情况和条件相同或相似的成员之间实行武断和不正当的歧视。SPM 协议鼓励各成员将他们的相关检疫措施建立在现存相应的国际标准、指导方针和建议的基础上。但是,如果有科学的理由或者经适当风险评估符合要求的,各成员可以保持或引入导致更高标准的措施。

SPM 协议还加强了透明度方面的要求:有关成员应及时公布和通报其限制贸易的有关动植物检疫的规章和要求;除紧急情况外,有关成员应在公布和生效有关规章与要求之间保留一段合理的时间间隔,以使出口方有所准备;有关成员应设立"咨询点"提供相关信息。

SPM 协议是国际贸易中第一部关于动植物检疫的多边国际公约,它对保护人类生命和健康,促进各国农牧业生产发展和农产品贸易起到了重要作用。但同时应该注意到,SPM 协议对于偏离国际标准而实施高标准卫生检疫措施基本上没有什么实质性的限制,这就为发达国家成员提供较大的灵活空间。发达国家可以采取高于一般国际标准的检疫措施,制定其检疫程序,以达到限制发展中国家成员产品的进口,保护国内市场的目的。

---

① 《WTO 协定》,附件 1A:货物贸易多边协议,《实施动植物卫生检疫措施协议》,由序言、14 项条款及 3 个附件构成。

② 参见 WTO《SPM 协议》,附件 A(定义)第 1 条。

9.1.4 农产品贸易规则

在国际贸易中,农产品贸易是极为敏感、极为复杂的问题,它涉及一国的粮食安全战略、政治因素、地理环境与气候、生产结构、就业、出口国与进口国的利益等诸多方面问题。然而,由于 GATT 原来的农产品贸易规则存在一个严重缺陷,即允许各缔约方利用非关税措施,如进口配额、补贴等,对农产品实施保护。因此,许多国家纷纷对进口农产品实施高关税或非关税措施,严重扰乱了农产品贸易的正常秩序。在乌拉圭回合多边贸易谈判中,经过各方共同努力,终于达成并通过了《农业协议》(Agreement on Agriculture)①,使"偏离"贸易自由化轨道的农产品贸易,重又回归 GATT 体制的约束之下。此外,乌拉圭回合一揽子协议中的其他两项内容也直接与农产品贸易有关②。

农业协议主要涉及对农产品政策 3 个领域的规定,即市场准入、国内支持和出口补贴,要求 WTO 各成员遵守这些新的规则和承诺。

1. 市场准入(Market Access)

鉴于各成员方对农产品进口的限制不但表现为较高的进口关税,而且更多的是通过各种非关税措施,因此,农业协议便从贸易措施关税化、关税减让、关税配额、特殊保障措施等方面着手,以提高农产品市场准入程度,维护公平竞争。

2. 国内支持(Domestic Support)

除了高的贸易壁垒以外,农产品国际贸易中长期存在着各国尤其是发达国家对农业生产的各种形式的补贴,即国内支持,这是造成农产品贸易扭曲的又一重要因素。根据农业协议,各成员方对农产品的国内价格支持必须逐步减少,使其更接近于市场价格。因此,协议中所指的"国内支持承诺"是指各成员方对给予农产品生产者的各种支持措施的削减承诺。

必须指出,农业协议并不笼统地禁止成员方对国内农业采取支持政策。为

---

① 《WTO 协定》,附件 1A:货物贸易多边协议,《农业协议》,由序言、21 项条款和 5 个附件构成。该协议的范围基本覆盖全部农产品,包括大多数加工农产品和一些具体产品,如生皮、生丝、羊毛和棉花,定义是在该协议第 2 条和附件 1 中。鱼和鱼制品不包括在内。

② 一项内容是《实施动植物卫生检疫措施协议》,另一项是《关于改革计划对最不发达国家和粮食净进口发展中国家可能产生消极影响的措施的决定》。

此,该协议将国内支持(即补贴)分为绿灯补贴和黄灯补贴两大类①,并比较详细地规定了各自的范围与纪律。

(1) 绿灯补贴。它是指没有或只有微小的贸易扭曲影响生产作用,以及没有对生产者提供价格支持的补贴。协议允许使用这类补贴,并可免于削减义务。但这些补贴措施的运用,应受WTO的监督,以防变为对农产品的国内价格支持。

(2) 黄灯补贴。指普遍适用于所有农产品的生产补贴和收入补贴,主要包括国内价格支持补贴。该类补贴对贸易有扭曲作用,属于削减范围内的国内农业支持。协议规定,以1986～1988年的平均补贴水平作为基数水平,自1995年起,发达成员在6年内削减20%;发展中成员在10年内削减13.33%;最不发达成员无需削减。同时,农业协议规定,下列补贴不属于黄灯补贴,不承担削减义务:

第一,每年给予某项具体产品的补贴额不超过该项产品年产值的5%(发达国家)或10%(发展中国家或地区)。

第二,不按具体产品划分的国内补贴,如果其补贴总额不超过当年农产品生产总值5%(发达国家)或10%(发展中国家或地区)。此外,旨在限制产量的高补贴(将有关农产品的产量限制在基期水平的85%以下),也不在削减承诺范围。

3. 出口补贴(Export Subsidies)

许多国家和地区对农产品出口给予的巨额补贴严重扭曲了国际农产品贸易,因此,农业协议规定各种出口补贴措施必须予以逐步削减。协议要求各成员不仅要削减用于补贴的资金额,而且还要削减接受出口补贴的产品数量。以1986～1990年的平均水平作为基期金额和数量,发达成员的削减承诺是从1995年起的6年内分别削减36%和21%,发展中成员则是从1995年起的10年内分别削减24%和14%,而最不发达成员则无需进行任何削减。

与乌拉圭回合其他协议相同,农业协议规定设立一个常设机构——农业委员会,以保证该协议条款的实施。委员会的工作职责主要是定期审议WTO成员履行各自承诺、义务的情况,特别是它们在减让表中有关农产品市场准入、国内支持和出口补贴的承诺。

---

① 这里的"绿灯补贴"又称"绿箱"措施,"黄灯补贴"又称"黄箱"措施。实际上,在《农业协议》中,对不同的国内农产品支持措施分为三类,除了前述"绿箱"、"黄箱"措施外,还有"蓝箱"措施,即成员方政府为了保护生态环境和土地生息,强迫部分土地休耕和约束养畜数量,为此给农业生产者和畜牧业者造成收入的损失予以补贴。这些补贴与政府对农畜产品限产计划有关,可继续保留,成员方无需承担削减义务。

农产品贸易改革是一个复杂而漫长的过程,农业协议只是为此迈出了第一步。值得指出的是,除了传统的阻碍市场准入问题外,一系列新的议题正成为农产品贸易中的焦点,例如,食品的安全、国营贸易公司的作用、基因工程作物(CMOS)以及劳工和环境标准等,特别是基因工程作物的贸易对整个现行的农产品贸易具有潜在的巨大影响。

9.1.5 纺织品与服装贸易规则

纺织品和服装是世界贸易的重要组成部分,也是发展中国家或地区主要的出口产品之一。而发达国家出于自身利益,对来自发展中国家或地区的纺织品与服装进口采取数量限制措施。进而导致在20世纪50年代以后,世界纺织品和服装贸易逐步脱离了GATT的轨道。此后,该领域的贸易先后由国际棉纺织品贸易短期安排和长期安排,以及1974年开始经过5次延长的《多种纤维协定》(*Multi-Fibre Agreement*,MFA)加以规范。MFA在以后的几次延长中,受限产品范围不断扩大,限制措施也日趋严格。发展中国家为消除MFA带来的不利影响进行了长期不懈的努力,终于在乌拉圭回合谈判中达成了《纺织品和服装协定》(*Agreement on Textiles and Clothing*,ATC)①,使纺织品与服装贸易逐渐回归多边贸易体制。2005年1月1日,长达40多年的全球纺织品配额体制宣告结束,纺织品服装国际贸易开始服从GATT1994的总规则,从而实现规则面上的"自由贸易"。

1. ATC的基本原则

ATC在序言中声明,在强化GATT规则和纪律的基础上,以MFA为基础,将纺织品与服装贸易分阶段,逐步纳入GATT体系之中。并要求在逐步自由化过程中,应对与纺织品出口有特殊利益的国家和地区,以及最不发达国家在纺织品贸易方面的利益给予特殊考虑。

2. 纺织品与服装贸易自由化方案

贸易自由化涉及MFA项下取消纺织品与服装贸易的数量限制和非MFA项下取消与GATT规则不一致的数量限制安排两部分。

(1) MFA项下数量限制的分阶段取消。ATC规定,纺织品与服装贸易于

---

① 《WTO协定》,附件1A:货物贸易多边协议,《纺织品与服装协议》,由序言、9项条款和1个附件构成。

1995年1月1日～2005年1月1日之间的10年内,分四个阶段,将纺织品和服装贸易全部纳入GATT1994;实行限制的成员方应提前一年将上述每一阶段的一体化产品清单详细通知WTO纺织品监督机构(Textiles Monitoring Body,TMB),以便该机构转知各成员方。ATC规定,在前三个阶段中,每一阶段取消配额限制的产品都必须包括毛条和纱线、织物、纺织制成品和服装这四类产品中的每一类。10年过渡期后,ATC本身也将不复存在,ATC成了WTO协议中唯一规定了自行废止内容的协议。在取消数量限制的同时,ATC还要求每一发达国家成员对过渡时期内仍受限制的产品,其进口配额每年应相应增加。

(2) 非MFA项下的限制性措施分阶段取消。ATC要求,对于那些非MFA的限制性措施和没有被GATT认可的措施,应在ATC要求的有效期内,即2005年以前,逐步加以取消。逐步取消限制的具体方案由进口方制定,并提交TMB审议并监督实施。

3. 过渡性保障机制

在纺织品与服装逐步自由化过程中,随着进口限制的减少和进口配额的逐步增加,某些长期受配额保护的市场可能会受到冲击。为了使各成员(主要是进口方市场)在过渡期内纺织品贸易能够较为平衡地发展,不至于造成严重的危害,ATC规定了一个过渡性保障机制(transitional safeguard mechanism)。根据规定,当某一产品确实已进入一国境内,且其增加的数量已造成对该国境内工业生产所直接竞争的产品的严重损害或严重损害的实际威胁时,则该成员方可采取过渡性保障措施(transitional safeguard)。一般来说,保障措施的采取应在通过磋商和通知等程序之后;特殊情况下可以单方面先采取保障措施再进行磋商和通知。保障措施的期限不得超过3年,并不再延长。

4. 加强GATT规则和纪律

ATC第7条规定,所有各方为遵守GATT1994的规则和纪律,应采取必要的行动。包括:通过减让和约束关税、减少和取消其他非关税壁垒以实现对纺织品与服装市场准入的改善;公平实施反倾销、反补贴以及知识产权保护等措施。

为了更好地监督ATC的实施,WTO的货币贸易理事会设有一个纺织品监督机构。该机构是常设性的,按ATC要求履行职责,举行必要的会议,并协助解决WTO成员之间有关纺织品与服装贸易的争议。

国际贸易:理论与政策

9.1.6 与贸易有关的投资措施规则

投资措施(investment measures)有广义和狭义之分。狭义的投资措施是指资本输入国及其政府为贯彻本国的外资政策,针对外国直接投资的项目或企业所采取的各种法律和行政措施。广义的投资措施除包括狭义投资措施的内容外,还指资本输出国(投资者本国)为了保护本国海外私人投资者的利益和安全所采取的各种法律和行政措施(主要是海外投资保险措施)。这里所指的是狭义的投资措施,即一国或地区关于外国投资的鼓励与限制措施的通称。

伴随着商品的国际间流动,必然带来生产要素的流动,从而产生一些国家对其他国家或地区的国际投资。并且国际贸易的发展和规模的不断扩大,也会相应使国际投资的规模扩大。第二次世界大战后,尤其是20世纪70年代以来,以跨国公司为主体的国际直接投资活动日益频繁,直接投资对各国经济与国际贸易产生了重要影响。与此同时,投资国与东道国以及投资者与东道国之间,围绕着直接投资方面的矛盾和纠纷也不断增多。因此,为了减少矛盾,消除纠纷,促进国际投资活动的健康发展和积极作用的更大发挥,迫切需要加强国际协调与合作。经过各方共同努力,乌拉圭回合多边贸易谈判终于达成了《与贸易有关的投资措施协议》(Agreement on Trade-Related Investment Measures),简称"TRIMs协议"①。其主要内容包括以下几个方面。

1. TRIMs 协议适用范围与目标

TRIMs 协议第 1 条规定,本协议仅适用于与货物贸易有关的投资措施,换言之,对于与服务贸易和知识产权贸易有关的投资措施,或者任何其他投资措施,协议不予管制。所谓与贸易有关的投资措施,是指东道国政府通过政策法令直接或间接实施的可对货物贸易产生限制和扭曲作用的投资措施。

TRIMs 协议的目标是,在不违背 GATT 有关原则的前提下,以达到下列目标:①为资金的跨国流动提供便利,以促进国际贸易的进一步发展与自由化;②确保自由竞争,以加速所有贸易方特别是发展中国家的经济增长;③照顾发展中国家成员方,尤其是那些最不发达国家成员方在贸易、开发和财政方面的特定要求。

---

① 《WTO 协定》,附件 1A:货物贸易多边协议,《与贸易有关的投资措施协议》,包括序言、9 项条款和 1 个附件。

2. TRIMs 协议禁止使用的投资限制措施

根据 TRIMs 协议第 2 条第 1 款规定:"在不损害 GATT1994 项下其他权利和义务的情况下,各成员不得实施与 GATT 第 3 条或第 11 条规定不一致的 TRIM。"换言之,各成员无论采取何种与贸易有关的投资措施,均不得违反国民待遇与关于一般禁止数量限制的义务。

根据 GATT1994 第 3 条第 4 款的规定,成员方领土的产品输入到另一成员方领土时,在关于产品的销售、推销、购买、运输、分配或使用的全部法令、条例和规章方面,所享受的待遇不低于相同的国内产品所享受的待遇。而根据 GATT1994 第 11 条第 1 款的规定,任何缔约国除征收税捐或其他费用以外,不得设立或维持配额、进口许可证或其他措施以限制或禁止其他缔约国领土产品的输入,或向其他成员方领土输出或销售出口产品。根据这一规定,东道国对外国投资企业产品的输入应当用税捐等关税性措施来加以管理,而不应当实施配额、许可证等数量限制措施。

(1) 不符合 GATT1994 国民待遇原则的投资措施。不符合 GATT1994 第 3 条国民待遇原则的投资措施,包括那些国内法律或行政条例规定的强制性实施的投资措施,或者有了获得一项利益必须与之相符合的投资措施。TRIMs 协议的附件具体列举了两项:① 当地成分(含量)要求。要求企业(指外商投资企业,下同)购买或使用国内产品或来源于国内渠道供应的产品,而这种要求可以任何方式表达出来。即不论这种要求是规定特定产品、产品数量或价值,还是规定购买与使用当地产品的数量或价值的比例。② 贸易(外汇)平衡要求。限制企业购买或使用进口产品的数量,或与其出口当地产品的数量或价值相联系,即不得超过该企业出口额的一定比例。

(2) 不符合 GATT1994 禁止数量限制原则的投资措施。不符合 GATT1994 第 11 条取消进口数量限制原则的投资措施,包括国内法律或行政条例规定的强制性执行的措施,或者为了获得一项利益必须与之相符合的投资措施。TRIMs 协议的附件具体列举了三项:① 贸易(外汇)平衡要求。限制企业进口其生产所使用的或与其生产有关的产品,或将进口量与企业出口当地产品的数量或价值相联系。② 进口用汇限制。通过对企业使用外汇的限制,限制企业进口其生产所使用的或与其生产有关的产品,即规定企业用于生产所需的进口额或进口量应限制在该企业所占有的外汇的一定比例内;③ 国内销售要求。限制企业出口其产品或出口销售其产品,不论这种限制是规定具体产品、产品数量或价值,还是规定这些产品出口或出口销售的数量或价值占当地生产中的比例。

此外,TRIMs 协议还规定,GATT1994 的所有例外均适用于该协议的规定,即因安全保障、国际收支困难等原因而采取的进口限制,可以作为该协议的一般例外;发展中国家成员方可以在某些方面享受特殊的优惠。

9.2 国际货物贸易基本规则(下)

WTO 并不是完全意义上的"自由贸易"机构,它允许其成员在特定情况下征收较高关税或采取其他形式的保护措施,使成员方进行开放、公平、无扭曲的竞争。当前,WTO 确立的允许其成员方在特定条件下采用的贸易救济措施主要有三种,即反倾销、反补贴和保障措施(即"两反一保"),已经成为 WTO 成员方对外贸易政策和法律的重要组成部分,通常称之为"贸易救济规则",本节主要介绍此类规则。

这里的"贸易救济"(trade remedies)是指当外国进口对一国国内产业造成负面影响时,该国政府所采取的减轻乃至消除该类负面影响的措施。一般而言,采取的贸易救济措施表现为:经过国内产业或其代表申请或者经一国主管当局认为有必要而自行发起之后,主管当局发起一项反倾销、反补贴或者保障措施调查,最终确定对外国进口加征关税或者实行配额管理(保障措施中可能二者并用)。

9.2.1 反倾销规则

倾销(dumping)一般被定义为,以低于同类产品(like product)国内正常价值的价格在国外市场销售出口产品的行为。倾销不仅会严重损害进口方与之竞争的厂商或产业,而且会严重扰乱正常的贸易秩序。因此,倾销被认为是国际贸易中违背公平竞争和公平贸易规则的不正当的商业竞争行为。为了抵制倾销,从 1903 年起许多国家和地区就纷纷制定反倾销法,采取反倾销措施来抵消外来倾销商品对本国(或地区)产业造成的损害。然而,如果反倾销措施的实施超过了其合理的范围与程度,也会成为另一种形式的贸易歧视行为。

为防止倾销的产生和反倾销措施的滥用,从 1947 年起,GATT 就制定和不断完善反倾销规则。反倾销规则不仅反对以倾销作为不正当的国际竞销手段,而且也限制滥用反倾销措施作为贸易保护主义的手段。乌拉圭回合谈判在原有规则的基础上又达成了新的《反倾销协议》[①],成为 WTO 管辖的多边贸易协议的一

---

① 《WTO 协定》,附件 1A:货物贸易多边协议,《关于实施 GATT1994 第 6 条的协议》,由 3 个部分(18 项条款)及 2 个附件构成。

部分,被称作是世界反倾销的"一场革命"①。

反倾销最为权威的定义是 GATT1947 第 6 条关于反倾销的三个条件:一是来自境外的进口产品以低于正常价值的价格在本国市场销售,即存在倾销幅度;二是倾销对本国同类产品产业造成了严重损害或实质损害,或形成了实质损害的威胁,或实质阻碍某项新兴产业的建立;三是境外产品的低价倾销是造成损害的原因,两者之间必须具有因果关系。如果符合这三个条件,则进口受损方为了抵消或阻止倾销,可以对倾销产品征收不超过该产品倾销幅度的反倾销税。

1. 倾销的确定

倾销的确定是反倾销措施的首要条件之一。WTO《反倾销协议》对倾销做了具体而明确的定义:"如果一产品自一国至另一国的出口价格低于在正常贸易过程中出口国供消费的同类产品的可比价格,即以低于正常价值的价格进入另一国的商业,则该产品被视为倾销。"可见,确定倾销成立的重要前提是将两种价格进行比较,即用出口产品的出口价格与其正常价值相比较,如果前者高于或等于后者,则不存在倾销;反之,则存在倾销或倾销幅度。

所谓倾销幅度②(margin of dumping),又称倾销差额,是指出口价格低于正常价值的差额。出口价格(export price)是出口商将其产品出售给进口商的价格。而正常价值(normal value)则是指出口国或原产地国用于消费的同类产品实际已付或应付的可比价格(comparable price),或称之为出口国的国内价格。《反倾销协议》规定可用以下三种价格来依次确定正常价值③:

(1) 出口国国内销售价格。指相同产品在出口国正常贸易中用于消费时的国内销售价格。使用这种价格必须注意:第一,具有代表性④;第二,是正常贸易渠道中形成的价格,即独立交易商之间的价格,而由总公司与分公司、联营公司之

---

① 佟志广,丁家桃. 中国与 WTO:权威专家话入世[M]. 北京:西苑出版社,2000. 第 746 页.
② 计算公式为:倾销幅度=[(正常价格-出口价格)/出口价格]×100%。
③ 这是 WTO《反倾销协议》对市场经济国家和地区产品的正常价值的确认方法。而对所谓"非市场经济国家"产品的正常价值的确认方法,欧美等发达国家往往是根据本国的法律或实践进行确认。
④ 根据 WTO《反倾销协议》第 2 条(倾销的确定)第 2 款的注释,出口国国内市场中供消费的同类产品的销售如占被调查的产品销往进口成员销售的 5% 或 5% 以上,则此类销售通常应被视为确定正常价值的足够数量,但是如有证据表明较低比例的国内销售仍属进行适当比较的足够数量,则可接受该较低比例。

间交易的价格不能采用;第三,不能将低于成本价销售的价格作为正常价格。

(2) 向第三国出口的价格。相同产品出口到一个合适的第三国,且其出口产品价格具有代表性的可比价格。

(3) 结构价格(constructed price)。产品在原产地的生产成本的基础上加上合理的管理费、销售费和其他费用及利润所形成的价格。其中,生产成本通常包括原材料、能源、劳动力等;管理费、销售费和其他费用应以与生产有关的实际数据以及受调查的出口商或生产商在正常贸易过程中相关产品的销售依据计算;利润的计算也不得超过在原产地国内市场上同类产品销售时通常得到的利润。

在确定出口价格与正常价值之后,须对两种价格作必要的调整,把两种市场上的相同或同类产品的价格放在同一商业环节或同样贸易水平上进行比较,以得出公平合理的结论,最终确定是否存在倾销。

2. 国内产业损害的确定

在反倾销领域,国内产业(domestic industry)有其特定的含义。这里的国内产业,是指"同类产品的国内生产者全体,或指总产量构成同类产品国内总产量主要部分的国内生产者"[1]。如果两个或两个以上国家通过一体化具备单一的、统一的市场特点时,整个一体化区域内的产业也被称为国内产业。

所谓损害,根据协定的注释,是指对一国内产业的实质损害、对一国内产业的实质损害威胁或对此类产业建立的实质阻碍。而对于损害的认定,反倾销协议强调要兼顾所有经济因素,综合评估。这些综合因素包括市场份额、利润、生产能力、开工率、销售等[2]。

(1) 实质损害(material injury)是指倾销产品对进口方的产业已经造成了较严重的损害。确定进口产品是否对进口方境内的相关产业造成了实质损害,主要是依据倾销进口商品的数量增长、进口方境内市场相同产品的价格变化和进口方境内相同产品生产商所受到的冲击等三个方面的情况而做出判断。

(2) 实质损害威胁(threat of material injury)是指倾销产品虽未对国内产业造成损害,但根据各种迹象判断将会发生实质损害,这种迹象不是猜测,而是基于一种能明确地被预见得到并且已经迫近事实。例如,大量被指控产品已在发运途中,或出口国拥有巨大的生产该同类产品的能力,或出口国计划继续扩大对进口国的出口,或出口商在进口国建立了大量的推销网点,市场份额急剧增长等均可

---

① WTO.《反倾销协议》第 4 条(国内产业的定义)第 1 款。
② WTO.《反倾销协议》第 3 条(损害的确定)第 4 款.

视为造成了实质性的损害威胁。

(3) 实质阻碍国内产业的建立(material retardation of the establishment of such industry)是指倾销产品严重阻碍了进口方建立一个生产同类产品的新产业。它指的是一个新产业在实际建立过程中受到了严重阻碍,而不能理解为是倾销产品阻碍了建立一个新产业的设想或计划,而且必要时要有充分的证据加以证明。

3. 倾销与损害之间因果关系的确定

根据《反倾销协议》的规定,任何成员方在决定征收反倾销税前,必须以充分的证据证明倾销进口商品与进口方产业损害之间存在客观的或直接的因果关系。换言之,相关国内产业可能因自身的技术、设备、工艺、管理、信誉等原因而造成产品积压或生产下降,这些损害与倾销之商品无因果关系。但在确定倾销与损害的因果关系时,并不一定要证明倾销的进口产品是造成损害的主要原因,只要能证明是造成损害的原因之一即可。

4. 反倾销的调查程序

反倾销调查程序是指反倾销当局根据国内受到倾销损害的相关产业的起诉,对被指控倾销的产品进行立案调查的过程。根据《反倾销协议》的规定,反倾销调查程序主要包括申诉、立案、调查、取证、举证、裁决和司法审查等阶段。

(1) 反倾销申诉。它是反倾销立案的依据。反倾销调查的发起必须由进口方境内声称受损害的产业或其代表所提交的书面申请而开始[①]。在特殊情况下,如果有关当局掌握了倾销、损害及二者因果联系的充足证据,也可以在无此等申请的前提下进行调查。书面申请的内容应包括两个方面:证据和资料。

证据部分包括:①倾销的证据;②损害的证据;③倾销之进口与宣称之损害之间的因果关系。单凭宣称而无实质性的证据应不予考虑。

资料部分应含有下列事项:①申诉者的身份和申诉者相同产品的国内生产数量和价值的说明;②受控倾销产品的原产国或出口国名称、每一出口商或外国生产者的身份和此等产品之进口商名单的详细说明;③倾销产品在原产国或出口国国内市场的价格、该产品的出口价格或该产品在进口成员方领土上第一次卖到一个独立买主的价格;④有关受控倾销产品数量增长的情况,有关这些进口对国内

---

① 根据《反倾销协议》第14条的规定,如果倾销行为给第三国的相同产品产业造成损害,则进口方当局代表第三国的反倾销行动也是允许的,此时应由第三国政府主管机关提出申请。

市场中相同产品价格的影响,以及对特定国内产业带来的冲击情况。

(2) 反倾销立案。这是反倾销调查工作的开始。有关当局应审查申诉人提供证据的准确性和充分性,以便决定是否足以构成倾销而立案和进行调查。如果支持申诉的国内生产者的累计产量超过整个国内产业相同产品总产量的 50%,申请书应被认定是由国内产业或代表国内生产者做成的。但是,如果明确表示支持申诉的国内生产者的产品在整个国内产业相同产品的总产量中所占比例在 25%以下,则不应发动调查程序。立案后,进口方当局应通知与案件有利害关系的出口商、进口商以及申请方。

(3) 反倾销调查。调查是指反倾销立案后,有关当局根据反倾销申诉人提出的申请,在一定时期内,对被诉方的产品倾销、国内产业损害以及两者之间的因果关系,从事实和法律上予以查证的过程。在反倾销调查开始后,有关当局如发现存在下列情况则应拒绝调查或终止调查:①倾销或损害的证据不足;②倾销幅度很小,即倾销幅度按正常价值的百分比表示小于 2%;③实际或潜在的损害无足轻重,即从特定成员方的倾销进口数量占进口成员方相同产品的总进口量不足 3%(如果单个计算的进口量不足 3%,但累计超过进口方相同产品进口的 7%,则不属拒绝或终止调查之列)。此外,反倾销程序不应妨碍有关货物的验关手续。除非特殊情况,反倾销调查应在 1 年内结束,无论任何情况,不得超过 18 个月。

(4) 取证与举证。如果有关当局要求反倾销调查中的各利益方提供与调查有关的一切书面证据,那么应将此类信息通知他们并为其提供充分的机会。各利益方负有举证的责任。如果任何利益方在合理的期限内不提供必要的证据或严重妨碍调查,有关当局可以根据已有的事实,做出初步或最终的裁决,不论是肯定的还是否定的。对于有关证据责任方面的要求,反倾销协定做了较为详细的规定。

(5) 初裁与终裁。初裁(preliminary determination)是指在适当调查的基础上,有关当局作出肯定或否定的有关倾销或损害的初步裁定。初裁的法律意义在于进口方当局可视情况采取临时措施与价格承诺措施。终裁(final determination)是指进口方当局最终确认倾销与损害而作出对其征收反倾销税的裁决。

(6) 行政复审与司法审查。在征收反倾销税的一段合理时间后,对于是否有必要继续征收反倾销税,进口方当局可主动或应当事人的请求,对征收反倾销税或价格承诺是否有必要延续进行行政复审,以确定是否继续或终止征收反倾销税或进行价格承诺。复审结果认为已无正当理由征税,则反倾销税应立即终止;反之,则可继续征税。复审应迅速进行,通常在自复审之日起 12 个月内结束。

这里的司法审查(judicial review)则是指在反倾销诉讼中,当事人对进口方当局的终裁以及行政复审决定的行政行为不服,可要求独立的司法、仲裁、或行政裁判所进行的司法审查(亦称"司法审议"),其目的是确定终裁或行政复审决定的正确性。该裁判所或诉讼程序应完全独立于负责作出裁决或复审决定的政府当局。该款是反倾销协议新增加的条款,对于保障当事人的利益,特别是对被征收反倾销税的当事人的利益,防止反倾销行政当局滥用权力是有利的,这是国际反倾销立法史上一次有意义的突破。

5. 对倾销的救济措施

根据WTO反倾销协议的精神,对倾销的救济措施主要包括临时性措施、价格承诺和征收反倾销税等。

(1) 临时性措施(provisional measures)。临时性措施是指进口成员方在正式征收反倾销税之前,为防止倾销的继续发生,或防止倾销产品对国内生产相同产品之产业造成继续的损害或损害威胁而采取的一种短期的补救措施。实施临时措施的条件是:①已开始进行反倾销调查,并已给予所有利害关系方以提供证据和发表意见的充分机会;②已作出肯定性的存在倾销的初步裁决,并且倾销确已对国内产业造成了损害;③采取临时措施对防止在调查期间发生损害是必要的。

临时反倾销措施主要有两种形式:一是征收临时性反倾销税;二是采取担保的方式,即支付与反倾销税等量的保证金或保税金。但无论采取何种形式的临时措施,其数额均不应大于临时估算的倾销幅度。临时反倾销措施只能在正式立案调查之日起的60天后才能采取,实施期限一般不超过4个月,特定情况下可以延长到6个月至9个月。

(2) 价格承诺(price undertakings)。价格承诺是指有关出口商自愿承诺提高倾销产品的价格或停止以倾销价格出口的措施。在作出肯定性初裁后,如果出口商主动提出价格承诺,并得到进口方当局的同意(如不同意,可拒绝其价格承诺,但应说明不接受的理由,并给出口商说明其意见的机会),那么倾销调查程序可暂时中止或终止,而不采取临时措施或征收反倾销税。

价格承诺本质是出口商自愿作出的。进口方可以就此提出建议,但不能强迫出口商达成价格承诺的协议;如果出口商不接受该建议,有关当局不应在审理案件时带有偏见。在达成价格承诺协议后,出口商要定期提供执行该协议的资料,并允许对资料中的有关数据进行核实。但如果出口商违反承诺,进口方当局可采取紧急行动,包括采取反倾销临时措施或正式征收反倾销税。

价格承诺的有效期限一般不得超过征收反倾销税的有效期限,并应进行必要的审查以确定是否需要保持价格承诺。

(3) 反倾销税的征收。反倾销税的征收必须是在终裁存在倾销、产业损害及其因果关系后,由进口方当局来决定。征收的反倾销税可以是倾销幅度,并不得超过倾销幅度。如涉及对多个成员的反倾销调查与终裁的情况,则对倾销产品征税不得存在歧视行为,即应对所有倾销产品按适当的数额征收反倾销税。反倾销税应仅在抵消造成损害的倾销所必需的时间和限度内实施,但最长一般不超过5年。当然,如最终裁定为否定的,则在实施临时措施期间所交纳的任何现金保证金应迅速予以退还,任何保函或担保应迅速予以解除。

(4) 反倾销税的追溯力(retroactivity)。《反倾销协议》为防止在调查期间,出口商抢在进口方当局采取措施之前,大量出口倾销产品,从中获利并损害进口方境内相关产业,规定了反倾销税征收的追溯效力。在下列两种紧急情况同时存在时,进口方当局可以对那些在临时措施适用之前90天内进入消费领域的产品,追溯既往的征收最终反倾销税:①存在倾销造成损害的历史,或者进口商已知道或理应知道出口商在实施倾销;②损害是由于在短期内进入大量倾销产品造成的。如果作出的损害威胁或实质阻碍的裁定(但未发生损害),则最终反倾销税只能自作出损害威胁或实质阻碍的裁定之日起征收。在实施临时措施期间所交纳的任何现金保证金应迅速予以退还,任何保函或担保应迅速予以解除。

此外,反倾销协议还在其第14条、第16条和第17条就"代表第三国的反倾销行动"、设立"反倾销措施委员会"以及"协商与争端解决"等问题,分别作了有关规定。

9.2.2 反补贴规则

补贴与反补贴历来是国际贸易关系中的重要问题之一。国际社会早就注意到,世界各国与地区的补贴与反补贴措施可能会对国际贸易或对其他国家与地区的利益造成扭曲或损害,影响了国际贸易的健康发展。为此,应就补贴与反补贴措施的运用进行必要的规范和约束。早在1947年订立GATT时,就在其第6条、第16条和第23条中对这一问题作了原则规定。GATT东京回合谈判将补贴与反补贴措施列为重点议题之一,并最终达成了一项较为详细的协议,即《关于解释和使用GATT第6条、第16条、第23条的协议》(通常称《补贴与反补贴守则》)。但由于该协议在结构上还不够严密、文字上也存在不确切的地方,而且又是一种复(诸)边协议,仅有20多个缔约方接受,因而实际效用不大。

为确保加强GATT的反补贴机制,确保一国的补贴与反补贴措施不至于不合理地妨碍国际贸易和他国的利益,经过努力,乌拉圭回合制定了更为明确、更易操作并具有更大约束力的《补贴和反补贴措施协议》(Agreement on Subsidies and Countervailing Measures,简称"SCM 协议")①,成为 WTO 的重要法律规范之一。

1. 补贴的概念

补贴一般是指政府或任何公共机构对"某些企业"提供的财政捐助,以及对其收入或价格的支持。在国际贸易中,各国常用不同的补贴形式,以影响国际市场的货物流向。因此,补贴经常被作为刺激出口或限制进口的一种手段。

根据 SCM 协议的有关规定,补贴的范围包括:①政府直接转让资金(如赠与、贷款、资产注入等),潜在的直接转让资金和债务(如贷款担保等);②政府财政收入的放弃或不予征收;③政府提供货物、服务,或购买货物;④政府向基金机构拨款,或委托、指令私人机构履行上述三项功能;⑤构成《GATT1994》第 16 条含义内的任何形式的收入或价格支持②。

2. 补贴的基本类型

SCM 协议并不一概反对所有的补贴,制定的目的并非旨在不合理地限制政府实施补贴的权利,而是禁止或不鼓励政府使用那些对其他成员方的贸易造成不利影响的补贴。为此,SCM 协议根据补贴的性质将其分为三种类型,即禁止性补贴(红灯补贴)、可申诉补贴(黄灯补贴)和不可申诉补贴(绿灯补贴)。

(1) 禁止性补贴(Prohibited Subsidies)。除 WTO 农业协议之外,下列补贴属禁止性补贴:①出口补贴(Export Subsidies),即在法律或事实上与出口履行相联系的补贴;②进口替代补贴(Import Substitution Subsidies),又称国内含量补贴,即补贴只与使用国产货物相联系,而对进口货物不给予补贴。禁止性补贴都是直接扭曲进出口贸易的补贴措施,是明显违背 WTO 公平竞争基本原则的做法,因此,SCM 协议要求任何成员既不得授予亦不得维持这种补贴措施。

(2) 可申诉补贴(Actionable Subsidies)。是指在一定范围内允许实施,但如果在实施过程中对其他成员方的经贸利益造成了严重损害,或产生了严重的歧视

---

① 《WTO 协定》附件 1A:货物贸易多边协议,《补贴与反补贴措施协议》,包括 11 个部分(32 项条款)和 7 个附件。必须强调的是该协议只处理与 GATT 有关的补贴,即影响货物贸易的补贴。

② WTO.《补贴与反补贴措施协议》第 1 条第 1 款.

性影响时,受到损害或歧视性影响的成员方可对该补贴措施提出申诉的补贴。可申诉补贴必须具备两个条件:①属专项性补贴;②补贴对其他成员方的利益造成不利影响。

可申诉补贴有其合理的一面,但也有其不合理的一面。其合理性主要表现在:一国在一定时期为了使国民经济相对平衡发展,总是需要扶助某些企业,同时限制某些企业。其不合理性主要表现为:向某些企业提供的专项性补贴,有可能使这些受补贴企业的产品在国际市场上具有非正常的竞争力,或在国内市场上具有非正常的进口替代竞争能力,从而对别国的经济贸易利益造成损害。这类补贴的合理性使得SCM协议并不绝对禁止,其不合理的一面又使SCM协议允许对其提起申诉而加以限制。

(3) 不可申诉补贴(Non-Actionable Subsidies)。是指实施该类补贴的政府着眼于本国经济的发展需要而采取的,并对国际贸易不会直接造成消极影响的补贴措施。这类补贴是SCM协议所允许采用的补贴形式,一般不受其他成员方反对或因此而采取反补贴措施。

不可申诉补贴包括的范围:①不属于专项性补贴,即那些具有普遍性的补贴,这类补贴不会引起WTO项下的任何反补贴措施;②政府对科研、落后地区以及环保的补贴,即使具有专项性,也属于不可申诉补贴。但这种不可申诉补贴应符合以下条件:一是对企业科研活动的补贴,资助额不得超过工业研究成本(即基础科研支出)的75%,或竞争前开发活动成本(即应用研究开支)的50%;二是对落后地区一切企业的补贴,应清楚表明地理区域以及经济与行政区划,该地区的人均收入或家庭平均收入或人均GDP低于该成员方境内的85%,失业率高出该成员方境内的110%;三对企业现有设备为适应新的环保要求而提供的扶持补贴,应是一次性而非周期性的,并且其资助额不得高于采用环保要求所需费用的20%[①]。

3. 对补贴的救济措施

SCM协议规定了双轨制的救济措施:一是通过WTO争端解决机制得到救济;二是通过国内反补贴法律程序得到救济。对于一项补贴,SCM协议允许成员方同时通过两个轨道寻求救济,但最终的救济措施只能是其中一个。

1) 直接通过WTO争端解决机制得到救济

不同类型的补贴会导致不同的贸易后果,因而对补贴的救济措施也是不一

---

① WTO.《补贴与反补贴措施协议》第8条第1款和第2款。

样的。

(1) 对禁止性补贴的救济。当WTO成员方有理由相信另一成员实施和维持禁止性补贴，即可请求进行磋商，如果这一问题未得到解决（双方在30天内未达成协议），任何一方可以向WTO争端解决机构（这里是指"补贴与反补贴措施委员会"）提出起诉。补贴与反补贴措施委员会将根据那些与WTO一般适用规则有很大差别的规则审议此类争端。在此类争端中，起诉方采取措施的时间期限比其他起诉要短得多，一般来说，每一阶段只有正常程序的一半长。如果一项措施被认为属禁止性补贴，专家小组必须建议在一段特定的时间内撤销这一补贴。如果违反协议的政府未能在这段时间内采取行动，起诉方将获得授权采取适当的反措施（countermeasures）。

(2) 对可申诉补贴的救济。当受到不利影响的成员方提出磋商请求时，补贴成员方应尽快进入磋商，并应在60天内达成双方均可接受的解决办法。如果未有解决办法，那么任何一方可诉诸WTO的补贴与反补贴措施委员会，要求成立专家小组。专家小组应在成立后的120天内向所有成员提交报告，该报告自提交之日起30天内由补贴与反补贴措施委员会通过，除非一方提出上诉，或补贴与反补贴措施委员会协商一致决定不通过该报告。上诉机构应自收到上诉之日的60天内作出裁决报告，最迟不得超过90天。除非补贴与反补贴措施委员会在收到报告后的20天内协商一致决定不通过该报告，否则报告应被通过而且争端各方应无条件接受。当报告被通过之日后的6个月内补贴方既未消除不利后果和撤回补贴，而且也未达成任何补偿协议，则补贴与反补贴措施委员会应授权申诉成员采取与不利后果的程度与性质相当的反措施。

可见，对于禁止性补贴与可申诉补贴在救济措施上的差异主要是：前者不要求证明损害，时限程序上很短；后者要求证明损害事实，时限程序相对长一些。

(3) 对不可申诉补贴的救济。该类补贴，SCM协议一般不予干涉。但是，对于专项性的不可申诉补贴应通知补贴与反补贴措施委员会，一旦这些措施被认为与SCM协议规定的标准不符，就可能被视为可申诉补贴；而且即使某种补贴符合SCM协议规定的不可申诉补贴标准，但若该类补贴对其他成员方造成无可挽回的不利影响，则应进入磋商程序，如果双方在60天内未达成协议，则可将纠纷提交给补贴与反补贴措施委员会。该委员会应在120天内做出裁决。如果裁决在6个月内未得到执行，补贴与反补贴措施委员可以授权申诉方采取与不利后果的程度与性质相当的反措施。

2) 通过国内反补贴法律程序得到救济

该类措施的法律程序与反倾销国内程序相类似，这里不再赘述。

3) 反补贴措施

根据 SCM 协议第 17~20 条的有关规定，WTO 成员方的反补贴措施主要有：

(1) 临时措施。如果反补贴调查当局初步认定存在补贴，且对进口成员方的相关产业造成了严重损害或严重威胁，为防止损害继续扩大，可征收临时反补贴税。临时措施的实施不得早于自发起调查之日后的 60 天，其实施期间应限定在尽量短的时间内，最长不超过 4 个月。

(2) 补救承诺。如果在反补贴调查期间，出口成员方政府承诺取消被诉补贴，或出口商承诺修正其出口价格，并且有关的承诺已为调查当局所接受，就视为达成了补救承诺。这时，反补贴调查应停止或中止。如果以后情况表明并不存在产业损害或损害威胁，那么补救措施应自动取消。

(3) 反补贴税的征收。如果反补贴调查当局最终裁定存在补贴和产业损害，那么进口成员方当局便可决定对受补贴进口商品征收反补贴税。反补贴税的税率或税额按单位产品所实际得到的补贴来计算，但绝对不得高于补贴率或补贴数额。如果较低的税率即可消除损害或损害威胁，则应适用较低的税率。反补贴税在生效之日起的 5 年内停止，除非停止征收反补贴税可能造成补贴的继续或再度发生损害。

(4) 追溯效力。在紧急情况下，由于受补贴的产品在短期内大量进口，进口当局对该进口产品所造成的损害难以补救，为防止损害再度发生，进口当局可以决定对已进口的补贴产品进行追溯征税。但是，追溯征税的时间不能超过临时措施实施之日前的 90 天。

此外，SCM 协议还就行政复审与司法审查、设立"补贴与反补贴措施委员会"、通知与监督以及发展中国家成员的特殊和差别待遇等问题，做出了具体的规定和说明。

9.2.3 保障措施规则

保障措施(safeguard measures)，亦称保障条款，是国际贸易协定中常见的一种条款，其目的在于使缔约方在特殊情况下免除其承诺的义务或协定所规定的行为规则，从而对因履行协定所造成的严重损害进行补救或避免严重损害威胁可能产生的后果。通常被称为"保障条款"的则是指 GATT 第 19 条，该条认为在特定情况下允许任何一个缔约方为保障本国经济利益而解脱总协定的一定义务。

由于 GATT 最初的有关保障条款的规定相对模糊，只是大体上为保障机制确定了一个框架，导致这一原本期望发挥"安全阀"作用并使 GATT 体制稳定运

第9章 WTO体制下国际贸易基本规则

转的条款,却因其固有的宽松性导致缔约方的滥用;同时,由于援引保障措施面临磋商和补偿方面的诸多限制,导致20世纪70年代以后大量逃避GATT多边纪律约束的"灰色区域措施"(measures in gray area),例如,选择性保障措施、自愿出口限制(VER)、有秩序销售安排(OMA)等严重威胁着GATT的基本原则和目标的措施。因此,为了制止缔约方滥用保障条款,防止灰色区域措施的蔓延,乌拉圭回合经过几年的艰苦努力,终于达成了一项《保障措施协议》(*Agreement on Safeguards*)①。正如该协议序言中指出的,保障措施协议的目的是:①澄清和加强《GATT1994》的各项纪律,特别是第19条的各项规定;②重新确立对保障措施的多边控制,并取消逃避此等控制的各种灰色区域措施。

这里的保障措施是指成员方在进口激增并对国内相关产业造成严重损害或严重损害威胁时,采取的进口限制措施。其性质完全不同于反倾销措施和反补贴措施。保障措施针对的是公平贸易条件下的进口产品;而反倾销措施与反补贴措施则针对的是不公平贸易。

1. 保障措施实施的前提条件

根据《GATT1994》第19条以及保障措施协议的第2条、第4条的规定,一成员方实施保障措施首先必须符合下列条件:

(1) 有关产品的进口大量增加。所谓大量增加,是指与进口方国内生产相比,不仅包括"绝对增加",而且包括"相对增加"。绝对增加是指进口产品的数量在绝对值上增加;而相对增加是指即使进口产品数量在绝对值上保持不变甚至略有下降,但只要国内相同产品的产量大幅度下降,就可以认定进口大量增加。

(2) 进口增加是因意外情况和承担GATT义务所造成的。

(3) 对国内产业造成严重损害或严重损害威胁。"严重损害"应理解为对某一成员方国内产业的"重大的全面损害";而"严重损害威胁"则是指严重损害是"明显迫近的",确定严重损害威胁必须根据事实,并非仅凭指控、推测或极小的可能性②。

(4) 客观证据表明,进口增加与国内产业损害有着因果关系。

此外,保障措施实施还必须符合一定的程序要求③:

---

① 《WTO协定》,附件1A:货物贸易多边协议,《保障措施协议》,包括序言、14项条款和1个附件。
② WTO.《保障措施协议》第4条第1款.
③ WTO.《保障措施协议》第3条.

(1) 未经进口方主管机关的调查,不得采取保障措施。
(2) 调查要合理通告所有利害关系方。
(3) 要举行听证会或采取适当方式,以便有关利害关系方能够提供证据或发表意见,尤其是对保障措施是否符合公共利益发表意见。
(4) 一切有关事实与法律问题的结论都必须公布。同时,任何拟采取措施的成员方应提前与出口产品有实质关系的成员方进行磋商。

2. 保障措施的实施

(1) 保障措施实施的程度。保障措施必须限定在防止或补救严重损害和提供产业调整所必需的程度和时间内。因为保障措施的真正目的在于促进经济结构调整和提高而非限制国际市场的竞争,成员方实施保障措施必须有一个限度。如果使用数量限制为保障措施(保障措施包括关税和数量限制两种),则不应将进口数量减少至低于近期水平(最近3年内进口的平均水平)。

(2) 保障措施的无歧视性。采取保障措施应遵循 WTO 的无歧视原则,即应该对该产品的所有出口方一视同仁,不能有选择地针对其中一两个成员。保障措施协议第2条第2款明确规定:"保障措施应针对一正在进口的产品实施,而不考虑其来源。"

(3) 禁止"灰色区域"措施。保障措施协议规定,各成员方应在1999年1月1日前消除所有具有一定危害性和违法性的灰色区域措施。

(4) 保障措施实施的期限。保障措施既属紧急措施,就应是暂时性的,并随着补救措施的见效而逐步放宽或减弱限制。保障措施协议明确规定,保障措施实施的期限,一般不超过4年;在特殊情况下,经有关当局决定可以延长,但最长不超过8年[1]。

9.2.4 贸易救济措施的比较[2]

尽管反倾销、反补贴、保障措施的立法宗旨和实施目的,都是为了限制进口,保障本国产业,使国内市场中的国际化竞争不损害本国利益,从而趋于"合理化、秩序化",但由于三者实施的条件和程序有所不同,具体救济方法也存在一定的差异,因而对其运用情况也有所不同。根据 WTO 统计数据(见表9.1),1995~2012年间,全球反倾销立案调查数4 230起,占贸易救济案件立案总数(4 786起)的

---

① WTO.《保障措施协议》第7条、第10条.
② 刘立平.WTO框架下贸易救济措施比较[J].经济管理.2005(7):22~24.

88.4%;采取措施数 2 719 起,占贸易救济案件采取措施总数(3017 起)的 90.1%。先后有 47 个成员对 103 个成员发起反倾销立案调查,其中 42 个成员最终对 95 个成员采取了反倾销措施。上述同一期限内,全球反补贴立案调查数 302 起,占贸易救济案件立案数的 6.3%;采取措施数 177 起,占贸易救济案件措施数的 5.9%。先后有 21 个成员对 44 个成员发起反补贴立案调查,其中 16 个成员最终对 35 个成员采取了反补贴措施。同期全球保障措施立案调查数 254 起,占贸易救济案件立案数的 5.3%;采取措施数 121 起,占贸易救济案件措施数的 4%。先后有 48 个成员发起保障措施立案调查,其中 30 个成员最终采取了保障措施。1995~2012 年间,反倾销执行率[①]为 64.3%,反补贴执行率为 58.6%,保障措施执行率为 47.6%。可见,尽管国际社会关于反倾销的争议很大,但该措施还是被大量地使用,并成为国际社会运用最多的贸易救济措施。

表 9.1 1995~2012 年全球贸易救济措施运用数量

年 份		1995~1999	2000~2004	2005	2006	2007	2008	2009	2010	2011	2012	合计
反倾销措施	立案调查数	250.6	287.8	201	204	165	213	209	172	166	208	4230
	最终实施数	141.8	200.8	138	142	108	139	141	123	98	117	2719
反补贴措施	立案调查数	19.8	15.4	6	8	11	16	28	9	25	23	302
	最终实施数	9.4	12.6	4	3	2	11	19	9	10		177
保障措施	立案调查数	7	20		13	8		20	8	11	25	254
	最终实施数	2.8	10.2	6	7	5		10	4	11	7	121

注:1995~1999 年、2000~2004 年为年均(案件)数。
资料来源:WTO 反倾销、反补贴、保障措施统计(http://www.wto.org.),经整理而得。

国际贸易中的倾销行为早已有之,反倾销行为也有很长的历史。但在相当长的一段时间内,运用反倾销手段抵制进口产品的个案很少,一个国家在一年内最多也就是 2~3 起。20 世纪 50 年代开始,反倾销的运用才开始多起来。据统计,20 世纪 50 年代和 60 年代国际反倾销案件年均 30 件左右;70 年代年均约 40 件;80 年代则急剧增加,达到年均 174 件。进入 20 世纪 90 年代后,特别是 WTO 建立以来,这一趋势更为明显。1995~2012 年,国际反倾销立案数达 4230 件,年均

---

① 这里的"执行率"系指最终采取措施的案件数量与立案调查的案件数量之比。

235件。从上述的统计数据不难发现,国际范围内反倾销案件呈不断大幅增加之势。

1. 反倾销制度与反补贴制度

1) 反倾销与反补贴制度的主要共同点

从WTO反倾销和反补贴制度来看,两者的共同之处主要体现在:

(1) 立法宗旨相同。反倾销与反补贴制度的根本目的都是限制进口,保护国内产业,建立起符合本国利益的国内的"国际市场竞争"秩序。

(2) 根本属性和竞争途径相同。无论是倾销还是补贴,都属于不公平竞争行为,而且这种竞争都属于不公平价格行为。倾销行为的一个最基本要素,也是最基本的表征是:一个远低于"正常价值"(normal value)的出口价格的存在。如果没有一个值得怀疑的"出口价格"(export price),就谈不上进行所谓的"损害"调查,更谈不上反倾销措施的采用或反倾销税的征收。出口补贴最直接的表现,也是特定商品出口价格的不正常偏低。两者在竞争途径上是一致的,即通过不正当的价格进行竞争。如果说一般倾销是出口商牺牲自己的一定利润而形成的"非正常价值",属于微观倾销;那么,补贴就是政府作为国内某一行业利益或某一阶层社会利益的代表,以一定的财政收入为代价而形成的"非正常价值",属于宏观倾销。两者在本质上均是倾销,都属于不公平竞争。有鉴于此,在实践中,对于实质上的"补贴"行为,可以用反倾销法予以限制。西方国家集中援用反倾销法来限制所谓"非市场经济国家"的出口产品就是这个原因。

(3) 一些技术性规范相似。在反倾销和反补贴的调查中,在"国内产业"(domestic industry)及"同类产品"(like product)的定义、损害的确定、因果关系(causal link)的证明标准等方面,两者基本上相同。同时,受损成员方所采用的救济措施,如临时措施、价格或补救承诺、反倾销或反补贴税的征收等亦大致相同,这主要是由上述两者基本性质相同决定的。

2) 反倾销与反补贴制度的主要区别

当然,在WTO反倾销制度与反补贴制度中,两者也有诸多方面的区别,主要体现在:

(1) 补贴和倾销的行为主体不同。补贴是一国政府实施的宏观经济政策,而倾销则是一企业的自身经营行为。正是基于这样的差别,一是WTO对于补贴和倾销的态度不同,总的情况是:对补贴的限制较轻,而对倾销的限制较严;二是反补贴案件在政治上显得更加敏感,因为它不仅要调查出口成员方涉诉企业,还要调查出口成员方政府;而反倾销调查一般不会涉及别国政府。

(2) 反倾销和反补贴调查的程序性规则存在差异。首先,邀请磋商是发起反补贴调查成员方的义务,而反倾销调查中不存在此类规定。《补贴与反补贴措施协议》要求进口方主管机构在接受国内产业有关申请后,最迟应在发起调查前邀请可能被调查的成员进行磋商,以澄清有关被指证的事项,寻求达成双方满意的解决办法。其次,对"微量"(de minimis)的标准规定不同。在反倾销调查中,2%或2%以下的"倾销幅度"(dumping margin)被认为是微量的;而在反补贴调查中,只有补贴低于从价金额的1%,才能被视为微量,但对发展中成员适用的比例可以高一些,即可以低于2%。第三,对"可忽略不计的"(negligible)标准规定不同。在反倾销调查中,如果某一成员倾销产品对特定市场的出口量不足该市场进口总量的3%,则该进口量可忽略不计,除非此种比例均低于3%的几个成员的合计比例超过7%;而在反补贴调查中,针对发展中成员的此种比例为4%,作为例外的合计比例为9%。

(3) 救济措施不同。首先,寻求救济的程序不同。反补贴的救济程序有两个:一是直接通过WTO争端解决机制获得救济;二是通过国内反补贴法律程序获得救济。而通过反倾销获得救济则只能通过实施国内反倾销法律程序。其次,价格承诺的方式不同。反补贴中的价格承诺也有两种形式:一是出口商同意修改其价格,以消除补贴的有害影响;二是出口方政府同意取消或限制补贴,或采取其他能消除影响的措施。而在反倾销的价格承诺中,不存在政府承诺的问题。

2. 保障制度与反倾销、反补贴制度

保障制度与反倾销、反补贴制度之共同点主要表现在:均为WTO允许的进口成员方为保护本国产业、限制进口产品而设置的非关税壁垒措施。但两者更多的是表现在差异上。

(1) 立法目的不同。反倾销或反补贴措施是为了抵制不公平的贸易行为;而保障措施之所以限制产品的进口,只是因为一段时期内进口数量的激增,对进口国产业构成损害或损害威胁,进口国本身为保护民族产业,才使用的一种安全保护措施。

(2) 适用范围和对象不同。保障措施体现的是非歧视性原则,反倾销、反补贴则可能被用作歧视性手段。因为就性质而言,倾销和补贴均属于国际贸易中不公平的竞争行为;而依保障措施限制进口的产品通常是在公平竞争条件下的进口产品。因此,反倾销、反补贴是抵制不公平的贸易行为,制裁的对象是来自某一国家或某些国家的进口产品;保障措施限制的进口产品不一定存在倾销或补贴现象,制裁的对象是"某一产品的输入",而不问其来源。

(3) 适用的条件或标准不同。总体而言,保障措施的适用条件比反倾销、反补贴手段更高、更多。① 采用保障措施不存在价格之间的比较,申请人必须证明法定时间内某特定产品数量的增加。这种增加既可以是逐年的绝对数上的增加,也可以是相对于进口国生产量上的增加。② 采取保障措施必须证明进口国生产相似或与进口产品直接竞争的产品的产业蒙受或将蒙受严重损害或严重损害威胁,不涉及"严重阻碍"(retard materially)新产业设立的损害的标准。同时,反倾销、反补贴的损害是"实质损害"(material injury),而保障措施的产业"严重损害"(serious injury)的程度高于实质损害,它要求对国内产业造成"重大"、"全面"的减损,而"实质损害"并无这种要求。③ 援引保障措施对产业提供救济时,不断增长的进口产品同进口国产业严重损害之间的因果关系要求更紧密。即进口国在断定进口数量增加的基础上,还必须证实这些增加是意外情况和承担GATT 义务所致的,而反倾销则只需证明倾销产品是损害的原因即可,并不要求是重要的或唯一的原因。④ 由于保障措施针对的是公平贸易条件下的产品进口,其实施必然影响出口方的正当利益。为此,WTO《保障措施协议》规定有关成员方可就保障措施对贸易产生的不利影响,协商贸易补偿的任何有效形式,否则,受影响的出口方可在一定的条件下,对进口方对等地终止义务,即实施对等报复。而针对不公平贸易的反倾销、反补贴措施则不存在贸易补偿问题。从西方国家法律实践来看,进口国产业援用保障制度求得救济要比援用反倾销法困难。

(4) 运用的程序不同。依据 WTO 的要求,一成员方援用保障措施限制另一成员方的出口产品,应负有与其协商的义务,双方如果就有关商品的数量控制不能达成协议,进口受损方才可采取措施。而在反倾销调查中,进口成员方则无此项义务。

(5) 适用的救济措施及有关期限不同。首先,反倾销、反补贴措施主要的是征收反倾销税或反补贴税和价格承诺;而保障措施的适用范围很广,比如,它可以增加关税、实施关税配额、实施数量限制、举行双边或多边贸易谈判等等。其次,临时反倾销措施的实施时间一般不得超过 4 个月,特定情况下可以延长到 6 个月至 9 个月;而临时保障措施的实施期限不得超过 200 天,且此期限应计入保障措施总的期限。再者,最终反倾销税的征收应自决定征收之日起不超过 5 年,除非进口方主管机构以复审方式决定继续维持反倾销税;而最终保障措施的实施期限一般不超过 4 年,特殊情况下可以延长,但全部实施期限(包括临时保障措施)不得超过 8 年(发展中成员实施保障措施最长可至 10 年)。

9.3 国际服务贸易基本规则

20世纪80年代以来,世界服务贸易的年均增长率超过了货物贸易,其贸易额约占全球贸易总额的1/5。然而,由于服务业的一些重要领域涉及国民经济的命脉,因此,世界各国都对服务业实行相对封闭和保护政策,服务贸易的发展受到各国经济政策的调节、国家财政的干预和特殊限制等措施的阻碍。与货物贸易相比,国际服务贸易方面的保护更加严格,标准更高,限制更多,因而妨碍了服务贸易的正常和顺利发展。为此,国际社会进行了大量的协调工作。

服务贸易是乌拉圭回合多边贸易谈判的三大新议题之一。经过各方的共同努力,在1993年12月15日的最终谈判中达成了《服务贸易总协定》(*General Agreement on Trade in Services*,GATS)①,1994年4月15日在马拉喀什正式签署,1995年1月1日正式生效。

9.3.1 GATS的主要内容

1. GATS的构成

GATS是迄今第一套有关国际服务贸易的、具有法律效力的多边规则。总体而言,GATS主要由三部分组成:一是适用于所有成员的基本义务的协定,即GATS条款;二是作为GATS有机组成部分的涉及各服务部门的特定问题和供应方式的附件,以及关于最惠国待遇豁免的附件;三是根据GATS的规定应附在GATS之后,并成为其重要组成部分的各成员的具体承诺。此外,还有9项有关决议,包括部长决定和金融服务承诺谅解书,以及4项组织机构决定和1项关于服务贸易与环境的决定。

GATS的实质性内容除序言外,正文由6个部分(29项条款)和8个附件构成。序言部分确定了各成员参加及缔结GATS的目标、宗旨及总原则。第一部分为"范围和定义"(第1条),确定GATS的适用范围及服务贸易的定义;第二部分为"一般义务和纪律"(第2~15条),规定各成员方的普遍义务和原则;第三部分为"具体承诺"(第16~18条),规定各成员方服务部门开放的具体承诺义务,是GATS的中心内容;第四部分为"逐步自由化"(第19~21条),规定各成员,尤其

---

① 《WTO协定》,附件1B:《服务贸易总协定》。

是发展中国家成员服务贸易自由化的原则及权力;第五部分为"机构条款"(第22～26条),主要内容有磋商机制、争端解决与执行、服务贸易理事会、技术合作以及与其他国际组织的关系等;第六部分为"最后条款"(第27～29条),主要内容是就该协定中的重要概念给出定义,并规定了缔约方可拒绝给予协定各种利益的情形。

2. 国际服务贸易的一般义务和纪律

GATS第二部分"一般义务和纪律"确立了国际服务贸易中各成员方必须遵循的几项基本原则,这些原则具有一般的指导意义,构成缔约方在服务贸易中各项权利和义务的基础,其中最重要的原则有:

1) 最惠国待遇

最惠国待遇不仅是GATT对货物贸易所确立的首要原则,而且也是GATS对服务贸易所确立的基本原则。GATS第2条第1款规定:"关于本协议涵盖的任何措施①,每一成员对于任何其他成员的服务和服务提供者,应立即和无条件地给予不低于其给予任何其他国家同类服务和服务提供者的待遇。"但是,"关于最惠国待遇豁免"的附件规定,WTO成员在特定情况下,经WTO允许可以对最惠国待遇实行暂时的例外,即暂时在某些特定服务领域,在WTO成员间不履行最惠国待遇义务。

2) 透明度

为实现GATS序言中的各项目标,GATS规定各成员方在服务贸易领域中的各种法律与管制措施应具有透明度。为此,GATS从以下几个方面规定了各成员方的基本义务②:

(1) 立即公布相关措施。除了不能公开的机密资料外,每一成员方应迅速并最迟于其生效之时,公布所有普遍适用的涉及或影响GATS实施的法律、法规和措施,包括涉及或影响服务贸易的国际协定等。

(2) 每年向服务贸易理事会报告新的或更改的措施。每个成员应将新的立法或对现行法律、法规和行政命令的任何修改,应立即至少每年向服务贸易理事会提出报告,前提是它们对该成员方依本协定所具体承诺的服务贸易构成重大影响。

---

① 根据该协定第28条的规定,"措施"(measure)是指一成员的任何措施,无论是以法律、法规、规则、程序、决定、行政行为的形式还是以任何其他形式。

② 参见:GATS,第3条各款。

(3) 提供咨询并设立咨询点。如果其他成员方就上述事项请求某一成员提供详细情况,该成员方应及时予以答复;每一成员方应在《WTO协定》生效后两年内设立有关的咨询机构,以便应其他成员方的请求提供资料,以及向服务贸易理事会提供报告。

此外,任何成员方如认为某一成员所采取的措施影响 GATS 的运作,可通知服务贸易理事会。

3) 发展中国家更多的参与

GATS 承认发达国家成员与发展中国家成员之间服务业发展的不平衡性,第 4 条规定发达国家成员应采取具体措施,加强发展中国家成员服务部门的竞争力,使发展中国家成员的服务能有效地进入发达国家成员市场。通过谈判的方式,发达国家成员具体承诺的内容应涉及[①]:①着重通过获得商业基础上的技术以提高发展中国家成员方国内服务能力、效益和竞争力;②改进发展中国家成员的销售渠道和信息网络;③在发展中国家成员方具有出口利益的部门及提供方式上实现市场准入的自由化。

4) 经济一体化

为避免经济一体化对服务贸易的干扰,GATS 对经济一体化协议做了特殊规定。主要是允许各成员在 WTO 体系之外,参加推动服务贸易自由化的协议。对发展中国家之间的有关协议采取较为灵活的政策,允许其按发展水平达成某些协议。但是参加协议的各方对该协议外的国家不应采取提高服务壁垒的措施,任何成员决定加入某一协议或对某一协议进行重大修改时,都应迅速通知各成员,而各成员应组成工作组对其进行检查。如果某一成员认为某个协议损害了自己的利益,则按 GATS 关于争端解决的规定提起争端解决[②]。

5) 约束反竞争行为

对服务贸易市场的高度垄断和利用商业惯例限制竞争而采取的反竞争行为,GATS 也做了具体的规定和约束,主要是一成员方国内的垄断服务提供者在有关服务市场提供垄断服务时,其行为不能损害其他成员的服务提供者按最惠国待遇、市场准入、国民待遇规定所享有的权利[③]。

6) 紧急保障措施与国际收支保障的限制

为消除因服务输入给本国经济带来的不利冲击,维护本国服务业的稳定与发

---

① 参见:GATS,第 4 条各款。
② 参见:GATS,第 5 条各款。
③ 参见:GATS,第 8 条各款。

展,各国根据主权原则享有采取各种紧急保障措施的权利。然而,保障措施最容易成为服务贸易自由化的障碍。为此 GATS 分别就一般性紧急保障措施和特定的保障措施规定了各成员方应遵循的规则①。有关规定表明,各成员方有关服务贸易的各种紧急保障措施应属临时性的,而非歧视基础上的多边安排将是 WTO 努力的目标。

一成员方在严重的国际收支不平衡和对外财政困难及其威胁的情况下,可对已做出具体承诺的服务贸易采取或维持限制措施,包括对与承诺有关的交易限制支付和汇兑措施。不过,这类限制应符合下列条件:①在各成员方间不应是歧视性的;②应与国际货币基金协定的条款相一致;③应避免对任何其他成员方的商业、经济和金融利益造成不必要的损害;④不应超过应付困难情势所必要的范围;⑤应是临时性的,并应根据情势的好转而逐渐取消②。

7) 一般例外与安全例外

GATS 第 14 条规定,各成员在下列情况下,可采取不遵从协定条款的措施:①为维护公共道德和维持公共秩序所必需的措施;②为保护人类、动植物的生命或健康所必需的措施;③为确保与本协定相符的国内法律和法规得以遵守的措施;④为保证对其他成员方的服务或服务提供者公平或有效地征收直接税的差别待遇措施;⑤为避免双重征税而缔结的国际协定或其他国际安排导致差别待遇的措施。

成员方在因上述原因而采取例外措施时,不得在相同条件的成员方之间以武断的或非公正的歧视方式使用这些措施,或使这些措施对服务贸易构成隐蔽限制。此外,对于涉及军事、国家安全方面的服务贸易不适用于 GATS;而且成员方依照联合国宪章为维护国际和平与安全而承担的各项义务之行动与成员方依 GATS 而承担的义务相抵触的,前者优先。

除了上述一般义务与纪律之外,GATS 还就成员方之间学历与资历的承认、服务提供申请的获准等相关问题作了规定。

3. GATS 的具体义务规范

具体义务是相对于一般义务而言的,GATS 法律框架规定的义务有两大类:即一般性义务(适用于所有服务部门)和具体义务(通过谈判,适用于各成员在承

---

① 参见:GATS,第 10 条各款。
② 参见:GATS,第 12 条各款。

诺表中具体承诺范围内的服务部门)。GATS成员的具体义务主要有[①]:

(1) 市场准入。根据GATS第16条的规定,关于各成员市场准入方面的义务,主要有两方面的规范:①对于四种服务方式的市场准入,一缔约方应根据自己承担义务计划安排中所同意的条件给予其他缔约方的服务或服务提供者以相同待遇;②在做出市场准入承担义务的服务部门或分部门中,一缔约方不应采取歧视性的限制措施,如数量配额限制、服务总额限制、服务垄断、专营、对外国资本投资额比例限制以及资本出境限制等。

(2) 国民待遇。GATS第17条规定了国民待遇,要求每一成员在其承担服务贸易开放的承诺表中所列的部门除表中所述的各种条件和资格限制外,给予其他成员方的服务或服务提供者的待遇,应不低于给予本国相同的服务或服务提供者的待遇。与货物贸易领域的国民待遇不同,服务贸易领域的国民待遇不是一般义务,而是一项特定义务,各成员方只在自己承诺开放的部门中给予外国服务和服务提供者以国民待遇。换言之,GATS对于国民待遇的适用义务是非常宽容的,允许成员方在其承诺表中就国民待遇资格具体适用于哪些部门和不适用于哪些部门作出承诺,但是这种承诺一旦作出后,任一成员须给予其他成员方的服务和服务提供者不低于本国相同服务和服务提供者的待遇。

必须强调的是,GATS服务贸易领域的国民待遇并不拘泥于形式上的相同,而是十分关注政策的实际执行效果。换言之,在GATS中,不管成员方给予外国服务或服务提供者的待遇形式是否与本国同类服务和服务提供者相同,只要实施的结果相同就可以了。

4. 逐步自由化(Progressive Liberalization)[②]

由于各国服务贸易发展的不平衡,并且服务行业众多,情况复杂,不可能要求在一次谈判中解决各成员的一切服务贸易问题。因此,GATS规定了逐步自由化的办法,即在GATS建立后,分轻重缓急,对各种服务贸易分别进行谈判,以制定逐步减少直至最后消除对服务贸易市场准入产生的不利措施,并逐步完善规则内容,最终实现服务贸易自由化。

除了上述内容外,GATS还就服务贸易的争端解决机制、服务贸易理事会等问题,作了具体的规定与说明。

---

① 参见:GATS,第三部分"具体承诺",第16条和第17条各款。
② 参见:GATS,第四部分"逐步自由化"。

9.3.2 WTO建立以来达成的服务贸易新协议

WTO自1995年1月1日成立以来,一直致力于继续乌拉圭回合谈判的未尽议题,其中,关于服务贸易具体部门的分项谈判是这些议题中的重头戏。值得提及的是,WTO已在金融服务、基础电信和信息技术三方面实现了历史性突破,取得了重要成果。WTO所达成的这三项关于服务贸易的协议,不仅将服务贸易自由化原则向具体成果方面推进了一大步,同时,也对世界经济产生了重要影响。尽管这三项协议目前仅对签约方有约束力,但由于签约方所控制的有关贸易额在全球的相关贸易额中占绝大多数,因此,这三项协议所确定的内容未来也会成为WTO全体成员的义务和承诺。

1.《金融服务协议》

乌拉圭回合一揽子协议于1994年4月15日在马拉喀什签字后,关于金融服务的多边谈判重新开始,目的是使所有成员同意在无条件最惠国待遇基础上缔结永久性的金融服务协议,促进金融服务贸易自由化。WTO成员于1997年12月12日达成的GATS第五议定书及其所附减让表,就是通常所说的《金融服务协议》(Agreement on Financial Services)。"第五议定书"本身十分简短,仅仅规定了生效时间等程序性的事项。其后所附的WTO成员关于金融服务的具体承诺减让表和GATS第2条豁免清单,则是该协议的主要内容。WTO成员在各自的减让表和豁免清单中,就银行、保险、证券以及有关的辅助服务承诺了不同程度的市场开放水平。

在"第五议定书"之前,WTO成员已经进行了一轮金融服务谈判,并于1995年7月达成了"第二议定书"。但是,该议定书的参加方有限。因此,1997年4月,WTO成员恢复了金融服务谈判,并于当年12月12日达成了协议,70个成员在此轮谈判中新提交和改善了56份关于金融服务的具体承诺,附在"第五议定书"后面。1998年2月27日,服务贸易理事会通过了"第五议定书",该议定书于1999年3月1日生效①。

《金融服务协议》的基本要求是:①允许外国公司在本国内建立金融服务机构并按竞争原则运行;②外国公司享受与本国内公司同等的进入市场的权利,取消对跨边界服务的限制;③允许外国资本在本国投资项目中所占的比例超过50%

---

① "第五议定书"1999年3月1日生效时,就金融服务作出市场开放承诺的WTO成员总数达到了104个。

等。《金融服务协议》成员方的承诺包括以下主要内容：

（1）关于国民待遇和市场准入。发达国家因其金融业的高度发达而普遍愿意开放金融服务市场，只对市场准入和国民待遇规定极少的限制。发展中国家虽然也保证给予外国金融机构以国民待遇，但仍对市场准入规定了很多条件和限制。

（2）关于提供服务的方式。发达国家允许其他国家以一切可能的方式在本国设立金融机构和向本国消费者提供跨境金融服务，同时也保障本国公民在境外消费金融服务。发展中国家以保护本国消费者为由，在许多部门禁止或严格限制外国金融机构跨境提供金融服务，而只允许其以在国内设立分支机构的方式提供服务，以更利于监管和控制。

（3）关于开放的具体金融部门。绝大多数国家愿意开放再保险服务和银行业中的存款和贷款业务，而对于保险业中的人寿保险、银行业中的清算和票据交换、证券业中的衍生金融产品交易等，许多发展中国家不做出具体承诺或加以严格限制。

2.《基础电信协议》

WTO成员于1997年4月15日达成的GATS第四议定书及其所附减让表，就是通常所说的《基础电信协议》(Agreement on Basic Tele-communications)。"第四议定书"本身十分简短，仅规定了生效时间等程序性的事项。其后所附的WTO成员关于基础电信的具体承诺减让表和GATS第2豁免清单，则是该协议的主要内容。WTO成员在各自的减让表和豁免清单中，就基础电信服务承诺了不同程度的市场开放水平。

基础电信谈判于1994年5月开始，最初参加方为33个。经过各方共同努力，1997年2月15日，WTO结束了关于基础电信市场准入谈判。在谈判的最后时刻，总共有69个国家或地区提交了55份关于基础电信的具体承诺表被附在GATS下，这些成员的电信收入占1995年世界电信市场的91%。1997年4月15日，服务贸易理事会通过了"第四议定书"，该议定书于1998年2月15日生效。

《基础电信协议》主要包括三个部分：市场开放、投资和竞争法规。其关键条款是市场开放或市场准入。其规定主要包括：① 缔约方应确保外国电信服务提供者，在跨境提供基础电信的相关服务时享受最惠国待遇；② 缔约方应允许外国电信服务提供者，在其境内建立能够提供各种基础电信服务的经营实体或商业机构；③ 缔约方应准许在其境内设立机构的外国电信服务提供者，能够拥有和经营其独立的电信网络基础设施。

基础电信服务作为服务贸易的一个重要领域,在自由化过程中必然需要遵循 GATS 的基本原则。首先,在最惠国待遇原则上,由于无条件最惠国待遇原则适用于基础电信领域,因而其他未提交基础电信承诺的 WTO 成员方也由此"搭便车",享受与已递交承诺成员方相同的市场准入的机会和待遇。其次,在透明度原则上,基础电信服务透明度原则涉及各类技术标准、竞争保障、互联安排和普遍服务等应公开的内容。没有透明度原则的贯彻,就无法保证受多种限制保护的各国电信市场进行公平竞争。再次,在国民待遇原则上,该原则适用于基础电信服务,许多存在电信垄断的发展中国家将不得不改变电信市场管理方式,为外国和本国电信服务营运商提供一个公平的竞争环境。最后,在市场准入原则上,各缔约方基本上实施的都是部分市场准入,采取至少一种或以上的限制措施。发达国家市场准入较高,发展中国家一般维持较低的市场准入。

3.《信息技术协议》

由于信息技术将对 21 世纪世界经济,特别是对电信服务业的发展产生巨大的影响,因此,将信息技术产品贸易自由化与电信服务贸易自由化联系起来,是服务贸易自由化中的一项重要内容。1996 年 12 月 13 日,WTO 在新加坡举行部长级会议,美国和欧盟提出签订信息技术协定以消除全球信息技术产业的关税。在新加坡部长级会议结束前,WTO 通过了关于信息技术产品的部长级会议宣言,并成立了信息技术产品贸易发展委员会以监督协议的执行,推动信息技术产品贸易的发展以及负责扩大信息技术协议的签字方。1997 年 3 月 26 日,40 个成员方在日内瓦签订了《信息技术协议》(Information Technology Agreement,ITA),决定 2000 年前降低或取消多项信息技术产品的关税。

ITA 主要内容有:序言、4 项条款与 1 个附件。序言阐明了协议的宗旨:考虑到信息技术产品贸易在信息产业发展及全球经济强劲增长中的重要作用,提高社会水平及扩大商品生产和贸易的目标,实现信息技术产品全球贸易的最大自由化,鼓励世界范围内信息技术产业的不断技术进步。主要条款规定了信息技术产品的范围、关税及其他税费削减、实施期,以及扩大产品范围的进一步谈判等内容。

ITA 于 1997 年 7 月 1 日生效,其涉及的范围包括:计算机及软件、电讯产品、半导体及其生产设备、科学仪器和其他设备等 200 多种信息技术产品。ITA 规定按照 1997 年开始到 2000 年,分四个阶段,每个阶段下调进口关税 25%,最终将信息技术产品进口关税降为零。2000 年发达国家参加方的信息技术产品已实行零关税,发展中国家参加方可以延长关税减让实施期,最长至 2005 年 1 月 1 日,但按六个阶段均等削减至零。

9.4 国际贸易中的知识产权保护规则

知识产权(Intellectual Property)是指法律所赋予的知识产品所有人对其创造性的智力成果所享有的排他权利。知识产权是一种私有的、特殊的无形财产权,主要由工业产权(Industrial Property)和版权(Copyright)组成①。工业产权主要指专利权和商标权,其保护对象有专利、实用新型、工业品外观设计、商标、服务登记、厂商名称、货源标记或原产地名称以及制止不正当竞争。版权(亦称著作权)保护的内容主要有文学艺术和科学作品、艺术家的表演、唱片、广播节目及其他精神作品。

随着科学技术的迅猛发展,知识产权与国际贸易之间的联系日趋密切。在现代国际贸易中,技术的比重越来越大,各国通过各种手段刺激知识和技术密集型产业发展已成为一种普遍的趋势。可以说,对知识产权进行国际保护,是知识和技术交流日趋国际化的客观需要。尽管各国均有相应的知识产权的国内法,但在保护的标准、范围和程序等方面不尽一致。虽然第二次世界大战后知识产权的国际法保护有了长足的发展,但是知识产权的原则和规则还没有与国际贸易的准则直接挂钩;虽然已建立了一系列国际知识产权组织,但是缺乏相应的执行机构来协调各国的立法和政策,也未建立有效的争端解决机制。

为弥补上述不足,杜绝国际贸易中的假冒商品现象,同时也为确保各种知识产权的保护措施和程序不成为国际贸易自由化的障碍,在以美国为首的发达国家的倡议下,乌拉圭回合将知识产权问题列为三大新议题之一。经过长达七年多的谈判,最终达成了《与贸易有关的知识产权协定》(Agreement on Trade-Related Aspects of Intellectual Property Rights),简称"TRIPs 协定"②。

9.4.1 TRIPs 协定的宗旨及目标

根据 TRIPs 协定序言部分的内容,该协定的主要宗旨是:①加强对知识产权实行有效和充分的保护,并确保实施知识产权的措施和程序不会成为贸易障碍;②建立多边框架和规则,处理国际假冒产品贸易问题;③承认各国保护知识产权

---

① 曾令良. WTO 法[M]. 武汉:武汉大学出版社,1996:361.
② 《WTO 协定》,附件 1C:《与贸易有关的知识产权协定》,包括序言和 7 个部分构成,共 73 项条款。

的公共政策的目标,包括发展目标和技术上的目标;④对最不发达国家成员在其国内实施法律和规章方面给予最大的灵活性;⑤通过多边程序解决与贸易有关的知识产权争端,促进国际贸易发展;⑥WTO 与世界知识产权组织(World Intellectual Property Organization,WIPO)及其他相关的国际组织之间建立起良好的合作与相互支持,更好地推动知识产权的国际保护。

TRIPs 协定的目标是有利于促进技术的革新、转让和传播,促进创造者和使用者互利,并促进权利和义务的平衡。

9.4.2 TRIPs 协定的基本原则

根据 TRIPs 协定的内容,国际贸易中的知识产权保护方面应遵循如下原则:

(1) 与其他相关公约并行不悖的原则。TRIPs 的目的只是为了对知识产权的国际保护进行全面性的规定,而不是取代以往的国际公约。WTO 各成员方依据《巴黎公约》、《伯尔尼公约》、《罗马公约》和《集成电路知识产权保护公约》所承担的义务不应由于本协定的规定受到减损,而必须继续遵守。

(2) 国民待遇原则。有关知识产权的保护,一成员方向其他成员方国民提供的待遇不得低于对其国民所提供的待遇,但《巴黎公约》、《伯尔尼公约》、《罗马公约》以及《集成电路知识产权保护公约》中各自有关国民待遇例外规定的除外。至于表演者、录音制品制作者以及广播组织者权利保护的国民待遇范围,仅限于 TRIPs 协定中已规定的各项权利。

(3) 最惠国待遇原则。在知识产权保护上,一成员方对另一成员方国民所给予的优惠、特权以及豁免,应立即、无条件地给予其他成员方的国民。但司法协助协议、伯尔尼公约或罗马公约所允许的不按国民待遇而按互惠原则,以及该协定未列入的表演者权、录音制品制作者权及广播组织权等除外。与 GATT 的最惠国待遇相比,TRIPs 协定最惠国待遇义务的适用范围要小得多。

此外,TRIPs 协定所规定的保护水平只是"最低标准",各成员的国内立法不得低于该协定规定的保护水平。当然,各成员可以通过其国内立法提供高于协定规定的保护水平,但没有义务一定要这样做。

9.4.3 TRIPs 协定的保护范围

TRIPs 协定的保护范围包括:版权及相关权利、商标、地理标志、工业品外观设计、专利、集成电路和未公开信息。

1. 版权及相关权利(Copyright and Related Right)

1) 关于版权权利范围

TRIPs协定要求成员保护《伯尔尼公约》中所规定的一切经济权利，即翻译权、复制权、公演权、广播权、朗诵权、改编权、录制权、制版权。此外，TRIPs还增列了出租权(rental rights)，主要是计算机程序和电影作品两类。受版权保护的客体是指文学、科学、艺术领域中具有独创性的思想表达方式，但不包括思想、工艺、操作方法或数学概念之类。此外，根据TRIPs协定第10条第1款的规定，成员方应把计算机程序(computer programs)，不论是原始资料还是目标代码(object code)，作为《伯尔尼公约》下的文学作品一样予以保护；对于数据库或其他材料的集合体，无论是机器可读形式或其他形式，只要内容的选取或编排构成智力创作，也将给予保护。一般而言，版权的保护期限为作者有生之年加50年。

2) 对于邻接权的保护

邻接权(neighboring rights)，即与版权有关的权利，指表演者、录音制品(唱片)制作者和广播组织等未在版权范围之内的权利。①表演者有权禁止下列未经其许可的行为：一是录制其未曾录制的表演并翻录这些录制品；二是以无线电方式向公众广播其现场表演，或向公众直播其现场表演。②录音制品制作者享有准许或禁止其唱片直接或间接翻录的权利。③广播组织者有权禁止将其广播内容以无线电方式重播、录制或复制其广播作品等。表演者和录音制品制作者的权利应保护至少50年，广播组织的权利则应保护至少20年。

2. 商标(Trademarks)的保护

TRIPs协定所规定的商标，是指一生产经营者的货物或服务上的、能够明显区别于其他生产经营企业的任何标记或标记组合。从这个定义中可以看出TRIPs协定所指的商标至少具有两个特点：其一是必须具有显著性，即能够据其将不同企业的相同商品或服务区别开来；其二是这里的商标是广义的，即既包括商品商标又包括服务商标。

商标的获得必须经过法定的注册程序。各成员可将"使用"作为可注册的依据，但不得将商标的实际使用作为提交注册的条件。

各成员应对经注册的商品商标与服务商标均提供保护。注册商标的权利人对注册的商标享有专有权，以防止任何第三方未经其许可而在贸易活动中对相同或类似的商标或服务使用与注册商标相同或近似的标记。但注册商标的权利人在行使专有权时不得损害他人的在先权。所谓在先权，是指他人在此商标申请注册前依法享有的民事权利。由于各国对在先权范围的界定差异较大,因此,TRIPs协定未作具体的规范而由各成员自行规定。

TRIPs协定还将驰名商标的特殊保护首次延伸到服务领域。确定驰名商标的原则是"在确定一个商标是否驰名时,成员方应考虑该商标在相关行业中的知名度,包括由于促销宣传而在该成员方获得的知名度。"①

对于商标的保护期,TRIPs协定规定,商标的首次注册及各次续展注册的保护期,均不得少于7年,并可无限次续展。所谓续展注册,是指注册商标保护期届满后,商标权人要求继续给予商标以注册保护,延长商标的保护期限。

商标的许可和转让是商标使用过程中两个极其重要的问题。TRIPs协定允许各成员自行确定商标的许可和转让条件,禁止成员采用商标的强制许可制度。在商标的转让问题上,TRIPs协定的规定比《巴黎公约》更为灵活,对商标权人更为有利。因为,《巴黎公约》还允许成员国要求转让商标的同时必须一同转让该商标所属的坐落在该国的商行或商誉,而TRIPs协定则完全允许商标权人自行决定是否连同商标所属的经营一道转让其商标。可以说TRIPs协定的规定进一步肯定了商标作为一种独立的无形财产的法律地位,这也是知识产权理论发展的一个体现。

3. 地理标志(Geographical Indications)的保护

根据TRIPs协定第22条的定义,地理标志是指识别货物来源于一成员方领土或该领土某一区域或地方的标志,并且该货物的特定品质、声誉或其他特征主要取决于该产地。TRIPs协定对地理标志的保护主要是禁止对地理标志的不正当使用。主要是指:①使用任何方式在商标的名称或表现形式上,明示或暗示商标来源于非其真正来源地、并足以使公众对该商品来源产生误解的标识;②以违反《巴黎公约》有关条款中的反不正当竞争方式使用地理标志;③以商品并非来源于其标识所标的地域的地理标志,作为该商品的商标,从而误导公众对商品真正来源地的辨认,该成员方当局应依职权或依当事人的请求驳回或撤销该商标的注册;④使用某种地理标志,尽管该地理标志真正表明了商品的来源地,但仍然误导公众认为该商品来源于另一地域的。

4. 工业品外观设计(Industrial Designs)的保护

工业品外观设计主要是指工业品的装饰特征,如外形、线条、图案、花边和颜

---

① TRIPs协定,第16条(授予的权利)第2款。

色等。受保护的该类产品主要集中在纺织品、皮革制品及汽车等。根据 TRIPs 协定的有关规定,授予保护的前提条件是独立创作的、具有新颖性或原始性的外观设计;对纺织品的保护,允许成员方自行选用外观设计法或版权法来完成这项任务,并且不得提出不合理的要求来妨碍这种保护的取得;所有人享有的权利是禁止他人未经许可,为生产经营目的制造、销售或进口使用该外观设计的产品或主要体现该外观设计精神的产品;外观设计的有效保护期限应至少为 10 年。

5. 专利(Patents)的保护

TRIPs 协定规定对具有新颖性、创造性和实用性的一切技术领域产品或方法的发明可以授予专利。专利的授予应是非歧视性的:不分发明地点、技术领域以及产品是进口的还是在当地生产的。但为维护公共利益,成员对下列发明不授予专利:①对人或动物的医学诊断、治疗及外科手术等方法;②除微生物之外的动植物工艺,但成员应对植物新品种给予保护;③为维护公共秩序和社会道德为目的,包括保障本国人民、动植物的生命或健康,或避免对环境的严重危害而涉及的有关发明。

专利权主要包括制止第三方未经许可使用、提供销售,或为上述目的进口该专利产品或由该专利方法直接获得的产品。专利权的保护期应不少于自提交申请之日起的 20 年。

6. 集成电路(Integrated Circuits)布图设计的保护

集成电路布图设计,又称"拓扑图"(topographies)是知识产权的一项新内容。根据 TRIPs 协定的规定,布图设计的保护范围,包括未经权利人许可而进行的下列活动为非法:为商业目的而进行的进口、销售,或以其他方式发行受保护的布图设计、含有受保护的布图设计的集成电路、或含有上述集成电路的物品。布图设计的保护期限,首次付诸商业利用起至少 10 年,或布图设计创作之日起 15 年后终止。

7. 未公开信息(Undisclosed Information)的保护

TRIPs 协定所规定的未公开信息,实际上就是指商业秘密(Trade Secrets)或专有技术(know-how)。商业秘密就是指法人或自然人合法控制的信息。这里所指的商业秘密应符合以下条件:①它们必须是秘密的,从来没有被公开过的;②因为保密才具有商业价值;③该信息的合法控制者已经为保密而采取了合理措施。各成员在反不正当竞争中,应对商业秘密(即未公开信息)提供有效保护。

拥有商业秘密的权利人有权制止他人未经许可而披露、获得或使用有关的信息。TRIPs协定特别规定，各成员方应保护提交给政府或政府机关的数据不得泄露。

9.4.4 TRIPs协定对知识产权保护的实施

TRIPs协定对知识产权保护的实施做了详细的规定。其具体措施是：

(1) 民事和行政程序及救济措施。各成员方应向权利所有人告知知识产权实施的民事司法程序，并保证该程序是公平和公正的。对于知识产权当事人的民事救济措施，TRIPs协定主要规定了4种方法：[1]①禁令。各成员方司法当局有权禁止涉及侵权的商品进入商业渠道，这一禁令应在海关结关后立即进行，以防止侵权活动进一步扩大。②赔偿。被告如果被裁决侵犯了原告知识产权，则应根据司法当局的裁决向原告进行赔偿，赔偿金的数额应足以抵消因被告侵权所造成的损失，除此之外，司法当局还应将被侵权人的有关开支(包括律师费等)计算在赔偿金内。③处置。对于已经生产出来的侵权商品、材料或工具等进行有效处置或销毁。④知情。当被告已将其侵权商品的大部分转卖给第三方，或在被告生产侵权商品的过程中存在一个与侵权商品生产密切相关的第三方时，允许原告知道这些情况。

(2) 临时措施。为防止知识产权权利人在民事或行政程序开始前可能受到的无可挽回的损害或证据极有可能灭失，可采取以下临时措施[2]：①防止侵权行为发生的措施，尤其是阻止侵权货物进入商业渠道的措施；②为防止侵权人销毁其侵权证据而采取的保全措施；③为了保障另一方当事人的合法利益不受侵害，在向司法机关申请采取以上措施时，申请人应交纳一定的保证金或等效担保物。

(3) 边境措施。对冒牌和盗版货物，可采取如下边境措施[3]：①知识产权所有人如有证据怀疑某批进口产品属于侵权货物时，可以向有关当局司法机关提出申请，要求海关扣留乃至销毁货物。同样，权利所有人也可要求海关扣留被怀疑侵权的出口货物，阻止其进入国际市场；②为了保护另一方当事人的合法利益，在申请采取上述措施时，申请人应交纳一定的保证金或担保物。在一般情况下，自申请人发出扣留通知之日起计算，海关最长可扣留货物10天，特殊情况下可延长到20天；③有关当局也可以依照职权主动采取上述扣留行动；④上述边境措施可以

---

① 参见：TRIPs协定，第44条~48条。
② 参见：TRIPs协定，第50条各款。
③ 参见：TRIPs协定，第51条~60条。

延伸到虚假标注厂商名称、服务标记、地域指示的产品,以及专利侵权产品。各成员方海关将成为国际知识产权侵权案件的重要执行机构。

(4) 刑事程序。TRIPs协定是第一个引入刑事程序解决知识产权侵权的国际协定,它所规定的刑事程序对成员方国内知识产权保护的刑事立法提出了最低要求。该协定规定,各成员至少应对于具有"商业规模"的假冒商品或盗版案件采取刑事措施。刑事措施包括:监禁、罚金、没收和销毁侵权货物以及制造该货物的原材料和工具等。此外,成员方也可以规定对具有故意侵犯其他成员方知识产权并具有商业规模的案件予以刑事打击。

9.5 国际贸易争端解决规则

随着各国经济的日益密切,国际间的竞争日趋激烈,贸易摩擦也日益增多。为确保国际贸易能公平、公正地进行,需要一个有效的争端解决程序和机制。从GATT的争端解决条款到WTO的争端解决机制,多边贸易体制的发展日趋完善和成熟。WTO的争端解决机制,除GATT1994、WTO协定、各有关多边贸易协议和诸边贸易协议的有关条款外,集中规定于WTO的《关于争端解决规则与程序的谅解》(*Understanding on Rules and Procedures Governing the Settlement of Disputes*),① 简称《争端解决谅解》(*Dispute Settlement Understanding*,DSU)。DSU既保留了GATT历年来的有效做法,又对原来的机制做了重大改进,其核心是精细的操作程序、明确的时间限制以及严格的交叉报复机制。通过这样一个强化了的机制,WTO希望能更迅速、更有效地处理成员之间的贸易纠纷和摩擦、维护它们之间的权利和义务,督促各成员更好地履行各项协议的义务及其所作的承诺。

9.5.1 贸易争端解决的基本原则

DSU指出,WTO争端解决机制是保障多边贸易体系的可靠性和可预见性的核心因素。从DSU中我们可看出,WTO争端解决机制的基本原则包括:

(1) 多边原则。WTO成员承诺,不针对其认为违反贸易规则的事件采取单边行动,而要诉诸多边争端解决制度,并遵守其规则与裁决。WTO鼓励其成员在遇到争端时,应该尽量采用多边机制来进行解决。

---

① 《WTO协定》,附件2,《关于争端解决规则与程序的谅解》,包括27项条款和4个附录。该协议适用于《WTO协定》本身及其4个附件中除贸易政策审议机制以外的所有协议。

(2)统一程序原则。WTO的争端解决机制规定了统一的争端解决程序。凡是有关WTO协议、货物贸易多边协议、GATS、TRIPs、DSU、诸边协议的争端,都适用于统一程序,其中关于诸边协议的争端还要适用该类协议各方通过的决定。

(3)协商解决争端原则。WTO要求成员方在发生贸易争端时,寻求积极的解决办法。DSU规定,各成员方对另一成员方提出的有关问题应给予考虑,并就此提供充分的磋商机会。

(4)自愿调解与仲裁原则。在WTO争端解决机制中,无论是斡旋、调解还是调停,都必须在争端各方的同意下才能进行。斡旋、调解和调停可以在任何时候进行,也可在任何时候停止,但涉及斡旋、调解和调停的各项程序,必须无损于任何一个当事方按照在任何进一步的诉讼程序中享有的权益。仲裁程序也是建立在自愿基础上,应以双方达成一致的仲裁协议为基础。接受仲裁裁决的各当事方要受到仲裁裁决的约束。

(5)授权救济原则。法律的根本特定之一在于具有强制执行力,但国际法往往缺乏这种强制执行力。GATT1947争端解决机制的裁决往往得不到执行,而WTO争端解决机制在这方面有所改善。在WTO中,如一方违反协议,给另一方造成损失,或阻碍了协议目标的实现,各方应优先考虑当事方一致同意的与各协议相一致的解决办法。若无法达成满意的结果,申诉方可通过争端解决机制获得救济。主要救济手段有三:①被申诉方撤除与协议不相符合的措施;②补偿;③中止减让或其他义务。

(6)法定时限原则。WTO新的争端解决机制不仅确立了争端解决的程序,而且严格具体地规定了各个程序执行的时间。如果一方在时限内没有行使权利,另一方可以立即推动程序进入下一阶段,或者程序将自动进入下一阶段。WTO争端解决整个程序所需要的时间原则上只有31个月,与原来GATT贸易争端解决相比大大缩短所需的时间,提高了效率。

(7)发展中国家程序特殊原则。在WTO争端解决机制中,凡涉及发展中国家的贸易争端都做了特殊的规定,主要是给予发展中国家以照顾或优惠待遇。例如,DSU规定,在审核对发展中国家成员方的投诉时,该专家小组应该给予该发展中国家成员方以足够的时间来准备和提交有关的论据;若存在一个或一个以上的当事方是发展中国家成员方,专家小组报告应该明确写明业已考虑到对发展中国家成员方的差别待遇和更优惠的各项规定;WTO秘书处需要向发展中国家成员方就争端解决提供其他的法律咨询与帮助。

9.5.2 国际贸易争端解决的程序

贸易争端的迅速解决对于 WTO 的有效运作是至关重要的,因此,DSU 详细规定了解决争端所应遵循的程序和时间,这是 WTO 争端解决机制的核心部分。WTO 争端解决的程序主要包括磋商、调解、专家小组裁决、上诉复审及执行程序等。

1. 磋商(Consultation)程序

磋商是争端解决的第一阶段,是指两个或两个以上的成员方为解决问题或达成谅解进行交涉的一种形式。DSU 对磋商规定详细的时限:一般情况下,当一方提出请求磋商时,被请求方应在收到此等请求之日起的 10 日内做出答复,并应在 30 日内进行善意磋商,以寻求双方满意的解决办法;如在规定时间内未作答复或进行磋商,或在 60 日内磋商未果,则投诉方可请求成立专家小组。在紧急情况下,磋商应在收到请求后的 10 日内进行,如果 20 日内未能经过磋商解决争端,则投诉方即可请求建立专家小组。

2. 斡旋、调解、调停(Good Offices, Conciliation, Mediation)程序

斡旋是第三方以各种方式促成当事方进行谈判的行为;而调停则是以第三方的中立身份直接参与有关当事方的谈判。至于调解程序,则是将争端提交一个委员会或调解机构,该调解机构的任务是阐明事实,提出报告,特别是提出解决争端的建议,以设法使争端各方达成一致。因此,调解机构的权威性与参与程度要大于调停方式。但无论是斡旋、调解还是调停,都是在各方同意之下自愿进行的程序。

3. 专家小组(Panel)程序

如果磋商程序未能达成解决办法,申诉方可以要求争端解决机构(DSB)成立一个专家小组以审查该案件。程序要求 DSB 最迟不晚于该请求列入议程的会议之后的下一次会议上建立一个专家小组,除非在那次会议上 DSU 以协商一致方式同意不成立专家小组。专家小组职权范围以及其组成的决定较简单。DSU 规定了标准的职权范围,授权专家小组根据上述协议审议申诉,进行调查,以帮助 DSB 提出建议或做出符合协议规定的裁决。如果有关各方在专家小组成立之后的 20 天内同意,专家小组可以规定不同的职权范围。

专家小组一般情况下应该由 3 人组成,如果各方同意,也可以由 5 人组成,其

成员应确保有独立性和多样性的背景、丰富的经验。专家小组必须在它建立之后的 30 天内组成。作为一般规则，专家小组应在 6 个月内完成工作，最长不得超过 9 个月。如果遇到紧急情况，工作应该缩短到 3 个月内完成。DSU 给专家小组规定了详细的工作程序。

4. 上诉复审（Appellate Review）程序

上诉复审是一项新添的程序。DSU 第 17 条分别就上诉机构的组成、程序和报告作了明文规定。为受理争端当事方对专家小组案件的上诉，DSB 应设立一个由 7 人组成的常设上诉机构。任何一个上诉案应由其中 3 人审理。在一般情况下，从争端当事方正式通知其上诉决定之日起到上诉机构发送其报告之日止，整个上诉过程不得超过 60 天，特殊情况下，最长不得超过 90 天。上诉机构审查范围仅限于专家小组报告中的法律问题以及专家小组做出的法律解释，可以维持、修改或推翻专家小组的法律裁定和结论。

根据 DSU 第 20 条的规定，除非争端当事方另有约定，否则，从 DSB 设立专家小组之日起，到 DSB 考虑通过专家小组或上诉机构报告之日止的这一期限，原则上不超过 9 个月（若争端当事方不上诉）或不得超过 12 个月（若专家小组报告被上诉）。专家小组或上诉机构的结论报告或建议，经 DSB 通过后即成为后者的正式建议或裁决。

5. 执行（Implementation）程序

专家小组或上诉机构的结论报告或建议，经 DSB 通过后即成为后者的正式建议或裁决，这些建议和裁决能否得到执行，是 WTO 争端解决机制的关键所在。为此，DSU 规定在通过专家小组或上诉机构报告的 30 天内举行的 DSB 会议上，有关成员应就其执行有关裁决和建议的意向通知 DSB。如果立即执行有关裁决与意向是不可能的，那么应该确定一个合理期限来执行。

6. 补偿与减让的终止（Compensation and the Suspension of Concessions）

1) 补偿的性质

当一项争端案件中的败诉方未能在合理期限内执行 DSB 做出的建议或裁决，胜诉方可申请授权进行补偿，或授权中止减让或中止其他义务。但这些均是一种临时性措施，都不是最好的选择；且补偿是自愿的，即使给予补偿，亦必须与有关协定相一致。

2) 交叉报复

DSU 对于中止减让或中止其他义务的原则与程序做了详细的规定。投诉方在考虑将中止何种减让或其他义务时,应遵循下述各项原则和程序:

(1) 首先应在其利益受到损害或丧失的部门内寻求中止减让。

(2) 如果投诉方认为在同一部门中止的做法不可行或缺乏效力,则可寻求中止相同协议中其他部门的减让或其他义务。

(3) 若上述第二种做法也不可能或不能有效力,且情况十分严重,则可在另一适用协定项下的部门内实行中止减让或其他义务。

这后两项内容即通常所谓的"交叉报复"或"跨部门报复"(cross sector retaliation)。这是 WTO 最具特色的救济手段,也是其最后的救济手段,是经授权后由胜诉方采取的措施。但为防止滥用,DSU 也规定了一些检查与控制措施,如书面申请、透明度等方面的要求。

3) 赔偿和报复措施的终止或取消

中止减让或其他义务是临时性的措施,一旦出现下列三种情况,则应结束中止:① 败诉方与有关适用的协定的规定不相符的措施已被取消(撤除);② 需要执行建议或裁决的有关成员方对于丧失或损害利益的问题提出了解决办法;③ 已达成双方满意的解决办法。

7. 仲裁(Arbitration)

一般情况下,仲裁需按照当事方达成的相互协定进行,这种仲裁协定应在仲裁程序开始之前及时通知所有成员。其他成员只有征得已协定仲裁的各当事方同意,方可参加仲裁。求助于仲裁的各方应服从仲裁裁决。仲裁是 DSU 的一项新规定,但从程序上来看,它只是一项选择性的辅助方法,而非必经程序。

本 章 小 节

WTO 既是一个世界性的多边贸易组织,也是一个贸易保证机制,就其发挥作用的方式而言,实质上它是一整套规则的集合。这些规则主要有货物贸易的基本规则、服务贸易的基本规则、与贸易有关的知识产权保护规则以及贸易争端解决规则等。

WTO 关于国际货物贸易领域最重要的协议是经过修订后的"GATT1994",从某种角度说,它是 WTO 关于国际货物贸易的总规则。该协议规定关税是 WTO 允许其成员使用的保护国内产业的重要政策工具。但为了促进自由贸易的发展,WTO 要求各国非歧视地征收关税,同时降低并约束关税。

国际贸易:理论与政策

鉴于各国贸易实践中出于各种考虑或原因,常会使用一些非关税措施来管理对外贸易活动,而该类管理措施在实施中却可能存在对 WTO 其他成员的歧视或构成不公平竞争。为此,WTO 制定了一系列的管理非关税措施的协议,以便规范和约束各成员的非关税措施的运用。这些协议主要包括《技术性贸易壁垒协议》《进口许可程序协议》《海关估价协议》《装船前检验协议》《原产地规则协议》《实施动植物卫生检疫措施协议》等。

在 GATT 第八轮多边贸易谈判——乌拉圭回合中,经过各方共同努力,还达成并通过了《农业协议》《纺织品和服装协议》,将农产品、纺织品和服装也纳入到国际多边贸易规则中,以促进此类产品贸易逐步走向自由化。此外,乌拉圭回合还达成了《与贸易有关的投资措施协议》,为资金的跨国流动提供便利,以促进国际贸易的进一步发展与自由化。

WTO 确立的允许其成员方在特定条件下采用的贸易救济措施主要有三种,即反倾销、反补贴和保障措施,通常称之为"贸易救济规则"。一般而言,采取的贸易救济措施表现为:经过国内产业或其代表申请或者经一国主管当局认为有必要而自行发起之后,主管当局发起一项反倾销、反补贴或者保障措施调查,最终确定对外国进口商品加征关税或者实行配额管理(保障措施中可能二者并用)。

尽管反倾销、反补贴、保障措施的立法宗旨和实施目的基本相同,但由于三者实施的条件和程序有所不同,具体救济方法也存在一定的差异,因而对其运用情况也有所不同。其中,反倾销是国际社会运用最多的贸易救济措施;反补贴措施的运用较少,且多与反倾销措施同时并用(即"双反");保障措施的运用也是相对较少,但近年来有日益增多的态势。

WTO 体制下国际服务贸易的基本规则主要体现在其多边贸易协议之一——服务贸易总协定(GATS)中,该协定的实质性内容除序言外,正文由 6 个部分(29 项条款)和 8 个附件构成。GATS 确立了国际服务贸易中各成员方必须遵循的几项基本原则(主要是最惠国待遇、透明度、发展中国家更多的参与等),从而构成了缔约方在服务贸易中各项权利和义务的基础。同时 GATS 还规定了各成员方的具体义务,包括市场准入、国民待遇等原则或规则。此外,WTO 成立以来,还通过谈判先后达成了《金融服务协议》《基础电信协议》和《信息技术协议》,以规范相关服务部门的国际贸易行为。

根据 WTO《与贸易有关的知识产权协定》(TRIPs 协定)的内容,国际贸易中的知识产权保护方面应遵循的原则主要是最惠国待遇、国民待遇、与其他国际公约并行不悖等原则。TRIPs 协定的保护范围包括:版权及相关权利、商标、地理标志、工业品外观设计、专利、集成电路和未公开信息。此外,TRIPs 协定还对知识

第 9 章 WTO 体制下国际贸易基本规则

产权保护的实施作了详细的规定,具体措施包括:民事和行政程序及救济措施、临时措施、边境措施和刑事程序等。

WTO 争端解决机制的基本原则包括:多边原则、程序统一原则、协商解决争端原则、自愿调解和仲裁原则、授权救济原则、法定时限原则和发展中国家程序特殊原则等。WTO 争端解决的程序主要包括磋商、调解、专家小组裁决、上诉复审及执行程序等。

【重要概念】

GATT1994 装运前检验 原产地规则 动植物卫生检疫措施 投资措施 贸易救济 倾销 倾销幅度 结构价格 价格承诺 补贴 禁止性补贴 可申诉补贴 不可申诉补贴 保障措施 GATS 知识产权 TRIPs 协定 邻接权 商标 地理标志 工业品外观设计 专利权 商业秘密 DSU 交叉报复

【复习思考题】

1. WTO 关于国际货物贸易的基本规则主要有哪些?
2. WTO 是如何规范货物贸易中非关税措施的?
3. ATC 的主要内容有哪些?国际纺织品与服装贸易现行规则是什么?
4. 简述反倾销规则中倾销幅度与损害的认定。
5. 在 WTO 反补贴规则中,补贴主要有哪些类型?
6. WTO 框架下保障措施的实施条件主要有哪些?
7. 对比分析 WTO 体制下反倾销、反补贴以及保障措施规则。
8. 简述 GATS 的基本内容及主要原则与规则。
9. 简要介绍 TRIPs 协议的主要内容。
10. TRIMs 协议禁止其成员使用的与贸易有关的投资措施主要有哪些?
11. WTO 关于争端解决的原则主要有哪些? 主要程序是什么?
12. 如何看待 WTO 体制下的国际贸易各类规则?

第10章 当代国际贸易的发展

第二次世界大战结束以来,国际间经贸交往空前繁荣,并且出现了一些新现象。尤其是早已出现的区域经济一体化、国际资本流动的新变化以及跨国公司的新发展,都对国际贸易产生了巨大而深远的影响,同时也加快了生产要素在国际间的流动,再加上科学技术革命的迅猛发展,使得国际服务贸易和技术贸易也取得了巨大的发展。本章将予以简要介绍这些内容。

10.1 区域经济一体化

经济全球化(Economic Globalization)和区域经济一体化(Regional Economic Integration),是当今世界经济发展的两大趋势。20世纪90年代以来,经济全球化经历了10年之久的迅速发展。进入21世纪后,随着世界经济走向衰退和其他一系列非经济因素的影响,经济全球化进程出现曲折和坎坷。但区域经济一体化势头却一直兴盛不衰,并且出现了一些值得注意的趋势。这种变化对世界经济格局、国际经济关系和国际贸易活动等都已经或必将产生重大影响。

10.1.1 区域经济一体化概述

1. 区域经济一体化的含义和特征

区域经济一体化是指两个或两个以上的国家和地区,通过相互协商制定经济政策和措施,并缔结经济条约或协定,在经济上结合起来形成一个区域性经济联合体的过程。其目的多是为了消除彼此之间的贸易壁垒,逐步实现区域内共同的协调发展和资源的优化配置,以促进经济贸易发展。

国家或地区之间相互协商制定经济政策和措施的内容,可分为两个方面:一是内部政策的统一,即在有关成员国之间实施统一的经贸政策;二是外部政策的统一,即在有关成员国之间实施统一的对非成员国的经贸政策。在一体化实践中,并非一开始就在两个方面实施统一。参与一体化的国家往往先在成员国之间

第10章 当代国际贸易的发展

取消贸易和其他经济中的障碍,逐步实施统一的内部经济政策,然后实现外部经贸政策的统一。

经济一体化一般具有以下一些特征:

(1) 它是两个或两个以上的地理上相邻或相近的国家,为共同的利益在经济上的联合。

(2) 它包括了不同发展程度和形式,随着经济的发展,一体化的发展程度,内部各国的联合与协作会不断扩大,并对国际政治经济产生诸多影响。

(3) 它的根本特征是"对内自由贸易,对外保护贸易"。从区域经济一体化组织形式来看,可分成两大类:一类组织的贸易特点是区内实行不同程度的贸易自由化,但对区外贸易仍实行各成员国原来不同的外贸政策;另一类是组织区内实行贸易自由化,对区外贸易也实行共同的外贸政策。

2. 经济一体化的形式

经济一体化从不同角度划分有不同的形式。从一体化的内容划分:有贸易一体化、货币一体化、市场一体化、综合一体化等。按参与国的内部经济发展水平划分:有水平型经济一体化和垂直型经济一体化。水平型经济一体化是指一体化成员国的经济发展水平相同或相近。目前世界上的经济一体化组织多属于这种形式。垂直型经济一体化,是指由经济发展水平不同的国家所构成的一体化形式。近年还有学者根据成员国构成的不同,把经济一体化组织分为三类:一是发达国家型(又称"北北型"),即由发达国家组建的经济一体化组织,典型的如欧洲联盟(European Union,EU);二是发展中国家型(又称"南南型"),即由发展中国家组成的经济一体化组织,如东南亚国家联盟(ASEAN)、南方共同市场(MERCOSUR)、南部非洲发展共同体(SADC)和东南非共同市场(COMESA)等;三是南北型,即由发达国家和发展中国家共同组建的经济一体化组织,如北美自由贸易区(NAFTA)。这三类组织虽然形式上有相似之处,但目标、运行机制、发展历程等都有明显不同。

美国著名经济学家巴拉萨(B. Balassa)把经济一体化的进程分为四个阶段:①贸易一体化,即取消对商品流动的限制;②要素一体化,即实行生产要素的自由流动;③政策一体化,即在集团内达到国家经济政策的协调一致;④完全一体化,即所有政策的全面统一。与这四个阶段相对应,经济一体化组织可以根据市场融合或贸易壁垒取消程度,分为6种主要形式,这是最重要的也是广泛认同的划分形式,因而着重介绍如下:

(1) 优惠贸易安排区(Preferential Trade Arrangements Area)。这是经济一

体化最低级、最松散的一种形式。在贸易优惠安排成员国之间,通过协定或其他形式,对全部或部分商品规定其特别的关税优惠。典型的有1932年英国与一些英国以前的殖民地国家之间实行的英联邦特惠制。此外,第二次世界大战后的"东盟"、"非洲木材组织"等也都属于这种形式。

(2) 自由贸易区(Free Trade Area)。指在成员国之间签订了自由贸易协定的贸易区。在区内,实行统一的关税政策,商品可完全由自流动,但各自保留对成员国以外国家的独立的关税壁垒,各自对内政策也是独立的。例如,欧洲自由贸易联盟(EFTA),北美自由贸易区(NAFTA)等就属于这种类型。

(3) 关税同盟(Customs Union)。指区内各国完全消除关税和削减非关税壁垒,并对非同盟国家实行统一的关税税率和外贸政策所缔结的同盟。它除了包括自由贸易区的基本内容外,还在成员国之间建立统一的关税税率。结盟的目的在于使成员国的商品在统一的关税以内市场上处于有利地位,创造一个有利于成员国的公平竞争环境,排除非同盟国的商品竞争。关税同盟具有超国家级调节机构。例如,东非共同市场(EAEC),1959年建立的西非关税同盟(WACU)等都是以关税一体化为主要内容。

(4) 共同市场(Common Market)。指除在共同市场成员国内完全废除关税与限制并建立对非成员国的共同关税以外,成员国间的生产要素可以自由流动,消除各种贸易壁垒,在区域性集团保护主义之下,扩大市场,实现关税、贸易和市场一体化。目前,大多数第三世界国家的国际经济合作组织都以共同市场为主要目标。欧洲共同市场(ECM),在20世纪90年代就近似于此种类型。

(5) 经济同盟(Economic Union)。指不仅成员国之间商品和生产要素可以完全自由流动并建立对外共同关税,而且要求成员国制订和执行某些共同经济政策和社会政策,逐步废除政策方面的差异,使一体化的发展程度从商品交换、生产要素自由流动扩展到生产、分配乃至整个国民经济领域,构成一个庞大的经济实体。目前的欧盟就属于此种类型。

(6) 完全经济一体化(Complete Economic Integration)。这是经济一体化的最后阶段。在此阶段,区内各国在经济、金融、财政及国际经济政策上完全统一化。消除内部影响商品和生产要素自由流动的障碍。随着发展层次的深入,各国把越来越多的经济自主权交给一个中央管理机构。由于各国都把主权视为极其宝贵的东西,故只有当一个国家认为参与经济一体化的利益足以抵偿在国家主权上的损失时,才会参加完全经济一体化组织。目前,还没有一个经济一体化组织属于这种形式。

10.1.2 区域经济一体化的演进与发展

1. 区域经济一体化的进程

区域经济一体化的雏形可以追溯到 1921 年,当时的比利时与卢森堡结成经济同盟,1928 年荷兰加入,组成比荷卢经济同盟。1932 年,英国与英联邦成员国组成英帝国特惠区,成员国彼此之间相互减让关税,但对非英联邦成员的国家仍维持着原来较高的关税,形成了一种特惠关税区。

区域经济一体化的迅速发展,始于第二次世界大战之后,并大体经历了三个发展阶段。

第一阶段,20 世纪 50~60 年代。第二次世界大战后,世界经济领域发生了一系列重大变化,世界政治经济发展不平衡,大批发展中国家出现,区域经济一体化组织出现第一次发展高潮。由前苏联发起并于 1949 年组建"经互会"①和由法、德、意等国于 1958 年建立的"欧洲经济共同体"(European Economic Community,EEC),是战后最早成立的区域经济一体化组织。其后,大大小小的区域经济一体化组织日益增多。

第二阶段,20 世纪 70~80 年代初期。20 世纪 70 年代西方国家经济处于"滞胀"状态,区域经济一体化也一度处于停滞不前的状态。在这一时期,EEC 原定的一体化计划并未完全实现,而发展中国家的一体化尝试没有一个取得完全成功。以 EEC 为例,两次石油危机、布雷顿森林体系崩溃、全球经济衰退、日美贸易摩擦上升等因素使其成员国遭受巨大打击,各成员国纷纷实施非关税壁垒措施进行贸易保护,导致第一阶段关税同盟的效应几乎丧失殆尽,EEC 国家经济增长速度急剧下降。

第三阶段,20 世纪 80 年代中期以来。区域经济一体化出现了第二次发展高潮,特别是进入 90 年代后,世界政治经济形势发生了深刻变化,西方发达国家在抑制通货膨胀、控制失业率方面取得成功,经济的发展推动着区域经济联合,区域经济一体化的趋势明显加强。这次高潮的出现是以 1985 年欧共体关于建立统一

---

① 经济互助委员会(The Council for Mutual Economic Assistance,Comecon),简称经互会,由前苏联组织建立的一个由社会主义国家组成的政治经济合作组织。经互会是一个相当于欧洲经济共同体的社会主义阵营的经济共同体,总部设在莫斯科。由于东欧剧变,1991 年 6 月 28 日,该组织在布达佩斯正式宣布解散(解散前有 10 个成员)。经互会从成立到其解散之前,是世界上贸易额仅次于 EEC 的区域性经济组织。

市场"白皮书"的通过为契机,该"白皮书"规定了1992年统一大市场建设的内容与日程。欧共体的这一突破性进展,产生了强大的示范效应,极大地推动了其他地区经济一体化的建设。

纵观区域经济一体化产生和发展的原因,主要有:① 联合一致抗衡外部强大势力,是区域经济一体化的直接动因;② 第二次世界大战后科学技术和社会生产力的高速发展,是区域经济一体化的客观基础;③ 维护民族经济利益与发展及其政治利益是地区经济一体化形成与发展的内在动因,无论是发达国家的经济一体化,还是发展中国家的经济一体化,其根本原因都在于维护自身的经济、贸易利益,为本国经济的发展和综合国力的提高创造更加良好的外部环境;④ 贸易与投资自由化是区域经济一体化产生并持续发展的经济源泉;⑤ 贸易创造等各种积极的经济效应,是区域经济一体化产生并持续发展的重要原因。

2. 新一轮区域经济一体化的发展特点

20世纪90年代以来,全球范围内区域经济一体化迅速发展主要依靠三条途径:一是不断深化、升级现有形式;二是扩展现有集团成员;三是缔结新的区域贸易协议或重新启动沉寂多年的区域经济合作谈判。新一轮区域经济一体化的发展特点主要体现在:

(1) 区域经济一体化覆盖大多数国家和地区。根据WTO统计数据,截至2013年7月,通知GATT/WTO的区域贸易协议(Regional Trade Agreements, RTAs)数量已达到575个,其中的375个协议已经生效(这其中,约有10%为关税同盟协议;自由贸易协议及其他协议占比达90%)。另据统计,全球只有12个岛国和公国没有参与任何RTAs。当然,各地区之间的差别很大,发展程度也不相同。WTO全体成员同时又是各区域经济组织成员,有的具有多重区域经济一体化组织成员的身份。全世界150多个国家和地区拥有多边贸易体制和区域经济一体化的"双重成员资格"。北方国家签署的RTAs最多,平均每个国家为13个。相当数量的发展中国家已与北方国家签署了双边优惠贸易协议。多数协议发生在东欧、北非和拉美,东亚各国签署的协议少一些。

(2) 区域经济一体化内容广泛深入。新一轮的区域协议涵盖的范围大大扩展,不仅包括货物贸易自由化,而且包括服务贸易自由化、农产品贸易自由化、投资自由化,以及贸易争端解决机制、统一的竞争政策、知识产权保护标准、共同的环境标准、劳工标准,甚至提出要具备共同的民主理念等。比如,北美、欧盟、南南以及其他一些区域一体化协议中,很多都涉及标准、物流、海关合作、服务、知识产权、投资、争端解决机制、劳工权益和竞争政策等条款。例如,自1993年东盟自由

第 10 章 当代国际贸易的发展

贸易区的进程正式启动,成员不断增多,涵盖的领域也逐步深化,从贸易扩展至服务、投资及其他经济合作领域。各国同意在 2020 年建立东盟经济共同体,加快推进自身的区域一体化建设。1997 年底,举行首届东盟与中、日、韩三国领导人非正式会晤(即建立"10+3"合作机制),将合作从东盟扩展至东亚地区,从而正式启动东亚合作进程。2010 年 1 月 1 日,中国—东盟自由贸易区(即"10+1")正式建成。再如,欧盟已在 1993 年的 1 月 1 日实现了集团内的商品、资本、劳务和人员的自由流动。1999 年开始发行了集团内的统一货币——欧元,标志着欧洲货币联盟的正式建立。2002 年 1 月 1 日欧元正式进入流通领域,成为欧元区 12 国 3 亿人口实际使用的货币和支付手段①,成为世界上仅次于美元的第二大货币和储备手段。2004 年 5 月 1 日东扩后的欧盟成员达到 25 国②,其经济实力得到了进一步扩张。

(3) 区域经济一体化的形式与机制灵活多样。一是大多数区域经济集团对成员资格采取开放式态度,以加速扩大。除一些明确由双方构成的区域经济,如美加自由贸易协议、澳新紧密经济合作关系协议之外,一般区域经济大都经历了成员由少到多的过程。比如,欧盟历经 5 次大规模扩大,现已发展至 28 个成员国。成立于 1994 年 1 月 1 日的北美自由贸易区规定在 15 年内分三个阶段取消进口关税和其他贸易堡垒,实现商品和劳务的自由流通。不仅如此,美国还设想把其范围扩展到拉美,特别是 NAFTA 与南方共同市场合作,以形成一个覆盖整个南北美地区(即从阿拉斯加到阿根廷)的世界最大自由贸易区。二是合作形式和层次由低级向高级发展。许多国家放弃或基于原有贸易优惠安排而成立自由贸易区或关税同盟,有的从关税同盟发展成为共同市场。比如,1995 年 1 月,南方共同市场根据 1994 年签署的"黑金城议定书"的规定,将自由贸易区提升为关税同盟,并正式开始运转,从而成为世界上仅次于欧盟的第二大关税同盟。

(4) 跨洲、跨区域经济合作的兴起和发展。20 世纪 90 年代以来,区域经济合作的构成基础发生了较大变化,打破了狭义的地域相邻概念,出现了跨洲、跨洋的区域合作组织。比如,成立于 1989 年、拥有 21 个成员的亚太经合组织(APEC)在 1994 年的茂物会议上规定发达成员国不迟于 2010 年,发展中成员国不迟于 2020

---

① 欧元正式进入流通领域后,先后又有斯洛文尼亚(2007 年)、塞浦路斯和马耳他(2008 年)、斯洛伐克(2009 年)、爱沙尼亚(2011 年)五国加入欧元区。至此,欧元区共有 17 个成员国,人口超过 3.2 亿人。

② 2007 年 1 月 1 日,保加利亚和罗马尼亚加入欧盟;2013 年 7 月 1 日,克罗地亚加入欧盟。至此,欧盟成员已达 28 个,总面积 432.2 万平方公里,人口约 5 亿人。

年在区域内实现贸易和投资的自由化。日本相继与墨西哥、新加坡签署了自由贸易协议。与此同时,不同区域经济集团之间也展开了横向合作。如南方共同市场与其第二大贸易伙伴欧盟之间开始探讨建立自由贸易区。此外,突尼斯、摩洛哥等成员先后与欧盟谈判建立"欧盟与地中海自由贸易区",并成为欧盟的伙伴国和联系国。南非、印度、澳大利亚、马来西亚等国积极筹建"环印度洋地区合作联盟"(Indian Ocean Rim Association for Regional Cooperation,IOR-ARC),该联盟于1997年正式成立,截止2012年,共有20个成员国。

20世纪90年代以来兴起的新一轮区域经济一体化浪潮波澜壮阔,有其深刻的政治原因和经济原因。经济原因主要有:一是当前全球范围内日益加深的市场化趋向改革,为区域经济一体化的发展奠定了体制基础;二是WTO多边贸易体制本身的局限性以及近年来多边贸易谈判所遭遇的挫折和困难,刺激了区域经济一体化的发展;三是区域经济一体化组织因其成员常常是地理位置相邻、社会政治制度相似、生产力发展水平相近、有类似的文化历史背景,因而具有开展经济合作的诸多优势。从此轮区域经济一体化浪潮的政治原因来看,主要是服务于本地区的和平、发展与稳定。具体包括:一是谋求政治修好,缓解矛盾冲突,稳定地区局势;二是推动国内的体制改革,即通过外部的条约责任和有形具体的承诺来促进国内的体制改革;三是寻求区域层面的政治保护以抗衡其他区域集团;四是传播主体政治价值理念,如美国通过与某些地区建立自由贸易区方式以推行美国式民主制度。

10.1.3 区域经济一体化发展对国际贸易的影响

区域经济一体化一般先从对外贸易着手,逐步扩大到投资、金融等领域,其的根本特征是"对内自由贸易,对外保护贸易"。因此,区域经济一体化发展对多边贸易体制和全球经济的影响必然是双重的,既有一定的积极影响,同时又具有一定的消极影响。

从积极作用来看,一是区域经济一体化有助于自由贸易思想的发展。区域经济一体化在区域内奉行自由贸易原则,清除各种贸易壁垒。自由贸易政策实施所带来的各种好处将有助于成员国增强自由贸易意识,同时区域内部保护贸易的约束机制对于成员国内部贸易保护主张起到一定的遏制作用。二是区域经济一体化可以成为多边贸易体制的基础。三是区域谈判与多边谈判具有重要的"协同作用"。四是区域经济一体化可以为多边贸易谈判提供经验和技巧。

从消极影响来看,一是区域性经济集团实行的"内外有别"的贸易政策明显背离多边贸易体制的非歧视原则,形成贸易壁垒。二是区域经济一体化组织都具有不同程度的"贸易转移效应",背离比较优势原则,对区域外的国家造成损害,往往导致区域内外的贸易摩擦和冲突,使 WTO 经常处于"救急"状态。三是区域经济一体化组织增加了国际市场上的垄断力量,抑制了竞争,削弱了 WTO 体制的作用。四是区域经济一体化组织把各国追求自由贸易的目标由多边贸易协定转向区域性一体化组织安排,不利于 WTO 体制发挥作用和进一步发展。

就区域经济一体化发展对国际贸易影响来看,其影响程度的大小,取决于区域经济一体化组织形式的高低,取决于区域组织成立前的贸易壁垒水平以及经济一体化组织成立后的贸易自由化程度,取决于成员国之间的成本差别和供求弹性等。区域经济一体化对国际贸易的影响主要有:

(1) 一体化组织对外贸易的迅速增长带动世界贸易增长。由于一体化消除了成员国之间商品贸易的障碍,甚至消除了生产要素流动的障碍,从而产生"贸易创造"、"贸易转移"和"贸易扩大"的效应,使成员国的对外贸易得以迅速增长。1958 年欧共体成立时,6 国的出口额为 227.4 亿美元,到 1972 年,其出口额增加到 1412.4 亿美元,增长了 5.2 倍,而同期世界出口额增加了 2.5 倍,美国出口额只增加了 1.7 倍。在其后的 10 年间(1973～1982 年),欧共体的出口仍保持较强的增长势头,高于世界贸易的增长率。欧共体对外贸易的迅速增长提高了其在世界贸易中的比重。欧共体出口在世界出口中的比重从 1958 年的 21.7% 上升到 1972 年的 30.7%,占世界出口总额的四分之一以上,而同期美国出口比重由 16.4% 下降到 11.8%。这意味着,欧共体通过一体化提高了其在世界贸易中的地位。在一体化的推动下,世界贸易得到了较快的增长。

(2) 一体化组织内部贸易迅速发展,导致国际贸易格局的改变。由于区内自由,而区外无论是进口还是出口都存在着各种贸易壁垒,因此区内贸易的发展大大快于区外贸易。例如拉美地区,其在 20 世纪 60 年代的对外贸易主要是与美国进行的,拉美国家之间的往来则非常有限。自成立区域经济一体化组织后,区内贸易得到很大发展。例如,安第斯集团(CAN)内部关税减免后,贸易总额由 1969 年的 0.87 亿美元增加到 1980 年的 14 亿美元,增加了约 17 倍,年增长率达 27.7%。再比如,北美自由贸易区成立后,1993～1998 年,三国间的贸易总额由 3010 亿美元猛增到 5280 亿美元,5 年之内增长了 75%;在 1991 年签订《亚松森条约》①之前,南方共同市场四国之间的贸易总额仅为 51 亿美元,1997 年达 211 亿美元,内部贸易占四国出口总额的比重从 1991 年的 11.1% 增至 1997 年的

---

① 1991 年 3 月 26 日,阿根廷、巴西、乌拉圭、巴拉圭 4 国总统在巴拉圭首都亚松森签订了《亚松森条约》,决定建立"南方共同市场",简称"南共市"。

24.7%。根据 WTO 统计数据,2012 年欧盟(27 国)出口贸易总额 58 040 亿美元,其中内部相互出口额为 36 370 亿美元,对外出口额 21 670 亿美元,分别占比 62.7%和 37.3%。

10.1.4 关税同盟理论

对关税同盟理论研究较多的西方经济学者有范纳(J. Viner)和李普西(R. G. Lipsey),他们的主要观点如下:

1. 关税同盟的静态效应

关税同盟形成以后的静态效应,主要体现在以下几个方面:

(1) 贸易创造效应(trade creating effect)。它由生产利得和消费利得构成。关税同盟形成以后,在比较优势基础上使生产更加专门化。这样,关税同盟某个成员国的一些国内产品将被其他生产成本更低的进口产品取代。其结果,使资源使用效率提高,扩大社会需求,结果会使贸易量增加。贸易创造效果使关税同盟国的社会福利水平提高,以图 10.1 进行说明。

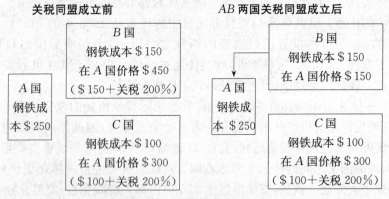

图 10.1 贸易创造效果图示

假定,在 ABC 三国中,AB 两国成立关税同盟;ABC 三国的钢铁单位生产成本依次为 $250,$150,$100;成立关税同盟以前,A 国对钢铁征收 200%的进口税(从价税)。可见,在关税同盟成立前,A 国将自行生产钢铁。因为在 A 国国内的钢铁价格,以 A 国产品的 $250 为最低,B 国为 $450($150+200%的关税),C 国为 $300($100+200%的关税)。AB 两国成立关税同盟后,若它们对外共同关税仍为 200%,则 B 国产品价格 $150 就成为最低的(A 国 $250,C 国 $300)。所以,A 国便从 B 国进口钢铁,AB 两国产生新的贸易活动。结果是钢铁生产自成本较高的 A 国,移至成本较低的 B 国,创造出新的国际分工(生产专业化),这就是贸易创造效果。这时,A 国可以用较低的价格(以前 \$250,现为 \$150)买到钢铁,从而提高了福利。从 AB 两国整体来看,由于生产从高成本转向低成本,节省了资源,故能提高福利。对 C 国来说,因为它原来就不同 A,B 两国发生贸易关系,所以仍和新的贸易开始以前一样,没有什么不利。如果把关税同盟国家增加的收入以及增加进口的动态效果计算进去,C 国也会得利。因此,它对整个世界都是有利的。

(2) 贸易转移效应(trade diverting effect)。在关税同盟成立以前,关税同盟国从世界上生产效率最高、成本最低的国家进口产品;关税同盟成立以后,关税同盟国该项产品转由同盟内生产效率最高的国家进口。但如果同盟内生产效率最高的国家不是世界上生产效率最高的国家,则进口成本较前增加,消费开支扩大,使同盟国的社会福利水平下降,这就是贸易转移的效应。再以上例说明。

如图 10.2 所示,假定成立关税同盟以前,A 国对钢铁课以 100% 的进口税(从价税),其他条件与前例相同。在此种假定下,关税同盟成立前,A 国便自 C 国进口钢铁,因为 C 国钢铁在 A 国的价格为 \$200(\$100＋关税 100%),较 A 国的 \$250,B 国的 \$300(\$150＋关税 100%)为低。AB 两国关税同盟成立以后,若其对外共同关税仍为 100%,则 A 国将改向 B 国进口,因为 AB 两国的关税废除后,B 国产品在 A 国的价格 \$150 就变为最低(A 国产品 \$250,C 国产品 \$200)。结果,钢铁生产从成本较低的 C 国,转移至成本较高的 B 国。这就是所谓贸易转移效应。A 国和 C 国当然受到了损失,并且不能有效地分配资源而使整个世界(包括 B 国在内)福利降低。

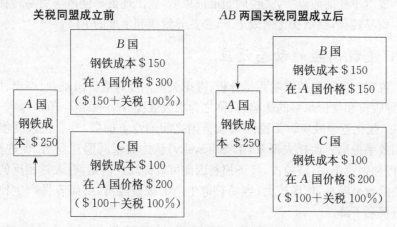

图 10.2　贸易转移效应图示

(3)贸易扩大效应(trade expansion effect)。如前两例,成立关税同盟后的A国国内钢铁价格,均比成立前要低(从＄250降低到＄150,由＄200降至＄150)。因此,如果A国的钢铁需求弹性大于1,则A国对钢铁的需求就会增加。这种需求的增加当然能使A国的钢铁进口数量增加,这就是贸易扩大效果。贸易扩大效果是从需求方面形成的概念,而贸易创造效果和贸易转移效果则是从生产方面形成的概念。关税同盟无论是在贸易创造效果还是在贸易转移效果下,都能产生贸易扩大的效果。可见,关税同盟形成可以促进贸易的扩大,增加经济福利。

(4)其他效应。关税同盟形成后,不仅可以减少征收关税的行政支出,也有利于抑制走私行为,还可以加强集体谈判力量,进而有利于关税同盟贸易地位的提高和贸易条件的改善。

在评估关税同盟的静态效应时,以贸易创造及贸易转移效应最为重要。范纳在分析这两个效应时,是基于以下的假设:

第一,关税同盟形成前和建立后,所有的关税同盟国均为充分就业。根据这一假设,分析的重点在于资源重新分配的福利效果。在充分就业下,成立关税同盟以后,可能出现以下两种情况:①关税同盟成员国均未生产某种产品,故关税同盟形成以后,仍由同盟外的国家进口,不会出现贸易转移问题。②关税同盟成员国之一或所有成员国均生产某种产品,但效率不高。故在关税同盟形成以后,该项产品的进口从世界上生产效率最高、成本最低的国家转向同盟内生产效率不高、成本较高的国家。故出现贸易转移问题。

第二,所有产品的需求均完全缺乏弹性,就是没有消费替代的可能、产品消费比例固定,供给完全有弹性,就是规模报酬不变,生产成本固定。在产品消费比例与生产成本不变的假设下,关税同盟形成以后,就出现贸易创造与贸易转移问题。若发生贸易转移,在消费比例固定下,必然导致福利水准的下降。

2. 关税同盟的动态效应

关税同盟的动态效果主要是分析、考虑关税同盟对成员国就业、产出、国民收入、国际收支和物价水平的影响,又称之为次级效应(secondary effect)。

(1)强化竞争效应。关税同盟成员国之间的竞争加强,专业化程度加深,资源使用效率提高。西托夫斯基(T. Scitovsky)认为关税同盟建立后,促进商品流通,可以加强竞争,打破独占,经济福利因此可以提高。但是,有人持相反的看法,认为消除贸易壁垒,市场扩大,容易获取生产的规模经济,反而容易产生独占,而使经济福利下降。

(2)规模经济效应。关税同盟成立以后,成员国成为一体,自由市场可以扩大,因而可以获取专业化与规模经济的利益。巴拉萨(B. Balasa)认为形成关税同盟可以使生产厂商获得重大的内部与外部规模经济之利。但金德尔伯格(C. P. Kindleberger)认为欧洲经济共同体原成员国厂商的原有生产规模已经很大,建成关税同盟后生产规模再扩大不一定更为有利,因为生产规模太大,效率反而会下降。

(3) 投资刺激效应。①关税同盟形成以后,随着市场的扩大,风险与不稳定性降低,会吸引成员国新的厂商增加投资;②关税同盟形成以后,商品的自由流通,会使竞争程度加强。为提高竞争能力,将促使关税同盟成员国原有的厂商增加投资,以改进产品品质、降低生产成本;③关税同盟成立后,成员国之间关税完全免除,对外统一关税,其结果,会吸引关税同盟以外的国家到同盟内设立避税工厂,以求获得豁免关税的利益,这被认为是 EEC 成立后,美国到 EEC 国家投资激增的主要原因。但是,也有人认为关税同盟成立后,成员国之间彼此侵占对方的市场,一国遭受贸易创造效果打击的产业将会减少投资,将会使成员国投资机会减少,使关税同盟内厂商遭到不利影响。因此,关税同盟成立后,关税同盟成员国的投资不一定会增加。

(4) 技术进步效应。关税同盟组成后,市场扩大、竞争加剧、投资增加、生产规模扩大等因素,均使得生产厂商愈益愿意投资于研究和发展,导致技术不断革新。

(5) 要素流动效应。关税同盟成立后,市场趋于统一,生产要素可在各成员国间自由移动,因此提高要素的流动性,促进要素的合理配置,降低要素闲置的可能性,从而使产量增加,经济效益提高。

(6) 经济成长效应。如果以上各有利之点均能成立,则关税同盟建立后,成员国的经济必可加速成长。

10.2 国际资本流动和国际贸易

第二次世界大战后,国际资本流动规模迅速扩大,它不仅对各国经济产生了举足轻重的影响,而且已成为当代国际贸易和世界经济发展的主要推动力。

10.2.1 国际资本流动及其主要形式

1. 国际资本流动概述

国际资本流动(international capital flows)是指资本从一个国家或地区向别

国际贸易：理论与政策

的国家或地区转移，进行商品生产和金融服务等方面的投资活动，其目的是为了获得比国内更高的经济效益。它是资本主义发展到垄断阶段后的重要经济现象，在当代世界经济中占有十分重要的地位。

一般说来，国际资本流动可分为资本流出和资本流入。资本流出是指资本从国内流向国外，如本国企业在国外投资建厂、购买外国发行的债券、外国企业在本国的资本金返回和本国政府支付外债的本金等等。资本流入是指资本从国外流向国内，如外国企业在本国投资建厂、本国政府和企业在外国发行债券、本国企业抽回在外国的资本金和本国政府收取外国的偿债款项等等。国际资本流出和流入的实质是对外资产负债的增减与变化。

国际资本流动的具体形式是多种多样的。按照资本使用期限的长短不同，国际资本流动可分为长期资本流动和短期资本流动两大类。

2. 长期资本流动

长期资本流动(Long-term International Capital Flows)是指使用期限在一年以上，或未规定使用期限的资本流动。按资本流动的方式不同，它又可分为国际直接投资、国际证券投资和国际贷款三种类型。此外，国际经济援助，实际上亦是长期国际资本流动的一个组成部分。

1) 国际直接投资

国际直接投资(International Direct Investment)是指投资者把资金投入另一国的工商企业，或在那里新建生产经营实体的行为。直接投资可以取得某一企业的全部或部分管理和控制权，或直接投资新建企业。按照IMF的定义，通过国际直接投资而形成的直接投资企业是"直接投资者进行投资的公司型或非公司型企业，直接投资者是其他经济体的居民，拥有(公司型企业)的10%或10%以上的流通股或投票权，或拥有(非公司型企业)相应的股权或投票权。"其特点是指投资者能够控制企业的有关设施，并参与企业的管理决策。直接投资往往和生产要素的跨国界流动联系在一起，这些生产要素包括生产设备、技术和专利、管理人员等。因而国际直接投资是改变资源分配的真实资本的流动。

国际直接投资的特征是：①投资者通过拥有股份，掌握企业的经营管理权；②能够向投资企业一揽子提供资金、技术和管理经验；③不直接构成东道国的债务负担。

国际直接投资的组织形式：一是单独投资，在外独资建立或并购的生产经营实体；二是联合投资，即在国外建立合资的生产经营实体。国际直接投资一般有五种具体方式：①在国外创办新企业，包括创办独资企业、设立跨国公司分支机构及子公司;②与东道国或其他国家共同投资,合作建立合营企业;③投资者直接收购现有的外国企业;④购买外国企业股票,达到一定比例以上的股权;⑤以投资者在国外企业投资所获利润作为资本,对该企业进行再投资。

在国际市场竞争日益激烈,全球经济一体化浪潮汹涌澎湃的当今世界,国际直接投资增长很快,其平均速度不仅超过各国工业生产的平均增长速度,而且超过世界贸易的平均增长速度。联合国贸发会议(UNCTAD)《2012世界投资报告》数据显示,1990年全球对外直接投资流出累计额为20930亿美元,2011年这一数字已达211680亿美元。

2) 国际证券投资

国际证券投资(International Portfolio Investment)也称国际间接投资,它是指投资者在国际证券市场上购买外币有价证券而进行的一种投资方式。它是通过在国际债券市场上购买外国政府、银行或工商企业发行的中长期债券,或在国际股票市场上购买外国公司股票而进行的对外投资活动。

证券投资是以获得长期稳定收入为主要目的,它的特征是:①投资者购买债券和股票,是为了获得利息、股息、红利和证券买卖差价收入;②在国际证券市场上发行债券,构成发行国的对外债务;③国际证券可以随时买卖或转让,具有市场性和流动性。

20世纪60年代中期,由于美国等西方发达国家限制资本外流,国际证券投资受到很大影响。20世纪80年代后,受各种因素的影响,特别是各国对资本流动的管制逐步放松,国际证券市场日趋成熟,特别是各种体现安全性、市场性和流动性的新证券问世,国际投资证券化趋势日趋明显,使国际证券投资呈现出迅速发展的势头。专家认为,随着全球证券市场一体化、证券交易自由化、交易手段多样化和交易技术现代化的进程加快,国际债券投资将成为国际间最重要的投资和融资形式。

3) 国际贷款

国际贷款(International Credit or Loans)又称国际信贷,主要是指一国政府、国际金融组织或国际银行对非居民(包括外国政府、银行、企业等)所进行的期限为一年以上的放款活动。国际贷款体现了国际间的借贷关系,其导致的资本流动对借款方是资本流入,对贷款方是资本流出。

国际贷款的特征主要是:① 单纯的借贷货币资本在国际间的转移,不像直接投资那样,涉及在他国设立企业实体或收购企业股权,也不像证券投资那样,涉及证券的发行与买卖。② 贷款收益是利息和有关费用,风险主要由借款者承担;③ 构成借款国的对外债务。

国际贸易：理论与政策

国际贷款主要包括政府贷款、国际金融机构贷款、国际银行贷款。政府贷款是指各国政府或政府之间的贷款，即一国政府利用自己的财政资金向另一国政府提供的优惠贷款。国际金融机构贷款，亦称国际金融组织贷款，是指世界性的国际金融机构（国际货币基金组织、世界银行和国际开发协会等）和区域性的国际金融机构（泛美开发银行、欧洲投资银行、亚洲开发银行和非洲开发银行等），对其会员国提供的各种贷款。国际银行贷款，亦称国际商业银行贷款，主要是指国际商业银行提供的中长期贷款。

3. 短期资本流动

短期资本流动(Short-term International Capital Flows)是指期限为一年或一年以内或即期支付资本的流入与流出。国际短期资本流动，大多借助于短期政府债券、商业票据、银行承兑汇票、银行活期存款凭单、大额可转让定期存单等信用工具，以及电话、电报、电传和传真等现代通讯手段。

按照资本流动的不同动机，短期资本流动的方式可分为：贸易性资本流动、金融性资本流动、保值性资本流动和投机性资本流动。

（1）贸易性资本流动。贸易性资本流动是指由国际贸易而引起的国际间资本转移。为结清国际贸易往来导致的债权与债务，货币资本就必然从一个国家和地区流向另一个国家和地区，从而形成贸易性资本流动。贸易性资本流动是最为传统的国际资本流动形式。这种资本流动，一般是从商品进口国流向商品出口国，带有明显的不可逆转性。从这个角度看，贸易性资本流动可属于货币资金流动的范畴。当前，随着经济开放程度的提高和国际经济活动的日趋多样化，贸易资本在国际流动资本中的比重已经大为降低。

（2）金融性资本流动。金融性资本流动也称银行资本流动，是指由各国经营外汇的银行等金融机构之间的资金融通而引起的国际间资本转移。这种资本流动主要是为银行等金融机构调剂资金余缺或谋取利润服务的，其形式包括套汇、套利、掉期、头寸调拨以及同业拆借等。因为它的金额大、流动频繁，而且涉及外汇业务，银行资本流动对利率、汇率的短期变动有一定的影响。

（3）保值性资本流动。保值性资本流动又称为"资本外逃"(Capital Flight)，是指短期资本的持有者基于安全性与盈利性等方面的考虑，采取各种避免或防止损失措施而引起的国际间资本转移。保值性资本流动产生的主要原因是：国内政局动荡，资本没有安全保障；经济状况恶化，国际收支发生持续性的逆差；外汇汇率波动较大，资本价值面临损失；外汇管制或征税过高，资本的流动性受到威胁等等。

（4）投机性资本流动。投机性资本流动是指投机者为了赚取投机利润，利用国际金融市场利率、汇率以及黄金证券等价格波动,进行各种投机活动而引起的国际间资本转移。这种资本流动是以获取差价收益为目的的。

10.2.2 战后国际资本流动的特点

第二次世界大战以后,特别是 20 世纪 80 年代以来,国际资本流动取得了突破性进展,并呈现出以下几个特征。

(1) 资本流量增大。进入 20 世纪 80 年代后,随着东西方冷战的结束,各国之间的竞争转变为以经济实力为核心的综合国力的竞争。各国为适应新的形势不断调整对外政策,国家之间的相互依赖日益加深,国际资本市场全面复兴。据经合组织统计,1990 年国际金融市场融资总额为 4 349 亿美元,1996 年高达 15 718 亿美元,年均增长速度为 37%,大大超过同期国际贸易和世界经济增长速度。

与此同时,国际直接投资在曲折中不断增长。根据 UNCTAD《世界投资报告》的统计数据,1986~1990 年、1991~1995 年、1996~2000 年,国际直接投资流入量年均增长分别达 23.1%、22.5%、40.1%;进入 21 世纪以来,国际直接投资流入量波动较大,个别年份甚至出现大幅下降的现象。2001~2005 年年均增长 5.3%,2006 年、2007 年增速分别达到 50.1% 和 35.4%;但随着全球金融和经济危机的加剧,2008 及 2009 年,全球外国直接投资流入量却分别下降了 14.2% 和 32.1%;2010 年及 2011 年才开始缓慢回升,分别增长 4.9% 和 16%。年度数据显示,1982 年、1990 年、2000 年国际直接投资流入量分别为 590 亿美元、2 090 亿美元和 2 380 亿美元,2005 年则增至 9 160 亿美元,2007 年更是达到了 19 790 亿美元的历史最高水平,2009 年则回落至 11 850 亿美元,2011 年回升到 15 244 亿美元。

(2) 资本结构改变。虽然各种形式的资本流量在 20 世纪 90 年代都有所增加,但由于直接投资的增长速度明显慢于其他形式的资本流动,所以直接投资在国际资本流动中的地位相对下降。从国际金融市场的资金来源看,国际贷款的比重下降,而证券的比重上升。1988 年至 1993 年,国际信贷金额从 2 187 亿美元增长至 2 888 亿美元,但所占比重却从 48% 下降至 36%;债券发行总额从 2 271 亿美元增至 4 810 亿美元,比重从 50% 上升至 60%;股票融资虽数额较小,发展却十分迅速,融资总额从 90 亿美元增长至 366 亿美元,比重从 2% 升至 4%。

(3) 资本流向仍以发达国家为主,但发展中国家地位有显著上升。在国际融资中发达国家仍处于绝对垄断地位。1994 年 6 345 亿美元的国际债券和信贷融资中,发达国家占了 5 542 亿美元。从国际直接投资来看,1995~2000 年间流向发达国家的直接投资额年均达 5 393 亿美元,2007 年则达到了 12 476 亿美元,

2011年降为7479亿美元。而流向发展中国家的资本不仅总量快速增长,而且其在国际直接投资流入额中的比重也不断提高。1995~2000年年均全球占比25.6%,2007年增至27.3%,2010年这一比重达到了47.1%,接近流入发达国家的水平①。见表10.1。

表 10.1 1995~2011年按区域列出的外国直接投资流入额

年 份		1995~2000平均	2005	2007	2009	2010	2011
发达经济体	金额(亿美元)	5 393	6 113	12 476	6 062	6 186	7 479
	占比(%)	73.4	63.8	68.1	50.6	47.3	49.1
发展中经济体	金额(亿美元)	1 883	3 164	4 997	5 192	6 167	6 844
	占比(%)	25.6	33.0	27.3	43.3	47.1	44.9
全世界	金额(亿美元)	7 349	9 587	18 333	11 978	13 090	15 244

资料来源:UNCTAD.世界投资报告[R].2008,2012.

(4) 跨国公司成为国际资本流动的重要载体。跨国公司是19世纪60~70年代产生的一种以全球市场为投资和经营目标的集团企业形态,是资本主义高度发展及其进行海外投资的产物。当代国际资本流动,尤其国际直接投资的主角是跨国公司。跨国公司拥有巨额的资本、庞大的生产规模、先进的科学技术、全球的经营战略、现代化的管理手段以及世界性的销售网络,其触角遍及全球各个市场,成为世界经济增长的引擎,对"无国界经济"的发展起着重大的推动作用。据UNCTAD估计,2010年,跨国公司外国子公司在全球的销售额和增值分别达到了33万亿美元和7万亿美元;它们的出口额超过6万亿美元,约占全球出口总额的三分之一。2010年,全球跨国公司在国内和国外创造的增值约为16万亿美元,约占全球GDP的1/4。

(5) 资本行业分布转变。资本投向产业结构的转变是世界产业结构和国际分工深化等内力合成的必然趋势。近年来,各国服务业发展迅速,其产值在国民生产总值中所占比重不断上升。与此相适应,国际投资也逐渐向该产业倾斜。1970年发达国家对外直接投资的分布是初级部门120亿美元(占比16.4%)、制造业440亿美元(占比60.3%)和服务业170亿美元(占比23.3%),到1990年分别为940亿美元(占比9.1%)、4 390亿美元(42.5%)和4 990亿美元(占比

---

① 根据UNCTAD《2013年世界投资报告》的数据,2012年,发展中经济体国际直接投资流入额为7030亿美元,全球占比52%,有史以来首次超过发达经济体的占比(41.5%)。

48.4%)。目前发达国家对国外服务业的投资已占其对外投资总额多在 50% 左右,主要原因是各国奉行开放政策,服务业在各国国内生产总值中的地位上升,外国资本特别是跨国公司资本迅速扩充了在服务业的直接投资。除了电讯、信息、金融保险外,房地产和建筑项目日益成为国际投资的新领域。当然,这种倾向主要发生在发达国家之间的相互投资及发达国家对新兴工业化国家的投资,对于大多数发展中国家而言,外资流向仍偏重于劳动密集型行业。

然而,近年来国际直接投资行业却出现了新的变化,初级部门及制造业占比均有所回升,而服务业占比却有下降趋势。见表 10.2。

表 10.2　2005～2011 年国际直接投资行业分布情况(%)

年　份	2005～2007 平均	2008	2009	2010	2011
初级部门	8	10	13	11	14
制造业	41	42	39	50	46
服务业	50	48	49	39	40

资料来源:UNCTAD.世界投资报告[R].2012.

(6) 投资主体多元化。国际经济关系来考察,国际资本的投资主体是指把各种资本投向海外的国家和地区。20 世纪 80 年代后,各国经济得到不同程度的发展,国际市场竞争不断加剧,对外投资在涉外经济中的地位逐步提高,国际投资的主体明显地呈现出多元化趋势。越来越多的国家和地区参与对外投资活动,打破了战后由少数几个发达国家垄断对外投资领域的局面。然而,从近年来的情况看,作为一个整体,发达经济体在国际直接投资中依然占据绝对优势。如 2011 年,发达经济体对外直接投资流出额全球占比仍高达 73%[①]。见表 10.3。

表 10.3　2009～2011 年全球按区域列出的直接投资流出额

年　份		2009	2010	2011
发达经济体	金额(亿美元)	8578	9896	12 375
	占比(%)	73.0	68.2	73.0
发展中经济体	金额(亿美元)	2685	4001	3838
	占比(%)	22.8	27.6	22.6

---

① 根据 UNCTAD《2013 年世界投资报告》的数据,2012 年,发达经济体国际直接投资流出额为 9090 亿美元,全球占比降至 65.4%,发达经济体的占比则上升至(30.6%)。

(续)表 10.3

年 份		2009	2010	2011
转型经济体	金额(亿美元)	488	616	731
	占比(%)	4.2	4.2	4.3
全世界	金额(亿美元)	11 751	14 514	16 944

资料来源：UNCTAD. 世界投资报告[R]. 2012.

10.2.3 国际资本流动对国际贸易的影响

国际资本流动对国际贸易的影响,主要表现在国际贸易规模、国际贸易格局、国际贸易方式及国际贸易政策等四个方面。

1. 国际资本流动显著地扩大了国际贸易的规模

对输出国来说,一方面,资本输出可以带动商品和劳务的出口。特别是长期资本流动,它不是简单的货币资本流动,而是包括货币资本、技术装备和管理经验等在内的生产要素总体转移。例如,到国外去投资办厂不仅需要投入货币资本,而且需要投入工艺技术,生产设备和专家服务;又例如,对外贷款,特别是出口信贷,往往是与购买本国成套设备和大宗产品相联系的。因此,资本输出有助于扩大输出国的出口规模。另一方面,资本输出有助于克服贸易壁垒。向国外输出长期资本,是跨越贸易保护主义壁垒,维持和扩大海外市场份额的有效途径。20 世纪 80 年代后,日本和韩国等国家加大对欧美国家的长期投资,其目的就是为了规避美国的贸易制裁和欧洲大市场的共同关税壁垒,并获取当地的国民待遇,就近向那里的市场扩张。

就输入国而言,资本输入也有利于扩大产品出口。发达国家通过资本输出,把劳动、能源和原材料密集的生产工序和一般消费品的生产过程迁往发展中国家和新兴工业化地区,并把在那里生产的许多产品销到本国市场和国际市场,这对扩大输入国的产品出口是有利的。同时,输入国也可利用外资所带来的先进技术和海外销售渠道,促进出口规模的扩大。

可见,国际资本流动对扩大国际贸易的规模具有一定的影响和作用。

2. 国际资本流动对国际贸易格局的影响

1) 对国际贸易地理格局的影响

一般来说,国际资本流动的方向,也就是国际贸易的主要方向。20 世纪 50

第 10 章　当代国际贸易的发展

年代以前,国际资本主要从发达国家流向发展中国家,因此,那时发达国家与发展中国家之间的贸易在国际贸易中占主导地位。进入 20 世纪 60 年代以后,随着资本输出的主要对象转向发达地区和新兴的工业化国家和地区,发达国家之间以及发达地区与新兴工业化国家和地区之间的贸易额也相应扩大,并占了全球贸易额的主要部分。

2) 对国际贸易商品结构的影响

20 世纪 50 年代中期以后,随着资本输出的主要部门由初级产品部门转向制造业和服务业部门,工业制成品贸易和服务贸易在国际贸易中的份额日益上升,初级产品的比重不断下降。同时,国际资本流动部门结构的改变还加快了发展中国家的工业化步伐,提高了工业制成品生产能力,优化了出口产品结构。

3. 国际资本流动带来了新的贸易方式

传统的国际贸易主要由专业性进出口公司来经营。战后,随着跨国公司对外投资的迅速发展及其内部贸易的不断上升,跨国公司纷纷设立自己的贸易机构,经营进出口业务,使得贸易中间商、代理商的地位日益降低。

此外,资本流动还产生了一系列新的贸易方式,如补偿贸易、加工贸易、国际租赁业务和国际分包等。

4. 国际资本流动推动了战后的贸易自由化

资本流动促进了生产国际化程度的日益提高,而生产的国际化必然要求贸易的自由化。战后,跨国公司通过对外直接投资实行全球化经营,在全球范围内调动资源,安排生产和销售,以获取投资收益最大化。只有具备自由贸易的条件,跨国公司才能达此目的。所以,跨国公司出于自身利益的考虑成为自由贸易的积极倡导者和推动者。更重要的还在于跨国公司具有推动贸易自由化的雄厚实力。

10.3　跨国公司与国际贸易

10.3.1　跨国公司的概念及其特征

1. 跨国公司的概念

跨国公司(Transnational Corporation,TNC),又称多国公司(Multi-national Corporation,MNC)、国际公司(International Firm)、超国家公司(Supernational

Enterprise)和宇宙公司(Cosmo-corporation)等,鉴于跨国公司与上述公司客观上存在差异,经 1974 年联合国经济社会理事会第 57 次会议对跨国公司的定义内涵界定后,联合国才统一使用"跨国公司"一词。

一般认为跨国公司是社会生产力发展到一定阶段和水平后,一国的垄断企业,以本国为基地,通过对外投资,到其他国家和地区投资、设厂进行国际化生产和经营活动。根据联合国跨国公司委员会的规定,作为跨国公司必须具备 3 个基本要素:第一,跨国公司必须是一个工商企业。组成企业的实体必须在两个或两个以上的国家从事经营活动,至于其国外经营所采取的法律形式和部门不限。第二,必须有一个中央决策体系,具有共同的全球经营战略和协调一致的共同政策、策略。第三,跨国公司内的各个实体分享资源、信息,同时分担责任。据此定义可以看出,跨国公司并不是资本主义国家专有的产物,该定义不把所有制和资产所有权形式作为定义的要素,也不以发达国家和发展中国家作为划分的标准。因此,社会主义国家从事国际化生产和经营的国有企业其实力达到一定的水平以后也可以称为跨国公司。

2. 跨国公司的特征

与各国个内一般企业或公司相比,跨国公司多具有如下特征:

(1) 全球经营战略。所谓全球经营战略是指跨国公司将其全球范围内的经营活动视为一个整体,其目标是追求这一整体利益的最大化,而不计较局部利益的得失。在国际分工不断深化的条件下,跨国公司凭借其雄厚的资金、技术、组织与管理等方面的力量,通过对外直接投资在海外设立子公司与分支机构,形成研究、生产与销售一体化的国际网络,并在母公司控制下从事跨国经营活动。跨国公司总部根据自己的全球战略目标,在全球范围内进行合理的分工,组织生产和销售,而遍及全球的各个子公司与分支机构都围绕着全球战略目标从事生产和经营。跨国公司的重大经营决策都以实现全球战略目标为出发点,着眼于全球利益的最大化。

(2) 全球一体化经营。为实现全球战略目标,跨国公司实行全球一体化经营,对全球范围内各子公司与分支机构的生产安排、投资活动、资金调遣以及人事管理等重大活动拥有绝对的控制权,按照全球利益最大化的原则进行统一安排。跨国公司强有力的管理体制和控制手段是实现全球一体化经营必需的组织保证,当代通讯技术的巨大进步和现代化的交通运输则为跨国公司的全球一体化经营提供了必要的物质基础。跨国公司采取集中与分散相结合的管理方式和全球战略,在国际范围内从事生产经营活动。

第 10 章 当代国际贸易的发展

(3) 灵活多样的经营策略。跨国公司一般都是在一个或几个部门处于垄断地位的大企业联合体。在跨国公司中央决策体系下的一体化生产体系中,无论是横向还是纵向的一体化生产体系,其产品都是趋于多样化的。但是,又有相对垄断性,集中于一个产业。这种一业为主,多样化经营可以更好地发挥跨国经营优势,降低或分散经营风险,而一般企业则难以做到。同时,多样化经营更加适应不同层次、不同类型的市场需求,并且同一产品可以进一步进行市场细分,从而最大限度满足消费者的需求。如可口可乐、麦当劳快餐、雀巢等都采取了"全球产品—地方口味"的营销策略,并相应地推出系列化产品。

(4) 强大的技术创新能力。在科学技术迅猛发展的今天,技术进步已成为垄断资本获取高额利润、争夺市场、增强自身在国内及国际市场竞争力的重要途径。大型跨国公司是当代技术创新与技术进步的主导力量,其实力主要体现在它们拥有雄厚的技术优势和强大的开发能力。跨国公司要在国际分工和国际竞争中保持领先,就必须不断地投入巨额资金,加强技术研究与开发,保持自己的技术优势。技术领先地位带来的丰厚市场回报,又激励着跨国公司不断进行技术创新,推动技术进步。

(5) 面临较大的经营风险。跨国公司与国内企业最大的区别在于面临着更为错综复杂的国际经营环境,复杂的经营环境在给跨国公司创造出更多的发展机会和空间的同时,也使它具有较大的经营风险。除了正常的商业风险外,跨国公司还面临着国际经营所特有的政治风险和财务风险等,前者指国际经济往来活动中由于政治因素而造成经济损失的风险,包括东道国对外国资产没收、征用和国有化的风险,以及东道国革命、政变等风险;后者指东道国汇率变化和通货膨胀而带来的经济损失等。

3. 跨国公司的类型

按照不同的分析角度和划分标准,对跨国公司可以有不同的分类。

1) 按经营项目分类

按照跨国公司经营项目的性质,可以将跨国公司分为 3 种类型。

(1) 资源开发型跨国公司。资源开发型跨国公司以获得母国所短缺的各种资源和原材料为目的,对外直接投资主要涉及种植业、采矿业、石油业和铁路等领域。这类公司是跨国公司早期积累时经常采用的形式,资本原始积累时期英、法、荷等老牌殖民国家的特许公司在 19 世纪时向美国、加拿大、澳大利亚和新西兰等经济落后而资源丰富的国家进行的直接投资就主要集中在种植业、采矿业和铁路。目前,资源开发型跨国公司仍集中于采矿业和石油开采业,如著名埃克森—

美孚公司(Exxon-Mobil)、英荷壳牌公司(Royal Dutch Shell)。

(2) 加工制造型跨国公司。加工制造型跨国公司主要从事机器设备制造和零配件中间产品的加工业务,以巩固和扩大市场份额为主要目的。这类公司以生产加工为主,进口大量投入品生产各种消费品供应东道国或附近市场或者对原材料进行加工后再出口。这类公司主要生产和经营诸如金属制品、钢材、机械及运输设备等产品,随着当地工业化程度的提高,公司经营逐步进入到资本货物部门和中间产品部门。加工制造型跨国公司是当代一种重要的公司形式,为大多数东道国所欢迎。美国通用汽车公司(General Motors)作为世界上最大的汽车制造公司,是制造业跨国公司的典型代表。

(3) 服务提供型跨国公司。服务提供型跨国公司主要是指向国际市场提供技术、管理、信息、咨询、法律服务以及营销技能等无形产品的公司。这类公司包括跨国银行、保险公司、咨询公司、律师事务所以及注册会计师事务所等。20世纪80年代以来,随着服务业的迅猛发展,服务业已逐渐成为当今最大的产业部门,服务提供型跨国公司也成为一种重要形式。

2) 按经营结构分类

按照跨国公司的产品种类和经营结构,可以将跨国公司分为以下三种类型。

(1) 横向型跨国公司。横向型跨国公司是指母公司和各分支机构从事同一种产品的生产和经营活动的公司。在公司内部,母公司和各分支机构之间在生产经营上专业化分工程度很低,生产制造工艺、过程和产品基本相同。这类跨国公司的特点是母子公司之间在公司内部相互转移生产技术、营销诀窍和商标专利等无形资产,有利于增强各自的竞争优势与公司的整体优势、减少交易成本,从而形成强大的规模经济。横向型跨国公司的特点是地理分布区域广泛,通过在不同的国家和地区设立子公司与分支机构就地生产与销售,以克服东道国的贸易壁垒,巩固和拓展市场。

(2) 垂直型跨国公司。垂直型跨国公司是指母公司和各分支机构之间实行纵向一体化专业分工的公司。纵向一体化专业分工又有两种具体形式:一是指母子公司生产和经营不同行业的相互关联产品,如自然资源的勘探、开发、提炼、加工制造与市场销售等;二是指母子公司生产和经营同行业不同加工程序和工艺阶段的产品,如专业化分工程度较高的汽车行业与电子行业等的关联产品。垂直型跨国公司把具有前后衔接关系的社会生产活动国际化,母子公司之间的生产经营活动具有显著的投入产出关系。这类公司的特点是全球生产的专业化分工与协作程度高,各个生产经营环节紧密相扣,便于公司按照全球战略发挥各子公司的优势;而且由于专业化分工,每个子公司只负责生产一种或少数几种零部件,有利于实现标准化、大规模生产,获得规模经济效益。

(3) 混合型跨国公司。混合型跨国公司是指母公司和各分支机构生产和经营互不关联产品的公司。混合型跨国公司是企业在世界范围内实行多样化经营的结果,它将没有联系的各种产品及其相关行业组合起来,加强了生产与资本的集中,规模经济效果明显;同时,跨行业非相关产品的多样化经营能有效地分散经营风险。但是由于经营多种业务,业务的复杂性会给企业管理带来不利影响,因此具有竞争优势的跨国公司并不是向不同行业盲目扩展业务,而是倾向于围绕加强核心业务或产品的竞争优势开展国际多样化经营活动。

除了上述分类以外,20 世纪 60 年代末,美国经济学家巴尔马特(Howard Perlmutter)从跨国公司的决策行为出发,将跨国公司分为以下三种类型:一是民族中心型公司(Ethnocentric Corporations),其决策哲学是以本民族为中心,决策行为主要体现母国与母公司的利益。二是多元中心型公司(Polycentric Corporations),其决策哲学是多元与多中心,决策行为倾向于体现众多东道国与海外子公司的利益。三是全球中心型公司(Geocentric Corporations),此类公司既不以母公司也不以分公司为中心,其决策哲学是公司的全球利益最大化。

10.3.2 跨国公司的产生与发展

跨国公司是垄断资本主义发展的产物。19 世纪 60 年代,资本主义从自由竞争逐渐向垄断阶段过渡,"过剩资本"的大量形成直接成为资本国际流动的动力和源泉,西方国家的一些大企业开始向海外投资,资本输出成为这一阶段的重要特征。19 世纪末 20 世纪初,资本主义进入垄断阶段,资本输出大大发展起来,这时才开始出现少数跨国公司。当时,发达资本主义国家的某些大型企业通过对外直接投资,在海外设立分支机构和子公司,开始跨国性经营。例如,美国的胜家缝纫机器公司、威斯汀豪斯电气公司、爱迪生电器公司,英国的帝国化学公司,德国的拜耳化学公司,瑞典的诺贝尔公司等都先后在国外活动。这些公司是现代跨国公司的先驱。据估计,到第一次世界大战之前,美国在海外拥有的制造业子公司已达 122 家,欧洲大陆国家为 167 家,英国有 60 家。

在两次世界大战期间,由于战争、经济危机等影响,发达国家对外直接投资增长缓慢,处于停滞状态。因此,跨国公司在数量上和规模上也是缓慢发展。

第二次世界大战以后,尤其是 20 世纪 50 年代以来,全球范围内直接投资迅猛增长,跨国公司也得到了空前发展。这一时期跨国公司的发展可以分为三个阶段:战后初期至 20 世纪 60 年代末为第一阶段,美国跨国公司占绝对优势地位。据统计,1956 年世界最大的 200 家跨国公司中,美国有 144 家,占 70% 以上。

1968年,全球跨国公司总数为7276家,海外子公司27000家。自20世纪70年代初开始至80年代末为第二阶段,国际直接投资格局逐步由美国占绝对优势向多极化方向发展。自20世纪90年代初期至今为第三阶段,跨国公司在全球经济一体化时代获得长足发展。据UNCTAD统计,1990年世界跨国公司总数超过3.5万家,在海外设立分支机构15万多家,全球销售额达5.5万亿美元,有史以来第一次超过世界贸易总额。1996年全球跨国公司总数为44508家,在海外设立分支机构达276659家。2008年上述数据分别为8.2万家和81万家。

进入21世纪以来,尽管发展中国家的跨国公司取得了快速发展,但发达国家的跨国公司仍占据绝对主导地位。例如,2002年全世界有约6.4万家跨国公司,在海外拥有87万多家分支机构,全球销售额达18万亿美元,而同期全球出口额仅为8万亿美元,跨国公司海外分支机构共雇佣了大约5300万员工。但是,跨国公司的地区与行业分布很不平衡。以海外资产衡量的世界最大100家跨国公司中大约有90家的总部设在美国、欧盟与日本,这些公司一半以上是集中在电气和电子设备、汽车以及石油勘探与分销行业。发展中国家的跨国公司虽然在20世纪90年代获得长足发展,但其总体实力与发达国家相去甚远。同时,发展中国家跨国公司在地区与行业分布上也较为集中,最大的50家跨国公司基本上来自于大约13个亚洲和拉丁美洲国家和地区以及南非,它们主要集中在建筑、食品与饮料以及多样化经营的行业。

根据UNCTAD《2008年世界投资报告》,2006年按国外资产排名的非金融跨国公司世界25强中,美国7家、德国6家、法国4家、英国2家、日本2家、西班牙1家、瑞士1家、英荷合资1家、中国香港1家。表10.4给出了排名前10位跨国公司的基本情况。这10家公司中,跨国指数(TNI)①最高的是英国的沃达丰集团(85%),其次是英国石油公司(80%),最低的法国电力公司(35%)。

表10.4 2006年按国外资产排名的非金融跨国公司世界10强(单位:百万美元)

排名	公司名称	母经济体	所属行业	国外资产额	国外销售额	国外雇员数(人)	国外子公司数(个)
1	通用电气	美国	电气和电子设备	442278	74285	164000	785
2	英国石油公司	英国	石油开采/提炼/分销	170326	215879	80300	337

---

① 跨国指数(Transnationality Index,TNI)是指以下列三种比率计算的平均值:国外资产占总资产的比率、国外销售额占总销售额的比率、国外雇员占总雇员的比率。TNI是用来综合评价企业国际化程度的指标,即TNI越高,企业的国际化程度就越高。

第10章 当代国际贸易的发展

(续)表10.4

排名	公司名称	母经济体	所属行业	国外资产额	国外销售额	国外雇员数(人)	国外子公司数(个)
3	丰田汽车公司	日本	机动车辆	164 627	78 529	113 967	169
4	皇家荷兰/壳牌集团	英/荷	石油开采/提炼/分销	161 122	182 538	90 000	518
5	埃克森美孚公司	美国	石油开采/提炼/分销	154 993	252 680	51 723	278
6	福特汽车公司	美国	机动车辆	131 062	78 968	155 000	162
7	沃达丰集团	英国	电信	126 190	32 641	53 138	30
8	道达尔	法国	石油开采/提炼/分销	120 645	146 672	57 239	429
9	法国电力公司	法国	水、电、气供应	111 916	33 879	17 185	199
10	沃尔玛	美国	零售	110 199	77 116	540 000	146

资料来源:UNCTAD.世界投资报告[R].2008.

在2006年按国外资产排名的发展中经济体非金融跨国公司世界25强中,大多为东亚和东南亚的公司。其中,中国香港、中国内地、韩国均有4家公司上榜,墨西哥有3家,新加坡、中国台湾、巴西均有2家公司上榜,其他国家共有4家。这其中,规模最大的当属中国香港的和记黄埔,其海外资产额为706.79亿美元,全球排名第21位,TNI为82.3%。2006年,中国内地上榜的公司中,海外资产规模最大的是中信集团,其海外资产额为176.23亿美元、销售额为24.82亿美元、子公司数目12个,TNI为18.9%。另外的3家公司分别是中国远洋运输(集团)总公司、中国建筑工程总公司和中国石油天然气集团公司[①]。

10.3.3 跨国公司对国际贸易的影响

跨国公司的发展推动了各种生产要素在国际间的转移与重新组合配置,扩大了国际直接投资、国际贸易和国际技术转让的规模,促进了世界经济一体化的进程和世界各国之间经济合作活动的开展,使各国经济越来越紧密地结合在一起,促进了世界经济的不断发展和繁荣。作为战后国际贸易的直接经营者,跨国公司

---

① 根据中国企业联合会、中国企业家协会公布的数据,2012年按海外资产额排名的中国100大跨国公司的前3位分别是:中国石油天然气集团公司、中国石油化工集团公司和中信集团有限公司,海外资产额分别为82 014 698万元、71 508 698万元和29 785 201万元,TNI分别为26.75%、24.37%和19.76%。

有力地促进了世界贸易的发展,并且由于它在世界工业生产中的主导地位,在一定程度上又决定了国际贸易的结构、商品流向以及市场构成的变化与发展。无论是对发达国家还是对发展中国家的对外贸易都产生了较大的影响。

1. 跨国公司的发展促进了国际贸易规模的扩大

跨国公司为主体的全球化生产与销售规模不断扩大。根据 UNCTAD 2006 年《世界投资报告》的统计数据,截至 2005 年底,跨国公司为载体的世界对外直接投资存量(内向)达到 10.13 万亿美元,跨国公司的数量达到 77 000 家,其附属公司至少达 77 万家,对东道国经济的影响越来越大。2005 年,所有跨国公司国外附属公司的总资产是全球对外直接投资存量的 4.5 倍,达 45.564 万亿美元,同时也超过当年全球 GDP 总额(44.674 万亿美元);国外附属公司总的销售额为 22.171 万亿美元,是同年世界货物和非要素服务出口规模(12.641 万亿美元)的 1.75 倍;跨国公司海外附属企业货物和服务的出口额为 4.214 万亿美元,占当年世界货物和非要素服务出口规模的 1/3;外国子公司雇员总人数达 6 209.5 万。

而根据 UNCTAD 2013 年《世界投资报告》的统计数据,截至 2012 年底,跨国公司为载体的世界对外直接投资存量(内向)达到 22.813 万亿美元。2012 年,所有跨国公司国外附属公司的总资产是全球对外直接投资存量的 3.8 倍,达 86.574 万亿美元,同时也大大超过当年全球 GDP 总额(71.707 万亿美元);外国子公司销售额为 25.98 万亿美元,是同年世界货物和服务出口额(22.432 万亿美元)的 1.16 倍;外国子公司出口额为 7.479 万亿美元,也占当年世界货物和服务出口额的 1/3;外国子公司雇员总人数达 7 169.5 万。

跨国公司本身的发展,销售额的不断增长,势必促进国际贸易总额的增长。第二次世界大战后,国际贸易额的迅速发展是与跨国公司的发展同步的。

跨国公司对国际贸易的推进作用主要体现在两个方面:一是跨国公司为争夺国内外的市场,获取高额利润,必然会用雄厚资金和技术力量发展研究与开发工作,推出新的工业部门、新的材料、新的工艺与新的产品,从而扩展了国际贸易商品的范围。即跨国公司推进了科技的发展,而科技发展为国际贸易发展奠定了物质基础。二是跨国公司为寻求资源的最优配置,在全球设立了生产点,这种国际性的生产方式,加速了国际生产专业化与协作化的发展,加速了国际分工的发展,跨国公司在全球各国的设备输出、公司内部在各国的生产分工、协作,本身就构成国际贸易的内容。

2. 跨国公司对国际贸易商品结构的影响

战后国际贸易的商品结构发生了初级产品比重不断下降,制成品比重日益上升的趋势。这与跨国公司对外投资活动密切相关。跨国公司对外投资主要集中在制造业部门,尤其在资本、技术密集型产业。在发达国家,跨国公司主要集中在资本密集型的新兴产业部门。在发展中国家,由于东道国政府对维护自主权的要求,迫使跨国公司退出某些采掘业等初级产品部门,逐步将其投资放在部分劳动与资源密集型的部门,为了保证制造业部门活动的顺利进行,跨国公司加强了对金融、保险、运输、通讯等服务业部门的投资,这种投资格局,使初级产品贸易比重逐渐下降。同时,跨国公司用丰厚资金与先进技术加强人造原料和合成材料的研制与生产,部分取代了天然原料,也导致了原材料国际贸易比重的下降。

3. 跨国公司对国际贸易地区结构的影响

跨国公司海外投资的 3/4 集中于发达国家和地区,其设立的海外子公司有 2/3 位于此。跨国公司通过内部贸易和外部贸易(与其他外部公司进行的贸易)促进了发达国之间的贸易,带动了这些国家的对外贸易的发展(从来源和投向两方面看)。这就是说发达国家越来越倾向于相互投资,它促使国际贸易也越来越在发达国家之间展开。

4. 跨国公司对国际贸易市场类型结构的影响

这种影响的主要表现是跨国公司的内部贸易促进内部"封闭"市场日益扩大。跨国公司母公司与东道国子公司之间以及分布于不同国家的子公司之间的内部贸易既是一种公司内贸易,也是不同国家之间的贸易,这种被列为国际贸易封闭市场的公司内贸易越多,则公开市场、自由市场的贸易比重就越低。

5. 跨国公司对国际贸易方式的影响

为适应经济全球化及科技革命的需要,跨国公司的生产方式不断地发生变化,跨国公司间的合并收购及战略联盟成为20世纪80年代后期以来生产全球化的主要特征。它使得生产合作与装配业务、许可证技术转让、国际分包合同、补偿贸易、合资经营等变相的与生产直接联系在一起的贸易方式大量涌现。在国际市场大宗交易中,长期合同逐渐取代传统的短期的商业性合同。如国际分包合同,合资经营,补偿贸易等均属于长期合同。

在世界科技开发和技术贸易领域,跨国公司,特别是来自美国、日本、德国、英国等发达国家的跨国公司,发挥着举足轻重的作用。目前,跨国公司掌握了世界上80%左右的专利权,基本上垄断了国际技术贸易;在发达国家,大约有90%的生产技术和75%的技术贸易被这些国家最大的500家跨国公司所控制。许多专家学者认为:跨国公司是当代新技术的主要源泉,技术贸易的主要组织者和推动者。作为技术创新的主要拥有者和技术发明的领头羊的跨国公司,不断加强研究与开发的预算支出和加快新产品的步伐。同时还利用其他国家和地区及其公司已经存在的科技能力,利用不同国家的研究开发成本的差异,获得研究与开发的规模经济和区位经济效益,跨国公司将研究与开发活动在地理位置上更为广泛的分散开来所带来的利润越来越大。研究与开发的分散化既加强了跨国公司自身的优势,也促进了国际技术贸易的发展。

6. 跨国公司对发达国家对外贸易的影响

跨国公司对发达国家对外贸易的影响几乎都是积极的,主要有:

(1) 有利于绕过贸易壁垒,扩大对外贸易渠道。通过跨国公司对外直接投资方式,在东道国当地建立生产和销售网络,可以使企业冲破贸易壁垒的限制,提高受限制商品的竞争力,扩大出口规模。例如美、日企业在欧盟内的大量投资均有该性质。在东道国投资设厂除占领当地市场外,还可以利用投资东道国的对外贸易渠道,扩大对其他国家的出口,如美国对亚洲新兴工业化国家的投资就可以作为其产品进入日本市场的桥梁。

(2) 有利于提高产品的竞争能力。通过对外直接投资,实行就地生产和就地销售战略,可起到减少运输成本、降低关税等其他费用;充分利用东道国各种廉价资源,降低产品成本,更好地使产品适销对路,缩短交货时间,易于提供各种服务,从而能提高产品竞争力。

(3) 有利于减少对发展中国家的依赖。以前,发达国家的原料供应主要依赖发展中国家。但随着跨国公司投资的发展及全球化经营战略的实施,一方面可有利于发达国家产业结构调整和升级,变进口原料为跨国公司内部的半成品的交易;另一方面,有利于加强研究与开发的力度,寻求众多的合成材料、替代能源等,从而有效地减少了对发展中国家作为初级产品提供国的依赖。

7. 跨国公司对发展中国家和地区对外贸易的影响

跨国公司的发展对发展中国家对外贸易的影响表现在两个方面。有利的影响主要有两方面:一是跨国公司对发展中国家和地区投资的集中化,导致发展中国家和地区对外贸易发展也具有集中化的特点,这主要通过增长速度与在贸易总额中的份额来体现。二是跨国公司的进入使发展中国家和地区对外贸易商品结构发生变化。跨国公司在发展中国家和地区的投资主要集中于制造业,大部分属于劳动密集型产业。跨国公司的进入带动了发展中国家和地区这些部门的相应发展,并在一定程度上促使某些部门的出口扩大,从而改变了这些国家和地区的出口以初级产品为主的外贸商品结构。20世纪60年代后一些吸收外国直接投资较多的新兴工业化国家和地区,如巴西、新加坡、墨西哥等,其商品出口结构中制成品的出口比重都在50%以上。不利的影响主要有:一些出口部门受到跨国公司的控制,其发展对国外市场依赖性加强,易受世界市场平均价格波动的影响,因而具有一定的脆弱性。

10.4 国际服务贸易

第二次世界大战以后,世界经济结构的产业升级速度加快,服务产业在许多发达国家的经济结构中的比重迅速扩大。在国际商品贸易和国际投资高速增长的带动下,服务业及服务贸易日趋国际化,导致国际服务贸易的迅速发展和在国际经济往来中重要性的日益增强,全球经济竞争的重点正从货物贸易转向服务贸易。20世纪80年代以来,随着经济全球化的加深和国际产业结构的调整,世界服务贸易取得了长足发展。1980年至2005年间,世界服务贸易出口额从3 650亿美元扩大到24 150亿美元,25年间增长了5.6倍,占世界贸易出口的比重从1/7增长到近1/5。2012年,世界服务贸易出口额更是达到了43 500亿美元,占世界出口贸易总额的19.1%。

10.4.1 国际服务贸易概述

服务(services)是人类生活中一种不可缺少的社会现象。它是指人类以提供活劳动的方式来满足生产和生活的各种需要的一切经济活动。其目的在于提高人类生产力和生活水平。[1] "服务"在这里指的是劳动或者活劳动本身,而不是劳动创造的物品。随着人类社会生产力和科学技术的发展,服务已经发展成为一种相对独立于农业、采矿业和制造业的新行业——服务业(services industry)。现代服务业的范围相当广泛,已形成比较独立的部门服务业主要有:金融保险业、邮电通讯业、交通运输业、旅游业、广告咨询业、视听服务业、教科文体业等等。

---

[1] 汪尧田,周汉民.关税与贸易总协定总论[M].北京:中国对外经济贸易出版社,1992:174.

1. 国际服务贸易的含义与提供方式

服务贸易(Trade in Service)如同货物贸易一样,可以分为国内服务贸易和国际服务贸易。但通常意义上的服务贸易多指国际服务贸易(International Trade in Service),即国家或地区之间服务输入(进口)和服务输出(出口)的一种贸易形式。从一个国家的角度来看,凡是通过对国外提供一定的劳动活动、取得外汇收入即构成该国的服务出口;凡是接受国外的劳动活动、付出外汇即构成该国的服务进口。

国际服务贸易不能等同于国际无形商品贸易,而是无形贸易的重要组成部分。国际服务贸易与国际劳务交流也有区别,劳务交流主要反映为国际劳动力非交易性的流动和转移;而服务贸易是可以涉及人员流动,也可无须人员流动的交易活动。也就是说,国际服务贸易既包括劳动力实体的输出与输入,也包括仅属劳务的提供和使用的交易活动。

目前,WTO《服务贸易总协定》(GATS)对服务贸易所做的定义已成为"国际服务贸易"的权威性定义,已为各国普遍接受。根据GATS第1条(服务贸易的定义),国际服务贸易具体应包括如下四项供应方式或形式:

(1) 跨境交付(cross-border supply),即从一成员方境内向境外任何一成员方境内提供服务,这是典型的跨国界服务贸易。其特点是服务提供者和消费者分别处于不同的国家或地区,即特别强调买方和卖方地理上的界限,跨越国境或边界的只是服务本身。如通过电讯、邮电、计算机网络等为对方服务。这类服务贸易与一般的货物贸易形式非常相似,充分体现了国际贸易的一般特征,是国际服务贸易的基本方式。

(2) 境外消费(consumption abroad),即在一成员方境内向任何其他成员的服务消费者提供服务。诸如涉外旅游服务、为外国病人提供医疗服务、境外留学等。这也是一种简单的服务贸易形式,涉及的问题很少,因为它不要求服务的消费国允许服务提供者进入其境内。

(3) 商业存在(commercial presence),即一成员的服务提供者在任何其他成员方境内通过商业存在提供服务,亦即服务提供者在外国建立商业机构为消费者服务,例如外国公司到本国来开设银行、保险公司、零售商店、律师事务所等。这种服务往往与对外直接投资(FDI)联系在一起,规模大、范围广、发展潜力大,对服务消费国特别是发展中国家和地区的冲击力较强,是国际服务贸易中最敏感、最活跃、最主要的形式。

(4) 自然人流动(movement of natural persons),即一成员方的自然人在其

他任何成员方境内提供服务。这类服务贸易规模较小,时间有限。自然人流动也是生产要素流动的主要内容之一,发展中国家要求把劳工流动纳入服务贸易框架之中。自然人流动中的自然人在他国境内的存在是暂时的,且不能取得其他成员方永久公民的资格,不能永久居留和就业。

需要指出的是,商业存在与自然人流动有着本质区别:商业存在是指允许外国企业和经济实体到一国境内开业,提供服务,包括设立合资、合作和独资企业;而自然人流动则是允许外国单独的个人入境来提供服务,以自然人流动方式提供的服务一般具有个体性和暂时性的特征。

《2005年国际贸易统计》显示,WTO估测的全球服务贸易供应方式构成如下:跨境交付,35%;境外消费,10%~15%;商业存在,50%,自然人流动,1%~2%。可见,商业存在是国际服务贸易最主要的提供方式。

2. 国际服务贸易的特性

与国际货物贸易不同,国际服务贸易具有下列主要特性:

(1) 服务贸易标的具有不可储存性。服务产品是无形的,具有不可触摸和储存的特性,也不易运输。服务的生产、供给与消费往往同时发生和完成,属于统一过程。

(2) 服务贸易多依赖于生产要素(资本、劳动与信息等)的国际移动及服务机构的跨国设置(即商业存在)。出口与进口的划分不再是货物贸易的关境或国境,而是境内服务的提供和消费地。

(3) 服务贸易的统计与货物贸易不同。货物贸易反映在海关的贸易统计上,而服务贸易则反映在一国国际收支平衡表上,但不显示在海关的贸易统计上。

(4) 国家对服务贸易的监管方式不同于货物贸易。一国对服务贸易的管理不再是边境和关境措施,而是通过国内法和行政制度进行管理。其对象既包括服务自身,也包括服务提供者和消费者。

此外,由于某些服务业的市场开放涉及国家主权与经济安全、政治与文化等敏感问题,因此各国对服务贸易的监管较严、限制较多。

10.4.2 国际服务贸易的分类与构成

由于国际服务贸易的多样性和复杂性,目前尚未形成一个统一的分类标准。许多经济学家和国际经济组组织为了分析方便和研究的需要,从各自选择的角度对国际服务贸易进行划分或分类。

从服务发生的根源和服务的目的来分,国际服务贸易可分为三种类型:① 为商品贸易服务,如海陆空货物运输、装卸、保险服务,委托银行办理的收支业务,通讯、信息服务等;② 为发展经济服务,如工程设计、承包工程、技术咨询与服务、人员培训、技术工人和生产工人跨国界雇佣等;③ 为生活服务,如为旅游者服务的饭店和宾馆、医疗,有票房收入的文艺演出及厨师、保姆等生活服务人员的劳务服务等。

按服务是否在提供者与使用者之间移动划分,国际服务贸易可分为四类:① 分离式服务,即服务提供者与使用者在国与国之间不需要移动而实现的服务。运输服务是分离式服务的典型例子。② 需要者所在地服务,即服务的提供者转移后产生的服务,一般要求服务的提供者需要与服务使用者在地理上毗邻、接近。银行、金融、保险服务是这类服务的典型代表。③ 提供者所在地服务,即服务的提供者在本国国内为外籍居民和法人提供的服务,一般要求服务消费者跨国界接受服务。国际旅游、教育、医疗属于这一类服务贸易。④ 流动式服务,即服务的消费者和生产者相互移动所接受和提供的服务,服务的提供者进行对外直接投资,并利用分支机构向第三国的居民或企业提供服务。这种要求服务的消费者和提供者存在不同程度的资本和劳动力等生产要素的移动。

依据同商品贸易、直接投资的密切程度划分,国际服务贸易可分为三类:① 同国际货物贸易直接相关的古典国际服务贸易,如国际运输、国际维修和保养、国际金融服务(主要是贸易结算服务)、商品的批发和零售等。② 同国际直接投资密切相关的要素转移性质的国际服务贸易,如股票、债券等形式的证券投资收益,经营管理的利润收益,建筑和工程承包等劳务输出以及金融服务业的国际信贷等。③ 相对独立于货物贸易和直接投资的新兴产业的国际服务贸易,如国际旅游业提供的服务、世界信息网络的服务、视听产品与知识产权服务等。

此外,西方文献中,也有将国际服务贸易分为"要素服务贸易"和"非要素服务贸易"两种①。

乌拉圭回合服务贸易谈判小组在对以商品为中心的服务贸易分类的基础上,结合服务贸易统计和服务贸易部门开放的要求,在征求各谈判方的提案和意见的基础上,提出了以部门为中心的服务贸易分类方法,将服务贸易分为 12 大类。具体是:

(1)商业性服务。指在商业活动中涉及的服务交换活动,服务贸易谈判小组列出的 6 类这种服务,其中既包括个人消费的服务,也包括企业和政府消费的服

---

① 参见本书第 1 章第 1.1 节。

务。① 专业性(包括咨询)服务,涉及的范围包括法律服务、工程设计服务、城市规划与环境保护服务等;② 计算机及相关服务,包括计算机硬件安装的咨询服务、软件开发与执行服务、数据处理服务、数据库服务及其他;③ 研究与开发服务,包括自然科学、社会科学及人类学中的研究与开发服务等;④ 不动产服务,指不动产范围内的服务交换,但是不包含土地的租赁服务;⑤ 设备租赁服务,主要包括交通运输设备,如汽车、卡车、飞机、船舶等,和非交通运输设备,如计算机、娱乐设备等的租赁服务;⑥ 其他服务,如生物工艺学服务、翻译服务、展览管理服务、广告服务、调查与保安服务、印刷及出版服务、会议服务等等。

(2) 通讯服务。主要指所有有关信息产品、操作、储存设备和软件功能等服务。通信服务由公共通信部门、信息服务部门、关系密切的企业集团和私人企业间进行信息转接和服务提供。主要包括:邮电服务;信使服务;电信服务,其中包含电话、电报、数据传输、电传、传真;视听服务,包括收音机及电视广播服务;其他电信服务。

(3) 建筑服务。主要指工程建筑从设计、选址到施工的整个服务过程。具体包括:选址服务,涉及建筑物的选址,国内工程建筑项目,如桥梁、港口、公路等的地址选择,建筑物的安装及装配工程;工程项目施工建筑;固定建筑物的维修服务;其他服务。

(4) 销售服务。指产品销售过程中的服务交换。主要包括:商业销售,主要指批发业务、零售服务、与销售有关的代理费用及佣金等;特许经营服务;其他销售服务。

(5) 教育服务。指各国间在高等教育、中等教育、初等教育、学前教育、继续教育、特殊教育和其他教育中的服务交往。如互派留学生、访问学者等。

(6) 环境服务。指污水处理服务、废物处理服务、卫生及相似服务等。

(7) 金融服务。主要指银行和保险业及相关的金融服务活动。包括:①银行及相关的服务:银行存款服务、与金融市场运行管理有关的服务、贷款服务、其他与贷款相关的服务;与债券市场有关的服务:主要涉及经纪业、股票发行和注册管理、有价证券管理等;附属于金融中介的其他服务:包括贷款经纪、金融咨询、外汇兑换服务等。②保险服务:货物运输保险,其中含海运、航空运输及陆路运输中的货物运输保险等;非货物运输保险,具体包括人寿保险、养老金或年金保险、伤残及医疗费用保险、财产保险服务、债务保险服务;附属于保险的服务:例如保险经纪业、保险类别咨询、保险统计和数据服务,再保险服务。

(8) 健康及社会服务。主要指医疗服务、其他与人类健康相关服务,社会服务等。

(9) 旅游及相关服务。指旅馆、饭店提供的住宿、餐饮服务、膳食服务及相关的服务,旅行社及导游服务。

(10) 文化、娱乐及体育服务。指不包括广播、电影、电视在内的一切文化、娱乐、新闻、图书馆、体育服务,如文化交流、文艺演出等。

(11) 交通运输服务。主要包括:货物运输服务,如航空运输、海洋运输、铁路运输、管道运输、内河和沿海运输、公路运输服务,也包括航天发射以及运输服务,如卫星发射等;客运服务;船舶服务(包括船员雇用)等;附属于交通运输的服务,主要指报关行、货物装卸、仓储、港口服务、起航前查验服务等。

(12) 其他服务。

目前,在 WTO 的统计分析中,一般将国际服务贸易划分为三类,即运输服务、旅游服务和其他商业服务。而在 IMF 的统计分析中,则是将国际服务贸易分为五类,即货物运输、其他运输包括客运及港口服务、国际旅游、政府服务和其他私人服务与收入。

10.4.3 国际服务贸易的方式

综观服务贸易的方式,既有单纯的服务贸易,也有与其他因素相结合的服务贸易方式。

1. 单纯的服务贸易

这是一种典型的服务贸易方式。一般是服务进口方在接受服务出口方的服务之后,以双方约定的货币支付服务费用。在这种方式下,服务贸易双方可以是企业或团体,也可以是个人。如货物运输服务、厨师、保姆等生活服务。就提供服务的地点来看,有几种情况:①必须在进口国提供服务,如工程承包、艺术演出、跨国佣工等;②可以在出口境内提供服务,如旅游服务、接受外国患者就医等;③在进国和出口国都要提供服务,如货物运输、旅客运输、通信业务等;④可以在进口国,也可以在出口国提供服务,如工程设计、法律服务、技术咨询、会计业务等。

2. 与货物贸易相结合的服务贸易

在这种方式下,服务的进口方在接受服务出口方服务的同时,也进口一定数额的货物,或者是服务进口方用商品支付服务出口方的服务费用。前者如工程承包、工程设计等;后者如中东石油输出国对外国建筑承包公司承包工程的服务费,部分用现汇支付,部分用石油支付等。有时根据双方需要也发生平行的服务贸易与商品贸易的复合,如技术专利许可和技术服务与成套设备组合的交易等。当今的世界贸易,有相当一部分产品,特别是成套设备、高新技术产品等的国际交换活动,往往是采用货物贸易、技术贸易和服务贸易"三位一体"的组合方式来开展的。

3. 与信贷或投资相结合的服务贸易

如服务进口国对外国公司承包的工程延期付款,或外国承包公司提供贷款,或外国公司带资投标,以及补偿贸易中的服务补偿等。

10.4.4 当代国际服务贸易的基本特征

(1) 生产性服务在国际服务贸易中上升为主体,成为国际化大生产的必要条件。当代世界市场的竞争已从价格竞争转向非价格竞争,一个国家在世界市场竞争中能否占据优势,在很大程度上取决于它是否能为商品交换提供高水平的国际服务,所以,各国都注重生产性服务,不仅注重保障商品生产过程中的服务,而且更重视商品交换过程中的服务。一方面,商品贸易的发展促进了与商品贸易相关的传统服务项目,如货物运输、港口服务、金融、保险等的发展;另一方面,传统服务项目的兴起和发展反过来又促进了商品贸易的扩大。

(2) 国际服务贸易是国民经济发展的重要调节器,并成为维护国家利益的重要手段。国际服务贸易已不是一般意义上的服务交换,它已成为国际信息流动的渠道,并且具有世界信息、技术、金融的再分配机制。它是一种吸收、反馈信息的网络,是技术转让的重要渠道。它对物质生产及整个国民经济的发展起着重大的调节作用。这说明了服务贸易的重要性,但并不意味着它将取代、排挤物质生产。相反,它必须与物质生产的商品贸易以及现代科学技术紧密结合才有巨大的生命力,在发展生产中开拓服务业。

通信和信息技术在世界服务贸易中的广泛应用,把一系列国家经济命脉、主权、安全的关键领域引入了国际交换市场,这使各国国家机构不得不把以信息流动为主的世界服务贸易作为战略问题加以处理,实行有效的监督和管理,使之为国家利益服务。

(3) 世界服务贸易规模与货物贸易共同增长。20世纪70年代期间,世界服务贸易出口与货物贸易出口均保持快速增长且大体持平,年均增长17.8%。进入80年代,世界服务贸易出口平均增速开始高于货物贸易,80年代后期年均增幅更是高于10%。到了90年代,服务贸易平均增速呈波动下降趋势,约为6%,恢复到与货物贸易基本持平的状态。其间GATS于1994年最终签署,成为世界服务贸易全球化发展的标志性事件。跨入21世纪后,世界服务贸易出口进入稳定增长期,增幅开始逐渐回升,2004年首次突破2万亿美元。这一期间世界服贸易平均增速略低于货物贸易。尽管2005年服务贸易出口增速有所下降,但总的趋势还是保持增长的(参见图10.3)。

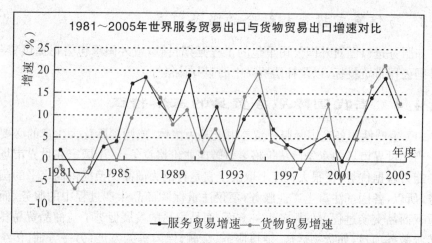

图10.3　1981～2005年世界服务贸易出口与货物贸易出口增长速度对比

2006年以来,无论是国际货物贸易还是服务贸易规模变化情况,均有一个不断上升,转而大幅下降,继而快速回升的过程。就国际服务贸易出口额的变化情况来看,从2006年的27 550亿美元快速上升到2008年的37 800亿美元。受全球金融危机的深刻影响,2009年全球服务贸易出口额降至33 500亿美元。2010年后,国际服务贸易逐步回升。2010～2012年间,国际服务贸易出口额分别为36 950亿美元、41 700亿美元和43 500亿美元。见图10.4。

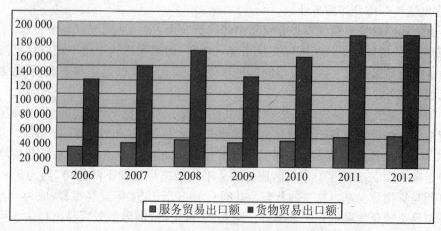

图10.4　2006～2012年世界服务贸易出口额与货物贸易出口额比较(单位:亿美元)

(4) 国际服务贸易的地理分布不平衡。由于当代世界各国经济和服务业发展严重不平衡,各国的对外服务贸易水平及在国际服务市场上的竞争实力悬殊,与国际商品贸易领域相比较,全球各地区和各国服务贸易发展的不对称性更加突出,这种不平衡主要表现在工业发达国家和新兴工业化国家与地区服务贸易发展迅速并且占据明显优势。这种不平衡的发展主要是由于现代许多服务贸易是资本密集型和知识、技术密集型的。而服务部门的竞争力来自于生产专业化程度以及这种专业化与经济环境的吻合程度。服务部门专业化一方面产生规模经济效应,另一方面导致服务部门技术标准化和服务综合化,而它们均构成一国服务部门竞争力的基础。发达国家已进入服务社会,其服务部门专业化程度高且与经济环境吻合程度好,必然在服务贸易中占据优势。

近年来发达国家在世界服务贸易中仍占主导地位,发展中国家地位趋于上升。从服务贸易出口总量看,美国、英国等发达国家在世界服务贸易中占据主导地位。1980年以来的大部分年份,美国、英国、德国、法国和日本一直居服务贸易出口前5名。

WTO统计数据显示(见表10.5),2012年全球服务贸易出口总额达43 500亿美元,进口额达41 500亿美元;进、出口额与2004年同比增幅分别为3%和2%;进口额、出口额超过1 000亿美元的国家或地区均有14个(其中,美国、和德国的服务贸易进口额、出口额均双双超过2 000亿美元)。

表10.5 2012年全球服务贸易最大的出口/进口国家或地区(单位:10亿美元)

	服务出口					服务进口			
位次	国家或地区	金额	份额(%)	增长(%)	位次	国家或地区	金额	份额(%)	增长(%)
1	美国	621.0	14.3	6	1	美国	411.0	9.9	4
2	英国	280.0	6.4	-3	2	德国	293.0	7.1	-1
3	德国	257.0	5.9	-1	3	中国	280.0	6.7	18
4	法国	211.0	4.8	-6	4	日本	175.0	4.2	5
5	中国	190.0	4.4	8	5	英国	174.0	4.2	0
6	日本	142.0	3.3	0	6	法国	172.0	4.1	-9
7	印度	141.0	3.2	3	7	印度	127.0	3.1	3
8	西班牙	136.0	3.1	-4	8	荷兰	119.0	2.9	-1
9	荷兰	131.0	3.0	-3	9	新加坡	118.0	2.8	3

(续)表 10.5

	服务出口					服务进口			
位次	国家或地区	金额	份额(%)	增长(%)	位次	国家或地区	金额	份额(%)	增长(%)
10	中国香港	123.0	2.8	5	10	爱尔兰	112.0	2.7	-3
	以上合计	2232.0	51.3	—		以上合计	1981.0	47.7	—
	世界总计	4350.0	100.0	2		世界总计	4150.0	100.0	3

资料来源:WTO.国际贸易统计[R].2013.经整理.

服务贸易大国多为发达国家,2012年进入世界进、出口前十位的均有7个发达国家。欧盟(27国)、北美的服务贸易出口额分别达到18 310亿美元和6 990亿美元,分别占全球的42.1%和16.1%;加上日本的服务贸易出口额(1 420亿美元),三方总计达26 720亿美元,占全球的61.4%(相比2005年的72.5%,这一比重有了较大的下降,表明国际服务贸易出口多元化趋势明显)。其中,5个主要发达国家(美国、英国、德国、法国和日本)就达15 110亿美元,占全球比重的34.7%。

值得注意的是,在发达国家中,不同国家的服务贸易收支状况是有所不同的。2012年前十大出口国家或地区中,美国、英国、西班牙、法国和荷兰是服务贸易的净输出国,顺差额分别为2 100亿美元、1 060亿美元、470亿美元、390亿美元和120亿美元;而德国、日本则一改其在货物贸易中的巨大顺差情况,存在着较大的服务贸易逆差,2012年逆差额分别达到360亿美元和340亿美元。其他发达国家中,瑞士、卢森堡、瑞典和奥地利顺差较多,2012年分别达430亿美元、300亿美元、210亿美元和190亿美元;而加拿大、澳大利亚逆差较多,2012年分别为270亿美元和110亿美元。

从发展中国家和地区来看,2012年亚洲(日本、澳大利亚除外)、中南美和非洲的服务贸易出口总额为11 610亿美元,占全球的26.7%。这其中,东亚及东南亚地区的中国、中国香港、新加坡、韩国、中国台湾、泰国、中国澳门和马来西亚8个国家和地区的服务贸易出口总额达7 160亿美元,占全球的16.5%左右。中国香港地区不仅挤入前十大出口国家/地区行列,且拥有较大顺差,2012年顺差达660亿美元。此外,印度的服务贸易出口规模2012年达1 410亿美元(全球排名第7位,占比3.2%,)。相比之下,中南美和非洲的服务贸易出口额却分别只有1 400亿美元和820亿美元,在全球服务贸易中的地位相对较低。

需要指出的是,由于亚洲及其他发展中国家有着广阔的国际服务贸易市场,随着国际服务贸易自由化程度的不断提高,以及各发展中国家服务市场的进一步

第 10 章 当代国际贸易的发展

开放,可以肯定,发展中国家特别是亚洲的发展中国家将在国际服务贸易中占有越来越重要的地位。

(5) 发达国家与发展中国家国际服务贸易结构存在差异。第二次世界大战之前,服务贸易主要集中在劳务的输出输入。第二次世界大战以后特别是 20 世纪 80 年代以来,由于第三次产业革命的完成,电讯、金融、运输、旅游以及各种信息产业、知识产权等的迅速发展,服务贸易加快向这些领域发展。在 1970 年,运输服务占国际服务贸易的 40%,国际旅游占 30%,其他服务贸易占 30%。而到 2000 年,运输服务出口占比降至 23.2%;国际旅游出口的比重微幅上升至 31.9%;以通信、计算机和信息服务、金融、保险、专有权利使用费和特许费为代表的其他服务贸易出口占比上升到 44.8%。随着知识经济时代的到来,服务产业与高新技术产业在当今世界经济中的作用越来越重要。在过去的十多年中,许多新兴服务行业从制造业中分离出来,形成独立的服务业,如技术、信息、知识密集型的服务业,其中增长最快的是电信服务贸易。

从全球服务贸易结构来看(参见表 10.6),21 世纪来,传统服务贸易所占比重有所下降。2000~2012 年,运输和旅游服务贸易出口比重分别从 23.2%和 31.9%降至 20.5%和 25.5%,而其他商业服务出口比重则从 44.8%上升到 53.9%。

表 10.6 2000~2012 年世界服务贸易构成情况(单位:10 亿美元)

		金额	比重(%)				
		2012	2000	2005	2010	2011	2012
出口	服务贸易总额	4350	100.0	100.0	100.0	100.0	100.0
	运输服务	890	23.2	22.6	21.1	20.6	20.5
	旅游	1110	31.9	27.9	24.9	25.1	25.5
	其他商业服务	2345	44.8	49.5	53.7	54.1	53.9
进口	服务贸易总额	4150	100.0	100.0	100.0	100.0	100.0
	运输服务	1145	28.6	28.6	27.1	27.7	27.5
	旅游	995	30.5	27.4	23.8	23.4	24.0
	其他商业服务	1965	41.2	44.0	47.6	47.8	47.3

资料来源:WTO. 国际贸易统计[R]. 2013. 经整理.

从三大类服务贸易来看,20 世纪 90 年代以来,其他商业服务出口增速均是最快的。如1995~2000年、2000~2005年、2005~2010年,三个时期其他商业服务出口增速均比整个服务贸易出口增速高出2个百分点。见表10.7。

表10.7 1990~2012年世界各类服务贸易出口增长情况(%)

	1990~1995	1995~2000	2000~2005	2005~2010	2011	2012
合计	8	5	11	9	11	2
运输服务	6	3	10	7	9	1
旅游	9	4	8	6	12	4
其他商业服务	9	7	13	11	12	2

资料来源:WTO.国际贸易统计[R].2013.

就发展中国家而言,其在服务贸易结构上存在着明显的劣势。到目前为止,发展中国家在服务贸易中仍然主要是靠旅游、运输等传统的服务业。尽管包括金融服务、通讯服务、知识产权交易等新兴服务业所占比重有所上升,但进入20世纪80年代以来,这些项目在发展中国家服务进口中的比重增长快于在服务出口中比重的增长,这说明了发展中国家对该类服务进口的依赖程度在增加。可以说,该领域是发展中国家与发达国家在服务贸易中差距最大的领域。而这一领域包括了银行、保险、通信服务、数据处理技术服务、咨询、广告等服务中与当今科技和物质生产结合最紧密的部分,是国际服务市场上有广阔发展前景的行业。这些服务行业发展最快,国际化倾向最强,也最易受贸易自由化的影响,在这些领域中国际竞争力强弱关系着一国在未来国际服务贸易格局中的地位。而发展中国家由于经济发展水平远远低于发达国家,在这些知识、技术和资本密集型服务领域中,尚难以与发达国家匹敌。

上述格局明显地体现在服务贸易的发展过程中,发展中国家大都是服务贸易逆差国。与此相反,发达国家则长期保持着服务贸易顺差。美国在服务贸易上有大量顺差,是世界上最大的贸易顺差国。大量服务贸易顺差的存在,在一定程度上改善了美国国际收支恶化的状况。

值得注意的是,当前广大发展中国家已经充分意识到抓住新一轮国际产业转移趋势对本国经济发展的重要性,开始利用比较优势大力发展服务业和服务贸易。发展中国家除在劳务输出、建筑工程承包、旅游等传统服务贸易中继续保持一定优势外,在通讯、计算机和信息服务方面也在加大投入,发掘区位优势、人力资源优势和政策优势,积极承接发达国家的外包业务。中国、印度、菲律宾、墨西哥、巴西等国已经逐步成为区域性或全球性服务外包中心。从世界范围来看,发

第10章 当代国际贸易的发展

展中国家的服务贸易出口竞争力正在增强。根据WTO统计数据,2005~2010年,亚洲、非洲、中南美洲服务贸易出口增幅均高于全球出口增幅,而北美、欧洲的出口增幅则均低于全球出口增幅。从其他商业服务出口来看,也有类似的情况。2005~2010年,亚洲、非洲、中南美洲其他商业服务出口增幅分别为13%、11%和16%,均高于或等于全球出口增幅11%,而北美、欧洲的出口增幅则均为10%。

(6) 世界服务市场向多元化方向发展。第二次世界大战后,由于世界经济和技术的迅速发展,国际服务贸易市场呈多元化。近年来,劳务输入的国家越来越多,对国际劳务合作的需要和范围越来越大,地理分布也越来越广。

20世纪70年代以前,西方发达国家是最主要的劳务输入市场。20世纪70年代以后,西方发达国家的经济长期陷入"滞胀"局面,导致了欧美各国对外籍工人需求的减少。与此同时,中东和北非的几个主要石油生产国,每年都需要大量的外籍工人,日益成为劳务输入的主要市场。20世纪80年代以来,亚洲、非洲和南美洲的一些国家和地区经济发展迅速,对国外服务也有一定需求。东南亚的新加坡和马来西亚的经济发展较快,建设投资不断增加,同时,它们又采取鼓励外来投资政策,新建工程不断增加,为国外承包商提供了相当多的工程承包机会。根据WTO统计数据,2012年,中国、印度、新加坡、韩国、巴西、中国香港、泰国、中国台湾、马来西亚、印度尼西亚10个国家和地区的服务贸易进口额达9 370亿美元,全球占比为22.6%。而在2000年,上述10个国家或地区的服务贸易进口额仅有2 239亿美元,全球占比15.6%。

此外,跨国公司的崛起和迅速发展,也大大促进了服务贸易市场的多元化和服务贸易的国际化。

(7) 国际服务贸易竞争加剧、保护主义盛行。由于服务贸易迅速发展及多元化、国际化趋势的加强,更由于服务贸易对世界各国经济重要性的日益提高,使国际服务市场的竞争加剧。

服务贸易壁垒很多,一般难于列表和分类。最普通的是影响各种服务贸易的一些限制,如电信技术(穿越国界的数据交流)限制、通货限制和移民限制。这三种普遍的限制对服务生产者和消费者的影响是一样的,服务生产者很可能难于获得进行有效经营所必需的信息,难于购买需要的物品或将利润汇回本国,难于使它的人员跨越国境等。服务消费者则可能难以获得有关竞争性服务产品的信息,难于用其他货币或在其他国家购买服务,以及难于离开自己的国家或者难于进入其他国家等。

尽管服务贸易壁垒的类型难以划分,但一些西方学者还是曾就服务贸易壁垒进行分类,客观地说,这些分类也不无参考价值。如1995年特比尔科克(M. J.

Trebilcock)和豪斯(R. Howse)把服务贸易壁垒分为四类：① 直接明显的歧视性壁垒，即直接针对服务业的明显的贸易壁垒，如电视和广播中对国内内容的管制，外国人建立和拥有金融机构的限制等；② 间接但明显的歧视性壁垒，指不是专门针对服务业但明显歧视外国人或要素在国际间流动的贸易壁垒，如对移民以工作为目的的暂时入境的限制，向国外付款和支付的限制等；③ 直接但明显中性的贸易壁垒，即对国内外单位和个人都限制的服务业管制，如电路和电信等的管制；④ 间接但明显中性的壁垒，指并非针对服务业，也并非针对外国人的壁垒，如国内标准、职业服务中的许可证、文凭或凭证规定。①

值得注意的是，尽管国际服务市场贸易壁垒重重，但随着全球贸易自由化的发展，国家间、地区间纷纷举行多边或双边贸易谈判，尤其是乌拉圭回合谈判首次将服务贸易引入谈判议题，并于1994年4月达成GATS，标志着国际服务贸易将日趋走向自由化。

随着世界新一轮产业结构的调整和贸易自由化进程的继续推进，服务业和服务贸易在各国经济中的地位还将不断上升，服务贸易发展整体趋于活跃。世界各国纷纷制定加快发展服务贸易的发展战略，欧美等经济发达国家利用其服务贸易的发展水平领先的优势，通过各种多双边的谈判要求世界各国开放服务贸易市场，以此来扩大服务贸易的出口，WTO新一轮谈判以及区域性经济合作的谈判服务贸易都成为主要议题。世界服务贸易领域的利益格局将在各方博弈中重新形成。各国为顺应这一趋势不断调整国内经济政策。一方面积极推动服务贸易的自由化，率先削减本国服务贸易壁垒。另一方面，国际服务贸易的保护程度实际上也在变相提高。在内在需求和外来推动的双重因素下，如何加快发展服务贸易、增强服务贸易竞争力必将成为各国长期关注的焦点。

10.5 国际技术贸易

第二次世界大战后以来，在第三次科技革命的推动下，国际技术贸易呈现出快速发展的势头，这对促进国际间技术交流与合作，推动各国科技进步和生产力发展，均有着重大的意义。

---

① M. J. Trebilcock and R. Howse. The Regulation of International Trade, London: Rortledge, 1995.

10.5.1 国际技术贸易的内涵

国际技术贸易(International Technical Trade),是指在不同国家之间所发生的技术转让交易活动。具体地说,国际技术贸易是指不同国家的企业、经济组织或个人之间,按一般商业条件转让技术使用权的贸易行为,是国际贸易的重要组成部分。它由技术出口和技术引进两方面组成。技术贸易是以技术为标的的贸易,由于技术在社会生产中的地位日益重要,许多国家都把取得新技术作为发展本国国民经济、增强本国国际竞争力的重要手段。

联合国贸发会议制定的《国际技术转让行动守则草案》与世界知识产权组织(WIPO)出版的《发展中国家许可证贸易指南》将技术定义为:技术是制造某种产品、实施某种工艺或提供某种服务的系统知识。这些知识既可以表现为一项发明、外观设计、实用新型或植物新品种,也可以表现为技术情报和技能,还可以表现为专家为某一工厂的设计、安装或某一工商企业的管理及其活动提供的服务或协助等。

按照不同标准,可将技术划分为不同种类。如按技术的公开程度分为公开技术、专利技术和专有技术;按技术的功能分为生产性技术和非生产性技术;按技术的表现形态可分为硬件技术和软件技术;按技术在一定时期的先进及垄断程度分为尖端技术、先进技术和传统技术;按技术在改造自然界过程中人工化的不同方式分为机械技术、物理技术、化工技术、生物技术、信息技术等。

《国际技术转让行动守则草案》是国际技术贸易领域唯一的一项全球性统一规则。它对技术转让做出的定义是:为制造某种产品、应用某种工艺流程或者提供某种服务而转让系统知识的活动。但不包括只涉及货物出售或只涉及货物出租的交易。

一般地说,国际技术转让(International Technology Transfer)是技术供应方将某种内容的技术,通过一定的形式越出国界转让给技术接受方使用的一种行为。国际技术转让主要有两种形式:一种是非商业性的国际技术转让,它是不同国家政府机构间以技术援助方式进行的无偿的技术转让;另一种是商业性的国际技术转让,是指政府机构或企业之间按照商业条件签订技术协议或合同进行有偿的技术转让。后一种技术转让是属营利性的,这种商业性的国际技术转让被称为国际技术贸易。

10.5.2 国际技术贸易的特征

国际技术贸易和商品(货物)贸易都是国际贸易的组成部分,二者之间既有联

系又有区别,它们相辅相成,互相促进。二者之间的主要区别在于:

(1) 技术贸易的对象是无形知识。一般商品贸易的对象是"物质产品",是看得见、摸得着的有形商品;而技术贸易的对象是"知识产品",主要指专利、商标、专有技术,是无形的系统知识。在具体业务中,除单纯的技术知识交易之外,也包含有作为技术转让中组成部分的机器设备等。人们有时把前者称为软件(Soft Ware),把后者称为硬件(Hard Ware),两者在交易中可以结合在一起。如果只涉及机器设备等,不带有任何无形技术知识,这就不属于技术贸易,而是一般的货物贸易。

(2) 技术贸易一般只转让技术的使用权,不转让技术的所有权。在一般商品贸易中,商品经过买卖,买方就占有该商品的所有权、使用权和处理权,卖方则同时失去相应权利。在技术贸易中,技术的出让方仍拥有所有权,只是转让一定时期内该技术的使用权、制造产品权和销售产品权。

(3) 技术贸易中标的物的价格确定(或作价方法)有别于一般商品贸易。一般商品贸易中,价格通常由加工成本加合理的费用和利润并结合供求关系确定。在技术贸易中,技术的价格确定主要考虑技术受让方可能的经济效益,受让方的经济效益越大,技术价格越高,而研制开发费用的分摊仅在一定程度上影响价格。

(4) 技术贸易是一种长期的交易。在一般商品贸易中,买卖双方在签订合同后办理了交接货物和收付货款后,合同履行完毕,交易双方的关系也就结束,一般时间不会很长。而在技术贸易中,洽谈交易和履行合同的时间较长,这是因为技术知识和经验的传授,对引进技术的吸收和消化,都需要有较长的时间。因此,技术贸易双方一般会建立和保持长期合作关系。

(5) 技术贸易所涉及的问题比较复杂,难度也大。一般商品贸易,主要涉及商品的数量、质量、品种。而技术贸易则涉及许多技术问题,如技术项目的选定、工业产权保护、技术风险等;也涉及许多贸易问题,如贸易政策、贸易条件、支付方式等;还涉及限制与反限制等特殊问题。此外,一般商品贸易主要涉及合同法,而技术贸易涉及的法律较多,除合同法外,还有如专利法、商标法、外国企业所得税法、个人所得税法等。

(6) 技术贸易受政府干预程度较大。一般商品贸易受贸易壁垒限制,而技术贸易除贸易壁垒外,往往受政府干预较多,管理较严。国际技术贸易不仅涉及两个企业的利益,而且与一个国家的战略部署和国民经济的发展有着密切的关系。因此,许多国家特别是发展中国家都采取立法与行政手段加强对技术贸易的管理和干预,以维护本国的政治、经济利益。同时,技术出口国家为了控制尖端技术的出口也采取了严格的管理政策和措施。

与此同时,国际技术贸易与国际商品贸易也有着密切的联系。首先,国际技术贸易是国际商品贸易的发展和延续。某些技术往往以特定的机器设备或产品为载体,当这些机器设备或产品在国际市场上流通时,也就包含了技术的交流和转让。从跨国公司发展的历程看,往往经历了向国外销售产品,向国外转让技术,在国外投资建厂等不同的发展阶段,技术转让是在产品出口的基础上实现的,而技术转让又进一步带动了产品的出口。其次,国际技术贸易和国际商品贸易相互促进。国际技术贸易是在国际货物买卖的基础上发展起来的。国际货物贸易为国家之间的技术交流提供了广阔的领域,国际技术交流和合作又为国际贸易提供了更为丰富的物质基础和方便快捷的交易手段。

10.5.3 国际技术贸易的方式

国际技术贸易的方式多种多样。按贸易内容主要可以分为:①单纯技术引进,如许可协议、技术服务和协助、咨询服务;②引进技术与引进机器设备相结合,如成套设备引进方式;③引进技术与利用外资相结合,如合资经营、合作经营、补偿贸易,加工装配、租赁贸易等。其中除合资经营方式可将技术作为投资外,其他方式都可以作为单纯技术引进的许可贸易、技术服务和协助方式。

(1) 许可证贸易(Licensing),又称"许可贸易"。它是指专利、商标或专有技术所有人作为许可方将其交易标的的使用权通过许可证协议或合同转让给技术接受方(又称"被许可方")的一种交易行为。许可证的标的,通常是"软技术",可以是专利、设计、工业模型、商标及版权,也可以是专有技术(诀窍)。许可贸易有三种基本类型:专利许可、商标许可和专有技术转让(许可)。在技术贸易中,三种方式有时单独出现,如单纯的专利许可或单纯的商标许可或单纯的专有技术转让,但多数情况是以某两种或三种类型的混合方式出现。

许可证合同按照授权程度和方式又分为:独占许可证协议、排他性许可证协议(又称全权或独家许可证协议)、普通许可证协议、分许可证协议(又称"从属许可证协议")和交叉许可证协议(又称"互换许可证协议")等。

(2) 特许专营合同(Franchising)。它是最近30～40年来迅速发展起来的一种新型商业技术转让合同。特许专营是指由一家已经取得成功经验的企业,将其商标、商号名称、服务标志、专利、专有技术以及经营管理的方法或经验转让给另一家企业的一项技术转让合同,后者有权使用前者的商标、商号名称、专利、服务标志、专有技术及经营管理经验,但须向前者支付一定金额的特许费(Franchise Fee)。

特许专营的一个重要特点是,各个使用同一商号名称的特许专营企业并不是由一个企业主经营的,被授权人的企业不是授权人的分支机构或子公司,也不是各个独立企业的自由联合。它们都是独立经营、自负盈亏的企业。授予人不保证被授人企业一定能获得利润,对其企业的盈亏也不负责任。特许专营合同是一种长期合同,它可以适用于商业和服务行业,也可以适用于工业。

(3) 咨询服务(Consultation Service)。咨询服务是咨询受托方(咨询人员或咨询机构)根据委托方(客户)提出的要求,以专门的信息、知识、技能和经验,运用科学的方法和先进的手段,进行调查、研究、分析、预测,客观地提供最佳的或几种可供选择的方案或建议,帮助委托方解决各种疑难问题的一种高级智能型信息服务。咨询服务通常是依靠具有专业知识背景、实践经验和创新能力的人才,充分开发利用信息资源,运用现代信息技术和咨询科学方法为客户解决复杂问题的一种有组织的智力活动。

根据咨询对象和咨询活动的不同特点,可以将咨询服务划分为五种主要类型:① 政策咨询。为某一国家、地区或大型企事业单位的发展战略规划和各种带有政策性、全局性和综合性的重大决策问题提供的咨询服务。② 管理咨询。以企业经营管理为主体的咨询服务,亦称"企业诊断"。③ 工程咨询。专门为各种工程建设项目提供的咨询服务。④ 技术咨询。咨询人员和咨询机构利用自己掌握的技术知识、信息和经验,为解决客户遇到的技术疑难问题所开展的咨询服务。⑤ 专业咨询。就某一特定专业领域里的问题进行的咨询服务。专业咨询通常都针对客户提出的问题进行,其特点是涉及面较窄,专业性较强。主要包括环境咨询、金融咨询、会计咨询、法律咨询、医学咨询、心理咨询、生活咨询等。

(4) 技术服务(Technology Service)与协助。技术转让不仅包括转让公开的技术知识,而且包括转让秘密的技术知识和经验,对技术受方引进项目的成败往往起关键作用。因为这些技术知识和经验很难用书面资料表达出来,而必须通过言传、示范等传授方式来实现。所以技术服务与协助是技术转让交易中必不可少的环节。它可以包括在技术转让协议中,也可以作为特定项目,签订单独的合同。提供技术服务与协助的方式有两种:由受方派出自己的技术人员和工人,到技术供方的工厂或使用其技术的工厂培训实习;由供方派遣专家或技术人员到受方工厂,调试设备,指导生产,讲授技术。

(5) 工程承包(Project Contracting)。工程承包或称"交钥匙"项目(Turn-key Project),是委托工程承包人(contractor)按规定条件包干完成某项工程任务,亦即负责工程设计、土建施工、提供机器设备、施工安装、原材料供应、提供技术、培训人员、投产试车、质量管理等全部过程的设备和技术。工程承包是一种综合性的国际经济合作方式,也是国际劳务合作的一种方式,其中包括大量的技术转让内容,因此也是国际技术贸易的一种方式。

这些不同类型的方式是为了适应双方当事人的具体条件和不同需要而产生的。因此,贸易双方应从彼此的实际情况出发,考虑各种有关因素,选择适合双方需要而且可能办到的贸易方式来进行。从技术引进方的角度来看,在选择技术引进方式时,应考虑的因素是:项目的技术特点,引进方现有的和可能达到的技术水平;所拥有的资金情况,包括外汇资金和国内货币配套资金;产品的销售能力,包括外销渠道、在海外市场现在或可能占有的份额等。

引进方式选择得恰当与否,不仅影响交易的磋商和达成,而且在交易达成后,对交易双方的合作和技术引进后的经济效益影响都很大。

10.5.4 国际技术贸易的发展与现状特征

国际技术贸易发展历史源远流长。早在17世纪以前,由于当时交通工具落后,语言、文字较简单,技术转移主要通过技术人员往来和商品交换进行,因此,技术转移速度非常缓慢,数量也较少,并且大多是无偿的。当时技术转移的主要特点是以技术的产生地为中心,像水波一样向四周逐渐扩散,有的学者称之为"梯度式"技术转移。

17~18世纪,英、法等国相继发生产业革命,随着工业革命和资本主义商品经济的发展,开始了商业性的有偿的技术贸易。为保护发明创造者的利益并最终促进整个人类的技术进步,专利制度应运而生。而专利制度的诞生,是国际技术贸易产生的重要前提。世界上最早的《专利法》产生于英国,1624年英国颁布了相应的法律,创立了现代专利制度。由于交通工具和通信工具的发展,特别是由于现代专利制度的建立,技术转移的速度加快,数量明显增加,转移的主要特点也由梯度式发展到跳跃式,即不是按地理位置的远近,而是借助于先进交通、通信工具,在很短时间内从一国转移到另一国。

第二次世界大战以后,特别是20世纪70年代以来,国际技术贸易取得了长足的发展,主要呈现以下几方面的特征:

(1) 国际技术贸易日趋活跃,规模不断扩大。随着世界经济一体化和科技全球化的持续发展,国际间经济竞争实际上表现为技术上的竞争。因此,技术作为一种特殊的商品成为贸易的重要对象,国际技术贸易获得了持续迅速的发展,在国际贸易中所占比重越来越大。一是发展速度迅猛、规模日益增大。相关统计资料表明,20世纪60年代中期国际技术贸易额每年约为30亿美元,70年代中期增至100多亿美元,80年代中期增至500多亿美元,1990年已达1 000多亿美元,1995年达到2 500亿美元,2000年则激增至5 000亿美元,到2002年达到近万亿美元,平均每5年翻一番,其速度不仅大大快于货物贸易,而且也快于其他的服务贸易。如1965年至1995年间,国际技术贸易的增长率为15.82%,大大高于同期国际商品贸易6.3%的增长率。二是在整个世界经济增长和国际贸易中的地位不断提升,国际技术贸易额在国际贸易总额和国际服务贸易总额中的比重也持续上升,20世纪70年代分别是1/30和1/10,而21世纪初这一比例分别达到了1/20和1/6。

综观当代国际技术贸易规模持续高速增长的原因,主要在于:

一是技术在国民经济发展中的地位越来越重要。就发达国家而言,技术要素在经济增长中的贡献率在20世纪上半叶不到50%,到20世纪80年代末已达到80%~85%。也就是说,发达国家经济的增长主要是通过技术进步取得的。

二是各国技术发展的不平衡性。各国技术发展的不平衡性主要表现在:一是当代科学技术的纵深发展以及综合性的增强,使新技术的研发成本加大,在这种情况下,发展中国家要想通过自力更生的技术开发道路,缩小与发达国家的技术差距十分困难,因此必须选择引进与开发相结合的道路。二是发达国家之间在不同技术领域发展的不平衡性,决定了国家技术贸易不仅发生在发达国家和发展中国家之间,而且,主要是发生在发达国家之间。

三是技术更新换代速度的加快。统计资料显示,目前90%的投放市场的新产品不到4年就会被其他产品替代。产品生命周期缩短的根本原因在于技术更新换代周期的缩短,技术更新换代周期缩短推动技术在国家间转让和交流。

四是关税和非关税壁垒对一般商品贸易的限制。为保护本国市场,各国制定了许多贸易保护措施。在这种情况下,以对外直接投资或技术出口的形式,在东道国设立工厂,就地生产,就地销售,是绕过贸易保护政策,维护和开拓出口市场的有效途径。

此外,与技术贸易有关的社会条件日益完善,尤其是各国在知识产权保护方面的努力,也为国际技术贸易的发展提供了良好的经济、法律环境。

(2) 国际技术贸易内容向"知识型"、"信息型"等软件技术倾斜,联合研发广泛存在。知识经济时代,发展最快的是信息产业,信息技术已成为经济发展的主要手段和工具。在全球GDP中,已有2/3以上的产值与信息行业有关。目前发达的工业化国家的信息技术产品出口占总出口的比重越来越大。由于信息技术对生产经营与市场竞争的重要性日益突出,有关信息产业的交易额已急剧增加。

经济全球化和自由化浪潮使各国的经济合作与依赖进一步加深,国际技术交流更加频繁。著名的尤里卡计划自1985年提出后,到2000年先后有25个欧洲国家的4000多家企业和科研单位参加,目前该计划已扩大到中国和巴西等发展中国家。外部技术来源对企业的重要性增加,在1992~2001的10年间,美国、日

第10章 当代国际贸易的发展

本和欧洲跨国公司高度依赖外部技术资源的企业比重,从平均不到20%迅速上升到80%以上,同时正在逐步扩大海外研发的比重。

(3)发达国家在国际技术贸易中处于垄断地位。发达国家和发展中国家在科技发明与创造中处于不对称地位,发达国家基本垄断了世界科技发明与创造。据统计,诺贝尔科学奖95%以上的是被发达国家的科学家所获得,第二次世界大战后世界应用的主要技术新成果也绝大部分由发达国家所垄断,仅美国就占其中的40%,日本、欧盟和其他新兴工业化国家则垄断了其余部分;在国际贸易分工和产业升级换代中,发达国家也处于领先地位。以信息技术产业为典型代表,各国的技术标准越来越趋向一致,一些跨国公司巨头通过垄断技术标准的使用,控制了行业的发展,获取了大量的超额利润。

(4)跨国公司是国际技术贸易的重要媒介。第二次世界大战以后,随着生产的发展、资本积累的急剧膨胀以及对外直接投资的迅速扩大,跨国公司得到了前所未有的发展。跨国公司对世界技术贸易的作用主要表现在两个方面:一是跨国公司是新技术的主要开发者。跨国公司为维持和加强其在某一行业的垄断地位,投入巨资研究和开发新技术。二是跨国公司的资本和技术输出构成了国际技术贸易的主要内容。跨国公司的技术转让活动通常与资本输出和商品输出结合在一起。

(5)国际技术贸易方式发生重要变化。国际技术贸易的传统方式主要有:许可证贸易、特许专营、咨询服务、技术服务与协助、承包工程等。但是近几年来,随着科学技术的进步,特别是信息技术的广泛应用,国际技术贸易的方式开始走向多样化,并发生重要变革。主要表现在:

一是企业兼并成为国际技术贸易的一种新方式。企业兼并是市场竞争的结果。在过去,企业兼并主要是企业间的"以强吞弱"。在这种技术先进型企业吞并技术落后型企业的情况下,企业兼并活动中的技术转让或贸易的成分并不明显、甚至根本不存在。随着以知识为基础的国际竞争的加强,当前的企业国际兼并活动主要体现在技术先进企业间的"强强联合"上,兼并的目的是为了进一步壮大自己实力,使自己的资金、技术和产品流通能在较短时间里跃上一个新台阶。伴随着这种性质的企业兼并,必然有着较多的国际技术转让或贸易存在。换言之,此时的企业国际兼并事实上已成为了直接获取国外先进技术的特殊贸易方式了。

二是电子商务的广泛兴起。电子商务有利于形成新的国际技术营销方式,能满足消费者多样化需求;并且改善了国际技术贸易的运行环境,推动了国际技术贸易的大幅度增长;还促使产生了新的国际技术贸易模式,实现贸易模式的多样化。

三是第三方技术供给的出现。专业研发技术型企业出现,即第三方技术供给。即既不是企业自己研究开发,也不是从具有竞争关系的其他制造企业引进技术,而是将研究开发活动外包给专业化的研发与设计企业承担。

(6) 国际技术贸易环境大幅度改善。20世纪90年代以来,国际技术贸易环境都有明显的改善。大批新技术、新发明,特别是信息技术的飞速发展,包括信息设施、信息网络等的广泛运用,改变了人们获取国外技术的观念和手段,使国际技术贸易的效率大为提高。与此同时,越来越多的国家对国际技术贸易和国际投资也开始持比以往更加开放的政策。更多的发展中国家则从过去对西方跨国公司和外资涌入主要持批评和反对态度转而采取欢迎和鼓励的立场。一批与技术贸易有关的国际性、区域性协议的签署和生效,如 WTO 的 TRIPs 协议等,从而为国际技术贸易的正常开展创造了条件,深刻改变了国际技术贸易的广度和深度,直接加快了国际技术贸易的发展。

10.5.5 国际技术贸易的作用

社会发展的实践经验证明,科技全球化对国际技术贸易的发展起着重要作用,它使各国科技资源可以在全球范围内得到优化配置,这是经济全球化中最新拓展的领域,也是引起国际技术贸易扩展的必然结果。战后第三次科技革命的突飞猛进,使世界许多国家,在新兴工业技术层次上具有各自的长处(优势)和短处(劣势),彼此需要相互利用,取长补短。因此,必须积极进行国际技术交流和技术贸易,广泛吸收其他国家的先进技术。

国际技术贸易不仅对技术出口国可以带来一笔可观的技术转让费,获得较大的贸易利益,同时它对技术进口国更为有利。通过技术进口,可以加速本国国民经济部门的技术改造和发展速度,特别是有利于促进产业结构的升级换代和优化组合。此外,可以缩短研制时间,节省研制费用,培养和壮大技术力量,提高产品质量和自主开发能力,增强综合国力和竞争力。

本章小节

第二次世界大战结束以来,国际间的经贸交往空前繁荣,并出现了一些新现象。尤其是区域经济一体化趋势的加强、国际资本流动的新变化、跨国公司的新发展以及国际服务贸易和技术贸易的巨大发展。

区域经济一体化是指两个或两个以上的国家或地区,通过相互协商制定经济政策和措施,并缔结经济条约或协定,在经济上结合起来形成一个区域性经济联合体的过程。其形式或类型分类方法较多,其中最为广泛认同的划分形式,是由低级到高级的优惠贸易安排区、自由贸易区、关税同盟、共同市场、经济同盟和完全经济一体化等形式。

区域经济一体化的迅速发展,始于第二次世界大战之后,并大体经历了三个发展阶段。其中,20世纪90年代以来出现的新一轮区域经济一体化发展高潮,其特点主要是区域经济一体化覆盖大多数国家和地区、内容广泛深入、形式与机制灵活多样以及跨洲(跨区域)经济合作的兴起和发展。

区域经济一体化的根本特征是"对内自由贸易,对外保护贸易",其快速发展对多边贸易体制和全球经济的影响必然是双重的,既有一定的积极影响,同时又具有一定的消极影响。就其对国际贸易的影响而言,一方面,一体化组织对外贸易的迅速增长带动世界贸易增长,另一方面,一体化组织内部贸易迅速发展导致国际贸易格局的改变。根据关税同盟理论的研究,关税同盟形成以后的静态效应主要体现在贸易创造、贸易转移、贸易扩大以及其他效应;动态效应则主要包括强化竞争、规模经济、投资刺激、技术进步、要素流动和经济成长效应。

国际资本流动是指资本从一个国家或地区向别的国家或地区转移,进行商品生产和金融服务等方面的投资活动,其目的是为了获得比国内更高的经济效益。按照资本使用期限的长短不同,国际资本流动可分为长期资本流动和短期资本流动两大类。长期资本流动又可分为国际直接投资、国际证券投资和国际贷款三类;而短期资本流动又可分为贸易性资本流动、金融性资本流动、保值性资本流动和投机性资本流动四类。

第二次世界大战以后,特别是20世纪80年代以来,国际资本流动的主要特征,一是资本流量增大;二是资本结构改变;三是资本流向仍以发达国家为主,但发展中国家地位有显著上升;四是跨国公司成为国际资本流动的重要载体;五是资本行业分布转变;六是投资主体多元化。国际资本流动对国际贸易的影响,主要表现在国际贸易规模、国际贸易格局、国际贸易方式及国际贸易政策等四个方面。

与各国国内一般企业或公司相比,跨国公司的特征主要体现在拥有全球经营战略,实行全球一体化经营,采取灵活多样的经营策略,具有强大的技术创新能力,同时也面临较大的经营风险。按经营项目的性质,跨国公司可分为资源开发型、加工制造型和服务提供型三类;按经营结构的不同,跨国公司可分为横向型、垂直型和混合型三类。

跨国公司是垄断资本主义发展的产物。第二次世界大战以后,跨国公司获得了长足的发展。跨国公司的发展不仅促进了国际贸易规模的扩大,也影响着国际贸易的结构(包括商品结构、地区结构、市场类型结构和方式结构)的变化,同时对

国际贸易：理论与政策

世界各国对外贸易也均产生了一系列的影响。

国际服务贸易是指国家或地区之间服务输入（进口）和服务输出（出口）的一种贸易形式。根据 GATS 关于服务贸易的定义，国际服务贸易具体应包括四项供应方式或形式，即跨境交付、境外消费、商业存在和自然人流动。与国际货物贸易不同，国际服务贸易有其自身的特性。从不同角度划分，国际服务贸易有着不同的类型。综观服务贸易的方式，既有单纯的服务贸易，也有与其他因素相结合的服务贸易方式。

第二次世界大战以后，特别是 20 世纪 80 年代以来，国际服务贸易的发展特征主要有：一是生产性服务在国际服务贸易中上升为主体，成为国际化大生产的必要条件；二是国际服务贸易是一国国民经济发展的重要调节器，并成为维护国家利益的重要手段；三是世界服务贸易规模与货物贸易共同增长；四是国际服务贸易的地理分布不平衡；五是发达国家与发展中国家国际服务贸易结构存在差异；六是世界服务市场向多元化方向发展；七是国际服务贸易竞争加剧、保护主义盛行。

国际技术贸易是指在不同国家之间所发生的技术转让交易活动，是一种商业性的国际技术转让。国际技术贸易与国际商品贸易既有诸多区别，又有广泛联系。国际技术贸易的方式多种多样，主要有许可证贸易、特许专营合同、咨询服务、技术服务和工程承包等。

国际技术贸易发展历史源远流长。第二次世界大战以后特别是 20 世纪 70 年代以来，国际技术贸易取得了长足的发展，其主要特征：一是国际技术贸易日趋活跃，规模不断扩大；二是国际技术贸易内容向"知识型"、"信息型"等软件技术倾斜，联合研发广泛存在；三是发达国家在国际技术贸易中处于垄断地位；四是跨国公司成了国际技术贸易的重要媒介；五是国际技术贸易方式发生重要变化；六是国际技术贸易环境大幅度改善。

【重要概念】

区域经济一体化　关税同盟　共同市场　经济同盟　国际资本流动　国际直接投资　国际证券投资　国际贷款　贸易型资本流动　金融性资本流动　保值性资本流动　投机性资本流动　跨国公司　跨境交付　境外消费　商业存在　自然人流动　国际技术贸易　许可证贸易　特许专营

【复习思考题】

1. 简述区域经济一体化的产生与发展。

第 10 章　当代国际贸易的发展

2. 什么是贸易创造和贸易转移效果？
3. 简述区域经济一体化的主要形式及其相互关系。
4. 第二次世界大战后国际资本流动有何特征？
5. 国际资本流动对国际贸易的影响主要有哪些？
6. 跨国公司有何特征？跨国公司的发展对国际贸易产生了哪些影响？
7. 什么是服务贸易？国际服务贸易主要有哪些形式？
8. 试述当代国际服务贸易的基本特征。
9. 什么是国际技术贸易？国际技术贸易与国际货物贸易有何区别和联系？
10. 简述国际技术贸易的发展现状与特征。

第11章 对外贸易发展战略

对外贸易和经济发展的关系,尤其是对外贸易在经济发展中的作用历来是国际贸易理论研究的重要领域。在肯定对外贸易对经济发展具有不可替代的重要作用的前提下,尤其是发展中国家和地区,应采取何种贸易发展战略来更好地发展本国经济,也是值得深入研究的问题。本章在介绍对外贸易与经济发展之间关系之后,主要阐述发展中国家对外贸易发展战略及其选择等问题。

11.1 对外贸易与经济发展的关系

对外贸易与经济发展的关系包括相互联系的两个方面:对外贸易对经济发展的作用和经济发展对一国对外贸易的影响。关于对外贸易和经济发展的关系,马克思主义对此有非常明确的观点:对外贸易与经济发展的关系,归根结底是交换与生产的关系。由于生产在社会再生产的四个环节中处于基础地位,因而生产决定交换,交换对生产具有反作用。反映在对外贸易与经济发展的相互关系上,就是一国的经济发展决定本国的对外贸易,反过来,对外贸易对一国的经济发展也具有巨大的推动作用。世界经济的实践结果也表明,对外贸易与经济增长之间的确具有相互作用的紧密联系。本节主要介绍经济增长与对外贸易的相互作用的主要理论,探讨对外贸易在一国经济发展中发挥作用的条件或机制,并就对外贸易的静态与动态利益进行了具体阐述。

11.1.1 经济增长对国际贸易的影响

实现经济增长从而能够更好地满足人们对更高生活水准的需要,提高国家整体的福利水平,是各国在制定经济政策时所追求的基本目标之一。实践中,我们经常以国内生产总值(GDP)或国民收入(NI)的增加作为衡量经济增长的重要指标,用人均 GDP 或人均 NI 来反映一国的经济发展水平。经济理论告诉我们,一国的经济增长和人均收入提高以后,将会引起人们的需求格局和需求层次发生变化,进而影响到本国对外贸易的规模、格局和贸易利益。国际贸易的规模及格局也将发生相应变化。

1. 经济增长引起供给变动对国际贸易的影响

社会供给的增加既是经济增长的最根本原因,也是其直接结果。导致供给变化的两个主要因素:生产要素增长和技术进步的变化,都会给国际贸易带来很大影响。

首先,即使在技术不变条件下,动态的生产要素增长会对国际贸易产生影响,并且不同的要素增长模式对国际贸易的影响也是不同的。是否考虑生产要素的变化是国际贸易动态学区别于静态分析的重要特征。生产要素的变化可以总结为平衡和非平衡两种增长模式。平衡的增长模式指一个社会所拥有的所有要素都按照相同的比例增长,其结果是社会各种产品的产量也按照同样的比例增加,本国的社会生产可能性边界平行地向外扩张。它既不会改变各国之间的贸易条件、贸易方向和结构,也不会改变原来的比较利益格局,只是各国的供给量和需求量同比例增加,是完全中性的增长。不过,更经常出现的情况是,各生产要素的增长速度和规模是不平衡的,社会生产可能性边界不再是平行地向外扩张,而是会沿着密集使用增长速度更快的生产要素生产的产品轴进行较大幅度扩张。由于密集使用增长速度更快或规模更大的生产要素的部门不同,对贸易也会产生不同的影响。如果是一国具有比较优势的出口产业部门所密集使用的生产要素增长得更快,那么这种要素供给的相对增加就会降低其使用价格,出口商品的边际成本下降。结果在国际市场价格不变的情况下,出口生产就会增加,直到出口商品的边际成本重新等于国际市场价格时为止。根据雷布津斯基定理,此时进口部门的生产会下降,从而需要更多的进口,因此,这种形式的要素增长显然促进该国贸易规模的大幅扩大。不过,如果此时出口的扩张引起国际市场出口商品价格的下跌,而进口的增加导致国际市场进口商品价格的上扬,则本国的贸易条件恶化,可能导致"贫困化增长"。反之,如果是本国进口部门密集使用的生产要素更快增长,结果则恰恰相反,进口替代部门产量增加,进口减少,出口部门的产量减少,出口减少,该国贸易总规模将缩减。如果本国对国际市场的影响力足够大,则可能产生对本国有利的贸易条件的改变。

所谓技术进步,就是由于科技水平的提高,使生产函数发生变化,导致生产要素利用效率的提高,即在不增加生产要素的条件下使实际产出增加,实际上是对生产要素的节约。与技术水平不变、生产要素的增加具有相似的效果,也是推动经济增长的另一重要源泉。并且由于生产要素的增加总是有限的,而技术是要素中最活跃的,技术进步甚至随着社会不断向前发展呈现加速增长之势,因而技术进步对经济增长的作用更持久,显然也更为重要。根据对生产要素的不同影响,英国经济学家希克斯(John Hicks,1904~1989)将技术进步分为三类:中性技术进步、劳动节约型技术进步和资本节约型技术进步。中性的技术进步能够使劳动和资本等比例增加,与技术不变生产要素平衡增长一样,对国际贸易的影响是中性的。节约劳动的技术进步可以使劳动要素的使用得到节约,结果与劳动要素增加一样,可以使劳动密集型产品的产量增加,资本密集型产品的产量下降。对于劳动要素本来就丰富的国家来说,可能带来贸易的扩大;对于资本丰裕的国家来说,可能带来贸易的减少。节约资本型的技术进步与上一种技术进步所带来的效果刚好相反,使资本密集型产品的产量增加,劳动密集型产品的产量减少。与上述理论不同的是,产品的生命周期理论和雁形模式理论考察的是技术在国际间的转移对国际贸易方向和结构带来的变化。

2. 经济增长引起需求变动对国际贸易的影响

一国经济增长后,通过需求转移也对国际贸易发生作用。一方面会导致该国需求总量和结构的变化,从而影响到国际贸易规模。如果经济增长带来收入提高,人们主要增加了对进口商品的需求,那么经济增长会促进对外贸易规模的扩大,经济增长具有顺贸易倾向。如果经济增长带来人们主要是对出口商品国内需求的增加,那么经济增长会带来对外贸易额的减少,则产生所谓逆贸易倾向的经济增长。假如经济增长使人们对进出口商品的需求量同时增加,则对国际贸易的影响需要对两种力量强弱进行对比。此时,如果经济增长促使出口商品的生产能力同时增进,那么对外贸易规模很可能扩大。在现实中,还经常可以观察到的现象是随着经济增长,进出口规模都扩大了,但进口的顺经济周期现象更明显,此时进口增加过快,而减少本国顺差甚至导致贸易逆差。

另一方面,经济增长也会对该国的需求结构产生影响,而需求结构的变化又会影响到其对外贸易的商品结构和贸易条件的变化,从而对贸易的结构和收益产生影响。根据19世纪著名的德国统计学家E·恩格尔(E. Engel),在对德国萨克森地区的工业生产和人口进行调查后所发现恩格尔法则(定律)或恩格尔效应,随着家庭收入的增加,花费在食物方面的支出占总收入的比重将会下降;人们用于衣着、住宅、取暖、照明等方面的支出所占比重变化不大,而用于文化、娱乐、旅游等方面的支出所占的比重则越来越大。对于一个国家来说也基本如此,国家经济发展水平,将直接决定本国的需求结构。那么随着世界范围内的经济发展带来的收入上升,必然也会改变国际贸易的需求结构,乃至贸易结构。不仅如此,还使世界上生产不同商品国家的贸易条件会发生变化,生产文化、娱乐、旅游等服务业等需求收入弹性大的国家的贸易条件会改善,而主要生产和出口食品和初级产品等需求收入弹性小的国家的贸易条件会恶化。因此,国际贸易中贸易结构和各国贸易条件的变动都会随着经济增长所引起的收入变化而变化。

瑞典经济学家林德提出的代表性需求理论,也说明了经济增长如何影响本国的需求和对外贸易商品结构。林德从经济增长引起的人均收入的变化来解释一国出口商品格局和国际贸易的地理结构。林德认为,随着一国经济的增长,使人均收入增加,会改变人们的代表性需求。需求的改变引导着国内的生产进行调整,并进而通过规模经济效益改变着本国的具有比较优势的出口格局。

此外,传统的哈罗德命题和约翰逊的一般方程式关注的是一国经济增长会对该国的国际收支产生什么影响。根据哈罗德命题,如果本国的经济增长率大于整个世界,那么该国就会具有入超倾向;如果本国的比较优势产业中每人平均生产量(即生产率)的增长率超过该国国民收入的增长率,则该国就会具有出超倾向;如果本国工资增长率小于人均生产率的增长率,那么该国也可能具有出超倾向。而根据约翰逊的一般方程式,一国在一段时间内贸易收支的变动情况取决于本国与贸易伙伴国的国民收入、贸易条件、进口的收入弹性、进口需求的价格弹性等四个变量的变动情况。当一国出现经济增长后,上述变量会发生相应变动,而这些变化反过来又会影响国际收支的变动。

西方经济学者从上述不同角度对国际贸易如何依赖于经济增长,经济增长对国际贸易的影响,提出了具有一定参考价值的看法或思想。尽管有些看法是否能够成立,尚需进一步研究与考证,但是仅就他们的理论为我们提供了一些研究和思考的材料而言,了解和学习这些理论,也是十分必要的。

11.1.2 马克思主义关于对外贸易对一国经济发展作用的有关论述

马克思、列宁等经典思想家,一向认为对外贸易对经济发展有重要的促进作用。在他们对资本主义生产方式的研究过程中,发现对外贸易在资本主义的发展中起着重要作用。马克思指出:"对外贸易的扩大,虽然在资本主义生产方式的幼年时期是这种生产方式的基础,但在资本主义生产方式的发展中,由于这种生产方式的内在必然性,由于这种生产方式要求不断扩大市场,它成为这种方式本身的产物。"①在这里,马克思揭示了对外贸易与资本主义生产方式之间的本质联

---

① 马克思.资本论.第3卷(上)[M].北京:人民出版社,1975:264.

系。对外贸易促进了资本主义生产方式的产生,对资本的原始积累发挥过重要作用,为资本主义的生产提供了劳动力、资本与市场;在资本主义的生产方式确立后,又决定着资本主义国家必须有对外贸易,因为对外贸易能促进资本主义国家的经济发展。马克思进一步指出:"投在对外贸易上的资本能提供较高的利润率"①;同时,马克思还指出:"商业和商业资本的发展,到处都使生产朝着交换价值的方向发展,使生产的规模扩大,使它多样化并且有世界主义的性质,使货币发展成为世界货币。"②说明了对外贸易成为资本主义经济体系的重要组成部分。

列宁同样重视对外贸易的作用,他指出:"没有对外贸易在资本主义国家是不能设想的,而且的确没有这样的国家。"他还进一步指出其原因:"彼此互为市场的各种工业部门,不是均衡地发展的,而是互相超越着,因此较为发达的工业就需求国外市场","资本主义生产的规律,是生产方式的经常改造和生产规模的无限扩大,……所以每个资本主义工业部门的自然趋向使它需要'寻求'国外市场"③。

11.1.3 西方经济理论中关于对外贸易对一国经济发展作用的有关论点

关于对外贸易对一国经济发展的作用问题,早在古典学派的著作中就已经有所研究,后经新古典学派和发展经济学以及现代经济学的不断修正、补充和完善,理论内容日趋完善。总的来看,对对外贸易在经济发展中所起的作用存在截然不同的两种观点:主流的观点认为,对外贸易对经济发展具有重要的推动作用,另外也有一些经济学家对主流观点提出质疑和挑战,认为有些发展中国家的出口增加并未带来经济增长,而且对外贸易并不一定对经济发展有益。结合历史,西方经济理论中有代表性的观点包括以下一些:

1. 对外贸易对经济发展具有重要作用的相关论点

1) "剩余产品出路论"和"大宗商品论"

古典经济学家在讨论国际贸易和经济增长之间的关系时,主要提出了剩余产品出路论和大宗产品出口论。"剩余产品出路论"(Vent-for Surplus Theory)是英国古典经济学家亚当·斯密在18世纪提出的,他也是西方经济学家中最早涉及对外贸易与经济发展相互关系问题研究的一位,对以后的理论发展有重要的影

---

① 马克思,恩格斯.马克思恩格斯全集.第25卷[M].北京:人民出版社,1972:264.
② 马克思.资本论.第3卷(上)[M].北京:人民出版社,1975:371.
③ 列宁.列宁选集.第1卷[M].北京:人民出版社,1972:186~187.

响。斯密假定一国在开展对外贸易前,存在闲置的资源或剩余产品。当该国经济由封闭转向开放后,便可出口其剩余产品或由闲置资源生产出的产品,即对外贸易为本国的剩余产品提供了出路。而且,由于出口的是剩余物资或闲置资源生产出的商品,因而无需从其他部门转移资源,也不必减少其他国内经济活动。出口所带来的收益或由此而增加的进口也没有机会成本,因而必然促进该国的经济增长。在斯密的剩余产品出路论的基础上,当代缅甸经济学家 H·迈因特(H. Myint)对这一理论进行了发展和完善。他从发展中国家普遍存在资源剩余和就业不足的现象出发,说明了发展中国家可以不必花费多少成本就能扩大生产范围,出口剩余产品,换回进口品,加速经济增长。

在李嘉图的比较优势理论中,也包含着对外贸易带动经济增长的思想。他认为,对外贸易是实现资本积累从而促进经济增长的重要手段。通过对外贸易,进口廉价原料和其他初级产品,阻止土地收益递减、工资上涨和利润率下降倾向,就可以保证资本积累和经济增长。这一基本理论后来被美国发展经济学家刘易斯从"二元经济"的角度进一步发展。他指出发展中国家的经济基本可划分为资本主义部门(工业部门)和非资本主义部门(传统农业部门)两个部门,一国可以通过发展资本主义部门的生产,并出口其产品,同时进口非资本主义部门的产品,提高本国生产要素的使用效率,促进本国经济的发展。就资本主义和非资本主义两部门比较而言,资本主义部门的发展要快一些,而非资本主义部门发展要慢一些。非资本主义部门产品进口的增加,有助于降低劳动力的工资,从而进一步增加资本主义部门的利润和资本积累,促进经济增长。

加拿大经济学家因尼斯(H. Innis)于 20 世纪 30 年代根据加拿大对外贸易和经济发展的经验总结出了经济增长的大宗商品论。该理论认为,一国具有比较优势的大宗商品的出口增加,导致对国内现有资源的充分开发和利用,减少国内资源的闲置和增加就业,同时通过进口的扩大可使本国可用资源增加,促进相关部门的发展。这样,国外需求的扩大,通过对外贸易机制引起国内供给机制的积极反映,使国内供给无限的原材料或自然资源产品得到充分利用,并最终导致一国储蓄和投资的增长以及就业和收入水平的提高。

2) 贸易对增长率的影响

上述理论都说明对外贸易通过改变现存的生产能力,促进经济增长。澳大利亚经济学家马克斯·科登(W. Max Corden)在他的《贸易对增长率的影响》一书中,从"需求—动力"和"供给—动力"两个方面来分析贸易对经济增长的影响。他将对外贸易与宏观经济变量联系起来,强调对外贸易对生产要素供给量的影响和对劳动生产率的作用。科登认为,一国开展对外贸易,将产生以下五方面效应:

① 收入效应。通过对外贸易,可以提高一国收入水平,贸易的静态利益转化为国民收入总量的增加。② 资本积累效应。即当来自于贸易利益的收入增加中部分用于投资时,将使该国的资本积累增加。③ 替代效应。即若投资品为进口含量较大的产品,则对外贸易的开展会使投资品的供给增加,使其对消费品的相对价格下降,从而导致投资对消费的比例提高,而投资率的提高必将推动经济增长率的上升。④ 收入分配效应。即通过对外贸易的开展,将使出口生产密集使用的生产要素的报酬和这些要素所有者的收入大为提高,若这些要素所有者属于国内消费倾向较高的集团,国内的储蓄率就会提高,因而提高资本的积累率。⑤ 要素加权效应。即假定生产要素的劳动生产率增长不一致,则产出的增长率可视为各种生产要素增长率的加权平均。当出口贸易扩大,而且出口生产大量使用的是劳动生产率更快的要素时,出口生产增长率将会提高更快。科登进一步认为,对外贸易对宏观经济产生的这五方面影响都是累积性的,这意味着对外贸易对经济增长的促进作用将随着经济的发展而不断加强。

3)"增长引擎论"

1937年,罗伯特逊(D. H. Robertson)在经济学杂志上发表了题为《国际贸易的未来》一文,他在文中提出"对外贸易是经济增长的发动机(engine for growth)"理论,他明确指出一国对外贸易对整个经济的带动作用,即将对外贸易摆在该国经济增长动力源的地位上。20世纪50年代纳克斯(R. Nurkse)对此做了进一步补充和完善。认为贸易可以带动一国的经济增长。这一思想后被总结为"对外贸易是经济增长的发动机论"或"增长引擎论"。纳克斯在对19世纪英国和新移民地区经济发展的原因进行研究时认为,19世纪国际贸易为许多国家的经济发展曾做出重要贡献。这种贡献不仅来自于对外贸易直接的静态利益,即各国按比较优势原则进行专业化分工后开展贸易,使资源得到更为有效配置,从而使世界和各国产量增加,提高世界及各国的消费水平。国际贸易为经济增长所作的贡献还来自于对外贸易间接的动态利益,即对外贸易的发展使生产规模的扩大而取得的规模经济利益,以及传递经济增长的利益。

罗伯特逊、纳克斯及其追随者认为,对外贸易尤其是出口的高速增长是通过以下途径来带动经济增长的。

(1) 一国的出口扩大意味着进口能力的增强,而进口中的资本货物对促进经济增长具有特别重要的意义,资本货物的进口大大节约了生产要素的投入量,并有助于提高工业的效益,它是经济成长的主要因素。

(2) 出口增长使一国的投资流向国民经济中最有效率的领域,即各自具有比较优势的领域,在具有比较优势的领域进行专业化生产,就可以提高劳动生产率。

(3)出口增加使一国市场扩大,从而能够进行大规模生产,获得规模经济效益。

(4)出口发展使一国出口产业及相关产业面临激烈的世界市场的竞争,迫使企业加速技术改造,降低成本,提高产品质量,并淘汰那些效率低下的工业。

(5)出口发展会鼓励国内外投资,并刺激相关工业以及交通运输、动力等部门的发展,同时促进国外先进技术和管理知识的引进。

"增长引擎论"的有关论点被历史上许多国家的发展事实所证明是正确的,19世纪到20世纪初的美国、加拿大、澳大利亚、新西兰和阿根廷、南非,第二次世界大战后的亚洲"四小龙"、科特迪瓦和众多的石油输出国等都曾利用出口初级产品实现了经济的腾飞。但纳克斯本人认为到了20世纪后,由于以下原因,这一学说不再适用。一是由于发达国家经济结构的演变,原料的使用量相对下降;二是技术的进步带来对工业原料使用的节省;三是大量各种合成材料和人造原料的出现,降低了对天然原料的使用量;四是对农产品的需求缺乏弹性和农业保护主义的蔓延等原因都使现在的初级产品的生产国很难通过出口的扩大来实现经济的增长。

4) 推进国民生产过程的国际互补论

日本经济学家小岛清(Kiyoshi Kojima)提出了"推进国民生产过程的国际互补论",他从生产要素的国际移动角度探讨了贸易推动长期经济增长的效应。该理论的基本思想是,一国在资本、技术、企业家才能和熟练工人等各类生产要素中,总是存在一些瓶颈,限制了本国具有比较优势的生产要素作用的发挥,通过短缺的生产要素的进口可以突破瓶颈的限制,使自身的比较优势得以发挥,提高国际竞争力。市场狭小、资源短缺的日本通过对外贸易的发展,实现了经济增长的事实就是一个很好的例子。

5) 新增长理论与国际贸易

20世纪80年代中期以来,以罗默(P. Romer)、卢卡斯(R. Lucas)等人为代表的新增长理论的发展,强调技术进步的内生性,为对外贸易与经济发展相互关系的理论提供了新的依据。其理论通过对增长因素的计量分析,指出发达国家经济增长的大部分应归功于生产率的提高,而技术进步又是推动生产率增长的核心因素。技术进步有两种源泉,即"干中学"(Learning by Doing)和技术革新(Innovation)。国际贸易可以通过"技术外溢"和外部刺激来促进一国的技术变动和经济增长:一方面,不管什么技术都有一个外溢的过程,作为先进技术的拥有者,有时通过国际贸易将技术传播到别的国家;另一方面,国际贸易提供了更为广阔的市场、更为频繁的信息交流和更加激烈的竞争,迫使各国提高技术水平,开发新产品。因此,一国减少贸易壁垒,将长期取得加快经济增长,推动社会发展的效应。国际贸易不仅为技术引进提供了渠道,而且通过推动技术进步保证一国的经济增长。

2. 部分发展经济学家对国际贸易促进经济增长的反论

在众多的经济学家不断发展和完善关于对外贸易促进经济发展理论的同时,也有一些发展经济学家根据部分发展中国家出口的增加并未带来经济增长的现实,对传统理论关于对外贸易促进经济增长的结论提出质疑。比较著名的包括普雷维什和辛格等人的"价格剪刀差论"、"中心-外围论"和克拉维斯的"贸易是经济增长的侍女"理论,以及"贫困化增长理论"等。

美国的经济学家克拉维斯(I. B. Kravis)否认对外贸易是经济增长的发动机,明确指出"贸易是经济增长的侍女"(Trade as a Handmaiden of Growth),即对外贸易在一国的经济发展中仅处于从属地位。他认为一国的经济增长主要是由其国内的因素决定的,外部需求只是构成对经济增长的额外刺激,这种刺激在不同国家的不同时期有不同的重要性。在他看来,对外贸易既不是经济增长的充分条件,也不是必要条件,而且还不一定对经济发展有益。过分地夸大对外贸易的作用对经济增长是并无益处的。

普雷维什、辛格(H. Singev)和米切尔(G. Myrdal)等人认为,不仅对外贸易对发展中国家的经济发展是无益的,而且由于存在着初级产品和工业品之间的价格剪刀差,初级产品的贸易条件不断恶化,以出口初级产品为主的发展中国家不可能由于对外贸易的增加而提高其经济增长率,对外贸易已经成为发展中国家经济进步的阻力。对外贸易只会使发展中国家的经济落后领域持久化,甚至创造出更多的落后领域。

"贫困化增长"或称"悲惨的增长理论"也是经济学中的著名理论,从另一个角度阐述了在一定条件下对外贸易的负面作用。其理论是指在满足以下三个条件后,出口商品的增加就不仅不会带来出口值的相对扩大,而且会恶化本国的贸易条件,从而伴随着出口的增加,本国的福利不仅不会随着增加而且会减少。这三个条件是:

(1)国民经济的增长必须是偏向出口。

(2)国外对本国商品的需求必须是无价格弹性的,以至出口供给的扩大将导致价格的大幅度下降。

(3)国家必须是已经在很大程度上依赖于对外贸易。

这样,贸易条件的恶化所导致的国民福利的下降足以抵消从增加供给中所得的收益。对外贸易对本国经济发展有害无益。

总之,关于对外贸易对经济增长的作用存在着不同看法。从各国的对外贸易实践来看,对外贸易对经济增长的促进作用是主要方面。当然,对外贸易的作用在不同时期、不同国家的具体作用是可能不同的。归根到底对外贸易只是经济增长的外因,或必要条件,它必须通过内因而起作用,只有同时具备经济增长所需要的相应机制,对外贸易对经济发展的战略作用才能顺利发挥。

11.1.4 对外贸易对经济增长发挥促进作用的机制分析

正如我们前面所述的那样,对外贸易战略作用的发挥并不是无条件的。如果不具备相应的条件或机制,对外贸易的扩大就不一定带来经济的如期发展。这在历史上也是有过先例的,例如,许多亚洲和非洲、拉丁美洲的国家,尽管它们的对外贸易在增长,但是经济发展却始终落后,究其原因,他们忽略了对经济增长机制的分析和完善。影响经济增长的机制包括以下一些因素:

(1) 一国的市场机制必须健全。在对外贸易与经济增长之间存在一系列通过市场行为进行传导的机制,如果没有健全的市场机制,进出口的增加则仅是外延的扩大,与本国的经济增长将不能建立良好的互动效应。比如,出口的增加从理论上说是能够带动相关产业的发展,促进资源的优化组合,提高经济增长的效率,但是如果没有成熟的市场机制,出口部门所获得的信息就无法传递,对相关产业的带动作用也无法实现,更不可能促进资源的优化配置。

(2) 国民经济的结构必须较为合理。一般说来,对外贸易有助于国内短缺生产要素的补充和提供一国产业结构调整的条件,因而有利于本国经济结构的改善。但较为平衡的国民经济结构本身也是对外贸易发挥作用的条件。在一个畸形的国民经济体系里,出口的增加对其生产投入品的产业带动,以及进一步对为投入品生产投入品的产业的带动链条就可能在某一环节中断,从而使其作用发挥有限,最终难以实现经济增长的目标。

(3) 对外贸易的作用发挥还取决于微观主体的反映程度。如果进出口的激烈竞争能够促使本国生产企业积极应对,千方百计地采用先进技术,提高产品质量,避免被淘汰出局,就会促进宏观的技术进步和经济发展;如果本国的企业是非市场主体,企业经营的好坏与他并不是利益攸关,那么竞争加剧对他的行为并未带来很大改变,对外贸易与经济增长的良性循环也无从实现。因而,微观主体首先应该是自负盈亏的市场主体,其次,它也应该是勇于面对和承担风险的市场主体,同时国家能够提供相应的服务措施以帮助企业应对国际市场。

(4) 本国出口的产业层次也影响对外贸易战略作用的发挥。出口产业的加工程度越深,产业的链条越长,对经济的带动作用就越强,对经济增长的贡献就越显著。相反,出口产业的加工程度低,对经济的带动作用就越弱,对经济增长的作用就相对有限。因而各国和地区都相当重视本国出口产业的高级化。

(5)一国对外贸易的规模应足够大和持续的时间足够长,才能保证对外贸易战略作用的发挥。只有足够规模和持续的对外贸易,才能保持对国内经济有力的和长期的刺激,提供足够的动力和条件,促进经济增长。

除以上我们分析的因素外,还有其他因素也影响对外贸易战略作用的发挥。譬如,政府将对外贸易放在一国经济中的位置,显然,若仅将对外贸易放在从属地位,对外贸易的作用自然也就有限;一国的政治状况、资源状况、国民的受教育状况,甚至经济发展水平本身等,都是不同程度影响对外贸易效用发挥的因素。

11.1.5 对外贸易的静态和动态利益

对外贸易对经济增长到底起何作用,是以促进作用为主,还是以制约作用为主。在现实生活中,通过种种迹象表明,对外贸易能够促进经济增长。如果各国参加国际贸易后,经济增长的利益受损,各国就会退出国际贸易领域。从各国积极开展对外贸易的现实来看,它们来自对外贸易的利益不会是负的。世界银行曾将41个发展中国家和地区的贸易发展战略分为四种类型,即坚定外向型、一般外向型、一般内向型和坚定内向型[①]。他们发现,对对外贸易依赖较大的国家和地区,比对对外贸易依赖较小的国家和地区经济发展的速度要快。因而对外贸易对一国的经济增长有促进作用,然而作用程度的大小和影响的幅度却有差别。

一般而言,对外贸易对一国经济的影响程度取决于两个方面的因素,一是一国经济对国内市场和国外市场依赖程度的对比关系。一个对国外市场依赖程度较大的国家,对外贸易促进经济增长的重要性就会相对降低。二是一国的出口产品和进口产品的结构。如果一国长期停留在需求弹性比较低的产品生产和出口上,那么其对外贸易对经济增长的作用就可能只是短期的。

根据国际贸易的传统理论,一国来自对外贸易的利益可以分为静态利益或直接利益和动态利益或间接利益。

1. 对外贸易的静态利益

对外贸易的静态利益或直接利益主要是指在各国的资源总量不变、技术条件没有改善的前提下,通过对外贸易所实现的实际福利的增长。贸易的静态利益包

---

① 世界银行.1987年世界发展报告[M].中文版.北京:中国财政经济出版社,1987.

括两个方面:一是从交换中获得的收益,即通过对外贸易各国可以获得本国不能生产的或国内生产成本太高的产品,使各国消费者可以获得的商品数量,要大于各国在封闭状态中自己生产所得到的数量,从而提高各国及世界的福利水平。二是从专业化中获得的收益,即通过参与国际分工,专业化生产本国具有比较优势的产品,进而提高本国的资源利用效率,实现资源的优化配置。

2. 对外贸易的动态利益

对外贸易的动态利益主要是指开展贸易后,对一国增加生产、技术进步的促进作用,以及由此带动本国经济结构调整和长期经济增长的作用,与静态利益相比,这种利益既是间接的,也是长期的,同时又是更为重要的一种利益。人们很早就意识到贸易动态利益的存在。如约翰·穆勒(John Stuart Mill)在1848年出版的《政治经济学原理》一书中指出了三类实行自由贸易时对外贸易的收益:一是对外贸易的直接经济优势,主要来自于专业化分工;二是对外贸易的间接经济优势,主要是促进了生产率的增长;三是贸易的附加收益"贸易对知识和道德的影响比贸易的经济收益更重要"。总结主要的动态利益包括:

(1) 对外贸易促进经济的增长。贸易的动态利益首先表现在对长期经济增长的促进作用上。这一促进作用从两方面体现:第一,通过进口,可以克服国内资源和要素瓶颈,使国内的生产在扩大的规模上进行;先进技术和设备的进口,将大大提高国内的劳动生产率,节约研制成本;新产品的输入对本国的生产和消费活动可以产生"示范"效应,因而可以加速本国的新产品的开发和生产,促进经济增长;进口的竞争,会迫使进口生产部门加速技术创新,提高劳动生产率,从而改善本国企业经营实绩。第二,通过出口,对外贸易可以为国内过剩的生产能力提供新的市场机会,并刺激国内生产能力的进一步提高;出口的扩大,意味本国收入的增加,从而可以有更多的资金用于扩大再生产,扩大本国经济规模;出口的扩大也使本国企业的生产规模扩大,可以享受规模经营的优势;出口的扩大也会进一步带动本国相关产业的发展,进而带动整个国民经济的增长;出口的扩大也有助于鼓励外资引进,解决国内资金的短缺问题,同时引进国外的先进技术和管理知识。

(2) 对外贸易促进产业结构的调整。产业结构的不断高级化是长期经济发展的核心内容。对外贸易可以从以下几个方面促进产业结构的演进:第一,通过参与国际分工,一国可以发现自己的比较优势,并围绕比较优势设置自己的产业,使本国的资源得到最合理配置,并随着本国比较优势的变动,产业结构日趋高级化。第二,对外贸易可以为本国的新兴战略产业提供市场条件。新兴战略产业在成长初期,难免会遇到国内市场狭窄,难以达到规模经济的要求,这时,如果不利用对外贸易提供更为广阔的市场,新兴产业很难建立起来,尤其在本国的资源结构和需求结构不一致时更是如此。第三,对外贸易为产业结构的高级化提供"示范"。一国通过参与国际贸易,进口国外的新产品,培育国内需求,进而完成产业结构的演进,客观上也形成产业结构在国际间的传递。第四,国际市场上激烈的竞争往往也是激励许多国家不断调整本国的产业结构,使之高级化的重要原因。

(3) 对外贸易促进技术的进步。技术进步是现代社会经济增长的最重要因素。对外贸易也可以通过促进技术进步来推动经济发展。这主要表现在以下几方面:第一,对外贸易是一国实现技术进步所需技术的重要供应渠道。一国的技术进步需要大量的技术,这些技术仅靠自身发明远远无法满足。"世界文明的发展,是由十分之一的独创性和十分之九的移植组成的。"只有通过相当数量的技术引进,一国才能维持长期的技术进步,在发达国家如此,在发展中国家更是如此。第二,通过进口国外的先进物资,实际上间接的引进了外国的先进技术,并通过技术的扩散,带动其他产业的技术进步。第三,通过参与国际市场的激烈竞争,为技术进步提供源源不断的强大动力。适应国际竞争的需要,避免在激烈的国际竞争中被淘汰,促使各类企业重视技术进步,从而促进本国技术总体水平的提高。

(4) 对外贸易促进制度的创新。制度创新对于经济发展意义同样重大,而对外贸易也可以促进制度创新。首先,许多制度可以作为商品引进,从而扩大制度创新的选择范围,节约制度创新的成本。其次,对外贸易也可以通过"外溢"和"边干边学"效应,促进整个国家的制度创新,对外贸易活动增强了国内外的信息交流,开阔了人们视野,有利于制度创新所需的意识形态基础。同时,对外贸易部门往往是新制度的最先采用者,对于制度创新具有重要的示范作用,通过学习把新制度"外溢"到其他部门。最后,对外贸易可以从需求方面拉动制度创新。一方面,对外贸易导致市场和经济规模的扩大,需要制度创新以降低交易费用;另一方面,对外贸易所带来的激烈竞争迫使经济主体积极进行制度创新。

对外贸易对一国经济增长有何作用,是经济学要回答的首要命题,不同的经济学家选取的角度不同,研究的结果也会不同。但无论如何,对外贸易的战略意义不容忽视。尤其是在现代社会,经济全球化的迅猛发展,一国的对外贸易处于一国国际经济合作的基础地位,其对经济增长的促进作用已得到世界各国和地区的广泛认可。

11.2 对外贸易发展战略与发展中国家的经济发展

尽管存在对对外贸易与经济发展之间关系的不同意见,对外贸易与经济发展之间确实存在相互联系的事实不容怀疑。在当代经济全球化的大背景下,各国经济的相互依赖不断加深,对外贸易又是各国对外经济交流的核心内容,对外贸易在各国经济发展中的作用日益突出。但是对外贸易究竟在一国的国民经济中发挥何种作用,与该国选择的贸易发展战略有着密切的关系,尤其对于发展中国家来说,贸易发展战略的选择非常重要。

11.2.1 对外贸易发展战略及其与经济发展战略的关系

对外贸易发展战略是一国或地区经济发展战略中有关对外贸易的一部分内容。它是在国民经济发展总体战略指导下,对一定时期的对外贸易发展目标、方向及其实现手段所作的战略性安排。贸易发展战略是一国或地区经济发展战略的基本组成部分,是一国或地区对外贸易发展的指导思想。

在认识贸易发展战略的内涵时,必须把它同具体的贸易政策区别开来。贸易政策是贸易战略的组成部分,即贸易战略除了包括贸易政策以外,还包括更广泛的内容。比如一国的产业政策等。因而一国贸易战略的保护性不仅会在具体的贸易政策上体现,同时也在贸易政策以外的方面得以体现,如本国的产业政策和国内销售体系等。一个典型的例子是:日本是世界上公认的比较难以进入的市场,但它的平均关税率并不高,它就主要是通过商业销售体系的封闭性为该国产业提供了很强的柔性保护。从中我们也可以看出,有时贸易政策的性质和贸易战略的性质会有所不同。

至于贸易发展战略和经济发展的关系,从整体上来看,贸易发展战略是整个经济发展战略的一个组成部分,它应该服从并服务于经济发展战略的需要。但是,贸易发展战略并不是经济发展战略的一个一般的组成部分,而是居于核心地位的组成部分。贸易发展战略研究的是如何依据国际分工和国际经济关系来配置本国资源和发展本国经济。贸易发展战略的不同决定了经济发展战略许多方面的差异,比如是积极参与国际分工和国际交换,围绕本国的比较优势来进行资源配置,在世界市场的大背景中来发展自己、调整自己,还是将对外贸易放在"互通有无"的从属地位,主要依赖本国资源来安排经济发展战略。所以,尽管贸易战略从属于一国的整体经济发展战略,但它反过来又决定经济发展战略的许多方面。因此,贸易发展战略有时又被称作经济发展战略,说明一国的贸易发展战略与该国的经济发展战略具有高度统一的一面。

11.2.2 贸易战略的主要类型

从不同的角度出发,可以把贸易战略划分为不同类型。最常见的有如下两种

国际贸易:理论与政策

分类方式:一是世界银行的分类,二是发展经济学的分类。

1. 世界银行的分类

世界银行按照对国内市场和国际市场的轻重选择不同,把贸易发展战略分为两类:外向型的贸易发展战略和内向型的贸易发展战略。世界银行认为:"外向型的贸易战略的贸易和工业政策不歧视内销的生产或供出口的生产,也不歧视购买本国商品或外国商品。由于它有利于国际贸易,这种没有歧视性的战略往往被看做是促进出口的战略。与之相适应,内向型战略对工业和贸易的奖励制度有偏向,重视内销的生产,轻视供出口的生产。这种做法即是大家所熟知的进口替代战略。"[1]世界银行制定了区分内向型贸易战略和外向型贸易战略的四项指标。这些指标是:有效保护率、对诸如限额和进口许可证等直接控制手段的依赖性、对出口贸易奖励的方法和汇率定值高估的程度。根据这四项指标,世界银行又进一步把内向型贸易发展战略和外向型贸易发展战略进一步细分为以下四种:坚定的外向型战略、一般的外向型战略、一般的内向型战略和坚定的内向型战略。世界银行的这一分类方法能比较充分地反映一国对对外贸易的重视程度、国内经济的开放程度和政府干预政策对贸易战略的影响,是一种研究贸易发展战略时常用的分类方法。

2. 发展经济学的分类

发展经济学把如何促进发展中国家经济发展的问题当作自己的重要课题。他们认为,采取何种贸易发展战略对经济发展的影响极大。因此,他们对发展中国家对外贸易发展战略问题进行了研究和探讨,总结出两种最重要的贸易发展战略模式,那就是进口替代战略和出口导向战略,也有的学者把它总结为进口替代战略、初级产品出口战略和出口替代战略三种,这也是贸易发展战略的一种最常见的分类方式。

1) 进口替代战略

a. 进口替代战略的含义

进口替代(import substitution)战略,又称内向型的发展战略,主要是指通过建立和发展本国的工业,实现对进口工业制成品的替代,以达到削减进口、节约外汇、实现工业化、减少对国外经济依附等目的的一种贸易发展战略。

---

[1] 世界银行.1987年世界发展报告[M].中文版.北京:中国财政经济出版社,1987:80.

第 11 章 对外贸易发展战略

进口替代战略的实施过程一般可以分为以下几个阶段：首先发展加工工业，实现一般消费品的进口替代，如纺织品、鞋类、加工食品和家用电器等产品，建立初步的工业体系；随后发展中间产品生产，实现中间产品的进口替代；最后发展到重化工业产品的生产替代最终实现资本品的进口替代。后两个步骤，常常被归结为一个阶段，在这个阶段里，本国主要建设的是机器制造、钢铁冶金、石化等基础以及重化工业，目的是建立全面的工业体系。

b. 进口替代战略的理论依据

进口替代战略是第二次世界大战以后，绝大多数发展中国家长期奉行的发展战略。其最重要的理论依据是普雷维什于1950年提出的发展中国家贸易条件长期恶化的观点。后又通过其著名的"中心-外围论"说明了当时的国际贸易格局只对发达国家有利，而对发展中国家不利的观点。由于发展中国家主要是初级产品的生产者，初级产品的价格低、需求弹性小且由于技术进步导致对原材料的节约以及新的合成材料和代用品的出现，降低了对初级产品的需求，与发达国家主要生产的制成品之间出现价格剪刀差趋势，所以自由贸易格局将使贸易利益更多流入发达国家（中心国家），发展中国家（外围国家）处于受剥削的附庸地位，难以实现真正的经济增长。要改变这种现状，只有实现保护性的进口替代，以关税保护等手段来抵挡发达国家产品的竞争，促进本国工业化的实现。此外，其他经济学家从促进发展中国家工业化、平衡国际收支、扩大就业等不同角度论述了发展中国家实行进口替代战略的重要性。

c. 进口替代实行的主要政策

进口替代主要实行的政策措施包括：一是进口限制，对外国工业制成品，尤其是消费品的进口实行保护性的高关税和包括进口配额在内的非关税措施，以确保进口替代部门的国内市场份额；二是实行汇率高估，以减轻进口替代所需产品进口造成的外汇压力，降低进口替代部门的进口成本；三是实行外汇管制，对外汇的使用往往实行严格的控制和配给，在某些情况下国家还实行复汇率制；四是在资本、劳动力、技术、税收等方面给进口替代部门提供特殊优惠，以保护进口替代部门免受外国同行和本国其他行业的冲击；五是往往建立众多的国有企业，垄断和控制大多数进口替代部门。

d. 进口替代战略实施的积极意义

第一，工业化是发展中国家经济建设面临的主要问题，由于提供了一个有保护的、有利可图的市场，使这些国家的工业，特别是制造业得到了迅速发展。据计算，1950~1960年，亚非拉国家制造业平均增长率为6.9%，1960~1970年为8.1%。这个速度不仅大大超过了发展中国家的历史记录，也超过了同期西方发

国际贸易：理论与政策

达国家制造业的增长速度。

第二,由于进口替代战略可以根据本国的经济发展需要来设置产业的布局,因而进口替代战略比较有利于建立比较完整的国民经济体系。实践中进口替代战略的实施促进了这些国家经济结构的改造,单一畸形的经济结构有了改变。主要表现在:在国内生产总值中,工业特别是制造业的比重上升较快,而农业的比重相对下降;在制造业内部,那些侧重于基础工业替代的国家,重工业的增长速度大大快于轻工业。

第三,进口替代模式提高了一些发展中国家的经济自立程度。具体表现在:进口的制成品在国内总供给中的比重大大下降,一些国家的设备自给率提高了。如巴西在1949年,耐用消费品的进口占国内总供给的比重为64.5%,到1964年这一比例下降到1.6%;资本货物的进口占国内总供给量的比重1949年为63.7%,到1964年下降到9.3%。

第四,采用进口替代战略可以使一国摆脱对国际市场的依赖,免受世界经济动荡因素的影响和冲击。进口替代战略是一种内向型的经济发展战略,其本质是排斥对外贸易的,在本国的经济发展中更多地依靠国内工业和市场的发展来促进经济进步,对外贸易在国民经济中处于从属地位,因而对外贸易的规模往往也有限。通过对外贸易传递世界经济的波动的渠道不畅,客观上通过对外贸易影响一国经济发展的可能性不大。

第五,进口替代战略在一定程度上还能增加外国对本国的投资。为了绕过发展中国家的贸易壁垒,发达国家更多地采用直接投资的方式进入发展中国家市场。外资的流入,对于发展中国家的经济建设无疑具有重要意义。

此外,进口替代战略的实施,还有助于减少外汇支出,平衡国际收支等。这也是第二次世界大战后,许多国家都实行过进口替代战略的原因之一。

e. 进口替代战略的消极影响

尽管进口替代战略实施的初衷是为了促进本国工业化的建立和平衡国际收支,但是从实施的效果来看,不仅原先的目标难以达到,而且在实践过程中还产生了其他一些问题,甚至导致"灾难性的后果"(如20世纪80年代拉美出现的"债务危机")。20世纪80年代以后,实行过进口替代战略的国家也都纷纷放弃这种战略,转而实行出口导向战略。

第一,进口替代战略从总体上看是否定对外贸易的战略利益的。对外贸易在实行进口替代战略的国家只是处于"互通有无,调剂余缺"的地位。这就使对外贸易对经济发展的促进作用难以发挥,因而进口替代战略实施到一定阶段,便会降低经济发展的速度。本国的产业也独立于国际分工体系之外,不能充分利用国际分工,难以利用国外有形、无形资源来促进自己的发展,因而产业的成长也较慢。

第二,进口替代战略对进口替代部门的保护,降低了产业效率。由于使用贸易壁垒和外汇管制以及其他许多手段来保护进口替代部门的发展,使进口替代部门是在一种缺乏竞争的环境中成长起来的。这使得这些部门在无须花费很多精力去实施科技进步,努力提高管理水平以降低成本的情况下,就能实现产品的销售,因而这些部门的劳动生产率低下、单位成本较高、技术水平低、管理落后、缺乏竞争力,从而降低了整个国家的生产效率和技术水平。

第三,对进口替代部门提供的优惠与扶植,客观上形成对非进口替代部门的歧视,使这些部门得不到正常发展。一方面造成这些部门尤其是农业部门的发展缓慢,甚至处于停滞的困境,反过来,也限制了国内市场的扩大,使进口替代部门的市场规模不够,结果影响了国内的工业化进程。另一方面使国内的两极分化加剧,收入不均现象加剧。

第四,恶化了国际收支状况。随着进口替代部门的发展,进口替代部门所需的原材料、生产设备、中间产品的进口也相应增加,进口所需外汇增加。但是,一方面由于进口替代部门的产品高成本、低市场竞争力,难以承担出口创汇的重任;另一方面,对出口的相对歧视,也使本国的出口难以扩大,从而本国的出口仍主要依赖于创汇率较低的传统的初级产品,本国的国际收支逆差加剧,造成债务增加,最终形成了20世纪80年代初拉美的债务危机。

2) 出口导向战略

所谓出口导向(export promotion)战略,也称"出口主导"战略,是指通过扩大出口来带动本国的工业化和国民经济的增长。出口导向战略在实践中又可以分为初级产品出口战略和出口替代战略。

a. 初级产品出口战略

这种战略是凭借本国生产资源的优势,用本国廉价的劳动力生产和出口本国盛产的各种初级产品,换回国外制成品,以达到改善人民生活和促进本国工业化的基本目标。

提出这种发展战略的经济学家认为,发展中国家应从农、矿等初级产品在国民经济中占重要地位、制造业的生产能力仍然落后的客观实际出发,通过发展初级产品的出口来积累工业化所需资金,促进投资的增加,从而带动国民经济的增长。一般在各国外向型经济发展的初期使用。

从历史上看,初级产品出口战略有过成功的先例。19世纪的美国、加拿大、澳大利亚和新西兰等国就通过出口初级产品很好地带动过经济的增长。20世纪60~70年代,马来西亚、泰国和突尼斯等国也曾通过初级产品的出口推动了经济

国际贸易:理论与政策

增长。

但是,由于发展中国家的初级产品贸易条件恶化,开发资金缺乏,以及初级产品在发展中国家国内的连锁效应较差,初级产品出口战略对发展中国家经济发展的作用越来越有限。20世纪中期以后许多发展中国家纷纷由这种战略转变为出口替代战略。

b. 出口替代战略

自20世纪60年代,一些发展中国家实施外向型的外贸——工业化发展战略。实施出口导向发展战略,一国通过各种放宽贸易限制和促进进出口的措施,积极引进技术和外资,合理配置和充分利用本国生产资源的优势,大力发展本国在国际市场上有竞争能力的工业制成品的生产和出口,逐步以本国的工业制成品出口替代初级产品的出口,以便增加外汇收入,改善国际收支,并以出口为动力来带动工业和国内经济的发展。

出口替代(export substitution)发展战略一般也分为两个阶段:第一阶段,以食品、服装、玩具和家用电器等劳动密集型产品的出口替代初级产品的出口。这些行业的技术相对简单、资金需求量也相对不大,而且国际市场的需求量较大,因而起步较容易。第二阶段,以机器设备、电子等资金、技术密集型产品的出口替代一般加工工业产品的出口。劳动密集型产品的国际市场竞争激烈,对国民经济的带动作用有限,因而第一阶段的产品出口发展到一定阶段,就需要实现第二次转变。资金、技术密集型产品的需求弹性强,产业的带动作用大,产品的利润率高,当此类产品的生产能力具备时,各国就会转而实现较高层次的出口替代战略。

出口替代战略的政策工具主要包括:

(1) 实行出口补贴,可以对出口进行补贴,也可以对出口生产进行补贴,可以是直接补贴,也可以是间接补贴。

(2) 为鼓励出口,也常常采用出口退税一类的政策措施。

(3) 对需要发展的出口行业,政府提供低息的出口信贷,或进行出口信贷担保,同时经常使用外汇留成以鼓励出口创汇。

(4) 削减贸易壁垒,大大降低平均关税率,限制数量限制的使用,以有利于出口工业低价进口所需投入品,在国内形成比较合理的生产要素价格,推进出口。

(5) 积极引进外资和技术,设置出口加工区等各类经济特区,促进本国出口工业的发展。

出口替代战略与进口替代战略相比,具有许多优势:

第一,出口替代战略能够刺激整个工业生产效率的提高。由于面向国际市场进行产品的生产和销售,激烈的市场竞争使企业背负着巨大的竞争压力,同时,国内市场的相对开放,也使企业在国内市场上的竞争加剧。竞争的刺激促使企业提高产品质量,采用更先进的技术,从而提高整个工业的效率。

第二,出口替代能克服发展中国家市场狭小的限制,获得规模经济效益,提高产品的国际竞争能力。出口市场的扩大使本国商品生产的需求量扩大,本国生产中的相当一部分是为了满足国际市场,从而提高厂商的规模经济效应,而且增加了就业。这对许多国家的发展是十分重要的条件。

第三,有利于改善国际收支。出口替代推动出口增长,尤其是具有较高需求弹性的制成品的出口增长,可大大增加外汇收入,有效改善本国的国际收支,为经济发展提供更多资金来源,促进经济的发展。

第四,出口替代有利于提高就业水平。在第一阶段,出口替代的产业集中在劳动密集型产业,并面向广阔的国际市场,因此能吸纳较多的劳动力。即使在出口替代的第二阶段,出口商品的市场扩大,仍使出口部门及相关产业能够吸纳比进口替代更多的劳动力。同时,出口的增加也使进口相应增加,一方面能够进口更多的资本品与劳动力相配套,另一方面,廉价的生活消费品的进口,也使实际工资保持在较低水平,从而有利于工业部门接收更多劳动力。

第五,出口替代战略也有利于发展中国家建立更有效率的产业结构。出口替代战略是一种较为典型的外向型经济发展战略,实施出口导向战略意味着本国的生产更多地要按照国际市场的需要来安排和调整。这不仅要求本国要根据本国的比较优势来配置资源,使本国资源集中在本国更有效率的部门,从而创造更多的价值,而且要求本国必须根据国际市场的发展趋势,动态地不断培育和变换本国的优势产业,适应国际市场不断变化的需求。

第六,出口替代战略的实施也有利于利用外资。出口的扩大使本国可吸收的外资数额大大增加,同时,对国际贸易的自由度和管理政策规范的市场化、法则化以及对外资的吸引力增强。

出口替代战略的实施对于一些发展中国家的对外贸易和经济发展起到一定的积极作用,实施出口替代战略后,这些国家的对外贸易增长率大大提高,制成品的比重不断上升,并实现了产业结构的现代化,经济增长率大幅度提高。例如,20世纪60年代以后,新加坡、巴西等国家以及我国的台湾和香港等地区的出口年增长率达10%以上,国民生产总值年增长率亦达10%左右,不仅超过一般发展中国家,而且快于发达国家。

但是,出口替代战略也存在一定的局限性,实施出口替代战略的国家随着出口替代工业的发展,也出现了一些问题:

第一,出口替代战略主要是通过出口的增加来带动国民经济的发展,而国际

国际贸易：理论与政策

市场是变化莫测的,这一方面加深了本国经济对国际市场的依赖,另一方面使本国的经济增长不稳定,容易受到世界经济波动的影响。因而对于一个大国来说,这是不合适的。

第二,相对于进口替代战略比较容易建立完整的国民经济体系来说,出口替代战略更强调根据国际市场的需要来安排生产,使得本国的产业大都围绕本国的优势产业来安排,以增加出口为导向,因而经济发展趋于单一化,难以建立完整独立的工业体系和国民经济体系。

第三,出口替代战略的进一步实施过程中还会加剧国内经济发展的不平衡。出口产业部门由于受到更多的优待,因而发展较快,而一些面向国内市场的产业,如农业,则相对受到排挤,经常处于落后状态,加剧了许多发展中国家业已存在的二元经济结构。

第四,出口导向战略在实施过程中也会有许多困难。首先,由于许多发展中国家的经济发展水平低下,加之国际市场的竞争激烈,本国往往并不具备具有国际竞争力的产业,因而实施起来有一定困难。其次,由于多边贸易体制的加强,促进出口的若干措施尤其是出口补贴的使用受到限制,也约束了出口导向战略的使用。

虽然进口替代战略和出口导向战略各有利弊,从实践效果来看,出口导向发展战略的实绩要好于进口替代发展战略。总的来说,出口导向要优于进口替代发展战略。同时,这两种战略也是存在一定联系的。一般来说,进口替代战略是出口导向战略实施的先导,没有进口替代战略建立起来的工业基础,是难以实施出口导向的;而出口导向战略是进口替代战略实施的结果,且出口导向可为更高层次的进口替代提供外汇和技术,最终建立起本国的先进的工业体系。第二次世界大战后,凡实施出口导向战略并取得成功的国家和地区,几乎无一例外地经历过或长或短的进口替代时期。

11.3 对外贸易发展战略的现实选择

11.3.1 发展中国家贸易战略的现实选择

从以上的分析可知,进口替代发展战略和出口导向发展战略各有千秋,都有各自的优缺点。现实世界中,发展中国家很难完全采取某一战略就能实现经济发展的目标。各国总是在探索能建立一种将两种战略的优点结合起来,能够更好地服务于提高本国国际竞争力的战略。

1. 混合贸易发展战略

正是因为进口替代战略和出口导向战略各有利弊,所以很多国家都试图建立一种贸易战略能兼有两者之长,避开两者之短。20世纪70年代,一些原来奉行进口替代战略的国家,如巴西、印度等为缓解本国外汇短缺的局面,在原来的进口替代战略基础上实行了不同程度的鼓励出口的措施,也就是混合贸易发展战略。混合贸易战略就是把进口替代战略和出口替代战略的有效部分组合起来,在大力发展进口替代的同时,积极利用出口替代战略的某些政策,兼容并蓄,最大限度地促进经济发展。这些有效部分包括进口替代战略中的面向国内市场的独立自主的工业化,改进后的政府干预和保护以及出口替代战略中的鼓励出口政策等。

有许多学者认为这种战略实质上仍是进口替代战略的翻版,它从根本上仍是如进口替代战略一样是排斥对外贸易的,所以它也被称为"改良的进口替代战略"。这种贸易战略不仅仍具有进口替代战略的不足,而且从实践的角度也是难以实现的。进口替代战略和出口导向战略分别需要不同的政策系统,奉行的贸易政策在方向上是相反的,如进口替代战略要求实行汇率高估,而出口导向则要求实行汇率中性或汇率低估;进口替代战略要求实行高关税政策,而出口导向战略要求实行低关税政策。也有的学者认为,对需要保护的行业实行进口替代战略,对具有竞争力的行业则实施出口导向战略,实质上是混淆了产业政策和整个经济发展战略的关系,对某些产业进行保护还是进行鼓励出口,这是产业政策的问题,而进口替代或出口导向是宏观上以何种战略思想来实现整个国家的工业化,与具体的产业政策虽然有关联,但是有本质区别。

2. 内撑外开的贸易战略

我国学者提出了一种适用于发展中大国的贸易发展战略,即内撑外开型的贸易发展战略①。所谓的内撑外开型贸易战略就是以国际比较优势为依据,以国内市场为依托,以适度保护为辅助,全面对外开放的贸易战略。该战略主要有三部分构成:

(1) 充分发挥自身的国际比较优势,走开放型的发展道路。从贸易战略的倾向上说,这种贸易战略属于开放型的贸易战略,实行的是自由性的贸易政策。与保护性的进口替代战略和混合贸易战略在这点上完全不同。

---

① 刘力.内撑外开:发展中大国的贸易战略[M].大连:东北财经大学出版社,1999.

(2) 重视发挥国内市场的作用,以国内市场支撑对外贸易的发展。与进口替代战略强调国内市场而忽视国际市场,出口导向战略强调国际市场而忽视国内市场不同的是,内撑外开型的发展战略既重视国际市场,也重视国内市场。

(3) 政府适度保护下的自由贸易政策。实行自由贸易政策并不完全排斥任何形式的保护。只是这些保护手段,一是要采取符合国际规则的适度保护措施。如 WTO 中的反倾销、反补贴、保障条款和技术标准等,尤其对于发展中国家来说应充分利用 WTO 给予发展中国家的优惠待遇,在宽限期内适当采用一些传统的贸易保护手段。二是应注意将贸易保护"内部化",即把一些直接排斥外国商品进口的贸易政策,转变为旨在规范和调控国内经济活动的产业政策和市场政策等。

这种贸易政策试图弥补进口替代和出口导向战略的不足,它所提出的战略思想对于一国贸易政策的制定有一定的现实意义,值得发展中大国借鉴。但是这种贸易战略有效的配套措施需要探索。

3. 全球化经营战略

经济全球化是自 20 世纪下半期以来,国际经济出现的显著特征。经济全球化的实质就是以科研为动力,以跨国经营为载体,在全球进行的产业调整。在世界上主要国家都在不断改善经济结构的过程中,全球经济结构发生了由发达国家不断向发展中国家进行产业梯度转移的现象。在此过程中,跨国公司的作用越来越大,大型跨国公司主导国际贸易的主流,以跨国公司为代表的投资—生产—贸易一体化的方式已成为国际贸易的主流。在发达国家进行产业结构的调整下,世界跨国公司通过提供各种有形和无形资产,把发达国家已经或即将失去优势的行业的生产活动转移到国外,世界生产在跨国公司的活动下,日益变成不可分割的整体,大世界正在变成"地球村"。在这样的背景下的发展中国家,如果希望不被"边缘化",发展经济早日赶上发达国家,就必须建立全球化经营战略,即树立全球生产、全球经营的观点,积极加入跨国公司的生产经营网络,参与全球化经营体系,抓住世界产业结构调整的机遇,提升自己的产业结构,加快高科技产业和信息工业的发展,利用两种资源、两个市场,在更广阔的背景下发展本国经济。

4. 积极融入国际产业链发展战略

发挥一国利用投资与贸易之间的相互促进作用,以"走出去、引进来"战略,促进投资和贸易的增长,积极融入国际产业链是经济全球化时代发展中国家经济和贸易发展的现实选择。这种战略思想早已有之,在国际经济发展史中,商品贸易与资本流动往往就是结合在一起的。在经济全球化和贸易保护势力同时发展的现实中,采用贸易和投资联合发展战略是目前发达国家和一些新兴市场经济国家比较普遍的战略选择。一方面,仍应重视外资,利用外资融入跨国公司的国际生产和交易体系,提升自己的产品层次;另一方面,积极发展对外投资,参与国际分工拓展贸易规模,形成"投资—贸易"双向联动、互相促进的良好态势,实现产业结构的调整,提高贸易层次和改进贸易方式,让投资和贸易的发展成为连接国内外产业梯度转移的纽带。

综上所述,在我国确立的"适度保护的开放型经济"的战略总体方针下,出现了许多新的有益的观点,这对于丰富我国的贸易战略思想有一定启发。

11.3.2 影响贸易发展战略选择的因素

选择外贸发展战略,不仅要熟悉不同的外贸战略的特点与具体作用,而且必须充分考虑影响这些战略形成和运用的因素。各种贸易战略都只适用于一定的经济条件,其成功与否受多种因素的制约。因此,一国在选择贸易战略时,除了要坚持以上几个原则外,还要综合考虑国内外诸多因素,在仔细权衡后作出符合国内外情势的抉择。

1. 影响对外贸易发展战略选择的国内因素

在影响贸易战略选择的因素中,起决定作用的是国内经济情况。它主要包括以下几个方面:

(1) 一国的经济发展水平。不同经济发展水平的国家的贸易战略是不同的。例如,发达国家由于建立了现代化的经济结构,其贸易战略对静态利益的追求往往优先于对动态利益的追求;与此相反,发展中国家由于面临实现工业化和建立现代经济结构的繁重任务,其贸易战略对动态利益的追求就被摆在首要的位置。又如,发达国家由于具有较大的竞争优势,其贸易战略的自由性很强;而发展中国家由于在许多产品上都不具有竞争优势,其贸易战略往往具有浓厚的保护色彩。

(2) 经济发展规模。这里的经济规模不是规模经济概念,而是指钱纳里等发展经济学家以一国的疆域、人口等作为衡量指标的一国经济规模的大小。

小国经济,顾名思义,就是指国家疆域狭小、人口较少条件下的经济。这种经济比较容易受到外部市场和国际资金流动的影响,可以借助于对外经济联系来求得本国的经济增长。据一些发展经济学家统计,在小国经济发展过程中,如果出口水平小于 GNP 的 20%,就几乎不可能得到满意的经济增长速度。而当出口水平占GNP的比重在20%～30%时,则可以促进经济增长。当然,选择贸易战略也应考虑小国的经济发展水平。一般地,在小国的经济发展初期,可实行进口替代战略。当经济发展到一定水平,具备一定的国际竞争力以后,可以迅速转向出口替代战略,而跳过平衡发展阶段。

大国经济则因地域广阔,人口众多,国内市场容量大,因而经济发展的动力主要来自国内市场需求,初始贸易战略可相应地采取内向型的进口替代战略来建立较为齐全的国内经济体系(当然这阶段也不排除一些出口替代产业的出现,但这主要是为了出口创汇以支持进口替代产业。这样的出口替代产业往往与国民经济的主导产业相偏离)。当经济发展到一定阶段后,大国经济可以实行平衡贸易战略,使进口替代产业和出口替代产业互相补充、互相支持。是否转入出口替代为主的贸易战略则可视本国产品的国际竞争力、国内外的需求状况而定。一般说来,在大国和小国的国民收入水平相当时,前者的出口专业化比重,无论是初级产品,还是制造业产品,都比后者为低。美国经济学家梅基(S. P. Magee)用对外贸易份额下降第一规律来概括了大国经济与对外贸易份额的这种反比关系:一国规模越大,其对外贸易份额在该国GNP中所占比重越小。

(3)国内资源和要素禀赋。客观上讲,国内资源和要素禀赋是影响一国贸易战略的基础性因素。只有充分考虑国内资源和要素禀赋,才能正确区分本国的优势和劣势,才能制定出适宜的贸易战略。具体有人口数量与劳动力状况;自然条件,包括地理位置、资源禀赋和国土面积等;社会文化,包括消费行为、教育水平等;相关政策,包括经济开放观念与程度等。

(4)一国的整体经济发展战略。作为整体经济发展战略的一个组成部分,贸易战略必须有利于而不是相悖于整体经济发展战略目标的实现。例如,在一个正在推行工业化战略的发展中国家,其贸易战略必须有利于工业化目标的实现。具体来说,贸易战略必须有利于满足工业化所需的资本、外汇、技术、市场等条件。

(5)利益集团的影响。对外贸易战略主要由一国的政府负责制定和实施。政府决策不可避免地受到一些大的利益集团的影响,有的甚至为利益集团所左右。利益集团的这种影响作用在小国会更为突出。假如一个国家跨国公司在经济生活中居于重要地位,它们必定会要求政府采取外向型的贸易战略。

此外,前已述及,在一个国家的经济发展中,对外贸易不仅可以带来静态利益,而且具有促进经济增长、产业进步、技术进步和制度创新等动态方面的作用,既然对外贸易在经济发展中的作用如此重要,那么,任何一个国家所选择的贸易战略就必须保证而不能抑制对外贸易作用的发挥。

2. 影响对外贸易发展战略选择的国际因素

国际贸易是一项在国家间进行的经济活动,贸易发展战略必然受到国际因素的影响。这类因素主要有:

(1) 世界经济发展水平。一般地说,当世界经济发展水平普遍较低时,各国为本国产品寻找海外市场的压力较小,这时实行进口替代所面临的外部压力就相应地小;而当世界经济发展水平普遍较高,众多国家都要为本国的剩余产品寻找国际市场时,某个国家实行进口替代的压力就比较大,会面临外部要求其开放市场的威胁;单纯的出口替代则会因对进口国市场的冲击而产生伙伴国要求限制出口的压力甚至引起报复。这就是为什么20世纪50~60年代,一些国家运用进口替代和出口替代贸易战略使本国经济取得了成功,而今天却行不通的基本原因,因为当时许多国家都致力于战后重建,而今天世界经济环境已与以前大为不同了。

(2) 国际政治的影响。政治和经济是相生相伴的。一个政治的大国与小国在实施本国贸易战略时抗御外国压力的能力之差异是不言而喻的。当然,决定一国国际政治地位高低的因素不只是国土的大小,人口的多寡,而是综合国力的强弱。1949年前后的中国,其国际政治地位的差异可以说天壤之别。也正因为如此,新中国成立前的旧中国根本谈不上什么贸易发展战略。而改革开放后的中国则能根据国情,制定和实行符合中国实际的出口导向贸易战略。

(3) 他国贸易政策的制约。国际贸易的相互性,意味着一国的进出口在给本国带来贸易利益的同时,也会给别的国家造成影响;这种贸易可能增进双方的利益,也可能是此长彼消的。当一国的进出口给伙伴国带来不利的影响时,对方一定会运用某种贸易政策加以抑制。因此,单纯的进口替代或出口替代都容易招致别国的贸易报复,必须审慎运用。

贸易发展战略虽然种类并不繁多,但是发展中国家的选择却可能不易,各国应根据自己的情况,注意选择一些能够促进本国经济发展的贸易战略。结合发展中国家历史发展情况来看,鼓励初级产品出口只是发展中国家经济发展初期的战略步骤,在它发展到一定阶段后,发展中国家就应该不失时机地转向更高一层次的发展战略,主要是进口替代战略。绝大部分国家都需要经历进口替代战略,随后,随着进口替代弊端对经济增长作用阻碍的增强与明显,也随着影响贸易战略选择因素的变化,发展中国家应审时度势地及时地转入出口替代贸易发展战略。

发展中国家对外贸易发展战略不仅不应该一成不变,而且在不同的经济发展

国际贸易：理论与政策

时期确定不同的贸易战略同时，还应注意吸收其他贸易战略中若干内容，充分发挥不同贸易发展战略的长处，形成综合效应，更有力地推动经济增长。

本章小节

　　对外贸易与经济发展的关系包括相互联系的两个方面：对外贸易对经济发展的作用和经济发展对一国对外贸易的影响。

　　西方经济学者从不同角度对国际贸易如何依赖于经济增长，经济增长对国际贸易的影响，提出了具有一定参考价值的看法或思想。他们认为，经济增长引起供给和需求的变动，进而对国际贸易产生一定的影响。

　　马克思、列宁等经典思想家，一向认为对外贸易对经济发展有重要的促进作用。西方经济理论关于对外贸易对一国经济发展的作用问题，早在古典学派的著作中就已经有所研究，后经新古典学派和发展经济学以及现代经济学的不断修正、补充和完善，理论内容日趋完善。总的来看，就对外贸易在经济发展中所起的作用存在截然不同的两种观点：主流的观点认为，对外贸易对经济发展具有重要的推动作用，同时也有一些经济学家对主流观点提出质疑和挑战，认为有些发展中国家的出口增加并未带来经济增长，而且对外贸易并不一定对经济发展有益。

　　对外贸易战略作用的发挥并不是无条件的。如果不具备相应的条件或机制，对外贸易的扩大就不一定带来经济的如期发展。影响经济增长的机制主要包括一国的市场机制必须健全与否、国民经济结构是否合理、微观主体对对外贸易战略作用发挥的反映程度、本国出口的产业层次以及一国对外贸易的规模大小和持续的时间长短。

　　根据国际贸易的传统理论，一国来自对外贸易的利益可以分为静态利益或直接利益和动态利益或间接利益。前者包括从国际商品交换中获得的收益和国际专业化生产中获得的收益；后者则主要是指对外贸易能够促进国民经济的增长、产业结构的调整、科学技术的进步和各类制度的创新。

　　对外贸易发展战略是一国或地区在国民经济发展总体战略指导下，对一定时期的对外贸易发展目标、方向及其实现手段所作的战略性安排。从不同的角度出发，可以把对外贸易战略划分为不同类型。最常见的有两种分类方式，即世界银行的分类和发展经济学的分类。世界银行将贸易发展战略分为两类：外向型的贸易发展战略和内向型的贸易发展战略。发展经济学将发展中国家对外贸易发展战略也分为两种，即进口替代战略和出口导向战略，也有学者把它总结为进口替代战略、初级产品出口战略和出口替代战略三种，这也是贸易发展战略的一种最常见的分类方式。

进口替代主要是指通过建立和发展本国的工业,实现对进口工业制成品的替代,以达到削减进口、节约外汇、实现工业化、减少对国外经济依附等目的的一种贸易发展战略。进口替代战略的主要理论依据是普雷维什的"贸易条件恶化论"和"中心—外围论"。从有关国家和地区的经济贸易实践来看,进口替代战略有着积极的作用,但也存在诸多消极影响。

出口导向是指通过扩大出口来带动本国的工业化和国民经济的增长。出口导向战略在实践中又可以分为初级产品出口战略和出口替代战略。前者是指凭借本国生产资源的优势,用本国廉价的劳动力生产和出口本国盛产的各种初级产品,换回国外制成品,以达到改善人民生活和促进本国工业化的基本目标。后者则是指一国通过各种放宽贸易限制和促进进出口的措施,大力发展本国在国际市场上有竞争能力的工业制成品的生产和出口,逐步以本国的工业制成品出口替代初级产品的出口,并以出口为动力来带动工业和国内经济的发展。出口替代战略与进口替代战略相比,具有许多优势,但也存在一定的局限性。

现实世界中,发展中国家很难完全采取某一对外贸易战略就能实现经济发展的目标。各国总是在探索能建立一种将两种战略的优点结合起来,能够更好地服务于提高本国国际竞争力的战略。此类战略主要有混合贸易发展战略、内撑外开贸易战略、全球化经营战略和积极融入国际产业链发展战略等。

选择外贸发展战略,不仅要熟悉不同的外贸战略的特点与具体作用,而且必须充分考虑影响这些战略形成和运用的因素。这其中包括国内因素和国际因素两个方面。影响对外贸易发展战略选择的国内因素主要包括一国的经济发展水平、经济发展规模、国内资源与要素禀赋、整体经济发展战略和国内的利益集团等;而影响对外贸易发展战略选择的国际因素则主要包括世界经济发展水平、国际政治因素以及他国贸易政策的制约等。

【重要概念】

剩余产品出口论　大宗商品论　增长引擎论　对外贸易发展战略　进口替代战略　出口导向战略　初级产品出口战略　出口替代战略　混合贸易发展战略　内撑外开型贸易战略

【复习思考题】

1. 对外贸易对一国的经济增长有何重要意义?
2. 简述"对外贸易是经济增长的发动机"论的内容。如何评价该理论?

3. 影响对外贸易促进经济增长作用发挥的主要因素有哪些？
4. 何谓对外贸易发展战略？它与一国的经济发展战略有何关系？
5. 简要述评进口替代发展战略。
6. 何谓初级产品出口战略？如何评价？
7. 什么是出口替代发展战略？它与进口替代发展战略有何异同？
8. 何谓混合贸易发展战略？如何评价？

第12章 中国对外贸易发展与现状

和平、发展、合作是当今世界潮流。改革开放以来,中国顺应经济全球化趋势,不断扩大对外开放,在平等互利的基础上积极同世界各国开展经贸合作。经过多年发展,对外贸易成为中国经济最为活跃、增长最快的部分之一,中国也成为跻身世界前列的贸易大国。中国对外贸易的发展,将中国与世界更加紧密地联系起来,有力推动了中国的现代化建设,也促进了世界的繁荣与进步。

12.1 中国对外贸易的发展历程

中国作为一个文明古国,自夏、商、周以来就与世界其他文明古国有着政治、经济、文化往来。在中外经济往来中,对外贸易往来占据显赫位置。中国与世界其他国家有着漫长的贸易交往。依据中国是否为一个独立主权国家与其他国家进行贸易交往这个标准,沿用中国历史的分期方法,可将中国对外贸易的发展历程大致划分为三个时期:古代(远古至清代中期)、近代(1840年鸦片战争至1949年中华人民共和国成立)、现代(中华人民共和国成立以来)。

12.1.1 中国对外贸易在古代的发展

中国商业和对外贸易的源头已经湮没在久远的历史中而难以确认,但我们依然可以从传统典籍、传说乃至日常语言中辨别出许多痕迹。商朝人因善于做生意而闻名,以至于后世将从事此道者一律称为"商人";周穆王西行直抵吉尔吉斯斯坦草原,又为华夏先民打开了通往外部世界的道路,甚至充斥奇禽异兽,传说成书于大禹时代的《山海经》。根据现代学者考证,实际上也是先民四出探险的实录。在商人们的努力下,当张骞(约公元前164~前114年)历经千辛万苦终于抵达大夏(今阿富汗)时,惊讶地在当地市场上发现了产自蜀地的布匹和邛崃竹杖,而这些中国货物又是从身毒(今印度)转卖而来的。从战国直至明末,中国一直是全世界制造业最发达的国家,为中国对外贸易的发展奠定了坚实的基础,也令中国在国际贸易中始终占据着有利的主动地位。在此期间,中国对外贸易先后发生了三

国际贸易:理论与政策

次飞跃,每次飞跃都显著深化了外贸对中国社会与经济生活的影响。

中国外贸的第一次飞跃始于汉武帝时代。以张骞、唐蒙为代表的探险家们分别从西北、西南两个方向开辟了丝绸之路和蜀身毒道两条国际商道,卫青、霍去病、陈汤等名将则以其赫赫武功保证了这两条国际商道畅通无阻。通过丝绸之路和蜀身毒道,中国输入了葡萄、苜蓿、黄瓜、胡萝卜、汗血马和佛教、魔术,同时源源不断输出精美的丝绸、瓷器等制成品。西北丝绸之路贸易历经三国、南北朝时期的动乱考验而不绝,在唐朝迎来了它最辉煌的时代。

"市列珠玑,户盈罗绮",以农业为主体的传统经济结构在两宋时代发生质变,国民经济货币化程度空前提高,政府财政收入70%来自工商税收,在很多方面已经相当接近近代工商社会。在此基础上,以贸易路线转向海洋、贸易商品结构转向日用消费品为标志,中国外贸迎来了第二次飞跃。由于国内经济空前发达而丝绸之路又被西夏隔断,始于汉晋的海路贸易在两宋时期取得了长足发展,并很快就显示出了相对于陆路贸易的优势。在陆路贸易为主的时代,受陆路运输能力之限,中国外贸商品结构不能不以量少价高的奢侈品为主;而在两宋时期的海路贸易中,日用消费品日益崭露头角。宋朝建立了人类历史上最庞大的帆船舰队和商船队,从东亚的高丽、日本到远处西洋的印度、阿拉伯、东非,中国商人和水手在各处海岸都留下了自己的足迹。

当军事先天不足的赵宋王朝最终沦亡之后,接收了宋朝航海技术的蒙元政权更感兴趣的是把这些技术应用于武力扩张而不是和平的贸易交往。直到明成祖朱棣决心在海外恢复中国的文明形象之后,对外贸易才重新走上正常发展轨道,中国外贸迎来了它历史上的第三次飞跃,不仅对国内生产产生了巨大的推动作用,而且通过贸易顺差、白银内流引起了中国财政与货币制度的革命。

直至明初,中外贸易仍以奢侈品居多,自南宋以后,中国大量购买海外珍宝、香料、药材,造成长期贸易逆差,金、银、铜钱大量外流,成为一个严重问题。历朝均严禁金属出口,但效力不大。西人东来后,中国日用消费品获得了广阔的新市场,对外贸易商品构成发生质变,凭借千百年间发展起来的精湛工艺和低廉价格,中国商品在与欧、美和日本各地商品的竞争中一路凯歌,生丝、丝织品、天鹅绒、绫绢、绸缎、棉布、麻织品、珠宝、工艺品、钢铁、锡、铅制品、硝石、火药、食品、家禽、家畜等各类商品均大量输出,尤其是纺织品表现出了无与伦比的国际竞争力。中国出口的空前增长彻底扭转了中国的国际收支,来自美洲、日本的白银源源不断流入中国,货币金属匮乏的中国消除了自从北宋以来持续数百年的"钱荒",白银成为全社会通行的本位货币,为1581年张居正在全国推行"一条鞭法"、全面建立货币财政制度奠定了物质基础。

当明朝后期中国商品生产、市场交换和社会生活的正常发展全部被天翻地覆的明清鼎革打断之后,在清朝统治者眼里,工商实业、科学技术、对外贸易、海外移民一概属于危险因素而应当百般限制,致使中国生产技术、航海技术在很多关键方面不进反退。明代科学家宋应星所著《天工开物》被法国国王视为瑰宝,显著推动了日本、欧洲制造业技术的发展,在中国本土却因文字狱而失传两百多年,直到清末才从日本重新输入。康熙年间一度开放海禁而设立4处通商口岸,到1759年就收缩到了广州一处,其功能局限为向权贵阶层提供西洋奢侈品和正常税收之外的"报效",为中国开辟海外市场发挥了巨大作用的华侨也被乾隆皇帝轻蔑地称为"天朝弃民"而听任荷兰、西班牙殖民者屠杀。正是在"康乾盛世"的赞歌声里,中国制造业丧失了维持两千多年的世界领先地位,对外贸易丧失了持续发展的基础,昔日高居全球经济体系顶层的中国沦落到了第三世界,直到英国侵略者用鸦片、洋枪洋炮轰开大门,中国外贸在极端屈辱、极端不平等的条件下被动地走上了血泪铺砌的"发展"道路,中华民族也开始了漫长、艰辛的救亡和"赶超"进程。

12.1.2 中国对外贸易在近代的发展

1840年的鸦片战争以贸易之争演化为军事冲突的形式,改写了中国社会发展的历史进程,也改写了中国对外贸易的性质与特点。在1840年至1949年社会主义新中国诞生这段时期,由于贸易主动权丧失,中国对外贸易的进程几乎成为西方列强对中国进行经济侵略的缩写。

在这一百多年的时间里,中国对外贸易的总体特征是落后并畸形发展,具体体现在以下三个层面:

(1) 半殖民地性质,没有独立的对外贸易主权,在贸易交往中处于附属地位。由于我国主权与领土完整遭受严重破坏,外国列强在众多与对外贸易活动有关的领域,如海关、外汇、金融、航运、保险、商检等拥有特权,致使我国的对外贸易管理权几乎全部掌握在外国人手中。当时,外贸机构大部分掌握在帝国主义或官僚买办手中,对主要贸易品实行垄断经营,其经营权为他们所把持。买办垄断与官僚垄断是旧中国对外贸易的一大特点。

(2) 贸易规模小,贸易品结构畸形,贸易的地区分布不平衡。中国早期大宗出口品为丝和茶,不仅占出口总额的80%以上,而且具备左右国际市场的供需与价格的出口能力。到19世纪60年代,由于日本与印度的竞争,中国逐步丧失左右国际市场的主动权。19世纪70年代前后,中国的大豆、桐油、花生、麻、猪鬃、草帽编织、皮革、钨、锌等大宗出口品逐步出现。在20世纪20年代后期,大豆与豆饼的出口取代丝的地位,成为最大的出口商品,占出口总额的20%左右。最早

国际贸易：理论与政策

的大宗进口品为鸦片。到19世纪80年代，棉织品逐步成为第一大进口品。随后，钢铁、机械、棉花、原油等也成为重要进口品。总的说来，旧中国对外贸易商品结构服从于帝国主义掠夺需要，出口多为农、矿等初级产品，进口多为加工制成品，贸易商品结构畸形。

而贸易的地区分布不平衡主要表现为国内的区域性发展不平衡与海外贸易对象集中。从总体上看，贸易的区域性发展不平衡表现为通商口岸的进出口贸易发展水平高于未开放城市，租界高于华界，沿海高于内陆，沿海省份之间也高低不同。海外贸易对象集中则表现为对外贸易对象国为英、日、美、法、德、俄等少数国家。各国在中国对外贸易中所占的比重随着其在中国的政治、经济势力的变化而消长。自鸦片战争到甲午中日战争，英国为中国第一大贸易国，贸易额占当时中国对外贸易总额的80%以上；第一次世界大战后，日本与美国在中国对外贸易中的比重分别居第一位和第二位；第二次世界大战后，美国在中国对外贸易中的比重显示出垄断地位，据统计，1946年自美国进口占进口总额的51.2%，向其出口占出口总额的57.2%。

(3) 长期不平等交换，中国对外贸易条件持续恶化，贸易利益外流。鸦片战争以前，中国对外贸易拥有大量顺差。19世纪20~30年代，每年的贸易顺差有200万~300万两白银。鸦片贸易使清政府白银外流，国库空虚。鸦片战争后，西方商品涌入，又形成巨额商品贸易入超。自1877年起，中国年年贸易逆差。据不完全统计，到1949年，中国贸易逆差总额达64亿美元之多。巨额贸易逆差造成金银外流，财政困难，迫使中国政府出卖主权以举借外债，中国在中外贸易中未能受益反而深受其害。这说明旧中国与其他各国之间的贸易是一种不平等、不正常的贸易，中国参与国际贸易应该享有的正常贸易利益被掠夺。

此外，在贸易条件方面，从20世纪初开始，中国的进口商品价格上升幅度超过出口商品价格上升幅度，贸易条件逐渐恶化；到20世纪30年代，贸易条件恶化加剧。贸易条件恶化对中国经济、社会产生两大影响：一是贸易利益分配不公致使我国相当大部分原本可用于国内投资的社会剩余变成了帝国主义的资本积累，加剧了中国的贫困化；二是进出口商品交换中的不等价交换影响中国国内市场的商品价格结构。由于工农业产品价格都在通商口岸决定，工业品通过各种渠道内销时，各个环节层层加价；反之，农产品从内地农村流向口岸时，各环节层层压价，农民成为价格损失的承受者。中国对外贸易条件的恶化通过这种方式加剧了农产品的剪刀差，加剧了一般民众的贫困化。

12.1.3 新中国对外贸易的发展

1. 中国社会主义对外贸易的建立

1949年,中华人民共和国的成立,标志着中国对外贸易进入一个新的历史时期,它宣告了近百年来半殖民地、半封建性质的对外贸易的彻底结束和新中国独立自主的社会主义对外贸易的开始。

新中国建立后,我国立即废除了帝国主义在华的一切特权,没收了对外贸易中的官僚资本,新建国营对外贸易,并对民族资本进出口业进行改造,从而建起全国统一的社会主义对外贸易。

(1) 废除帝国主义列强在中国的一切特权。新中国成立前,在帝国主义列强的不断侵略下,旧中国除对它们割地赔款、开辟租界外,还给予它们以在华驻军、领事裁判、协定关税、海关管理、内河航行、兴建铁路、设立银行、开办工厂、自由经商等军事、政治和经济特权。中国的主权和领土完整遭到了严重破坏,对外贸易也丧失了独立自主的地位,完全依附于帝国主义,沦为半殖民地性质的对外贸易。随着解放战争的节节胜利,作为接管城市的重要任务,人民政府废除了帝国主义的一切特权。在收回被帝国主义长期霸占的海关之后,中国政府建立了独立自主的新海关;取消了外国资本在金融、航运、保险、商检、公证仲裁等方面的垄断权,实行对外贸易统一管制,实现了对外贸易的独立自主。

对于外国在中国的进出口企业,没有施行没收,允许它们在服从我国政府法令的条件下继续经营。解放初,全国共有外资企业1 333户,其中,进出口业500多户。这些企业在很大程度上是帝国主义在华经济特权的产物或载体。帝国主义在华经济特权被取消后,它们的经营在不同程度上出现了困难。朝鲜战争爆发后,美国政府宣布冻结中国在美国管辖区的公、私财产,中国政府针锋相对,相应宣布管制美国政府和企业在中国的一切财产,从此在华美商全部停业,其他洋商在1951年美国等西方国家对中国实行禁运后,大都陷于瘫痪状态,陆续放弃经营,申请歇业或作价转让给中国政府。从此以后,外国资本在中国开设的进出口企业,基本上停止了经营活动。1950年中国境内有洋商540多家,进出口额占中国对资本主义市场进出口总额的6.25%;到1955年底,只剩下28家,基本属于外侨私营企业,在对外贸易中的比重仅占0.005%①。

---

① 董志凯. 跻身国际市场的艰辛起步[M]. 北京:经济管理出版社,1993:15.

(2) 没收官僚资本。官僚资本在半殖民地半封建的旧中国,是凭借地主买办资产阶级专政的国家政权力量而发展起来的国家垄断资本。以蒋、宋、孔、陈四大家族为代表的官僚资本是蒋介石政权赖以生存的经济基础,是半殖民地半封建的旧中国反动的生产关系最集中的体现。它和帝国主义、封建主义勾结在一起,是旧中国贫穷落后、经济不能发展、政治不能进步的根本原因。

官僚资本是帝国主义的总买办,它依靠国际垄断资本的势力,凭借反动政权的权力,控制了旧中国的金融业、工业、交通运输业、国内贸易和对外贸易。从对外贸易看,它独占了绝大部分商品的进口和出口。对这样腐朽的、反动的官僚资本,中央政府采取了没收的政策。官僚资本的进出口企业与官僚资本的工交企业在拥有资产的构成方面有所不同,前者的主要资产是外汇,后者的主要资产是机器设备和厂房等。官僚资本的进出口企业所拥有的外汇,在人民解放战争胜利进行过程中,已全部被官僚资产阶级卷逃或汇出大陆。因此,所没收的官僚资本的进出口企业的资产是有限的。

(3) 建立国营对外贸易企业。新中国成立后,为了适应革命形势的发展和恢复国民经济的需要,在全国建立了新型的社会主义国营对外贸易企业。如前所述,在人民解放战争胜利进行中,官僚资本进出口企业的主要资产——外汇早已席卷一空,国家不可能依靠这些没收的进出口企业来进行对外贸易。为了适应新中国成立后恢复国民经济、发展对外贸易的需要,依靠国家政权和整个社会经济的力量,在山东、东北、华北、华东等解放区对外贸易企业的基础上逐步建立起由中央人民政府直接领导的新型的国营对外贸易企业,其中有经营对社会主义国家贸易的中国进口公司,经营对资本主义国家贸易的中国进出口公司,以及中国畜产、油脂、茶叶、蚕丝、矿产等国营外贸公司。同时,逐步建立和完善在各地的分支公司。这些企业一经建立,就在对外贸易经营中起主导作用。1950 年国营外贸进出口额占全国进出口总额的68.4%,1952 年上升到 92.8%,占有绝对优势。

(4) 改造私营进出口业。私营进出口业是建立在生产资料私人资本所有制基础上的,国家对它实行利用、限制和改造的政策。利用它们与国外厂商的贸易关系,经营进出口业务的经验和专长,对世界市场的熟悉和了解,以及对许多出口商品的产销、加工、保管、运输等方面的丰富知识;限制它们的剥削和盲目经营,制止它们的投机违法活动,通过国家资本主义的道路,逐步把私营进出口企业改造成为社会主义对外贸易企业。新中国成立初期,全国各口岸共有私营进出口企业4 600 户,从业人员 35 000 人,资本约 1.3 亿元人民币。其特点是大户(10 万元资本额以上)少,中小户多。它们主要集中在上海、天津、广州、武汉、青岛等地。新中国成立后,国家采取委托经营和公私联营的办法,在职工群众监督下,进行对外贸易活动,从而把私营进出口企业的经营纳入国家计划的轨道。1956 年,在全国公私合营高潮中,私营进出口企业也实行全行业公私合营。合营后,根据社会主义对外贸易工作的需要,随即对原来的商号进行合并改组,参照国营对外贸易公司的制度,按行业成立专业性的公私合营公司,也有少数商号直接并入国营对外贸易公司。当时全国共成立了 54 个公私合营对外贸易公司。这些公司的所有制发生了根本性质的变化,资本家原来占有的资产已经转由国家使用,他们除了拿定息之外,已经不能支配这些资产。他们也不可能以资本家的身份去掌握经营管理权和人事调配权,合营公司已经基本上是社会主义性质的企业了。

从此,在我国对外贸易领域中,基本完成了对生产资料私有制的社会主义改造,我国对外贸易已基本上是全民所有制。随着我国进入社会主义初级阶段,我国社会主义的对外贸易也就全面确立了。

2. 中国社会主义初级阶段时期对外贸易的发展

在进入社会主义初级阶段的 50 多年里,我国对外贸易的发展大体上经历了以下几个时期:

1) 国民经济恢复时期(1950～1952 年)

新中国成立初期,由于遭受战争的创伤,工农业生产遭到严重破坏,国民经济濒临绝境;而帝国主义对我国采取敌视、孤立和封锁禁运的政策。在这种历史条件下,国家提出了恢复国民经济、进行土地改革、实行抗美援朝、开展反封锁禁运斗争的任务。根据这一主要任务,对外贸易承担了组织内外物资交流,帮助调剂供求和稳定市场物价;扶持工农业生产和交通运输的恢复和发展;争取所需物资的进口,支援抗美援朝,保卫国家的斗争;迅速建立和发展同社会主义国家的贸易经济关系,突破帝国主义对我封锁禁运等任务。

通过商品贸易,换取恢复和发展经济急需的生产资料是新中国成立初期中国对外经济交往的主要目的之一。在对外经济贸易方面,我国迅速同前苏联、东欧等社会主义国家建立和发展贸易经济关系,并同美国等主要资本主义国家进行针锋相对的反封锁禁运的斗争。我国进出口总额从 1950 年的 11.35 亿美元增长到 1952 年的 19.41 亿美元,增长了 71%,年平均增长速度达 30.8%;其中进口额从 5.83 亿美元增长到 11.18 亿美元,增长了 91.8%;出口额从 5.52 亿美元增长到 8.23 亿美元,增长了 49.1%。1950～1952 年累计完成进出口总额 50.3 亿美元(参见表 12.1),其中,出口额 21.3 亿美元,进口额 29 亿美元,从而取得了反封锁、反禁运斗争的重大胜利,并对恢复和发展我国国民经济,提高工农业生产能力,活跃城乡物资交流,改善人民生活以及抗美援朝等方面都起了积极作用。

表 12.1　1950~1957 年中国进出口贸易额变化情况

经济阶段	年份	按人民币计算（亿元）			按美元计算（亿美元）			
		进出口总额	出口额	进口额	进出口总额	出口额	进口额	贸易差额
国民经济恢复时期	1950	41.6	20.2	21.4	11.3	5.5	5.8	−0.3
	1951	59.5	24.2	35.3	19.6	7.6	12.0	−4.4
	1952	64.6	27.1	37.5	19.4	8.2	11.2	−3.0
	合计	165.7	71.5	94.2	50.3	21.3	29	−7.7
"一五"计划时期	1953	80.9	34.8	46.1	23.7	10.2	13.5	−3.3
	1954	84.7	40.0	44.7	24.4	11.5	12.9	−1.4
	1955	109.8	48.7	61.1	31.4	14.1	17.3	−3.2
	1956	108.7	55.7	53.0	32.1	16.5	15.6	0.9
	1957	104.5	54.5	50.0	31.1	16.0	15.1	0.9
	合计	488.6	233.7	254.9	142.7	68.3	74.4	−6.1

注：(1)美元折算人民币均按当年人民银行规定的美元与人民币的比价计算。

(2)根据对外经济贸易部业务统计，包括转口数字。

资料来源：中国统计年鉴(1984 年)．第 395 页．经整理．

1950~1952 年国民经济恢复时期，中国及时进口了大量恢复和发展工农业生产以及交通运输所必需的重要物资和原材料，如钢材、有色金属、化工原料、橡胶、机床、拖拉机、化肥、农药、车辆、船舶、飞机、石油以及调剂供求、稳定市场所需的棉花、化纤、砂糖、动植物油、纸张、手表等物资；同时相应组织了农副产品和一些原料产品的出口，如大豆、桐油、茶叶、猪鬃、肠衣、蛋品、蚕丝、钨砂、水银和绸缎等。

然而，从进出口商品结构来看(参见表 12.2)，当时我国还是一个经济发展水平相当落后的农业国。例如，在出口产品中，农副产品及其加工产品占相当大的比重，1950 年为 90.7%，1952 年仍为 82.2%；在出口的工业品中，初级产品也占绝大部分。这种出口结构使我国在对外贸易中处于相对不利和软弱的地位。进口商品中，生产资料占比上升，由 1950 年的 83.4% 提高到 1952 年的 89.4%；而生活资料占比却有所下降，从 1950 年的 16.6% 下降到 1952 年的 10.6%。其中，在生产资料的进口中，机械设备占比由 1950 年的 22.5% 迅速提高到 1952 年的 55.7%；而工业原料占比却大幅度下降，从 1950 年的 59.2% 快速下降到 1952 年的 31.2%。

第12章 中国对外贸易发展与现状

表12.2 1950～1952年中国进出口商品构成情况(占总额%)

出口商品构成				进口商品构成			
年份	1950	1951	1952	年份	1950	1951	1952
总额	100	100	100	总额	100	100	100
一、工业品	42.5	45.4	40.7	一、生产资料	83.4	81.3	89.4
1.工矿产品	9.3	14.0	17.9	1.机械设备	22.5	35.1	55.7
其中:机器及工具	—	0.3	0.1	2.生产资料	60.9	46.2	33.7
矿产品	8.0	11.6	13.5	其中:工业原料	59.2	44.0	31.2
2.农副产品加工品	33.2	31.4	22.8	农用物资	1.7	2.2	2.5
二、农副产品	57.5	54.6	59.3	二、生活资料	16.6	18.7	10.6

资料来源:中华人民共和国档案资料选编(1949～1952)·对外贸易卷[M].北京:经济管理出版社,1994:1027～1029.

2) 第一个五年计划时期(1953～1957年)

从1953年起我国进入大规模的经济建设时期,国家制定了国民经济发展第一个五年计划。这一期间,我国大力发展了同前苏联、东欧等国家的贸易经济关系,组织引进了前苏联的156个大型项目(参见表12.3)和东欧国家的68个重要项目,以及社会主义工业化所必需的工业器材和原料等;同时,随着我国外交政策的胜利,也发展了与东南亚和西方国家的贸易关系,进口了橡胶等一些重要物资。

表12.3 "一五"时期中国重点建设项目与引进情况

	总项目数	前苏联援建数		总项目数	前苏联援建数
A.重工业			B.轻工业		
1.钢铁	15	3	8.食品	34	0
2.黑冶	18	18	9.医药	4	2
3.电力	107	24	10.造纸	10	1
4.机械制造	63	63			
5.煤炭	195	27	C.其他	221	11
6.石油	13	2			
7.化工	15	5	工程总数	695	156

资料来源:黄晓玲,宋沛.中国对外贸易[M].北京:对外经济贸易大学出版社,2002:6.

1953年到1957年,进出口总额从23.7亿美元提高到31.1亿美元(参见表12.1)。整个"一五"时期,我国实现进出口总额142.7亿美元,年平均增长率达9.8%,其中,出口总额68.3亿美元,年均增长14.2%;进口总额74.4亿美元,年均增长6.1%。不仅如此,从1956年起,我国扭转了几十年来的贸易逆差局面,实现了贸易顺差。1957年,我国进出口总额比1950年增长了1.75倍,其中,进口额增长了1.6倍;出口额增长了1.9倍。

"一五"计划期间,在工农业得到恢复和发展的基础上,我国的出口贸易有了很大的增长,出口商品结构也有了很大的变化。1953年,初级产品占79.4%,其中,食品占30.9%,饮料及烟草占7.9%,非食品原料占33.3%,矿物燃料占0.8%,动植物油、脂及腊占6.5%;工业制成品占20.6%,其中,重化工业产品占8.3%,轻纺工业产品占12.3%。1957年"一五"计划完成时,初级产品占63.6%,其中,食品占27.2%,饮料及烟草占3.9%,非食品原料占28.3%,矿物燃料占1.1%,动植物油、脂及腊占3.1%;工业制成品占36.4%,其中,重化工业产品占10.1%,轻纺工业产品占26.3%[①]。出口商品中,除了传统的农副土特产品外,还增加了许多新商品,特别是发展了工业品出口,如棉纱、棉布、钢材、五金、玻璃、金笔、缝纫机,以及纺织、水泥、造纸、碾米等成套设备,其中有许多过去是要进口的。如表12.4所示,从1953年到1957年,重工业产品出口占比由17.4%提高到24.3%;轻工业产品由26.9%提高到35.6%,其中纺织品出口占比由6.1%迅速上升到17.7%。同期,农副产品出口占比却由55.7%下降到40.1%。

表12.4 1953~1957年中国进出口商品构成情况(占总额%)

年份	出口商品构成					进口商品构成			
	农副产品	轻工业产品			重工业产品	生产资料			生活资料
		全部	纺织品	轻工产品		全部	机械设备	生产原料	
1953	55.7	26.9	6.1	20.8	17.4	92.1	56.6	35.5	7.9
1954	48.3	32.2	9.5	22.7	19.5	92.3	54.2	38.1	7.7
1955	46.1	31.2	11.7	19.5	22.7	93.8	62.8	31.0	6.2
1956	42.6	35.3	14.7	20.6	22.1	91.8	53.5	38.0	8.4
1957	40.1	35.6	17.7	17.9	24.3	92.0	52.5	39.5	8.0

资料来源:中国对外经济贸易年鉴(1989)[M].北京:中国展望出版社,1989.

---

① 中国对外经济贸易年鉴(1989)[M].北京:中国展望出版社,1989:307~308.

从进口商品结构来看,大体上基本稳定。1953~1957年间,中国积极组织了大量国内生产、建设所需的机器、工业器材、原料以及其他重要物资。1953年,生活资料进口占7.9%;生产资料进口占92.1%,其中,机械设备占56.6%,生产原料占35.5%。至1957年,生活资料占8.0%,生产资料占92%,其中机械设备降为52.5%,生产原料升至39.5%(见表12.4)。

另据统计,1950年到1956年的7年间,中国共进口成套设备(包括当时正在进口的项目)245项,金属切削机床20 693台,黑色金属425万吨,石油及石油产品485万吨,棉花43.8万吨,化肥238万吨,纸张43.5万吨,以及其他各类重要物资及生活必需品①。同期内,共出口价值36.93亿美元的农副产品,21.08亿美元的农副产品加工品,15.56亿美元的工矿产品②。

3) 第二个五年计划和国民经济调整时期(1958~1965年)

我国第二个五年计划时期(1958~1962年)对外贸易的任务是有计划地组织有关物资的出口,以保证国家建设所必需的设备和器材的进口,保证进出口物资的平衡。但1958~1959年间,在国民经济"大跃进"的"左"的指导思想影响下,对外贸易也提出了高指标,脱离实际可能性,终使对外贸易出现大幅度波动。

进入1958年,"大跃进"高指标、瞎指挥、浮夸风,严重地影响了外贸部门的工作。外贸部在"左"的思想指导下,提出了对外贸易"大进大出"的方针。在该方针指导下,1958年春,外贸部门通过大鸣大放、大辩论,订出了1958年的跃进指标。执行的结果,当年的进出口贸易总额达128.8亿元(合38.7亿美元),比1957年陡增24.8%,其中出口增长24%,进口增长25.5%③。这种增长速度与整个工农业生产的实际增长速度是脱钩的。1958年中国农业总产值为566亿元,比1957年仅增3.4%,但出口的农副产品和农副产品加工品却从39.02亿元增到48.65亿元,增长24.7%。其中,粮食、猪肉等主要生活资料的出口增长幅度更大。1958年全国粮食仅仅增2.5%,由于"一平二调"及城市职工人口的增加,1958年冬天,口粮已处于短缺状态,但这一年的粮食出口却由1957年的209.26万吨增至288.34万吨,增长37.8%。活猪、冻牛肉、罐头出口分别增长56%、119%和125%。

---

① 赵继昌.七年来我国对外贸易的重大发展[R]//对外贸易论文集:第3集.北京:中国财政经济出版社,1957:12.

② 根据:中国对外经济贸易年鉴(1984)[M].北京:中国对外经济贸易出版社,1984.有关数字计算经整理而得。

③ 中国对外经济贸易年鉴(1984)[M].北京:中国对外经济贸易出版社,1984:Ⅳ-4.

1959年,进出口贸易比1958年再增13.2%,比1957年增长41.2%。总额达149.3亿元(合43.81亿美元),其中,出口增长14.1%,进口增长12.2%。这个增长速度进一步脱离了国内工农业生产实际。1959年,中国粮食实际减产600万吨,但出口却由1958年的288.34万吨增至415.75万吨,增长44.2%,因而加剧了国内粮食短缺的程度。

1958~1959年,"大跃进"给我国国民经济和对外贸易活动均造成了极为不利的影响,对工农业生产和人民生活均带来了诸多困难。1960年上半年,由于继续"反右倾、鼓干劲"、实行新的"大跃进",对外贸易中的诸多困难不仅没有缓解,相反更加严重,终于导致连续3年的大幅度下降。

如表12.5显示,1960年的我国进出口总额为128.5亿元(合38.1亿美元),比1959年下降13.9%;1961年的进出口总额为90.8亿元(合29.4亿美元),比上年再降29.3%;1962年进出口总额80.9亿元(合26.6亿美元),比上年又降10.9%,基本退回到1954年的水平。这3年对外贸易之所以连续下降,其根本原因在于"大跃进"使国民经济的主要比例关系全面失调,造成了农业、轻工业的减产,使出口货源大大减少;此外,农业生产从1959年开始遭受连续三年自然灾害,以及1960年下半年起中苏两国间经济贸易关系出现突然转折,也是重要的外部原因。

表12.5 1958~1965年中国进出口贸易额变化情况

年份	按人民币计算(亿元)			按美元计算(亿美元)			
	进出口总额	出口额	进口额	进出口总额	出口额	进口额	贸易差额
1958	128.8	67.1	61.7	38.7	19.8	18.9	0.9
1959	149.3	78.1	71.2	43.8	22.6	21.2	1.4
1960	128.5	63.3	65.2	38.1	18.6	19.5	−0.9
1961	90.8	47.8	43.0	29.4	14.9	14.5	0.4
1962	80.9	47.1	33.8	26.6	14.9	11.7	3.2
1963	85.7	50.0	35.7	29.2	16.5	12.7	3.8
1964	97.5	55.4	42.1	34.7	19.2	15.5	3.7
1965	118.4	63.1	55.3	42.5	22.3	20.2	2.1

注:(1)美元折算人民币均按当年人民银行规定的美元与人民币的比价计算。
(2)根据对外经济贸易部业务统计,包括转口数字。

资料来源:中国统计年鉴(1984).第395页.经整理.

第12章 中国对外贸易发展与现状

1961年1月14日至18日,中国共产党八届九中全会在北京召开。会议决定自1961年起对国民经济实行"调整、巩固、充实、提高"八字方针。会议决定,集中力量加强农业战线,努力搞好综合平衡,使农、轻、重之间,生产资料和消费资料生产之间,积累和消费之间的比例趋于协调,使国家建设和人民生活得到统筹兼顾,全面安排。

至此,我国国民经济进入了调整时期。对外贸易是与整个国民经济同时进入调整阶段的。根据调整安排,中国1961年粮食出口比1960年减少了50.2%,活猪出口减少了51.9%;粮食进口由1960年的6.64万吨增至1961年的580.97万吨,1962年为492万吨①。调整后的进口商品结构发生了很大变化,改变了20世纪50年代进口生产资料占94%左右、生活资料仅占6%左右的状况。1961年进口商品中生活资料的比重上升为38.1%,生产资料的比重下降到61.9%。这一年,中国与发达资本主义国家和发展中国家的贸易比重有较大幅度上升,与前苏联、东欧国家的贸易比重有较大幅度下降。其中,中苏贸易额占中国对外贸易总额的比重由1960年的43.7%下降到1961年的28.2%。

1962年的对外贸易,继续坚持"吃饭第一、建设第二"的方针。为配合整个国民经济进一步调整,对外贸易部门积极开拓出口货源,努力扩大工矿产品出口,在主要农副产品出口减少、侨汇收入减少、前苏联逼债的情况下,克服重重困难,保持了外汇收支平衡。当年,进口了急需的粮食、化肥、橡胶、钢材等,有力地支援了农业,对稳定市场和促进整个国民经济的调整起了很好的作用。

从1963年起,随着农业生产的恢复,适当减少了粮食进口,增加了其他生活资料的进口。在工业生产初步恢复的基础上,为提高整个工业的科学技术水平,1962~1963年间,中央批准进口20个成套设备项目(后来改为14项),并引进了最新的石油化工技术;1963~1964年间,又批准了冶金、精密机械、电子工业等100多个项目的国外考察、询价和相机签约;1964~1965年间,机械工业又从日本、法国等国家引进了液压件、电动气动量仪、重型汽车三个项目,并引进玻璃电极、微电机等7项技术和设备。对外贸易的任务开始由"吃饭第一"转向为"巩固、充实、提高"服务。

表12.5显示,我国对外贸易在经过1961年和1962年连续两年的调控之后,1963年开始回升。这一年的进出口贸易总额达85.7亿元(约合29.5亿美元),

---

① 中国对外贸易年鉴(1984)[M].北京:中国对外经济贸易出版社,1984:Ⅳ-88.

比上年增长 9.5%。

1964年,在国民经济调整任务基本完成的条件下,进出口贸易总额又大幅度上升,达 97.5 亿元(约合 34.7 亿美元),比 1963 年增长 13.8%。1965 年,出口总额已恢复到 63.1 亿元(约合 22.3 亿美元),接近新中国成立以来的最高水平,提前还清了对前苏联的全部债务。随着国民经济情况的好转,1965 年进出口总额恢复到 118.4 亿元(约合 42.45 亿美元),接近 1959 年最高水平,比 1962 年增长了约 60%。

4) 十年动乱及其结束初期时期(1966~1978 年)

1966 年到 1976 年发生的"文化大革命"(以下简称"文革")严重影响了我国国民经济的发展。社会总产值的年增长率前 14 年为 8.2%,"文革"时期降为 6.8%;国民收入的年增长率前 14 年为 6.2%,"文革"时期降为 4.9%。"文革"期间的个别年份,受到的影响更大。而这段时间正是亚太地区经济腾飞时期,我们却错过了机遇,把精力消耗在"以阶级斗争为纲"上[①]。

1966 年,中国的对外贸易在前期全面恢复的基础上进一步发展,进出口总额达 127.1 亿元(约合 46.2 亿美元),比上年增长 8.7%,比 1959 年增长 5.3%。此后,中国的对外贸易又出现了曲折的发展历程。综观 1967~1978 年的对外贸易活动,在 1972 年前后有明显的区别。

1967~1972 年,对外贸易停滞不前。其中,1967~1969 年,进出口贸易总额连续 3 年下降,出现了新中国成立以来对外贸易的第二次落潮,1969 年进出口总额比 1966 年下降 15.8%;1970 年开始回升,直到 1972 年,才恢复到并超过 1966 年的水平。

1973~1978 年,对外经济关系比前期有很大的改善。其中,1972~1975 年,对外贸易发展相对稳定;1976 年,再一次下降;1977~1978 年,对外经济贸易又得到迅速恢复和发展。"三五"计划时期(1966~1970 年),中国进出口总额年均增长仅为 1.6%,其中,年均进口增长为 2.9%,出口仅有 0.3%;"四五"计划时期(1971~1975 年),中国进出口总额、进口额和出口额年均增长均达 26.3%,是新中国成立以后对外贸易增长较快的时期之一。

1966~1978 年中国对外贸易发展情况参见表 12.6。

---

① 任仲平. 五十年探索,五十年辉煌[N]. 人民日报,1999-10-8.

表 12.6 1966～1978 年中国进出口贸易额变化情况

经济阶段	年份	按人民币计算(亿元)			按美元计算(亿美元)			
		进出口总额	出口额	进口额	进出口总额	出口额	进口额	贸易差额
"三五"计划时期	1966	127.1	66.0	61.1	46.2	23.7	22.5	1.2
	1967	112.2	58.8	53.4	41.6	21.4	20.2	1.2
	1968	108.5	57.6	50.9	40.5	21.0	19.5	1.5
	1969	107.0	59.8	47.2	40.3	22.0	18.3	3.7
	1970	112.9	56.8	56.1	45.9	22.6	23.3	−0.7
	合计	567.7	299	268.7	214.5	110.7	103.8	6.9
"四五"计划时期	1971	120.9	68.5	52.4	48.5	26.4	22.1	4.3
	1972	146.9	82.9	64.0	63.0	34.4	28.6	5.8
	1973	220.5	116.9	103.6	109.8	58.2	51.6	6.6
	1974	292.2	139.4	152.8	145.7	69.5	76.2	−6.7
	1975	290.4	143.0	147.1	147.5	72.6	74.9	−2.3
	合计	1070.9	550.7	520.2	514.5	261.1	253.4	7.7
"五五"计划前期	1976	264.1	134.8	129.3	134.4	68.6	65.8	2.8
	1977	272.5	139.7	132.8	148.0	75.9	72.1	3.8
	1978	355.0	167.7	187.4	206.4	97.5	108.9	−11.4
	合计	891.7	442.2	449.5	488.8	242	246.8	−4.8

注:(1) 美元折算人民币均按当年人民银行规定的美元与人民币的比价计算。
(2) 根据对外经济贸易部业务统计,包括转口数字。
资料来源:中国统计年鉴(1984),第 395 页,经整理。

5) 改革开放到 20 世纪末(1979～2000 年)

1976 年 10 月以后,特别是十一届三中全会以来,我国对外贸易出现了一个崭新的局面,进出口贸易都有飞快的增长,商品结构也有很大的改善。"五五"期间(1976～1980 年),我国进出口总额累计为 1 160.3 亿美元,突破了 1 000 亿美元大关,比"四五"时期(1971～1975 年)的 514.5 亿美元增长了 1.26 倍,平均每年递增 20.7%。"六五"期间(1981～1985 年),我国进出口总额累计为 2 523.95 亿美元,比上一时期增长了 1.18 倍,平均每年递增 13%。"七五"期间(1986～1990 年),我国进出口总额累计达 4 864.1 亿美元。具体参见表 12.7。

表 12.7　1979~1990 年中国进出口贸易额变化情况(单位:亿美元)

年份	外贸总额	出口额	进口额	外贸差额	年份	外贸总额	出口额	进口额	外贸差额
1979	293.3	136.6	156.8	−20.2	1985	696.0	273.5	422.5	−149.0
1980	378.2	182.7	195.5	−12.8	1986	738.5	309.4	429.0	−119.6
1981	440.2	220.1	220.2	−0.1	1987	826.5	394.4	432.2	−37.8
1982	416.1	223.2	192.9	30.3	1988	1 027.8	475.2	552.7	−77.5
1983	436.2	222.3	213.9	8.4	1989	1 116.8	525.4	591.4	−66.0
1984	535.5	261.4	274.1	−12.7	1990	1 154.4	620.9	533.5	87.4

资料来源:1981 年以前的数据来自外经贸业务统计;1981 年以来的数据来自海关统计。

进入 20 世纪 90 年代,我国对外贸易更是取得了突飞猛进的发展(见表 12.8)。"八五"期间(1991~1995 年),进出口总额累计达 10 144.2 亿美元,突破了 1 万亿美元大关,比上一时期增长了 1 倍多,平均每年递增 19.5%,这一增速高于国内生产总值(GDP)同期增速 7 个百分点。与此同时,这一期间我国对外出口大于进口,累计实现贸易顺差 221.1 亿美元,改变了"五五"、"六五"、"七五"连续三个时期逆差的状况,国际收支明显改善,1995 年底外汇储备达 736 亿美元,成为我国外汇储备增加最多、最快的一个时期。此间,我国贸易伙伴由 1990 年的 173 个国家和地区增加到 1995 年的 227 个国家和地区。

表 12.8　1991~2000 年中国进出口贸易额变化情况(单位:亿美元)

年份	外贸总额	出口额	进口额	外贸差额
1991	1 357.0	719.1	637.9	81.2
1992	1 655.3	849.4	805.9	43.5
1993	1 957.0	917.4	1 039.6	−122.2
1994	2 366.2	1 210.1	1 156.2	53.9
1995	2 808.6	1 487.8	1 320.8	167.0
1996	2 898.8	1 510.5	1 388.3	122.2
1997	3 251.6	1 827.9	1 423.7	404.2
1998	3 239.5	1 837.1	1 402.4	434.7
1999	3 606.3	1 949.3	1 657.0	292.3
2000	4 743.0	2 492.0	2 250.9	241.1

资料来源:中华人民共和国海关统计。

第 12 章 中国对外贸易发展与现状

"九五"期间(1996~2000年),我国外贸顶住了亚洲金融危机的冲击,取得了令世界瞩目的成绩:进出口贸易总值达17 739.2亿美元,其中,出口为9 616.8亿美元,进口为8 122.3亿美元,分别比"八五"期间增长74.9%、85.5%和63.8%,累计实现贸易顺差1 494.5亿美元。在世界贸易排位中,五年攀升五级台阶,2000年,以进出口额4 743亿美元的佳绩,坐上世界第七的席位。

12.2 新世纪以来中国对外贸易发展的现状特征

进入新世纪,特别是入世以来,中国对外贸易取得了快速发展,贸易大国地位逐步确立,并呈现出了一些新的特征。综观"十五"期间(2001~2005年)、"十一五"期间(2006~2010年)和"十二五"以来(2011年以来)中国对外贸易的发展,主要呈现如下特征。

12.2.1 对外贸易总额持续、快速增长,在世界贸易中的地位不断提高

自从加入WTO以来,我国对外贸易发展呈现出历史上最为迅速的发展时期。表12.9显示,2001~2012年,我国外贸连上新台阶,实现历史性飞跃,确立了贸易大国地位。2004年进出口总额突破万亿美元大关,达11 547.4亿美元,成为世界上第三个货物贸易额超过1万亿美元的国家,进出口、出口总额均排世界第三位。2007年进出口总额突破2万亿美元大关,达21 765.72亿美元。2009年,由于受到全球金融危机的影响,我国进出口贸易总额、出口额、进口额均出现两位数以上的负增长,分别为-13.9%、-16%和-11.2%。但同年我国进出口总额、出口额、进口额均超过德国,分别位居世界第二位、第一位和第二位。2010~2011年,我国进出口贸易额快速回升,2011年突破3万亿美元大关,达到了36 418.64亿美元。2001~2012年,我国货物贸易出口总额达127 318.39亿美元,进口总额达110 167.74亿美元,共实现贸易顺差额达17 150.57亿美元。由于货物贸易的连年顺差,使得我国的外汇储备至2012年底达到了33 115.89亿美元,位居全球榜首。

2012年,国际金融危机进入第五个年头,深层次影响不断显现,特别是欧洲主权债务危机持续发酵,世界经济复苏势头受挫,增速明显放缓。中国经济发展面临的困难增多,产能过剩矛盾突出,经济下行压力加大。对外贸易发展的内外部环境复杂严峻,外需低迷、成本升高、摩擦增多等冲击叠加,进出口增速下滑至个位数。全年货物进出口总额为38 669.8亿美元,同比增长6.2%。其中,出口

为 20 487.8 亿美元,增长 7.9%,增速比上年回落 12.4 个百分点;进口为 18 182.0 亿美元,增长 4.3%,增速比上年回落 20.6 个百分点。在全球货物贸易额仅增长 0.2% 的情况下,2012 年中国货物贸易额仍居全球第二位,占全球份额进一步提升。其中,出口占全球比重为 11.2%,比上年提高 0.8 个百分点,连续四年居全球首位;进口占全球比重为 9.8%,比上年提高 0.3 个百分点,连续四年居全球第二。中国外贸发展不仅在国内经济社会发展中发挥着重要作用,也为全球贸易增长和经济复苏做出了积极贡献。

表 12.9　2001～2012 年中国(货物)进出口增长状况(单位:亿美元)

年份	进出口		出口		进口		外贸差额
	金额	增速(%)	金额	增速(%)	金额	增速(%)	
2001	5 096.51	7.5	2 660.98	6.8	2 435.53	8.2	225.45
2002	6 207.66	21.8	3 255.96	22.4	2 951.70	21.2	304.26
2003	8 509.88	37.1	4 382.28	34.6	4 127.60	39.8	254.68
2004	11 545.54	35.7	5 933.26	35.4	5 612.29	36.0	320.97
2005	14 219.06	23.2	7 619.53	28.4	6 599.53	17.6	1 020.01
2006	17 604.39	23.8	9 689.78	27.2	7 914.61	19.9	1 775.08
2007	21 765.72	23.6	12 204.56	26.0	9 561.16	20.8	2 643.40
2008	25 632.60	17.8	14 306.93	17.3	11 325.67	18.5	2 981.26
2009	22 075.35	−13.9	12 016.12	−16.0	10 059.23	−11.2	1 956.89
2010	29 740.01	34.7	15 777.54	31.3	13 962.47	38.8	1 815.07
2011	36 418.64	22.5	18 983.81	20.3	17 434.84	24.9	1 548.97
2012	38 670.75	6.2	20 487.64	7.9	18 183.11	4.3	2 304.53
合计	237 486.11	—	127 318.39	—	110 167.74	—	17 150.57

资料来源:中华人民共和国海关统计。

伴随着进出口贸易的快速增长,我国外贸依存度也处于较高水平。表 12.10 显示,2001～2011 年,我国外贸依存度多数年份保持在 50% 以上,且波动幅度较大。其中,2006 年达 65.2% 的最高纪录(出口依存度为 35.9%,进口依存度为 29.3%)。

表 12.10　2001~2011 年我国外贸依存度及其变化情况(单位:亿元人民币)

	国内生产总值(GDP)	进出口总额	外贸依存度(%)	出口总额	出口依存度(%)	进口总额	进口依存度(%)
2001	109 655.17	42 183.60	38.5	22 024.40	20.1	20 159.20	18.4
2002	120 332.69	51 378.20	42.7	26 947.90	22.4	24 430.30	20.3
2003	135 822.76	70 483.50	51.9	36 287.90	26.7	34 195.60	25.2
2004	159 878.34	95 539.10	59.8	49 103.30	30.7	46 435.80	29.0
2005	184 937.37	116 921.80	63.2	62 648.10	33.9	54 273.70	29.3
2006	216 314.43	140 974.00	65.2	77 597.20	35.9	63 376.86	29.3
2007	265 810.31	166 863.70	62.8	93 563.60	35.2	73 300.10	27.6
2008	314 045.43	179 921.47	57.3	100 394.94	32.0	79 526.53	25.3
2009	340 902.81	150 648.06	44.2	82 029.69	24.1	68 618.37	20.1
2010	401 512.80	201 722.15	50.2	107 022.84	26.7	94 699.30	23.6
2011	473 104.05	236 401.99	50.0	123 240.59	26.0	113 161.40	23.9

资料来源:进出口数据来源于海关总署;国内生产总值数据源自国家统计局。

2012 年,我国外贸依存度进一步回落至 47%,其中出口依存度为 24.9%,进口依存度为 22.1%,都有所回落。

我国外贸依存度在经历了入世初期的快速增加后,从 2006 年 65.2%的高点开始回落。这一态势表明,尽管外贸在我国经济活动中的地位仍举足轻重,但国内经济增长正由外需拉动向内需驱动转变。不过,目前美国、日本和巴西三国的外贸依存度在 30%左右,相比之下,我国 47%的外贸依存度仍处于较高水平。一般认为,这与我国在全球产业链中"世界工厂"的地位和外贸大进大出的格局相一致,也说明我国转变经济和外贸发展方式依然有较大的潜力空间。随着我国加快调整经济结构,更多地依靠内需拉动经济增长,未来外贸依存度或将进一步降低。

12.2.2　外贸商品结构不断优化,机电和高新技术产品比重进一步上升

2001 年以来,我国进出口商品结构不断改善。从出口商品结构来看(见表 12.11),初级产品出口占比由 2001 年的 9.9%逐步下降到 2012 年的 4.9%,工业制品出口占比则由 2001 年的 90.1%逐步上升到 2012 年的 95.1%。其中,机械及运输设备的出口占比由 2001 年的 35.7%提高到 2012 年的 47.1%。

表 12.11　2001～2012 年中国出口商品构成表(单位:亿美元)

年　份	2001	2003	2005	2007	2009	2011	2012
总　值	2 660.98	4 383.71	7 619.53	12 204.56	12 016.12	18 983.81	20 487.64
一、初级产品	263.38	348.10	490.39	615.47	630.99	1 005.52	1 005.81
0 类　食品及活动物	127.77	175.33	224.81	307.51	326.03	504.97	520.80
1 类　饮料及烟类	8.73	10.19	11.83	13.96	16.41	22.76	25.90
2 类　非食用原料(燃料除外)	41.72	50.33	74.85	91.54	81.56	149.78	143.41
3 类　矿物燃料、润滑油及有关原料	84.05	111.10	176.21	199.44	203.83	322.76	310.26
4 类　动植物油、脂及蜡	1.11	1.15	2.68	3.03	3.16	5.26	5.45
二、工业制品	2 397.60	4 035.60	7 129.60	11 564.68	11 385.64	17 980.48	19 483.54
5 类　化学成品及有关产品	133.52	195.86	357.72	603.56	620.48	1 147.87	1 136.29
6 类　按原料分类的制成品	438.13	690.30	1 291.26	2 198.94	1 847.75	3 196.00	3 331.68
7 类　机械及运输设备	949.01	1 878.88	3 522.62	5 771.89	5 904.26	9 019.12	9 644.22
8 类　杂项制品	871.10	1 261.01	1 941.91	2 968.53	2 996.70	4 594.10	5 357.18
9 类　未分类的商品	5.84	9.56	16.09	21.76	16.45	23.39	14.17

资料来源:中华人民共和国海关统计。

从进口商品结构来看(见表 12.12),初级产品进口占比由 2001 年的 18.8% 逐步提高到 2012 年 34.9%,工业制品出口占比则由 2001 年的 81.2% 逐步下降到 2012 年的 65.1%。其中,机械及运输设备的进口占比由 2001 年的 43.9% 降至 2012 年的 35.9%。

表 12.12　2001～2012 年中国进口商品构成表(单位:亿美元)

年　份	2001	2003	2005	2007	2009	2011	2012
总　值	2 435.53	4 128.36	6 599.53	9 561.16	10 059.23	17 434.84	18 183.11
一、初级产品	457.43	727.83	1 477.10	2 429.78	2 892.02	6 043.76	6 346.05
0 类　食品及活动物	49.76	59.59	93.88	114.97	148.24	287.65	352.62
1 类　饮料及烟类	4.12	4.91	7.82	14.02	19.54	36.85	44.03

(续)表 12.12

年份	2001	2003	2005	2007	2009	2011	2012
2类 非食用原料（燃料除外）	221.27	341.19	702.12	1 179.09	1 408.22	2 852.55	2 696.15
3类 矿物燃料、润滑油及有关原料	174.66	292.14	639.57	1 048.26	1 239.63	2 755.60	3 127.97
4类 动植物油、脂及蜡	7.63	30.01	33.70	73.44	76.39	111.11	125.27
二、工业制品	1 978.10	3 400.53	5 124.09	7 128.41	7 163.53	11 390.82	11 832.21
5类 化学成品及有关产品	321.04	489.80	777.42	1 074.99	1 121.24	1 811.44	1 792.69
6类 按原料分类的制成品	419.38	639.05	811.59	1 028.67	1 077.16	1 503.28	1 459.00
7类 机械及运输设备	1 070.15	1 928.69	2 906.28	4 125.08	4 079.99	6 303.88	6 527.50
8类 杂项制品	150.76	330.17	608.72	875.04	851.92	1 277.09	1 365.29
9类 未分类的商品	16.76	12.82	20.08	24.65	33.06	495.13	687.74

资料来源：中华人民共和国海关统计。

2001年到2012年，我国对外货物贸易总额中，除2001年外，机电产品占比都在50%以上，12年间平均占比52.8%；高新技术产品占比总体呈现上升趋势，由2001年的21.7%逐步上升到2009年的31.1%，这之后该比重有所回落，2012年为28.7%。从出口产品来看，机电产品和高新技术产品占比分别由2001年的44.6%和17.5%提高到2012年的57.6%和29.3%，分别增长8.9倍和11.9倍。而在同期的我国进口货物中，机电产品占比由2001年的49.5%上升到2003年的54.5%，此后该比重基本呈现下降的趋势，2012年降至43%；高新技术产品占比变化相对较小，从2001年的26.3%上升到2006年的31.2%，这之后高新技术产品进口占比总体呈现下降趋势，2012年该比重为27.9%（见表12.13、表12.14）。

表12.13　2001～2012年我国机电产品进出口变化情况（单位：亿美元，增长：%，占比：%）

年份	进出口			出口			进口		
	总值	增长	占比	总值	增长	占比	总值	增长	占比
2001	2 393.1	15.0	46.9	1 187.9	12.8	44.6	1 205.2	17.2	49.5
2002	3 126.8	30.7	50.4	1 570.8	32.3	48.2	1 556.0	29.1	52.7
2003	4 524.5	44.7	53.2	2 274.6	44.8	51.9	2 249.9	44.6	54.5
2004	6 252.8	38.3	54.1	3 234.0	42.3	54.5	3 018.8	34.2	53.8
2005	7 771.3	24.3	54.6	4 267.0	32.0	56.0	3 503.8	16.0	53.1

(续)表 12.13

年份	进出口			出口			进口		
	总值	增长	占比	总值	增长	占比	总值	增长	占比
2006	9 771.0	25.7	55.5	5 494.0	28.8	56.7	4 277.0	22.1	54.0
2007	12 002.0	22.8	55.1	7 012.0	27.6	57.5	4 990.0	16.7	52.2
2008	13 616.0	13.4	53.1	8 229.0	17.3	57.5	5 387.0	7.9	47.6
2009	12 045.0	−11.5	54.6	7 131.0	−13.4	59.3	4 914.0	−8.7	48.9
2010	15 937.0	32.3	53.8	9 334.0	30.9	59.2	6 603.0	34.4	47.3
2011	18 389.0	15.4	50.5	10 856.0	16.3	57.2	7 533.0	14.1	43.2
2012	19 618.0	6.7	50.7	11 794.0	8.7	57.6	7 824.0	3.8	43.0
合计	125 446.5	—	52.8	72 384.3	—	56.9	53 061.7	—	48.2

资料来源:中华人民共和国海关统计,经计算、整理。

表 12.14 2001~2012 年高新技术产品进出口变化情况(单位:亿美元,增长:%,占比:%)

年份	进出口			出口			进口		
	总值	增长	占比	总值	增长	占比	总值	增长	占比
2001	1 105.8	—	21.7	464.6	—	17.5	641.2		26.3
2002	1 504.2	30.0	24.2	677.1	45.7	17.5	827.1	30.0	28
2003	2 293.4	52.5	26.9	1 101.6	62.7	25.1	1 191.8	44.1	28.9
2004	3 269.7	42.6	28.3	1 655.4	50.1	27.9	1 614.3	35.3	28.8
2005	4 159.6	27.2	29.2	2 182.5	31.8	28.6	1 977.1	22.5	30.0
2006	5 288.0	27.1	30.0	2 815.0	29.0	29.1	2 473.0	25.1	31.2
2007	6 348.0	20.0	29.2	3 478.0	23.6	28.5	2 870.0	16.0	30.0
2008	7 575.0	19.3	29.6	4 156.0	19.5	29.0	3 419.0	19.1	30.1
2009	6 867.0	−9.3	31.1	3 769.0	−9.3	31.4	3 098.0	−9.4	30.8
2010	9 051.0	31.8	30.4	4 924.0	30.7	31.2	4 127.0	33.2	29.6
2011	10 118.0	11.8	27.8	5 488.0	11.5	28.9	4 630.0	12.2	26.6
2012	11 080.0	9.5	28.7	6 012.0	9.5	29.3	5 068.0	9.5	27.9
合计	68 659.7	—	28.9	36 723.2	—	28.8	31 936.5	—	29.0

资料来源:中华人民共和国海关统计,经计算、整理。

2012 年,在市场倒逼、政策引导的共同作用下,出口企业加强技术研发、品牌培育和质量管理,出口商品的技术含量和附加值明显提升。当年,高新技术产品出口6012.0亿美元,增长9.6%,高于总体出口增速1.7个百分点,占总体出口的比重从上年的28.9%上升到29.3%。机电产品出口11794.2亿美元,增长8.7%,占出口总额的57.6%。服装、纺织品、鞋类、家具、塑料制品、箱包和玩具等七大类劳动密集型商品合计出口4188.9亿美元,增长8.6%,占出口总额的20.4%。多数产品出口价格进一步上涨。"两高一资"产品出口继续下降,其中煤和成品油出口量分别下降36.8%和5.5%。

近年来,我国政府坚持出口和进口并重,2012年出台《关于加强进口促进对外贸易平衡发展的指导意见》,进一步完善了进口促进政策,拓宽了进口渠道,有力地促进了机械设备、工业原料和消费品进口增长。全年高新技术产品和机电产品进口额为5067.5亿美元和7823.8亿美元,分别增长9.5%和3.8%,其中自动处理设备及其部件、集成电路、汽车增长较快。大宗商品进口总体平稳增长,大豆、铁矿石、原油、铜及铜材进口量分别增长11.2%、8.4%、6.8%和14.1%。全年贸易顺差2304.53亿美元,占国内生产总值的2.8%,仍处于国际公认的合理区间。

12.2.3 一般贸易和加工贸易基本同步增长,多种贸易方式共同发展

改革开放初期,我国主要贸易方式是一般贸易。随着对外开放战略的实施和外商投资企业的大量进入,加工贸易得到迅速发展,在进出口中所占比重不断提高。"十五"期间,一般贸易和加工贸易基本保持了同步增长。表12.15显示,2001~2005年,一般贸易和加工贸易分别增长了1.6倍和1.9倍,2005年分别达5948亿美元和6905亿美元。2005年以来加工贸易占比逐步下降,而一般贸易和其他贸易占比稳步上升,转型升级初见成效。从出口看,加工贸易出口占比由2005年的54.66%逐步下降到2010年的46.92%,2012年进一步降至42.11%;而一般贸易出口占比则由2005年的41.53%逐步上升到2010年的45.68%和2012年的48.22%;其他贸易占比由2005年的3.99%快速升至2012年的9.66%。

表12.15 2001~2012年我国出口贸易方式的变化情况(单位:亿美元,占比:%)

	2001		2005		2010		2012	
	金额	占比	金额	占比	金额	占比	金额	占比
总 值	2660.98	100.00	7619.53	100.00	15777.54	100.00	20487.64	100.00
一般贸易	1118.81	42.05	3150.91	41.35	7207.33	45.68	9880.07	48.22
加工贸易	1474.34	55.41	4164.81	54.66	7403.34	46.92	8627.79	42.11
其他贸易	67.83	2.55	304.27	3.99	1168.65	7.41	1979.96	9.66

资料来源:中华人民共和国海关统计。

从进口来看,2005年以来,加工贸易占比由2005年的41.51%快速下降到2010年的29.93%,2012年进一步降至26.47%;一般贸易占比则由2005年的42.37%快速上升到2010年的55.06%和2012年的56.21%;其他贸易占比变化不大,基本稳定在16%上下。见表12.16。

表12.16 2001~2012年我国进口贸易方式的变化情况(单位:亿美元,占比:%)

	2001		2005		2010		2012	
	金额	占比	金额	占比	金额	占比	金额	占比
总　　值	2436.1	100.00	6601.2	100.00	13948.3	100.00	18182.0	100.00
一般贸易	1134.7	46.58	2797.2	42.37	7689.8	55.06	10218.2	56.20
加工贸易	939.8	38.58	2740.3	41.51	4174.3	29.93	4811.7	26.46
其他贸易	361.6	14.84	1063.7	16.11	2094.2	15.01	3148.4	17.32

资料来源:中华人民共和国海关统计。

2012年,一般贸易增长平稳,加工贸易增长乏力,增速均低于外贸总体增速。全年一般贸易进出口20098.3亿美元,增长4.4%,占进出口总额的52%;加工贸易进出口13439.5亿美元,增长3.3%,占进出口总额的34.8%;其他贸易方式进出口5129.8亿美元,增长24.6%,占进出口总额的13.2%。

12.2.4　外贸主体多元化格局初步形成,民营企业贸易规模增幅较大

入世以来,中国加快了外贸经营资格的放开步伐。2004年7月1日,《对外贸易经营者备案登记办法》与新修订的《外贸法》同时颁布实施,集体、私营企业可以全面进入外贸流通领域,提前半年履行了入世承诺。这之后,获得外贸经营资格的内资企业快速增加,外资企业和民营企业进出口额迅速扩大。从出口来看,如表12.17显示,其他(民营)企业出口占比由2001年的7.4%迅速提高到2005年的19.6%和2012年的37.6%;外资企业出口占比大多年份在50%以上,拥有"半壁江山";国有企业出口占比不断降低,由2001年的42.5%快速下降到2005年的22.2%和2012年的12.5%。

从进口来看,其他(民营)企业进口占比由2001年的5.8%迅速提高到2005年的11.4%和2012年的24.8%;外资企业进口占比多年份在50%以上;国有企业进口占比有所降低,由2001年的42.5%快速下降到2005年的29.9%,之后缓慢降至2012年的27.3%。见表12.18。

表 12.17 2001~2012年我国出口贸易分企业性质情况(单位:亿美元,占比:%)

	2001		2005		2010		2012	
	金额	占比	金额	占比	金额	占比	金额	占比
总 值	2660.98	100.0	7619.99	100.0	15777.54	100.0	20487.64	100.0
国有企业	1132.00	42.5	1688.13	22.2	2343.60	14.9	2562.83	12.5
外资企业	1332.17	50.1	4442.09	58.3	8623.06	54.7	10227.49	49.9
其他企业	196.80	7.4	1489.77	19.6	4812.66	30.5	7699.03	37.6

资料来源:中华人民共和国海关统计。

表 12.18 2001~2012年我国进口贸易分企业性质情况(单位:亿美元,占比:%)

	2001		2005		2010		2012	
	金额	占比	金额	占比	金额	占比	金额	占比
总 值	2436.1	100.0	6601.2	100.0	13948.3	100.0	18182.0	100.0
国有企业	1035.5	42.5	1972.0	29.9	3875.5	27.8	4954.3	27.3
外资企业	1258.6	51.7	3875.1	58.7	7380.0	52.9	8712.5	47.9
其他企业	142.0	5.8	754.1	11.4	2692.8	19.3	4511.5	24.8

资料来源:中华人民共和国海关统计。

2012年,民营企业表现活跃,进出口额达12210.6亿美元,增长19.6%,高出外贸总体增速13.4个百分点,占进出口总额的31.6%;外商投资企业所占比重回落,进出口18940亿美元,增长1.8%,占进出口总额的49%,较上年回落2.1个百分点;国有企业进出口7517.1亿美元,下降1.2%,占进出口总额的19.4%。

12.2.5 市场多元化取得新进展,对外贸易市场结构日趋合理

2001~2005年,美、日、欧盟传统市场在中国进出口总值中所占比重由48.0%下降到43.2%。2012年,美、日、欧盟传统市场在中国进出口总额中的比重进一步降至35.1%。参见表12.19。前十大贸易伙伴在我国对外贸易中的比重由2001年的85.8%降至2012年的72.9%。这些均显示了我国市场多元化取得了一些新的进展。

国际贸易:理论与政策

表 12.19　2001～2012 年前十位贸易伙伴及其在我国对外贸易中的比重(%)

2001		2005		2010		2012	
国家和地区	占比	国家和地区	占比	国家和地区	占比	国家和地区	占比
日本	17.2	欧盟	15.3	欧盟	16.1	欧盟	14.1
美国	15.8	美国	14.9	美国	13.0	美国	12.5
欧盟	15.0	日本	13.0	日本	10.0	东盟	10.3
中国香港	11.0	中国香港	9.6	东盟	9.8	中国香港	8.8
东盟	8.2	东盟	9.2	中国香港	7.8	日本	8.5
韩国	7.0	韩国	7.9	韩国	7.0	韩国	6.6
中国台湾	6.3	中国台湾	6.4	中国台湾	4.9	中国台湾	4.4
俄罗斯	2.1	俄罗斯	2.0	澳大利亚	3.0	澳大利亚	3.2
澳大利亚	1.8	澳大利亚	1.9	巴西	2.1	俄罗斯	2.3
加拿大	1.4	加拿大	1.3	印度	2.1	巴西	2.2
以上合计	85.8	以上合计	79.5	以上合计	75.8	以上合计	72.9

资料来源:中华人民共和国海关统计。

从出口市场结构来看,前十大出口市场占比由 2001 年的 87.3%降至 2012 年的 79.1%。其中,日、美市场占比降幅较大,而东盟、欧盟市场占比却有上升趋势。见表 12.20。

表 12.20　2001～2012 年我国货物出口前十大市场及其比重(%)

2001		2005		2010		2012	
国家和地区	占比	国家和地区	占比	国家和地区	占比	国家和地区	占比
美国	20.4	美国	21.4	欧盟	19.7	美国	17.2
中国香港	17.5	欧盟	18.9	美国	18.0	欧盟	16.3
日本	16.9	中国香港	16.3	中国香港	13.8	中国香港	15.8
欧盟	15.4	日本	11.0	东盟	8.8	东盟	10.0
东盟	6.9	东盟	7.3	日本	7.7	日本	7.4
韩国	4.7	韩国	4.6	韩国	4.4	韩国	4.3
中国台湾	1.9	中国台湾	2.2	印度	2.6	印度	2.3

第12章 中国对外贸易发展与现状

(续)表 12.20

2001		2005		2010		2012	
国家和地区	占比	国家和地区	占比	国家和地区	占比	国家和地区	占比
澳大利亚	1.3	俄罗斯	1.7	中国台湾	1.9	俄罗斯	2.2
加拿大	1.3	加拿大	1.5	澳大利亚	1.7	澳大利亚	1.8
俄罗斯	1.0	澳大利亚	1.5	巴西	1.6	中国台湾	1.8
以上合计	87.3	以上合计	86.4	以上合计	80.2	以上合计	79.1

资料来源:中华人民共和国海关统计。

从进口来源地看,前十大进口来源地占比由2001年的82.5%降至2012年的65.6%。其中,从日本、欧盟、韩国的进口占比降幅较大。见表12.21。

表 12.21 2001～2012年我国货物进口前十大来源地及其比重(%)

2001		2005		2010		2012	
国家和地区	占比	国家和地区	占比	国家和地区	占比	国家和地区	占比
日本	17.6	日本	15.2	日本	12.7	欧盟	11.7
欧盟	14.7	中国台湾	11.5	欧盟	12.1	东盟	10.8
韩国	11.6	东盟	11.2	东盟	11.1	日本	9.8
东盟	11.4	欧盟	11.1	韩国	9.9	韩国	9.3
中国台湾	11.3	韩国	11.1	中国台湾	8.3	美国	7.3
美国	7.4	美国	8.0	美国	7.3	中国台湾	7.3
澳大利亚	2.5	俄罗斯	2.2	澳大利亚	4.4	澳大利亚	4.7
俄罗斯	2.4	中国香港	2.1	巴西	2.7	俄罗斯	2.4
中国香港	1.9	澳大利亚	2.1	印度	1.5	加拿大	1.3
加拿大	1.7	加拿大	1.3	中国香港	0.9	印度	1.0
以上合计	82.5	以上合计	75.8	以上合计	70.9	以上合计	65.6

资料来源:中华人民共和国海关统计。

2012年,随着市场多元化战略深入推进,中国对新兴经济体和发展中国家进出口保持较快增长势头,其中对东盟、俄罗斯、南非进出口分别增长为10.2%、11.2%和31.8%。对美国进出口增长8.5%,其中出口增长8.4%,美国再次超过欧盟成为中国第一大出口市场。对欧盟、日本进出口额分别下降3.7%和3.9%。参见表12.22。

国际贸易:理论与政策

表 12.22　2012 年中国前十大进出口贸易伙伴情况(单位:亿美元)

出口贸易伙伴				进口贸易伙伴			
位次	国家或地区	出口金额	增速(%)	位次	国家或地区	进口金额	增速(%)
1	美国	3 517.96	8.4	1	欧盟	2 120.55	0.4
2	欧盟	3 339.89	−6.2	2	东盟	1 958.21	1.5
3	中国香港	3 235.27	20.7	3	日本	1 778.09	−8.6
4	东盟	2 042.72	20.1	4	韩国	1 686.48	3.7
5	日本	1 516.43	2.3	5	美国	1 328.86	8.8
6	韩国	876.81	5.7	6	中国台湾	1 321.84	5.8
7	印度	467.70	−5.7	7	澳大利亚	845.61	2.3
8	俄罗斯	440.58	13.2	8	俄罗斯	441.01	9.2
9	澳大利亚	377.40	11.3	9	加拿大	232.46	4.9
10	中国台湾	367.79	4.8	10	印度	188.00	−19.6

资料来源:中华人民共和国海关统计。

12.2.6　服务贸易增长较快,但总体发展相对滞后

与货物贸易一样,改革开放以来,中国服务贸易也获得了快速增长,在国际服务贸易中的比重稳步上升(见表 12.23、表 12.24 和图 12.1)。改革开放初期的 1984 年,中国服务贸易进出口额全球占比分别为 0.66% 和 0.69%,分处第 33 位和 25 位;至 1999 年,进出口额全球占比分别提高到 2.29% 和 1.93%,分别跃居全球第 10 位和 14 位。2005 年中国服务进出口额全球占比分别为 3.5% 和 3.1%,分列全球第 7 和第 9 位。2012 年,中国服务进出口额全球占比分别提高到 6.7% 和 4.4%,分别跃居全球第 3 位和 5 位。与此同时,我国服务贸易进出口总额也由 2005 年的世界第 9 位上升到 2012 年的世界第 3 位。

表 12.23　1982~2012 年中国服务贸易额及其在世界服务贸易中的比重

年　份	1982	1990	1995	2000	2005	2010	2012
服务贸易进出口额(亿美元)	43.41	98.61	430.65	660.04	1 570.82	3 624.00	4 706.00
在国际服务贸易中的比重(%)	0.57	0.62	1.80	2.22	3.30	5.02	5.53

资料来源:WTO 官方网站(www.wto.org),经整理。

然而,相比多年来货物贸易连年顺差的情况,中国服务贸易多年来一直处于逆差状态,且近年来逆差额有快速扩大的趋势。2001~2012年,中国对外服务贸易逆差总额达2642.17亿美元(参见表12.24)。不仅如此,根据WTO的统计,2012年中国出口贸易总额中,服务出口占比仅有8.5%,不仅大大低于美国和英国的28.7%和37.1%,也低于全球总体水平的19.1%。可见,相对于货物贸易,中国服务贸易总体发展水平相对滞后。

表12.24　2001~2012年中国服务贸易进出口总额及其增长状况(单位:亿美元)

年份	进出口 金额	增速(%)	出口 金额	增速(%)	进口 金额	增速(%)	贸易差额
2001	719.33	8.9	329.01	9.3	390.32	8.6	-61.31
2002	854.61	18.9	393.81	19.8	460.80	18.2	-66.99
2003	1012.27	18.5	463.75	17.8	548.52	19.1	-84.77
2004	1336.58	32.0	620.56	33.8	716.02	30.4	-95.46
2005	1570.82	17.5	739.09	19.0	831.73	16.2	-92.64
2006	1917.00	22.0	914.00	23.7	1003.00	20.6	-89.00
2007	2509.00	30.9	1216.00	33.0	1293.00	28.9	-77.00
2008	3045.00	21.4	1465.00	20.5	1580.00	22.2	-115.00
2009	2867.00	-5.8	1286.00	-12.2	1581.00	0.1	-295.00
2010	3624.00	26.4	1702.00	32.4	1922.00	21.5	-220.00
2011	4191.00	15.6	1821.00	7.0	2370.00	23.3	-549.00
2012	4706.00	12.3	1905.00	4.6	2801.00	18.2	-896.00
合计	28352.61	—	12855.22	—	15497.39	—	-2642.17

资料来源:商务部服务贸易和商贸服务业司。

就中国服务贸易进出口商品结构来看,也发生了较大的变化。根据WTO统计数据,2000~2005年,在中国服务贸易进出口中,运输和其他服务进出口增长较快,而旅游服务进出口增长较慢,其结果是在进出口贸易中,运输及其他服务占比均有上升,而旅游服务占比则出现较大幅度下降。2005~2012年,在中国服务贸易进出口中,运输和其他服务出口年均增长分别达14%和19%,进口分别增长

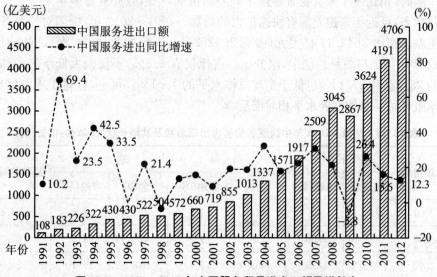

图 12.1　1991~2012 年中国服务贸易进出口额及增长率

17%和16%；而旅游服务出口与进口年均增长则分别是8%和25%。其结果是在出口贸易中，其他服务占比快速上升，运输服务占比相对稳定，旅游服务占比进一步下降（见表12.25）；而进口贸易中，运输及其他服务占比均有所回落，而旅游服务占比则出现快速回升（见表12.26）。2012年，我国旅游服务贸易逆差达空前的520亿美元。在2012年世界各类服务贸易出口总额和进口总额中，中国的运输、旅游和其他服务出口占比分别为4.4%、4.5%和4.3%，而进口占比分别为4.3%、10.3%和7.5%。可见，尽管我国服务贸易商品结构有所改善，但结构不尽合理的问题依然存在。

表 12.25　2000~2012 年中国服务贸易出口商品结构的变化（单位：亿美元，比重：%）

年　份	2000		2005		2010		2012	
项　目	金额	比重	金额	比重	金额	比重	金额	比重
运　输	36.7	12.17	154	20.84	342	20.09	389	20.43
旅　游	162.3	53.83	293	39.65	458	26.90	500	26.26
其他服务	102.4	33.96	292	39.51	902	53.00	1015	53.30
合　计	301.5	100.00	739	100.00	1702	100.00	1904	100.00

资料来源：WTO. 国际贸易统计[R]. 2001,2006,2011,2013.

第12章　中国对外贸易发展与现状

表12.26　2000～2012年中国服务贸易进口商品结构的变化(单位：亿美元，%)

年　份	2000		2005		2010		2012	
项　目	金额	比重	金额	比重	金额	比重	金额	比重
运　输	104	29	284	34.13	633	32.93	859	30.66
旅　游	131.1	36.56	218	26.20	549	28.56	1020	36.40
其他服务	123.5	34.44	330	39.66	740	38.50	923	32.94
合　计	358.6	100.00	832	100.00	1922	100.00	2802	100.00

资料来源：WTO. 国际贸易统计[R]. 2001,2006,2011,2013.

综上所述，进入新世纪以来，中国对外贸易取得了长足的发展，目前已发展成为一个名副其实的贸易大国，在世界贸易中的地位日显突出。然而，中国对外贸易依然存在着一些不容忽视的潜在问题，如贸易增长仍表现为粗放型、贸易条件未获得明显改善、贸易发展不平衡现象严重、出口经营秩序有待加强、外贸企业抗风险能力偏低、发展的质量和效益仍有待提高等，这些问题很可能会在"十二五"后期乃至"十三五"期间继续影响和制约中国的对外贸易发展。只有从根本上解决了这些问题，才能使中国真正由贸易大国转向贸易强国，为国民经济发展做出更大的贡献。

展望未来一段时期中国对外贸易面临的形势，可以看出金融危机使原有的世界经济格局进一步向多元化转变，世界经济将步入调整发展的新周期，发达国家在国际经济中的主导地位虽有所弱化，发展中国家和新兴经济体的经济实力有所上升。但发达经济体的经济总量和竞争实力仍远远大于新兴经济体，且大国竞争和战略发展意识正在突显，中国面临的外部环境更趋复杂，需要我们认真把握和科学应对。

这其中的重点工作，一是要建立科学的对外贸易管理体制和机制；二是要加快对外贸易转型升级，努力提高出口产品竞争力；三是要鼓励多种形式的海外投资，加快构建海外竞争优势；四是要采取多种措施，妥善应对贸易保护主义。

本章小节

中国与世界其他国家有着漫长的贸易交往。依据中国是否为一个独立主权国家与其他国家进行贸易交往这个标准，沿用中国历史的分期方法，可将中国对外贸易的发展历程大致划分为三个时期：古代(远古至清代中期)、近代(1840年鸦片战争至1949年中华人民共和国成立)、现代(中华人民共和国成立以来)。

国际贸易：理论与政策

从战国直至明末，中国一直是全世界制造业最发达的国家，为中国对外贸易的发展奠定了坚实的基础，也令中国在国际贸易中始终占据着有利的主动地位。在此期间，中国对外贸易先后发生了三次飞跃，每次飞跃都显著深化了对外贸易对中国社会与经济生活的影响。中国对外贸易的第一次飞跃始于汉武帝时代。丝绸之路和蜀身毒道两条国际商道的开辟与维护，促进了当时中国对外贸易的发展，并在唐朝迎来了它最辉煌的时代。两宋时代，在国民经济货币化程度空前提高等基础上，以贸易路线转向海洋、贸易商品结构转向日用消费品为标志，中国对外贸易迎来了第二次飞跃。明成祖朱棣执政后，中国对外贸易迎来了历史上的第三次飞跃，不仅对国内生产产生了巨大的推动作用，而且通过贸易顺差、白银内流引起了中国财政与货币制度的革命。

1840年的鸦片战争改写了中国对外贸易的性质与特点。1840年至1949年期间，中国对外贸易的总体特征是落后并畸形发展，具体体现在三个层面：一是半殖民地性质，没有独立的对外贸易主权，在贸易交往中处于附属地位；二是贸易规模小，贸易商品结构畸形，贸易的地区分布不平衡；三是长期不平等交换，贸易条件持续恶化，贸易利益外流。

1949年中华人民共和国的成立，标志着中国对外贸易进入一个新的历史时期。新中国建立后，立即废除了帝国主义在华的一切特权，没收了对外贸易中的官僚资本，建立国营对外贸易，并对民族资本进出口业进行改造，从而建起全国统一的社会主义对外贸易。在进入社会主义初级阶段的60多年里，中国对外贸易的发展大体上经历了几个不同历史时期。

国民经济恢复时期（1950～1952年），对外贸易有着特定的历史任务，贸易规模迅速扩大，贸易对象主要是前苏联、东欧等社会主义国家。在出口产品中，农副产品及其加工产品占相当大的比重；进口商品中，生产资料占比上升。

第一个五年计划时期（1953～1957年），不仅大力发展了与前苏联、东欧各国的贸易经济关系，同时，也发展了与东南亚和西方国家的贸易关系。出口商品结构中，初级产品占比下降，工业品占比上升；进口商品结构则大体上基本稳定。

第二个五年计划和国民经济调整时期（1958～1965年），中国对外贸易的任务是有计划地组织有关物资的出口，以保证国家建设所必需的设备和器材的进口，保证进出口物资的平衡。但1958～1959年间，在国民经济"大跃进"的"左"的指导思想影响下，对外贸易出现大幅度波动。

十年动乱及其结束初期时期（1966～1978年），"文化大革命"严重影响了中国国民经济和对外贸易的发展。1966～1972年，中国对外贸易停滞不前；1973～1978年，对外经济关系比前期有很大的改善。其中，1972～1975年，对外贸易发

· 434 ·

第12章 中国对外贸易发展与现状

展相对稳定;1976年,再一次下降;1977~1978年,对外经济贸易又得到迅速恢复和发展。

改革开放到20世纪末(1979~2000年),中国对外贸易出现了一个崭新的局面,进出口贸易都有飞快的增长,贸易伙伴日益增多,商品结构也有很大的改善。2000年,中国进出口贸易额居于世界第七位。从贸易收支状况来看,20世纪90年代之前,多数年份处于逆差状态;20世纪90年代以后,绝大部分年份处于顺差状态。

进入新世纪,特别是加入WTO以来,中国对外贸易取得了快速发展,贸易大国地位逐步确立,并呈现出了一些新的特征。一是对外贸易总额持续、快速增长,在世界贸易中的地位不断提高;二是对外贸易商品结构不断优化,机电和高新技术产品比重进一步上升;三是一般贸易和加工贸易基本同步增长,多种贸易方式共同发展;四是对外贸易主体多元化格局初步形成,民营企业贸易规模增幅较大;五是市场多元化取得新进展,对外贸易市场结构日趋合理;六是服务贸易增长较快,但总体发展相对滞后。

【重要概念】

丝绸之路　改革开放　一般贸易　加工贸易　外贸主体多元化　市场多元化
贸易大国　贸易强国　对外贸易转型升级

【复习思考题】

1. 新中国对外贸易的发展历程可以划分为几个时期?分别作出简要评价。
2. 简述"十一五"以来中国对外贸易的发展特征。
3. 你认为目前中国对外贸易中存在哪些问题?谈谈你的对策。
4. 你认为中国如何才能实现由贸易大国向贸易强国的跨越?

参考文献

[1] 马克思,恩格斯. 马克思恩格斯全集[M]. 北京:人民出版社,1975.

[2] 亚当·斯密. 国民财富的性质和原因的研究[M]. 北京:商务印书馆,1979.

[3] 大卫·李嘉图. 政治经济学及赋税原理[M]. 北京:商务印书馆,1962.

[4] 伯尔蒂尔·俄林. 地区间贸易和国际贸易[M]. 北京:商务印书馆,1986.

[5] 托马斯·孟. 英国得自对外贸易的财富[M]. 北京:商务印书馆,1965.

[6] 弗里德里希·李斯特. 政治经济学的国民体系[M]. 北京:商务印书馆,1961.

[7] 彼得·林德特,查尔斯·金德尔伯格. 国际经济学[M]. 谢树森,等,译. 上海:上海译文出版社,1985.

[8] 保罗·R·克鲁格曼,茅瑞斯·奥伯斯法尔德. 国际经济学:理论与政策[M]. 8版. 北京:中国人民大学出版社,2011.

[9] 保罗·R·克鲁格曼. 战略性贸易政策与新国际经济学[M]. 北京:中国人民大学出版社,北京大学出版社,2000.

[10] 卜伟,等. 国际贸易[M]. 北京:清华大学出版社,北京交通大学出版社,2006.

[11] 曹建明,贺小勇. 世贸组织基本法律制度讲话[M]. 北京:中国青年出版社,2000.

[12] 丁溪. 中国对外贸易[M]. 北京:中国商务出版社,2006.

[13] 郭羽诞,兰宜生. 国际贸易学[M]. 上海:上海财经大学出版社,2008.

[14] 海闻,等. 国际贸易[M]. 上海:上海人民出版社,2003.

[15] 韩玉军. 国际贸易学[M]. 北京:中国人民大学出版社,2010.

[16] 何蓉.国际贸易[M].北京:机械工业出版社,2006.

[17] 胡俊文,等.国际贸易[M].北京:清华大学出版社,2011.

[18] 姜学军.国际贸易理论与政策[M].北京:科学出版社,2010.

[19] 金泽虎.国际贸易学[M].北京:中国人民大学出版社,2011.

[20] 刘厚俊,等.国际贸易新发展:理论、政策、实践[M].北京:科学出版社,2003.

[21] 刘立平.国际贸易:理论与政策[M].合肥:中国科学技术大学出版社,2007.

[22] 逯宇铎,等.国际贸易[M].北京:清华大学出版社,北京交通大学出版社,2006.

[23] 曲如晓.中国对外贸易概论[M].北京:机械工业出版社,2005.

[24] 任烈.贸易保护理论与政策[M].上海:立信会计出版社,1997.

[25] 世界贸易组织秘书处.乌拉圭回合协议导读[M].索必成,胡盈之,译.北京:法律出版社,2000.

[26] 唐海燕.国际贸易学[M].上海:立信会计出版社,2004.

[27] 佟家栋,周坤.国际贸易学:理论与政策[M].北京:高等教育出版社,2007.

[28] 王绍熙,王寿椿.中国对外贸易概论[M].北京:对外经济贸易大学出版社,2003.

[29] 汪尧田,储健中.国际贸易[M].上海:上海社会科学院出版社,1989.

[30] 吴国新.国际贸易理论与实务[M].北京:机械工业出版社,2004.

[31] 项义军.国际贸易[M].北京:经济科学出版社,2010.

[32] 薛荣久.国际贸易[M].北京:对外经济贸易大学出版社,2008.

[33] 薛荣久.世界贸易组织概论[M].北京:高等教育出版社,2010.

[34] 严云鸿.国际贸易理论与实务[M].北京:清华大学出版社,2004.

[35] 喻志军.国际贸易理论与政策[M].北京:企业管理出版社,2006.

[36] 苑涛.国际贸易理论与政策[M].北京:清华大学出版社,2011.

[37] 尹翔硕.国际贸易教程[M].上海:复旦大学出版社,2005.

[38] 张二震,马野青.国际贸易学[M].南京:南京大学出版社.1998.

[39] 张玮.国际贸易[M].北京:高等教育出版社,2011.
[40] 张锡嘏,唐宜红.国际贸易[M].北京:对外经济贸易大学出版社,2008.
[41] 张相文,曹亮.国际贸易学[M].武汉:武汉大学出版社,2004.
[42] 赵忠秀.国际贸易理论与政策[M].北京:北京大学出版社,2009.